21世纪工商管理（MBA）系列新编教材

组织行为学

（第2版）

现代的观点

任 浩 甄 杰 张军果◎著

清华大学出版社
北 京

内 容 简 介

本书采用理论分析和案例说明相结合、总体阐述和层次剖析相结合的方式，对组织行为学进行了全面介绍。在新的发展背景下，通过对组织行为学研究内容的梳理，及时、客观地反映这一学科发展的新动向。书中把观察组织行为的视线由组织内部的岗位、部门延展到组织外部的关系，从而使对与之相对应的个体行为、群体行为以及组织行为的理解更为深入，明晰组织间关系对个体行为、群体行为乃至组织行为的具体影响；关注组织以其社会公民身份而进行的组织慈善行为，从组织社会责任及组织伦理等角度对慈善行为进行深入而系统的研究，阐释组织慈善行为的内涵、动因、功能以及策略等内容；突出组织文化对组织行为的重要影响作用，从组织文化的内涵、类型、功能、形成、内化、外化、维系、传承与变革等多方面对其进行系统研究。

本书以理论结合实务，可读性强，便于举一反三。本书不仅可作为全国各经济管理院校管理专业本科生、研究生、MBA、EMBA 的教材，而且可作为各类企事业单位管理人员在职学习和培训的参考用书。

图书在版编目（CIP）数据

组织行为学：现代的观点/任浩，甄杰，张军果著. —2 版. —北京：清华大学出版社，2019.12（2024.9 重印）
21 世纪工商管理（MBA）系列新编教材
ISBN 978-7-302-54210-0

Ⅰ. ①组… Ⅱ. ①任… ②甄… ③张… Ⅲ. ①组织行为学—研究生—教材 Ⅳ. ①C936

中国版本图书馆 CIP 数据核字（2019）第 255383 号

责任编辑：邓　婷
封面设计：刘　超
版式设计：文森时代
责任校对：马军令
责任印制：沈　露

出版发行：清华大学出版社
网　　址：https://www.tup.com.cn, https://www.wqxuetang.com
地　　址：北京清华大学学研大厦 A 座　　邮　　编：100084
社 总 机：010-83470000　　邮　　购：010-62786544
投稿与读者服务：010-62776969，c-service@tup.tsinghua.edu.cn
质量反馈：010-62772015，zhiliang@tup.tsinghua.edu.cn
印 装 者：三河市龙大印装有限公司
经　　销：全国新华书店
开　　本：185mm×260mm　　印　　张：30.25　　字　　数：696 千字
版　　次：2011 年 3 月第 1 版　2019 年 12 月第 2 版　　印　　次：2024 年 9 月第 2 次印刷
定　　价：79.80 元

产品编号：080416-01

第2版出版说明

本书的第一版自出版以来，受到了广大读者的好评，被国内多所高校选为“组织行为学”课程的教材，并获得了上海汽车工业教育基金会颁布的“优秀著作二等奖”。

本书保留了原有研究的范围、结构和主线，研究的范围注重从组织内部向组织之间延展，研究的结构仍然是沿用组织行为识别、选择与反馈的组织行为管理的“三维”结构，并遵循了由硬因素与软因素相结合的“二元非均衡”的阐述体系。在此基础上主要做了如下几方面修改。

1. 更新了案例

新版中对每章的引例和章末案例讨论进行了更新，加入了大量的新案例，且全部更新为我国本土企业的案例，这些案例反映了我国当今的组织行为管理的现状。新增案例既包括国有企业（如宝钢、海尔等），也包括新兴互联网公司（如京东、阿里等）；既包括高科技制造企业（如华为、大疆、小米等），也包括一些服装鞋帽生产企业（如李宁、韩都衣舍等），还包括一些服务型企业（如海底捞、顺丰快递等）。这些案例不仅可以帮助读者理解理论，更能帮助读者了解中国企业在组织行为管理方面的成败得失。

需要指出的是，虽然案例附在每一章的后面，但每一个案例都可以从不同的角度进行分析，因此每章的案例读者都可以利用书中其他章节中的理论和观点对其进行分析。案例后附有一些讨论题，读者也可以提出其他一些问题对该案例进行分析。

2. 新增了“自我测试”栏目

借助成熟的工具和量表，帮助读者更好地理解自己和自己所在的组织，并使读者清晰地了解如何适应特定的组织或情景以及未来如何完善和发展自己。

3. 调整了部分章节，增加了新的内容

第 1 章增加了积极组织行为学的内容；第 3 章增加了个体行为绩效的内容；第 5 章增加了决策中常见的知觉偏差和错误，并提出了如何克服个体决策偏差的内容；第 6 章增加了主要工作态度的内容；第 9 章增加了企业间领导力、社会网络与权力的内容；第 10 章对章节顺序进行了调整；第 11 章增加了微信沟通的内容；第 12 章增加了第三方解决冲突的内容；第 14 章增加了平台型组织和生态型组织的内容；第 15 章增加了创新型文化的内容；第 17 章增加了企业间领导力对中国企业联盟的构建策略等内容。

4. 更新了“拓展阅读”栏目

该栏目所推荐的书籍主要反映的是学者和现实组织中的管理者所关注的热点和前沿问题，包括组织行为学方面的经典著作和最新力作。第2版新增的“拓展阅读”包含《组织》《组织理论：理性、自然与开放系统的视角》《组织与管理研究的定性方法》《心理学与工作》《乌合之众：大众心理研究》《组织领导学》《企业伦理学》《变革加速器》等书目。

第1版中的许多特色仍然在第2版中很好地保留了下来，因此，本书的总体风格与第1版一致。

本书各篇均有序言，以引出各章节的内容；各章的“学习目标”可使读者清晰了解本章的学习要点，各章的开头的“引例”介绍了一个与本章内容相关的案例，帮助读者将理论与实践联系起来。各章章末均有“本章小结”和“关键概念”，对该章的主要内容进行回顾；各章节的“管理工具”为读者提供了解决问题的具体方法，使本书有更好的应用价值。与本章内容相关的“案例讨论”设计是为突出实务的需要，用理论来解释现实中的问题。此外，每章均设有“思考题”，主要是为了加深读者对相关内容的理解。“拓展阅读”栏目为读者提供了更广泛的阅读建议，有助于读者拓宽学习面。

致谢！

作 者

2019年9月

组织行为学新论：范围、结构和主线

长期以来，技术或商业模式被普遍认为是企业的核心竞争力。然而，企业要保持长久持续的竞争优势，绝非技术或商业模式一己之力，甚至在许多情况下，二者也并非企业成功的关键因素。从系统观点来看，企业不仅需要重视技术（technology）和商业模式（business model），而且必须重视组织行为管理（organizational behavior management）。或者说，企业的持续竞争优势是技术（T）、商业模式（B）、组织行为管理（O）之和，即 TBO 竞争力。片面地将核心竞争力理解为 T 或 B，而忽视 O，这正是中国企业在竞争领域中大而不强的主要原因。但是在组织行为管理研究领域，其范围、结构与主线等决定其发展水平与路径的基本问题，仍没有得到明晰和系统的阐述，从而也增加了问题的模糊性，并有碍于企业核心竞争力的提升。因此，必须就这一问题进行新的探讨。

1. 范围：组织内部向组织之间的延展

现代企业组织的边界已经难以用产权关系来界定，企业间关系在广度、深度和频度上均已超越了传统的企业边界，因此应将组织间关系、合作战略等作为重要的视角与内容，吸收并反映在个体、群体与组织三个层面的行为管理中。本书在分析组织行为管理内视化合理性的基础上，分析其外部化的必然趋势，从而明确由内而外的组织行为管理范围。

1）组织行为管理内视化的历史合理性

自组织诞生的那一天起，就存在着组织之间的行为关系。但无论是实业界还是学术界，一直以来，都更为关注组织内部的行为。以企业组织行为为例，其关注点在很长一段时间内都停留在企业内部。从手工作坊到工场手工业以至机器大工业，从亚当·斯密的分工理论到泰勒的科学管理理论以至管理理论丛林的出现，大都在企业内部范围中探索生产效率的提高问题，处理的是岗位之间或者是部门之间的行为关系。

无论是所提供的商品或服务的数量还是质量，即在组织行为绩效方面，同类型或同行业中的不同组织存在着明显的差异，而这种差异其实受到内部和外部两个方面的影响。从外部环境探究，我们可以找到诸如政治、经济、社会、技术等方面的影响因素；从内部环境分析，除了静态的组织结构的作用外，组织成员动态的表现和行为扮演着重要的角色。唯物辩证法认为，事物的变化发展是内因和外因共同作用的结果，但内因是事物变化发展的根据，起决定性作用；而外因是事物变化发展的条件，并通过内因起作用。因此，组织内部因素，尤其是组织中动态的人的行为形成了各个组织不同的表现。组织行为研究的核心也自然聚焦于组织中人的行为。

组织行为是一项十分复杂的社会行为，但从行为内容来看，可以认为组织行为包括管理行为和业务行为两种类型。其中，管理行为以指挥他人完成具体任务为特征，如公司经理、学校校长、医院院长等所从事的工作，大部分时间是用于计划、组织、领导和控制等方面，其行为表现为管理行为；业务行为则是以完成具体的组织目标为特征，如工人制造产品、教师讲授课程、医生治疗疾病等工作，是具体的业务或操作，其行为不表现为管理性，属于业务行为。业务行为可以使组织直接达到组织目的，而管理行为则是促进业务行为实现组织目的的手段和保证。

不管是组织的管理行为还是业务行为，都表现出组织活动的复杂性，因而对组织行为的分析和研究具有不同的角度。一般认为，可以从微观、中观和宏观三个层面来分析和研究组织行为，即个体层面行为、群体层面行为和组织层面行为，如图 0-1 所示。从这三个层面对组织行为进行划分与研究，是组织行为内视化的结果，虽然这种研究方式并未排斥外部环境影响因素的作用，但无疑，组织外部因素受到了忽视或被边缘化了。

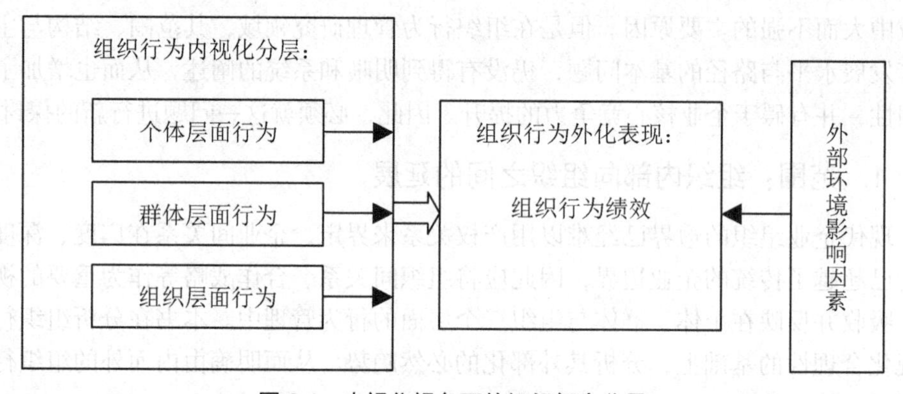

图 0-1　内视化视角下的组织行为分层

2）组织行为管理外部化的必然趋势

尽管从组织外部来研究组织行为管理的视角长期被忽视，而且即便是在西方经济学对市场类型的划分中，也只能笼统地按照竞争程度的高低来理解企业间关系，但是从 20 世纪 50 年代开始，伴随着全球化、信息化的发展以及知识经济的兴起，“企业间关系”或“企业间关系网络”逐渐成为学术界热烈探讨的课题。对于组织行为管理的研究视野也随之由组织内部趋向于拓展到组织外部，并形成“竞争”与“合作”两个研究的基准点或者“竞合”这一个基本概念。

新的发展背景下，技术创新成为经济可持续发展和提高国家竞争力的迫切需要，也是企业等组织生存与发展的核心与关键驱动力。以企业组织为例，其技术创新大体上历经了简单引进的前端创新、集成改进的模仿创新与注重研发的自主创新三个阶段。目前，针对自主创新能力薄弱的问题进行研究，其根本原因并非研发力量的不足，而在于封闭式的创新模式。封闭式创新强调在企业内部发现关键性的技术资源，通过企业自身的研发渠道，将新创意、新技术转变成新产品，并从中获得价值，这种创新观点仍然是组织行为管理内视化的直接表现。然而，由于熟练工人的可获得性和流动性越来越强、风险资本市场的发展、被搁置的研究成果面临更多的外部选择机会，以及外部供应商的生产能力不断提高等破坏性因素的存在，企业的发展将不再完全依靠其内部的计划、想法，而是要能有效地利用企业内部和外部的所有创意，从而强调外部知识资源对于创新过程的重要性，即应该寻求开放式创新的途径。在这种创新模式下，势必要更多地从组织外部管理其行为，以达到组织内部与外部的和谐共治。

此时，企业等组织之间基于竞合关系形成特定的网络，各组织在这一网络中占据着不同的位置，这些位置具有可辨识和可自我复制的特点。组织间位置的差异化对于各种资源的分布与共享具有重要影响。就企业组织对资源的拥有来说，资源既可以是企业自身所拥有，也可以是以其在网络中的位置而拥有，也即位置资源。位置资源不仅包括嵌入在企业位置上的经济资源，而且也包括企业自身的权利、财富和声望等社会资源。在组织网络中，企业按其位置不同而差别地占有相应的资源和结构性地分配这些资源，并做出不同的贡献。从静态的角度来讲，新的发展环境下，企业等组织需要从外部（至少是从网络的视角）关注其行为方式，争取有利的发展位置与空间；从动态的角度来讲，企业等组织则必须采取适当的组织行为，以引导和促进组织行为发生改变，从而对行为绩效进行优化，如图 0-2 所示。

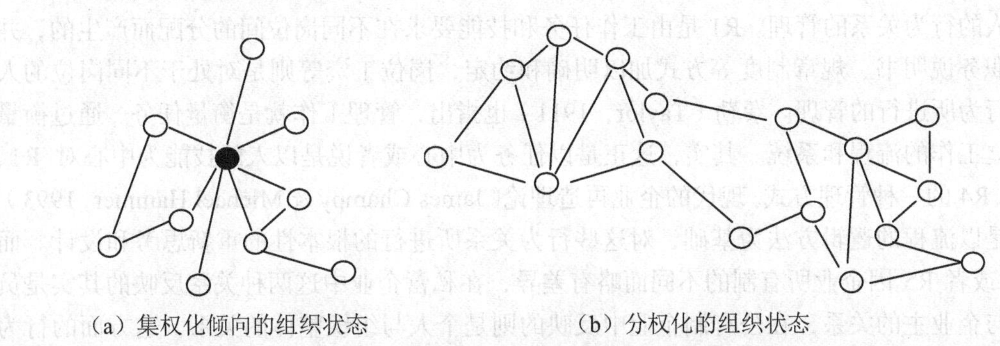

（a）集权化倾向的组织状态
（b）分权化的组织状态

图 0-2　促进组织行为外部化的网络式发展环境

图 0-2 从总体上展示出组织生存与发展的两种商业生态网络环境，其中（a）图表示网络中的组织具有集权化倾向，黑色圆点即代表处于核心地位的组织；而（b）图则表示分权化的组织状态。

3）组织行为管理的范围

可见，组织行为已经系统地涉及内部和外部两个方面，而从管理的本质来看，管理是对组织内外不同层次的行为关系进行协调，通过对以人为主体的岗位、部门、组织间关系的协调，有效完成组织目标。这一理解与组织行为管理范围由内而外的延展相得益彰。

依据对于管理本质的阐释，我们以图示的方式对组织行为管理的范围进行分析，如图 0-3 所示。组织行为管理是以人为主体，但管理中的人不是一般意义上的抽象的人，而是以岗位、部门、组织为载体的具体的人。组织行为管理就是对处于这些层面中的具体化的人的行为关系进行协调，并表现为岗位、部门以及企业间三个层面的行为关系协调。这三个层面之间形成六种类型的行为关系，它们不仅构成了行为管理的实际内容，而且也勾画出行为关系发展的历史路径。以企业组织为例，即由企业内部的岗位、部门间的关系延伸到企业外部即企业之间的关系。图 0-3 中的小方格代表这些具体的行为关系类型，方格的颜色逐渐加深以及箭头的指向表示行为关系演变的趋势。我们可以从企业内部与企业外部两个方面对组织行为关系进行解析。

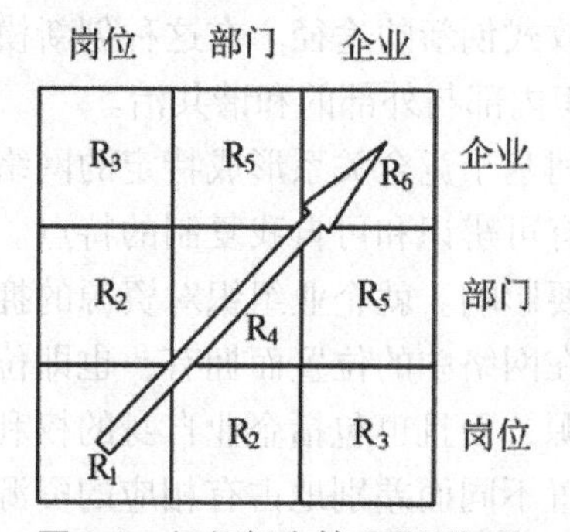

图 0-3　组织行为管理范围矩阵

（1）内部的组织行为管理。如图 0-3 所示，企业内部的关系包括 R1（岗位间关系）、R2（岗位与部门间关系）、R3（岗位与企业间关系）、R4（部门间关系）、R5（部门与企业间关系）五种。按照对管理本质的理解，这五种关系实际上都是对处于不同层面中的人的行为关系的管理。R1 是由工作任务和技能要求在不同岗位间的分配而产生的，并以职务说明书、规章制度等方式加以明确和约定，岗位工资等则是对处于不同岗位的人的行为所进行的管理。泰勒（Taylor，1911）也指出，管理工作就是衡量任务，通过衡量建立工作的流程和系统。其实，这正是以任务为中心或者说是以人的技能为中心对 R1、R2、R4 的一种管理方式。现代的企业再造理论（James Champy & Michael Hammer，1993）就是以流程的逻辑方法为基础，对这些行为关系所进行的根本性的重新思考和设计。而 R3 或者 R5 因企业所有制的不同而略有差异，在私营企业中这两种关系反映的其实是员工与企业主的关系，在公有制企业中反映的则是个人与组织整体的关系。这方面的行为管理早已受到关注，如泰勒利用规则和效率协调工人和雇主之间的利益关系；法约尔（1916）提出“个人利益服从总体利益”的一般管理原则以及韦伯的“组织利益高于个人利益”论述则可以为后者做出诠释。此外，斯隆（Alfred P. Sloan Jr.）通过分权将公司划分为事业部，并更倾向于对 R4 和 R5 进行行为管理。

（2）外部的组织行为管理。组织间的行为管理如图 0-3 中 R6 所示。此时，组织行为的触角已经延伸到企业之外。其实组织之间的各种行为与企业的出现相伴而生，并伴随福特流水线的成功及其自给自足式的垂直一体化运作而引起关注，但福特公司与供应商企业之间的行为管理却像“噩梦一样令人难以忍受”，当然，这主要是由于福特无法管理好自身与其他企业主之间的行为关系所致。此外，亨利·明茨伯格（Henry Mintzberg，1973）也指出，计划者完全忽视了“关系网络、与顾客/供应商和雇员的交谈、直觉和秘密消息的运用等软资料”。而查尔斯·汉迪（Charles Handy）提出的“三叶草组织”结构，即是“以基本的管理者和员工为核心，以外部合同工人和兼职工人为补充的一种组织形式”，通常用来解释企业把非核心的职能转包给其他独立企业的原因。

总体来看，组织行为管理已经形成系统化的发展状态，即正由关注组织内部行为走向组织内外部行为并重，甚至更加需要从组织外部来审视组织行为的发展态势。并且这两种行为过程并非平行或者割裂的，而是经由长期的历史沉淀以及经济社会的发展演变，相互交融和影响，共同决定着组织行为绩效。

2. 结构：组织行为的识别、选择与反馈

从学科的角度来讲，组织行为学是研究组织系统所涉及的个体、群体和组织层面及其相互作用关系的行为规律，以提高管理者识别、选择和优化人的行为能力，获得组织运行效率的行为科学。而对行为进行优化之前，往往需要先对行为进行评估，这两个方面则构成了行为反馈的内容。由此，我们提出并构建了组织行为识别、选择与反馈的“三维”结构。其中，行为识别是事前对事物的状态及其出现的原因进行分析；行为选择是事中从自律和他律的视角将环境、任务与行为进行匹配；行为反馈则是事后效果评估与处理。三个阶段形成行为管理的结构化内容，其目的是提高与优化组织效率。

1）组织行为的识别

组织行为的识别是对组织内部与外部行为的状态与表现进行分析，其基本内容包括明晰各种组织行为的类型与表现、判断具体行为的特点与作用、把握组织行为的发生条件三个方面，并通过行为识别进而为组织行为的选择做好准备。可见，组织行为识别是依循“类型表现—作用特点—发生条件”的过程与思路而展开的。

以企业组织的业务流程为例，对业务流程进行识别，而其识别工具可以迈克尔·哈默（Michael Hammer，2004）所构建的“流程和企业成熟度模型”（Process and Enterprise Maturity Model，PEMM）为代表。该模型关注了企业内部个体、群体、组织层面的行为，描绘了各级别所对应的行为特点，并分析其相应的作用。在组织间行为关系日益发展的背景下，PEMM 也高度重视在面向外部客户的过程中各层面的行为方式。同时，PEMM 从五个方面对组织的业务流程进行识别，即设计（design）、执行者（performer）、负责人（owner）、基础设施（infrastructure）和指标（metrics），并成为“流程能动因素”（process enabler），通过把握这些因素，可以明晰行为的产生条件以及流程的长期运行效果。可见，PEMM 较好地反映了组织行为识别的内容。

总体来看，PEMM 所反映的组织行为的识别，在较高级别中由组织内部行为延伸到了组织外部即组织间行为。其中，各能动因素间相互依存，缺一不可。例如，流程负责人过于弱势，则无力推行好的流程设计；执行者缺乏培训，则没有能力完成流程设计的执行。流程能动因素的强度分为 P-1、P-2、P-3 和 P-4 四个级别，并逐级递增（见表 0-1，该表详细内容见表 13-2）。就执行者来说，P-1 级别的员工仅知道该流程的存在及衡量指标；P-2 级别的员工须描述整个流程及其目前所处流程的环节；P-3 级别的员工要说明其工作将如何影响企业的绩效；P-4 级别的员工则必须知道其工作会如何影响客户及供应商，也就是要对组织间行为深入了解。

表 0-1 识别业务流程成熟度

使能器	变量	P-1	P-2	P-3	P-4
设计	目标	主要利用原有的流程设计来改善部门绩效	从头到尾的流程设计以优化流程绩效	流程设计考虑了与企业内其他流程和IT系统的匹配	以适应客户和供应商并达到优化企业间绩效的目标
	流程间关系	……	……	……	……
	记录	……	……	……	……
执行者	知识	能讲出所施行的流程名称并识别流程绩效的关键指标	能全面地描述流程，知道其工作的影响、流程要求的绩效标准和实际绩效水平	熟悉基本商业概念和企业绩效驱动因素，并能描述其工作是如何影响其他流程和企业绩效	熟悉企业所处行业及态势，并能描述他们的工作如何影响跨企业流程的绩效
	技能	……	……	……	……
	行为	……	……	……	……
负责人	身份	……	……	……	……
	活动	能界定和记录流程，并与所有执行者沟通，发起小规模的变革项目	能清晰表达流程绩效目标和未来远景，发起再设计和改革活动，计划并确保按设计的流程实施	和其他流程负责人合作，整合所有流程，以实现企业目标	制定流程的滚动战略，参与战略规划，与同事一起为客户和供应商工作，发起企业间流程再造
	权利	……	……	……	……
基础设施	信息系统	由原来分散的IT系统支持流程运行	构建基于各部门的IT系统的整合体系 以支持流程运行	根据流程需要设计集成IT系统，符合企业标准，支持流程运营	支持流程的IT系统采用模块化架构，符合跨企业沟通的行业标准
	人力资源	……	……	……	……
指标	定义	流程有一些基本的成本和质量衡量指标	根据客户要求，为整个流程制定衡量 指标	根据企业战略目标制定流程衡量指标及跨流程衡量指标	根据跨企业流程目标来制定流程的衡量指标
	运用	……	……	……	……

在识别能动因素强度所决定的流程成熟度时，如果五个能动因素都处于P-1级别，则流程本身处于P-1级别，并依此类推。但如果五个能动因素中即便有四个达到某一级别，则该流程也只应该属于下一级别。尤其是，如果某能动因素十分薄弱，连P-1级别都达不到，那么该流程就默认处于P-0级别，也就是企业尚未致力于发展业务流程时的

自然状态。具体来说，P-0 级别的流程运行无法保持稳定状态；P-1 级别的流程较为可靠、运行稳定；P-2 级别的流程能够实现卓越绩效；P-3 级别的流程能够实现最优绩效；而 P-4 级别的流程是最佳流程，它已经超越企业界限，延伸到上游供应商和下游客户。对于表 0-1 的具体使用方法，可以在第 13 章中详细了解。

2）组织行为的选择

一般来说，经过组织行为识别阶段，备选的组织行为并非一种。由于组织行为选择是影响组织生存发展的关键，所以组织需要基于自律和他律的视角，对环境、任务和组织行为进行匹配。组织行为选择必须首先基于两个方面的基础性依据：一是内部的组织战略目标；二是外部的生产环境。然后，组织需要考虑行为选择的方法，是进行民主协商还是主张个人决断；是相信直觉还是依靠严谨分析，这些都是做出选择的前提。此外，行为选择所可能付出的成本、获取的收益及风险程度等经济性分析也是选择过程中所涉及的内容。可见，“基础性依据—前提性方法—经济性分析”是组织行为选择的基本逻辑思路。

我们仍以组织行为中的流程变革为例，匹配企业组织能力与组织流程。具体来说，与企业配套的环境包括四个方面的组织能力，即领导能力（leadership）、文化（culture）、专业技能（expertise）和治理（governance）。企业必须具备所有这些能力，才有可能贯彻流程能动因素的要求，并保持流程的长期绩效。也就是说，企业能力必须达到基本级别，才能启动流程变革项目；而要取得更大的进展，也同样必须达到更高的能力级别。企业能力级别分为四级，即 E-1、E-2、E-3 和 E-4。如果一个企业的能力为 E-1 级别，那么企业的成熟度就处于第一级别，依此类推。

每一种能力的各级别都分别有具体的界定标准（见表 0-2，表 0-2 的详细内容见表 13-3）。例如，若组织文化处于 E-1 级别，就表示它拥有一定的团队合作经验。但要想更进一步，企业就必须拥有 E-2 级别的文化，也就是说，企业需要经常组织跨职能的项目团队，并使员工熟悉团队合作；而要想达到 E-3 级别，团队合作就必须成为企业的标准工作方式；当企业习惯于和供应商及客户的团队合作时，才会上升到 E-4 能力级别。

其实，这也为组织能力与流程变革的匹配提供了选择方法。如果要选择更为成熟的业务流程，就必须具备更高级别的组织能力。这就需要企业组织按照表 0-2 中所描述的要求，改善相应的组织行为，在领导力、文化、专业技能与治理水平等方面达到与业务流程级别相匹配的程度。

表 0-2 企业组织能力与业务流程匹配

能力	变量	E-1	E-2	E-3	E-4
领导力	了解	高管有改善运营绩效的意识	高管深入了解业务流程概念及其实施，知道如何利用业务流程提高绩效	高管层从流程角度审视企业，并为企业及其流程制定愿景	高管层从流程角度来审视自己的工作，并将流程管理视为管理企业的方式

续表

能　　力	变　　量	E-1	E-2	E-3	E-4
领导力	协调	由中层管理人员领导流程项目	由高管领导流程项目，并对此负责	高管层对流程项目的看法高度一致，并有各层面员工协助	各级员工都对流程管理极热忱，并发挥流程再造领导作用
	行为	有一位高管支持并适当参与流程改进	有一位高管从客户利益出发设定长远流程绩效目标，并准备达成这些目标	高管们以团队形式开展工作，通过流程来管理企业，并积极参与流程项目	高管层成员以流程开展各自工作、作为战略规划的重心，并发掘新的商业机会
	风格	……	……	……	……
文化	团队合作	团队合作只见于项目之中，并非常规活动	企业普遍采用跨职能项目小组以实施改进项目	团队合作是流程执行者的惯用方式，在管理者中也常见	与客户和供应商进行团队合作已是屡见不鲜
	客户至上	……	……	……	……
	责任	……	……	……	……
	对变革态度				
专业技能	员工	只有一小群人深知流程的作用	有一群专家拥有流程再造和实施等方面的技能	有一群专家拥有大规模变革管理和企业转型方面的技能	大量员工拥有流程再造和实施等方面的技能
	方法	……	……	……	……
治理	流程模式	企业确定一些业务流程	企业开发完整的企业流程模式	流程管理模型已传达到整个企业，并与企业层面的技术和数据架构进行连接	流程模型与客户和供应商的流程相连接，并制定战略
	责任	……	……	……	……
	整合	……	……	……	……

3）组织行为的反馈

组织行为反馈是指评估组织行为在一定环境下产生的绩效，如果绩效满意，则保持目前的状态；如果有待改进，则采取措施对组织行为进行优化，并最终提高组织的效率。本书仍以企业组织流程变革为例来说明组织行为反馈即组织行为评估与组织行为优化的相关问题。

如前述内容，流程能动因素和企业能力构成了一个完整的框架，企业可以利用这个框架来评估业务流程的成熟度以及组织对流程变革的接受程度，进而对组织行为进行优化。壳牌公司在流程管理方面曾设计了两个核心流程，即“确保安全生产”流程和“可靠性维护”流程，以改善炼油厂的运营绩效。

为了进一步改善其绩效，公司决定把流程能动因素从P-2提升到P-3级别，并带领领导团队利用PEMM框架，寻找需要改善的领域。在这一过程中，公司高层管理人员与一线员工明晰双方的差异所在，并为此进行了充分的沟通，从而使得评估结果更准确。评估显示，企业的多个能动因素已处于P-3级别，但执行者的知识以及根据指标设定目标的能力仍显不足。同时，治理水平也有欠缺。基于此，公司领导团队采取相应的措施，以增进执行者对流程的了解，并使用更具结构性的方法来设定绩效目标。此外，公司还成立了项目管理办公室，从而持续提高了企业的流程绩效。

当组织能力与相应级别的流程变革进行匹配并获得高绩效时，维持流程的高绩效则成为进一步关注组织行为的关键。以高乐氏公司（Clorox）为例，该公司在流程再造取得高绩效的基础上，重新评估子流程的成熟度与相关部门的能力，并使得评估小组在变革内容与变革方法方面达成共识。根据评估后所发现的问题，公司制订了下一年的行动计划，并把流程改造的情况记录备案。利用这些记录，帮助员工做好变革准备。同时，公司还让更多的人员参与到流程重组的工作中来，从而扩展了公司的技能基础。

3. 主线：二元非均衡论

组织行为管理的研究试图以个体层面行为、群体层面行为以及组织层面行为为主体，以组织内部行为和组织外部行为为框架，构成层次合理、清晰的组织行为系统。我们认为，从个体到群体再到组织的三层面内容以及由内而外逐渐延展的范围，遵循了由硬因素与软因素相结合的“二元非均衡”的阐述体系。“二元非均衡”是指组织行为是同一时间内受软硬“二元”因素共同作用，不同时段内二元因素重要程度“非均衡”状态的作用结果。“二元非均衡”作为影响组织行为的“软”“硬”两个方面因素在不同阶段相互演化的作用状态，体现了组织行为效用与演化过程的本质特征。个体行为、群体行为、组织行为均受到运作性的软因素和基础性的硬因素的共同作用与反应，而且随着组织规模的扩大，二元因素重要程度将呈现软重硬轻、软轻硬重直至软硬并重的“非均衡”演化规律。

同时，组织行为所涉及的内容也在“二元”的视角下形成思想主线，如图0-4所示。这里的“硬因素”是指各层面中发挥平台、载体或基础性作用的影响因素；而“软因素”则是围绕“硬因素”的基础性作用对各层面行为产生影响。具体来说，个体层面行为依循个体动机、知觉、能力、个性的逻辑思路展开，其中，能力属于影响个体行为的“硬因素”，而动机、知觉与个性则属于影响个体行为的“软因素”；群体层面行为依循领导、决策、沟通、冲突的逻辑思路展开，其中，领导属于影响群体行为的“硬因素”，而决策、沟通与冲突属于影响群体行为的“软因素”；组织层面行为则依循结构、文化、伦理与慈善、变革的逻辑思路展开，其中，结构属于影响组织行为的“硬因素”，而文化、伦理与慈善、变革则属于影响组织行为的“软因素”。可见，在这三个层面中，每一层面的行为既受到“软因素”的影响，也受到“硬因素”的影响。

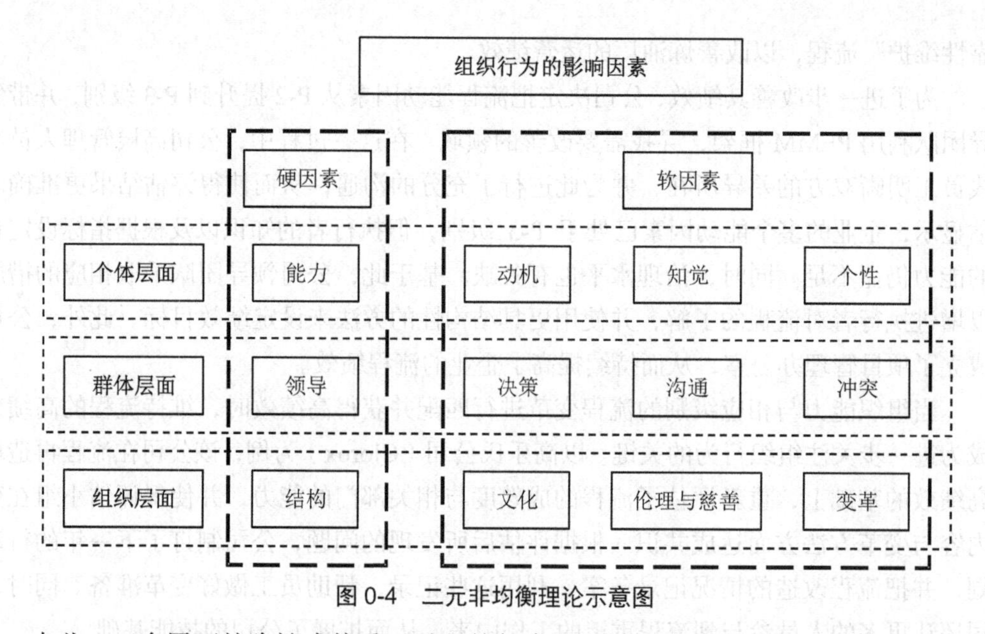

图 0-4　二元非均衡理论示意图

由此，三个层面的隐性或偏重于过程的行为以及显性或偏重于结果的行为形成了组织行为的整体范式，以这一行为结构为基础展开各层面的行为过程，并最终达成组织行为绩效。我们认为，行为范围（scope）、行为结构（structure）、行为主线（mainline）相互联系与影响，其中，行为范围是行为结构的基础与条件，行为主线则是组织行为的主要内容与发展趋势。进一步地，行为结构是组织行为的静态表现，而从动态的角度考虑，影响各层面行为的因素决定了组织行为过程（process）。行为结构与行为过程共同形成了组织的行为绩效（performance）。最终，行为结构、行为过程与行为绩效三个方面构成了组织行为管理的 SPP 范式，如图 0-5 所示。

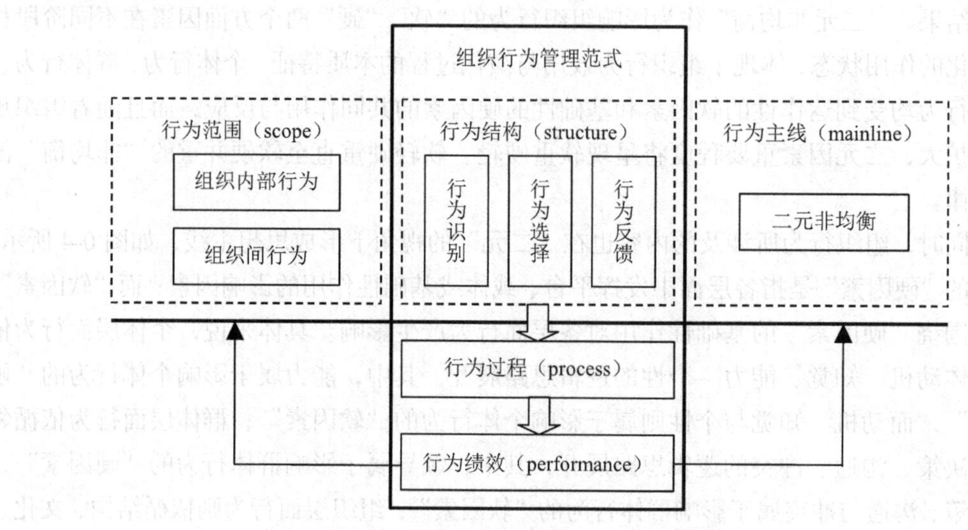

图 0-5　组织行为管理范式（SPP 范式）

任　浩

2010 年仲秋

目 录

第1篇 组织行为学基础

第2篇 个人因素与个体层面行为

第 3 篇 群体因素与群体层面行为

第 4 篇　组织因素与组织层面行为

第4篇 组织因素与组织层面行为

第 1 篇　组织行为学基础

组织行为学是管理学理论的重要分支，虽然对于组织、组织行为以及组织行为学等概念呈现出众说纷纭的局面，但是毫无疑问，组织行为学已经成为解决管理实践中所遇实际问题的重要学科。第 1 篇作为本书的开篇之作，不仅是学习组织行为学理论的基础，也是理解本书编写思路与方法的基础，并从总体上厘清了“二元非均衡”的写作思想。所谓“二元”，即从“硬”与“软”两个方面来理解影响个体层面行为、群体层面行为以及组织层面行为的诸多因素。其中，硬因素具有外显或者表现为结果的特点，包括个体层面行为中的个体能力、个性，群体层面行为中的群体领导、群体决策，组织层面行为中的组织结构；软因素具有内隐或者表现为过程的特点，包括个体层面行为中的个体动机、个体知觉，群体层面行为中的群体沟通、群体冲突，组织层面行为中的组织文化、组织伦理与慈善、组织变革。所谓“非均衡”，即对于某一组织而言，硬因素与软因素的作用程度具有差异性，这种差异性伴随着组织的规模、行业背景以及其所处外部环境的不同而有相应的表现，并从中体现出组织行为的现代性。例如，传统观点认为规模越大的企业越受制于组织结构等硬因素的观点，已经在组织文化等软因素的重要作用下发生了转变。

同时，本书具有两个鲜明的特点，即突出了组织行为学的现代性和方法性。所谓“现代性”，即突出了组织间关系视角下的组织行为，并明确慈善管理的重要性；所谓“方法性”，即详细介绍了研究和运用组织行为学相关知识的实用工具与方法。

本篇包括两章内容，第 1 章系统阐述了组织行为学的概念与特点、内容与研究方法，其中，我们特别关注在全球化、信息化和知识经济的发展背景下，有关概念、内涵的拓展，以及研究内容所受到的影响。对于组织来说，研究视角正从组织内部延伸到组织外部，组织与外部环境之间的互动受到前所未有的重视，组织间关系开始成为商业生态环境下的研究重点，并对组织行为带来直接和深远的影响。因此，我们既从组织内部研究组织行为学的相关内容，同时也将其拓展至组织外部，即在明确组织间关系内涵以及组织间关系类型演变的基础上，分别描述组织间关系这一新的发展趋势对个体行为、群体行为以及组织行为三个层面所带来的相应变化。第 2 章主要介绍组织行为学的理论基础，首先阐述了其学科基础，即介绍组织行为学与心理学、社会学等相关学科之间的关系；然后明确了其思想基础，并从“封闭系统”与“开放系统”两个角度对此进行详细分析。

第1篇 组织行为学基础

组织行为学是管理学理论的重要分支。这些对于组织、组织行为以及组织行为学的概念与理论的研究[illegible]，[illegible]已经成为解决管理实践中所遇到的问题的重要手段。第1篇作为本书的开篇之作，本篇主要介绍组织行为学理论的基础，[illegible]并从总体上阐述了“[illegible]”的[illegible]，所谓“[illegible]”，即从“[illegible]”与“[illegible]”两个方面来理解组织中个体层面行为、群体层面行为以及组织层面行为[illegible]。[illegible]个体层面行为中的个体能力、个性，群体层面行为中的群体决策，组织层面行为中的组织结构[illegible]，还包括个体层面行为中的个体知觉、个体认知，群体层面行为中的群体冲突，组织层面行为中的组织文化、组织变革等。[illegible]企业管理环境的[illegible]，[illegible]组织行为学[illegible]的重要作用[illegible]。

同时，本篇还[illegible]现代组织行为学的[illegible]，[illegible]组织行为学的研究方法[illegible]。

本篇包括两章内容。第1章系统阐述了组织行为学的概念与特点、内容与研究方法。其中，[illegible]，[illegible]组织内部[illegible]组织外部[illegible]。[illegible]。第2章主要介绍组织行为学的理论基础，[illegible]。

第1章
绪论

本章学习目标

1. 领会组织与组织行为的概念；
2. 熟悉组织行为学的概念与特点；
3. 掌握组织行为学的内容体系；
4. 了解组织行为学的研究方法；
5. 了解积极组织行为学的新进展，熟悉积极组织行为学的内涵；
6. 认识组织间关系背景下的组织行为。

引例

上海九华企业管理咨询有限公司是企业与政府的顾问机构，是战略与组织领域解决方案的提供者。公司曾先后为数以百计的国内外大中型企业、政府机构和国际组织提供了管理解决方案和培训服务。近年来，公司的咨询师们发现，寻求咨询服务的领域正逐渐显现出一种新的发展趋势，即由传统的区域发展规划、产业规划以及组织设计等咨询业务为重点，同时向以人为核心的组织行为领域并重的方向演变。

2009 年 5 月，九华咨询公司顺利完成了某银行人力资源管理的咨询项目。诚如该银行一位高管人员所言："我在大学所学习的课程知识可以帮助我成为一位专业领域的专家，但是在帮助我理解和处理有关人的问题时却捉襟见肘。"他以十多年的工作经验认识到，"大多数项目成功的关键在于人。工作中最困难的部分不是解决技术问题，而是如何与个性迥异的人们沟通与相处。就这一点来说，激励人们主动并出色地完成工作任务，与我的沟通技能息息相关，而与我的专业技能则少有瓜葛"。

其实，无论是对政府部门还是各类企业而言，其组织内管理工作的业绩与成效以至组织成功，在很大程度上都可归功于形成了良好的人际关系。纯粹的技术知识仅仅是提供了一个立足点而已，在此之上，人际关系技能才是最为重要的。现实中，实业界的经理们对人际关系技能在管理成效方面的重要性早有认识与感触，然而，学校课程的反应却较为迟滞。直到 20 世纪 80 年代，学校的课程还集中于管理的技能方面，强调经济学、会计、财务以及定量的技术类课程，人们的行为相比之下未受到重视。随着时代的变革与组织的发展，这种情况与现实需要之间的矛盾日渐加深，组织行为学系统知识便由此应运而生。

九华咨询公司敏锐地感受到了组织发展中的这一现实需要，并在解决这些具体问题的过程中走在了时代的前沿。[①]

九华咨询公司所面临的咨询项目发展的新趋向，反映出现代组织行为领域所涉及的两个基本问题：一是组织对其成员的思想、感情和行动的影响方式；二是组织的各个成员的行为方式及其绩效对整个组织绩效的影响。通过研究组织如何制约个人以及个人如何影响组织等内容，有助于解答管理中最为棘手的问题，即人的问题。

同时，在全球化发展背景下，对企业生产效率提高等问题的探索视角，已经由对企业内部岗位之间或者是部门之间关系的关注，拓展到企业外部，即以企业间关系为研究对象，并从竞争与合作两个方面来理解企业间关系。在这一发展趋势下，如何进一步理解组织行为，如何重新审视组织间关系对组织行为的影响，为组织行为学的发展提出了崭新的课题。因此，在这一背景下，本章除了重新阐述组织行为学的研究内容与方法以外，还创新性地对组织间关系的发展演变及其对组织行为的影响进行前瞻性的分析。

1.1 组织行为学的概念和特点

1.1.1 组织与组织行为

我们对“组织”这一概念并不陌生，对“组织行为”即组织的各种行为表现也有一定程度的了解。正是组织及其行为使得人们的社会生活丰富多彩，并推动经济社会的健康发展。然而，对这两个概念的认识仅停留在经验印象的层面是不够的，作为组织行为学研究的基础与开始，必须对其含义有较为明确的理解。

1. 组织

什么是组织？这个问题似乎很容易回答，因为我们马上会想到家庭、企业、学校、政府及宗教机构等许多组织的表现形式。而且，我们可以根据不同的标准把它们进行分类。例如，可以把是否以营利为目的作为标准，将它们划分为营利性的组织（企业等）和非营利性的组织（政府及宗教机构等）。我们还可以联想到这些组织带给我们的成功与失败、满意与失望等，这些生动独特的体验，让我们可以对组织产生丰富多彩的理解，以至于目前，管理学家和组织学家们在组织的定义上也没有达成一致的认识。但为了理解和研究的需要，我们必须首先了解这些相关观点，并就组织的含义达成共识。

（1）国内外学者对组织概念的阐释。国内外文献中有关组织概念的界定不胜枚举，甚至可以说，有多少研究组织的学者就有多少关于组织的概念。这些对组织概念的理解只是由于研究视角的不同，而形成了不同的侧重点。我们择其要对这些观点进行阐述，如表 1-1 所示。

① 上海九华企业管理咨询有限公司网站：www. Jiuhua. net.

表 1-1 国内外有关组织概念的观点

学 者	有关组织概念的观点	核 心
马克斯·韦伯（Max Weber）	一种通过规则对外来者的加入既封闭又限制的社会关系，它意味着一个正式的、有意形成的职务或职务结构	职能结构的视角
切斯特·巴纳德（Chester I. Barnard）	有意识调整了的两个人或更多人的行为或各种力量的系统	视组织为协作系统
弗里蒙特·E. 卡斯特和詹姆斯·E. 罗森茨韦克（Fremont E. Kast & James E. Rosenzweig）	由为实现某种目的而在工作中结成一定关系的有知识和技能的人群组成	目标、心理系统、技术系统、有结构的活动整体
理查德·L. 达夫特（Richard L. Daft）	具有明确的目标导向和精心设计的结构与有意识协调的活动系统，同时又同外部环境保持密切的联系	强调了外部环境与组织的相互作用
斯蒂芬·P. 罗宾斯（Stephen P. Robbins）	一个自觉协调的社会单元，它是由两个或两个以上的人所构成，用以实现一个普通的目标或一组目标	协调
史蒂文·L. 麦克沙恩（Steven L. McShane）	向着某个目标而相互依赖工作的人的团体	强调组织目标和组织中人的因素
郑海航	由两人以上的群体组成的有机体，是一个围绕共同目标、内部成员形成一定的关系结构和共同规范的力量协调系统①	把组织作为实体
刘巨钦	为了实现一定的共同目标而按照一定的规则、程序所构成的一种责权结构安排和人事安排，其目的在于确保以最高的效率使目标得以实现②	把组织作为一种行为

（2）理解组织概念的三种视角。美国斯坦福大学教授 W. 理查德·斯格特以三种视角对组织概念进行界定，可以看作是对表 1-1 中各种观点的一个综合③，如表 1-2 所示。

表 1-2 理解组织概念的三种视角

视 角	该视角下组织的概念	该概念的基本思想
理性系统视角	组织是意图寻求具体目标并且结构形式化程度较高的社会结构集合体	将组织视为一个封闭的系统；组织有一个共同目标，是实现目标的工具，包括不同层次的分工协作

① 郑海航．企业组织学导论．北京：中国劳动出版社，1990：69.

② 刘巨钦．企业组织设计原理与实务．北京：企业管理出版社，1996：23.

③ 斯格特．组织理论：理性、自然和开放系统．北京：华夏出版社，2002：24-26.

续表

视　角	该视角下组织的概念	该定义的基本思想
自然系统视角	组织是一个集合体，参与者寻求着多种利益，无论是不同的还是相同的	强调组织是社会性的集合体
开放系统视角	组织是参与者之间不断变化的关系相互联系、相互依赖的活动体系；该体系植根于其运行的环境之中，既依赖于与环境之间的交换，同时又有环境建构	将组织视为在环境的巨大影响下，有着不同利益关系的参与者的联合

上述各种论述从不同角度阐释了组织的概念，并强调了组织某一个方面的特性和功能。我们认为，每一种论述对组织的界定都是不全面的，需要综合以上观点对组织的内涵进行重新认识。[①]

（3）本书对组织的定义。在分析国内外学者诸多观点的基础上，我们认为，组织是具有一致性目标的人们依照一定的原则所建构起来的、相互协作并具有一定边界的社会群体。对组织的内涵，可以做以下解释。

① 组织是具有特定目标、承担特定功能的群体。组织之所以在社会中存在，就是因为它具有一定的社会功能，不承担一定社会功能的组织迟早都要消亡。承担社会功能就必然派生出实现这一功能的目标，所以每一个组织都有为实现特定社会功能而设定的特定目标。正是因为在共同目标的感召下，人们才会集聚在一起形成相互协作的群体，以实现这个共同的目标。另外，组织既然是一个群体，就意味着一个人不可能构成一个组织，组织必须是两个或两个以上的人构成的。

② 组织是按照一定的原则构建的。遵循一定的原则建设组织，组织才能有效运行，才能产生出远远大于单个人力量之和的整体力量，发挥出组织的整体优势。构建组织的原则可以从多个方面进行考虑，例如从纵向来看，军队必须以相对集权的原则进行组织才会有战斗力，而一个研究所则须以相对分权的原则进行组织，才能充分发挥研究人员的聪明才智；从横向来看，一个组织必须以分工的原则将整体划分为各个不同的部门，才能获取专业化的优势以提高效率，而各个部门间或单个组织间又必须以合作的原则来获取所需资源，提高竞争力。

③ 组织的本质是一个相互协作的体系。一个群体如果要产生比各合作个体更大的力量、更高的效率，就应根据工作的要求与人员的特点，设计岗位，通过授权和分工，将适当的人员安排在适当的岗位上，用制度规定各个成员的职责和上下左右的相互关系，形成一个有机的组织结构，使整个组织协调运转。组织的协作体系由硬性和软性两个方面构成，硬性要素包括组织层级、部门与岗位分工等；软性要素包括协作意愿、协作目标、协作机制等。

④ 组织是有一定边界的。组织不仅具有在空间上把自己与周围环境区分开来的物理边界，而且具有规范其与外部环境发生联系的管理边界，如各种制度与规定。同时，组织成员对自己所处组织的归属与认可又形成了组织的社会边界。社会边界与物理边界、

① 任浩．现代企业组织设计．北京：清华大学出版社，2005：22-48.

管理边界具有不同程度的重合，重合程度越高，则组织成员对组织的同一性认识越高，其行为则越有利于维护组织目标的实现。随着外部环境的变化，组织边界也会发生相应的改变，并对组织间的沟通与联系产生影响。

2. 组织行为

我们经常看到，同类型或同行业中的不同组织所提供的商品或服务在数量和质量方面存在着明显的差异。从外部环境探究，我们可以找到诸如政治、经济、社会、技术等方面的影响因素；从内部环境分析，除了静态的组织结构的作用外，组织成员动态的表现和行为扮演着重要的角色。唯物辩证法认为，事物的变化发展是内因和外因共同作用的结果，但内因是事物变化发展的根据，起决定性作用；而外因是事物变化发展的条件，并通过内因起作用。因此，组织内部因素，尤其是组织中动态的人的行为形成了各个组织不同的表现。组织行为研究的核心也正是组织中人的行为。

组织行为是一项十分复杂的社会行为，包括管理行为和业务行为两种类型，并且这两种类型的行为都表现出组织活动的复杂性，因而对组织行为分析和研究具有不同的角度。我们认为，可以从微观、中观和宏观三个层面来分析和研究组织行为，即个体层面行为、群体层面行为和组织层面行为。

（1）个体。组织是由人组成的社会体，个体是形成组织的单位细胞。因此，个体行为是组织行为的基础。要使组织良好运作，关键在于细胞健全且有活力。这种活力来自于成员对于组织诱因激励的反应，而组织的诱因就是能满足成员需要的物质内聚力和精神凝聚力，简称为组织吸引力。这种组织吸引力与成员活力二者之间的关系既相辅相成，又呈现正相关的函数等式关系。所以，我们研究组织行为，重点要研究个体行为及其对工作的满意度，以便动之以情、晓之以理、行之有效地做好人的行为的组织协调工作。

（2）群体。群体行为是组织的中间层次。在长期的生产活动中，组织成员个体必须在工作中合作并协调其活动。这种个体间的互动慢慢形成一种群体，表现为小组、部门、委员会等组织形式，这也是一种客观存在的自然过程。群体分核心、边缘和外围三部分，群体核心具有领导号召力。有时群体也会形成一股较强的离心力量，所以对群体的管理要因势利导，要使管理的目标和活力得到群体的理解和支持，关键在于与群体行为的一般规律相吻合，这就需要重点研究群体内聚力和非正式群体问题。

（3）组织。组织层面行为是组织行为的最高层次，其特征是围绕某一特定目标在劳动、权力以及沟通责任上进行分工；具备一个有效的权力核心，用以考核组织的绩效和指挥组织成员的行为，以促进组织目标的实现；实行成员优胜劣汰制。要在理解这些特征的基础上，分析组织结构和组织设计对组织效率和气氛的影响，分析组织中的有效沟通和信息传递，认识组织与环境之间的关系及其影响，认识组织变革和发展的规律等。

可见，组织行为是指组织的个体、群体或组织层面本身从组织的角度出发，对内源性或外源性的刺激所做出的反应。同时，上述组织行为的三个层面不是相互排斥，而是相互补充的，并共同构成组织行为系统的主要内容。对组织本质、组织效率影响因素的全面、充分理解，要求我们将这三个层面结合起来进行有机地系统研究。

1.1.2 组织行为学的概念

类似于对组织的理解，在组织行为学的概念方面，曾有许多学者从不同侧面对其进行描述，但至今也还没有形成统一的概念。这是由于组织行为学是一门新兴学科，其内涵和外延都仍处在发展变化之中的缘故，主要观点可以从表 1-3 中得以反映。

表 1-3 组织行为学的不同概念

学　者	组织行为学的概念	视　角
威廉·迪尔（William Dear）	一门应用社会科学，研究工作组织中个人、团体和组织的行为问题	研究内容
安德鲁·杜布林（A. J. Dubrin）	系统研究组织环境中所有成员的行为，以成员个人、群体、整个组织以及外部环境的相互作用所形成的行为作研究对象的一门科学	研究对象
乔·凯利（Joe Kelly）	对组织的性质进行系统的研究：组织是怎样产生、成长和发展的，它们怎样对各个成员，对组成这些组织的群体，对其他组织以及对更大的机构发生作用	研究内容
斯蒂芬·P. 罗宾斯（S. P. Robins）	是一个研究领域，它探讨个体、群体以及结构对组织内部行为的影响，以便应用这些知识来改善组织的有效性	研究内容 研究目的
徐联仓	依据实证科学的分析方法，综合运用心理学、社会学、文化人类学、政治学等学科中有关的知识，系统地研究各种组织中人的心理和行为的科学	研究方法
卢盛忠、余凯成	综合运用各种与人的行为有关的知识，研究各类工作组织中人的工作行为规律的学科	研究方法 研究内容

根据以上概念，对组织行为学应从以下几个方面进行理解。

1. 组织行为学的研究对象

组织行为学的研究对象是个体、群体和组织三个层面中各自的行为影响、行为表现和行为管理，及其相互作用和相互影响。组织运行过程表现为工作群体分工协作，共同完成目标的过程，组织中个体的感知、个性、态度等个体心理因素直接影响着个体的行为，同时，组织成员的个体行为又是个体与群体、个体与组织环境相互作用的产物。也就是说，组织成员的个体行为涉及工作群体中个体与个体、个体与群体之间的相互关系，个人在组织中的地位、角色以及个体与组织的沟通方式、决策过程、制度规范相互影响等内容。组织行为学就是以组织系统内部个体、群体、组织及其关系作为主要研究对象的学科。

2. 组织行为学的研究目的

组织行为学探讨个体、群体和组织层面对行为的影响，其根本目的是把研究所获得的知识运用于实践，提高管理者预测、引导、控制人的行为的能力，以便有效地达到组织制定的目标。因此，无论是研究个体行为、群体行为，还是研究领导行为、人际沟通、冲突和组织变革，最终都是要为管理工作提供科学的方法、策略和成功模式，使管理行为能不断激发组织成员工作的积极性、主动性和创造性，使组织的运行更有成效。

此外，组织行为学的研究内容与研究方法将在1.2节中进行详细介绍。综上所述，组织行为学是研究组织系统所涉及的个体层面、群体层面、组织层面，及其相互作用关系的行为规律，以提高管理者识别、选择和优化人的行为能力，获得组织运作效率的行为科学。这里的组织系统从狭义上来讲仍然是指单个组织，从广义上来讲不仅包括单个组织及其内部的个体和群体，也包括单个组织之间由于竞争与合作关系而形成的各种中间组织，即介于单个组织与市场之间的各种组织形态。本书既对狭义的组织系统中的组织行为做了进一步的探讨，也从广义的组织系统范畴对组织行为进行了深入的研究。组织行为学是一门探讨个体行为动机与激励模式，总结人类组织行为管理的典型经验，充分调动和激发组织系统成员的积极性、主动性和创造性，使人力资源及组织的其他资源的潜力得到最大限度的发挥，提高工作效率的一门学科。组织行为学是现代管理科学的基础学科，其理论与应用价值随着学科自身的完善和发展越来越受到人们的重视与承认。

1.1.3 组织行为学的特点

组织行为学作为工商管理学科中的一门基础学科，具有以下几个特点。

1. 综合性

组织行为学是一门多学科、多层次相互交叉和渗透的边缘性综合性学科，涉及社会学、人类学、心理学、伦理学、生物学、工程学、信息学和系统学等学科的一些基本概念、理论、模式和方法，同时还吸收了政治学、经济学、历史学等社会科学中有关人类行为论述的内容。

（1）社会学（Sociology）是从社会整体出发，通过社会关系和社会行为来研究社会的结构、功能、发生、发展规律的综合性学科。社会学的主题包括群体组织、初级社会群体、社会组织、家庭、邻里等。研究组织行为学就要运用社会学的知识来探索人在社会关系中表现出来的行为。组织是由很多群体结合而成的，所以组织行为学把组织看作是一个开放的有机的社会组织。社会学的很多知识可以应用到组织行为学中，例如，群体的形成、群体中成员的角色以及各角色间的关系、群体中成员的地位及其关系、群体互动、群体凝聚力、群体权威和权力、群体决策、群体沟通、群体冲突及其化解等。

（2）人类学（Anthropology）是从生物和文化的角度对人类进行全面研究的学科群，即有关人类的知识学问。人类学以人作为直接研究对象，并以综合研究人体和文化（生活状态）、阐明人体和文化的关联为目的，大致可区分为自然人类学和文化人类学。前者主要研究形态、遗传、生理等人体，后者主要研究风俗、文化史、语言等文化。其中，文化人类学是从文化的角度研究人类种种行为的学科，它研究人类文化的起源、发展变迁的过程、世界上各民族、各地区文化的差异，试图探索人类文化的性质及演变规律。组织行为学中很多有关组织文化和跨文化的知识来源于人类学。

（3）心理学（Psychology）是研究人和动物心理现象发生、发展和活动规律的一门学科。心理学既研究动物的心理（研究动物心理主要是为了深层次地了解、预测人的心理的发生、发展的规律），也研究人的心理，而以人的心理现象为主要研究对象。一般意义上，心理活动是内隐的，行为是外显的。所以要研究组织中人的外显行为的规律性，必须以心理学作为理论基础，因为心理活动和心理特征是人们产生行为的重要原因和内动力。组织行为学中的个体行为部分，大量的知识来源于心理学中的理论，如人的行为产生的原因和动机、人的个体特征、人的心理过程、个体因素和环境因素对人的行为的影响等。

（4）伦理学（Ethics）以道德现象为研究对象，不仅包括道德意识现象（如个人的道德情感等），而且包括道德活动现象（如道德行为等）以及道德规范现象等。伦理学将道德现象从人类活动中区分开来，探讨道德的本质、起源和发展，道德水平同物质生活水平之间的关系，道德的最高原则和道德评价的标准，道德规范体系，道德的教育和修养，人生的意义、人的价值和生活态度等问题。其中最重要的是道德与经济利益和物质生活的关系、个人利益与整体利益的关系问题。伦理学的道德规范等都会影响组织中人的行为。

除了上述学科以外，组织行为学还从很多其他学科中汲取知识，例如，生物学中人体生物节奏的规律性，工程学、信息学和系统学中有关组织系统的设计与变革，政治学中的权力与冲突问题，经济学中有关人的理性行为以及历史学中人的行为规律方面的理论和知识等。

2. *实证性*

组织行为学运用了科学的、系统的方法进行研究，基于观察和推理提出假设，运用客观事实进行论证。这其实是从经验入手，采用程序化、操作化和定量分析的手段，使社会现象的研究达到精细化和准确化的水平。组织行为学重视科学结论的客观性和普遍性，强调知识必须建立在观察和实验的经验事实上，通过经验观察的数据和实验研究的手段来揭示一般结论，并且要求这种结论在同一条件下具有可证性。这样就可以保证其研究结论的可靠性和可信性，而不是靠一般性的经验、直觉和臆断得出结论。同时，这也是实证主义所推崇的基本原则。组织行为学所具有的实证特点正是源于实证研究的方法，即通过对研究对象大量的观察、实验和调查，获取客观材料，从个别到一般，归纳出事物的本质属性和发展规律。这一特征增强了组织行为学的实用性。

3. *层次性*

根据组织行为的表现，组织行为学学科通常分为以下三个层次。

（1）个体层面的行为，包括个体的知觉、动机、能力、性格、气质等。

（2）群体层面的行为，包括群体的领导、决策、沟通、冲突等。

（3）组织层面的行为。这是从系统高度来进行研究，包括组织结构、组织伦理、组织慈善、组织评估、组织学习、组织发展与变革等，同时还延伸到研究组织与外部环境之间的相互作用和相互关系，如组织生态学、商业生态系统等。

4. 情景性

组织行为学研究的个体、群体和组织的行为并非千篇一律，而是形形色色、富于变化的，因此不可能有通用的最佳模式，而是需要根据不同情景采取不同的理论和对策。另一方面，情景差异还主要体现在文化方面。组织行为学所研究的个体、群体、组织的行为表现和规律依赖于其所处的文化环境，在不同的文化环境中各主体可能表现出不同的特点和规律。这表明西方组织行为学中的结论不能完全照搬到中国，需要根据中国文化特点合理地加以修改和运用，这也是中国需要建立自己的组织行为学理论体系、编写具有中国特色的组织行为学教材的原因。同时，也阐释了组织行为学中非常重视跨文化比较研究的现象。

1.2 组织行为学的内容与研究方法

1.2.1 组织行为学的内容

根据组织行为学的概念及特点，其研究对象主要是组织中人的行为的决定因素：个体、群体和组织，并研究组织系统内部人的心理与行为的规律性，从而达到掌握和利用这些规律以提高组织管理效能的目的。根据张志宏（2008）的分类，组织行为学的研究主要包括以下几方面内容。

1. 个体心理与行为

个体的心理与行为是组织行为学研究的基础和重点。组织中个体的感知、个性、态度等个体心理因素直接影响着个体在组织活动中的行为效率，影响人的积极性、主动性和创造性的发挥。个体心理是指个体在特定的社会组织中所表现的心理现象。通过对个体心理的研究，可以了解和把握在管理活动中个体行为的原因，进一步预测和控制个体的行为，充分挖掘个体的潜能，激发个体工作积极性，使个体心理和行为符合管理目标。个体心理主要包括个性心理发展的过程及个性特征的表现形式，社会认知的调整、需要和动机以及动机的激发，态度的形成与改变，行为挫折与克服等内容。个体行为则是指处于组织环境中的个人的所作所为，主要涉及个体在组织中的学习、行为塑造以及行为矫正等。组织行为学研究个体行为的共同规律，目的在于对它进行引导和控制，使之符合组织目标。

2. 群体心理与行为

组织中的个体处于一定的关系之中，并呈现为不同的群体。如正式群体和非正式群体，并按照一定标准细分为各种类型。通过分析组织中这些群体的功能，来探索群体活动的内在规律。组织行为学对群体心理的研究主要包括群体心理特征、群体动力、群体压力、群体凝聚力、群体士气等方面；对群体行为的研究包括群体冲突、群体沟通、群体决策以及从众行为、顺从行为、暗示、模仿和感染等。对群体心理和行为研究的主要目的在于使管理者能掌握群体行为形成的原因，对之进行有效的协调与控制，以便正确处理人际关系，提高解决冲突和有效沟通的能力，增强群体的凝聚力，更好地进行群体决策，从而实现群体和组织的目标。

3. 领导心理与行为

领导心理与行为是影响个体、群体和组织行为，进而影响组织生产或工作效率的一个关键因素。虽然领导者作为个体、领导班子作为群体，分别符合个体、群体研究中的一般规律，但在管理活动中，由于他们的特殊地位、角色身份、职责和功能，决定了他们的特殊性和重要性，有必要进行专门研究。研究内容主要包括领导的功能、成功领导者的素质与培养、领导有效性、领导决策等问题。对领导心理与行为进行单独研究，目的在于为领导者的选拔、培训与考核提供理论依据，为提高领导艺术水平和领导效率服务。

4. 组织行为与组织效率

组织行为直接关系到组织自身的生存和发展。同时，组织又是个体和群体实现某种目标的工具，组织状况直接影响个体或群体的行为效率。因此，对于组织行为的研究具有十分重要的意义。组织行为研究的内容主要包括组织结构、组织设计、组织文化以及组织变革与发展等问题。特别是，在全球化和知识经济环境下，组织更加注重外部环境的变化特征，加强同其他组织之间的协同与合作，组织间关系逐渐为组织行为所关注。组织行为研究的目的在于分析组织结构、管理体制、组织文化以及组织间关系等对组织成员心理和行为以及组织效率的影响，以期形成良好的组织气氛，促进组织管理效率的提高，以及探索组织变革、组织发展的原则和模式，促进组织不断完善和发展。

1.2.2 组织行为学的研究方法

一直以来，经验和逻辑思辨都是管理学形成和建立理论的重要方法。在现代组织行为学中，人们开始借鉴并采用类似自然科学的研究方法来建立理论。而只有将依据经验和逻辑思辨的定性方法和类似自然科学的定量方法有机地结合起来，才能更好地进行研究，达到高水平的研究成果。组织行为学的研究方法可以从不同角度进行分类（陈国权，2006）。

1. 按研究目标划分的研究方法

根据研究目标不同，组织行为学的研究可以分为基础理论研究、应用基础研究和具体问题研究。

（1）基础理论研究。它是指为了探索组织中人的行为现象背后的规律，建立和发展组织行为方面的基本概念、知识、理论和思想体系而进行的研究。这种研究有些是受到研究者个人的兴趣驱动，有些则是受到组织行为方面基本的、系统的、深远的问题推动。其重点在于发现规律和建立理论，尽管也关注理论成果的应用，但不是着眼于某时某地的应用，而是关注理论的长远和广泛的意义。

（2）应用基础研究。它是指为了解决某类组织普遍存在的现实问题，提出某种解决问题框架的研究。这种研究主要受到带有一定现实和普遍性问题的驱动，强调研究结果的潜在应用价值。例如，在社会转型时期，大量组织都要进行变革，为了提高变革的成效，研究者们对各种组织变革的成败案例进行研究，总结出某种规律，并且还提出应用这种规律的具体方法。这种研究触及的问题没有基础理论研究中触及的问题深入和广泛，但更接近实际。

（3）具体问题研究。它是指针对某个特定现实问题，提出具体的解释和解决方案的研究。这种研究完全是受到真实问题的驱动，主要强调的就是解决问题，产生效益。例如，大学或咨询公司接受企业的邀请，帮助其分析和解决组织结构设计、组织沟通或者员工态度方面存在的现实问题。研究者会进行调查分析，找出存在的问题，提出具体的可操作的解决方案。这种研究强调理论与应用的密切结合。

2. 按研究深度划分的研究方法

根据研究深度的不同，组织行为学的研究方法可以分为描述性研究、关系性研究和预测性研究。

（1）描述性研究。它是指为了了解客观事物的状况、特征和出现频率等进行的研究。这种研究一般只是反映组织行为的现实，回答“是什么”，属于浅层的研究。例如，大学和咨询机构在企业中经常进行的关于员工满意度和忠诚度、组织内部信息沟通现状等方面的调查就属于此种研究。

（2）关系性研究。它是指为了得到各种因素（变量）之间的相互关系而进行的研究。通过这种研究可以得到因素（变量）之间不同类型的关系（如相关关系、因果关系等），主要回答“为什么”，属于深层研究。例如，有关团队的结构与团队凝聚力和团队表现之间关系的研究等。

（3）预测性研究。它是指根据过去和现在的客观情况中所反映出来的规律，为对今后所发生的现象预测而进行的研究。这种研究要回答的是“将是什么”，也属于深层的研究。研究中必须找到各因素之间的内在关系规律和各因素过去及现在的情况，或通过模拟不同因素改变情况下的结果，来进行管理措施的优化选择，并提出具体的干预措施。

3. 按研究变量的可控性划分的研究方法

根据研究变量的可控性程度的不同，组织行为学的研究可以分为文献研究、实验研究、实际调查研究和案例研究。

（1）文献研究。通过查阅和分析已经发表的文献资料，进行分析、综合、归纳，得出结论。研究者完全依据现有文献资料进行研究，对研究和变量都无法控制。这种方法又分为两种情况，即理论综述和元分析。其中，理论综述是通过定性的方式对文献进行分析、总结，得出一些综合性和评价性的结论；元分析是运用测量和统计分析技术，对原有研究进行定量化的总结，找出一组相同课题研究的结果所反映的共同效应，是通过进一步研究对已有研究结果的总体分析。

（2）实验研究。通过人为操纵某个/某些因素（变量）的变化，观测、记录其他因素/变量的变化，从中分析这些因素之间关系的方法。这种研究对变量能进行很好的控制。实验研究又可以分为不同的类型：实验室实验、现场实验以及准实验。实验室实验法所观察和实验的条件是在实验室内可控制的，可以随机指派受试者，让其加入实验组或对照组。但由于实验室环境是人工设计的，与社会现实存在差异，从而影响了结论的普遍性。现场实验则是在现场自然条件下，适当控制自变量而对无关的其他变量不加控制地进行实验，具有较强的现实意义。但由于现场具体条件复杂，许多变量无法得到控制。准实验法在实际的工作场所进行，综合了前两种方法的优点，具体包括间隔时序准实验和不等同对照组准实验。

（3）实际调查研究。采用一定的方法对一定规模的样本对象进行全面调查、收集和分析数据，从而得出结论。这种研究对变量也能进行一定的控制。选取样本是调查中的重要环节，它是运用适当的取样方式抽取样本，常见的抽样方法有简单随机抽样法、分层随机取样法、系统取样法、整群抽样法等。调查一般可分为三种形式，即访谈调查、电话调查和问卷调查。其中，问卷调查时又可以根据选择法、是非法、计分法和等级排列法进行问卷设计。实际调查的一般程序包括明确具体的调查目的、制订调查方案和计划、搜集资料、整理分析资料以及撰写调查报告等。

（4）案例研究。通过对个体、群体或组织层面进行深入调查而得出结论。这种研究对变量能进行一定的控制，比大规模的普查省时省力，可以尽快进入情境，并能生动、细微、真实地把握信息。同时，该方法对案例选择有一定要求，即案例要典型，能代表一批同类的个体、群体和组织，使研究结论具有推广价值；案例要反映时代发展趋势，有助于研究得出面向未来的、有价值的建议。此外，要注意从各个角度、层次和时间段获取个案的信息和资料，并注意个案与全局的关系。

上述方法中涉及定量研究，在进行定量研究过程中，要把握一些重要方面，包括确立要研究的问题和理论假设、确定具体变量、收集数据、分析数据、评估改进研究以及遵守研究伦理道德等。

1.2.3 组织行为研究的新进展——积极组织行为

自从梅奥等人通过霍桑实验研究开创组织行为学起，员工的积极特性与绩效之间的明确关系从此已为人们所重视。应该说有关人的积极特性的研究有个良好的开端，[①]例如，组织行为研究者发现正面强化和积极情绪等因素能够对员工的态度起到积极的引导作用等。然而，后来传统组织行为学把自己的研究重心转向更多的关注组织、团队、管理者和员工的消极方面。在传统组织行为学看来，组织是以利益最大化为特征，以创造财富为衡量成功与否的关键因素，强调的是管理、监督、控制，而这些都会使组织成员处在一种竞争、紧张、缺乏信任与倦怠的状态中，在行为上容易产生冲突，影响组织与员工彼此间的承诺。组织行为研究者们就是在这样的背景下，强调冲突解决、公平满意、组

① 侯奕斌，凌文辁．积极组织行为学内涵研究．商业时代，2006（27）：4-7.

织忠诚、承诺、核心竞争力、不确定性管理、追求利润与竞争取胜等研究。

传统组织行为学的消极研究取向，更多地聚焦于组织、团队、管理者和员工的技能不良等方面，如怎样引导和激励消极、懒惰的员工；如何纠正不良的工作作风、态度和行为；如何更有效地管理冲突和应对压力、倦怠。[①]这种研究取向抹杀了许多组织的积极力量。在对传统组织行为学偏重消极研究倾向的反思基础上，组织行为学家鲁森斯（Luthans）等人[②]意识到有必要将上述积极的思潮和取向引入组织行为研究中。他们将积极心理学理论引向组织行为学领域，提出“积极组织行为学”（positive organizational behavior）概念，为组织行为学研究开辟了新的视野。

1. 积极的含义

要想理解积极组织行为的含义，首先要理解积极和积极行为的含义。“积极”在《汉语大词典》中有两层含义：一是指肯定的、正面的；二是指进取、主动或热心[③]。在《现代汉语词典》中“积极”不仅有“肯定的、正面的、进取的、热心的”意思，还有“有利于发展的[④]”意思。“积极”一词在英语中有较多的表达词汇，但在学界一般用“positive”，其含义非常丰富。在《牛津高阶英汉双解词典》中“positive”是指“明确的、确信的、有帮助的、建设性的、自信的、乐观的、彻底的、正性的、倾向于增加或改善[⑤]”的意思。《英汉大词典》将“positive”解释为“确定的、有把握的、断然的、完全的、肯定的、表示赞成的或同意的、建设性的、积极的、怀有希望的、朝有利方向的、正的[⑥]”等含义。任俊认为积极（positive）一词源自于拉丁文字 positum，它的原意是指“实际而具有建设性的”或“潜在的[⑦]”意思。因而现代意义上的积极，既包括了人外显的积极，也包括了人潜在的积极，而当代心理学中所谓的“积极”，一般有“正向的”或“主动的”含义。在任俊看来，积极是人类的一种天赋的力量，其实质是在对社会公平和人类福祉的理解基础上建构起来的一种客观上的人类力量。它更主要的应是寻找并研究社会或社会成员中存在的各种积极力量（包括外显的和潜在的），并在社会实践中对这些积极力量进行扩大和培育，进而使每一个成员的积极力量能在社会环境中得到充分的表现和发挥[⑧]。

2. 积极组织行为的界定

弗雷德·卢森斯（Fred Luthans）提出积极组织行为（Positive Organizational Behavior，POB）的概念。[⑨]他认为积极组织行为是对积极导向的且能够被测量、开发和有效管理，

---

① WRIGHT T A，Positive organizational behavior: an idea whose time has truly come．Journal of organizational behavior，2003，(24)：437-442.

② LUTHANS F，Luthans et al．The psychological capital of Chinese workers: exploring the relationship with performance．Management and organization review，2005，1 (2)：249-271.

③ 罗竹风，等．汉语大词典．上海：汉语大词典出版社，1991.

④ 晁继周，韩敬体．现代汉语词典．5 版．北京：商务出版社，2005.

⑤ 霍恩比．牛津高阶英汉双解词典．李北达，译．北京：商务印书馆，1993.

⑥ 陆谷孙．英汉大词典．上海：上海译文出版社，1995.

⑦ 任俊．积极心理学的理论研究．南京：南京师范大学，2006.

⑧ 任俊．积极心理学的理论研究．南京：南京师范大学，2006.

⑨ LUTHANS F，YOUSSEF C M．Emerging positive organizational behavior．Journal of management，2007，33 (3)：322.

从而实现绩效目标提高的人力资源优势和心理能力的研究和应用。该定义包括以下几个内涵。

（1）POB是与积极性相联系的人力资源优势和心理能力的研究与应用。

（2）这种人力资源优势和心理能力是有利于提高员工个体绩效和组织绩效的。

（3）POB研究的是能够被测量、开发和有效管理的状态性的积极力量与品质。

因此，应该排除传统组织行为学中人格、态度和动机等特质性变量。其实，卢森斯等人通过定义，对积极组织行为的研究划定了标准或范式。在他们看来，积极组织行为学与积极心理学、积极组织学术研究等的本质不同在于它的可测量、可开发利用和可发展的状态性的研究与应用。因此，积极组织行为学家的使命是发现、确认符合上述标准的积极心理能力，并将其与重要的组织结果联系起来。根据可测量、可开发利用和可发展的状态性的与有利于工作绩效提升的标准，他们认为自信或自我效能感（self-efficacy）、希望（hope）、乐观（optimism）、主观幸福感（subjective well-being）、情绪智力（emotional intelligence）和坚韧（resiliency）等符合定义标准，是POB取向最典型的代表。

综上所述，基于积极的含义和对积极组织行为探索的相关成果，我们认为，积极组织行为应该是组织内主动的、正向的员工在组织中所展现出的所有有益于持续提升组织效能和效率，即组织有效性的行为的综合。

1.3 组织间关系背景下的组织行为

1.3.1 组织间关系的内涵与演变

在全球化、市场化、信息化以及知识经济的发展背景下，组织行为方面的研究开始更多地关注组织与外部环境之间的互动，组织创新、虚拟组织、模块化组织、网络组织以及中间组织等新的组织形态开始兴起，组织间关系开始成为商业生态环境下的研究重点，并给组织行为带来直接和深远的影响。

1. 组织间关系的内涵

根据奥利弗（Oliver，1990）的观点，组织间关系是指出现在两个或多个组织之间的相对持久的资源交易、资源流动和资源联结。进一步地，组织间关系可以被看作是一种利益交换，也可以理解为要素的互补，或是一种相互依赖。此时，关系双方的声誉与信任无疑至关重要，这需要组织在网络环境中反复地试错，通过广泛的信息交换和知识积累，确定较为稳定的协作关系。在稳定的组织间关系框架内，会形成两类交错的物质流、知识流和信息流：第一类是主从关系中物质与知识、信息的单向对流，如模块化组织中，核心企业向成员企业传递以主导规则为内容的信息与知识，成员企业则直接向核心企业输送模块产品；第二类是对等关系中物质、知识、信息的交叉互流，如研发联盟中企业之间知识、信息的对流。组织间要素的相互流动是一个相对长久的、反复进行的活动或过程，这一过程涉及目标的相互匹配、利益的相互协调与文化的相互融合，其实质是一个价值整合的过程。具体来看，组织间关系的内涵可以从以下几个方面来理解。

（1）组织间关系的基础。组织间关系的研究大体上分为两种视角：一是行为学派或人文主义学派的思想，持此思想的学者认为组织间关系与人际间关系具有相同的基础，即信任、相互理解与合作；二是更为广泛的经济视野的思想，认为组织间关系是基于不同规模的组织之间发生的经济权利的交换。组织关系尤其是企业组织之间的关系发展应该以适宜的商业情境为基础，而不是建立在乌托邦式的更好地一起工作的基础上。

（2）组织间关系的实质。关系不应该被视为实体，而应被看作是组织间和组织内的过程。像任何其他组织内过程如沟通过程一样，过程的存在是为了输送价值。因此，关系的实质在于可定义和可输送的结果，即价值的传送。理论构建者在研究组织间关系时所面临的挑战便是如何把组织间合作具体构想为一个过程的成果。在这一过程中，组织的决策制定者把合作作为首选的行动战略，并最终在组织行为中获得这一战略的实现。

（3）组织间关系的功能。相互依存的组织间形成了一个特定的组织群，该组织群具有与单个企业相类似的功能。构成群体的企业间能够明确地或在相互理解的基础上进行沟通；该群体有一个总目标；群体中存在组织间的劳动分工，每一个组织都有与其他组织相同的某种功能，但同时相互间又具有不同的个体目标。这些子目标可能导致组织间的冲突（竞争），因此，就必然需要组织间的协调。

（4）组织间关系的边界。理论上讲，当一个组织嵌入一个系统中以后，其环境边界就要重新定义。在这一开放式系统视角下，组织不仅受到环境约束的影响，而且能适应环境的变化，即进行组织内部结构的修改，或建立各种组织间的安排，其具体选择因组织是独立组织还是系统的成员组织而不同。同时，组织的跨边界活动，如边界重新界定、免受环境干扰的缓冲或保护、一个组织与其他组织的弥合或联系等，应反映环境约束或与之相匹配。

可见，组织间关系是组织与网络环境中其他组织之间建立在不同依赖程度基础上的持续的价值整合过程。而且这里的组织间关系不仅包括个体组织之间无产权的相互关系，也包括个体组织之间有产权的相互关系，如相互参股的企业间的关系。

2. 组织间关系的演变

自组织形成之日起，组织间关系便随之存在了。但无论是企业界还是学术界，其关注点在很长一段时间内都停留在组织内部。随着外部环境的变化，组织间关系尤其是企业组织之间的关系在组织发展中扮演着越来越重要的角色，依据对组织间关系的研究，其演变经历了以下几个阶段。

（1）交换关系与依赖关系阶段。20世纪60—70年代，组织间关系被学者大体上分为两类，即交换关系和依赖关系。在交换关系中，组织间通过相互作用能更好地获取利益并达到组织目标，其中的相互作用以高度的合作与问题的解决为特征，并且这种相互作用在资源缺乏或减少时更易形成。

在依赖关系中，组织间的相互作用可以分为两种情况，一种是不对称的权力依赖关系，即一方有相互作用的动机，而另一方却没有，而且只有当有动机的一方足以迫使或诱导另一方相互作用时，组织间关系才会形成。由于每一方都以对方为代价来实现自己的目标，因此，议价和冲突就成为组织间相互作用的自然形式。另一种是对称的相互依赖关系，这种依赖关系的形成源于两个或更多组织在追求各自目标时相互考虑了对方。沃伦（Warren，1967）识别了组织间产生相互依赖关系的四种背景，即社会选择性背景、联盟性背景、联邦性背景和统一性背景。他指出，在社会选择性背景下，组织间的相互依赖都是无意的或竞争性的，此时，组织自主行动，不涉及任何超越个体价值的目标；在联盟性背景下，组织间出现有意的和合作的相互依赖，此时相互依赖成为特定问题，各企业可以保持对其关系介入的完全控制；在联邦性背景下，超组织权威结构会控制组织间的相互依赖活动，然而，参与本身仍然由每一个组织自行决定；而在统一性背景下，超组织权威结构则完全决定并监控了组织间的相互依赖关系。

（2）混合型关系阶段。实际上，交换关系和权力依赖关系这两种分类方式一直呈现出分离但并非并行发展的状况，这种情况不能反映组织间真实的复杂关系。实际上，组织间关系不会仅仅是交换关系或权力依赖关系，而很可能是这两种类型关系的混合。在混合型关系的框架下，组织间关系以相互作用的频率为基础，被区分为三类：一是低频率对称关系，此时组织无法感知到相互作用中的利益；二是高频率对称关系，此时组织均能感知到得自相互作用的利益；三是不对称关系，此时一方能感知到得自相互作用的利益，而另一方却不能，组织间相互作用的频率处于前两类之间。同时，在第三种情况下，无法从相互作用中感知利益获取的组织，在一定条件下会提高作用的频率，这些条件包括对方组织有着与自身相和谐的目标、对自身的影响更大、对自身功能更重要等。此时，权力依赖框架在预测相互作用频率方面最为有用。

20世纪70年代末期和80年代早期，关系理论在前述基础上进一步发展，形成了自愿型互动、规范化自愿型互动以及授权型互动三种组织间关系。其中，自愿型互动以交换关系理论为基础，强调互动是为了达成目标，涉及经济价值、服务、客户及经济单位等因素。规范化自愿型互动也出于自愿，但同时通过一些正式合约来加以规范。正式合约的发展引导交换协议的达成，而一旦签订协议，组织间关系就正式化了。授权型互动往往更加剧烈，互动利益倾向于其中的某一个组织，合作感知性较低。授权型互动涉及指定领域的法律或法规、信息和客户流动以及财政责任。组织间关系很少会仅是这三种互动中的一种，如在授权互动中仍会产生自愿互动关系；而许多在开始阶段属于自愿型的关系，之后由于企业的调整，也会变成规范化自愿型关系。

（3）多维度关系阶段。20世纪80年代中后期以后，组织间关系的发展取得了新的突破。特别是在企业组织方面，组织间关系被置于一个连续变化的图谱中，即由垂直一体化关系到纯粹的市场关系，而关系的具体类型则自然地依赖于所涉及组织各方、外部的环境条件以及达成协议的整体意愿。

以“依赖性”和“稳定性”为维度，并对这两种维度进行细分，可以形成多种组织间关系。其中，依赖性有四种类别，即历史依赖、经济依赖、技术依赖和政治依赖（Cousin，2002），而稳定性也被分为四类，即契约稳定、能力稳定、善意稳定和政治稳定（Sako，1990）。由此，组织间关系可以分为四种类型，即机会主义行为关系（单边依赖和不稳定）、传统/对抗关系（独立和不稳定）、战略合作关系（相互依赖和稳定）以及策略合作关系（独立和稳定），如图 1-1 所示。

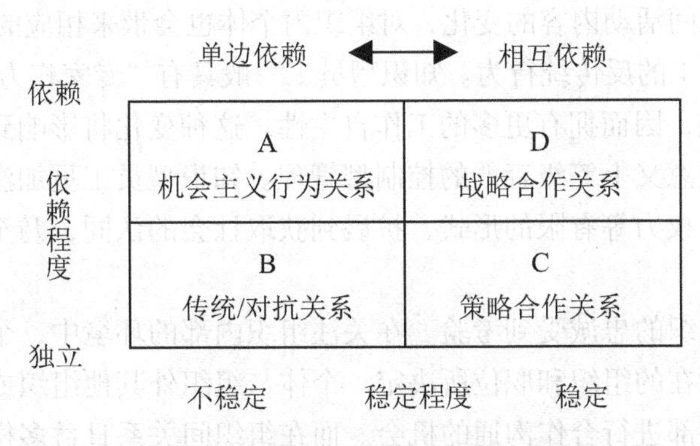

图 1-1　组织间关系的依赖-稳定模型

以界面清晰程度为维度，组织间关系可分为有清晰界面的市场交易关系和边界关系较模糊的非市场交易关系，而非市场交易的组织间关系又可称为中间组织或准市场关系。市场交易关系中，组织间具有角色定位清晰和专业分工明确的特征，组织与市场之间有着明显的界限，并进一步分为纵向边界和横向边界两部分，其边界就在于边际成本等于边际收入之处（江若尘，2008）；非市场交易关系中，组织间是建立在相互依存而又自律基础上的动态调整关系。组织的概念已经扩大到包含组织外部的合作伙伴在内，其活动远远超出了单个组织所设定的边界和范围，速度、柔性化、整合和创新成为组织取得成功的关键因素。

以组织间联结的紧密程度为维度（Bruce R. Barringer etc，2000），组织间关系可以分为紧耦合型和松耦合型两类。前者是指组织之间通过正式的组织结构或所有权关系联结起来，如合资企业；后者则是指组织之间很少形成正式的组织结构和所有权关系，如企业联盟。

此外，以合作程度为维度（陈国权，2001），组织间关系也可以分为四种类型，即竞争关系、合作关系、合作竞争关系，以及共生关系。

1.3.2　组织间关系对组织行为的影响

如前所述，加强对组织间关系的研究和管理，发展适宜的组织间关系，正成为全球化时代组织取得竞争优势、确立自身地位的重要内容，这意味着组织的关注点正逐渐地转移到组织间关系管理方面。这一重大趋势必将给组织行为学领域带来重要的影响与冲击，尤为重要的是，这种影响与冲击不是单向的，组织行为的各种变革，在顺应这种趋势的同时，也极大地推动着这场管理变革的进程。

1. 个体行为的变化

在组织间关系发展的背景下，必须首先重视员工思想、行为方式的转变。只有熟悉并适应这些转变，才能促进人力资本的良性发展。组织间关系受到重视是基于全球化和知识经济的外部环境，在这一环境下，知识型员工的数量及作用越来越大，其可获得性和流动性越来越强，并在组织间关系发展中发挥着重要作用。同时，组织间关系引致的组织边界以及组织间活动内容的变化，对组织内个体也会带来相应的影响。

（1）知识型员工的反传统行为。知识型员工一般具有“专家权力”，拥有对其他人包括其管理者的权威，因而拥有更多的工作自主性。这种变化将影响到对其管理方式的变化，即不再是传统意义上等级森严的控制型管理。知识型员工更加注重追求自我价值的实现，并从金钱、权力等有限的形式，扩展到获取社会的认同，乃至获取个人内心对自己的认同。

（2）个体对组织的忠诚受到考验。在关注组织内部的环境中，个人地位和价值在很大程度上都由其所在的组织和职位所决定。个体与组织外其他组织或部门的接触机会很少，也很难有同外部进行合作沟通的机会。而在组织间关系日益多样和密切的环境下，员工凭借其专业知识和能力，在与其他组织人员共同工作中实现其价值，这也使其对本组织的忠诚度面临着考验。

（3）终身学习成为员工的共识。组织间关系基于交易成本、资源依赖等原因得以产生和发展，并且通过向其他组织学习，使组织提高自身的竞争力，其实质亦是对外在环境不确定性做出反应。在这一过程中，为了保持个人的竞争力，组织的个体成员必须不断学习新知识来充实和提高自己。

2. 群体行为的变化

组织中的个体行为所发生的变化，必然会使由个体组成的群体的行为发生相应变化，具体表现在以下几个方面。

（1）群体领导更具柔性。组织间关系发展所处的环境使得知识型员工的作用日益增强，这种作用不仅表现在正式群体中，在非正式群体中其员工的知识资本也发挥着协同效应。因此，群体领导就会根据这一特点，更加尊重员工的个性，在群体成员选择方面尊重员工个人意见。依靠领导者的非权力影响力，构建拓展柔性领导影响力网络，在组织内外通过非权力影响力实现有效领导。群体领导作用的发挥正在由刚性转向柔性，由显性转向隐性，并主要靠激励、沟通、协调、引导等柔性的方式以及间接的、内隐的领导艺术去支持群体内员工。

（2）群体凝聚力受到考验。组织间关系的开展使得组织面临着不同组织文化所带来的冲突，并首当其冲地影响到由来自不同组织的人员组成的群体，同时对各组织间需要对接沟通的不同群体产生影响，继而会波及其他群体的行为。这种文化冲击可能使群体中成员乃至群体间的差异扩大化，从而使工作群体的凝聚力受到负面影响。但另一方面，组织间的合作会促使员工的协作意识和能力都得到提高，从而使员工之间的沟通和协作得到增强，这又有利于群体和组织的协调发展。

（3）团队形式的应用日益广泛。团队这种群体形式在组织中得到越来越广泛的应用，一方面团队可以更好地利用知识型员工的才能，有利于提高组织的运行效率；另一方面团队有助于增强组织的民主气氛，提高员工的积极性。在组织间关系发展中，随着知识型员工各自知识水平的提高以及协作意识和能力的提高，团队在组成人员、目的、运作过程与规范等方面将变得更加灵活，有更多的选择余地。

（4）群体沟通更为重要。组织间关系的生发、维护与变化都使得群体间的沟通更为关键，沟通渠道是否畅通、信息传递是否充分、感情交流是否融洽、相互关系是否协调等，都会影响组织间关系的发展。因此，群体沟通能力将得到进一步加强，群体沟通的方式也将更适合组织间合作的需要，沟通类型也会在此基础上得以创新和丰富。

3. 组织层面的变化

随着组织中个体与群体行为的变化，组织作为有机的运行整体必然会发生变化。就企业组织的形态而言，组织规模已经发生了很大的改变，由原来追求“大”和“全”向重视“强”和“精”转变。在组织间关系的发展过程中，传统的、垂直一体化的组织转变为更为精干的组织，他们往往依靠一种复杂的、能与其内部资源相互补充的外部关系网络，如合资、并购、外包等形式。随着全球化和知识经济时代的到来，这些运作形式不断激增。根据经济学家情报社、安达信咨询公司和 IBM 咨询公司向企业经理人联合所做的调查，合资、并购、外包、联盟、与行业内其他企业合作等运作形式在 1997—2010 年，与完成组织战略最为相关的变动情况，可以通过图 1-2 得以反映（陈力华，邱羚，2005），图中百分比表示对应年份中赞同者占被调查者的比例。

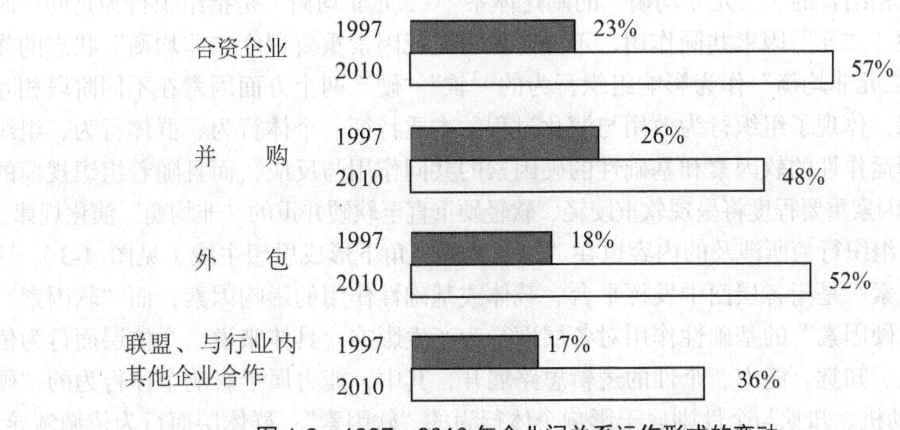

图 1-2 1997—2010 年企业间关系运作形式的变动

从图 1-2 中可以看出，相比于 1997 年，外包的赞同人数在 2010 年有将近两倍的增加，其他的几种形式也都有大幅增加，企业组织结构出现多元化。在传统的组织结构存在的同时，网络组织、虚拟组织等新兴组织结构不断出现，组织结构日趋扁平化，管理层次渐少。而组织整体效率的提高，很大程度上需要依赖这种组织结构的变革来实现。

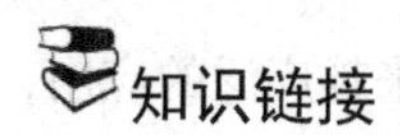知识链接

外包市场的发展

此外，组织间关系的发展对组织学习能力提出了较高的要求，学习型组织成为组织的新理念，即人们可以不断拓展他们创造与达成期望的能力，使新的扩展性方式得到培育，集体抱负得以释放，共同学习的方法得以了解。在此基础上，“有组织学习”已经成为共识，而“学习”也会成为众多组织文化的重要组成部分。同时，跨文化管理和兼并企业中的文化整合也将成为组织管理中的重要内容。

1.4 本书的思路和框架

1.4.1 基本思路

组织行为管理的研究试图以个体层面行为、群体层面行为以及组织层面行为为主体，以组织内部行为和组织外部行为为框架，构成层次合理、清晰的组织行为系统。我们认为，从个体到群体再到组织的三层面内容以及由内而外逐渐延展的范围，遵循了由硬因素与软因素相结合的“二元非均衡”的阐述体系。“二元非均衡”是指组织行为是同一时间内受软硬“二元”因素共同作用，不同时段内二元因素重要程度“非均衡”状态的作用结果。“二元非均衡”作为影响组织行为的“软”“硬”两个方面因素在不同阶段相互演化的状态，体现了组织行为效用与演化过程的本质特征。个体行为、群体行为、组织行为均受到运作性的软因素和基础性的硬因素的共同作用与反应，而且随着组织规模的扩大，二元因素重要程度将呈现软重硬轻、软轻硬重直至软硬并重的“非均衡”演化规律。

同时，组织行为所涉及的内容也在“二元”的视角下形成思想主线（见图 1-3）。这里的“硬因素”是指各层面中发挥平台、载体或基础性作用的影响因素；而“软因素”则是围绕“硬因素”的基础性作用对各层面行为产生影响。具体来说，个体层面行为依循个体动机、知觉、能力、个性的逻辑思路展开，其中，能力属于影响个体行为的“硬因素”，而动机、知觉与个性则属于影响个体行为的“软因素”；群体层面行为依循领导、决策、沟通、冲突的逻辑思路展开，其中，领导属于影响群体行为的“硬因素”，而决策、沟通与冲突属于影响群体行为的“软因素”；组织层面行为则依循结构、文化、伦理与慈善、变革的逻辑思路展开，其中，结构属于影响组织行为的“硬因素”，而文化、伦理与慈善、变革则属于影响组织行为的“软因素”。可见，在这三个层面中，每一层面的行为既受到“软因素”的影响，也受到“硬因素”的影响。

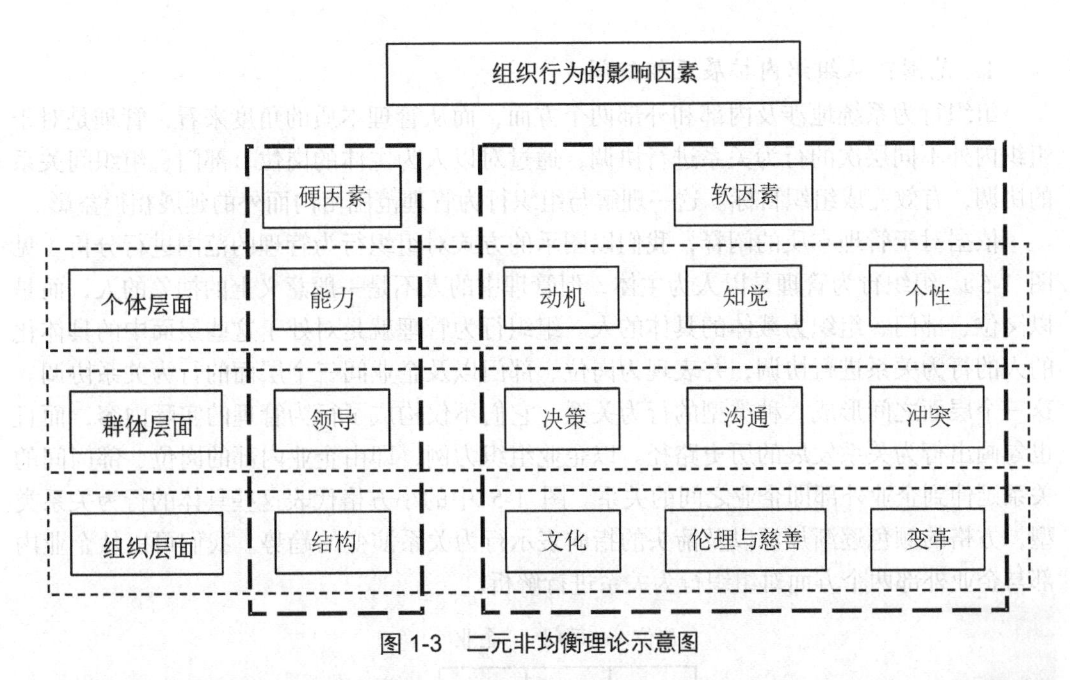

图 1-3 二元非均衡理论示意图

由此，三个层面的隐性或偏重于过程的行为以及显性或偏重于结果的行为形成了组织行为的整体范式，以这一行为结构为基础展开各层面的行为过程，并最终达成组织行为绩效。我们认为，行为范围（scope）、行为结构（structure）、行为主线（mainline）相互联系与影响，其中，行为范围是行为结构的基础与条件，行为主线则是组织行为的主要内容与发展趋势。进一步地，行为结构是组织行为的静态表现，而从动态的角度考虑，影响各层面行为的因素决定了组织行为过程（process）。行为结构与行为过程共同形成了组织的行为绩效（performance）。最终，行为结构、行为过程与行为绩效三个方面构成了组织行为管理的 SPP 范式（见图 1-4）。

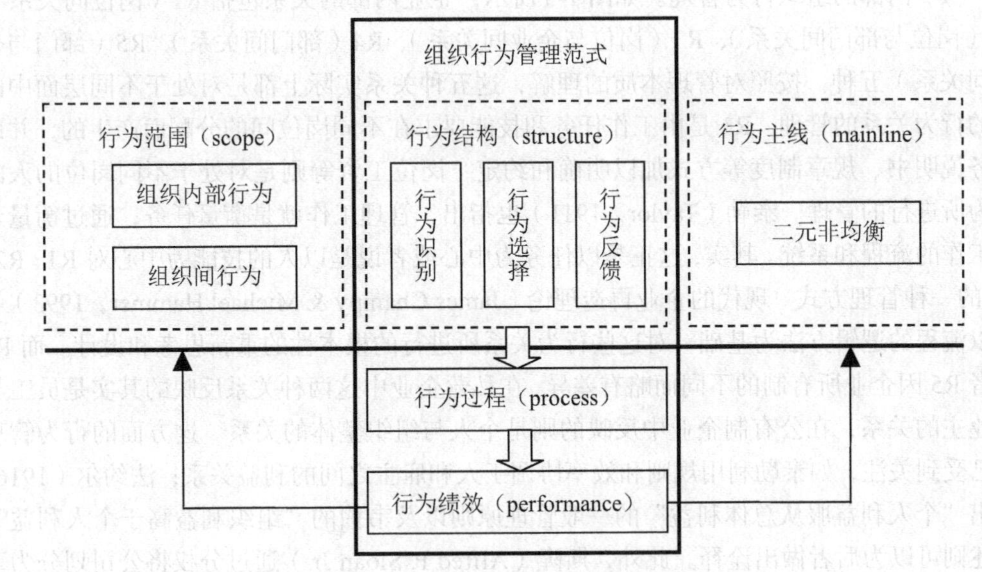

图 1-4 组织行为管理范式（SPP 范式）

1. 范围：从组织内扩展至组织间

组织行为系统地涉及内部和外部两个方面，而从管理本质的角度来看，管理是对于组织内外不同层次的行为关系进行协调，通过对以人为主体的岗位、部门、组织间关系的协调，有效完成组织目标。这一理解与组织行为管理范围由内而外的延展相得益彰。

依据对于管理本质的阐释，我们以图示的方式对组织行为管理的范围进行分析（见图 1-5）。组织行为管理是以人为主体，但管理中的人不是一般意义上的抽象的人，而是以岗位、部门、组织为载体的具体的人。组织行为管理就是对处于这些层面中的具体化的人的行为关系进行协调，并表现为岗位、部门以及企业间三个层面的行为关系协调。这三个层面之间形成六种类型的行为关系，它们不仅构成了行为管理的实际内容，而且也勾画出行为关系发展的历史路径。以企业组织为例，即由企业内部的岗位、部门间的关系延伸到企业外部即企业之间的关系。图 1-5 中的小方格代表这些具体的行为关系类型，方格的颜色逐渐加深以及箭头的指向表示行为关系演变的趋势。我们可以从企业内部与企业外部两个方面对组织行为关系进行解析。

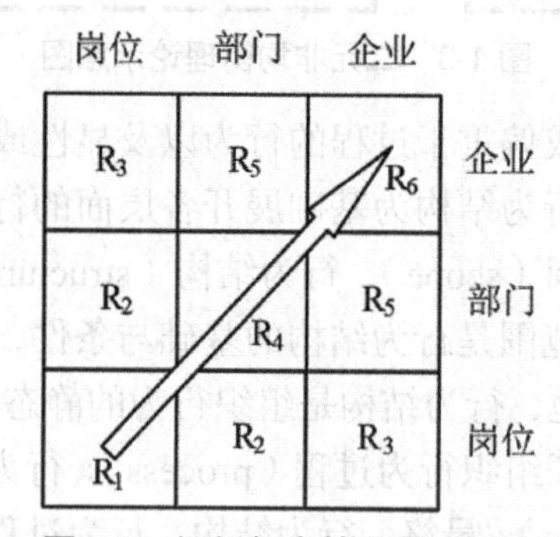

图 1-5　组织行为管理范围矩阵

（1）内部的组织行为管理。如图 1-5 所示，企业内部的关系包括 R1（岗位间关系）、R2（岗位与部门间关系）、R3（岗位与企业间关系）、R4（部门间关系）、R5（部门与企业间关系）五种。按照对管理本质的理解，这五种关系实际上都是对处于不同层面中的人的行为关系的管理。R1 是由工作任务和技能要求在不同岗位间的分配而产生的，并以职务说明书、规章制度等方式加以明确和约定，岗位工资等则是对处于不同岗位的人的行为所进行的管理。泰勒（Taylor，1911）也指出，管理工作就是衡量任务，通过衡量建立工作的流程和系统。其实，这正是以任务为中心或者说是以人的技能为中心对 R1、R2、R4 的一种管理方式。现代的企业再造理论（James Champy & Michael Hammer，1993）就是以流程的逻辑方法为基础，对这些行为关系所进行的根本性的重新思考和设计。而 R3 或者 R5 因企业所有制的不同而略有差异，在私营企业中这两种关系反映的其实是员工与企业主的关系，在公有制企业中反映的则是个人与组织整体的关系。这方面的行为管理早已受到关注，如泰勒利用规则和效率协调工人和雇主之间的利益关系；法约尔（1916）提出“个人利益服从总体利益”的一般管理原则以及韦伯的“组织利益高于个人利益”论述则可以为后者做出诠释。此外，斯隆（Alfred P. Sloan Jr.）通过分权将公司划分为事业部，并更倾向于对 R4 和 R5 进行行为管理。

（2）外部的组织行为管理。组织间的行为管理如图 1-5 中 R6 所示。此时，组织行为的触角已经延伸到企业之外。其实组织之间的各种行为与企业的出现相伴而生，并伴随福特流水线的成功及其自给自足式的垂直一体化运作而引起关注，但福特公司与供应商企业之间的行为管理却像“噩梦一样令人难以忍受”，当然，这主要是由于福特无法管理好自身与其他企业主之间的行为关系所致。此外，亨利·明茨伯格（Henry Mintzberg，1973）也指出，计划者完全忽视了“关系网络、与顾客/供应商和雇员的交谈、直觉和秘密消息的运用等软资料”。而查尔斯·汉迪（Charles Handy）提出的“三叶草组织”结构，即是“以基本的管理者和员工为核心，以外部合同工人和兼职工人为补充的一种组织形式”，通常用来解释企业把非核心的职能转包给其他独立企业的原因。

总体来看，组织行为管理已经形成系统化的发展状态，即正由关注组织内部行为走向组织内外部行为并重，甚至更加需要从组织外部来审视组织行为的发展态势。并且这两种行为过程并非是平行或者割裂的，而是经由长期的历史沉积以及经济社会的发展演变，相互交融和影响，共同决定着组织行为绩效。

2. 结构：组织行为的识别、选择与反馈

从学科的角度来讲，组织行为学是研究组织系统所涉及的个体、群体和组织层面及其相互作用关系的行为规律，以提高管理者识别、选择和优化人的行为能力，获得组织运行效率的行为科学。而对行为进行优化之前，往往需要先对行为进行评估，这两个方面则构成了行为反馈的内容。由此，我们提出并构建了组织行为识别、选择与反馈的组织行为管理的“三维”结构。其中，行为识别是事前对事物的状态及其出现的原因进行分析；行为选择是事中从自律和他律的视角将环境、任务与行为进行匹配；行为反馈则是事后效果评估与处理。三个阶段形成行为管理的结构化内容，其目的是提高与优化组织效率。

3. 主线：二元非均衡论

组织行为学一书的编写试图以个体层面行为、群体层面行为以及组织层面行为为主体，构成层次合理、清晰的组织行为系统。本书认为，从个体到群体再到组织的三层面内容框架遵循了由硬因素与软因素相结合的“二元非均衡”的阐述体系。“二元非均衡”是指同时共存并影响组织行为的“软”“硬”两方面的因素在不同阶段重要程度相互演化的状态，体现了组织行为效用与演化过程的本质特征。同时，各篇所包括的章节内容也在“二元”的视角下形成思想主线。各部分内容基于“硬因素”和“软因素”的结构划分如图 1-3 所示。

1.4.2 整体框架

按照主体成员的数量及其行为的影响范围，组织可以分为微观、中观和宏观三个层面。其中，个体是组织的微观主体，群体是组织的中观主体，组织系统则是组织的宏观主体。与此相应，个体行为、群体行为和组织系统行为分别构成了组织微观、组织中观和组织宏观行为，这样的划分有利于研究并易于理解。虽然组织行为也有其他的划分方式，例如，有将其划分为管理行为和业务行为之说，但本书仍以个体、群体和组织三个层面反映组织行为学的总体框架，并按照上述写作思路对框架内容进行细化。同时，以组织间关系发展为背景，研究这一发展环境对组织行为所带来的各种影响。

本书共分为四篇，其整体框架如图1-6所示。

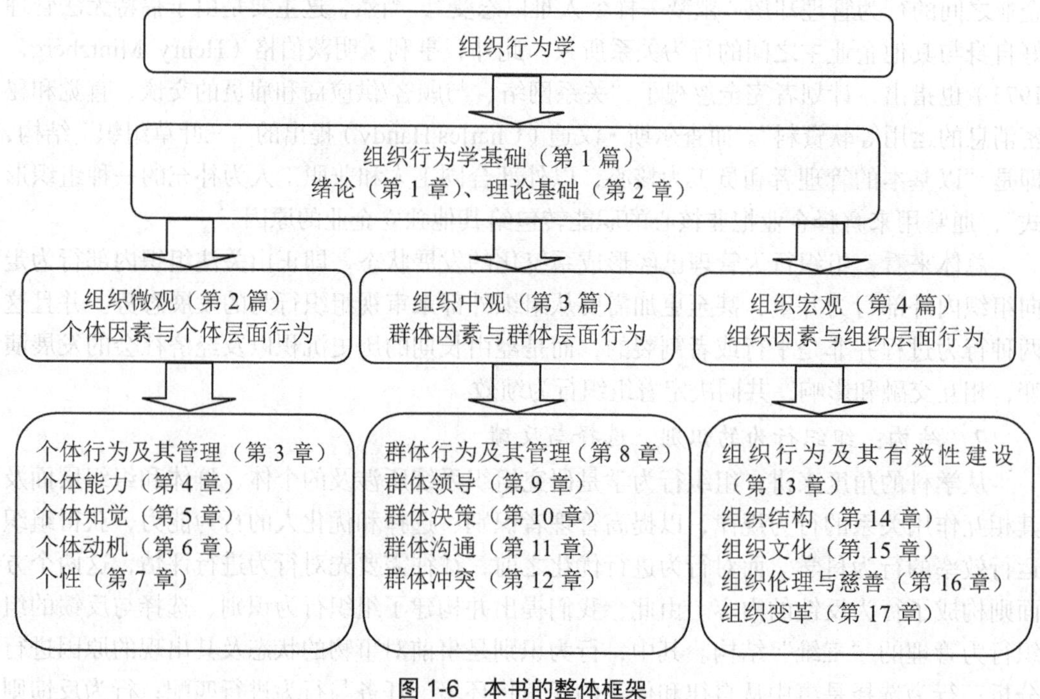

图1-6 本书的整体框架

第1篇是“组织行为学基础”，共两章。这篇是全书内容的理论基础，也是理解和熟悉组织中各种主体行为（如个体层面行为、群体层面行为和组织层面行为）的总体指导思想。这部分主要介绍有关组织、组织行为的一般概念，组织行为学的研究内容、方法和理论基础等内容。

第2篇是“个体因素与个体层面行为”，共五章。首先概述个体层面行为的相关理论，然后分别讨论组织中个体能力、知觉、动机和个性等因素和相关个体行为分析。其中，个体知觉、动机、能力和个性都是个体行为有效性的影响因素。如果个体能够感觉到外部环境的变化，并且这种变化符合个体的利益或能够给个体带来利益影响，那么个体就会对外部环境的变化产生相应的反应或行为；同时，个体自身的能力和个性等内部因素会对这种行为的有效性产生一定的影响。

第3篇是“群体因素与群体层面行为”，共五章。主要讨论群体领导、决策、沟通和冲突等因素和行为。群体领导主要介绍领导理论和领导艺术；群体决策主要介绍决策的一般过程、影响因素和决策方法等；群体沟通主要介绍沟通的有效性和群体沟通对组织行为的影响；群体冲突主要介绍冲突形成的原因、对冲突和危机的管理等。在这四大内容体系中，领导是核心，决策、沟通和冲突是领导的具体职能。

第4篇是“组织因素与组织层面行为”，共五章。分别介绍组织结构、组织文化、组织伦理与慈善、组织变革等系统组织行为。组织结构主要介绍结构类型和结构设计等内容；组织文化主要介绍组织文化的要素、类型、功能、内化与外化、整合与变革等内容；组织伦理与慈善主要介绍伦理与慈善的含义、组织伦理的失范与建设途径、组织慈善的功能与建设等内容；组织变革主要介绍组织变革的背景和内容，这里的变革并不只是停留在组织的系统行为层面，还涉及组织中个体行为和群体行为两个层面。

本书各篇及各章开头均有序言，以引出各章节的内容；各章章末均有小结，对该章的主要内容做出回顾；与本章内容相关的案例设计主要是突出实务的需要，用所介绍的理论来解释现实中的问题；每章均设计了自我测试，以帮助读者更好地理解自己和周围的组织。此外，每章均设计有思考题，主要是为了加深读者对相关内容的理解。

本章小结

1. 组织是具有一致性目标的人们依照一定的原则所建构起来的、相互协作并具有一定边界的社会群体。组织行为是指组织的个体、群体或组织本身从组织的角度出发，对内源性或外源性的刺激所做出的反应。

2. 组织行为学是以组织系统内部个体、群体、独立组织及其关系作为主要研究对象的学科；主要研究组织系统成员在相互作用过程中所表现出来的心理现象和行为规律；其根本目的是把研究所获得的知识运用于实践，提高管理者预测、引导、控制人的行为的能力，以便有效地达到组织制定的目标。

3. 组织行为学具有综合性、实证性、层次性和情景性等特点；其研究内容包括个体心理与行为、群体心理与行为、领导心理与行为、组织行为与组织效率等方面；其研究原则体现为公开性、客观性、可控性、再现性、系统性和发展性。

4. 组织行为学的研究方法可以按不同的标准进行划分。其中按研究目标可以分为基础理论研究、应用基础研究和具体问题研究；按研究深度可以分为描述性研究、关系性研究和预测性研究；按研究变量的可控性可以分为文献研究、案例研究、实际调查研究和实验研究。

5. 积极组织行为应该是组织内主动的、正向的员工在组织中所展现出的所有有益于持续提升组织效能和效率，即组织有效性的行为的综合。

6. 组织间关系开始成为商业生态环境下的研究重点，并对组织行为带来直接和深远的影响。组织间关系是组织与网络环境中其他组织之间建立在不同依赖程度基础上的持续的价值整合过程。其演变经历了交换关系与依赖关系阶段、混合型关系阶段以及多维度关系阶段。

7. 组织间关系对个体行为带来的影响是知识型员工的反传统行为、个体对组织的忠诚受到考验、终身学习成为员工的共识；对群体行为带来的影响是群体领导更具柔性、群体凝聚力受到考验、团队形式的应用日益广泛、群体沟通更为重要；对组织行为带来的影响体现在组织规模、组织结构与组织学习能力等方面。

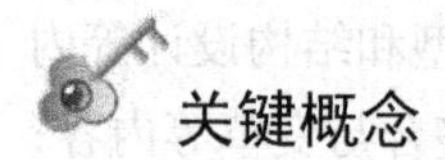

关键概念

组织（organization）　　组织行为（organizational behavior）

个体行为（individual behavior）　　群体行为（group behavior）

组织间关系（inter-organizational relationship）

积极组织行为（positive organizational behavior）

管理工具

二元非均衡　　关系的依赖–稳定模型　　组织行为管理范式（SPP 范式）

思考题

1. 如何理解组织的各种含义，并对不同的观点加以评价？

2. 可以从哪几个层次来理解组织行为？

3. 组织行为学的研究内容与特点是什么？

4. 什么是积极组织行为？积极组织行为与工作积极性、组织公民行为、工作投入和利他行为这四种行为有怎样的关系？

5. 如何理解组织间关系的内涵与发展阶段？

6. 组织间关系对组织行为会产生什么影响？

7. 除了遵循问卷设计的基本原则，我们还需要对问卷设计的其他方面有所考虑，例如，对于一些敏感性问题应如何提出，是选用开放式问题还是封闭式问题，回答范畴怎样安排，问卷中问题的顺序如何排列，谈谈你对这些问题的看法。

自我测试

组织支持感

案例讨论

从模仿到自主创新：宝钢 EVI 创新 9 密码

讨论：

1. 本案例涉及组织行为学哪些方面的内容？

2. 宝钢 EVI 是如何引领宝钢汽车板实现自主创新的？

拓展阅读

推荐书目：马奇，西蒙．组织：第 2 版．邵冲，译．北京：机械工业出版，2013.

《组织》的问世宣告了组织作为一个独立研究领域的诞生。由于竞争、合作、人类认知和情感、外部环境等因素的影响，对组织过程的控制较为有限，而组织的参与者们尽可能以容易复制的方式来应对这些限制，本书的焦点正是处理这种复杂的组织行为。尽管大多数组织有等级制度，但组织过程决不能单纯依靠命令和权力来完成，所以本书自始至终关注的是决策而非等级。组织动机和员工参与决策是本书的特色内容。总之，本书对以往组织理论既有继承又有发展，是组织理论著作中的精品。

第2章
理论基础

本章学习目标

1. 了解相关学科对组织行为学的具体贡献；
2. 掌握组织理论分类的各种标准以及每一标准的优点和缺点；
3. 熟悉理性导向的封闭系统组织理论和自然导向的封闭系统组织理论；
4. 熟悉理性导向的开放系统组织理论和自然导向的开放系统组织理论。

引例[①]

顺丰之所以能够高效运转，是因为背后有一群高效工作的人。原宅急送总裁陈平说过这样一句话："顺丰的收派员和企业是分配关系，不是劳动上下级关系，这就是顺丰董事长王卫聪明的地方。"这还要从全面直营化说起。

其实，王卫也知道加盟制的好处：可以确保企业在开疆拓土的时候能非常迅速地扩张，因为人多力量大。用当下流行的一句话说，这也是一种轻资产的方式，因为总部不需要很多人，总部主要承担管理和战略职能。王卫也看到了加盟制下的弊端：服务质量上不去，客户体验也上不去，盈利也就上不去，必须去加盟制，实行全面直营化。顺丰进入直营模式后，意味着公司不可能像加盟制公司那样，广铺网店，大肆扩张，快递员的工资开始由总部统一发放，运营成本增加不少。

王卫知道直营面临的困难，从运营成本上下功夫，是解决不了问题的，关键是要开源，要加大幅度提高营业收入，要靠高质量的服务赢得更多客户的认可。因此，首先要解决员工积极性的问题，只有调动员工的积极性，才能提高工作效率和质量。王卫设计出两种收入分配模式：承包制，每个快递员就是企业的个体户，像当年包产到户一样，每个快递员在城市里有自己的片区，别人不会来抢你的，如果你的片区业务量增长缓慢，一段时间内没有起色，就会被裁换掉。计件工资制，这也是顺丰发展到今天的独有秘诀之一。这样的制度，保证了顺丰一线员工的高收入，高收入支撑着顺丰以快为核心的高质量服务。

在这样的分配模式下，每一个人不仅获得基本尊重，而且获得丰厚的物质回报，这样一来，顺丰的整体效能想不飞跃都难。

① 刘志则，张吕清. 一路顺丰. 北京：北京时代文化书局，2017.

罗伯特·B. 登哈特（Bobert B. Denhardt）认为："研究一些正式的理论显然是有益的。虽然一些构建这些理论的人与其他人一样，旨在对组织生活有一种更好的理解，但他们的思考更严谨、更仔细、更成熟。这并不是因为他们比其他人更聪明、更具洞察力，只是他们有更多的时间来这样做。由于一些正式理论是小心翼翼地建立起来的，所以他们反映的问题比我们通常考虑的要来得广泛，而且通常也是一些最为重要的问题。因此，可以说一些正式的理论提供了一个衡量我们对企业组织生活理解程度的标准。"这充分说明了熟悉和了解企业组织理论对我们分析和解决企业组织生活中各种现象和困难的重要性。基于此，本章对组织行为学的理论基础进行了一定程度的梳理。根据组织行为学的研究对象和内容体系，我们认为组织行为学的理论基础包括学科基础和思想基础两大方面，其中，学科基础为组织行为学成为一门独立的学科提供了自由的领域和空间；思想基础为组织行为学的丰富和完善提供了独特的理论体系和内容框架。

2.1　组织行为学的学科基础

组织行为学是在多门学科的基础上建立和发展起来的。其中，理论贡献比较大的学科主要有社会学、心理学、文化人类学、管理学、组织学和政治学等，这些学科都研究人类心理和行为，它们为组织行为学的发展提供了有益的概念、理论素材和研究方法，特别是为管理人员观察和解释个人行为差别、群体和团体的执行力大小以及整个组织系统的设计和变革等不同主体的组织行为提供了宝贵的思想和方法。图2-1表明了它们对组织行为学的具体贡献。

2.1.1　组织行为学与心理学、社会心理学

心理学思想有着悠久的历史。1879年，德国心理学家威廉·冯特（Wilhelm Wundt）在莱比锡大学建立世界第一个心理学实验室，标志着科学心理学的建立。百余年来，心理学理论的发展异常迅猛，在各个领域已被广泛应用，特别是在企业组织和管理领域，有许多概念、观点、理论、工具和研究方法已被学术界和企业界大量引入理论研究与实践活动中，为组织行为学等课程的理论体系建构和发展做出了重要的贡献。

心理学是一门研究人的心理现象产生、发展和活动规律的科学，是寻求测量、解释及试图改变人的行为的科学。心理学是组织行为学的重要基础，也是对组织行为学影响较大的一门学科。因为它研究的对象是直接了解和预测个人的行为，而个人行为是整个组织行为的基本单元。心理学的核心观点认为：动机和认识是行为的主要决定因素。动机是指引起某种行为的内心活动过程。心理学各种分支对动机的研究目的就是要对引发行动和选择行动的动力来源进行解释。认识过程对理解组织行为同样重要，因为组织行为的概念来源于认识过程。例如，下面一些认识观点对组织行为的理解具有特别的指导意义。

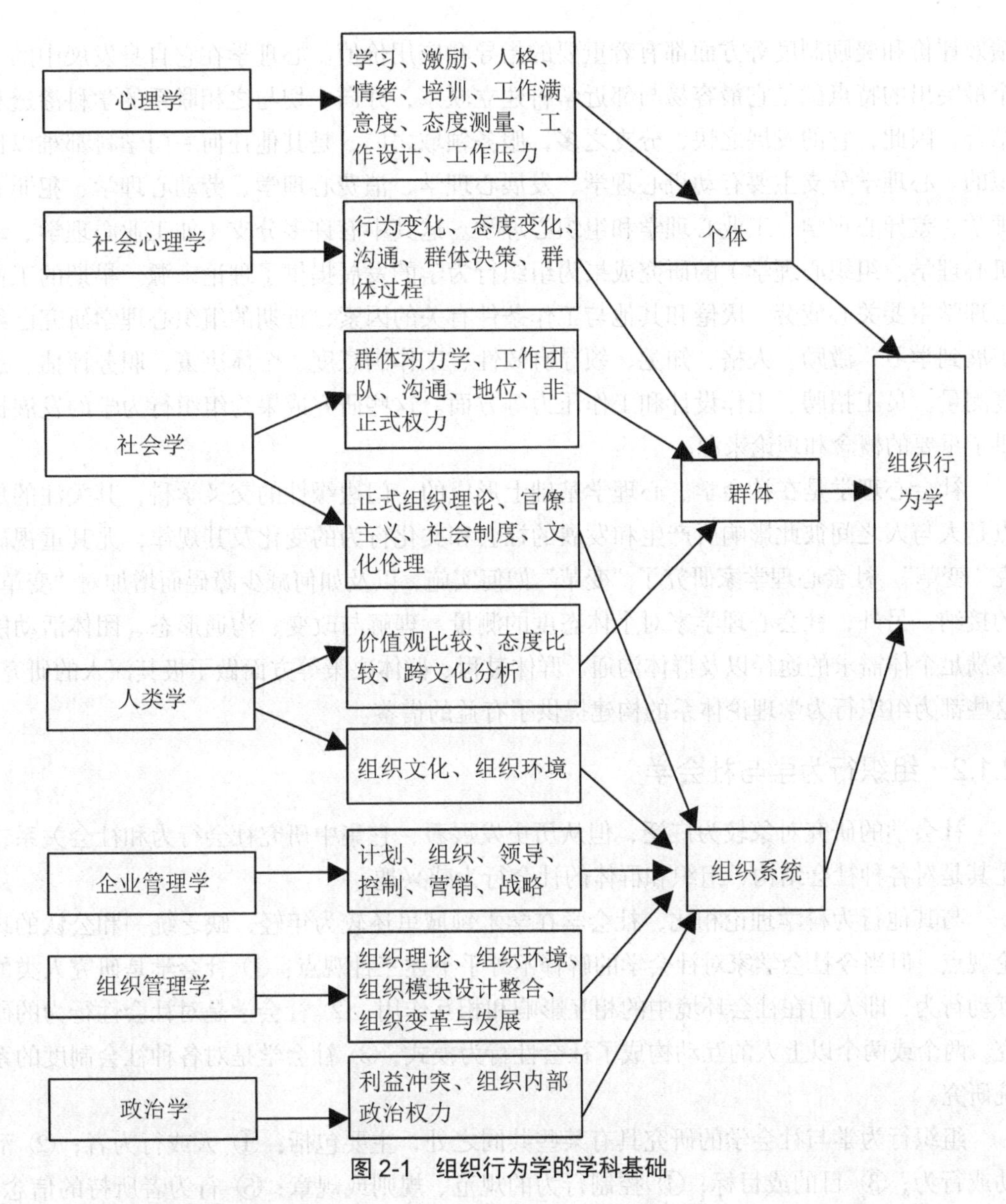

图 2-1 组织行为学的学科基础

（1）行为是被动引起的。

（2）行为是有意图的，是受目标指导的。

（3）行为是由先天的遗传（遗传因素）和后天的认识（环境因素）相互作用的结果。

（4）通过遗传因素和环境因素的相互作用，个人形成了性格特征模式。

（5）每个人在价值观、处事态度、性格和角色上都有自己的特征，但群体内成员则可能具有某种共同的价值和特征。

（6）个人从属的团体有助于塑造每个人的价值观念。

另外，心理学所重点研究的动机与认识观点在组织行为学领域已被广泛应用，其基本概念、经典理论对组织中的工作设计、领导艺术、组织设计、交流沟通、决策制定、绩效评价和奖励制度等方面都有着重要的指导和应用价值。心理学在它自身发展中的一个最突出的特点就是它最容易与邻近学科建立联系，并向一切与之相联系的学科渗透和结合。因此，它的发展之快，分支之多，服务领域之广，是其他任何一门学科都难以比拟的。心理学分支主要有动机心理学、发展心理学、消费心理学、劳动心理学、犯罪心理学、差异心理学、工业心理学和组织心理学。这其中有许多分支（如工业心理学、动机心理学、组织心理学）的研究成果为组织行为学的发展提供了理论来源。早期的工业心理学主要关心疲劳、厌倦和其他与工作条件有关的因素，近期的组织心理学研究已经扩展到学习、激励、人格、知觉、领导有效性、工作满意度、个体决策、职务评估、态度测量、员工招聘、工作设计和工作压力等方面。这些研究成果为组织行为学的发展提供了重要的概念和理论来源。

社会心理学是在社会学、心理学基础上形成的一门边缘性的交叉学科，其关注的焦点是人与人之间彼此影响所产生和发展的社会和文化行为的变化及其规律，尤其重视研究“变革”。社会心理学家研究了“变革”如何实施，以及如何减少障碍而增加对“变革”的接纳。另外，社会心理学家对个体态度的测量、理解与改变、沟通形态、团体活动能够满足个体需求的途径以及群体沟通、群体过程、群体决策等方面做了极其深入的研究，这些都为组织行为学理论体系的构建提供了有益的借鉴。

2.1.2 组织行为学与社会学

社会学的研究对象较为广泛，但从历史发展看，它集中研究社会行为和社会关系，尤其是对各种社会结构、组织和群体的社会行为感兴趣。

与其他行为科学理论相比，社会学在学术领域里还较为年轻，缺乏统一和公认的理论观点。但当今社会学家对社会学的解释不外乎下述三种观点：① 社会学是研究人类的互动行为，即人们在社会环境中的相互影响和相互作用；② 社会学是对社会性行为的研究，两个或两个以上人的互动构成了社会性行为模式；③ 社会学是对各种社会制度的系统研究。

组织行为学与社会学的研究具有某些共同之处，主要包括：① 人或行为者；② 活动或行为；③ 目的或目标；④ 控制行为的规范、规则或规章；⑤ 行为者所持的信念；⑥ 身份和身份关系；⑦ 影响其他行为者的职权或权力；⑧ 角色期望、角色绩效以及角色关系。因此，社会学家把组织通常看成是具有不同角色、不同身份和不同权力层次的各种各样人的组合。组织的目的就是达到某些一般化和特殊化的目标。

心理学家将注意力集中在个体，而社会学家则侧重研究个体所处的社会系统，并分析、解释局部环境中个人困扰和社会结构中的公众问题，以及个人怎样扮演着自己的角色。换言之，社会学是研究人与由人构成的社会之间的互动关系。社会学家对研究组织行为最大的贡献在于组织中团体行为的研究，特别是正式和复杂的组织。在研究组织行为领域内，社会学家所提供的有价值的知识贡献主要有团队动力、组织文化、组织结构与形态理论、科层组织、沟通、等级、地位、权力及冲突。

2.1.3 组织行为学与人类学

人类学是借助研究社会来了解人类及其活动，人类学家对文化与环境的研究能提示或启示人们了解不同国家与不同组织中的人们。由于受本土环境的影响，人们在处理某些问题时，其所持的价值观、态度和行为具有明显的差异。目前，人们对于组织文化、跨文化管理、组织环境以及不同国家的文化差异的了解，有很多都是得益于人类学家的努力，或是使用了人类学的方法。

人类学的研究是为了对个人和周围环境之间的关系获得一种更为准确的解释。这里的人类学是文化人类学范畴。文化是指人类对周围环境的适应过程，包括由个人组成的各种群体所拥有的思想和对这些思想进行交流时所依赖的语言。同其他行为科学一样，人类学也从其他学科中借用了研究方法。为了达到对人类行为的深刻理解，人类学家研究了所有的人。当然这种研究必须是在人的自然生息的状态下进行。只有理解这一点，才有可能把握人类学的实质。

组织行为学的研究目的是更好地理解组织内部各层级主体的行为。为此，应首先了解更多的文化知识。管理人员只有对职工之间的文化差别有充分的认识，才能更客观而深入地理解他们的行为和绩效。尤其是近年来，跨国公司的出现，使得来自不同国家的职员由于文化制度的差异而在期望、需要和习惯上都有不同的表现。这进一步引起了组织行为学研究者对文化人类学的重视。

不同国家和地区甚至不同的组织形式都有其特定的文化，可以用来解释成员的行为差异。例如，惠普公司规定职员之间不论级别高低，一律直呼其名。他们认为大厂应该办得像小厂一样，成员亲密无间，犹似家人，目的是要培养公司内部团结友好的气氛。这是一种特殊的企业文化，它期待职员发展某种共同的行为方式，从而增强人们对组织内其他各种行为的理解和认识。

2.1.4 组织行为学与企业管理学、组织管理学

管理是指社会组织通过计划、组织、领导和控制等手段，优化配置组织资源，以高效实现预期目标的活动。管理学就是研究上述活动规律的学科，其中对组织活动规律的研究是管理学研究中最基础的部分。所以，在管理研究的早期，管理研究就是组织研究，只是在后来，管理研究的领域迅速扩展，不仅要研究组织问题，而且还要研究决策、控制、领导、协调等问题，这样就使管理研究和组织研究开始出现分化，于是组织学从管理学中分化出来，成为隶属于管理学的一门分支学科。分化出来以后，组织学和管理学的研究目的虽然都是提高组织运行的效率和效益，但是它们的研究对象各有侧重。任浩（2005）指出，根据研究主体的不同，组织学又可以细分为组织行为学（其主体是组织中的人，包括个体、群体和系统组织）和组织设计学（其主体一般是组织中的物，包括流程、机制或系统等）[①]。组织行为学主要研究组织内部个体、群体和组织系统的行为规律；而管理学除了研究人的行为规律之外，还研究其他管理活动和规律。例如，研究如何合

① 任浩．现代企业组织设计．北京：清华大学出版社，2005：23.

理配置人力、物力、财力、技术、信息等资源，研究如何建立和完善组织机构以及各种管理机制，研究管理过程、管理职能和管理原则等。因此，从研究的内容和范围来说，组织行为学要比管理学狭窄得多。但不论如何，管理学作为一门基础学科，其所阐释的管理的一般规律（以原则、定理表述），如计划、组织、领导和控制等管理职能始终对组织行为学的研究起到指导作用。

以企业为研究对象的管理学主要是研究企业如何发挥某些职能，以便有效地获取、分配和利用人力、物力、财力、技术等资源，以实现预定的目标。管理的核心是人，为此必须研究人力资源的心理和行为规律，以充分发挥人力资源的优势和潜能，为预定目标的实现提供理论依据和科学方法。而组织行为学正是研究组织中个体、群体、组织的行为规律的科学，它对个体行为、激励、领导、冲突、组织文化、组织变革等的研究，对管理学中管理过程、管理职能、管理方法等的研究都将产生重要的促进作用。

2.1.5 组织行为学与政治学

政治学主要研究政治环境中个体和群体的行为，进而促进人们对组织中各种行为的了解。政治学较注重研究结构性的冲突、权力的分配，以及人们如何为了个人利益去获取、利用权力等。以国家为研究主体的政治学，必然要关注组织。不过政治学所研究的组织不是本书所指的企业组织，而是履行国家和社会职能的政治性组织和公共性组织，这既有国家机关组织，也有社会性组织。政治学在研究国家的政体、国家与社会关系演变和发展时，就必须把这些组织作为重要的研究对象。另外，各种政治性组织在整个社会组织中是体现国家政治意志最多的组织形态，所以其存在和活动方式不能不受政治学所确立的价值观的指导和制约。如组织中所秉承的“维护和实现社会正义、公平”“政务公开、民主参与管理”“组织有义务接受社会公众的监督”等理念，这些也是政治学对社会性组织行为包括企业组织行为提出的价值要求。

随着政治学的发展和人们对组织是政治实体的清醒认识，组织行为学的研究中引入了政治学的观点。政治学的研究领域，如冲突、组织内的政治和权力，对我们准确解释和预测组织中各个利益主体的权力资源分配和平衡、利益争夺与管制具有十分重要的贡献。

2.2 组织行为学的思想基础

组织行为学的思想基础主要是指各类组织理论。传统上，组织理论（organizational theory）的分类主要有三种标准：① 以研究时间为标准，将组织理论划分为古典组织理论、近代组织理论和现代组织理论三个阶段。这种划分的优点是时间顺序比较清楚，但不易看清理论内容之间的联系；② 以理论流派为标准，沿着时间顺序将理论划分为六个阶段：科学管理时期（20 世纪初至 30 年代）、行为科学时期（20 世纪 30—50 年代）、科学决策时期（20 世纪 40—50 年代）、系统科学时期（20 世纪 60—70 年代）、文化与知识管理时期（20 世纪 80—90 年代）、关系管理时期（20 世纪 90 年代至今）。这种划分的优点是理论演进的时间顺序以及理论的发展脉络较清楚，但是不易把握各个理论流派的地位和价值，一般用于对管理理论的分类；③ 以理论间的内在联系为标准，将组织理论分为理性系统组织理论、自然系统组织理论和开放系统组织理论。这种划分有利于人们把握组织理论的脉络及其相互关系（斯格特，2002）[①]。

企业组织理论内容丰富，涉及组织的各个领域，从研究对象来看，组织理论研究有以下两大类。

一是研究组织的主体，主要是组织中的人，包括组织中的个体、团体以及整个组织。通过对组织主体心理和行为的研究，探讨他们影响组织效率和组织目标实现的路径。值得特别注意的是，随着管理实践的发展，首先，在商业舞台上，扮演主角的已经不再是组织中的个体和群体，而是整个组织系统或代表整个组织系统的个体或群体；其次，主角的行为不再单纯以组织内部为导向，其行为内容也不再以组织内部的资源整合和关系协作为主导，现在越来越注重组织的外部导向，强调对组织外部资源的整合和对外部组织关系的建立和管理。

二是研究组织的客体，如组织结构、组织中的制度等，探讨它们对组织效率和组织目标的影响。组织设计主要是聚焦于组织客体的研究，如组织结构设计、流程设计和权力设计等，同时又考虑到了组织中的主体，如组织激励设计和绩效评估设计等。

纵观企业组织理论发展的历史，特别是组织理论的最新发展和前沿趋势，本书采用斯格特（2002）的分类方法，以企业组织的内部和外部行为为主线，按照时间顺序，采用封闭与开放系统（反映了组织边界的变化）、自然与理性导向（反映了组织的目标导向程度）两个维度，将企业组织理论进行一定程度的梳理如图 2-2 所示。

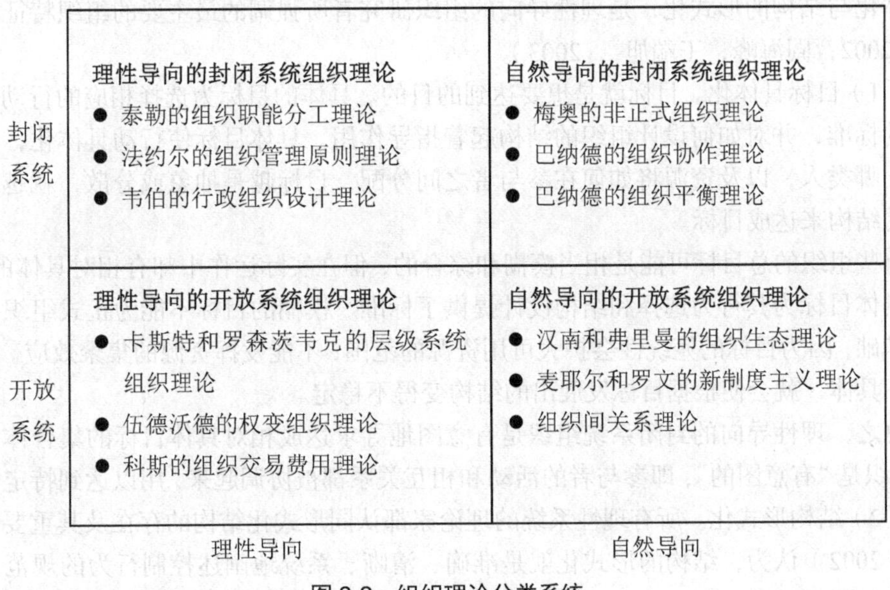

	理性导向	自然导向
封闭系统	**理性导向的封闭系统组织理论** ● 泰勒的组织职能分工理论 ● 法约尔的组织管理原则理论 ● 韦伯的行政组织设计理论	**自然导向的封闭系统组织理论** ● 梅奥的非正式组织理论 ● 巴纳德的组织协作理论 ● 巴纳德的组织平衡理论
开放系统	**理性导向的开放系统组织理论** ● 卡斯特和罗森茨韦克的层级系统组织理论 ● 伍德沃德的权变组织理论 ● 科斯的组织交易费用理论	**自然导向的开放系统组织理论** ● 汉南和弗里曼的组织生态理论 ● 麦耶尔和罗文的新制度主义理论 ● 组织间关系理论

图 2-2 组织理论分类系统

① 阎海峰，王端旭．现代组织理论与组织创新．北京：人民邮电出版社，2003：112-113.

2.2.1 作为封闭系统的组织理论

1. 理性导向的封闭系统组织理论

1）理性导向的封闭系统组织特征

早期的组织研究都是聚焦于组织内部，他们把组织视为一个封闭的系统。作为封闭系统的组织，有着清晰明确的组织边界，强烈反对和抵制那些容易造成组织边界模糊和变化的内部力量和外部因素，强调组织内部成员的稳定性、定位性和认同性。组织的稳定性离不开结构的稳定性，因此，作为封闭系统的组织往往具有清晰化的结构形式，每个成员在组织中都有自己明确的位置，承担着相应的职责。计划经济时代的企业组织具有上述特征，明显属于这种类型。

同时，早期的组织理论强调组织是为目标和战略而服务的工具和手段。巴纳德（1938）早就指出，正式的组织是人们之间有意识的、审慎的、有意图的合作关系和过程。布劳和斯格特（1962）认为正式组织的突出特征在于具有特定的目标导向性。依佐尼（1964）甚至强调组织的有意建构完全是为了某种目的的需要。上述观点共同说明和指出了组织具有不同程度的"理性"，即组织是有意图的、有目的的、有意识的和审慎的。这主要体现在：首先，对组织的参与者个体而言，参与某个组织并与其他参与者进行协作是"有意识的""审慎的"和"不稳定的"；其次，对所有参与者即参与者整体而言，都存在一个共同的价值观念和目标导向，而且目标是具体的、明确的和呈结构化分解的。

因此，在一个封闭系统中，是有意图寻求具体目标并且结构形式化程度较高的社会结构集合体。组织行为是一群"有意图的"成员所实施的"有目的的"行为。组织目标的具体化与结构的形式化，是理性导向的组织研究者所强调的最主要的组织特征（斯格特①，2002；阎海峰，王端旭②，2003）。

（1）目标具体化。目标就是想要达到的目的。具体的目标为选择相应的行动提供了明确的标准，并对如何设计组织的结构起着指导作用。具体目标使行动具体化，明确了要雇用哪类人，以及资源将如何在参与者之间分配，目标越是抽象或分散，就越难设计单一的结构来达成目标。

有些组织的总目标可能是相当模糊和综合的，但在实际运作中却有相对具体的目标，这些具体目标为其行为选择和结构设计提供了标准。模糊的目标不能为正式组织提供牢固的基础，因为目标的笼统性会扩大可用资源的范围，不能发挥资源的集聚效应。同时，目标不具体，就会使根据目标发展出的结构变得不稳定。

总之，理性导向的封闭系统组织是有意图地寻求达成相对具体目标的集合体，或者说，组织是"有意图的"，即参与者的活动和相互关系都被协调起来，用以达到特定目标。

（2）结构形式化。所有理性系统的理论家都认同形式化结构的存在及其重要性。斯格特（2002）认为，结构的形式化就是准确、清晰、系统地阐述控制行为的规范，以及

---

① 斯格特．组织理论：第4版．黄洋，译．北京：华夏出版社，2002：31-32.

② 阎海峰，王端旭．现代组织理论与组织创新．北京：人民邮电出版社，2003：113-114.

独立描述在该结构中占有一席之地的个体之间的关系与个人特质。一般认为，通过标准化、规范化、形式化能使行为变得更为确定。反过来，形式化使群体的每一个成员能够稳定地预见其他成员在特定条件下的行为。

形式化使参与者或观察者能够描述组织中的社会结构及其运作流程，描述这些与合理操作的关系和过程，包括责任分工的设计与修订、信息或物质的流转及参与者之间互动方式等。所以，从理性导向的视角来看，组织的结构是一种工具、一种手段，可以根据组织提高效率的需要而修改。同时，对参与者来说，形式化也能使角色和关系的定义更加客观，使组织的运行在某种程度上脱离“个人”的感觉。组织成员的更替得以规范化，以至于任何一个训练有素的人都可以代替其他人，而组织的运行不受太大影响。因此，形式化的结构不会受任何特定个体的参与或跳槽的影响，从而达到了组织对封闭性的理想目标。

2）理性导向的封闭系统组织理论的代表观点

（1）泰勒的组织职能分工理论。泰勒的科学管理思想集古典管理思想发展之大成，英国的管理学家林德尔·厄威克说：“泰勒所做的工作并不是发明某种全新的东西，而是把整个 19 世纪在英、美两国产生、发展起来的东西加以综合而形成的一套思想，他使一系列无条理的首创事物和实验有了一个哲学的体系，称之为科学管理。”[①]这里有巴贝奇的作业研究，有亨利·汤的利益分配思想，有杰文斯的劳动强度和疲劳问题研究等，同时还有同时代的甘特、怀特、巴思等做出的贡献。泰勒的科学管理原理或科学管理思想是一次管理思想上的大综合，是管理思想发展史上的一个转折点，同时它又是一个较为完整的管理思想体系，科学管理思想的建立使管理从此成为一门独立科学。

科学管理理论中的组织理论主要体现在职能分工方面。

第一，把计划的职能和执行的职能分开，改变了凭经验工作的方法，而代之以科学的工作方法，以确保管理任务的完成。在传统的管理中，生产中的工作责任都推到工人身上，而工人则按照自己的习惯和经验来进行工作，工作效率由工人自己决定。这和工人的熟练程度和个人的心态有关，泰勒深信这不是最高效率，必须用科学的方法来改变。科学的方法就是找出标准，制定标准，然后按标准办事。而这一找出和制定标准的工作应有专门的人来负责，因为不论从哪个方面来讲工人是不可能完成这一工作的，所以就必须把计划职能和执行职能分开。计划职能归管理当局，并设立专门的计划部门来承担，计划部门从事全部的计划工作并对工人发布命令，其主要任务是：一是进行调查研究并以此作为确定定额和操作方法的依据；二是制定有科学依据的定额和标准化的操作方法和工具；三是拟订计划、发布指令和命令；四是把标准和实际情况进行比较，以便进行有效的控制。在现场，工人或工头从事执行的职能，按照计划部门制定的操作方法指示，使用规定的标准工具，从事实际操作，不能自作主张、自行其是。泰勒把这种管理方法作为科学管理的基本原则，这也使得管理思想的发展向前迈出了一大步，将分工理论进一步拓展到管理领域。

---

① 郭咸纲．西方管理思想史．北京：经济管理出版社，1999：99-100.

第二，泰勒的职能工长制是根据工人的具体操作过程进一步分工细化而形成的，为了事先制定好工人的全部作业过程，指导工人干活的工长必须具有特殊的素质。泰勒认为职能工长应该具有九种素质：脑力、教育、技术知识、机智、充沛的精力、毅力、诚实、判断力和良好的健康状况。但是每一个工长不可能同时具备这九种素质，为了使工长职能有效的发挥，就要进一步细分，使每个工长只承担一种管理职能。为此，泰勒设计出八种职能工长，来代替原来的一个工长。这八个工长四人在车间，四人在计划室，每个工长按照自己的职能范围向工人发布命令。他认为这种职能工长制度有三个优点：一是每个职能工长只承担某项职能，职责单一，对其培养可以在短时间内完成；二是管理人员的职责明确，容易提高效率；三是由于作业计划由计划部门拟订，工具和作业方法标准化，车间现场工长只负责现场指挥与监督，便于降低成本。

尽管泰勒认为职能工长制有许多优点，但是由于一个工人受到多头领导而引起混乱，在实际工作中没有得到普遍推广。然而，深入分析泰勒职能工长制失败的原因就会发现，其失败不是由于工人的混乱或统一指挥遭到破坏造成的，而是缺少真正意义上的管理人员所致，这也是泰勒所必须面对的早期工厂中普遍存在的一大难题。不过如果我们将职能工长改成职能科室，把直接的指挥改为参谋，那么就是一种典型的职能参谋制的组织结构。其实，泰勒的这种组织改动思想的真正贡献是为以后职能部门的建立和管理职能的专业化提供了思路。

第三，泰勒为组织权力分配提出了一个极为重要的原则——例外原则。

所谓例外原则，就是指企业的高级管理人员把一般日常事务授权给下属管理人员负责处理，而自己保留对例外事项一般也是重要事项的决策权和控制权，如重大的企业战略问题和重要的人员更替问题等。这种例外的原则至今仍然是组织授权原则中极为重要的原则之一。

泰勒的另一项主张是将管理的职能从企业生产职能中独立出来，使企业开始有人从事专职的管理工作。这样就进一步促进了对管理实践的思考，为管理理论的进一步形成和发展开辟了道路。[①]

（2）法约尔的组织管理原则理论。法约尔把企业的全部活动分为六种：技术活动（生产、制造、加工），商业活动（购买、销售、交换），财务活动（筹集和最适当的利用资本），安全活动（保护财产和人员），会计活动（财产清点、资产负债表、成本、统计等），管理活动（计划、组织、指挥、协调和控制）。不论企业大小、复杂还是简单，这六组活动（或者说基本职能）总是存在的。但是前五种活动都不负责制订企业的总经营计划，不负责建立社会组织，以及协调各方面的力量和行动，这些至为重要的职能应属于管理。所以他对管理的定义就是实行计划、组织、指挥、协调和控制。

法约尔认为组织就是为企业的经营提供所有必要的原料、设备、资本、人员。其中分为物质组织和社会组织。在法约尔的组织理论中，组织机构的金字塔是职能增长的结果，职能的发展是水平方向的，因为随着组织所承担的工作量的增加，职能部门的人员

① 郭咸纲．西方管理思想史．北京：经济管理出版社，1999：114.

就要增多，等级系列的增长发展是垂直的，是由于有必要增加管理层次来指导和协调下一级管理部门的工作所引起的。他认为职能和等级系列的发展进程是以一个工头管理 15 名工人和往上各级均为 4∶1 的比数为基础的。例如，15 名工人就需要有一名管理人员，60 名工人就需要有 4 个管理人员，而每 4 个管理人员就需要 1 名共同的管理人员，组织就是按这种几何级数发展的，而作为组织的管理就是应当把管理的层次控制在最低限度内。

对参谋人员来说，法约尔认为应该让一批有能力、有知识、有时间的人来承担，使得管理人员的个人能力得到延伸。而参谋人员只听命于总经理，他们和军队中的参谋人员相似，他们不用去处理日常事务，他们的主要任务是探索更好的工作方法，发现企业条件的变化，以及关心长期发展问题。

法约尔认为他的参谋职能制和泰勒的职能工长制不同，职能工长制违背了统一指挥的原则。在法约尔看来职能工长制是一个非常危险的制度，命令必须执行，这是只有在一个人对另一个人明确承担责任时才能做到的。他认为他的统一指挥的原则最重要。[①]

法约尔还根据自己的工作经验，归纳出简明的十四条组织管理原则，这些原则在很长时期内甚至到现在一直是组织管理所考虑和遵循的基本准则。

第一，分工。他认为这不仅仅是经济学家研究有效地使用劳动力的问题，而且也是在各种机构、团体、组织中进行管理活动所必不可少的工作。

第二，职权与职责。他认为职权是发号施令的权力和要求服从的威望。职权与职责是相互联系的，在行使职权的同时，必须承担相应的责任，有权无责或有责无权都是组织上的缺陷。

第三，纪律。纪律是管理所必需的，是对协定的尊重。这些协定是组织内所有成员通过各方面所达成的协议对自己在组织内的行为进行控制，它对企业的成功与否极为重要，要尽可能做到严明、公正。

第四，统一指挥。指组织内每一个人只能服从一个上级并接受他的命令。

第五，统一领导。指一个组织对于目标相同的活动，只能有一个领导，一个计划。

第六，个人利益服从整体利益。即个人和小集体的利益不能超越组织的利益。当两者不一致时，主管人员必须想办法使他们保持一致。

第七，个人报酬。报酬与支付的方式要公平，给雇员和雇主以最大可能的满足。

第八，集中化。这主要指权力的集中或分散的程度问题。要根据各种情况，包括组织的性质、人员的能力等，来决定“产生全面的最大收益”的那种集中程度。

第九，等级链。它是指管理机构中，最高一级到最低一级应该建立关系明确的职权等级系列，这既是执行权力的线路，也是信息传递的渠道。一般情况下不要轻易地违反它。

第十，秩序。它是指组织中的每一个成员应该规定其各自的岗位，“人皆有位，人称其职”。

① 郭咸纲. 西方管理思想史. 北京：经济管理出版社，1999：129-134.

第十一，公正。主管人员对其下属仁慈、公平，就可能使其下属对上级表现出热心和忠诚。

第十二，保持人员的稳定。如果人员不断变动，工作将得不到良好的效果。

第十三，首创精神。这是提高组织内各级人员工作热情的主要源泉。

第十四，团结精神。它是指必须保持和维护每个集体中团结、协作、融洽的关系，特别是人与人之间的相互关系。

法约尔强调指出，以上十四条原则在管理工作中不是死板和绝对的，需要注意尺度问题。在同样的条件下，不能反复使用同一原则来处理事情，应当注意各种可变因素的影响。因此，这些原则是灵活的，是可以适用于一切需要的，但其真正本质在于懂得如何运用。这是一门很难掌握的艺术，它要求运用智慧、经验、判断和懂得注意分寸。

（3）韦伯的行政组织设计理论。该理论分成以下两个部分。

第一部分：理想行政组织的结构设计。韦伯认为理想的行政组织是通过职务和职位来管理的，而不是通过传统的世袭地位来管理。这是传统企业组织管理的重要指导思想。

第一，韦伯对理想行政组织的要求。一是任何机构组织都应有确定的目标。机构是根据明文规定的规章制度组成的，并具有确定的组织目标，人员的一切活动都必须遵守一定的程序，其目的是实现组织的目标。二是组织目标的实现必须实行劳动分工。组织为了达到目标，把实现目标的全部活动都一一地进行划分，然后落实到组织中的每一个成员。组织中的每一个职位都有明文规定的权利和义务，这种权利和义务是合法的，在组织工作的每个环节上，都是由专家来负责的。三是按等级制度形成一个指挥链。这种组织是一个井然有序且具有完整的权责相互对应的组织，各种职务和职位按等级制度的体系来进行划分，但每一级的人员都必须接受其上级的控制和监督，下级服从上级。但是他也必须为自己的行动负责，这样，作为上级来说必须对自己的下级拥有权力，发出下级必须服从的命令。四是在人员关系上，这是一种非人格化的关系，也就是说，他们之间是一种指挥和服从的关系，这种关系是由不同的职位和职位的高低来决定的，不是由个人决定，而是由职位所赋予的权力所决定，个人之间的关系不能影响到工作关系。五是担任每一个职位的人都是经过挑选的，也就是说必须经过考试和培训，接受一定的教育获得一定的资格，由职位的需要来确定需要什么样的人来担任，人员必须是称职的，同时也是不能随便免职的。六是该人员实行委任制，所有的管理人员都是任命的而不是选举的（有些特殊的职位必须通过选举的除外）。七是管理人员管理企业或其他组织，但他不是这些企业或组织的所有者。八是管理人员有固定的薪金，并且有明文规定的升迁制度，有严格的考核制度。管理人员的升迁是完全由他的上级来决定的，下级不得表示任何意见，以防止破坏上下级的指挥系统，通过这种制度来培养组织成员的团体精神，要求他们忠于组织。九是管理人员必须严格遵守组织中的法规和纪律，这些规则不受个人感情的影响，而适用于一切情况。组织对每个成员的职权和协作范围都有明文规定，使其能正确地行使职权，从而减少内部的冲突和矛盾。

第二，韦伯认为他设计的这种理想行政组织是最符合理性原则的，其效率是最高的，在精确性、稳定性、纪律性和可靠性等方面都优于其他组织形式，而且这种组织形式适用于各种管理形式和大型的组织，包括企业、教会、学校、国家机构、军队和各种团体。

从历史发展的角度来看韦伯的组织理论，我们可以发现它是对封建传统管理模型的一种反动，也就是说要发展生产力、提高生产效率，必须打破封建传统管理模型，用一种科学的分析方法来对各种组织进行科学的管理。这是历史发展的必然，当生产力发展到一定的阶段，人们要进一步提高生产力，就必须寻求新的管理理论来指导实践。尽管韦伯的理论在当时没有被广泛承认，但是随着生产力的发展，由于组织规模的不断增加，复杂性不断提高，在人们开始探索大型行政组织的管理时，终于发现了韦伯的天才贡献。

第二部分：理想行政组织的制度设计。韦伯认为管理就是意味着以知识为依据来进行控制，领导者应在能力上胜任其工作，要依据事实来进行领导，行政组织中除了最高领导之外，每一个官员，都应按下列准则被任命和行使职能。

他们在人身上是自由的，只是在与人身无关的官方职责方面从属于上级的权力。

他们按明确规定的职务等级系列组织起来。

每一职务都有明确规定的法律意义上的职权范围。

职务是通过自由契约关系来承担的，因此，从原则上讲存在着自由选择。

候选人是以技术条件为依据来挑选的，在最合乎理性的情况下，他们是通过考试或以表明其技术训练的证件为依据来挑选的，他们是被任命而不是被选举的。

他们有固定的薪金作为报酬，绝大多数有权享受养老金，雇佣当局只有在某些情况下（特别是在私营组织中）才有权对这些官员解雇，但这些官员则始终有辞职的自由。工资等级基本上是按等级系列中的级别来确定的，除了这个标准以外，职位的责任大小和任职者在社会地位上的要求也可能予以考虑。

这个职务是任职者唯一的或至少是主要的工作。

它成为一种职业，存在着一种按年资或成就或两者兼而有之的升迁制度。升迁由上级的判断来决定。

官员完全同所管理财产的所有权无关来进行工作，并且不能滥用其职权。

他在行使职务时受到严格而系统的纪律约束和控制。

这种类型的组织，从原则上讲，能以同等程度适用于各种不同的领域，它能适用于营利的企业，或慈善性组织，或其他一些类型的从事精神或物质生产的私营企业，它也同样适用于政治组织和宗教组织。

以上是韦伯行政组织理论的主要内容，他的理论在行政管理的组织结构中具有一定的先进性。同时，这些理论，尤其是有关对行政组织的要求和有关制度方面的理论，对企业组织设计也有非常重要的指导意义。

2. 自然导向的封闭系统组织理论

（1）自然导向的封闭系统组织特征。虽然组织有特定的目标，但是参与者的行为通常都不是组织的目标指导的，而且参与者的行为也不能体现组织的行为。因为参与者往往受自身利益的驱使，也企图将其加于组织之上。斯格特（2002）认为，组织并非只是有助于完成其他目标的手段，组织的维护和加强也是其自身的发展目标。这就反映了自然导向组织的观点。[①]

理性导向的组织论者将组织构想为为了寻求某种特定目标而人为设计的集合体，而自然导向的组织论者则强调组织是并且首先是一个集体。前者强调组织区别于其他社会团体的特征，而后者则强调这些特征并非是组织仅有的特征。自然导向的组织论者承认理性导向的组织论者强调关于组织目标的具体化和结构的形式化等方面特征的意义，但是进一步认为，其他一些特征（如组织与其他一些社会团体都有的特征）具有更大的意义（斯格特，2002）。

自然导向的封闭系统组织理论认为，组织的重要特征主要表现在以下两个方面。

① 目标复杂性。自然导向的组织理论更多关注行为而非目标。因为他们认为，既定的和组织所寻求的“实际”目标之间是有差距的，而且即使组织所寻求的是既定目标，但它仍不是指导参与者行为的唯一目标，即组织目标具有复杂性。因此，自然系统论的一个主要论点就是：从本质上讲，组织远不只是达成既定目标的工具，而是力图在环境中适应并生存下来的社会团体。所以，形式化的组织像所有其他社会团体一样，是由一个首要的目标控制着，这个目标就是生存。生存的压力有时会使组织忽略甚至改变既定的目标（Gouldner，1959）。在许多情况下，组织为了生存，都在不断调整和修改自己的目标。当组织处在生死攸关的紧要关头，为了保存自身甚至会放弃对既定目标的追求。所以，自然导向的组织理论认为，组织并非只是一种手段，其本身还是一种目的，而且是首要目的。

② 结构非正式化。与组织目标的复杂性相一致的是，自然导向的组织论者认为，用来完成复杂组织目标的结构也同样不是像理性系统中所描述的那样简单、规范。自然系统论者并不否认组织中存在高度形式化的结构，但对其重要性提出了疑问。他们认为，组织中不仅存在特意设计来规范行为以达到既定目标的正式结构，也存在建立在具体参与者个体和相互关系基础上的非正式结构，它还会给正式结构带来巨大影响，不仅可以替代它，而且还能侵蚀和改变它（斯格特，2002）。

自然导向的组织论者强调，在组织的结构中，还有比既定规章、职位界定和参与者行为规范更为重要的东西。个体参与者从来都不只是“被雇佣的劳动力”，他们投入的还有自己的智慧和情感：他们加入组织时带着个人的观念、计划和抱负，他们带来了不同的价值观、兴趣和能力。从相互作用看，所有这些因素创造了一个相对稳定的非正式结构。自然导向视角的一个重要观察点就是，组织包含了正式和非正式的结构，正式组织中的参与者促成了非正式的规范和行为模式，如地位和权力体系、沟通网络、人际结构等。

（2）自然导向的封闭系统组织理论的代表观点。

① 梅奥的非正式组织理论。非正式组织是与正式组织相对而言的。正式组织是指为了有效地实现企业目标，随企业成员的职位、责任、权利及其相互的关系进行明确的划

---

① 斯格特．组织理论：第4版．黄洋，译．北京：华夏出版社，2002：52.

分而形成的组织体系。科学管理只注意发挥正式组织的作用。霍桑实验告诉我们，工人在企业内部共同劳动的过程中，必然会发生一些工作以外的联系，这种联系会加深他们相互了解，从而能形成某种共识，建立起一定程度的感情，逐渐发展成为一种相对稳定的非正式组织。这种非正式组织对工人起着两种作用：一是保护工人免受内部疏忽所造成的损失，如生产过多以致提高生产定额，或生产过少以致引起管理当局的不满，并加重同伴的负担；二是保护工人免受非正式组织以外的管理人员干涉所形成的损失，如降低工资率或提高生产定额。

梅奥等人认为，不管承认与否，非正式组织都是存在的。它与正式组织相互依存，而且会通过影响工人的工作态度来影响企业的生产效率和目标的达成，因此管理人员应该重视这种非正式组织的存在，利用非正式组织为正式组织的活动和目标服务。

② 巴纳德的组织协作理论。巴纳德是"现代管理之父"，[①]是现代组织理论的创始人。不仅"几乎在所有论述到组织问题的文献目录中都要提到巴纳德"，[②]而且无论是哪个阵营中的组织理论家（如科学取向阵营或者人文取向阵营等），也都能在巴纳德那里获得灵感和找到他们所需要的东西。他认为组织是一个协作系统，其主要观点包括以下几方面内容。

第一，组织的实质是"有意识地协调两个以上的人的活动或力量的一个体系"。[③]巴纳德既不赞成法约尔将组织看成是由物质和人所组成的观点（认为组织概念中不应包含那种作为技术手段系统的物质组织，"物体始终只是环境的一部分、协作体系的一部分，而不是组织的一部分"），也不同意将组织简单地看成是由个人和个人所构成的集团的看法。巴纳德认为，集团这个概念常常是模糊的、混乱的和内在矛盾的，它"包含着太多的变数，如果不限定其变数的数量，就无法作为一个实用概念来进行一般的讨论"，集团这个概念突出的通常只是成员身份，而不是作为组织实质的、相互协作的关系，它难免要将那些为组织做出了重要贡献的贡献者排斥在组织之外。组织不是别的什么，而是一种用来表述不同领域中的经验的"共同的语言"，它"是类似于物理学中的'重力场'或者'电磁场'的一种'构成体'"。古典组织理论注重的是组织的表面结构，研究的是组织的形式部分，这部分可以用组织系统表或者部门化原理表示出来。而巴纳德则主张组织的实体是组织行为，即组织中的人的行为。"我们称之为'组织'的体系是由人的行为构成的体系。使这些行为成为一个体系的是，不同人的努力被协调着。"正是这种协调属性，使得组织行为与个人行为产生了区别。组织行为的重要方面不是个人的，而是在态度、时间或程度方面决定于协作体系的。巴纳德还特别强调，组织作为两个以上的人自觉协作的活动所组成的体系，它必然具有体系所具有的一切特征。组织是整体性的，"其中的每一部分都以某种重要方式同体系所包含其他部分关联着"。作为一个整体，组织已是一个不同于原有各组成部分的新事物，它能创造出在数量上和质量上大于、小于或不同于其组成部分努力的总和。当然，组织作为体系，巴纳德也注意到了维克所说的松散

① 占部都美．现代管理论．北京：新华出版社，1984.

② 安德鲁斯为《经理人员的职能》30周年版所写的导言，1992。

③ 巴纳德．经理人员的职能．王永贵，译．北京：机械工业出版社，1997：60.

连接属性。巴纳德指出，一旦一个体系中的各个组成部分很多、很大，它们就势必组成一些次级的或局部的体系。“在这种情况下，每一个局部体系的各个部分之间形成自己的关系，这些关系可以变化而出现局部体系的一种新的状态，但并不以显著的方式改变整个体系”。

第二，组织要成为一个整体，就必须具备三个基本条件：一是能够互相进行信息交流的人们；二是这些人们愿意做出贡献；三是实现一个共同的目的。因此，一个组织能否产生与存续的三个必要的和充分的要素就是共同的目的、做贡献的愿望和信息交流。共同的目的也就是组织目的，该目的与参加组织的各个成员的个人目的是不同的。现实生活中虽然存在着这种情况，即组织目的的实现本身可能变成了个人满足的源泉，成为个人目的，但这却是少之又少的情况。一般来说，组织目的只有得到组织成员的理解并为各个成员所接受时，才能激起协作行为。协作意愿是指个人要为组织目的贡献力量的愿望。协作意愿“意味着自我克制，对自己个人行动控制权的放弃，个人行为的非个人化”。这种意愿产生的结果是个人努力的凝聚。没有协作意愿，为协作做贡献的个人努力就不能持久。协作愿望具有两个显著特点：一是个人意愿的强度存在着极大的差异；二是任何个人的贡献意愿的强度都不可能维持不变，它总是断续的和变动的，而与之相关的组织所可能获得的贡献意愿总量也就必然是不稳定的。信息交流是组织的第三个要素，它在组织要素中居于中心地位。这不仅是因为组织的上述两个要素只能通过信息交流才能联系起来，而且也是因为组织的结构、规模和范围几乎全由信息交流技术所决定。如果只有组织目的，却没有相应的信息交流使之为组织成员所知晓，那就毫无意义；同样，如果不传递必需的信息，不仅不能确保成员的合理行动，而且也不能确保组织成员产生协作意愿。为了达到有效的沟通目的，必须建立一个客观的信息交流体系。

为此，巴纳德提出了以下原则：一是信息交流的渠道要清楚地为大家所知道，使人人都了解自己的职务、权限和义务。二是客观权威要求组织中的每一个成员有一个明确的正式的信息交流渠道，确保正式组织中的每个人都同组织建立起正式的关系。三是信息交流的线路必须尽可能地直接和便捷，信息交流的线路越短，信息交流的速度就越快，错误就越少。四是原则上必须应用整个信息交流线路，以确保信息能够通过权威体系的每一层次，从而充分发挥每一层次的作用。五是在信息交流中心服务的人员即职员和监督者的能力必须合格。六是在组织执行职能时，信息交流线路不能中断。如果负责人因事不能坚守岗位时，应有人代理。七是每一个信息都要被确认，即传达信息的人是否确居其位，该职位是否确实包含相应的信息类型，该信息是否确实是从这一职位发出的。

总之，巴纳德将组织的要素规定为组织目的、协作意愿和信息交流，具有划时代的意义。特别是他第一次将信息问题列入组织要素之中，这不仅填补了古典组织理论的空白，而且对组织办公手段的现代化建设，以及组织如何面对信息化浪潮，具有重要的指导价值。

③ 巴纳德的组织平衡理论。组织理论的核心部分是组织的存续和发展，即维持组织平衡的问题。在现实社会中，我们经常对组织的存在与消亡感到好奇。组织为什么会不断地发展壮大呢？是什么力量将组织中的各个层次的成员维系在一起的呢？它是通过一

种什么机制将组织维持下去的？这种机制能有效地激发组织成员的贡献吗？对于这些问题，巴纳德用他的组织平衡论做了极其深刻的回答。

第一，组织平衡的条件。巴纳德认为，组织的平衡问题根本上讲是一个贡献（或者牺牲、服务）与诱因（或者效用）的比较问题。所谓贡献，是指有助于实现组织目的的个人活动，通过个人活动的贡献而实现了组织目的，那就是组织的有效性。而诱因是指组织为满足个人的动机而提供的效用。一个组织能为其成员提供满足以维持系统平衡的能力就是组织的能率。组织保持平衡的条件是，组织向每个成员提供或分配的诱因要大于、起码是等于个人所做的贡献。换句话说就是，组织要存续下去，就必须既有有效性又有能率。组织的活力在于其成员贡献力量的意愿，这种意愿要求有共同目的能够实现的信念。一旦这种信念不能实现或者降至零点，有效性就将消失，做贡献的意愿也将荡然无存。做贡献的意愿的维持还取决于成员个人在实现目的过程中所获得的满足。如果这种满足不能超过个人所做的牺牲，这种意愿也将消失，组织就没有能力。只有个人的满足超过其贡献，做贡献的意愿才能持续下去，组织才有能率。巴纳德指出，"为了维持组织经济的平衡，组织要支配和交换足够数量的各种效用，以便用来支配和交换作为其构成要素的人们的服务。为了做到这点，组织运用这些服务来获得足够数量的效用，然后把这些效用分配给贡献者，以保证这些贡献者继续贡献适当的效用。由于每一个贡献者都要求他的交换有剩余即纯诱因，所以组织只有交换、变形和创造，在它自己的经济中获得效用的剩余，才能继续存在下去"[①]。巴纳德的这一思想用公式简略地表述就是

贡献≤诱因→组织存续和发展

第二，组织平衡的分类。巴纳德以他的组织有效性与组织能率理论为基础，将组织平衡进一步区分为两种过程的平衡：组织的对外平衡与组织的对内平衡。

组织的对外平衡是指组织通过与外部环境保持平衡，以提高组织效率的过程。维持组织的外部平衡需要两个条件：一个是组织的有效性，这涉及组织目的同外界环境的关系；另一个是组织能率，这涉及组织同成员个人之间的交换问题。组织的对内平衡是指有效地分配诱因，确保每个成员的诱因与贡献的平衡，从而保持成员协作积极性的激励过程。在组织活动中，促使个人有意识地贡献努力的基本要素是组织可能支付给个人的诱因。巴纳德指出，"在所有各种组织中，最强调的任务是提供恰当的诱因以便自己能够存在下去。组织的失败可能绝大多数是由于管理工作在这个方面的失误，尽管可能还有理解不恰当或组织缺乏有效性等原因"。

第三，组织诱因。巴纳德认为，组织在提供诱因方面有两种方法：一种是"说服的方法"，另一种是"诱因的方法"。说服的方法是指管理者通过改变组织成员个人的主观态度和动机标准，努力使诱因和贡献保持平衡的一种方法。说服的方法包括三种形式：首先是强制。这种方式就是通过解雇、开除那些协作意愿低、贡献小的特定成员，以影响其他成员，促使他们降低个人需要标准。它实质上是一种强迫人们向组织做贡献的杀鸡儆猴式的说服方式。其次是诱因合理化。为说服个人或集团参加特定组织并为该组织

① 巴纳德. 经理人员的职能. 王永贵，译. 北京：机械工业出版社，1997：150-158.

提供服务或者顺从它的要求，指出这样做符合他本人、本部门的利益，这是诱因合理化的一个方面；诱因合理化的另一个方面是利用组织的信条和象征，使整个社会组织合理化，从而说服组织成员继续参加协作体制。最后是动机的灌输。这是一种最重要的说服方式，它的正式形式是对年轻人的教育与对成年人的宣传。

相对于强调改变人们主观态度的“说服方法”来说，“诱因的方法”强调的是向人们提供客观诱因。客观诱因可以分为两种不同性质的类型：第一种是特殊的并能特定地给予某个人的；第二种是一般的、非个人的，不能特定地给予某个人的。前者称之为特殊的诱因，后者称之为一般的诱因。巴纳德列举的特殊的诱因是物质诱因、个人的非物质的机会、良好的物质条件、理想方面的恩惠；一般的诱因是社会上的吸引力、适合于自己习惯的方法和态度的条件、扩大参与机会及思想情感交流的条件等。

第四，经济诱因与非经济诱因。事实上，巴纳德所列举的种种客观诱因大都是由经济诱因与非经济诱因所组成的。巴纳德指出，现代社会科学技术的快速发展，强制性地培育了人们对物质东西的爱好，从而给人们一种错觉，那就是以为经济诱因是唯一的和最有效的诱因。巴纳德甚至说，“为了使人们做出足够的贡献以便协作体系能够长期维持，单纯依靠物质的或金钱的诱因，是违反人的本性的”。经济诱因作为一种有形的、物质的、货币的诱因，实际上既是不充分的，也是很不成功的。巴纳德认为，“除了极少数人以外，超过生活水平以上的物质报酬是无效的。对绝大多数人来讲，既不会为了获得更多的物质报酬而更勤奋地工作，也不会因此而对组织多做一份贡献”。正因如此，巴纳德认为，即使是在纯经济企业中，提供非经济诱因的能率可能同生产能率同样重要。

第五，提供诱因应遵循的原则。对任何组织来说，支付诱因并不是一件轻松的事。由于诱因对于组织来说总是一种稀缺资源，因此，诱因的提供就必须讲求经济原则。一个以物质为主要诱因的组织，如果不能最低限度地保证获得的物品或金钱大于支出，就不能长期提供这种诱因。同一原则也适用于其他诱因。由于非物质机会的可能性是有限的，并且通常是不足的，因此，不仅从物质的意义上说，而且从更广的意义上讲，都必须保持极度的节约。巴纳德认为，“采用差别诱因，即在组织中根据各人贡献的大小分配诱因，是保证诱因经济性的重要方法。制定恰当诱因的主要方法是实施差别的诱因。由于所有的诱因对组织来说都是昂贵的，以致妨碍到组织的生存，如果不极度地节约，组织的支出和收入的平衡本来是不可能的，各种诱因的分配必须同所寻求的各种贡献相适应”①。

2.2.2 作为开放系统的组织理论

组织理论研究的开放系统视角出现在 20 世纪 60 年代，它的出现使人们很快认识到先前的观点都是建立在将组织视为封闭系统基础之上的，因而需要对其进行大刀阔斧的修正。因此，此后有关组织理论都开始将组织对环境的开放性考虑在内，强调组织与环境之间的互动，而不是二者之间的相互对立或者孤立。众多开放系统的支持者与参与者

① 巴纳德. 经理人员的职能. 王永贵，译. 北京：机械工业出版社，1997：190-192.

深刻地改变了组织研究以及对组织主要特征与过程的看法。

在开放系统中，组织结构的开放系统视角强调了个体要素（包括个体参与者和自群体）的复杂性和多变性，以及要素间相互联系的松散性。个体要素被看成是半自主行为的主体，个体要素与其他要素的联系是松散的。同时，系统边界也似乎是无形的。组织与其环境之间的相互依赖关系在开放系统视角中，也受到了应有的重视。开放系统视角强调组织与其周围以及渗透到组织的要素之间的交互关系，而不是像早期的封闭系统理论那样，要么忽视环境因素的存在，要么将环境视为异己甚至是敌对的。相反，开放系统视角将环境看成是物质、能量和信息的终极资源，而所有这些都是系统延续的关键。

从 20 世纪 60 年代初开始，开放系统视角大量地取代了封闭系统视角，同时，后者也为捍卫自己的理论体系，从组织结构和组织行为角度提出了对抗性的理论解释（斯格特，2002）。在 20 世纪 60 年代，理性导向的开放系统组织理论成为主导，在 20 世纪 70—90 年代受到了占据主流地位的自然导向的开放系统组织理论的挑战[①]（阎海峰，王端旭，2003）。

1. 理性导向的开放系统组织理论

理性导向的封闭系统组织理论认为组织是封闭的，其核心是提高内部运行的效率，主张通过单一明确的目标和机械的组织结构来维持组织的稳定性和提高组织运营的效率；理性导向的开放系统组织理论强调组织应当是开放性的，其核心是追求对外部环境的适应性，主张通过清晰明确的层级目标系统和有机的组织结构形式来反映外部环境的变化。体现这些特征的理性导向的开放系统组织理论主要有卡斯特和罗森茨韦克的层级系统组织理论、伍德沃德的权变理论和科斯的组织交易费用理论等。

1）卡斯特和罗森茨韦克的层级系统组织理论

卡斯特和罗森茨韦克认为，组织是一个开放的系统，是在与环境的不断相互作用中获得发展的，因而只有在开放系统的总体模式下，才能很好确定组织内外各变量之间的确切关系。他们同时指出，由于各种因素作用关系的动态性，实际上不可能存在普遍适用于所有环境的组织原则和管理方法，也即是说，应该采取权变的观点，针对组织的任务类型、组织行为的特点、管理者的能力及威望等的不同，采取不同的管理方式。至于作为一个整体的组织系统来说，他们认为一般由下列五个分系统组成。

（1）目标与价值分系统。处于社会环境中的组织，在实现组织目标的过程当中，必须考虑影响目标及与目标相适应的基本价值观念。由于价值观是影响人们社会作用和选择行动的规范性的标准，因此，组织的生存依赖于其内部参与者及外界社会共同的最低限度的价值观念。影响组织目标的价值观念可以分为五个层次。

① 个人价值观。

② 群体价值观。

③ 组织价值观。

④ 工作环境各要素的价值观。

---

① 阎海峰，王端旭．现代组织理论与组织创新．北京：人民邮电出版社，2003：150-152．

⑤ 文化价值观，即整个社会拥有的价值观。

就组织目标而言，由于受社会环境、组织本身和组织成员这三种因素的影响，组织在确定自己的目标时，要充分考虑到这三种因素彼此间的矛盾，在三者之间取得最低限度的一致性。

（2）技术分系统。它是指组织为达成目标所需运用的各种技术与知识，这是开展日常工作所必需的。不同性质的组织所需要的技术不尽相同，但从行政管理的角度看，有许多行政技术，特别是一些现代化的技术方法和手段，也是各种组织所必需的。

（3）社会心理分系统。它由相互作用的个人和群体组成，包括个人的行为动机、地位与角色的关系、团体动态性以及影响力系统等，个人的价值观念、情绪、态度、期望等因素，也会在一定程度上影响到这个子系统，这些因素最后会形成“组织气候”，人们在这种气候中表现他们的角色与活动。不同的组织会表现出不同的社会心理状态。

（4）结构分系统。它可以被看作是一个组织内各构成部分或各个部分间所确立的关系的形式。如组织中人员的地位等级和权责分配关系、上下指挥监督关系、平行业务联系关系等正式说明，通常可以通过组织系统图表示出来。此外，像工作说明书、办事细则、组织规程等法令规章，也都是规范结构的子系统的必要条件。组织结构的设计是组织活动中极其重要的环节，在对行政组织结构进行设计时，必须注意组织活动的差异化和一体化问题。差异化表现为组织中等级结构的垂直差异和部门间的水平差异，这两种差异存在着组织分离的趋势，给组织的控制、协调和交往联系带来困难；一体化是为了解决差异化所造成的问题，在组织内部建立某种机制，来协调各部分的工作。

（5）管理分系统。它贯穿于整个组织，主要作用是整合、协调、设计及控制，如组织目标的订立、策略的运用、结构的设计、工作的分配、控制过程的安排等。从结构层次方面看，管理系统可以分为作业分系统、协调分系统和战略分系统三个层次，从基本职能方面看，管理系统可以分为决策、计划和控制三种职能。

系统组织理论使人们对组织各种行为现象的了解更为深入，对组织的认识更为全面，也使得管理方法与组织理论有了更大突破，在组织理论的发展史上具有极其重要的意义。

2）伍德沃德的权变组织理论

权变组织理论以开放系统观为基础，考察的对象主要是组织的外部环境。由于外部环境的复杂性及变化性，权变理论反对经典主义“全目的”原则和结构，而主张组织积极地适应外部的变化。该理论的核心就是“权衡与变通”，这要求理论家和管理者在决策过程中更加灵活，更具适应性。

权变学派的代表人物较多，在组织结构方面，主要有汤姆·伯恩斯、琼·伍德沃德、保罗·劳伦斯和杰伊·洛希等人。其中，伍德沃德的组织结构权变理论影响最大，其主要观点有：

首先，权变观点强调组织的多变量性，即与每一组织有关的条件的多变性与环境的特殊性。通过研究组织与其环境之间的相互关系和各子系统内及各子系统之间的关系，才能够根据具体情况来设计与其相适应的组织结构。

其次，强调外部环境对组织结构设计的影响。伍德沃德认为组织设计应当是开放式的，要求组织结构不仅要有稳定性，而且要有对环境的适应性，要对环境的变化具有足够的敏感性，才能保证组织的生存与发展。

最后，试图通过对企业的分类，通过对影响因素的分析，对不同类型组织所适应的组织结构模式得出一些一般结论。他的研究中所涉及的主要因素包括工艺技术复杂程度、组织规模、外部环境等，其中外部环境又可区分为市场、技术与经济情况、科学技术的发展等因素。伍德沃德将组织形式粗略地划分为稳定—机械式与适应—有机式两大类，其基本结论如下。

当出现下列情况时，以采用稳定—机械式组织为宜。

（1）环境相对稳定和确定。

（2）目标明确和持久。

（3）技术相对统一而稳定。

（4）按常规活动，且生产率是主要目标。

（5）决策可以程序化，从而协调和控制过程倾向于采用严密结构的等级系统。

当出现下列情况时，以采用适应—有机式组织为宜。

（1）环境相对不稳定和不确定。

（2）目标多样化并不断变化。

（3）技术复杂，易变。

（4）有许多非常规活动，需较强的创造能力和革新能力。

（5）使用探索式决策过程，而协调和控制经常出现相互调整；系统等级层次少，具有较大的灵活性。①

3）科斯的组织交易费用理论

科斯（Ronald H .Coase）的交易费用理论对当代微观经济学的发展产生了极其深远的影响，其有关概念、学术观点和思想为企业组织的存在目的、发展规模和边界变化提供了科学合理的解释，在一定程度上丰富了企业组织理论。

（1）交易费用的含义。交易费用（Transaction Costs，也可译成交易成本）是一个含义广泛的概念，它“可以看作是一系列制度成本，包括信息成本、谈判成本、拟订和实施契约的成本、界定和控制产权的成本、监督管理的成本和制度结构变化的成本。简言之，包括一切不直接发生在物质生产过程中的成本”。与组织相关的概念是，“所有组织的成本都是交易成本”（伊特韦尔，1992）。

（2）以交易费用理论解释企业组织的存在。在论文《企业的性质》里，科斯试图回答这一根本性的问题：企业组织为什么存在？现代市场经济的基本事实是，“在企业之外，价格变动决定生产，这是通过一系列市场交易来协调的。在企业之内，市场交易被取消，伴随着交易的复杂的市场结构被企业家所替代，企业家指挥生产”。从交易费用的观点出发，对上述问题的回答就是：“企业的运行是有成本的，通过形成一个组织，并允许某个权威（即企业家）来支配资源，就能节约某些市场运行成本。”因此，科斯认为，“企业

① 郁义鸿．现代企业组织架构挥略．上海：上海译文出版社，1994：25-26.

的显著特征就是作为价格机制的替代物”。

科斯的理论被钱德勒以系统的历史材料加以验证。钱德勒还明确区分了“现代工商企业”和“传统企业”，并以大量事实材料阐明了前者的出现和持续成长的原因。钱德勒认为，企业组织的协调替代市场机制的协调，是因为前者在相应场合下能带来更高的效率；这种较高效率的产生与经济活动的较大规模和现代企业内部管理层级制的形成相联系，而这种层级制一旦形成，就会变成持久性、权力和持续成长的源泉。

（3）组织规模的确定与组织有效边界。企业内部的协调机制可以替代市场的协调机制，但这种替代显然不可能是无限制的，它事实上取决于两种协调机制所需交易成本的比较。从理论上说，企业规模的界限应该定在其运行范围扩展到企业内部组织附加交易的费用等于通过市场或在其他企业中进行同样交易的费用的那一点上。威廉姆森认为，实际情况要更简单些，他还引入了资产专用性的概念，并指出资产专用性水平是决定某项交易应在市场上进行还是在企业内部进行的主要因素。威廉姆森还对企业有效边界作了阐述。

综上所述，企业存在有效的组织边界，其规模并不是越大越好。因此，企业组织设计尤其是结构设计要充分考虑组织协调成本和市场协调成本的大小，根据市场交易费用的变化及时调整组织边界，保证组织的有效性。

2. 自然导向的开放系统组织理论

自然导向的封闭系统组织理论认为组织是封闭的，在封闭的框架内追求组织的生存和长寿，避免外部环境给组织带来的不良影响；自然导向的开放系统组织理论强调组织是开放的，组织的生存和发展离不开外部环境的作用，因此，自然导向的开放系统组织理论的重心是追求与外部环境相适应的组织生存和长寿。其代表性理论主要有汉南与弗里曼的生态组织理论、麦耶尔和罗文的新制度主义理论，以及组织间关系理论等。

1）汉南与弗里曼的生态组织理论

组织之间的关系正在发生着重要的演变。20世纪90年代以来，人们更多地将组织看作是生态系统（ecosystem）的一部分。一个组织或许跨越了几个行业，并将在与其他组织的紧密关系网络中确定自己的位置。组织生态系统是由组织的共同体与其环境相互作用而形成的系统，它常常要跨越传统的产业边界。在这个生态系统中，合作与竞争同等重要。确实，根据所处的位置和面对的问题，组织之间在同一时刻既是竞争对手又是合作伙伴。在这个商业系统中，管理的作用正在朝着与其他组织建立横向关系的方向发展。组织生态学的观点解释了为什么由于新组织的增加，组织的多样性也在不断加强，这些新组织填补了既有组织剩下的领地。这种观点认为大组织不能适应变化的环境，因此新的组织以其适当的形式和技术满足新的需要。经过变种、选择和保留的过程，一些组织将会生存下来并得到发展，另一些组织将会消亡。组织将采取全面的或专门的战略在众多的组织中求得生存。

（1）组织生态学关于组织变化动因的解释。组织生态学这个宏观的组织理论特别强调环境的影响力，焦点是社会力量如何在环境中决定某一社群的兴起和衰落。其基本出发点是假设社会有无比巨大的力量。个别组织并不能够依靠自己的力量来适应环境，即使能有少量的改变，但始终敌不过大气候的压力。若社会力量对于某种社群和产业有利，则该类组织会不断涌现；假如社会改变不了气候，不再需要该类组织的产品、服务，甚至形态，则该组织必被淘汰。

组织生态学的创始人迈克尔·汉南与约翰·弗里曼认为，针对环境情况变化，必然会有新的组织种群或整体出现。由于现有的个别组织因种种强大的压力（如成本、人事等）而只能做出缓慢的转变，于是新组织更能适应新的环境。这种看法假定人不能做什么，管理者只能做一些微小的适应，战略的有限性取决于社会趋势，并不在乎战略的好坏。虽然这个理论比较悲观，但也确实解释了历史上某些产业的兴衰，使我们更注意组织或产业本身的生命周期，使管理者更留意组织的兴起、演变、淘汰等问题。因此，环境中的领地或缝隙更是管理者所需要留意的，若组织能够钻缝隙，或寻找更多的领地或缝隙，则被淘汰的概率便可降低。

（2）组织变化与组织适应性。针对一个种群，种群生态学研究者所提出的问题就是关于社会中组织的数量和变化。为什么新形成的组织会带来不断出现的多样性？其答案就是对照环境所要求的变化，组织的适应性很有限。在组织种群内，新形式和新类型的组织比现存的组织，其创新和变革发生得更为频繁。新的组织比起那些变化缓慢的既有组织更多地满足了社会的新需求。既有组织为何难以适应迅速变化的环境？汉南与弗里曼认为，组织变化的能力受到多种条件的限制。这些限制来自于对工厂的巨大投资、设备、专门人员、有限的信息、决策者的固有观点、被组织的成功历史所验证了的现行组织方法以及改变公司文化的困难。在这些阻碍面前，组织的真正转变是少有的、不可能的事情。

根据种群生态学观点，迅速变化着的环境决定种群中的哪些组织生存或消亡。其假设是单个组织的结构有惰性，难以适应环境的变化。因此，当变化迅速发生时，老的组织容易衰退或消亡，继而出现能够更好地适应环境需要的新组织。[①]

2）麦耶尔和罗文的新制度主义理论

制度学派理论把组织看成是自然和有机的系统，认为要从整体角度分析组织的特性。制度学派分析了组织的变异性，指出这种变异是组织复杂系统的潜在功能和非预期性表现；同时指出了组织在运行过程中，即使脱离了管理者的控制，也存在一种内在的运作逻辑和趋势，而这并非组织控制的结果。随着研究的深入，从制度学派中分化出了一派新的理论，人们称之为新制度主义理论。

以麦耶尔（John Meyer）、罗文（Brian Rowan）、迪马奇奥（Paul Dimaggio）和鲍维尔（Walter Powell）等人为代表的新制度主义学派通过对当今美国社会非营利组织的经验研究，对环境以及组织与环境的互动关系提出了独特的看法，其中与当前分析最有相关性的就是“制度的形同质异”（institutional isomorphism）这一概念的提出和重新界定。在新制度主义者看来，个别组织生存于其中的环境，并非只包含技术、市场或其他众所周知的经济技术因素；更为重要的是环境中还包含了所谓“合法性”的维度在内，因此组织生存环境可以称为一种“制度化的环境”。在现代社会中，“理性化”已经变为一种“神话”，其伴随着相应的“仪式”渗透于环境之中，构成从外部强加给所有正式组织的制度

① 罗珉. 现代管理学. 成都：西南财经大学出版社，2003：267-269.

性压力；这些压力导致组织的“同形式变迁”（isomorphic change），即迫使所有的正式组织无论其日常行动如何，都必须不断地变更自身结构，内化各种合法性要求，以便与周围的制度环境“同形”，由此造就了全社会范围内正式组织的制度“同化”趋势，形成现代组织的“制度的形同质异”特征（Meyer & Rowan，1977）。值得一提的是“形同质异”（isomorphism）这个源于海莱（Hawlwy，1968）的概念，经新制度主义者之手而添加了若干新意。按照迪马奇奥和鲍维尔的说法，在海莱那里，“形同质异是一个约束的过程，它强迫种群中的一个单元生长得类似于面对同一组环境条件的其他单元……此种研究方式提示：组织特征是按照日益与环境特征相一致的方向改变的”。

而到了新制度主义者手中，“形同质异”概念被扩大了，并做了进一步的区分，“有两种同形：竞争同形和制度同形。组织不仅为了资源和客户而竞争，而且还为了政治权力和制度合法性、为了社会和经济的契合性而竞争。制度同形的概念对于理解渗透于多数现代组织生活中的政治和仪式是一个有用的工具”。新制度主义者强调组织环境是制度化的环境，这种合法性的维度迫使单个的组织按照其要求来变更和调适自身的结构；而每个组织也为获得这种合法性而争斗不已，这就造成现代社会组织生活中的一个显而易见的悖论：组织的结构与其日常活动的背离。一方面，组织为了取得并证实自身的合法性，不得不建立那些被“理性化神话”确立为必不可少的部门，并设法应付无穷无尽的礼仪活动，而这些部门和活动多半与组织的绩效无关；另一方面，组织在实践上又必须处理各种日常事务并努力追求绩效，而这些事务和绩效却又与上述“神话”无关。由此导致了新制度主义所谓的现实生活中的“经验异常现象”；麦耶尔和罗文干脆用“制度化组织的结构不一致性”来概括这种背离，并且发现组织往往用“松散化”（decoupling）的策略即让组织下属的各个机构仅仅保持松散的连接来应付这一局面（Meyer & Rowan，1977）。正是在这个意义上，他们将组织的“形同质异”认定为“现代社会的地方病”。①

3）组织间关系理论

（1）关系与组织间关系。关系概念是理解社会行为的一个核心概念。但学界对关系的界定并未达成共识，而且在不同民族文化环境里，关系的内涵和外延存在很大的差异。西方学者发现，在华人的社会背景下，人际关系（guanxi）所展现的方式和结果，与西方的人际关系（interpersonal relationship）有着很大的差异（Xin and Pearce，1996）。例如，华人社会中的关系，不论是人与人之间的情感关系还是组织之间的商务关系，首先，都是在人际互动、交往和交换中发生的；其次，是以友谊、感情、互惠、面子、人情、利益等原则进行运作的；再次，它是一种获取资源的方式；最后，它是与中国本土文化相关的具有特殊性的社会现象。

本书所涉及的关系是特指组织之间的商业关系或商务关系。许多学者从不同角度对组织间的商务或商业关系进行了界定。例如，一些学者（Ellram，1991）从关系的互动过程来看，认为组织间关系是关系双方之间在信息共享、资源互补、组织学习和知识管理等方面的协议。一些学者（Rigby and Buchanan，1994）从关系投入视角来看，认为组织

① 吴春．组织理论的发展概述．新疆大学学报（社会科学版），2002（1）：136-141．

间关系是指不同的组织之间为了相同的目标共同投入相关资源，以努力达到彼此设定的目标的关系。还有一些学者（Lambert，1996；Vohkurka，1998）从关系产出或关系收益来看，认为组织间关系是指关系各方相互信任、共担风险、共享利益，以取得组合竞争优势，创造更大绩效的关系。

根据现有研究文献，本书认为，组织间关系的内涵可以归纳为以下四个维度：① 组织间关系的经济性维度。这具体包括吸引和纽带或约束等概念。吸引是指合作的双方都具有吸引对方进行合作的某些要素和资源，如经济的、技术的或社会的要素和资源；纽带或约束是指以技术、信息和高额的转换成本设置合作方脱离障碍，是关系建立的经济强制性因素。② 组织间关系的社会性维度。这具体包括互动、信任、承诺和互惠等概念。互动是指一系列的交易活动所形成的持续交往的状态；信任是在特定条件下一方对另一方行为的期望；承诺是合作关系中的一方在某种程度上有与另一方合作的积极性，即承诺是一种保持双方都珍视的关系的长期愿望；互惠是一方给予另一方的优惠或好处。③ 组织间关系的情感性维度。这主要涉及合作双方的移情和相互理解的程度。例如，合作关系需要双方都能从对方的立场看问题，理解对方的愿望和目标，减少合作中的机会主义，共同应对合作中的突发事件。④ 组织间关系的学习性维度。这主要涉及组织学习、知识共享、吸收能力等概念和领域。企业的经营是建立在“核心能力”基础之上的，这需要从组织间关系中获取互补性知识、信息和资源，而这些知识、信息和资源的获取与组织具有的各种知识与能力有关。而合作能力、企业的外部研究联盟活动、组织内最佳实务与知识的有效转移以及战略联盟内的组织间学习等都与吸收能力这个概念紧密相关。企业的吸收能力是组织间学习的重要基础，吸收能力越大，企业在跨组织间的知识转移中越能获得合作伙伴的专门知识。

（2）组织间的力量格局与组织间关系类型。关系双方的力量格局会影响合作的方式和合作利益的分配。根据一些学者（Cox，Sanderson and Waston，2002）的研究成果，关系双方的力量格局一般利用效用和稀缺性两个主要效度指标来评估，因为这些指标对于合作双方来说有着不同的意义，并且能够解释商业关系中所存在的内部压力。我们以产业市场中供应商和客户的商业关系为例，双方的力量格局如图 2-3 所示。

相对效用是指关系双方中一方所拥有的资源或所创造的产品和服务能为另一方带来的价值。这种价值类似于市场营销学里的客户感知价值（customer perceived value）概念，在这里，其具体含义是指关系一方因从另一方那里获取某些资源或产品所进行的感知利益获取和感知代价付出的综合主观评价。值得特别提醒的是，本概念当然也涉及经济学中所提出的机会成本概念，例如，包括关系一方因自己的商业目标需要改变既有合作方，而从其他供应商那里购买产品和服务所带来的潜在风险和转换成本。稀缺性概念，从客户角度来看，是指在交易中，一方可以利用的潜在或实际的供应商数量；而从供应商角度来看，是指供应商如果通过隔离机制或使用信息不对称屏蔽重要信息来提供相对稀缺的产品或服务的可能程度。依据这两个维度，我们可以将供应商和客户的力量格局分为四种类型：客户主导、相互独立、相互依赖和供应商主导。

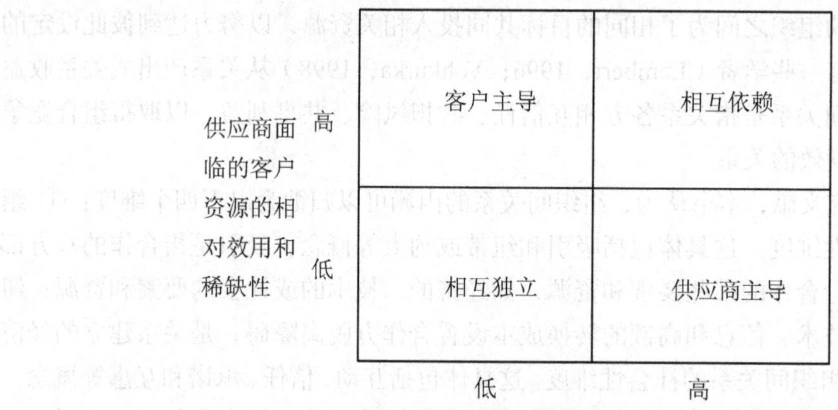

图 2-3 供应商与客户的力量格局

① 客户主导。对一些市场而言，如家电零售市场，因行业集中度较高，客户的市场力量往往要强于供应商，供应商不得不依附并恳求于客户，所以客户在谈判和交易中能够获得更多的主动性，能够决定关系合作的价值分配和交易成本大小。甚至供应商获得的价值可能非常低，而且供应商还可能不得不持续进行创新，及时响应客户需求而改进产品性能和交易方式。

② 相互独立。对一些市场而言，如快速消费品市场，由于市场竞争较为充分，垄断程度较低，所以供应商和客户的力量都较弱，一方都难以制约另一方。一方面，由于各个购买者的采购量在供应市场上只占有非常小的份额，而且无法向供应商提供持续的高利润来源，因此，供应商对各个客户可能都一视同仁。这表明客户几乎很难对供应商产生较大的吸引力。另一方面，由于供应商市场上竞争非常激烈，任何供应商几乎都难以通过隔离机制或屏蔽某些信息来获得较高的利润回报。这表明供应商也几乎难以借用一些投机手段来制造自己对客户的吸引力。为此，鉴于供应商和客户之间的力量均衡且都偏弱的情况，两者有可能形成相互独立的关系格局。

③ 相互依赖。对一些市场而言，如在飞机制造和销售中，关系双方中任何一方都具有对另外一方较高相对价值和稀缺性的资源，两者实力均较强，而且双方力量整体水平较为均衡，并且双方能够基本实现关系价值的满意共享。一方面，由于购买者数量很少，其采购额占市场收入的比例较大，因此客户对供应商能够产生较大的吸引力；另一方面，由于供应商较少，而且供应商几乎难以使用隔离机制或屏蔽信息等手段来建立市场进入壁垒，因此供应商能够对客户产生较大的吸引力。因此，鉴于供应商和客户之间的力量均衡且都较强的情况，两者有可能形成相互依赖的关系格局。

④ 供应商主导。对一些市场而言，如电力、通信行业，供应商具有能够给客户带来较高相对价值和稀缺性的资源，而客户所拥有的资源其价值贡献相对较小，因此两者力量并不均衡。在这种情况下，一方面，供应商常常利用隔离机制和屏蔽市场信息等投机手段提高市场进入壁垒，有效阻止其他供应商进入市场；另一方面，市场上购买者的数量较多，且面对较少的供给状况，购买者还经常依赖供应商，主动组建某些形式的战略

合作联盟。因此，鉴于供应商较客户力量偏强的情况，两者有可能形成供应商主导的关系格局。

（3）基于关系类型的组织间关系管理。如图 2-4 所示，以双方构建关系所带来的预期关系价值和关系双方对团结协作的兴趣为维度，可以将组织间关系分为四种基本类型：① 合作：关系各方对团结协作的兴趣很高，而且双方构建关系能为各方带来高额的价值，并且利益共享。② 友好：关系各方对团结协作的兴趣都很高，但是构建关系只能为双方带来较低的价值。③ 竞争：关系各方对团结协作的兴趣都很低，但是关系构建能为双方带来高额价值，因此各方可能都会寻找另外的最佳合作伙伴来组建关系。④ 一般了解：关系各方对团结协作的兴趣都很低，而且构建关系只能为双方贡献较低的价值，因此，双方的战略互动不强，合作程度不高，一般都只是相互了解或者相互间只是进行标准化产品或服务的业务合作，不会进行定制化服务或合作性创新。

依据关系双方感知到的力量均衡和双方彼此对团结协作的兴趣，我们可以总结出六种关系管理模式：① 合作。是一种透明且相互自愿和信任的关系模式，双方在平衡的力量格局下共享信息，而且彼此对团结协作有着很高的兴趣。② 谈判。是一种“拉郎配”的关系模式，由于一方对团结协作的兴趣很低，合作意愿不是很强，合作往往需要另一方付出更多的努力，同时，双方信息共享也非常有限。③ 管理。是一种监控型关系模式，关系双方合作的兴趣都很高，但双方实力不均衡，一方担心在合作中因另一方实力较强而使自己利益受损，因此需要对合作过程进行明确的管理，这样才能实现双方合作。例如，若供应商实力较强，则其应该提供更多的市场和产品信息，而且还必须对另一方（如客户）许下承诺。④ 支配。是一种单向关系模式，至少存在一方对合作的兴趣不是很高，且双方实力很不均衡，实力较强的一方为了获得合作的预期价值，有可能采用过激的方式（如威胁的手段）来促成合作。⑤ 调和。是一种合作性关系模式，关系双方对团结协作的兴趣都很高，而且双方在合作中都很主动，任何一方都有可能为合作中产生的问题主动进行调和。⑥ 服从。是一种非合作性关系模式，而且是一种服从性的关系管理模式，关系一方（如供应商）非常不情愿地为另一方（如客户）提供各种信息。

基于上述四种关系类型和六种关系管理模式的特点，我们可以将两者进行有机地匹配。① 合作、友好型关系与管理、合作和调和式管理模式。在合作、友好型关系中，双方对彼此团结协作的兴趣都很高，但由于关系一方对双方之间的力量均衡性对比感知不同，从而对合作过程和条件提出了不同的具体要求，如加强对合作过程的管理、协调或控制，以确保自己的预期关系价值不受损害。因此就呈现出管理、合作与调和三种具体关系管理模式。② 竞争、一般了解型关系与谈判、支配和服从式管理模式。在竞争、一般了解型关系中，双方对彼此团结协作的兴趣都不是很高，但由于构建关系能够至少为一方带来理想的预期关系价值，因此，那些感知到能够获得更大价值的一方力图想采用各种手段来促成某种程度的合作。例如，通过与另一方开展友好、平等的谈判，或者利用某些资源来控制对方，强迫对方和自己进行合作。因而就相继产生了谈判、支配和服从式关系管理模式。

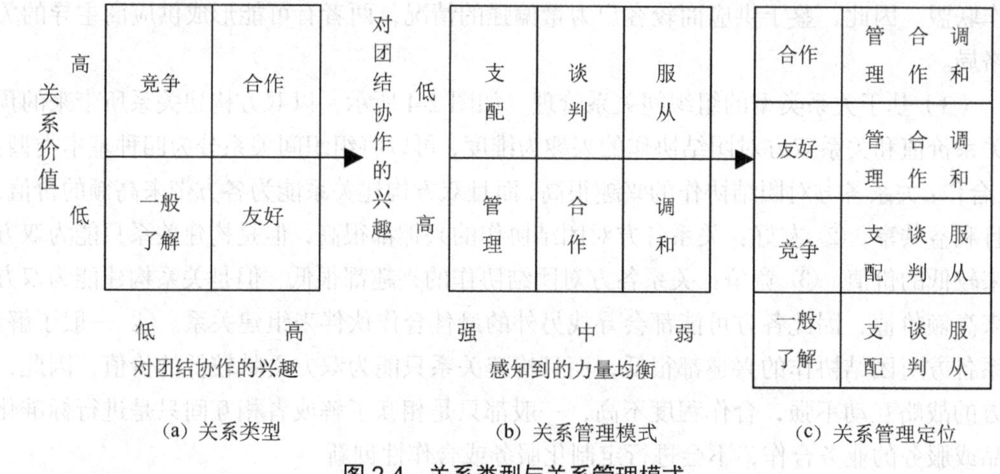

(a) 关系类型　　(b) 关系管理模式　　(c) 关系管理定位

图 2-4　关系类型与关系管理模式

本章小结

1. 根据组织行为学的研究对象和内容体系，我们认为组织行为学的理论基础包括学科基础和思想基础两大方面，其中，学科基础为组织行为学成为一门独立的学科课程提供了自由的领域和空间；思想基础为组织行为学的丰富和完善提供了独特的理论体系和内容框架。

2. 组织行为学是在多门学科的基础上建立起来的，因此学习组织行为学必须了解有关学科的基础理论知识，掌握这些学科对组织行为学的主要贡献。

3. 纵观组织理论产生与发展的过程，可以发现这样几个特点：一是对其研究阶段的划分呈现出多样性。不同的学者由于研究的依据、对象、内容不同，其划分的标准也就不同。根据不同的标准，他们提出了三阶段说、四阶段说和六阶段说等，而且每一阶段的名称也不尽相同；二是组织学说流派表现为多样性。由于时代背景及研究的角度和切入点不同，对组织理论研究的内容和重点就不一样，所得出的结论各有千秋，由此形成了组织理论研究中的各种学术流派。

4. 企业组织理论内容丰富，涉及组织的各个领域，从研究对象来看，组织理论研究有两大类：一是研究组织的主体，主要是组织中的人，包括组织中的个体、团体以及整个组织，通过对组织主体心理和行为的研究，探讨他们影响组织效率和组织目标实现的路径。二是研究组织的客体，如组织结构、组织中的制度等，探讨它们对组织效率和组织目标的影响。组织设计主要是聚焦于组织客体的研究，如组织结构设计、流程设计和权力设计等，同时又考虑到了组织中的主体，如组织激励设计和绩效评估设计等。

5. 纵观企业组织理论发展的历史，特别是组织理论的最新发展和前沿趋势，本书采用斯格特的分类方法，以企业组织的内部和外部行为为主线，按照时间顺序，采用封闭与开放（反映了组织边界的变化）、自然与理性（反映了组织的目标导向程度）两个维度，将企业组织理论进行一定程度的梳理。

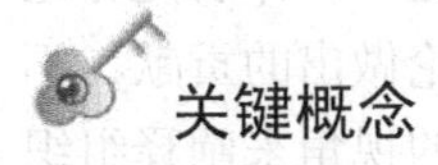

关键概念

学科基础（subject basis）	思想基础（idea basis）
组织理论（organization theory）	科学管理（scientific management）
行为科学（behavior science）	生态组织（ecological organization）

管理工具

组织理论分类系统　　供应商与客户的力量格局　　关系类型与关系管理模式

思考题

1. 概述组织理论研究的分类方法和历史流派。
2. 理性导向的封闭系统组织特征是什么？其代表的理论有哪些？
3. 简述巴纳德对组织理论发展的贡献。
4. 自然导向的封闭系统组织特征是什么？其代表理论有哪些？

自我测试

组织承诺问卷

案例讨论

海底捞：从服务创新到内部控制

讨论：

1. 通过案例中的措施，海底捞能否提高组织绩效？
2. 组织绩效的提升应该从哪些方面着手，如何通过创新解决组织问题？

拓展阅读

推荐书目：斯科特，戴维斯．组织理论：理性、自然与开放系统的视角．高俊山，译．北京：中国人民大学出版社，2011．

本书被公认为是介绍组织研究领域文献最详尽和最具权威的著作之一。作者充分运用社会学和管理学的组织研究成果，广泛吸收其他社会科学对组织理论做出的贡献，不仅从研究者的角度，而且从组织管理者以及各种参与者乃至普通大众的视角来阐释组织理论问题，对我国组织研究学者和管理实践人员具有重要的借鉴意义。

本书开创性地提出了从“理性、自然与开放系统”三个视角分析和梳理纷繁的组织研究成果，将各种复杂的甚至相互冲突的观点按照三个基本范畴进行分类，不仅全面梳理了组织研究的历史，同时对未来的实践与研究方向进行展望，引领研究者对有关组织研究方法论和学科范式等深层次问题的思考。

第 2 篇　个人因素与个体层面行为

本篇在全书中处于微观层面，是中观层面群体因素和群体行为及宏观层面组织因素与组织层面行为的基础。通过对个体行为的研究，可以帮助组织的管理者了解影响个体行为的因素，以及个体行为产生的原因，以使其对个体未来行为做出更准确的判断，从而能够更好地激发、引导、调整个体的行为，使个体行为和群体行为、组织层面行为保持密切的协调性，以达到有效管理组织的目的。

本篇主要包括个体行为及其管理、个体能力、个体知觉、个体动机以及个性五章内容。其中个体知觉和个体动机是内隐的软因素，个体能力和个性是外显的硬因素，四种因素相互影响决定了个体行为。从静态的角度来看，软因素和硬因素达到一个均衡的状态；从动态的角度来看，软、硬因素是非均衡的，个体根据实际的情况来调整四个因素的力量，达到提高个体行为有效性的目的。

第 3 章主要介绍个体行为的相关概念及特征，分析影响个体行为的因素，研究组织对个体行为的管理；第 4 章主要介绍个体能力的概念、形成与发展及个体能力的差异。将个体能力分为智商、情商、德商和创商四种类型，进而提出个体能力的测量方法，并探讨能力的识别、使用、发展和评估。第 5 章主要介绍知觉的含义、特征和影响知觉的因素，社会知觉和自我知觉，并着重分析各种知觉偏差及其纠正方法，研究知觉在组织行为管理中的应用。第 6 章主要介绍个体动机的定义、分类、特征和功能，分析影响动机形成的因素，探讨动机的外在表现，研究个体动机的识别与测量。第 7 章主要介绍气质的概念、类型与相关理论，研究气质的规律与气质的管理，介绍性格的概念、结构、类型，探讨性格形成机制、影响性格形成和发展的因素、性格的管理以及个性的测评方法。

第3章
个体行为及其管理

本章学习目标

1. 了解个体行为的概念和相关观点；
2. 熟悉个体行为的类型及其特征；
3. 掌握影响个体行为的因素；
4. 熟悉组织所期望的个体行为；
5. 了解组织对个体行为的管理。

引例

某厂正式张榜招贤，宣布谁能解决三车间工艺上那个“老大难”的技术问题，就发给谁奖金8 000元，决不食言。小吴看了，在心里琢磨：这问题正巧是自己在大学里写毕业论文时选的题目，来厂后自己对它又很感兴趣，私下搜集了一些数据，查过一些参考文献，对解决它有了一些朦胧的设想。当然把握并不太大，别人干了好几年都还没解决，所以只能说有一半的把握吧！可是，就算我解决了又怎么样呢？不错，既然出了告示，这8 000元奖金跑不了，可是自己并不缺钱用，不稀罕这奖金。当然解决了它是对国家建设的一个贡献，但跟我的抱负比，只能算小事一件罢了。去钻研这问题，要费一番脑筋，倒是有点吸引力的，还能接受锻炼、长知识。不过，估计这方面的收获也不会太大……对了，最要紧的是这事的成功与否，对我跟组里同事的关系会有什么影响。真要搞成了，那人家会不会说我“好出风头”“财迷心窍”？坏了，多半会有人妒忌我、讥讽我、暗地里给我下绊子，那就得不偿失了。不过，我真攻下了这一关，全厂闻名，广播站也会报道，但这又有啥了不起呢？切不可图虚名而招实祸啊！何况，若失败了，多么丢脸，人家会笑话我不自量力……

小吴反复推敲斟酌，拿不定主意：是去揭榜，还是不揭？

3.1 个体行为的含义

任何组织都是人类个体的集合，人类的行为非常复杂，个体与个体之间存在的差异也非常大。因此，研究组织行为就必然要首先研究个体行为。研究个体行为，首先需要搞清楚什么是个体，什么是个体行为以及个体行为的特征。关于个体行为，国内外学术界一直有许多不同的解释和理论上的诸多分歧，事实上是个体行为在现实世界中复杂性的反映。本节将对上述基本问题做简要的回答。

3.1.1 个体与个体行为

1. 个体的内涵

人，首先是最高等的动物，是生物演化的最高产物，是自然实体；其次，人更主要的是一个社会实体，这是人最本质的特征。将人的自然性、社会性的本质特点全部集合于某个人的身上时，这个人就称为个体。社会劳动和其他活动完善了人的自然组织，使人具有意识，意识也是社会的产物。

2. 个体行为的内涵

关于个体行为，国内外学者有很多不同的解释。我国有的学者较为详细地对美国学者华生的行为主义理论、托尔曼及斯金纳等人为代表的新行为主义，以及德国学者勒温等人对个体行为的解释进行了归纳与总结。

美国行为主义的创始人华生（J.B.Watson）在吸收了巴甫洛夫的条件反射学说的基础上，提出“刺激—反应”公式作为个体行为的解释原则。华生认为，心理学规律是自然科学的一个客观实验分支，它的理论目标就是对行为的预测和控制。华生主张心理学应该有两种基本效用：一是准确预测人的活动，二是凭借各种规律和原则，组织控制社会生活中人的行为。如图 3-1 所示，华生认为，个体行为受客观刺激的影响，一定的刺激必然引起一定的反应。其公式为 S-R（刺激—反应）。他强调，行为主义者感兴趣的主要是整个人的行为。但因为这个理论没有全面地说明人的行为的全过程，把人看作是对外界刺激起反应的机械人，因而招致了以托尔曼、赫尔、斯金纳等为主要代表的新行为主义者的批评。

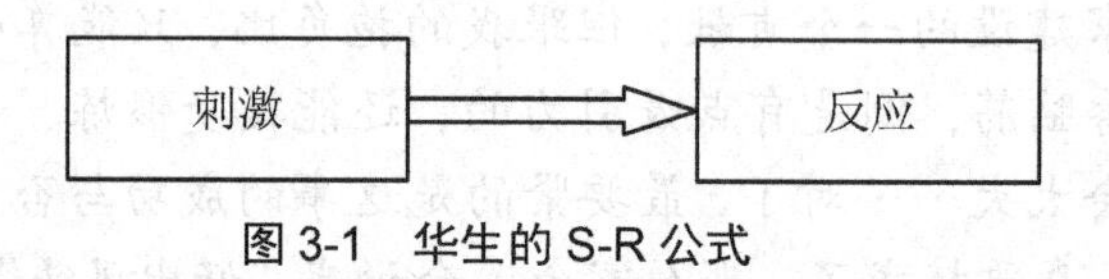

图 3-1 华生的 S-R 公式

新行为主义者提出：在刺激、反应之间还应加上一个因素，即个体。个体里面包含需要变因，如认识变因。个体的行为因时间、地点以及环境与个体的身心情况不同表现出不同的反应。因此可以用公式 S-O-R 表示人的行为模式，即刺激—心理加工—行为。如果把人脑看成一个加工系统，则输入的是刺激，输出的是个体行为，如图 3-2 所示。

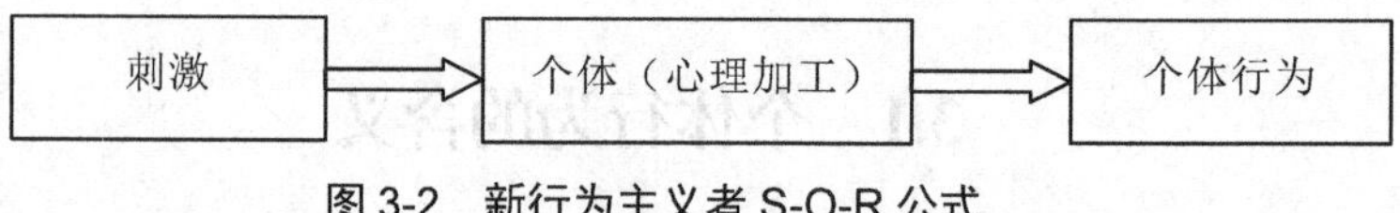

图 3-2 新行为主义者 S-O-R 公式

在此应该指出的是，个体的心理加工过程是行为科学研究的重点。美国学者托尔曼（Edward Chase.Tolman）在借鉴华生行为主义观点的基础上提出了所谓“目的性的行为主义”的主张。他试图在刺激与反应之间引进认识、期望、目的，华生把这些称为意识的

“主观主义的东西”的中间变量（以刺激为自变量，反应为因变量）。托尔曼认为，某些“内含的目的”的认知是任何行为所固有的，这些变量是客观的，起着决定行为的作用，是行为最直接的原因。托尔曼称它们为“固有的决定因素”。这些固有的决定因素是由环境刺激和一些初始状态所引起的。这些环境刺激和有机的状态被称为行为的最终原因或初始原因，固有的决定因素在初始原因和最后的结果行为中间起中介作用。

新行为主义者的重要代表人物之一美国学者斯金纳（B. F. Skinner）坚持不要中间变量，反对任何形式的内因论，他倾向于实证主义，认为科学只要描述可观察的变量及这些变量间的函数关系，而不要用不可观察的概念去解释可观察的事物和关系。他认为强化行为、改变行为的主要动力是有机体“操作”环境的效果。

美国学者赫尔（Clork. L. Hull）从方法着手，抛弃“观察—归纳”法，采用“假设—演绎”法。他提出了 6 条假设并依据这些假设提出了 11 条定理。赫尔从“刺激—反应”公式中演绎出生物迫力（冲动）是个体行为的基本动机因素。

群体动力理论的创始人德国心理学家勒温（Kurt Lewin）把个体行为看成是个体特征和环境特征的函数：

$$B=f(P,E)$$

式中：B——个体行为；
P——个体特征；
E——环境特征。

勒温在列出这一公式时指出：P 和 E 不是孤立的两个因素，而是密切相关相互作用的。因个体情绪的好坏对同一环境会产生不同的感觉；不同的环境又会使个体情绪变化，从而产生出不同的行为。勒温把个体和所处的环境统一称为“生存空间”（life space）。他认为在解释某种行为时，不同时研究环境和个体是没有意义的。勒温主张，改变态度的方法不能离开社会的活动，不能离开社会的规范和价值。个体在社会中活动的性质能决定他的态度，也会改变他的态度。应引导目标对象参与各种有关的活动，以纠正偏见，改变态度。心理介入的程度如何，对改变态度的影响也很大。主动参与和被动接受两种心理介入所产生的态度改变效果是不同的。让目标对象全身心地投入活动，自己提出和解决难题，会使态度明显改变。

综上所述，本书认为，所谓个体行为，是指个体在日常生活过程中所表现出来的一切有目的的活动。它是个体的所作所为，是个体的心理活动的外部显露。唱歌、跳舞、画画、演讲、管理、决策等，都是个体行为。一般而言，个体行为是有起因的，是受需要、动机、激励等因素作用的，是有目标的。但组织更为关注的是与组织绩效相关的个体行为。在一个组织中，个体行为应当与该组织的目标与期望相联系，同时，组织也会对个体行为提出标准与要求。

3.1.2　个体行为的类型及特征

1．类型

组织中的个体行为千差万别、千变万化。如果对于个体行为进行分类，则可以从各方面看到个体行为的差别。下面仅从个体的自然属性和社会属性两个方面来简单地把个体行为进行分类。

（1）按个体行为的自然属性分类。从年龄角度而言，个体可以划分为婴儿、幼儿、少年、青年、中年、老年等不同阶段的个体，个体一生的各个发展阶段的个体行为及其表现是不一样的；从性别角度而言，男性和女性的个体行为及其表现也是不同的。

（2）按个体行为的社会属性分类。从不同的社会职业而言，普通员工（如文员、工人等）、军人（普通士兵和军官）、科技人员、教师、行政管理人员、公务员、政府官员等，他们的个体行为是很不相同的；从不同的社会发展阶段而言，原始社会、奴隶社会、封建社会、资本主义社会、社会主义社会，由于政治、经济、社会和科学文化发展水平的不同，个体行为及其表现也是显然不同的；同一个社会或国家在不同的历史时期，其成员的个体行为及其表现也是显著不同的。

2. 特征

尽管个体行为千差万别，但是，个体行为不管男女老少，不管其属于哪个社会和民族，不管其处于什么社会阶层，却都有共同的特征。

（1）自发性。个体行为是自发的。外力和外部环境能够影响个体行为，却无法引发个体行为。外在的权力和命令无法使个体产生真正的效忠行为。

（2）自主性。个体行为受外部环境的影响和制约，但个体行为不是被动的、盲目的行为，而是自觉自主的行为。个体不仅可以认识世界，发现和揭示事物的本质，而且可以改变世界，影响和改变周围的环境，并根据周围的环境主动调节自身行为，以适应环境变化的需要。

（3）原因性。任何一种个体行为的产生都是有一定原因的。个体行为同个体的需求有关，还和个体行为所导致的后果有关。从需求角度而言，个体行为受个体的需求所激励，从旁观者的角度而言，个体的需求也许是离奇而不现实的，但就个体而言，这些需求恰恰是处于支配地位的。

（4）目的性。个体行为不是盲目的，它不但有原因，而且有目标。没有目标的个体行为是毫无意义的。有时，在旁观者看来是毫不合理的个体行为，对个体而言却是合乎目标的。在个体从事具体行为之前，要对行为将要解决什么问题进行设计，这是一个确立目标的过程。个体行为的目标性规定了个体行为的方向，并成为控制个体行为过程的内在的参照模型。如果个体行为达到了预期的目的，符合内在的参照模型，那么个体行为就是成功的。否则，就要对个体行为进行调整、修正，采取新的个体行为或调整参照模型。

（5）社会性。个体生活在社会环境之中，处于一定的社会关系下，个体的任何行为都离不开社会。个体的理想、信念、价值观、需求和个性是在社会环境中形成的，受社会的影响。个体为实现自身目标也必须从社会中获取资源，获取帮助，同他人合作并产生各种社会关系。因此，人的行为不是脱离社会的、孤立的个人行为，而是一种具有明显社会性的行为。

（6）连续性。个体行为是一个持续不断的过程。个体行为受思想的支配。而思想观念一旦形成就具有相对稳定性。从相对长的时间看，人的行为具有连续性、一致性。可以根据个体的一贯表现分析判断其思想、动机，掌握其思想特点，对症下药实施管理。

（7）持久性。个体的需要是无止境的。旧的需要满足了，新的需要又产生了；低层次需要满足了，高层次需要又出现了。个体行为总是在不断地满足需求。同时，个体总是为实现一定的目标而学习、工作和生活，而对这种价值目标的追求也是无止境的，小的目标实现了，就会追求新的更大的目标。任何个体行为在没有达成目标以前，是不会终止的，也许会改变个体行为的方式，或者由外显行为转为潜在行为，但是总会不断地向目标前进。

（8）可改变性。个体为了达到目标，不仅常改变行为方式，而且经过学习或训练而改变个体行为的内容。这一点与其他受本能控制的动物行为不同，个体行为具有可塑性。人的思想、观念不是一成不变的。个体的精神状态也不是恒定的，受思想驱动的个体行为也会随着时间、地点、条件的变化而做出相应的改变。而且由于主客观条件的限制，人的目标和需求不可能一次实现，人的能力不可能最大限度地发挥。因此，个体具有较大的潜能和可塑性，尤其是青年人受心理、生理条件的影响，其行为变化快、强度大，情绪起伏波动较大，其热情和思想需要引导，行为需要指导。

3.2 影响个体行为的因素

人的行为从简单的微笑、眨眼到复杂的驾驶汽车，以及众多的人集合起来完成各种工作，无不依赖于人本身多种行为过程的整合。人首先是作为社会的人，个体只有处于社会之中，才是真正意义上的人。在现实生活中，个体在社会中往往与他人建立起多方面的联系，其发展受诸多社会因素的影响。本节主要从影响个体行为的生理因素、心理因素以及社会因素等角度来研究个体行为。

3.2.1 生理因素

关于影响个体行为的生理因素，由于涉及的范围比较广，国内外的专家学者往往是抓住其中主要的影响因素加以研究。我国有学者认为，对个体行为产生重要影响的生理因素主要有人脑、神经系统、内分泌系统以及遗传等。

1. 人脑及神经系统

现代生理和心理学的研究表明，人的大脑是产生心理的器官，没有人脑参与的心理活动及个体行为是不可能发生的。人脑由三个同心层组成：中央核心、从中央核心发展而来的边缘系统、作为高级心理过程中枢的大脑皮层。其中，中央核心包括延髓（负责呼吸和姿势反射）、小脑（协调动作）、丘脑（是感觉信息输入的中继站）、下丘脑（在情绪和维持体内平衡中起重要作用）和网状系统（贯穿以上几个结构控制有机体的觉醒状态）。边缘系统控制个体的本能活动——进食、攻击、躲避危险等，同时在情绪和记忆中起重要作用。大脑分成两个大脑半球。大脑半球卷曲的表面，即大脑皮层。大脑皮层的作用主要在于记录感觉，发动随意运动做出决定储存记忆。研究表明，大脑右半球控制着左手的触觉、音乐欣赏、艺术欣赏、舞蹈、雕刻、知觉、幻想；而大脑左半球则控制着右手的触觉、数学、语言、科学、书写和逻辑等。

现代生物学研究发现，人脑是以反射的方式产生心理现象的。反射是动物机体借助其中枢神经系统对体内外刺激所做出的有规律的应答活动。有机体的一切活动，就其产生的方式而言，都是反射活动。巴甫洛夫的高级神经活动学说认为条件反射的生理机制是在大脑皮层上形成暂时神经联系。在有机体内外部刺激的作用下，大脑皮层发生两种不同性质的活动：兴奋性活动和抑制性活动。大脑皮层上产生的兴奋过程和抑制过程在任何时候都不停留在原发点上，它会向近邻的部位蔓延、扩展开来，使这些部位也出现同样的过程，这就是扩散。在扩散到大脑皮层的一定部位之后，神经过程又向原发点或一定的神经通道集中，这就是集中。扩散和集中是高级神经活动遵循的一条基本规律。它遵循的另外一条基本规律是相互诱导，大脑皮层内兴奋和抑制的相互影响。由于某一区域兴奋的影响使其他区域抑制加强称为副诱导。神经活动过程的这些规律性活动，使个体的高级神经活动变得十分复杂。[①]

神经系统由中枢神经系统和周围神经系统所构成。中枢神经系统包括脑和脊髓中的所有神经，其中脊髓主要具有反射功能和传导功能，是脑与躯体、内脏之间的联系通道。来自人体大部分器官的神经冲动先是沿着脊神经后根进入脊髓，然后再沿上行传导传送到脑，脑所传出的大部分神经冲动，沿下行传导传送到人体各部分器官完成各种活动。在中枢神经系统中，脑是最主要的部分，复杂的活动均与之密切相关。周围神经系统由脑和脊髓到身体其他部分的神经所组成。中枢神经系统通过它们对整个机体的活动进行调节和控制。周围神经系统又分为躯体神经系统和植物性神经系统，其中躯体神经系统通向头、面、躯体及四肢的肌肉和关节，控制人体各种肌肉组织的活动，植物性神经系统从脑和脊髓出发，分布于内脏、心血管和腺体，调节诸如呼吸、心律、消化等过程并对人的情绪起着极大的作用。

2. *内分泌系统及遗传因素*

内分泌系统是通过由内分泌腺分泌的激素而发生作用的。内分泌腺分泌激素到血液，对于情绪和动机行为以及个性的某些方面是很重要的。内分泌腺和神经系统在行为的整合上是重要的合作者。如肾脏上部的肾上腺在神经活动和机体应付紧急状态的能力上起着极其重要的作用，它能引起神经性出汗、胃和肠的血管收缩、心率加快，从而使人们在面对紧急状态时呈现一种兴奋的状态。

个体的遗传潜力由染色体和基因携带，影响个体的心理和身体的特征。例如，带有额外Y型染色体的男子（XYY型）比一般人高，并且据说好斗，一项早期的研究提出，在监狱中的犯人——尤其是那些凶暴的犯人中XYY型的拥有率要高于自由人口中的比例。但大量的研究表明，所有行为都依赖于遗传和环境的相互作用。基因建立了个体潜力的极限，但是潜力的实现依赖于环境。这也正是在对双胞胎的研究中表明的那样：虽然其中一个

① 罗宾斯. 组织行为学. 北京：中国人民大学出版社，2005：74-92.

患精神分裂症，另一个表现出精神障碍的某些症状的可能性就高，但另一个双生子是否会发展为精神分裂症患者将依赖于其自身所处的具体环境因素对他的影响。

3.2.2 心理因素

1. 个体知觉

知觉（perception）指的是个体为自己所在的环境赋予意义并解释感觉印象的过程。即当前的客观事物直接作用于感觉器官，并在人脑中产生的对这个事物各个部分和属性的整体的反映。知觉研究证明不同的个体对同一件事物理解不同。事实是社会中没有一个人能够认知真实世界，世界仅仅是人们知觉到的世界。

为什么不同的个体看到相同的事物却产生不同的知觉？很多因素影响到知觉的形成甚至有时歪曲知觉。这些因素可以归纳为知觉者、知觉目标或对象以及知觉发生的情境。当个体看到一个目标物并试图对他所看到的东西进行解释时，这种解释受到了知觉者个人特点的明显影响。在影响知觉方面最相关的个人因素是态度、动机、兴趣、经验和期望。观察对象的特点也能影响到知觉内容。在群体里，声音洪亮的人比安静的人更容易受到注意。很有吸引力的人和没有吸引力的人相比也是如此。不能孤立地看待目标，目标与背景的关系也会影响到知觉。并且很多人倾向于把关系密切和相似的事物组织在一起进行知觉。另外，在什么情境下认识和了解物体或事件也很重要，看见物体或事件的时间与周围的环境因素（如位置、灯光、温度）都影响着人类的知觉。总之，知觉的结果受到许多因素的影响，导致知觉反应的共性和个性。这些影响因素大致归为三个来源：知觉者个人的特点、知觉对象的特征、知觉环境的特点。

知觉过程是人对客观现实的反映过程，是主观的、主动的复杂过程。由于受主客观条件的限制，常常造成人的知觉与客观现实的不一致，导致知觉不能全面地、正确地反映客观现实。尤其是由于某些知觉规律的作用和一些特殊的知觉偏差的存在，更增加了正确知觉的困难，也包括增加了正确的社会知觉的困难。常见的知觉偏差有首因效应、晕轮效应、近因效应、刻板效应、投射效应、归因偏差及期望效应等。了解一些偏差的作用对于个体形成正确的社会知觉具有重要意义。同时，也可以增强个体对知觉过程的总体了解。

知觉是个体基本的心理过程，对个体的行为有着直接的影响。例如，对于个体组织中的一项工作计划，员工只有认为它切实可行，才可能在工作中表现出积极主动的工作行为；如果认为它不可行，就会在工作中消极、被动，甚至敷衍、推诿。所以知觉与管理有着非常密切的关系，应该对它有科学的认识和充分的重视，并加以正确的运用。

更确切地说，人们生活在他们自己的知觉世界里，人们的行为是建立在其对现实的知觉基础上的，而不必管现实究竟是什么，且没有两个人用完全相同的方法知觉同一情境。因此，认识到个体对组织的知觉世界和组织的现实之间的差异对组织行为学极为重要，这样就可以得出准确的判断，从而避免错误的个体知觉，并做出正确的决策。

2. 个体动机

人的行为无论是短暂的或是持续的活动，如购买某件物品或执着地追求某个品牌，他们到底是为了什么？即产生这种活动的原因究竟何在？为了解答这些问题，心理学有了动机的研究。

动机（motive）原意是引起动作，心理学上把引起个人行为、维持该行为并将此行为导向满足某种需要的欲望、愿望、信念等心理因素叫动机。从动态的角度而言，动机是指引起个体活动、维持该活动并引导该活动朝向某一目标进行的一个内在过程。动机行为是从一个内在的动因开始，并以达到目标为终止，是一个有始有终且有序的过程。

组织中的个体从事任何活动都是有一定原因的，这个原因就是个体动机。个体动机作为一个解释性的概念，用来说明个体为什么有这样或那样的行为。综合国内外的学者关于个体动机的定义，主要有以下三种结论：一是对个体动机的分析应集中于能激发或鼓励一个人行动的因素上；二是个体动机是定向的过程，涉及选择、方向和目的；三是个体动机还涉及行为是如何开始、持续和停止的，以及在这一发展过程中主观反应所属类型。[①]我国有的学者认为：个体动机是为了满足个体的需要和欲望，达到一定目标而调节个体行为的一种力量。它主要表现在激励个体去活动的心理方面。个体动机以愿望、兴趣、理想等形式表现出来，直接引起个体的相关行为。可以这样说，个体动机在人的一切心理活动中有着最为重要的功能，是引起人的行为的直接机制。一般而言，个体动机是个体行为产生的直接动力，个体行为是个体动机的外在表现。个体的个体动机和个体行为之间的关系主要表现在如下几个方面：首先，个体行为总是来自于个体动机的支配；其次，同一个体动机可以引发出多种不同的个体行为；再次，某种个体的同一行为可能同时受到多种个体动机的影响；最后，合理的个体动机可能会引起不合理的甚至错误的个体行为。[②]

人的动机也是多种多样的。根据动机的起源，可把动机区分为生物性动机（也称为生理性动机或原发性动机）和社会性动机（也称为心理性动机或习得性动机）。前者与人的生理需要相联系，后者与人的社会需要相联系。根据动机的影响范围和持续作用时间，可把动机区分为长远的、概括的动机和短暂的、具体的动机。前者影响范围广，持续作用时间久；后者只对个别具体行动起一时的作用。

在人的复杂的活动（如学习、工作、求职等）中并不只是受一种动机的推动，而是受多种多样的整个动机系统的推动。这些形形色色的动机交织在一起，互相补充，处于一定的相互关系之中。它们对活动的驱动作用却不是同等的，其中有的起主导作用，这种动机称为主导动机；另一些是次要的，称为次要动机。在人的成长过程中，活动的主导动机也是不断变化和发展的。对动机进行分类，目的是从不同的侧面来研究动机的性质、机制和它在活动中的作用。上述各种分类仅具有相对的意义，而不是绝对的。此外，根据研究的需要还可以遵循其他标准对动机进行分类。

个体动机对于组织行为的影响主要体现在组织的管理者如何激励员工和充分发挥员工的能力参与组织的发展，以及鼓励员工对组织的成功做出更多的承诺与奉献。组织可以采取以下几个方法来激励其员工。

---

① 杰克逊．组织行为学精要．高筱苏，译．北京：中信出版社，1997：89-96．

② 瓦休，斯图尔特．组织行为与公共管理：第 3 版．刘铮，张斌涛，译．北京：经济科学出版社，2004：69-78．

第一，应当认清员工的个体差异。员工有着不同的需要，对待他们不能“一刀切”。此外，组织的管理者花时间理解每个员工所看重的内容是很有必要的事情。这样能够使组织的管理者可以因人而异地界定目标和员工的介入水平，从而使对员工的奖励更符合员工的需求。

第二，应该运用目标和反馈机制。组织的员工应该拥有具有一定挑战而又具体的目标，并能够得到反馈以了解他们在实现目标的过程中做得如何。也就是说，确定的目标应当在这个组织的员工力所能及的范围之内，但达到目标要求又有一定的难度。一方面，如果确定的目标不能够达到，就没有吸引力，将会被抛弃；另一方面，如果所确定的目标没有一定的难度，则目标潜在的刺激作用就失去了，无激励向上的积极意义。

第三，应该让员工参与影响到他们的决策。组织的员工可以对影响他们的很多决策做出贡献：设置工作目标，选择自己的福利组合，解决工作中的问题等。让员工参与影响到他们的决策，并增加他们对工作生活的自主权和控制力，可以提高组织员工的生产率、对工作目标的承诺以及工作动机和工作满意度。

第四，应该将奖励与绩效挂钩。奖励必须与绩效相联系。更重要的是，组织的员工要看到它们之间的联系。无论奖励与业绩指标实际上有多么紧密的联系，如果员工个体感觉不到两者之间的关系，则结果一样是工作绩效和满意度降低、流动率和缺勤率提高。

第五，应该检查体制是否公平。组织的员工应当感到自己的付出与所得是相等的。简单地说，就是员工的经验、能力、积极努力的程度和其他方面的明显付出，应当可以解释他们在薪水、职责和其他方面的差异。[①]

3. 个体能力

与在学校中所受到的教育相反，事实上人们生来并不平等。我们中的很多人在能力的正态分布曲线中偏离了中间位置。因此无论你有多强烈的动机，也似乎不太可能与梅丽尔·斯特里普（Meryl Streep）表演得一样出色，像刘翔跑得那么快。当然，仅仅在能力方面的不平等并不意味着一些人先天低劣于另一些人。应该承认的是，每个人在能力方面都有自己的强项和弱项，这使得一个人在从事某一工作或活动时，相比其他人来说，既有有利的一面又有不利的一面。从管理的角度来看，问题并不在于了解人们在能力方面是否存在着差异，而在于了解人们的能力具有哪些方面的不同，并运用这一知识尽可能使员工更好地从事工作。

能力（ability）反映了个体在某一工作中完成各种任务的可能性。这是对个体能够做什么的一种现时的评估。一般而言，能力是指在实践活动中形成和发展起来的，直接影响活动的效率，使活动的任务得以顺利完成的心理特征。[②]

关于个体能力，可以从不同方面来理解其含义。首先，个体能力是个体顺利完成某种活动所必须具备的心理特征；其次，个体能力总是同个体的某种活动相联系并且表现在个体的活动中的；再次，组织中的个体通常是将各种个体能力结合起来，从而完成某

① 杜布尔．组织行为基础：应用的前景．北京：机械工业出版社，1985：76-81.

② 杰克逊．组织行为学精要．高筱苏，译．北京：中信出版社，1997：81-96.

种复杂或者重要的任务。此外，个体能力只是保证完成组织任务的基本条件或必要条件，而不是充分条件或唯一条件。组织的任务或活动能否顺利完成，不仅取决于个体能力的大小，还取决于个体的个性特征、个体的工作态度、个体的价值观、个体的心理和生理状况、个体的知识技能以及个体的人际关系等行为因素。

个体能力的形成和发展是由众多因素共同作用而实现的，这些因素在个体的不同时期起着不同的作用，并且是交织在一起的。有的学者认为这些影响因素主要有个体素质、个体早期的营养状况、个体早期家庭教育、社会教育、社会环境、社会实践、个体的勤奋和爱好等。①

高工作绩效对具体的心理能力和体质能力方面的要求，取决于该工作本身对能力的要求。例如，飞行员需要有很强的空间视知觉能力；海上救生员需要有很强的空间视知觉能力和身体协调能力；高楼建筑工人需要有很强的平衡能力。但仅仅关心员工的能力或仅仅关心工作本身对能力的要求都是不够的，员工的工作绩效取决于两者之间的相互作用。倘若这两者匹配不好，会出现什么结果呢？当员工缺乏必需的能力时，常常会无法按时保质地完成工作任务，工作绩效低。例如，如果你被录取为一名文字处理人员，而你的能力达不到键盘打字工作的基本要求，那么，无论你的态度多么积极或动机水平多高，最终的工作绩效还是很低。当员工的能力远远超过了工作要求而造成能力与工作要求不匹配时，结果又是另一种情形。工作绩效可能不会存在问题，但同时可能会使组织缺乏效力，员工的满意度降低。员工所得到的薪水反映了个体在工作中的最高技能水平。如果员工的能力远远超过了工作要求，则管理层应付给他更多的薪水。另外，能力水平远远超过工作要求也会降低员工的工作满意度，尤其当员工渴望施展自己的能力时，会因工作的局限性而灰心丧气。

个体能力对于组织行为的影响也主要体现在员工的个体能力与其工作的匹配上，由于要考虑个体能力——工作的匹配，个体能力这一因素会直接影响到组织中员工绩效水平和满意度水平。组织的管理者可以通过以下方式来实现员工的个体能力与其工作的合理匹配。其一是通过有效的选拔程序来提高员工个体能力与其工作的匹配度。通过工作分析可以使组织的管理者了解到该工作目前需要做些什么，个体需要具备哪些能力才能胜任该工作。然后，通过测验、面试和评估等方式来了解员工在必备能力方面的水平如何。其二是在对组织中的员工的晋升和调职等问题做出决策时，应当考虑其候选者的个体能力水平。应该与新员工一样，评估任职者在具体工作中应具备哪些关键能力，并将这些要求与组织的人力资源相匹配。其三是通过对工作进行微调，使其与在职者的个体能力更为匹配，从而改善这种适应性。这种调整可以在工作中完成，不必对工作的基本活动方面造成明显的影响，但它更好地适应在职者的工作潜能。例如，可以改变在职者所使用的设备或者在工作小组中重新安排工作任务等。其四可以通过为员工提供培训来实现其个体能力与工作的匹配。这种方法既可以应用于新员工中，也可以应用于老员工

① 杰克逊．组织行为学精要．高筱苏，译．北京：中信出版社，1997：91-114.

中。通过培训可以保持员工的工作能力，或者在时间和条件变化时为其提供新的技能。[①]

4. 个性

个性是一个应用极其普遍的概念，但至今并没有一个普遍接受的个性的定义。各流派心理学家给个性做了不同的定义。例如，奥地利心理学家弗洛伊德（S. Freud）认为，个性是自我为控制本能冲动并把它们转换成可接受的形式的结果。美国心理学家奥尔波特（G. W. Allport）认为，个性是个体内部的、规定一个人的独特的行为与思想的心理动力系统。美国心理学家卡特尔（R. B. Cattell）认为，个性是可以用来预测一个人在某种情境下行为反应的特质。美国心理学家吉尔福特（J. P. Guilford）认为，个性是构成包括一个人的智力、需要、态度、兴趣、气质等各种特质的独特模式。根据各派心理学家的定义中的共同点，可以把个性的概念理解为是个体的、本质的、稳定的、独特的心理动力上的特征。所谓本质的，是指个性不涉及可观察到的个体特征，像年龄、种族等。它涉及的是内在的、不能直接观察到的心理状态。所谓稳定的，是指个性的持久性，即它对个体行为，特别是人际行为具有持久的影响。所谓独特的，是指每个个体都具有独一无二的心理过程的特征。由于组成个性的因素是多维的，这种复杂性还远未被人类所认识。个体个性特质是在遗传、环境和情境这三种因素的共同影响下形成的。[②]

个性对于组织活动的影响是不可忽视的。个性直接影响着人际关系、活动效果，具有直接的社会意义。个性对于组织行为的影响主要体现在如何实现个性与工作的匹配以及个性与组织的匹配上。有关工作要求与个性特点之间的匹配性，美国心理学家约翰·霍兰德（John Holland）的性格—工作适应性理论（Personality-job Fit Theory）提供了很好的解释。该理论基于这样的观点，个体的性格特征与他的职业环境之间需要匹配。霍兰德提出了六种性格类型（即现实型、研究型、社会型、传统型、企业型和艺术型），其中的每一种性格类型都有与其相适应的工作环境。霍兰德指出，员工对工作的满意度和流动意向取决于个体的性格特点与职业环境的匹配程度。也就是说，由于不同个体在性格方面存在着本质差异以及由于工作具有不同的类型，只有当工作环境与个性类型相互协调时，才会产生更高的工作满意度和更低的离职倾向。

了解员工个性特点与工作岗位的匹配问题有助于提高组织绩效。例如，组织的管理者可以预期，外倾性高的个体会在积极进取和团队取向的文化中干得更好；随和性高的个体会在支持性的而不是攻击性的组织气氛中干得更好；经验开放性高的个体会在强调革新，而不是规范的组织中干得更好。组织在招聘员工时遵循这些原则，可以使选拔的新员工与组织文化更为匹配，反过来，这又会带来更高的员工满意度和更低的离职率。[③]

5. 影响个体行为的各心理因素之间的关系

从组织行为学的角度而言，影响个体行为的主要心理因素：个体知觉、个体动机、

① 罗宾斯．组织行为学．北京：中国人民大学出版社，2005：57.

② 阿诺德，费尔德曼．组织行为学．北京：中国人民大学出版社，1990：68-72.

③ 罗宾斯．组织行为学．北京：中国人民大学出版社，2005：113-114.

个体能力和个体性格之间存在一定的联系。这方面的研究还不是很多，本书仅做简要的探讨。

每一个组织中的个体从接受刺激到采取行动，一般都要经历形成认识、产生情感、决定行动三个子过程，其中最重要的是形成认识的子过程。客观事物首先通过五官对个体产生刺激，经过感觉、知觉、记忆、思维等活动，个体就形成了对客观事物的认识，即形成个体知觉；在此基础上，个体又对主客观关系做出判断，即运用价值观来判断客观事物能否满足主观需要，于是产生了“好坏”“对错”的情感，当这种需要达到一定程度，个体就会产生“采取行动去满足需要”的想法，而价值观作为个体对事物是非曲直的基本判断标准而影响个体动机的方向，此时，个体的抱负水平即个体对自己努力程度的要求，通过影响着个体动机的强度使个体动机具体化。最后，个体将要根据条件许可程度和行动的后果，以及其个体能力的大小，来决定是否采取行动，一旦采取行动，就努力克服困难，去达到所要求的目标。上述过程普遍存在于正常人的个体行为过程之中，是一种共性心理。

然而另一方面，每一个个体的上述认识、情感、行为意志过程都带有个性特点。这种个性特点主要表现在两个方面：一是个体与个体之间在认识和判断客观事物时，基本倾向会有差异，差异的核心是世界观、价值观、人生观的不同，其次是兴趣爱好的不同；二是个体与个体之间在认识和判断客观事物时，心理特征不同，即个体在个体能力、个体性格等方面会有所差异。上述的不同使个体行为都带有自己的特征。例如，面对同样的客观事物，两个不同的个体可能形成不同的认识。这或者是两个个体认识水平不同，或者是由于气质、性格方面存在差异，影响了认识深度。即使认识相同，但由于两个个体的中心价值观不同，就产生了不同的情感。①

个体知觉、个体动机、个体能力以及个性四种因素相互影响决定了个体行为，如图 3-3 所示。依据对组织行为的“二元非均衡”的本质理解，在个体层面中，个体能力是影响个体行为的基础性因素，视为硬因素；个体动机、知觉和个性则是以个体能力为核心和基础的软因素。上述四个因素共同作用于个体行为，决定了个体行为的有效性。从个体行为的生发过程来看，个体首先产生某种动机，以此对周围事物形成相应知觉，继而激发或锻炼个体能力，而个性则与能力相匹配，并在其中发挥重要的协调作用。同时，从静态的角度来看，在某一时点软因素和硬因素达到一个均衡的状态，而从动态的角度来看，软硬两类因素是非均衡的，个体根据实际的情况来不断调整软硬两类要素的力量，达到提高个体行为有效性的目的。由于个体处于一定的组织或群体中，如果想要发挥自己的特长，实现自身的目标，必须考虑自身所处的环境，正确地知觉事物的发展变化、树立积极的动机、努力提高自己的能力、完善自己的个性，以实现自身的目标。同时，组织管理者要把握个体行为的特点，根据实际情况调整相应的管理措施，使个体行为更符合组织行为的要求。

① 瓦休，斯图尔特．组织行为与公共管理：第3版．刘铮，张斌涛，译．北京：经济科学出版社，2004：81-96.

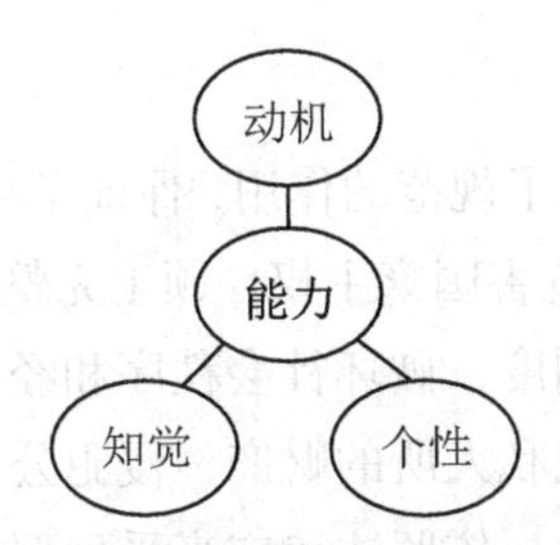

图 3-3　个体层面行为影响因素示意图

3.2.3　社会因素

组织具有综合效应，这种综合效应是组织中的成员共同作用的结果。组织是由个体组成的，又是由个体来管理的。在组织中，个体差异的原因跟组织行为的关系是十分必要的。要了解组织，就必须了解组织中的个体，了解个体的行为特征以及产生个体行为差异的原因。

一些实证研究和观测表明：对个体行为影响较大的因素有个体知觉、动机、能力、性格、价值观和人生观等。除此之外，家庭、社会团体、大众传媒、国家法规政策等社会因素都对个体行为产生巨大的影响。

1. 家庭因素

早年个体行为受家庭因素的影响比较大。这主要包括两个方面：一是遗传因素；二是家庭环境。

遗传因素主要是指家庭成员的基因遗传，人们在头脑中根深蒂固地相信基因对个体行为的产生有其遗传基础。

家庭环境对个体行为的影响比遗传起更大的作用，这些环境因素包括家庭成员的教育背景、生活经验、家庭成员的人生观、价值观等。早年时期，个人的价值观和生活态度受家庭环境的影响较大。例如，有些犯罪分子早期受家庭暴力的影响，对社会产生厌恶感，有厌世情结，成年后对社会表现出报复心理。

2. 社会团体

青年时期，个体的行为受学校和朋友的影响所占的比例上升。校园是一个小社会，校园的氛围对个人成长起着至关重要的作用。个人在学校不仅能学到知识，而且能培养人格。良好的学习氛围及优良的学风对学生的成长起着至关重要的作用。长大后，个体受社会环境特别是整个社会价值取向的影响很大。例如组织文化对个体行为的影响：福特公司森严的等级制与微软、思科、英特尔公司宽松、民主、平等的组织氛围；每个公司鼓励什么样的行为和惩治什么样的行为都会直接影响到个体行为。

3. 大众传媒

当今社会，每天都有各种各样的信息、资讯都以最快的速度充斥着日常的生活。各种舆论也接踵而来，但是一些有心人蓄意歪曲事实的言论影响着人们对事实的看法，这些对个人行为的认知产生了很大的影响。这就要求我们坚持树立正确的价值观、人生观，同时提高自己的判断能力。

4. 国家法规政策

国家法规政策对个体行为起了规范的作用，保证了社会的稳定发展。例如，我国《刑法》第 13 条明文规定：“一切危害国家主权、领土完整和安全，分裂国家、颠覆人民民主专政的政权和推翻社会主义制度，破坏社会秩序和经济秩序，侵犯国有财产或者劳动群众集体所有的财产，侵犯公民私人所的财产，侵犯公民的人身权利、民主权利和其他权利，以及其他危害社会的行为，依照法律应当受到刑法处罚的，都是犯罪，但是情节显著轻微危害不大的，不认为是犯罪。”这些法律法规约束了个体的一些行为，从而保证了社会的稳定和人民财产的安全。同时个体的价值观不同对规章制度的接受度也表现出不一样的态度。

3.3 个体行为的识别、选择和反馈

3.3.1 个体行为的识别

识别是对事物的状态与其原因进行分析，个体行为的识别即是对个体行为的状态与原因进行分析。个体行为是为了满足某种需要，也是为了达到一定的目标。目标是一种外在的对象，行为的诱因。根据行为科学，可以把对个体实现目标所采取的个体行为分为两部分，即目标导向行为和目标行为。目标导向行为是指为谋求实现某种目标而做准备的行为，也可以说是实现目标之前的行为，即寻找目标的过程。目标行为是直接满足目标实现需要的行为，或者是从事目标本身的行为。目标导向行为和目标行为对需要强度有不同的影响力。对目标导向行为来说，需要强度会随着这种行为的进行而增强，越接近目标，动机就越强，直至达到目标或受挫折为止。目标行为则与之不同，当目标行为开始后，需要强度会有减弱的趋势。由于目标导向行为和目标行为对需要强度的影响力不同。因此要把需要强度经常保持在较高的水平上，有效的方法就是循环交替地运用这两种行为，如图 3-4 所示。

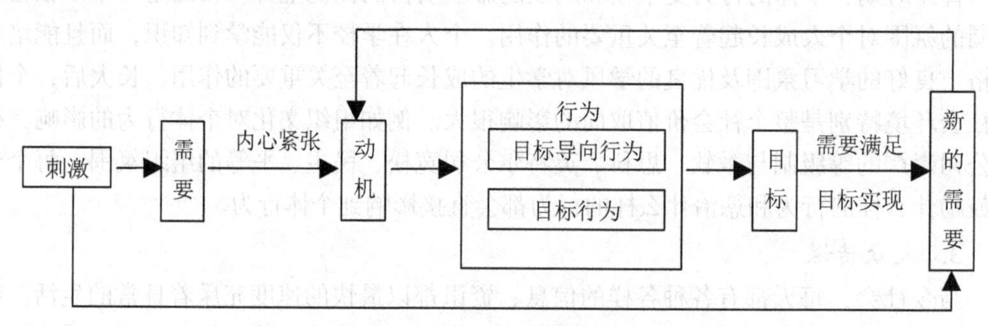

图 3-4 需要—动机—行为过程

不难看出，只有了解了个体的切身需要，才能识别个体行为。下面以个体行为中的

个体动机为例来对个体行为识别做个说明。[①]

在商界，无论对个人还是对企业来说，成就欲都是一个重要的力量源泉。如今，人们的成就动机越来越强，成就欲能产生激情和能量，促进成长，有助于企业长期保持出色业绩。但是，这种成就动机也有它不利的一面。企业高管或者整个企业如果不顾一切地强调任务和目标，例如营业收入或销售额，长此以往反而可能损害业绩。例如，追求高成就的管理者总是喜欢采取命令和强制的方式来对待下属，而不是为他们提供指导和帮助，因此会扼杀下属的积极性。此外，这些人往往急功近利，忽略了关键信息的沟通，不考虑他人的感受和忧虑，结果团队业绩自然会出现下滑。过分追求成就还会破坏信任、打击士气，进而极大地降低员工的生产力，并削弱公司内外对管理层的信心。

可是，人们很难抵御取得成就的欲望，对某些人而言，这种内驱力甚至是与生俱来的。戴维·麦克莱兰（David McClelland）对人类的行为动机做出了划分，取得成就就是其中的一种，另外两种驱动力是亲和动机与权力动机。前者指的是人们希望保持密切的人际关系；后者表示人们希望变得强大，能够影响其他人。他认为，权力动机有两种形式：一种是个人化的，也就是通过控制他人、让别人觉得自己很弱小来获得力量；另一种是社会化的，通过授权予人来获得力量，如表 3-1 所示。

麦克莱兰的研究表明，每个人身上都有不同程度的三种动机存在，虽然我们通常意识不到它们的存在，但是它们会引发我们内心的种种需求和关注，进而激发相应的行为，满足这些需求会给我们带来满足感，并让我们觉得劲头十足，所以我们不断地重复这些行为，不管它们能否带来我们预想的结果。

表 3-1 个体行为的三种动机[②]

	成 就	亲 和	权 力	
			个人化权力	社会化权力
这种动机被唤起时，个体觉得需要	提高个人的业绩，达到甚至超过卓越水准	保持密切、友好的关系	自身变得强大并能影响其他人，让别人觉得弱小	帮助他人觉得自己更强大，更能干
因此他们希望	达到甚至超过自己设定的标准； 取得新成就； 规划自己职业生涯的长期发展	建立、恢复或者保持融洽的关系； 受人喜爱，被人接受； 参与集体活动，主要出于社交目的	采取强有力的行动； 控制、影响或者劝说其他人； 给公司内外的人留下深刻的印象； 使别人产生强烈的正面或负面的情绪； 维护自己的声誉、地位或力量	采取强有力的行动； 劝说其他人； 给公司内外的人留下深刻的印象； 使别人产生强烈的正面的情绪； 维护自己的声誉、地位或力量； 给予帮助、建议或支持

① 施普莱尔，方丹，马洛伊．勒住你的成就欲．哈佛商业评论，2006（8）：104-118.
② 施普莱尔，方丹，马洛伊．勒住你的成就欲．哈佛商业评论，2006（8）：104-118.

续表

	成 就	亲 和	权 力	
			个人化权力	社会化权力
这些愿望导致他们	微观管理； 亲自完成各种事务或者树立表率； 对业绩差的人表现出不耐烦； 很少给出积极肯定的反馈； 很少指出方向或者提供指导； 走捷径； 关注目标和结果而不是人员	避免对峙； 对人的考虑多于对业绩的考虑； 寻找建立和谐关系的方法； 避免给出负面反馈	强制胁迫，冷酷无情； 控制或操纵其他人； 向上管理——更加关心给上司留下好印象，而不是如何管好下属； 注意维护自己的利益和声誉	指导、教育下属； 十分民主，让其他人共同参与； 提供大力支持； 关注团队或群体而不是自身； 借助别人的力量，培养下属完成工作的能力，而不是亲力亲为

麦克莱兰最初认为，在这三种个动机当中，成就动机对于组织乃至整个国家的成功都是最关键的，他在1961年出版的专著《追求成就的社会》中认为，一个国家如果非常重视成就，它随后就会迎来快速增长。而如果这个国家对取得成就的重视程度下降，其经济福利水平就会下降。但是，麦克莱兰也认识到成就动机的负面影响：容易采取欺骗的手段，走捷径以及对人员不够重视等，他注意到，有些高成就者“一心一意”寻找实现目标的捷径，而对于用什么手段实现目标并不在乎，他在后来的研究中提出，成效最为突出的管理者主要以获得社会化权利为动机——它们努力帮助其他人获得成功。

如果你想识别这些动机，你只需要对自己喜欢的活动及其理由做一些简单的分析即可。

（1）成就动机强的人喜欢一些能够让他们取得新成就的富有挑战性的项目，这种项目可以像集邮那么简单，也可以像取得历史学博士学位那样困难，例如一位高管把自己的业余时间都花在游泳训练上，仅仅是为了参加美国的“老年人奥运会”。他们还希望能够超过那些代表着卓越水准的人，成就动机强的人在沟通中比较讲究实效，通常是简明扼要、切中要害。

（2）亲和动机强的人会因为拥有融洽的人际关系而欢欣鼓舞，他们喜欢跟家人和朋友在一起打发时光。他们对集体活动很感兴趣，主要是因为参加这些活动能够帮助他们建立人际关系。他们还经常使用电话和电子邮件，目的只是和其他人保持联系。

（3）个人化权力动机强的人内心有一种觉得自己很强大而且希望受人重视的需求。他们会把自己的地位和形象作为自己的驱动力，他们经常寻求身份的象征（符合自己身份的汽车、住宅区和服饰等），并且参加一些名流活动（和自己的一些朋友在符合自己身份的会所聚餐）。

（4）社会化权利动机强的人，喜欢给别人施加积极的影响。他们会因为自己能够帮助其他人变得更强大、更能干而感到满足，还会因为参加团队活动而精神抖擞。他们喜欢给人提建议，这种人常爱说教或搞公司政治。

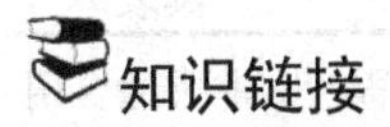知识链接

古人的识人之道

3.3.2 个体行为的选择

个体行为的选择是从自律和他律的视角，对环境、任务与个体行为进行匹配。本文以个体行为的个体动机为例来说明。主要说明个体动机与个体行为方式的匹配。

不同管理者的行为动机与不同的行为方式进行匹配，可以提高行为的效果。斯科特·施普莱尔（Scott W. Spreier）、玛丽·方丹（Mary H. Fontaine）、露丝·马洛伊（Ruth L. Malloy）沿承了麦克莱兰的研究，收集了四万多人的数据，总结出六种管理行为风格：[①] 命令型（作风强硬，有时甚至带有胁迫性）、愿景型（注重透明和沟通）、亲和型（强调和谐友好的人际关系）、参与型（协作和民主）、表率型（以个人英雄主义为典型特征）和教练型（关注员工的长期培育和指导）。

对于个体行为研究，一直以来较多地集中在对领导行为风格的研究，但领导也是个体的一种。从一般意义上说，个体行为也可进行同样的分类，个体行为总是在一定的组织中表现出相应的行为风格。在和别人相处时，个体行为风格可以是命令型、愿景型、亲和型、参与型、表率型、教练型六种动机，表 3-2 是动机与个体行为风格的匹配。

表 3-2 动机与个体行为风格匹配表[②]

命令型	这种风格会导致命令—控制式行为，有时还会带有强迫性。个体在采用这种方式时，会告诉其他人要做什么，什么时候做，以及如果失败会有什么样的后果等。在情况危急或者管理业绩差的员工时，这种风格颇有成效。但是，这种方式最终会导致组织丧失创造力和主动性。压力大时，成就动机强的个体通常喜欢采取这种风格
愿景型	这是一种权威式的行为方式，但是个体不是简单地告诉别人去做什么，而是向其他人清楚地指出在组织的大方向和整体战略下，他们面临着哪些挑战以及要承担哪些责任，从而获得其他成员的支持，这样做能够明确目标，提高员工工作的积极性，并且让团队充满活力。个人化权力动机强的个体且压力较小的情景，或社会化权利动机强的个体且压力较大的情景通常会采用这种方式
亲和型	采用这种风格的个体非常重视同事以及同事在工作中的情感需求，他们希望避免冲突。如果同事正面临着个人危机或者处于失业等高压力情境下，个体使用这种方法非常有效，只有把它和愿景型、参与型或者教练型风格结合起来使用，他的成效才能充分地发挥出来，单独使用这种风格，很少能奏效

① 施普莱尔，方丹，马洛伊. 勒住你的成就欲. 哈佛商业评论，2006（8）：104-118.

② 施普莱尔，方丹，马洛伊. 勒住你的成就欲. 哈佛商业评论，2006（8）：104-118.

续表

参与型	这是一种协作和民主的行为风格。在这种方式下会让下属积极参与决策过程，它非常适合用来建立信任和取得共识，特别是在下面几种情况下：团队成员都非常能干，而个体在这个方面的知识有限或者没有正式的权利和权威，高度矩阵化的组织就是如此。亲和动机强的个体在压力大的情况下喜欢采用这种风格
表率型	这种风格指的是通过以身作则和个人英雄主义式的行为来完成任务。采用这种方式的个体，通常会设立很高的标准，并且想方设法达到这些标准，哪怕这需要他亲自完成某些工作——事实上，他们经常会这样做。这种方式在短期内会卓有成效，但如果长期使用则会让自己的下属士气低落。成就动机强的管理者经常会采用这种风格，至少在压力比较小的情况下是如此
教练型	这种风格的管理者会参与下属的长期培养，并担当员工的教练，这是一种非常有效的管理方式，可人们使用得并不多，但是任何一名管理者都必须掌握这种行为方式。社会化权力动机强的管理者在压力小的情景下喜欢采用这种风格

斯科特·施普莱尔、玛丽·方丹、露丝·马洛伊总结的这六种行为风格，每一种都有适合于某个特定的情景和场合，没有哪一种是适用于所有情景、所有场合的，要让自己变得卓有成效，就应当清楚怎样根据实际情况选用合适的行为风格。

3.3.3 个体行为的反馈

个体行为的反馈是指评估个体行为在一定环境下产生的绩效，如果绩效满意，则保持目前的状态，如果有待改进，则采取措施对行为进行优化，最终提高组织的效率。个体行为评估主要是对个体动机、能力、个性等方面的评估。其中，个体动机评估中包含对个体内隐动机和外显动机的测量；对个体能力的评估包含对个体智商、情商、创商、德商等方面的测量；对个性的评估包含对个体性格和个体气质的测量。这部分内容在本篇后续章节中有详细介绍，本章主要介绍个体行为的绩效和优化。

1. 个体行为的绩效[①]

工作中的个体行为和绩效主要涉及任务绩效、组织公民行为和反生产力行为等多个方面。

（1）任务绩效。任务绩效是指那些受个体控制并符合组织目标的行为，正是任务绩效行为把原材料转化为产品、服务或者技术支持活动。大多数的工作都是由多种任务构成，比如客户服务部门要收集客户资料，了解客户信息，受理客户订单，为客户企业提供指导和培训等。更宽泛地说，任务可能包含与数据、人或其他事物间的合作，独立工作或者群体工作，以及对别人产生的影响大小。

（2）组织公民行为。在一个组织中，如果所有的员工都只完成它们规定的工作任务，那么组织将很难生存下去。员工需要参与组织公民行为（Organization citizenship behaviors，OCBS）——为积极影响组织社会、心理情景的行动提供帮助并进行合作。换言之，公司会随着员工在工作职责外“加倍努力”而变得优秀，组织公民行为有多种形

① 麦克沙恩，格利诺．组织行为学：第2版．汤超颖，郭理，译．北京：中国人民大学出版社，2015：26.

式，例如，协助同事解决问题，与同事分享自身的工作资源；维护组织公告形象，自发采取行动帮助组织避免潜在的问题，在工作之外提出想法，参与对组织有利的志愿者活动。

（3）反生产力行为。反生产力行为（counterproductive work behaviors）是指那些可能直接或者间接损害组织的自发性行为。例如：骚扰同事、制造不必要的冲突、偏离最合适的工作方法、盗窃、破坏工作、逃避工作责任以及浪费资源，反生产力行为会大幅度降低组织的效率。

2. 个体行为的优化

（1）在人员选拔活动中，制定合理的预测指标。人力资源管理实践中的人员选拔活动，一个是员工招聘，另一个是员工配置。无论员工招聘还是员工配置，都涉及一个预测问题。对于招聘来说，如果没有找到“正确”的人，那么，该员工不管是继续留在组织还是“走人”，对组织都是一笔损失。继续留在组织内，其工作绩效可能达不到组织的要求；离开组织，组织毫无疑问要损失招聘成本。对于员工配置来说，涉及的是岗位的变换，稍有不慎，员工可能就由一个优秀或称职的员工，变为一个在新岗位上不合格的员工，对员工和组织都是一种损失。员工绩效研究提出了影响员工绩效的因素，通过这些影响因素的测量可以预测未来的绩效。例如，在招聘活动中，对个人认知能力的测量可以预测个人的任务绩效部分；而对个性特征的测量可以预测个人的关系绩效部分；对相关工作经验的要求可以判断个人的工作知识和任务熟练度。在我国较早的招聘活动中，组织往往忽略了以个性特征来衡量个人与工作和组织的适应性，仅仅关注了个人知识和技能与岗位的匹配性。员工绩效研究中的绩效影响因素显示了这种招聘的缺陷。员工的绩效不仅受个体的认知能力影响，还受到个人的个性特征影响。个性特征如果不符合岗位要求，个人的总绩效也会达不到组织的期望。所以，在组织的员工招聘中，招聘的标准要全面地考虑到绩效的影响因素，制定合理的预测指标，才能在人员选拔中找到合适的人选。

（2）在人力资源培训活动中，开发针对性的培训项目。组织的人力资源开发活动中，通过员工培训来改善员工绩效是重要内容之一。通常来说，通过员工的绩效考核可以知道员工在哪些方面的绩效需要提高。员工的绩效影响因素，一方面由员工自身的知识、能力、经验、个性特征等构成；另一方面还包括员工工作的情境因素，如工作的自主性、任务的复杂程度等。根据这些因素来判断影响员工绩效的原因，就可以有针对性地设计员工绩效改进的措施：对员工个人进行知识、能力方面的培训；或是根据员工的个性特征调整更适合的岗位；或者改进工作情境方面的因素，对工作进行重新设计，使工作岗位和员工更加匹配。通过采用这些有针对性的绩效改进措施，才能使人力资源的培训项目取得有效的成果。

（3）在员工绩效评估活动中，设立科学的考核内容和考核指标。有关个体绩效结构的研究说明员工绩效是一个多维的结构。因此，在设立员工绩效的考核指标时，必须考虑它的多维度特征，从多个方面对员工的绩效进行考核。员工绩效指标不应该仅限于结果指标，还必须有反映过程的行为指标。因为毕竟有些结果带有偶然性，不能真正反映个人的绩效努力程度。另外，对于需要与其他部门或岗位合作的员工来说，其绩效指标的设立还必须有反映协作方面的内容。例如项目开发人员，其绩效指标中就应该有反映团队成员间合作性的指标，以考核员工在工作中与他人的合作程度。当然，根据各组织和各岗位的实际情况，可以对员工的绩效指标设置不同的权重。对于以产出为主的岗位，可以对结果指标设置较高的权重；而对于以服务为主的岗位，行为性指标的权重可以稍高一些。总之，员工绩效考评指标的设计应该反映一个组织的价值导向。它应该能够告诉员工，什么行为是组织所期望的，什么是组织不提倡的。通过考核指标来树立标杆，才能引导员工向着组织既定的目标努力，达到组织的期望。

（4）在人力资源的奖励决策中，建立公平的奖励体系。人力资源管理的激励机制中，奖励是塑造员工行为的强有力手段。在实施奖励的过程中，一个很重要的问题是组织的公平性问题。员工如果认为奖励的结果不公平，将极大地影响他们的士气。奖励要做到公平合理，一个方法就是根据员工的绩效水平做出奖励决策。另外，在制定奖励制度的时候，吸收员工代表参与。这种程序公平能提高员工对奖励标准的接受程度。同时，按照组织制定奖励标准进行奖励，可以杜绝上级奖励的随意性，体现奖励政策体系的公平性。

总之，在管理实践中，管理者应该考虑个体影响组织绩效的因素，综合利用各种激励理论，通过对个体行为的识别、选择和优化，以提高个体的积极性，提高个体绩效和组织绩效，使个体行为同组织目标相适应，以达到最佳状态。

本章小结

1. 个体行为的特征主要有自发性、自主性、原因性、目的性、社会性、连续性、持久性以及可改变性等。个体生活在社会环境之中，处于一定的社会关系下，个体的任何行为都离不开社会。个体行为是一种持续不断的过程。个体的需要是无止境的。个体为了达到目标，可以通过学习或训练来改变个体行为的方式和内容。

2. 影响个体行为的生理因素主要有人脑、神经系统、内分泌系统以及遗传等；影响个体行为的心理因素主要有个体知觉、个体动机、个体能力以及个体个性等；影响个体行为的社会因素主要有家庭、学校、社会团体和大众传媒等。

3. 如何正确引导个体行为，纠正消极的个体行为，使之与组织行为协调一致，是组织行为学所要研究的问题。只有了解了个体的切身需要，才能预测个体行为。引导个体行为，必须从影响个体行为的心理因素入手，通过改变个体心理，从而改变个体行为。

关键概念

个体行为（individual behavior）　　个体知觉（individual perception）
个体动机（individual motivation）　　个体能力（individual capacity）
个体个性（individual personality）　　生理因素（physiology factor）
心理因素（psychology factor）　　社会因素（social factor）

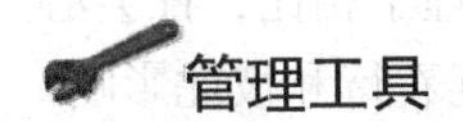

管理工具

性格—工作适应性理论　　　　　　　　需要—动机—行为过程

思考题

1. 谈一谈你对影响个体行为的心理因素的理解。
2. 谈一谈你对影响个体行为的社会因素的理解。
3. 结合本章的学习，谈一谈你对组织所期望的个体行为的理解。
4. 什么是个体行为，影响个体行为的因素有哪些？
5. 谈一谈个体行为协调的内容。

自我测试

案例讨论

海尔“人人创客”：量子管理的完美实践[1]

讨论：

1. 结合案例讨论如何更有效地引导组织中的个体行为？
2. 谈谈如何激励员工的创新精神？

拓展阅读

推荐书目：迈尔斯．社会心理学：第 11 版．侯玉波，乐国安，张智勇，等，译．北京：人民邮电出版社，2016.

迈尔斯的《社会心理学》是中国乃至世界非常具有影响力的经典之作，可读性很强，既有科学的严谨性，又有人文的形象性，读者能在快乐阅读的同时轻松掌握社会心理学的知识。

社会心理学是心理学和社会学的一门交叉学科。与社会学（研究群体和社会中的人）

① 庄文静，海尔“人人创客”：量子管理的“完美”实践．中外管理，2017（23）：51-55.

相比，社会心理学更侧重于用实验的方法对个体进行研究。与人格心理学相比，社会心理学对个体之间的差异关注较少，而侧重于研究不同个体之间如何相互看待和彼此影响。我们的社会行为不仅取决于客观情境，还取决于我们如何对其进行解释。社会心理学通过提出激发我们所有人浓厚兴趣的各种问题来研究我们的社会思维、社会影响和社会关系。本书的另外一个特点是其对科学方法的坚持和表述思维的严谨性，从而将心理学取向的社会心理学的优势发挥得淋漓尽致。它的每一个观点都有很严格的证据支持。这种崇尚实证、言而有据的表达风格是本书备受欢迎的一个重要原因。

第4章

个体能力

本章学习目标

1. 了解能力的内涵及主要特点；
2. 熟悉能力的几种类型；
3. 了解能力的测试方法；
4. 熟悉能力的管理。

引例

老王的苦恼

老王是鸿运股份公司的会计师，从事财务管理工作七年。他的业务水平在公司和行业里是人人称道的。20 世纪 90 年代初期，老王从名牌大学会计专业毕业后加盟鸿运公司，老王为人正派，工作踏实，业务娴熟，与上级和同事的关系也都十分融洽。最近，公司领导任命他为财务部总经理，接替退休的前任，同时也是对老王以前工作的肯定。由于老王在财务工作中的出色表现，领导对他担任财务部经理抱有很大希望。大家希望他在经理的岗位上能够一如既往。

上任后，老王感到心中没底。以前他对管理工作从来不关心，总想靠自己的业务吃饭。加之他又是个不愿与人打交道的人，因此，上任后老王多少有些不安。为了尽快适应新的职位，老王工作十分投入，他不仅以身作则，身先士卒，而且主动帮助下属干好他们的工作。只要他发现下属的工作有问题，就会替他们纠正。从中获得的成就感和权威感使老王很满意。前三个月，老王工作顺利，各方面也都配合，他自己信心十足，开始时的犹豫和担心都不存在了，于是他决定大展拳脚，不辜负领导和同事的厚爱。

可是，最近的情况发生了变化，老王遇到了几个棘手的问题。

首先，财务部内部员工的积极性不像以前那样高涨。财务部一共有 13 名员工，大家上班以后不是在全力以赴地工作，而是出现了“怠工”现象，有的员工一上午可以去十几趟厕所。尽管有明确的工作分工，但公司总是有些临时性的任务，老王要分配任务的时候会发现有时工作任务分派不下去，分派下去后大家也是在应付，只有老王在场时大家还能干点活，老王一离开办公室，员工就开始休息。下属对他不像以前那样热情了，看得出来，大家有回避他的倾向。

其次，员工之间出现了矛盾，老员工倚老卖老，新员工自以为是，相互推诿责任，互不服气。双方都到老王这里告状，弄得老王不得不为处理这些人际关系而伤透脑筋。

再次，他所在的财务部与其他部门也出现了矛盾。其他部门把没完成工作任务的责任都推到他这个部门，诸如报销不及时，预付款不能及时到账，等等。虽然老王很清楚，这不是他的责任，但在中层管理干部会议上，其他部门的经理好像商量好了一起来“对付”他，大家都在埋怨或指责财务部的工作不到位。

最后，他自己的工作越来越繁杂。因为下属的工作不到位，很多事情都要自己去做，或者帮助下属去完善，或者去纠正下属的工作，忙得“不亦乐乎”。令他百思不得其解的是他做得越多，越辛苦，下属好像越不买他的账。再加上工作繁杂，头绪混乱，他的脾气变得越来越坏，而领导也开始对他的工作有看法。

人的能力涉及很多方面，包括一般能力如思维能力、感知能力、想象力、记忆力、注意力等，特殊能力如音乐能力、绘画能力、数学能力、运动能力等。各种特殊能力都有自己的独特结构。老王具备从事财务工作的一般能力，但是走上领导岗位后，由于缺乏相关的领导能力，导致工作绩效下降。对于管理者来说，如何提高自身各方面的能力非常重要。

4.1 能力的含义与个体差异

能力（ability）是组织行为学必须研究的概念，它体现了个体成功完成工作中任务的可能性，本节对能力的概念、内涵，能力与知识、技能的关系，能力的影响因素和能力的个体差异都做了详细的介绍。

4.1.1 能力的内涵

1. 能力的定义

对于能力的定义不同学者有不同的表述。心理学者一般认为：能力与大脑的机能有关，它主要侧重实践活动的表现，即完成某一活动所具备的稳定的心理特征。

罗宾斯和贾奇认为能力指的是个体能够成功完成工作中各项任务的可能性。它是对个体现在所能做的事情的一种评估。①

罗伯特·克莱特纳则认为能力代表一种宽泛的和稳定的特征，它能使一个人在体力和心智任务方面的绩效最大化，而不是一般化。罗伯特·克莱特纳在对能力的定义中强调的是对某项任务或活动的现有成就水平，而罗宾斯教授则更强调了个体具有的潜力和可能性。本书更趋向于将能力定义为以上两方面的综合，即能力反映个体完成各种任务的可能性，既包括个体现有的成就水平又包括其自身的潜力和可能性。

能力具有以下三方面内涵。

（1）能力是现有成就水平、自身潜力和可能性的综合。

（2）能力的大小决定了个体稳定完成任务的可能性大小。

（3）能力并非一成不变，具有潜在性，可以开发和发展。

---

① 罗宾斯．组织行为学．北京：中国人民大学出版社，2005：72．

2. 能力与知识、技能的关系

能力的形成和发展与知识、技能有着密不可分的关系。但如果笼统地认为能力就是知识与技能之一，或者是两者的集合，这样的理解则是错误的。那它们三者到底是一种什么样的关系？它们的形成和发展存不存在一种内在的逻辑顺序呢？

《中国大百科全书·教育》中对“知识”条目是这样表述的：“所谓知识，就它反映的内容而言，是客观事物的属性与联系的反映，是客观世界在人脑中的主观映象。就它的反映活动形式而言，有时表现为主体对事物的感性知觉或表象，属于感性知识，有时表现为关于事物的概念或规律，属于理性知识。”从这一定义中可以看出，知识是主客体间相互统一的产物。它来源于外部世界，所以知识是客观的；但是知识本身并不是客观现实，而是事物的特征与联系在人脑中的反映，是客观事物的一种主观表征，知识是在主客体相互作用的基础上，通过人脑的反映活动而产生的。人们一旦有了知识，就对客观事物有了感性的或理性的认识，用这些知识来指导实践，就能够增强知识拥有者应对客观事物的能力，因此，知识是形成和发展能力的一个不可或缺的要素。

技能则被定义为主体运用知识经验通过练习而形成的动作的或智力的活动方式。运用知识和经过练习达到会操作的水平称为技能；在技能的基础上再经过反复练习达到完善化和自动化的程度称为技巧。如运用笔画、笔顺、执笔、运笔等初步的语言和书法知识，通过一定的练习刚刚学会书写，可以说形成了写字的技能。技能根据活动方式的不同分为操作技能和心智技能。操作技能的动作是由外显的机体运动来实现的，其动作对象为物质性的客体。心智技能的动作通常借助于内在的动作程序来实现，其动作对象是事物的信息，即观念。由于技能是形成动作和智力的活动方式，因此也是能力组成的重要因素。

知识和技能都是能力形成和发展的不可或缺的因素，但并不意味着拥有知识和技能就拥有很高的能力。知识、技能和能力之间存在着一种发展的逻辑，只有能够被广泛应用和迁移的知识和技能，加之严格的结构化，才能真正转化为能力。同时，它们之间又有着密切的关系。首先，能力的形成和发展依赖于知识、技能的获得。能力虽然不同于知识和技能，但能力的获得也是要经历量变到质变的过程。随着人的知识和技能的积累，人的能力才会不断提高；其次，能力的高低又会反过来影响知识和技能的获取与提高。能力高的人容易获得知识和技能，他们付出的代价也比较小；而能力较弱的人却可能要付出更多的努力才能掌握同样的知识和技能。①

4.1.2 能力形成和发展的影响因素

影响能力形成的因素有很多，不同学者都有不同的归纳。总结起来，能力的影响因素分为以下四个方面：遗传因素、环境因素、社会实践和自我提升，如图 4-1 所示。

---

① 彭聃龄．普通心理学．北京：北京师范大学出版社，2001：39．

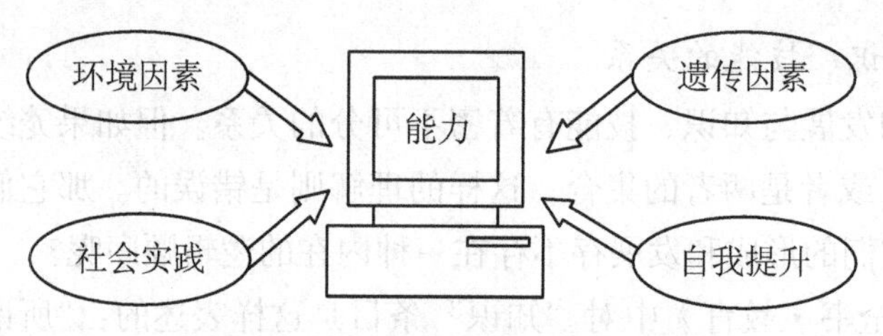

图4-1 影响能力形成和发展的因素

1. 遗传因素

遗传因素在能力形成过程中起到基础的平台作用。遗传（heredity）是指生物在通过生殖所进行的种族繁衍过程中，表现为世代间的相似现象。众所周知，生物的生殖过程，在一定意义上，实质就是遗传物质在上下代之间的传递过程，即亲代将其遗传物质通过一定的方式传递给子代，并使之表达亲代的性状。

遗传使人体生来具有某些亲代的解剖生理特点，主要是神经系统、感觉器官和运动器官的解剖生理特点，特别是大脑的解剖生理特点。而这些继承来的解剖生理特点是能力发展的自然前提，缺少这个前提，能力的形成就缺少必要的生理平台，很难进一步发展。就如同具有遗传大脑疾病的人很难形成计算能力一样。但遗传的生理特点并不代表能力本身，它并不能确保能力能够得到充分发展，它仅仅提供了发展能力的一种可能性。只有通过社会实践和能力的自我提升，才能将这种可能性变为现实。

2. 环境因素

环境因素在能力形成和发展过程中的作用效果很明显。虽然遗传为能力的形成提供了生理的平台，但大多数人通过遗传而获得的解剖生理特点的差异并不明显；环境因素对千差万别的能力差异起到了决定性作用。

（1）教育水平。一个人接受教育的水平对其能力的形成起到至关重要的作用。教育不单是给人提供接受知识的机会，更重要的是锻炼其思考问题、解决问题的方式和能力。教育可以使人超越其原始本能来解决问题，对能力的提高有重要意义。

（2）营养。能力要提高，不单要接受抽象思维和行为方式的锻炼，物质基础的支持也是必不可少的。特别是幼年时期的营养，直接关系到能力的发展，并可能产生持久的影响。

（3）社会生产方式。社会生产方式是影响能力发展的重要因素。生产方式影响经济、科学文化水平和教育水平，从而影响人的能力发展。

3. 社会实践

不论是遗传决定论，还是环境决定论，它们的主要问题除了片面性外，还在于都没有认识到实践活动在能力发展中的作用。马克思指出，以前的一切唯物主义（包括费尔巴哈的唯物主义）的主要缺点是：对事物、现实、感性，只是从客体或者直观的形式去理解，而不是把它们当作人的感性活动，当作实践去理解，不是从主观方面去理解。①

劳动是人的最基本的实践活动。学生走上工作岗位后，职业的要求对性格发展也有

① 韦克难．管理心理学．成都：西南财经大学出版社，2001：109-110．

重要作用。人长期地从事某种特定的职业，社会要求他反复地扮演某种角色，进行和自己职业匹配的活动，从而他会相应地形成不同的能力特征。职业对人的能力发展影响很大，科技工作者、文艺工作者、医务工作者会因为职业的不同，参与不同的社会实践而形成不同的能力。

4. 自我提升

个体能力是在人和环境相互作用的实践活动中形成和发展的，但是任何环境因素都不能直接形成人的能力特征，它们必须通过人已有的能力水平和心理活动才能发生作用。正如布特曼所说："每一个人都是他自己的工程师。"

社会的各种影响，首先要为个人接受和理解才能转化为个体的需要和动机，才能推动他去行动。个体已有的心理发展水平对能力形成的作用随着年龄增长而日益增强，个体已有的理想和能力水平等对接受社会影响有决定性的作用。

能力的形成与发展依赖于很多因素，这些因素相互作用，虽然各种因素在决定能力高低和发展过程中的比重无法精确估算，但遗传、环境、实践、自我提升四个方面对能力的影响是非常重要的。①

4.1.3 能力的个体差异

人的能力有五个方面的主要差异，即能力的水平差异、结构差异、年龄差异、性别差异和早晚差异。

1. 水平差异

能力发展水平的差异主要是指智力上的差异，它表明人的能力发展有高有低。在同一条件下，能力和活动结果呈正相关关系。如果一个人在相同任务中取得了较好的成绩，除去环境不同的差异，越是较好地完成这项活动，就表明他完成这项活动的能力越高。相反，如果他的活动结果和效率不理想，就表明他的相关的能力水平较低。从一般能力来看，能力水平在全部人口中呈正态分布，即能力特别强、智商特别高的人和能力特别弱、智商特别低的人在总人口中所占的比例很小，而智力居中的人数量最多。

2. 结构差异

一个人是各种能力的综合体，各种能力之间存在质的差异。在知觉方面，有综合型、分析型和分析综合型；在记忆方面，有形象记忆型、抽象记忆型和运动型；在思维方面，有形象思维型、抽象逻辑思维型等。然而在完成某项任务中，某项能力不是孤立地发挥作用，是以一种特定结构，各种能力综合进行作用。而这种特定的能力组合结构是在其接受的教育和社会生活中隐性形成的。

3. 年龄差异

年龄在能力差异中的表现是复杂的。随着年龄的增长，个体在经验、判断力以及对工作的承诺方面形成的能力会逐渐增强。同时也存在它的弊端，即缺乏灵活性和对新事

① 彭聃龄. 普通心理学. 北京：北京师范大学出版社，2001：423.

物产生抵触和难以适应。[①]

4. 性别差异

关于智力的性别差异，基本一致的结论有两个方面：第一，男女智力的总体水平大致相等，但男性智力分布的离散程度比女性大。第二，男女的智力结构存在差异，各自具有自己的优势领域。男性的视知觉能力较强，尤其是空间知觉能力，男性明显优于女性。女性的听觉能力较强，特别是对声音的辨别和定位，女性明显优于男性。男性偏于抽象思维，喜欢数学、物理和化学等学科。女性偏于形象思维，喜欢语言、历史、人文地理等学科。

5. 早晚差异

人的能力发挥也有早晚。能力的早期显露称为人才早熟。中年是人生的黄金时期，身体健壮，思想活跃，经验丰富，是成才的好时机。一般认为，35～45岁是人的智力的最佳年龄阶段。也有些人的才能表现较晚，属大器晚成类型。如达尔文50岁才开始有研究成果。各种能力不仅在质或量的方面表现出明显的差异，而且能力表现的早晚也存在着明显的差异。

4.2 能力的分类与测试

人们要顺利完成某项活动，仅靠单一的某项能力是不够的，需要具备某些能力的组合。为了更清晰地认识这些能力的组合，必须对不同类型的能力进行分类。不同的学者对能力的分类也有所不同。

第一种观点认为，能力可以分为一般能力和特殊能力。这是以能力所表现的活动领域的不同来划分的，也是心理学常用的划分标准。一般能力是指在进行各种活动中必须具备的基本能力，它可以使人们有效地认识世界。一般能力包括个体在认识活动中所必须具备的各种能力，如思维能力、感知能力、想象力、记忆力、注意力等，其中思维能力是核心，支配着一般能力的其他因素，并制约着能力发展的水平；特殊能力是顺利完成某种专门活动所必备的能力，如音乐能力、绘画能力、数学能力、运动能力等。各种特殊能力都有自己的独特结构。特殊能力是一般能力在某一特定领域获得特别发展而形成的各方面的能力的整合。一般能力和特殊能力相互关联。一方面，一般能力在某种特殊活动领域得到特别发展时，就可能成为特殊能力的重要组成部分。另一方面，在特殊能力发展的同时，也发展了一般能力。

第二种观点认为，在一般能力和特殊能力分类的基础上，还应该将创新力作为第三类能力。其中创新力按能力的创造性的大小又分为再造能力和创造能力。再造能力是指在活动中顺利地掌握前人所积累的知识、技能，并按现成的模式进行活动的能力。创造能力是指在活动中创造出独特的、新颖的、有社会价值的产品的能力。

① 罗宾斯. 组织行为学精要. 北京：电子工业出版社，2002：45.

第三种观点是将能力分为心理能力和体质能力。对于心理能力的划分又有两种不同的说法，一种认为心理能力就是智力，一种则认为心理能力包括智力能力和情绪能力。

在以上专家分类的基础上，本书结合组织间关系对个体能力新要求的特点，以及个体能力对组织整体绩效的贡献度的大小，将个体能力概括为智商、情商、创商和德商四种。

4.2.1 智商

在 19 世纪后半叶，智力一词最早是由哲学家斯宾塞和生物学家高尔顿将古代拉丁词“intelligence”引入英文的，其意义是代表一种天生的特点及倾向性。智力是大脑的功能，是由人们认识和改造客观事物的各种能力有机综合而成，主要包括观察、想象、记忆、思维、实践操作活动和适应环境等方面的能力，其核心是思维能力，它保证人们能有效地进行认识活动。也有学者将智力总结为从经验中学习和获益的能力，抽象思维和推理的能力，适应不断变化、模糊多样的世界的能力，以及激励自己有效地完成任务的能力。

1. 智商的概念和特点

（1）概念。智力商数，简称智商，是一种表示人的智力高低的数量指标，也可以表现为一个人对知识的掌握程度，反映人的观察力、记忆力、思维力、想象力、创造力以及分析问题和解决问题的能力。

（2）特点。智商具有稳定性和可变性。由于智力主要是由遗传因素决定的，因此智商相对稳定，但又不是一成不变的。

2. 智力的结构理论

智力结构理论用于解释智力的构成因素，主要理论有以下几种。

（1）二因论。二因论是由英国心理学家查尔斯·斯皮尔曼（Charles Spearman）所提出。二因论认为人类智力内涵包括两种因素：一种为普通因素（General factor），简称 G 因素；另一种为特殊因素（Specific factor），简称 S 因素。按斯皮尔曼的解释，人的普通能力是得自先天遗传，主要表现在一般的生活活动上，从而显示个人能力的高低。S 因素代表的特殊能力，只与少数生活活动有关，是个人在某方面表现的异于别人的能力。一般智力测验所测量的就是普通能力。G 因素和 S 因素相互联系，完成任何作业都需要两个因素的结合。

（2）群因素论。群因素论又称“基本心理能力论”（primary mental abilities）。美国心理学家瑟斯顿（Louis L.Thurstone）是著名的心理计量学家，他凭借着多因素分析的方法，突破过去的智力因素理论的框架，并提出了他的“基本能力学说”（primary abilities）。瑟斯顿认为，个体的智力可分为几种基本能力因素，这些基本能力因素的不同搭配便构成每一个人独特的智力整体。他的观点与斯皮尔曼的智力二因论不同，斯皮尔曼的观点是先有一个总的智力，然后有许多特殊智力；瑟斯顿则提出智力包括七种平等的基本能力，分别为语词理解（Verbal comprehension，V），语词流畅（Word fluency，W），数字运算（Number，N），空间关系（Space，S），联想记忆（Associative memory，M），知觉速度（Perceptual speed，P），一般推理（General reasoning，R）。自从群因素学说提出后，智力因素研究转向对智力的深入的因素分析，此后形成两种倾向：一种是构造包括普遍因素和各种基本能力在内的智力等级体系，另一种是在独立的智力因素之上建立智力结构模型。

（3）智力层次结构理论。英国心理学家弗农（P.E.Vernon）提出了智力层次结构理论。他以一般因素为基础，设想出因素间的层次结构，如图4-2所示。

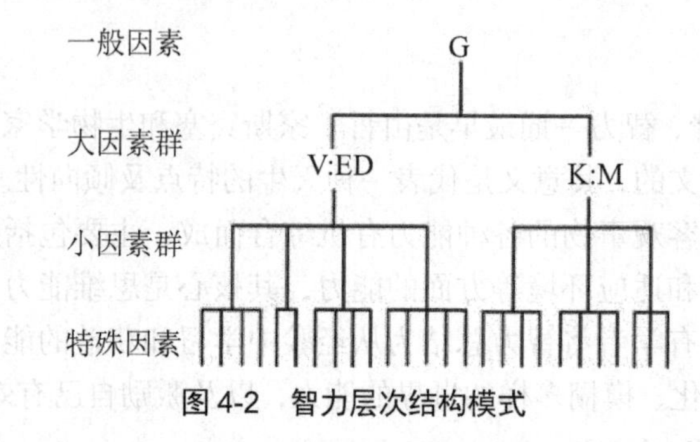

图4-2 智力层次结构模式

弗农认为智力的最高层次是一般因素（G）；第二层次分两大群，即言语和教育方面的因素（V:ED）及机械和操作方面的因素（K:M），叫大因素群；第三层次为小因素群，包括言语、数量、机械信息、空间信息、用手操作等；第四层次为特殊因素，即各种各样的特殊能力。弗农的智力层次结构理论像生物分类学的分类系统那样来划分智力的结构。智力层次结构理论比智力二因论和智力群因素论前进了一步，即在G因素和S因素之间增加了大因素群和小因素群，明显地改变了把一般能力和特殊能力对立的局面。

（4）智力三维结构模型。美国心理学家吉尔福特（J. P. Guilford）在二十余年因素分析研究的基础上于1967年创立了智力三维结构模型理论，认为智力结构应从操作、内容、产物三个维度去考虑。智力活动就是人在头脑里加工（即操作过程）客观对象（即内容），产生知识（即产物）的过程。智力的操作过程包括认知、记忆、发散思维、聚合思维、评价五个因素；智力加工的内容包括图形（具体事物的形象）、符号（由字母、数字和其他记号组成的事物）、语义（词、句的意义及概念）、行为（社会能力）四个因素；智力加工的产物包括六个因素，即单元、类别、关系、系统、转换、蕴含。吉尔福特将其上述智力结构的模式推荐为认知心理学的参考系统。吉尔福特的智力结构论中引人瞩目的内容之一是对创造性的分析。他把以前曾被从智力概念中忽略的创造性与发散性思维联系起来；还将发散性思维与聚合性思维相对应。他认为发散性思维具有流畅性、变通性和独创性三个维度，是创造性的核心。吉尔福特还提出人格是由态度、气质、能力倾向、生理、需要和兴趣等特质组成的一个统一的整体。吉尔福特的智力结构理论虽然否定了G因素的存在，但他的理论却提出创造能力的研究和创造性测验，这为研究智力提供了新的线索。

3. 智商的测试

智力测试是用来测量人的智力水平的一种方法。测量智力的工具称为智力量表。智力的理论研究为各种类型的智力测验提供了理论基础，如智力因素理论为各种智力测验的构想效度提供了依据，而智商的稳定性则为智力测验的预测效度提供了依据。

（1）斯坦福—比奈智力量表。1916 年，美国斯坦福大学 L. M. 特曼对比奈—西蒙量表做了修订，该修订版不但对每个测题的实施程序及评分方法做出了详细的说明和规定，而且把智商概念运用到智力测验中，使智力分数能在不同年龄间比较，从而进一步发展和完善了比奈以智龄评定智力的方法。1986 年公布的第四次修订版量表共包含 15 个分测验，可以评定四个认知领域，即言语推理、抽象/视觉推理、数量推理和短时记忆。把不同的得分分为不同的智商等级，如表 4-1 所示。

表 4-1 斯坦福—比奈智力量表

智 商	等 级
140 以上	非常优秀（天才）
120～139	优秀
110～119	中上、聪慧
90～109	中等
80～89	中下
70～79	临界智能不足
69 以下	智力缺陷

（2）韦克斯勒智力量表。美国贝尔维精神病院主任、医学心理学家韦克斯勒（D. Wechsler）长期从事心理测验的编制和研究工作，在智力测验方面做出了杰出的贡献。他编制了一套韦克斯勒成人智力量表（WAIS），还编制了适用于 6~16 岁儿童的韦克斯勒儿童智力量表（WISC）和适用于 4～6.5 岁儿童的韦克斯勒幼儿智力量表（WPPSI）。

韦克斯勒是根据人类智力是由几种不同的能力组合而成的观点来编制其量表的。因此，韦克斯勒智力量表不仅能了解个体智力发展的水平，而且能够了解构成个体智力各因素发展的特点。韦氏量表包括言语和操作两个分量表，言语分量表包括常识、理解、算术、类同、词汇和背数（又称数字广度）六个测验项目。操作分量表包括填图、图片排列、积木图案、拼图、译码和迷津六个分测验。韦氏量表可以同时提供总智商分数、言语智商分数和操作智商分数以及 10 个分测验分数，能较好地反映智力的整体和各个侧面，如表 4-2 所示。

表 4-2 韦克斯勒智力量表

项 目	幼儿智力量表	儿童智力量表	成人智力量表
言语测试	常识、类同、算数、词汇、理解、背诵语句	常识、类同、算数、词汇、理解、数字广度	常识、类同、算数、词汇、理解、数字广度
操作测试	图画补缺、积木图案、迷津、几何	图画补缺、积木图案、迷津、译码、图片排列、拼图	图画补缺、积木图案、译码、图片排列、拼图

韦氏量表的 IQ 值都是以 100 为平均数，以 15 为标准差的离差智商。韦氏测验需个别施测，测验时限为 1～2 小时。由于测验内容丰富和结果精细，使得测验实施显得尤为复杂，因此主试要经过专业培训。

4.2.2 情商

1. 情绪智力的理论

情绪智力（emotional intelligence）是德国人巴布娜·柳纳（Barbara Leuner，1966）首先提出的。而将情绪智力作为理论概念正式提出的却是美国的沙洛维（P. Salovey）和梅耶（J. Mayer），他们将情绪智力定义为："监察自身和他人的感情和情绪的能力，区分情绪之间差别的能力，以及运用这种信息以指导个人思维和行动的能力。"哈佛大学心理学教授丹尼尔·戈尔曼（Daniel Goleman），于 1995 年在《情绪智力：为什么它比智商更重要》一书中将情绪智力定义为："了解自身感受，控制冲动和恼怒，理智处事，面对考验时保持平静和乐观心态的能力。"

在此基础上，学者们继续对情绪智力加以深入研究，虽然没有达成一致结论，但基本形成了关于情绪智力的理论体系。

（1）情绪智力的科学量化理论。梅耶将情绪智力纳入智力的家族并坚持科学量化的道路，1990 年，他首次正式使用情绪智力这一概念描述影响成功的情绪特征，认为情绪智力是一种加工情绪信息的能力，包括准确地评价自己和他人的情绪，恰当地表达情绪，以及适应性地调控情绪的能力。并以此为基础，提出了情绪智力结构的三因素能力模型。他于 1997 年、1999 年、2000 年分别对情绪智力的定义及结构进行修订，最终将情绪智力界定为一种连接认知与情绪的心理能力，在此基础上确定了其结构的四个维度。这四个维度从最基本的情绪感知和表达能力开始，到情绪管理调控能力为止，是按照每种能力发展的先后顺序进行排列的：情绪的感知、表达能力；情绪对思维的促进能力；对情绪的理解、分析能力；情绪管理调控能力。[①]

（2）戈尔曼（Goleman）的情绪智力理论及结构。戈尔曼将预测成功作为向导，试图在传统智力以外找到能够预测成功的所有重要因素。他们对情绪智力的研究采用的是混合模型研究取向，即给情绪智力列出了一组人格特点菜单，如同情、动机、坚持性、温情和社会技能，该理论及结构被称为"混合模型"。

1995 年，戈尔曼在《情绪智力》一书中将情绪智力定义为了解情绪、管理情绪、自我动机、认知他人情绪、处理关系的能力。他认为情绪智力在帮助个体取得成功上起的作用比智力的作用大，并且情绪智力可以通过经验和训练得到明显的提高。1998 年，他在 1995 年情绪智力定义基础之上提出了一个五因素情绪智力理论结构。这个结构共包括 5 个因素、25 种能力。后来他把这 5 个因素 25 种能力精练成 4 个因素 20 种能力，分别是自我觉知（包括情绪觉知能力、正确的自我评估、自信），自我管理（包括自控能力、信用度、责任心、适应能力、成就动机、主动性），社会觉知（包括移情、对团体情绪的觉知、服务倾向性）和社交技巧（包括帮助他人发展、领导能力、影响力、沟通能力、革新能力、协调能力、凝聚力、协作能力）。

---

① MAYER J D，SALOVEY P，CARUSO D R．Models of emotional intelligence．In：ROBERT J．Sternberged handbook of intelligence．Cambridge：Cambridge University Press，2000：394-420.

（3）巴昂（Bar-On）的情绪智力理论及结构。巴昂于 1997 年提出情绪智力的定义，情绪智力是影响人应付环境需要和压力的一系列情绪的、人格的和人际能力的总和。他认为情绪智力是决定一个人在生活中能否取得成功的重要因素，直接影响人的整个心理健康。巴昂提出，情绪智力由个体内部成分、人际成分、适应性成分、压力管理成分、一般心境成分等五大主成分构成。其中，个体内部成分包含情绪自我觉察、自信、自我尊重、自我实现和独立性五种相关能力；人际成分包含共情、社会责任感和人际关系三种相关能力；适应性成分包含现实检验、问题解决和灵活性三种相关能力；压力管理成分包含压力承受和冲动控制两种相关能力；一般心境成分包含幸福感和乐观主义两种相关能力。这样，由五大主成分和 15 种相关能力组成了情绪智力系统。巴昂认为这 15 种能力是情绪智力最稳定、最有效的成分，对个体总的情绪幸福和应对生活的能力起决定作用。①

2. 情商的构成要素

智商（Intelligence Quotient，IQ）是用以表示智力水平的工具，智商的高低反映着智力水平的高低。情商（Emotional Quotient，EQ）是表示认识、控制和调节自身情感的能力。情商的高低反映着情感品质的差异。情商对于人的成功发挥着比智商更加重要的作用。一般认为，情商是指有效地管理自我以及处理人际关系的能力，它由四种基本要素构成：自我意识、自我管理、社会意识、社交技能。每一种因素由一系列具体的技能构成，如表 4-3 所示。

目前，对情商的争议主要是在情商的“商”难以度量，但情商对一个人行为和决策的影响与支配，对人工作绩效的影响是没有争议的。而且认为，通过学习提升个体的情商，对于改善人际技能和组织氛围，提高工作绩效有着积极的作用。

表 4-3　情商的结构要素

自我意识	自我管理	社会意识	社交技能
情感的自我意识：察觉与理解自己的情感并认识到其对工作绩效、人际关系等产生的影响 准确的自我评价：客观评价自己的优势与不足 自信：对自身评价的极强的正面认识	自我控制：控制破坏情绪与冲动 可依赖性：一贯表现出诚实与正直 尽职：管理自己，恪尽职守及职责 适应能力：适应环境变化，能克服困难 成就向导：追求卓越的内驱力	同情心：能察觉他人的情感，理解他人的观点和关心他人的利益 组织意识：能洞察组织动态，建立决策网络并驾驭内部的权利争斗 服务意识：了解和满足客户的需求	远见：能运用远景目标激励他人 影响力：熟练地运用说服技巧 培养他人：不断地给他人提供反馈与指导，支持他人的进步 改革的催化剂：擅长实施新思想，领导他人朝新方向努力

3. 情商与智商的区别

智商和情商都是人的重要的心理品质，都是事业成功的重要基础。它们的关系如何，

① 徐小燕，张进辅．情绪智力理论的发展综述．西南师范大学学报（人文社会学版），2002，28（6）：77-82.

是智商和情商研究中提出的一个重要的理论问题。正确认识这两种心理品质之间的差异和联系，有利于更好地认识人自身，更有利于培养更健康、更优秀的人才。

（1）智商和情商反映着两种性质不同的心理品质。智商主要反映人的认知能力、思维能力、语言能力、观察能力、计算能力、律动的能力等。也就是说，它主要表现人的理性的能力。它可能是大脑皮层特别是主管抽象思维和分析思维的左半球大脑的功能。情商主要反映一个人感受、理解、运用、表达、控制和调节自己情感的能力，以及处理自己与他人之间的情感关系的能力。情商是反映个体把握与处理情感问题的能力。情感常常走在理智的前面。

（2）智商和情商的形成基础有所不同。情商和智商虽然都与遗传因素、环境因素有关，但是，它们与遗传、环境因素的关系是有所区别的。智商与遗传因素的关系远大于社会环境因素。据英国《不列颠简明百科全书·智力商数》词条载："根据调查结果，约70%～80%智力差异源于遗传基因，20%～30%的智力差异系受到不同的环境影响所致。"情商的形成和发展，先天的因素也是存在的。但是，情感又有很大的文化差异。人类学研究表明，原始人类的情感与文明人类的情感有极大差异，他们易怒易喜，喜怒无常，自控能力很差。

（3）智商和情商的作用不同。智商的作用主要在于更好地认识事物。智商高的人，思维品质优良，学习能力强，容易在某个专业领域做出杰出成就，成为某个领域的专家。智商不高而情商较高的人，学习效率虽然不如高智商者，但是，有时能比高智商者学得更好，成就更大。另外，情商是自我和他人情感把握和调节的一种能力，因此，对人际关系的处理有较大关系。其作用与社会生活、人际关系、健康状况、婚姻状况有密切关联。情商低的人人际关系紧张，婚姻容易破裂，领导水平不高。而情商较高的人，通常有较健康的情绪，有较完满的婚姻和家庭，有良好的人际关系。

4. 情绪智力在组织中的作用

（1）情绪智力对组织中不同水平的个体工作绩效的影响。研究结果基本一致认为，情绪智力可以促进个体水平的工作绩效：一方面，员工自身的情绪智力水平或者情绪智力的某些方面会显著影响自身的工作绩效。因为个体情绪智力的整体水平、个体对情绪的知觉能力和个体对情绪的调节能力都会对个体的任务绩效产生积极的促进作用。心理学家孙丽璐发现，情绪智力对销售人员的任务绩效有显著影响。其中，情绪适应力和情绪调控力与绩效呈显著相关，并且女性在情绪觉知力和评价力维度与绩效的相关度显著，而男性在情绪适应力、调控力以及表现力方面与绩效的相关性比女性更显著。另一方面，领导者的情绪智力也会对下属的工作绩效产生影响。研究发现，个体的情绪智力与其任务绩效之间存在正向相关关系的同时，领导的情绪智力也与下属的周边绩效（一种角色外行为）有很大关联。

（2）情绪智力会促进组织的团队绩效。个体水平的情绪智力和群体水平的情绪智力对团队绩效都会产生影响。研究发现，在整个研究时期高情绪智力团队表现出高绩效水平，而低情绪智力团队开始时绩效水平低，但到研究末期他们的绩效水平可以归因于低绩效团队在整个研究期间情绪智力取得重要进步，这表明情绪智力可以在实践过程中得到提高。

5. 情商的测试

情绪智力虽然提出得比较晚，但一经提出就引起了广大学者的关注，在众多学者的努力之下，现在已经有了很多情绪智力的测量工具。

（1）多因素情绪智力量表。多因素情绪智力量表（Multifactor Emotional Intelligence Scale，MEIS）是梅耶等人于 1998 年编制的。该量表是能力测验而非自陈测验。该量表以行为表现为基础，测量被试者的觉察情绪、鉴别情绪、理解情绪和控制情绪。此量表的结构效度、聚合效度和区分效度都很高，尚无预测效度的报告。为了改进 MEIS，梅耶、沙洛维及卡鲁索（Caruso）等人又编制出了 MSCEIT V1.0 和 MSCEIT V2.0。MSCEIT 是一个基础能力量表，共有 141 个自陈项目，适用于 17 岁以上的人群。该量表旨在测量人们执行任务、解决情绪问题的质量和程度，而不是依赖个人对自己情绪技能的主观评估来计分。

（2）情绪智力调查表（ECI）。该量表是戈尔曼等人根据戈尔曼于 1998 年提出的精练后的情绪智力模型编制的，它可以测量该模型提到的 4 个因素 20 种能力。该量表有很高的内容效度，但到目前为止还没有有关此量表的预测效度的研究。ECI 包含了戈尔曼情绪智力模型的所有内容，是一种比较完整的情绪智力评价工具。该量表的使用要求也较严格，使用者须经过专门的培训，合格后方能对施测结果给予正确解释与指导。ECI 可以全方位评估个人和团体的情绪能力。

随着情绪智力受关注的程度不断提高，情绪智力的研究无论在理论上还是应用上将进一步深入。情绪智力的研究已经取得了很大的进展，但毕竟对情绪智力正式研究的时间还不长，还有许多问题有待解决。情绪智力研究方法和测量方法将在多样化的基础之上不断发展，情绪智力量表的社会实用性研究将成为学界的研究热点。

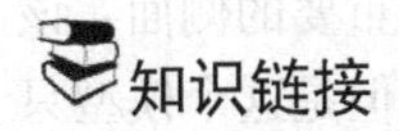

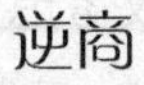

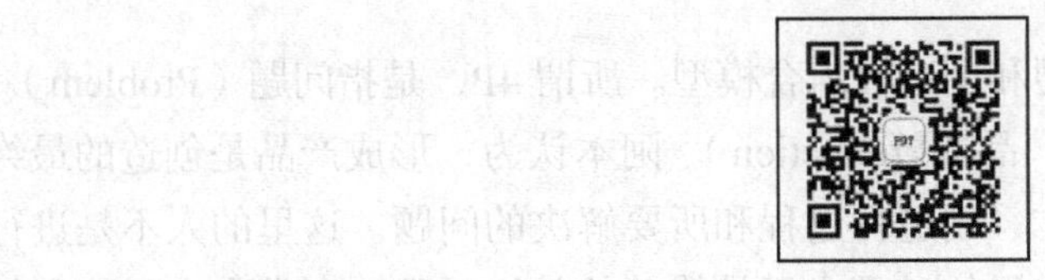

4.2.3 创商

1. 创商和创造能力

创商（Creativity Quotient，CQ）是创造商数的简称，它是一个人的能力智商，具体来讲就是指一个人的思维能力、开放能力、创新能力和创造能力。与智商（IQ）和情商（EQ）一起构成人类的三大商数。

创商的核心理念是 OIC，即开放（Open）+创新（Innovation）+创造（Creation）。OIC 包括三个链系：① OIC 的核心问题链。开放性解决问题（OPS）+创新性解决问题（IPS）+

创造性解决问题（CPS）。② OIC 的核心思维链。全脑思维（WBT）+开放思维（OT）+创新思维（IT）+创造思维（CT）。③ OIC 的核心能力链。开放能力（OA）+创新能力（IA）+创造能力（CA）。

创商的开发途径：大脑神经链建构+观念链再造+思维链内化+能力链外化。创商是人的智商的一种深化和外化，是衡量一个人的智商在发现未知问题与解决现实问题中的应用转化程度的标准。它是衡量一个人现实行动能力和成功能力的砝码。

时巨涛等人认为创造力是根据一定目的和任务，运用一切已知信息，开展能动思维活动，产生出某种新颖、独特、有社会和个人价值的产品的智力品质。这里的产品是指以某种形式存在的思维成果，既可以是一种新概念、新设想、新理论，也可以是新技术、新工艺、新产品。简单地说，创造力就是进行创造或创造活动的能力，即指冲破传统方法而进行革新、发明、创造的能力。

2. 创造能力的结构模型

（1）斯坦伯格的创造力三面模型。斯坦伯格使用问卷法研究了专家和常人对创造力的看法，结果发现公众的观念中有隐含的创造力理论。创造力的三面模型就是在这种理论基础上提出来的，三面模型分别是智力侧面、智力风格和人格特征。

智力侧面是指创造力中可以用智力三重理论来解释的方面，包括与内部世界的联系，与经验的联系和与个体外部世界的联系。智力风格是指个体对自己智力的指导方式，是连接智力与人格的桥梁。对创造力来说，智力风格与智力水平都起着决定作用。关于人格特征，斯坦伯格列举了七种人格特征，包括容忍悬而未决的情境、克服困难的意志、成长的意愿、内在的动机、中等程度的冒险精神、渴望得到认可和愿意为得到认可而努力工作。

创造力是一个多侧面的现象，其中智力、智力风格和人格是三个最重要的侧面，该模型描述了这些侧面及其个体的创造性思维和在创造性活动中的运用。但是这个模型只涉及可能导致创造行为的内部特征，仅考虑人的变量对创造力的影响，而忽略了环境因素的影响。

（2）阿本（Urban）的 4P 模型和创造性组合模型。所谓 4P，是指问题（Problem）、人（Person）、过程（Process）和产品（Production）。阿本认为，形成产品是创造的最终目的，而产品是依赖于创造性人才、创造性过程和所要解决的问题。这里的人不是进行认知活动的人，而是整体的人。这里的过程也不是简单的单行过程，而是多水平信息加工的过程。问题也是以一种开放的形式被审视，并通过不同途径达到解决的目的。4P 相互作用，同时受到微观和宏观环境的影响。

阿本的模型如图 4-3 所示，它向人们展示了一个关于创造性结构的非常直观的框架，该框架对于人们从整体上理解人类的创造性非常有帮助。但该模型也存在明显的缺陷：它仅仅给出了构成创造性的各个元素，无法解释这些组成元素在多大程度上对创造性起作用，以及微观环境因素和宏观环境因素通过怎样的机制作用于个体，并最终影响个体的创造性活动。

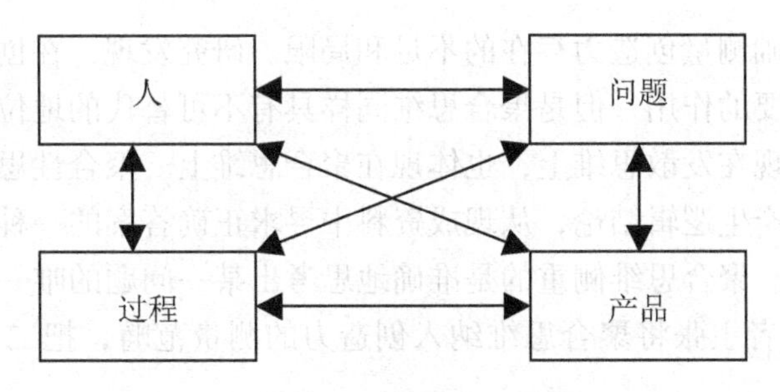

图 4-3 4P 结构模型

（3）吉尔福特理论。美国心理学家吉尔福特认为创造力是由发散性思维构成的，并从六个维度对创造力进行解释，如表 4-4 所示。

表 4-4 吉尔福特创造力维度

名 称	特 点
敏感性	容易接受新事物，发现新问题
流畅性	思维敏捷，反应迅速
灵活性	具有较强的应变能力和适应性
独创性	产生新的非凡思想的能力
再定义性	善于发现特定物的多种使用方法
洞察性	能够通过事物的表面现象认清其内在含义

3. 创商的测试

（1）以发散思维为指标的创造力测量。在众多创造力的测量方法中，以发散思维为指标而编制的测验是最常见的一种。发散思维的概念最初是由伍德沃斯于 1918 年提出来的，后来被吉尔福特纳入智力三维结构之中。吉尔福特认为，发散思维是指从已知信息中产生大量变化的、独特的新信息的一种不同方向、不同范围、不因循传统的思维方式，其重点是从同一来源中产生各种各样的为数众多的输出。发散思维是创造性思维的最主要的特点，是测定创造力的主要标志之一，其所表现的潜能就是创造力。他提出了发散思维的三个主要特点，即流畅性、灵活性、独创性，并以这三种特性为指标，编制了发散产品测试（DPT）和非常用途测试（UUT）。

发散思维测验是创造力测量的主导工具，大部分创造力研究使用的都是发散思维测验，其中应用最为广泛的就是托兰斯创造性思维测验（TTCT）。他参照吉尔福特的创造力测验，在一项通过课堂教学培养和促进儿童创造力的长期研究计划中，发展了创造性思维测验，他以流畅性、灵活性、独创性和精细性为基本指标，编制了著名的“托兰斯创造思维测验”（TTCT）。这个测验不同于以答案的正确与否计分的智力测验，而是以上述四种特性为标准，根据反应观念的数量、类别数及比率给分，以判断其创造力的高低。托兰斯创造思维测验是目前世界上应用最广泛的创造力测验，适用于各年龄阶段的人。

（2）基于发散思维和聚合思维相统一的创造力测量。随着研究的进展，不断有人提出以发散思维为基础测量创造力存在的不足和局限。研究发现：在创造力的产生中，虽然发散思维起到主要的作用，但是聚合思维同样具有不可替代的地位，所以，一个人创造力的高低不仅体现在发散思维上，也体现在聚合思维上。聚合性思维又称收敛思维，是指从已知信息中产生逻辑结论，从现成资料中寻求正确答案的一种有方向、有范围、有条理的思维方式。聚合思维侧重的是准确地思考出某一问题的唯一正确答案的能力。因此，后来的研究者主张将聚合思维纳入创造力的测量范畴，把二者结合起来测量创造力。

在海勒领导的针对科学家和工程师的慕尼黑天才研究项目中，费格瓦洛（Facaoaru）编制了一种发散—聚合测试，期望它在能力和综合性问题解决方面，能够比传统的智力测验或发散思维测验提供更好的预测信息。研究认为，只有在丰富专业知识的基础上，聚合和发散思维才能提高解决问题的能力。并且在提出假设时，更多地使用发散思维；在检验和确认假设的阶段，则要求更多地使用聚合思维。

（3）以创造性个性为指标的评价工具。

① 发现才能团体问卷。问卷是瑞姆（S. Rimm）和戴维斯（G. Davis）分别于 1976 年和 1980 年研究出来的一种测试方法。该测验主要测量中小学生的独立性、坚持性、变通性、好奇心、兴趣广度、过去的创造活动及爱好等。

② 你属于哪一类人。托兰斯在 1965 年编制了一个简便、易行、相对有效的创造性人格自陈量表——“你属于哪一类人”。该量表包括 66 个从 50 项有关研究中收集来的创造性人格的特征。其中的项目均是自选形式，即二择一式，其目的是让受测者本人提供其创造性人格特征的报告，以了解他们的创造性水平。

③ 探究兴趣问卷。该问卷有两个版本，分别适用于初中生和高中生。该问卷包括 60 道自陈题目，分别测试创造性、独立性、冒险性、坚持性、好奇心、内省性、幽默感、艺术兴趣等特点以及创造性活动的个人背景、兴趣和爱好等。测验项目以五点量表的形式呈现，其等级分别为“否”“有点”“一般”“较”“是”。该问卷的信度、效度较为理想。[①]

（4）以创造成果为指标的评价工具。产品评价一般需要一个以特定的创造力指标为依据的客观化的评定量表。在进行产品评价时，一般需要邀请多个该领域的专家对这些产品进行独立评价，最后达成一致意见。贝西默（Besemer）和奎因（Quinn）于 1987 年发展了一套可以评价许多领域内的复杂的创造性产品的程序。他们的评价使用了三个明确界定的标准：新奇性、问题的解决、综合评价。

4.2.4 德商

1. *德商的概念*

德商是源于美国学者道格·莱尼克（Doug Lennick）在 20 世纪 90 年代帮助美国运通

① 李孝忠. 创造能力测量及其发展趋势. 外国教育研究，1995（2）：29-32.

集团等大型企业经理人和员工发展情商的过程中的一些发现和思考。虽然情商可以使人具有高度的自制力和人际交往能力，但它在大多数情况下是价值中立的，不能帮助人区分对与错，让人避免做错事。

德商一词是道格·莱尼克和弗雷德·基尔（Fred Kiel）在他们2005年出版的《德商：提高业绩，加强领导》一书中提出的。他们把德商定义为："一种精神、智力上的能力，它决定我们如何将人类普遍适用的一些原则（正直、责任感、同情心和宽恕）运用到我们个人的价值观、目标和行动中去。"

2. 德商的意义

（1）德商是个人和企业行动的道德罗盘。德商在某种程度上犹如人生的"道德定位系统"（Moral Positioning System，MPS）。德商能够以"道德罗盘"帮助人们确定行为和目标的方向，使人们在茫茫商海可以更好地驾驭自己的资源、情商、智商和技术去获取成功。根据调查显示，企业主用人最先考虑的是属于MQ的"德性"（占54.9%），然后才是属于EQ的"相处"（占13.2%）和属于IQ的"能力"（仅占2%）。由此可见，德商在人的职业发展中的重要性。

（2）德商有助于提升企业的形象，增强企业竞争力。企业在社会责任方面的积极参与，不仅有助于增加整个社会的福利，而且有助于企业可持续发展。这是因为企业的积极参与有助于员工树立正确的人生观、价值观和责任意识，有助于增强团队的协作能力，同时，企业履行社会责任所表现的人文关怀和服务又会无形地渗透到企业经营的每一个环节，成为企业道德建设的重要组成部分，让员工置身于一个富有爱心和责任感的环境里，会增加他们的归属感、自豪感和荣誉感，从而增强企业的凝聚力。因此，在如今这个愈发重视企业社会责任的时代，企业的领导人更应身先士卒，不仅在观念上先行一步，放弃原有的那种"只有当别人输的时候我们才能赢"的传统想法，转而树立"双赢""多赢""众赢"的新观念；而且在行动上也应成为企业的垂范，除了自身努力成为一个"有道德的领导人"，还要努力将自己的企业锻造为一个"讲道德、有责任的企业公民"，努力对社区承担相关责任。

（3）企业应警惕"道德性弱智"。企业经营追求利润天经地义，但只有阳光的、经得起道德检验的利润，才能给企业带来人格上的光辉，才能真正赢得人们对企业的敬重。反之，如果企业及其领导人对德商视而不见、漠不关心，将会使企业形象蒙垢，顾客渐行渐远。研究报告显示，当美国人了解到一个企业在道德层面有消极举动时，高达91%的人会考虑购买另一家公司的产品/服务；85%的人会把这方面的信息告诉他的家人和朋友；83%的人会拒绝投资该企业；80%的人会拒绝在该公司工作。如果企业表现出"道德性弱智"（Moral Stupidity）的话，甚至会使得企业蒙受巨大损失甚至面临灭顶之灾。例如安然丑闻不仅使安然公司土崩瓦解，而且其高管同样遭受了法律的严厉惩罚。

3. 德商的提升方法

提高德商的方法可以从同情、正直、节制、尊重、和善、宽容、公正七个方面入手。

（1）同情。同情是一个人感受别人情感的唯一途径，是人类相互理解的基础。我们应主动去帮助自己的伙伴，帮助那些遇到困难的人们，真诚热情地对待别人。

（2）正直。正直是一个人内在的强烈需求，它能帮助我们妥善地处理人际关系中的纠葛，明辨是非。正直使得我们一旦偏离了道德的轨道，就会忐忑不安。正直使我们面对诱惑也能坚决抵制，增强我们抵御那些与善行背道而驰的力量。

（3）节制。节制是面对自己的欲望时，能够三思而后行，约束自己的冲动，从而使得我们有正确的行动。节制的人可以避免因为匆忙做出选择而导致危险的后果，形成独立思考和行动的能力。

（4）尊重。尊重是所有美德的基础，它使得我们在生活中了解到别人的感受、为别人着想，并让我们学会用需要别人对待自己的方式去对待别人，真正做到“己所不欲，勿施于人”。一个尊重别人的人是很少会用暴力、仇恨去对待别人的。当尊重融入我们的生命的时候，我们能更好地去感受，体味人际关系的奥妙；在更加尊重别人的基础上，更加尊重自己。

（5）和善。和善使得我们在日常交往中充满涵养。拥有和善品德的人能够更多地考虑别人的感受，体味别人的生活，关心别人的疾苦。这些人通常还很谦虚，不认为别人比自己低一等，差一个级别，不会看不起别人。这个社会上，能够取得成功的必定是那些懂得和气待人的人，因为和善的人不骄傲，不自卑。

（6）宽容。宽容的人在对待与自己的观点和见解不同的人时，拥有耐心去思考这些差异的来源，而不是简单地认为别人错了。宽容的品德使得人在面对与自己不同种族、不同性别、不同信仰、不同文化和不同能力的同类时，能够求同存异，而不会要求所有人都一样。

（7）公正。公正使我们在人际关系中，光明正大，不偏不倚地对待别人，因此我们会按规则办事，轮流分享，并在做出判断之前就会听取各方面的意见。公正的人尤其具有同情心，喜欢保护那些遭受不公平待遇的人。世界是公正的，那些公正对待别人的人，才会被别人公正地对待。

4. 德商的测试

德商的测试目前采用的是模糊综合评价理论，即对多种模糊因素影响的事物或现象进行总的评价。模糊评价与传统评价的主要区别表现在传统的评价方法都是建立在均点集合论的二值逻辑上的，它规定一个元素 X 与一个集合 A 之间的关系只能是属于这个集合或不属于这个集合，即是与否的关系。而模糊数学则是将普遍集合的特征函数值域[0, 1]，扩展为模糊集合的隶属函数的值域[0, 1]，即将二值逻辑扩展为模糊逻辑，这样就克服了传统统计方法评价模糊事物的缺陷。模糊综合评价包括以下几个步骤。

（1）确定影响因素集合。

（2）建立评价集。

（3）建立针对 N 个评价目标的模糊评价矩阵。

（4）按照加权平均法求得综合评价结果。

4.3 能力管理

如何最大化地利用个体能力提高组织间的整体绩效，使组织间关系更加和谐有效，是基于组织间关系视角下的组织行为学研究的主要目的。为了达到这一目的，个体组织应该清楚地认识到能力在该个体组织及组织间关系中发挥的重要作用。进而，在此基础之上，对组织成员的能力进行有效的管理。结合个体能力的特点，本书认为系统的能力管理包括对能力的识别、使用、发展三个环节。这三个环节是一个有机的整体，它们相互制约，缺一不可。

4.3.1 能力的识别

本章前面的章节已经对能力的主要类型和相应的测试方法做了详细介绍，但基于组织间关系的视角，不同的个体组织对能力的要求各不相同，而组织间关系界面上的个体企业中的接口岗位，更是有独特的能力要求。所以，能力的识别就是根据不同组织、不同岗位的特点，确定其具体能力的需求，并录用拥有相应能力的员工。

1. 岗位对能力的要求

（1）胜任标准。不同的工作岗位对员工能力的要求是不同的，因此，企业对各岗位要进行有针对性的分析，确定其所需要能力的要求和标准，包括由岗位职责所确定的职业背景、技能水平和经验等。

（2）胜任指标的识别。对胜任指标的识别一般是通过研究绩效出众的员工，找出他们之所以出众的特点和行为。

（3）制定胜任指标和标准体系。测定指标和标准体系必须有专门的能力测评小组经过仔细调查得出。根据对岗位胜任标准的分析，该体系需要包括一般能力和优秀能力，并且指标的设定要真正切实可行。

2. 能力的识别方法

随着人力资源理论的发展，对能力的识别方法也更加多种多样，能力评估人员可以根据不同的能力识别方法进行能力识别。常用的方法如下。

（1）能力测验。它常常是通过智力测验来完成的，包括韦氏成人智力测验和斯坦福—比奈智力测验。这一系列的测试常用来预测在一定环境下人是否有能力胜任工作。由于这些都是标准化的试题，因此并不是只对某一特殊工作有效，而且它们具有较高的信度和普遍性，可以应用到许多工作中，尤其在需要更专业的测试的情况下。

（2）心理测验。它主要测评脑力和体力的协调程度。两种最广泛应用的心理测试是麦克奎因机械能力测试和奥康纳手灵活性测试，前者主要测试个人的描述、打字、复印、定位、敲打以及追踪等方面的技能，这对于甄选航空机械师或速记员之类的职务很有效。后者则对甄选缝纫机器操作员、牙科医生以及其他需要用手进行灵活操作的职业很有价值。

（3）个人能力测试。它测评个人是否能够适时地、恰当地做出决策，而且努力使计划付诸实施。其中包括与下述方面有关的能力测试，即发明问题、计划职业信息、自我认知、目标选择，在这些能力测试中得分越高，则说明个人在职业生涯中越有可能获得更高的满意度和取得更大的工作绩效。

（4）人际关系测试。它测试个人的社会交往能力。主要包括与社会信息和非语言信息有关的智力因素，重点考察在人际交往中个人的感觉、思想、喜好、动机、情感、意向以及与他人的交往行为等。

（5）成就测验。它是依据个人对试题回答的水平来预测将来工作绩效。对组织来说每一项测试都必须有效，而使测试有效则是一个相当简单的过程。因为成就测验几乎已变成了具体工作的案例，另外还需要注意的是，以成就测验得分高低为基础对人员进行录用不应该包括那些没有机会获得某方面技术知识的求职者。同时还应看到，如今有一些成就测试与工作的相关性也并不很密切。

（6）工作模拟。它要求求职者在一定监督下，在某个特定环境中展示自己语言和行为方面的才能。工作抽样测试常给求职者设计一些秘书性质的工作，如让求职者在其将要工作的办公室中打一封信等。尽管说工作抽样测试中有一些人为的因素，但主要原因在于人员甄选过程需要给求职者施加一定的压力和紧迫感。目前工作抽样测试的实用性和有效性导致了它得以广泛地应用。

（7）认知测验。它通常应用于招聘从事广告或模特等职业的考试中，在面试时，求职者需要携带他们的作品或以前工作中的作品。可是，由于有些作品并不能反映出创作的背景和条件，因此有些组织就坚持要查看一下求职者在校期间的一些记录和书面评语。总之，认知测验主要考查求职者的过去行为和工作绩效。

4.3.2 能力的使用

能力的使用也是能力管理中的重要一环。将有能力的个体放到合适的工作岗位上，并提供公平合理的使用机制，才能保证其能力真正得到高效的使用。

1. 能力与工作岗位的匹配

要做到能力与工作岗位匹配，一方面组织必须严格按照明确的岗位能力标准进行人员配置，同时，组织在个体岗位配置时还需要遵循以下原则。

（1）用人之长原则。在实践中要做到用人之长，必须“用人之长，容人之短”。用人之长，并不简单地是一种主观愿望，而是一种能力。用人之长的能力集中地表现为容人之短。所谓容人之短，不仅是容忍，而且能正确对待、控制、处理人的短处。假如企业员工都是有某方面的长处，同时又是有短处的，这个员工队伍是很难使用的。难在什么地方？难就难在如何对待他们的短处。要看到他们的短处，帮助他们克服短处，要限制他们的短处发挥作用，缩小他们的短处所产生的影响。控制员工的短处，是发挥员工长处的条件，是一种特殊的能力，只有具备这种能力的人，才能“用人之长”。

（2）最佳年龄原则。能力的个体差异在量上表现还包括年龄差异，不同学科最佳创造年龄期也有差异。因此，选择合适的岗位，就要选择合适的年龄阶段的人才。

（3）能力互补原则。人的能力各有不同，所以使用能力时，要考虑到他们能力的相互补充和促进。一个有效的团队，往往需要各种不同能力的人的相互搭配，才能起到互补作用。

2. 提供公平合理的使用机制

能力与工作岗位的匹配，使得能力的有效使用成为可能。但是个体能力在组织中完全发挥出来，也需要公共组织内部为其提供公平合理的使用机制。对能力的使用，只有有了公平合理的制度机制作为保障，才能够真正获得执行。

（1）公平的竞争机制。一个企业有了平等、相互尊重、自强不息和无私、共享、民主、奉献的文化基础，才能谈得上建构公平竞争机制。因为企业机制说到底是个价值逻辑机制的问题，也就是说，一个企业有什么样的企业文化，就有什么样的企业机制。

① 竞优原则。需要特别指出的是，竞优并非是优胜劣汰，而是优者更优、劣者争优、成优的竞优机制。竞优机制的产生，必须以无私、共享、民主、奉献文化为基础，因为失去这个基础，就不会有相互学习、相互帮助，没有相互学习、相互帮助做前提，就没有竞优机制。

② 竞强原则。有了竞优，其结果就必定是竞强。因为个体的优和整体的优组合起来就是竞强。

③ 竞合原则。能够竞优、竞强的核心，是竞合的思想文化。

（2）完善的规章制度。无规矩不成方圆，规章制度是企业规范化、制度化管理的基础和重要手段。任何完美的构想只有通过规章制度才能固定化、规范化，同时也便于执行和监督。具体的规章制度包括员工手册、企业招退工人事制度（涉及招聘与入职、培训、离职等）、企业管理人事制度（涉及考勤、加班、培训、竞聘、服务期、职务晋升、企业奖惩、薪酬福利、绩效考评等）、企业经营人事制度（涉及保密、竞业禁止、采购、生产、销售、信息管理、技术管理等）、企业结构规范人事制度（涉及人员组成、人员安排、人员外聘等）。

（3）严格的监督制度。企业组织内部和企业间部门应独立设立专门的监督部门，定期对各部门能力进行检查。还应同时引入公共监督机制，使组织间和组织内部的运营更加公开化、透明化。

4.3.3 能力的发展

在能力的识别、配置、使用及评估过程中，都涉及能力的发展问题。只有不断发展的能力，才能适应组织不断变化的需求，因此，促进个体能力的发展也是组织的一项重要任务。

对员工能力的发展，企业组织一般从两个方面进行：一是结合自身的特点及个体的职业发展规划，对组织成员进行培训；二是采取各种不同的激励手段来激励个体，使他们主动学习来挖掘和发展他们的潜能。

1. 对个体提供有效的培训

（1）培训价值形成路径。培训在一个企业里的作用被普遍认可并被认为是最有效的组织学习方式。对于培训是如何产生和传递价值的，国内著名管理培训机构—上海九华企业管理咨询有限公司培训中心提出了针对核心员工进行管理培训的培训价值形成路径，如图 4-4 所示。

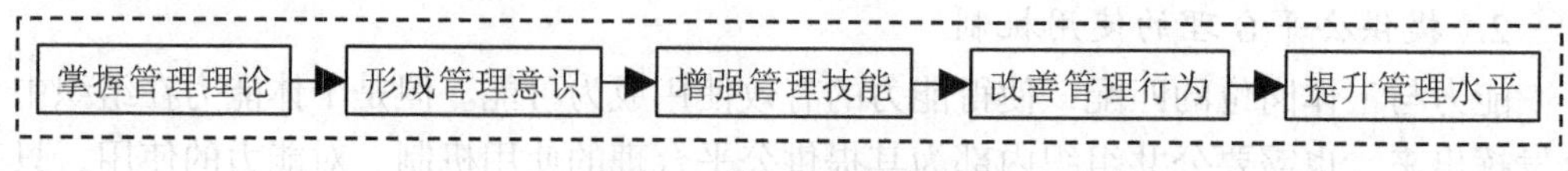

图 4-4　培训价值形成路径

（2）培训内容。企业的员工培训内容主要分为三个部分。

① 应知应会的知识。它主要是指员工要了解企业的发展战略、企业愿景、规章制度、企业文化、市场前景及竞争；员工的岗位职责及本职工作基础知识和技能；如何节约成本，控制支出，提高效益；如何处理工作中发生的一切问题，特别是安全问题和品质事故等。对于有些规章制度和企业文化，要求全体员工能理解、认同和遵守。

② 技能技巧。技能是指为满足工作需要必备的能力，而技巧是要通过不断的练习才能得到的，熟能生巧，像打字，越练越有技巧。企业高层干部必须具备的技能是战略目标的制定与实施，领导力方面的训练；企业中层干部的管理技能是目标管理、时间管理、有效沟通、计划实施、团队合作、品质管理、营销管理等，也就是执行力的训练，基层员工是按计划、按流程、按标准等操作实施，完成任务必备能力的训练。

③ 态度培训。态度决定一切。没有良好的态度，即使能力再好也没有用。员工的态度决定其敬业精神、团队合作、人际关系和个人职业生涯发展，能不能建立正确的人生观和价值观，塑造职业化精神。这方面的培训，大部分企业做得是很不够的。

日本企业的培训和管理借鉴吸收了美国的经验，结合了本国的国情，运用实践了中国的儒学，所以他们很成功。目前结合我国的实情，中小企业最需要培训的是员工的态度方面，像积极心态、感恩心态、团队精神、有效沟通、交际礼仪等；实用知识和工具的应用方面，像质量管理八大原则、四不放过原则、目标管理、时间管理、SWOT 分析法、精益生产等，这些都是非常实用的。

（3）培训方式。企业员工培训以表 4-5 所列八种形式为主，各有所长。一个有进取心的员工会充分利用各种机会和形式去充实自己；一个学习型的组织要会因地制宜灵活选择不同的培训形式降低成本，增加实效。

表 4-5　企业员工培训的方式

公司内培训	外聘老师的公司内部培训
	公司内部老师的内部培训
	内部“导师”辅导
公司外培训	参加公司外部的企业管理公开课
	MBA、大学课程等
自我培训	网上学习、多媒体课程
	工作中学习
	阅读书籍

（4）培训评估。对培训效果进行评估，是检验培训是否有效的必要手段。进行培训评估的主要方法有及时反馈评估、定期反馈评估、后续培训课程针对性改善、撰写培训质量评估报告等。

2. 建立有效的激励机制

在管理工作中，最重要的就是对人的管理，而对人的管理或人力资源管理最主要是通过激励来实现的。所谓激励，就是管理者遵循人的行为规律，运用多种有效的方法和手段，最大限度地激发下属的积极性、主动性和创造性，以保证组织目标的实现。激励机制运用得好坏是决定企业兴衰的一个重要因素，因此如何运用好激励机制也就成为各个企业面临的重要挑战和问题。

美国哈佛大学教授威廉·詹姆士研究发现，在缺乏科学有效激励的情况下，人的潜能只能发挥 20%～30%，科学、有效的激励机制能把员工另外 70%～80%的潜能发挥出来。所以，对于企业来说，能否建立起完善、有效的激励机制将直接影响到其生存和发展。

1）创建有效的奖励机制

（1）在物质激励的基础上更加重视对精神、情感的激励。根据马斯洛的需求层次理论，当员工基本的生理需求和安全需求这些低级需要满足以后，他们更重视社交、尊重、自我实现这些高级的需求。这一点在人才素质普遍较高的 IT 企业更为明显，这就要求企业管理者遵循“以人为本”的管理理念，正确运用情感激励，培养 IT 员工对企业的忠诚和信任，而最有效的情感激励是对他们的尊重与肯定、理解与支持、信任与宽容、关心与体贴。

（2）进行授权管理，以参与促激励。进行授权管理，一方面可以满足员工的心理需要，增强他们的参与感，使他们有满足感和自我提升感；另一方面，在没有增加任何成本的前提下，可以将任务分散化处理，无形中提高高层的工作效率，也有利于公司民主管理，赢得更多人心。

（3）培训激励。当劳动者的收入水平达到一定程度时，员工更愿意选择参加一定量的培训来提高自身的工作能力，满足自己更高层次的需要。在企业中参加培训的人往往都希望尽早将所学的知识、技能运用到实际工作中去，企业如能为他们提供施展才能的条件和环境，使他们能发挥所长，则是对他们最大的激励。

（4）股票期权激励。股票期权作为一种长期、灵活、极富创意的激励机制受到国外企业的青睐。有资料显示，美国的高技术公司 80%以上实行了股票期权激励机制。

2）创建有效的制度激励机制

（1）奖惩并用，引入末位淘汰制。强化理论体现的是一种工作绩效与奖励之间的客观联系，得到奖励的行为倾向于重复，得不到奖励的行为不予重复。根据强化理论，必须对正确的行为加以奖励，对错误行为加以惩罚才能培养起员工正确的工作观和价值观。引入末位淘汰制可以在整个企业中营造一种无形的工作压力，从而能激发员工的竞争意识，使这种外部的推动力量转化为一种自我努力工作的动力，充分发挥人的潜能。

（2）实行弹性工作制。组织中的工作设计应体现员工的个人意愿和特性，避免僵硬的工作规则，采取可伸缩的工作时间和灵活多变的工作地点。事实上，现代信息技术的发展和办公手段的完善，为人们远距离办公及住所交流提供了便利条件。灵活的工作方式能使员工更有效地安排工作与闲暇，从而可以达到时间的合理配置。

（3）建立有效的沟通与反馈机制。从个体行为的角度来考察，员工有一种及时了解上级对自己工作评价的需求。当这种信息不能及时反馈给员工时，他们一方面会迷失行动方向，即不知道自己的工作方法究竟是否正确，从而彷徨不前；另一方面，他们会感到自己的工作不被组织重视，从而失去工作动力。由此可见，建立一种制度化和非制度化相结合的沟通与反馈机制十分重要。同时，反馈可以同样扮演强化的角色，虽然反馈可能既非奖赏也非惩罚，但反馈本身就是一种激励，它在塑造人的行为上起着重要作用。

3）营造企业的文化激励机制

企业文化作为企业形象和理念的氛围平台，往往在激励人才成长等正向行为上，产生着巨大的基础作用。企业应该通过恰当方式建立起具有激励力的企业文化：以人为本，尊重员工的人格。企业应把“以人为本”的理念落实到各项具体工作中，切实体现出对员工的尊重，才能赢得员工对企业的忠诚。

本章小结

1. 能力反映个体完成各种任务的可能性，既包括个体现有的成就水平又包括其自身的潜力和可能性。它是现有成就水平和自身潜力和可能性的综合；其大小决定了个体稳定完成任务的可能性大小；能力并非一成不变，可以开发和发展。

2. 要顺利完成某项活动，需要具备某些能力的组合。为了更清晰地认识这些能力的组合，必须对不同类型的能力进行分类。本书结合组织间关系对个体能力新要求的特点以及个体能力对组织整体绩效的贡献度的大小，将个体能力概括为智商、情商、创商和德商四种。

3. 随着科学技术的发展，人们成功地对人的能力、人格、心理健康等心理特性进行了测试，更加深了人类对自身的了解。通过智力量表来测量智商，而智商的稳定性则为智力测验的预测效度提供了依据，常见的智商测量方法有斯坦福-比奈智力量表、韦克斯勒智力量表；情商虽然提出得比较晚，但现在已经有了很多情绪智力的测量工具，常见的有多因素情绪智力量表、情绪智力调查表；德商的测量目前采用的是模糊综合评价理论，即对多种模糊因素影响的事物或现象进行总的评价。创商的评价分为以发散思维为指标的创造力测量和基于发散思维和聚合思维统一的测量。

4. 组织应该清楚地认识到个体能力在该组织中发挥的重要作用。进而在此基础之上，对组织成员的能力进行有效的管理。本书通过能力的识别、能力的使用、能力的发展、三个方面来阐述能力的管理。

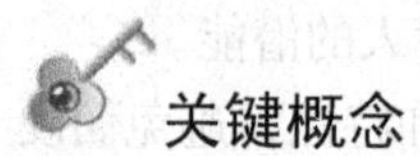

关键概念

个体能力（individual ability）　　智商（intelligence quotient）

创商（creativity quotient）
情商（emotional quotient）
德商（moral quotient）

管理工具

影响能力形成和发展的因素
智力层次结构模式
斯坦福-比奈智力量表
韦克斯勒智力量表
多因素情绪智力量表
情绪智力调查表
斯坦伯格的创造力三面模型
4P 模型和创造性组合模型
吉尔福特创造力维度
以发散思维为指标的创造力测量
基于发散思维和聚合思维相统一的创造力测量
以创造性个性为指标的评价工具
以创造成果为指标的评价工具
德商的提升方法
德商的模糊综合评价方法
能力的识别方法
能力与工作岗位的匹配
个体培训价值的形成路径
员工培训的方式

思考题

1. 如何认识能力的各种含义，并对不同的观点加以评价？
2. 可以从哪几个维度来理解个体能力？
3. 智商、情商、创商、德商是如何测量的？各种测量手段的利弊如何？

自我测试

评估你的管理技能

案例讨论

中国企业家精神的三代异同

讨论：

1. 结合本案例谈谈个人如何提高自己各方面的能力？
2. 试讨论我国三代企业家的异同点。

拓展阅读

推荐书目：托马斯·W. 李. 组织与管理研究的定性方法. 吕力，译. 北京：北京大学出版社，2014.

本书全面而深浅适度地阐述了定性资料分析的若干种范式。其内容全面，是不可多得的工具性质的学术著作。

本书对定性研究进行了广泛、全面的介绍，其目标是使读者能够在组织研究中综合使用定性与定量研究方法。本书提供了使用定性研究构建与检验理论的方法和策略，描述了何时使用定性研究，全面阐述了四种具体的定性研究技术以及定性数据的收集和分析、何时及如何分析定性研究中的定量数据。本书的内容还包括关键性的信度和效度分析，作者在最后给出了结论及撰写定性研究论文和报告的建议。

第5章
个体知觉

本章学习目标

1. 领会个体知觉的概念；
2. 熟悉知觉的要素与基本特征；
3. 掌握各种知觉偏差的类型及内容；
4. 了解知觉理论在组织行为管理中的应用。

引例

虽然已经是晚上九点半了，地铁里还是十分拥挤，李明抬头看了一下身边面无表情的人群，庆幸自己早早抢到了一个座位，然后又继续看着手里的一本英文书，但是却并不能集中精力，不由得想起到上海这一年来的经历。

一年前，李明刚从一所名牌大学硕士毕业，当时他自信满满地要到上海来闯一闯。经过了多轮的考验，李明进入了一家港资企业，在手机评价部工作，主要负责新款手机的可用性评价。刚开始到公司时还是很兴奋的，高档的写字楼、宽敞的办公室让人感觉很惬意，休息时间还有各种茶点，即便早餐没有吃，也可以到公司吃些茶点。然而这种兴奋并没有持续多久。公司的薪水在同行业中属于中等水平，在上海市区租房子对李明来说成本太高，只能住在离公司很远的郊区，于是他便过上了每天在路上花费三个多小时的日子，每天这样奔波，他感到十分的疲倦。今天又是加班，虽然公司提供免费的晚餐，还有一定的津贴，但是李明觉得公司的薪水越来越没有吸引力了，特别是最近他有个同学跳槽到了一家美资企业，薪水一下子就是他的两倍了，这让李明觉得十分有差距感。上周李明设计了一个程序得到了公司领导的认可，但是奖金的大部分却被他的部门领导拿去了，这让他感到十分的委屈，但是也只能默默接受。李明来自一个小城市，家里的负担也比较重，在没有找到下一个工作之前，他是不敢轻易辞掉工作的。“唉，现在的年轻人就是受压迫啊”，李明在心里无奈地念道。虽然还没有坚定跳槽的决心，但他已经在积极做着准备了，每个周末他都要参加英语口语训练班，并且平时也在留意网上和报纸上的各种招聘信息。“以后该怎么办呢？”望着眼前这些为生活而奔波的人们，他似乎还想不出什么答案，思绪也变得更加杂乱。

终点站到了，李明合上书本，飞快地跳了出去，就像要挣脱某种无形的枷锁。“不管怎样，我还年轻。只要努力，就有机会”，李明在心里再一次鼓励自己，然后飞快地朝着地铁出口走去。

人是如何认识周围事物的呢？这是一个古老的哲学问题。近代心理学从科学的意义上研究了人是如何接受和处理外部信息，如何认识自己，以及如何对他人行为的原因做出判断的。对于管理者来说，正确认识身边的人、事、物，尽量预防和避免在认知中的错误，是非常重要的。

5.1 知觉的含义与过程

人，作为社会中的人，与动物的最大区别就在于人能够对客观事物做出能动的反应。人是通过认知来认识客观世界的，人们运用自身具备的五种感觉器官：视觉、触觉、听觉、味觉和嗅觉来体验周围环境。由于个体选择、组织、储存和解释刺激各不相同，导致了个人在认知上的差异性和独特性，表现为不同的个体在看待同样的客观事物得出不同的结论，或是个体本身也无法保证对客观世界的认知与客观世界的本质保持一致，如人们常说“耳听为虚，眼见为实”，事实上耳听不一定为虚，眼见也不一定为实。

管理者要成功地实现组织目标，必须依赖其员工的共同努力，那么正确解释员工的行为和预测员工对各种管理活动做出什么样的反应，对于管理者来说尤为重要。如果没有对行为的理解，盲目决定由谁来完成任务，就有可能给组织带来无可挽回的损失。经常可以看到，在同一个组织环境中，有的人工作热情膨胀，有的人精神不振；有的人业绩突出，有的人业绩平平；有的人兴趣广泛，有的人兴趣单一。鉴于员工相互之间存在的诸多差异，作为管理者，除了认识自身以外，还要考虑员工之间的这些差异是如何影响他们的行为和业绩的。

5.1.1 知觉的内涵

知觉（perception）是人重要的心理因素和心理过程，是大脑运动的基本形式之一，它是一个非常复杂的认知过程，它能帮助人们整理并组织视觉、听觉、嗅觉、味觉和触觉这些感觉器官所接收到的信号。知觉是人脑对客观事物的各种属性、各个部分及其相互关系的综合的、整体的反映，它通过感觉器官，把从环境中得到的各种信息，如光、声音、气味等转化为对物体、事件等的经验的过程。[①]

知觉和感觉的相同之处在于都是对现实中客体的直接反映，但是知觉和感觉反映的内容是有区别的。感觉（sense）是指由生理功能所决定的基本行为。在现实生活中，人们通过各种感觉器官（眼、耳、鼻、舌、身）与客观事物接触，在人脑中形成不同的视觉、听觉、嗅觉、味觉和触觉印象，这就是感觉。例如，人们看到的颜色、听到的声音、闻到的气味等，人们通过感觉去体验物体的色彩和形状、天气的温度和光线的强弱等。而知觉是直接作用于感觉器官的客观事物的整体属性在人脑中的反映。知觉是在感觉的基础上形成的，感觉是知觉的前提，人们利用已有的经验对所获得的感觉信息进行加工，使之转化为有意义的整体，即形成了知觉。

① 梁宁建．当代认知心理学．上海：上海教育出版社，2003：58．

当然，在现实生活中，单纯的感觉是不存在的，它总是和知觉结合在一起的。当我们在吃香蕉的时候，香蕉的颜色、形状、香味、表皮的光滑和味道这些个别属性作用于我们的感官，反映到心理时就是感觉，个别属性的有机结合就构成了人们对香蕉的整体印象，也就产生了知觉。有了这样的经验以后，当我们再看到香蕉的颜色，闻到其香味便知是香蕉，不会把它当作苹果或是草莓，这就是知觉在起作用。

综上所述，感觉是我们感性认识的初级阶段，是一种最简单的心理现象，它是对客观事物个别属性的反映（如大小、形状、气味、颜色等），而知觉是对客观事物整体属性的反映。简而言之，感觉是简单的知觉，而知觉则是复杂的感觉。

研究证明，不同的人对同一个客观事物的知觉存在着个体差异。同一个人对不同的客观事物存在不同的知觉，同一个人对同一个客观事物在不同的情景下也存在着认知的差异。这表明，知觉的形成受到多种因素的影响，主要表现在主观因素、客观对象和知觉发生的情境三个方面。概括起来就是通常所说的“知觉三要素”，即知觉者、知觉对象及知觉发生时的情境。

1. 知觉者

人们在产生知觉时，常会把自己的情感、需要、动机、经验带到知觉过程中去，这样不同的人面对同样的客观刺激就产生了不同的知觉。俗话说的“仁者见仁，智者见智”就是这个意思，出现这种情况的原因在于人各自主观状态的不同。例如，在大学的课堂上，教授面对一群学生传授的是同样的知识，每一位学生听到的是同样的声音、语调，看到的是同样的姿势、表情，但是每一个学生在课堂上知觉到的内容却不尽相同。

（1）性别。男性与女性在知觉方面存在着明显的差异。男性较女性而言，更加理性，而女性偏好于依赖视觉的暗示和直觉等来判断事物。

（2）认知者本身的经验。人们对对象的知觉受到个人自身经验的影响。过去的经验会使知觉更为清晰和迅速，同时由于经验的补充，人们获得了对事物整体性的反映。所以，在相同的领域，有过工作经验的人要比没有工作经验的人更能快速地适应工作。但是，过去的经验也在某种程度上限制了人们的注意力。一旦形成习惯性的思维后人们的兴趣就会减弱，这时反而是那些从未经历过的事物才会引起人们的注意。

（3）认知者的需要。未满足的需要能刺激个体并能对其知觉产生强烈的影响。知觉对象和注意的中心常常是那些能够满足个体的需要和符合其动机的事物。

（4）认知者个人的兴趣。不同的人有着不同的兴趣和爱好，这决定着其在知觉选择上的差异。认知者总是首先知觉到自己最感兴趣的事物，对那些不感兴趣的事物则往往排斥在外。在原始森林里，植物学家感知的是各种各样的物种，动物学家感知的是野生动物群族，地质学家却会去勘测地质结构，而这种知觉的差异是由于他们兴趣的不同而造成的。

（5）个人的个性特征。由于人们的个性特征各不相同，这直接影响到他们的知觉。例如具有不同气质类型的人，知觉的广度和深度就不一样。黏液质的人，其知觉速度慢、范围窄，但比较细致，而多血质的人，其知觉速度快、范围广，但却不够细致。

（6）个人的情绪状态。一个人在心情舒畅与心情沮丧的时候将会产生不同的知觉。

当心情舒畅时，我们感知到周围的一切都是那么美好，而当心情沮丧时，知觉到的对象都是灰暗的。

（7）所处的社会地位。人所处的社会地位影响着知觉的内容。在一个公司里，财务主管关心的是各项费用的开支和成本的增加，人力资源部主管留心的是员工的个人绩效和个人发展，而营销部门主管却更多的是关注产品的营销策划和销售。另外，社会地位不同的人对于同一事物具有不同的知觉。在列车上乞讨的乞丐关心的是经过的旅客有多少人会给他施舍，而列车长关注的却是客流量的大小和列车的承载率。

此外，人们的文化素养、所从事的职业、期望等也会影响知觉。一位教授可能会比一名学生更能直接快速地发现一篇文章中出现的纰漏；一名时装设计师可能会比一个建筑工人更容易注意到一个不恰当的衣着搭配；如果你预期法官都很威严，长者都有丰富的人生经历，学生总是很天真的话，那么就会在与他们的交往中不自觉地以这种印象知觉他们，忽视他们实际的特点。

2. 知觉对象

知觉和感觉都是对客观事物的反映，一般来说，一个实体越实在、越具体，人的知觉就与实际越接近，知觉的偏差就越小；一个实体越虚幻、越抽象，人的知觉就与实际越偏离，知觉的偏差就越大。这表明在知觉中，知觉对象的特点影响着知觉的内容。如果一个产品具备光鲜的包装、突出的标志、品牌的美誉度，这些特点在无形中必定会引起顾客的注意，顾客也能更清晰地知觉到这类产品。

知觉对象包括人们周围所能观察到的人、事、物。知觉对象的特点会影响到知觉的内容，知觉受知觉对象本身的大小、强弱、动静、重复、新颖、相似等因素的影响。

（1）大小原则。俗话说“树大招风”，尺寸、空间越大的事物，越容易引起别人的注意。所以，一个高大醒目的广告牌比普通的小的广告牌更吸引人的眼球。

（2）强弱原则。一般来说，强度越高的东西，越容易被别人感知。在课堂上，声音洪亮的老师比声音微弱的老师讲课更具有感染力和吸引力。

（3）动静原则。活动的对象要比静止的对象更容易被知觉选择到。如天空中飞驰而过的飞机、都市街道上闪烁的霓虹灯广告、水中游动着的小鱼等，这些都容易被人们知觉到。

（4）重复度。同样的事物经常出现比偶尔出现更容易被感知，这就是为什么学习的关键在于重复的原因。例如，我们在准备一门考试时总是要将知识反复记忆才能记得很牢，同种类型的题目要练习过多次才能做好，因为同样的刺激重复多次出现，就会使知觉印象深刻而且清晰。

（5）新颖度。新颖的事物将会给人带来与众不同的刺激，这样改善了单调的刺激所引起的疲劳，从而维持较长的知觉。若人们长时间生活在一个环境中会感到生活枯燥单调，这时利用假期出去游玩的话，新鲜陌生的环境将会带给人不一样的感受。

（6）相似度。人们倾向于把相似的人、物组合在一起作为一个整体进行知觉。除了以外在特点上的相似性为条件外，也有凭借时间和空间的相近性，将事物归为一类进行整体知觉的。以中国为例，部分人常会将长江以北地区的人统称作北方人，长江以南地区的人称作南方人，这就是由于空间地域上的相近而做出的习惯性定义。

3. 知觉发生时的情境

人们在认识和了解事物时，往往不是孤立地看待事物，观察物体的时间和周围的环境因素影响着个体的知觉。当一个人处在高压的环境状态下，如在时间压力、环境限制下，他的知觉能力就会减弱；当一个对象与背景之间的差别越小时，区分对象和背景就越困难，人们就只能模糊地感知对象。

知觉的内容不仅受到认知对象的特点、认知者本身情况的影响，而且受情境因素的制约。情境因素包括知觉发生的时间、所处的工作环境及社会环境，它是通过影响人的感受进而改变知觉的效果。

通常，把同一事物放在两个完全不同的背景下，人们会产生不同的知觉。在办公室里，一位部门主管穿着笔挺整洁的西装去接待客户是很正常的一件事，但是，这位主管如果同样的穿戴出现在足球场上则会非常引人注目。例如在剧场里，那些穿着夸张的小丑可能会给观众带来欢笑，可这些演员如果穿着华美的戏服走在繁华的街上时，必定会引起群众的侧目与好奇。又如在学校里经常会出现这样的情况，有些学生平时成绩很优秀，可是一到关键的考试时就会发挥失常，考试成绩不理想。这种现象也是由于在高压的环境下，像在考试这种特定的环境和时间压力下，人们的知觉能力减弱，心理产生失衡，造成正常的思维和知觉判断受到环境的影响。

在日常生活中，我们并不是孤立地看待目标的，总是将目标与背景联系起来观察事物。在同一时刻，被清晰感知到的东西就是知觉的对象，而被模糊感知到的东西则成为该对象的背景。通过改变对象与背景之间的对比能够影响知觉的效果。对象与背景的差异越大，人们就越容易把对象从背景中区分出来。非洲黑人走在非洲本地可能不会引起别人的注意，可如果他走在中国的街道上常常会受到关注。

5.1.2 知觉的特征与类型

1. 知觉的特征

关于知觉的基本特征，通常可以归纳为知觉的选择性、整体性、理解性和恒常性等。

（1）知觉的选择性。人对客观事物的知觉不是消极的、被动的，而是一个积极的、能动的认知过程。人们不是对所有作用于感官的刺激物都产生知觉，只对少数感兴趣的，符合其需要的东西产生知觉，这表明知觉是有选择的。人所处的周围环境纷繁复杂，瞬息万变，在知觉时，人总是有选择地认识一个或是几个事物，而把其他事物作为知觉背景，甚至忽略掉。人的这种对外来信息有选择地进行加工的能力称之为知觉的选择性。

从主观方面来说，容易被选择为知觉对象的，往往是那些与个体当前的任务相关的，能满足个体需要、符合个体兴趣，对个体有意义的事物。人总是倾向于看见自己想看见的东西，听见自己想听见的东西，而忽视或逃避那些不能满足其需要或曾经给其造成不快的东西，这是一种“知觉防御”，是主观上出现的一种保护自己的倾向，这也就造成了不同的人对同一个客观事物在认知方面的差异性。

影响知觉选择性的因素很多，从客观方面来说，表现在事物之间的相对关系，那些强度大的、对比明显的刺激物容易被选择为知觉的对象。如声音大的、色彩鲜明的、气味重的物体容易成为知觉的对象；而声音小的、色彩暗淡的、气味淡的物体则不易成为知觉的对象。又如行驶在高速公路上的驾驶员常常会产生视觉疲劳，这时通过信号灯的设置引起他们的注意，常可以减少事故的发生。鲁宾的双关图是知觉对象与背景的不同产生不同知觉最为典型的例子。如图 5-1（a）所示，以黑的为背景，白的为对象，参照系为高脚的酒杯；若以白的为背景，黑的为对象，参照系就是两个面对面的人头。另外，仔细观察这组图片后，我们还可以看到人头表情的差异和酒杯造型的不同。在图 5-1（b）中，可以看到，若以白的为背景，黑的为对象，图片呈现的是一个吹着萨克斯的小青年；而若以黑的为背景，白的为对象，则是一张美女的脸蛋。而图 5-1（c）呈现的则是一幅交叉排列的黑白狮子图。

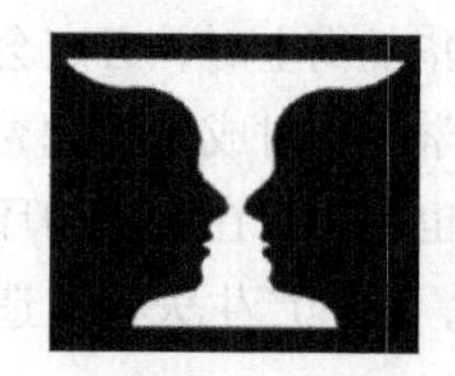

（a）是人头还是酒杯

（b）是吹萨克斯的青年还是美女的脸蛋

（c）黑白狮子图

图 5-1 知觉的选择性

（2）知觉的整体性。客观事物是由各个不同的属性和部分所组成的，人们在知觉的过程中，把事物的各个组成部分和属性有机地结合在一起，形成对事物整体性认识的特性就是知觉的整体性。如图 5-2（a）所示，虽然图形并不完整，线段也不连贯，仍能看出的是图片中一个三角形叠压在三个正方形之上，而不是三个缺口的正方形，或是六个角。

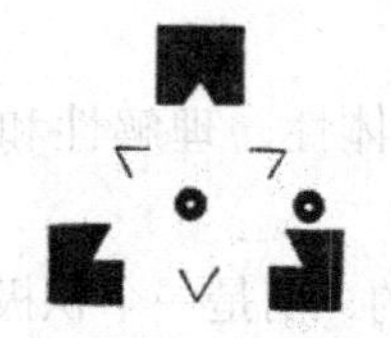

（a）是正方形还是三角形

（b）是海螺还是墨点

（c）三维立方体

图 5-2 知觉的整体性

在图 5-2（b）中，你看到了什么？是海螺，还是一些不均匀的墨点？相信绝大多数人看到的都是一个海螺，这正是我们在观察事物时会将客观上并不完备的东西，在主观上进行全面知觉。而在图 5-2（c）中，透过这些不完整的圆形图片，我们看到的是一个三维的立方体。上面这三幅图都表明人们在观察事物并产生知觉时，会有意识地将各个孤立的部分联系起来组成一个有机的整体来看待。当然，在形成整体性知觉时，知觉对象各个部分的作用是不同的，通常强的部分会掩蔽弱的部分。

（3）知觉的理解性。人们在知觉客观事物时，常常拿自己过去所获得的有关知识和经验来理解它。人总是根据已有的知识经验，对当前感知的事物进行加工处理，理解事物的意义，并运用词的形式把它揭示出来。由于人们过去的知识经验等的不同，可能对于同一客观事物会产生不同的理解。在这里，知觉已经不完全是纯粹意义上的感性认识了，它是在实践中总结出来的，在理性认识的指导下完成的。所谓“外行看热闹，内行看门道”表达的就是这个意思。

例如图 5-3（a）中，当看到这个图片时，我们会不自觉地套用自己以往的生活经验，将以前的生活积累融入其中，知道图片中所画的是一只黑天鹅而不是鸭子。像这种将以往所学的知识、所获得的经验贯通于知觉中的现象，在生活中随处可见。例如，看到一个中年人经常搀扶着一对老人，我们自然而然地会认为老人是中年人的父母。但这确实是事情的真相吗?

再如图 5-3（b）中，画面上虽然只有墨汁简单勾勒出的斑点和线条，但人们凭借自己的知识经验，一眼就能看出画的是什么。即使不能看出，只要有人说是“虾”，大家就容易分辨清楚。在图 5-3（c）中，简单勾勒的图片所呈现的是一匹骏马的形象。

知觉的理解性同言语的暗示也有密切的关系。对于一个模糊不清的事物，言语的提示可以唤起人们过去的知识经验，这就补充了知觉的内容，增进了人们对事物的理解，它促使知觉过程更加迅速，映像更加完整。如黄山山缝中长出的一棵松树，可能我们最初看到这棵松树的时候，并没有觉得这棵松树有什么特别。但是当有人开始给它取名为“迎客松”后，再去黄山旅游看到这棵松树时，就越发会觉得它像棵“迎客”的松树。

在知觉中，个体的经验也能够帮助个体弥补知觉整体中不完整的部分。只有当人们以过去的经验和对事物的理解为前提，形成对事物的整体反映，才能产生真正的、深刻的知觉。

（a）黑天鹅

（b）河虾

（c）骏马

图 5-3 知觉的理解性

（4）知觉的恒常性。知觉的恒常性一方面表现在由于认知者知识、经验的参与，对事物的知觉往往并不随知觉条件的变化而变化，而是呈现出一种稳定性、恒常性。另一方面表现在，知觉的对象在一定条件范围内发生变化时，对该对象的知觉保持相对不变的特性。如看同一个人，由于距离远近的不同造成投在视网膜上的成像大小相差很大，但我们总是会认为他的胖瘦没有什么改变，这就是大小的恒常性。

恒常性在一定程度上依赖于参照物，如果离开了参照物，恒常性就有可能消失。我们所处的客观环境和客观世界是处于绝对的运动变化之中的，知觉的恒常性对于正确认识绝对变化的世界和环境有重要的意义。

例如，不论坐在教室的哪个座位上，人们都会认为教室的门是长方形的，不会因观察角度，或是其半开或半闭造成在视网膜上成像的不同而认为它是梯形的，这就是形状的恒常性，如图 5-4 所示。

图 5-4　形状的恒常性

在图 5-5 中可以看到，左右两张图片中，由于大小比例的改变，坐在后面的人或大或小给人们视觉上造成的差异，而其实这只是图片大小比例的改变，人并没有变化。还有不论在中午的强光下或是傍晚暗淡的光线下，人们感到草地总是绿色的，花朵总是红色的，对颜色的知觉不会因光照的不同而改变，这是颜色的恒常性。

（a）图像压缩前

（b）图像压缩后

图 5-5　图像压缩前后

但是实践中，一旦人们对一种事物形成恒常性的认识后，常会忽视其变化和进步，导致习惯性思维和偏见的出现。

2. 知觉的类型

根据知觉的对象不同，可以把知觉划分为对人的知觉和对物的知觉。对人的知觉又可划分为社会知觉和自我知觉。

（1）社会知觉。社会知觉是人们社会行为的基础。人总是生活在一定的社会环境之中，要了解人的社会行为，建立良好的人际关系，首先必须了解人们的社会认知活动，形成正确的社会知觉。社会知觉是协调组织人际关系，调动人的自觉性、主动性、积极性、创造性的重要心理成分。组织管理水平的提高、组织效率的发挥、团体内部凝聚力的增强等都受社会知觉的影响。

“社会知觉”这一概念最早是由美国心理学家布鲁纳（J. S. Bruner）于 1947 年提出的，他指出知觉不仅决定于客体本身，也决定于知觉者的目的、需要、态度与价值观，即知觉者的社会决定性。[①]后来社会心理学家把人对“社会客体”的知觉过程称为社会知觉。所谓“社会客体”应包括社会生活中的个人、社会团体及组织。在本书中，我们把社会知觉定义为主体对社会环境中生活的人的行为特征的认知。它是知觉主体的一种特殊的社会意识，影响着主体的心理活动，调节着主体的社会行为。社会知觉的目的是要通过对被知觉者各种外在的和内在的特征的了解，形成对被知觉者的完整印象。

社会知觉实质上就是对人的知觉，而在知觉人的过程中，可以从不同角度和侧面进行，所以就有不同的社会知觉类型，即对他人知觉、人际知觉、角色知觉和因果关系知觉等类型。

① 对他人知觉。对他人知觉是指通过感官获取他人外部特征和行为特征的信息，并对这些信息加以选择、组织和解释，进而来判断他人的内在心理活动，包括需要、动机、兴趣、信念、情感、观点等。对他人知觉的最主要目的是形成对他人的完整的、正确的印象，从而能自如地与他人进行交往。对他人知觉依赖于多种因素，概括起来有以下几个方面：第一，知觉对象的外部特征和行为特征；第二，知觉者的主观状态；第三，情境特点。

② 人际知觉。人际知觉即对人与人之间关系的知觉。具体地说，人际知觉是在交往过程中，根据他人的外显行为，去推测和判断他人的心理状态、活动动机和意向的认知过程。人们通常是在人际知觉的基础上，决定与他人的交往行为以及与他人的情感联系。因此，形成正确的人际知觉是至关重要的。如果人际知觉发生了偏差，就会导致人际交往行为的偏差，并会给生活、工作和学习带来很多消极的影响。

③ 角色知觉。角色知觉就是通过他人所表现出来的各种行为而对其所承担的角色的知觉。一个完整的角色知觉过程应该包括四个环节，即角色期望、角色认知、角色行为和角色评价。角色知觉是角色实现的重要因素，一个人在社会或群体中扮演各种各样的角色，只有在正确地知觉这些角色的前提下，才能成功地扮演角色，才能对社会对环境充分适应。一旦角色知觉发生偏差或发生认知错误，角色实现必然发生偏差，角色行为必定失败。一般而言，角色知觉正确与否受角色期望的明确程度、个体取得学习或经验的程度、环境或时代的变化程度，以及个体是否经过角色分析训练等主客观因素的制约。

④ 因果关系知觉。因果关系知觉是指在有关的一系列社会知觉中对其因果关系的知觉。这种知觉的形成，一方面取决于有足够的某种社会知觉，另一方面借助于思维的作用，分析出知觉间的因果关系。一个组织的管理人员感知到许多个体对某一个体非常敬重时，他以此为“果”，那是因为他把过去对该个体经常为他人表现出的许多援助行为的知觉作为“因”，这就是因果关系知觉。为了了解个体及其他问题，组织的管理者要善于运用因果关系知觉。

---

① J BRUNER．Value and need as organizing factors in perception．Journal of abnormal and social psychology，1947，42（1）：33-34.

每一个人通过对自己心理和行为状态的知觉来发现和了解自己。自我知觉并非与生俱有，是在社会化进程和社会交往、社会实践活动中逐渐形成的。接下来将从自我知觉的概念分析开始介绍自我知觉，进而探讨个体应当如何进行自我调节，并分析自我知觉与社会知觉的联系与区别。

（2）自我知觉。自我知觉是以自己作为知觉对象，对自己的心理状态、自己与他人的关系、自己在社会或群体中的地位和作用的认知过程。自我知觉包含三种成分：自我认知、自我情感、自我意向。[①]

自我知觉的结果是自我概念、自我意识的形成。自我概念就是自己对自己的看法，包括对自己的观察、评价，对自己的身份和角色的意识，对自己应该表现怎样的行为，别人对自己如何评价的观念等。自我意识是指主体对自己的存在、自己与他人和周围事物的关系以及自己的行为表现诸方面的意识。这种意识是通过思维起作用的一种领悟，即主体对有关自己诸方面的领悟或理解。自我概念和自我意识直接引导、控制着人的行为。因此，通过自我知觉形成正确的自我意识和自我概念是很重要的。自我知觉是自我认识的过程，从自我观察、自我体验和在他人对自己的态度评价中获取信息，进而进行分析、判断而后形成自我意识、自我概念。自我知觉是个不间断的过程，但不是在人出生时就存在的，而是随着岁月的积累逐渐发展起来的。实质上，自我概念或自我意识的内容主要包括三个方面：物质自我、社会自我和精神自我。物质自我是指对自己躯体存在的意识；社会自我是指对自己在社会中的地位、名誉、声望的意识，这是一种自我尊重的意识；精神自我是指个体对自己的思维、能力、个性、道德水平的意识。这三个方面所构成的自我意识应是统一的、一致的。

自我调节就是自我意识的调节，指自我意识按照其内部斗争的结果对主体行为的控制。自我意识的调节是在自我知觉的参与下实现的，自我意识内部是有斗争的。一个人既是自然实体，又是社会实体。他在本能需要的基础上发展着物质需要和精神需要，从个人利益出发，他祈求自己的需要能得到最大的满足，但是社会上的种种道德规范、纪律和法律对他的行为加以约束，使他不得越雷池一步。这种有关个人利害关系的问题，必然反映到自我意识中，并使自我意识分化成两个主要方面：消极的自我意识（自我意识的消极方面），从个人利益考虑需要的满足；积极的自我意识（自我意识的积极方面），从社会利益考虑需要的满足。这是自我意识中的一对矛盾，经常进行着针锋相对的斗争，调节着主体的行为。在自我意识的发展中，绝大多数人自我意识的积极方面占优势，经常在斗争中取得胜利，因而不至于做出坏事。极少数人自我意识的消极方面占优势，经常在斗争中取得胜利，因而不断做出坏事。如果自我意识的消极方面经常占优势，就会使主体处于不明智的、昏庸的思维状态。组织的管理人员应当了解个体的自我意识，并帮助他们确立自我意识积极方面的优势，以保证自我意识的积极调节。

自我知觉往往是在社会知觉中进行的，而在社会知觉中必然产生自我知觉，可见二

① 全国13所高等院校《社会心理学》编写组．社会心理学（修订版）．天津：南开大学出版社，1995：85.

者在心理活动中是相互联系、相互作用的。我们在对人的知觉中认识别人，同时也认识到别人如何对待自己。别人肯定自己的行为时，则产生自我满意的知觉；如果自己的行为受到指责，就会产生自我羞愧的知觉。即使在某个时候单独进行自我知觉，也可能联系过去有关的社会知觉。我们在感知到自己当前出现的某种内疚心情时，可能是由于联系过去有关的社会知觉留下的映像——如自己曾经对不起过的朋友而引起的。由于自我知觉是在社会知觉中进行的，有的心理学家也就把前者归入后者范畴。在自我知觉中，由于从个人角度看自己，难免使自我知觉带有某种主观性。但自我知觉又具有客观性，因为主体总是在社会知觉中进行自我知觉的，对外界对象的反映是无法抹杀的。即使主观性特别强烈的主体，也只是在“自欺欺人”的情况下对社会知觉的客观映像加以掩盖罢了。现实生活中，我们应当“以人为镜”，把他人对自己的看法、态度和行为作为自我知觉的客观参照，以克服自己的主观性。这样，通过自我知觉才能真正地发现和了解自己。

5.1.3 知觉过程

人的知觉活动是一个较为复杂的过程，是由知觉主体、知觉客体和情境因素等相互作用的结果，是一个主观反映客观的过程。

自 20 世纪 70 年代以来，心理学家们用信息加工的观点描述知觉过程，认为知觉是接受信息和评价、处理信息的过程。主体在杂乱无章的环境信息当中进行选择、过滤、组织、归类，理出其中的关系，并赋予它们意义。

劳德（R. Lord）曾提出了一个四阶段知觉模型，如图 5-6 所示。在这个模型中他把人的大脑当作一个信息处理系统，从信息加工的角度揭示知觉发生的过程。该模型还能够识别影响知觉因素，对知觉发生偏差的现象进行描述。四个阶段包括注意、组织、解释和判断。

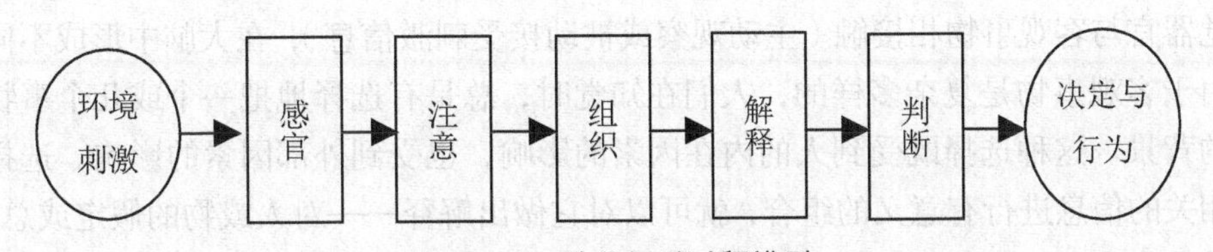

图 5-6 四阶段知觉过程模型

国内学者黄维德、刘燕认为人的知觉活动是一个较为复杂的过程，大体上可以划分为三个过程：情境—人的交互作用阶段、内部的认知阶段、知觉的行为结果阶段。图 5-7 显示了这三个过程之间的相互关系。

（1）情境—人的交互作用阶段。当人们面临一种刺激或一个情境时，知觉开始产生作用。所面对的可能是直接的感觉刺激，也可能是全部的物理环境和社会文化环境，如员工面对他的上司或整个正式的组织环境。任何一个因素或两个因素都有可能激发员工的知觉过程。

（2）内部的认知阶段。这个阶段包括信息登录、解释和反馈的内部认知过程。在信息登录阶段，生理（感觉和神经）机制受到影响；视听的生理能力会影响到知觉。解释是知觉中最典型的认知方面，其他心理过程也将会影响对情境的解释。如组织中员工对情境的解释很大程度上依赖于他们的学习、动机和个性。

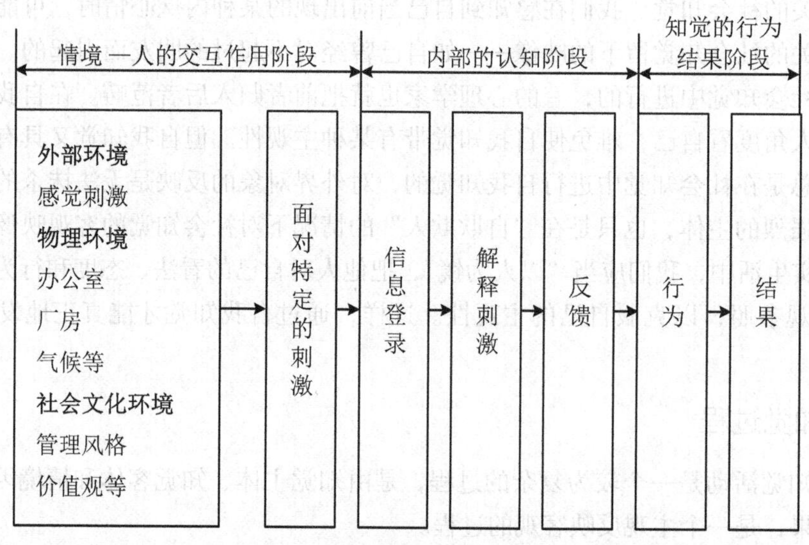

图 5-7　三阶段知觉过程模型

（3）知觉的行为结果阶段。知觉的行为结果是外显或内隐的反应或行为。作为知觉的结果，外显行为是指员工可能快速或缓慢地行动。内隐行为是指员工可能进行自我评估。

传统上认为，人的知觉是由知觉主体、知觉客体和情境因素等相互作用、相互影响的结果，从最初的感觉到反应的知觉全过程即是知觉发生的基本过程。它是一个主观反映客观的过程，一般包括感觉、选择、组织、解释和反应等，如图5-8所示。人们通过各种感觉器官与客观事物相接触（主动观察或被动接受刺激信息），在大脑中形成不同的感觉。由于客观事物是复杂多样的，人们在知觉时，总是有选择地把一个或几个事物作为知觉的背景。这种选择既受到人的内在因素的影响，也受到外部因素的影响。选择之后就把相关的信息进行有意义的组合，就可以对它做出解释——对人或物的假定或总看法，解释导致反应——公开的行为或隐蔽的态度，或两者兼而有之。

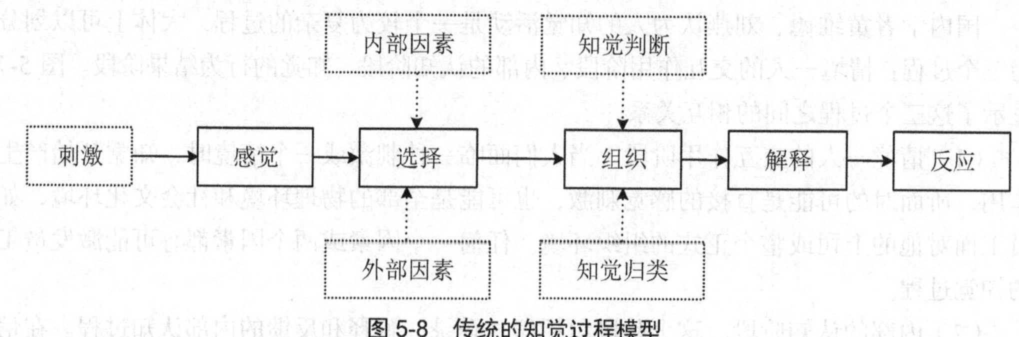

图 5-8　传统的知觉过程模型

5.2 知觉偏差与个体决策

在管理当中涉及的知觉偏差多属于社会知觉的问题。所谓社会知觉，就是指个体对社会环境中的人和群体中的社会现象所产生的直觉判断和初步认识的过程。社会知觉实质上是对人的知觉。由于知觉者、被知觉者的特点以及知觉情景因素的复杂性，社会知觉往往发生偏差或错觉，产生多种反应效果，这就是社会知觉的偏差。

任何一项决策都需要对信息进行解释和评估。我们的资料一般来自多种渠道，需要对他们进行过滤、加工和解释。哪些资料与决策有关，哪些资料与决策无关，我们的认知将回答这些问题。我们还需要制订各种备选方案，并评估每一个方案的优缺点，决策者的知觉过程也会对结果产生巨大的影响，在整个决策过程中，知觉偏差经常存在并干扰我们的分析和结论。①

知觉过程是人对客观现实的反映过程，是主观的、主动的且复杂的过程。由于受主客观条件的限制，常常造成人的知觉与客观现实不一致，导致知觉不能全面正确地反映客观现实。尤其是由于某些知觉规律的作用和一些特殊的知觉偏差的存在，更增加了正确知觉产生的困难。因此，了解知觉偏差的作用，对于形成正确的社会知觉具有重要的意义。同时，也可以增强对知觉过程的总体了解。下面分别介绍几种常见的知觉偏差类型，然后介绍知觉偏差对个体决策的影响。

5.2.1 知觉偏差

1. 首因效应

首因效应（primacy effect）是指人们在对他人总体印象的形成过程中，最初获得的信息比后来获得的信息影响更大，形成的印象更深。由于第一次交往对人的认知具有较大的影响，甚至是决定性的，因此又称为第一印象效应。

首因效应是一种先入为主的思想方法，是社会知觉中的一种主观倾向。由于第一印象中掺杂有情感因素和联想因素，难免有表面性、片面性和联想性，常常出现偏差。社会心理学家卢钦斯（A. S. Luchins，1957）做了一个著名的实验，它采用编撰的两段文字作为实验材料研究了首因效应的存在。这两段文字材料描述的是同一个人，一段描述这个人是外向的，另一段文字则描述这个人是内向的。方式是要求实验对象按照不同顺序阅读这两段材料，结果发现，信息呈现的顺序会对社会认知产生影响，且先呈现的信息比后呈现的信息有更大的影响作用。

首因效应在管理实践中有着重要的意义。作为管理者应该善于利用首因效应给员工留下良好的第一印象，方便以后开展工作。同时，管理者也要理性地对待员工给自己留下的第一印象，既不能被良好的第一印象所蒙蔽，又要避免第一印象的消极影响，用发展的眼光在变化过程中客观地观察对方。

① 罗宾斯，贾奇．组织行为学：第16版．孙健敏，王震，等，译．北京：中国人民大学出版社，2016：142．

2. 晕轮效应

晕轮效应（halo effect）又称“光环效应”“以点概面效应”。晕轮是一种自然现象，指在刮风的前一天晚上，在月亮周围会出现大圆环，这是月亮光的扩大。晕轮效应是指当人们依据一个人的某个特征形成某种印象以后，会把这种印象扩展到对该人的其他特征或整体特征的认知上。如知觉主体对一个人的特点形成好的或者坏的印象之后，就倾向于据此推论该人其他方面的特征。

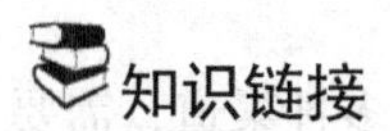

首因效应的实验研究

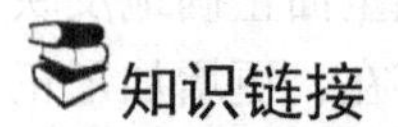

晕轮效应的阿希实验

晕轮效应的产生往往是由于某一品质的信息量大，其他品质的信息量小，从而导致刺激强弱程度不同。它具有强烈的主观色彩，会影响到人们对人、事物和环境进行客观理性的认知和判断，可能会导致一叶障目、以偏概全，所以在科学研究活动中必须避免晕轮效应。然而，在很多管理实践中，管理者有时会有意地运用晕轮效应来影响人的行为。比如，市场营销活动中，商家会通过突出其产品和服务的某个方面的优势来赢得顾客的总体好感，形成良好的口碑，带动更多的人来购买。

3. 近因效应

所谓“近因”，是指个体最近获得的信息。近因效应（recency effect）是指人们有时会根据最近、最新的信息来对某个人或事物进行认知判断。如某公司年终考核就快到了，一位一直以来表现很好的员工却因疏忽造成了工作上的失误，尽管他之前都表现很好，但是这次考评中却不能得到理想的评价，这就是近因效应。

研究发现近因效应一般不如首因效应明显和普遍。在印象形成过程中，当不断有引人注目的新信息时，或者原来的印象已经淡忘时，新近获得的信息作用就会较大，就会发生近因效应。在对他人的认知中，同时存在着首因效应和近因效应，社会心理学家认为，究竟哪种效应占据主导地位，主要取决于信息的熟悉度和连续性。如果关于某个人的信息是连续的和熟悉的，近因效应占据主导地位；假如关于某个人的信息是不连续的和不熟悉的，则首因效应起主导作用。

在管理中，有时需要运用近因效应，如企业举行某个产品的推广活动，活动为期一周。活动刚开始第一天的节目是重要的（首因效应），而活动最后一天甚至是最后一刻的节目对人形成的印象也是特别重要的（近因效应）。但有时也要避免近因效应，这样才能更加理性、公正和客观地评价人和事物。

4. 刻板效应

刻板效应（stereotype effect）又称“成见”或定型效应，是指人们用刻印在自己头脑中的关于某人、某一类人的固定印象，以此固定印象作为判断和评价人依据的心理现象。主要表现为：在人际交往过程中，人们往往机械地将交往对象归于一类人，归类常依据个人的性别、年龄、民族、国籍、职业、所属组织、所属宗教等标准。不管这个人是否呈现出该类人的特征，主观上都认为他是该类人的典型，进而把对这类人的评价强加于他个人身上。刻板印象是由思维定式产生的对社会上各类人所持有的固定看法，它是社会知觉恒常性的表现。[①]刻板效应作为一种固定化、格式化的认识，虽然有利于对某一群体做出概括性的评价，但容易产生认知偏差，会造成“先入为主”的成见，它的存在在某种程度上阻碍了人与人之间深入细致的认知。

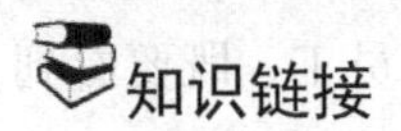知识链接

刻板效应的实验

例如，在我国人们常认为北方人性格豪放、热情，南方人性格细腻、精明，这种笼统的评价承认人们之间具有的一致性，但却忽视了个体的差异性。又如，人们常认为男孩胆大能干，未来必能成就一番大事业，女孩胆小娇气，难成大器。这种对男性和女性认知的偏差也是中国古代社会重男轻女思想的根源，殊不知当今社会越来越多的女性冲破了这一成见，“巾帼不让须眉”的例子屡见不鲜。

刻板印象一经形成，就很难改变，因此，在日常生活中，一定要考虑到刻板印象的影响，例如，市场调查公司在招聘入户调查的访员时，一般都应该选择女性，而不应该选择男性，因为在人们心目中，女性一般来说比较善良，攻击性较弱，力量也比较单薄，因而入户访问对主人的威胁较小；而男性，尤其是身强力壮的男性如果要求登门访问，则很容易被拒绝，因为他们更容易使人联想到一系列与暴力、攻击有关的事物，使人们增强防卫心理。由此可见，刻板印象也是一种使人产生偏见的社会心理效应。领导者和

① 刘志红，王辅贤．社会心理学．北京：中国劳动社会保障出版社，2007：27.

管理者必须在实际生活和工作中自觉克服这一效应带来的消极影响，力求历史地、全面地、正确地认识周围的人和事，减少判断和决策的失误。

5. 投射效应

投射效应（projection effect）指的是在社会交往中，人们总是假设他人与自己有相同的属性、爱好和倾向，对别人形成的印象往往也是建立在自己的感受、态度和动机的基础上，以此投射在对他人的判断上。投射效应使人们倾向于根据自己的状况来知觉他人，而不是按照对方的真实情况来知觉。

投射效应有两种主要的类型：一种是感情投射，即把自己的情感强加在别人身上，认为自己喜欢的东西别人也应该喜欢，自己讨厌的东西别人也应该讨厌。例如，古代一位喜欢吃芹菜的人，总以为别人也像他一样喜欢吃芹菜，于是一到公众场合就向别人热情地推荐芹菜，闹了很多笑话。通常说的“以己度人”“以小人之心度君子之腹”也是这种投射效应的表现。另一种类型是认知缺乏客观性，即过分地夸大自己的情感，表现在对自己喜欢的东西越看越喜欢，自己不喜欢的东西越看越讨厌，从而失去了认知的客观性，陷入主观偏见的漩涡。

如果管理者在管理活动中，不自觉地应用了这种投射效应，那么他们了解个体之间差异的能力就降低了，另外，如果管理者带有强烈的感情色彩去管理员工的话，就必定不能达到公正公平。所以作为管理者应善于从辩证、客观的角度去分析员工，既要看到每个员工身上的共性，又不能忽视他们之间的差异。

6. 归因理论

归因理论（attribution theory）是关于知觉者推断和解释他人与自己行为原因的社会心理学理论。所谓归因，是指根据有关的外部信息、线索判断人的内在状态，或依据外在行为表现推测行为的过程。人们对他人或自己的所作所为进行分析，指出其性质或推断其原因的过程，统称为归因理论。

归因可分为两类：一是情境归因；二是个性倾向归因。情境归因是把个人行为的根本原因归为外部力量，如环境条件、社会舆论、企业设备、工作任务、天气的变化等。个人倾向归因是把个人行为的根本原因归结为个人的自身特点，如能力、兴趣、性格、努力程度等。在管理工作中当员工完成任务受挫折时，管理人员要及时了解员工的归因倾向，才能帮助员工正确总结经验教训，进行合理的归因，使员工胜不骄、败不馁，进一步严格要求自己，更加发奋努力。

归因的结果对人的后续行为有很大的影响。正确的归因有助于提高人的行为的积极性并产生对自己及他人的有利的、合理的行为，错误的归因则会削弱行为动机，导致异常行为的产生。实际生活中，人们对自己及他人的错误归因是经常发生的。

7. 期望效应

预先的期望会抑制对事件、事物和人的认识。知觉过程对信息的选择和对知觉对象的解释都会偏向知觉主体预期的方向。在信息线索模棱两可的情况下，期望效应

（expectation effect）会发挥很大的作用，即使知觉线索没有发生太大模糊，期望效应仍然对知觉发挥影响。期望效应的另一方面是自我实现的预言，也称皮格马利翁效应。当一个人被期望有良好的表现时，他常常真的表现出所期望的行为。相反，当一个人被预言有不良行为时，这种预言也经常变成现实。心理学家对这种现象有两种解释：一是观察者专注预期发生的行为，忽略和预期不相一致的行为。这种对信息选择的系统偏向使得对行为的评价发生偏差。二是知觉对象感受来自重要人物的期望，从而影响动机因素，带动行为表现向预期方向发展，从而使预言变成现实。在生活中，人们通常这样形象地说明期望效应："说你行，你就行；说你不行，你就不行。"要想使一个人发展更好，就应该给他传递积极的期望。积极的期望促使人们向好的方向发展，消极的期望使人向坏的方向发展。管理者应该能够利用期望效应，使员工朝着期望的方向发展。

5.2.2 决策中常见的知觉偏差和错误

1. 验证偏见

验证偏见（confirmation bias）是一种选择性认知。当我们在主观上支持某种观点的时候，我们往往倾向于寻找那些能够支持我们原来的观点的信息，而低估或忽视那些与我们观点相悖的信息。例如，我们赞同某个方案，特别是自己提出的方案，我们会收集支持我们既有方案的信息，包括数据、图片、事实、分析来不断支持该方案，而且对支持性的信息给予过高的权重，举出众多理由，使其越来越正确。验证自己的方案并不是错误的，而是这种决策方式缺乏全面的思考，容易得出错误的结论。

2. 承诺升级[①]

承诺升级（escalation of commitment）也称为执着愚守，是指尽管有充分的证据表明某一方案已无成效，但人们依然继续在该方案上投入时间和金钱。

管理者面对错误决策仍执着愚守的原因研究者主要给出了以下几点解释：一是很多管理者只是简单地期望能够弥补回损失。另一种解释是认为前后一致和坚持不懈是一种被看重的行为准则。相比于不断改变行动方针的管理者来说，前后一致的管理者被认为是优秀的领导者，尽管有证据表明该项决策是错误的，管理者仍然很难放弃这项决策。另一种解释是决策者往往希望表现出理智和高效，一种印象管理策略就是通过对决策的持续投资来证明其重要性，而停止投资则表示项目失败和决策者不称职。当决策者认同的项目在某种程度上与自己的名誉相关联，或者决策者对该项目不太自信的时候，这种自我合理化效应尤为明显。[②]

3. 风险厌恶[③]

相对于以50%的概率获得200元，很多人会选择确定能得到50元，尽管从数学上讲，这次赌博情境下得到的价值是确定情景下的两倍。这种偏好确定性而厌恶风险的倾向就

① 达夫特．组织理论与设计：第12版．王凤彬，石云鸣，张秀萍，等，译．北京：清华大学出版社，2017：542.

② 麦克沙恩，格利诺．组织行为学：第2版．汤超颖，郭理，译．北京：中国人民大学出版社，2015：123.

③ 罗宾斯，贾奇．组织行为学：第16版．孙健敏，王震，等，译．北京：中国人民大学出版社，2016：147.

是风险厌恶（Risk aversion）。

厌恶风险的员工偏好既定的工作方式，而不愿意冒险尝试具有创造力的新颖的工作方法。坚持那些在过去奏效的策略能使风险最小化，但从长远看，这将导致停滞不前。

有时会存在相反的风险偏好：当试图阻止一个消极的结果时，人们宁愿冒险，我们宁愿冒着损失100元的风险进行赌博，也不愿意接受必然损失50元的结果。很多人即使冒着有可能导致灾难性的新闻报道甚至坐牢的风险，也要掩盖不道德的行为，不愿意承认错误。压力情境可能引起更强烈的风险偏好，对积极的结果，压力之下的人厌恶风险；对消极的结果，处于压力下的人更偏好风险。

5.2.3 如何克服个体决策中的偏差①

卡尔·荣格划分了收集信息的两种类型（感觉和直觉）和做出判断的两种类型（思维和情感），荣格认为，每一个个体会选择一种感知方式和一种判断方式。感知类型与判断类型结合起来就称为认知类型（cognitive style）。因此存在四种认知类型：感觉/思维型（ST），感觉/情感型（SF），直觉/思维型（NT），直觉/情感型（NF）。每一种认知类型对管理决策的影响都不一样。

ST注重事实。这种类型的人首先对环境条件进行客观的分析，然后做出一个客观的决定。ST认知类型对于一个组织是有价值的，因为它能够产生一个明确简单的解决方案，ST的个体能够记住细节，很少犯不符合现实的错误。他们的弱点在于，因为他们具有忽视决策的人际关系方面的内容的倾向，所以往往会疏远其他人。此外，他们倾向于回避风险。

SF也收集有关事实的信息，但是，他们在进行判断时，要考虑如何影响其他人。他们非常重视人际关系，并且采用实用的方法为解决问题而收集信息。SF在决策方法中的优势是，他们有能力处理好人际关系问题，有能力计算出风险。SF在接受可能打破组织规则的新思想方面存在困难。

NT注重在某种情形下做出某种选择的可能性，然后对可能性进行客观的、不包括感情色彩的评价。NT喜欢提出新思想，他们更愿意着眼于长期。他们是创新性的，是愿意承担风险的。NT的弱势在于忽视以事实为基础的争论，忽视其他人的感觉。

NF也注重选择的可能性，但是，他们在评价可能性时，考虑的是对参与者会有什么影响。他们喜欢参与性的决策，乐于向员工授权。但是，使NF引以为荣的是，他们是在个人偏好的基础上制定决策，而不是在客观数据的基础上制定决策。他们也可能会对其他人的需要过于敏感。

研究结果能够表明这四种认知类型的存在。有一项研究要求管理者描述他们心中的理想组织。研究人员发现，具有相同认知类型的管理者，他们的描述也非常相似。ST希望组织以事实和细节为基础，采用非感情化的控制方式。SF也注重事实，但是他们要考虑到组织内部的关系。NT强调主要问题，描述了非感情化的，理想主义的组织。NF描

---

① 纳尔逊，奎克．组织行为学：基础、现实与挑战：第3版．桑强，王丽娟，等，译．北京：中信出版社，2004：307-309.

述了一个符合人性的，注重普遍的人道主义价值观的组织。

这四种认知类型对组织决策都有影响，伊莎贝尔·布里格斯·迈尔斯开发了 Z 字型解决问题模型。这种模型利用了四种独立的偏好（感觉、直觉、思维和情感）的优势。利用该模型，管理者可以同时运用自己的偏好和非偏好来更加有效地制定决策。

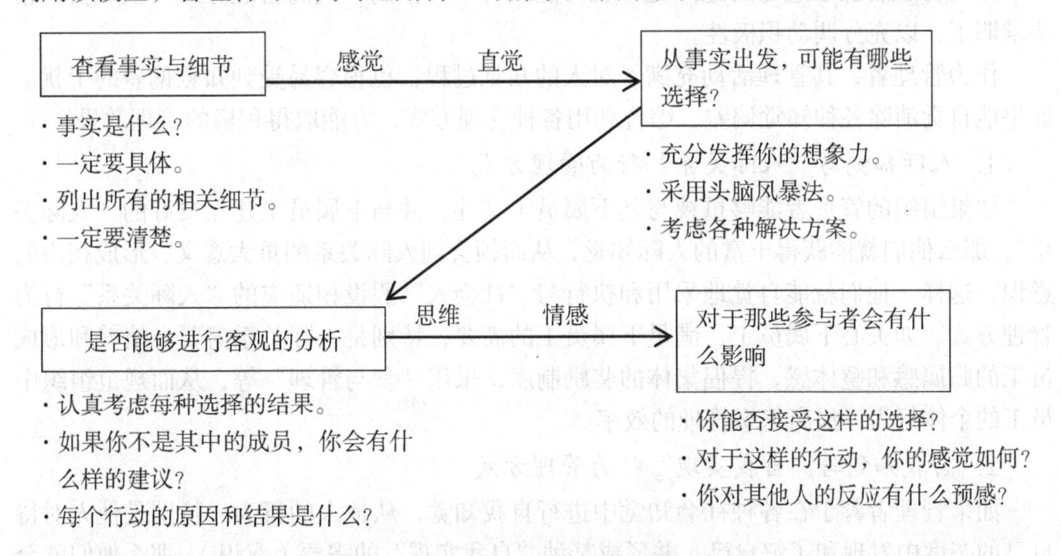

图 5-9 Z 字型解决问题模型

根据这一模型，正确的解决问题的过程要经过四个步骤：① 根据事实与细节。运用感觉来收集与问题有关的信息。② 产生可供选择的方案。运用直觉来提出各种可能性。③ 客观地分析每一种可能性。通过思考，客观地评价每一种选择的结果。④ 评价影响。运用情感来判断参与者会受到什么样的影响。

运用 Z 字型模型，个体可以发挥自己不擅长的感知和判断方式，运用 Z 字型模型的另一种方法是依靠其他人来完成自己不擅长的活动，例如，一个 NF 类型的个体，为了有助于对选择方案进行客观的分析，他可能会求助于自己所信任的 NT 类型的个体。

5.3 知觉与组织行为管理

知觉是个体基本的心理过程，对个体的行为有着直接的影响。例如，对于组织中的一项工作计划，员工只有认为它切实可行，才可能在工作中表现出积极主动的工作行为；如果认为它不可行，就会在工作中消极、被动，甚至敷衍、推诿。所以知觉与管理是有着非常密切的关系的，应该对它有科学的认识和充分的重视。

5.3.1 知觉与组织行为管理方式的匹配

如果管理者有较好的人际知觉，那么就会采用与“社会人”相适应的管理方式。如关心职工、满足职工的需要。

如果管理者有较好的自我知觉，就会倾向于采用和执行“自我实现”的管理方式。

创造某种适宜的工作环境和条件，以开发职工的潜力，发展他们的才能。

如果管理者对他人有较好的知觉，就可以采用“权变”行为管理方式。采取灵活多变的管理方法，尽可能做到因人而异。

如果管理者善于进行角色知觉，就可能实行“责任制”式的管理方式。按职责严格要求职工，以充分调动积极性。

作为管理者，其管理活动充满了对人的知觉过程，也很容易受到知觉偏差的干扰。如果能自觉消除各种知觉偏差，综合利用各种管理方式，方能取得积极的管理效果。

1. 人际知觉与“人际关系”行为管理方式

如果组织的管理者能够重视与其下属员工交往，并与下属员工建立友好的“人际关系”，那么他们就能获得丰富的人际知觉，从而领会到人际关系的重大意义，形成相应的意识。这样，他们就能自觉地采用和执行与“社会人”假设相适应的“人际关系”行为管理方式。如关心下属员工，满足下属员工的需要，特别是人际关系需要，培养和形成员工的归属感和整体感，提倡集体的奖励制度，采用“参与管理”等，从而规范组织中员工的个体行为，提高组织管理的效率。

2. 自我知觉与“自我实现”行为管理方式

如果管理者善于在各种社会知觉中进行自我知觉，从他人的行为，特别是他人对待自己的态度中发现和了解自己，并形成某种“自我实现”的需要（意识），那么他们就会倾向于采用和执行“自我实现”的行为管理方式。如重视创造某种适宜的工作环境和条件，以开发组织中员工个体的潜力，发展他们的才能。在奖励方式方面创造一个适当的环境，允许和鼓励组织中员工从工作中得到“内在鼓励”等。这就是从“知己”到“知彼”的认知及发展的过程。

3. 对他人知觉与“权变”行为管理方式

如果组织的管理者能够经常与下属员工接触和交往，并参加下属员工的一些活动，跟下属员工交谈一些问题。他们就能获得充足的对他人知觉，了解到人的各种个性心理特征，形成相应的意识，把人作为一个“复杂人”来看待，从而采取和执行相应的“权变”行为管理方式。这种行为管理方式要求根据组织及其下属员工的不同情况，采取灵活多变的管理方法。如可以采取固定的或较灵活的组织形式，奖励的方式不应当千篇一律，应尽可能做到因人而异。

4. 角色知觉与“责任制”式行为管理方式

如果组织的管理者善于进行角色知觉，掌握各种角色的行为标准，形成相应的意识，那么他们就会发现，人们都具有一定的角色意识，即责任心。这种责任心自觉地表现在相应的行为中。据此，他们可能倾向于利用人们的责任心，实行“责任制”式的行为管理方式。按职责严格要求每一个下属员工，以利于充分调动员工的积极性。组织的管理者应当善于进行各种社会知觉（包括自我知觉），并能自觉地消除可能产生的知觉偏差和主观消极意识的影响。这样才能综合地利用各种管理方式，取得积极的管理效果。

传统的管理模式较多地表现为管理、控制、指挥、命令，在一定程度上束缚了人的个性和创造才能。21世纪以来，人类已进入信息时代，员工的知识更加丰富，获取和处理信息的能力也会相应提高，伴之以社会文明程度与人的精神境界的提高，以此为基础，必将把管理推向新的境界。管理者应该以人为本，对员工形成客观的社会知觉，顺应人性、尊重人格，这才会大大激发员工的主动精神，使其不再被动地在规定束缚下工作，而是自觉自动完成应做的事情。同时，管理者还应顺应形势、顺应社会经济运行的自然法则，形成科学有效的管理机制，增强企业的自我调节、发展功能，保证企业高效、协调、有序地运行。

5.3.2 知觉在组织行为管理中的应用

现代管理理论认为，管理的核心是人。它强调通过系统地了解人的心理与行为，来改进管理的效能。企业是一种人与人组成的群体组织，人们相互交往的同时也相互评价，而评价以知觉为重要依据，所以知觉有重要的影响，其影响组织行为管理的具体形式常见于以下情境。

1. 招聘面试

人事聘用中的面试是决定是否聘任一个人的重要环节，知觉在此发挥着重要的作用。但研究证据表明，面试考官常常会做出不正确的知觉判断。例如不同主考者对同一应试者强调的特质内容不同，判断就会不同，对被试者的知觉就可能是歪曲的。另外，面试考官之间评价的一致性常常很低，也就是说，不同面试考官看到的是同一求职者的不同方面，因而对同一个人得出了不同的结论。例如，在聘任某个职位人选时，有的主考者在考评男性时较注重学历，考评女性时则较注意仪表，这就使考评尺度不一，从而忽视了关键内容影响到选才。

在面试环境中，面试考官形成的第一印象会很快占据统治地位。研究表明，在面试开始四五分钟之后，绝大多数面试考官的决策几乎不再发生变化。因此，面试中最初出现的信息远远比其后出现的信息重要得多。被录用的求职者更可能是因为他没有令人不满的特点，而不是因为他具有令人赞赏的特点而被录用。同时，由于面试考官过去的经历、职业背景、个性特点各不相同，他们在求职者身上寻求的信息也往往不同，因而不同面试考官对同一求职者的判断也会有很大差异。

那如何避免面试中存在的这种知觉偏差？首先，主考者应从主观上避免知觉上的偏差，正确判断人的价值。另外，可以从面试的结构化着手解决。例如，让每个申请者回答相同的问题；改善面试的内容效度；增加与职务有关的行为取样；采取情境面谈方式；等等。再者，在面试时就应向应聘者提供有关工作的准确信息，使其有合乎实际的认识，避免产生错觉。因为在面试时，应聘者往往会对应聘的职位、工作有不切实际的期望甚至幻想。一旦应聘者在以后工作中发现现实与期望有较大差距，就会失望，甚至不满、沮丧，辞职的可能性也大增。

2. 绩效评估

对部下员工的工作进行绩效评估是每个管理者工作的重要内容。通过绩效评估，能够使管理者获得必要的信息，了解管理指示或管理政策的有效性；同时，它可以显示员工在工作中的优点与缺点，指出哪些方面需要改进和弥补。绩效评估作为检验员工工作绩效的主要方式，在相当大的程度上依赖于知觉过程，对员工知觉的结果会影响到绩效评估的效果。

绩效评估的结果涉及员工的晋级、加薪或继续聘用，会影响员工的公平感受，影响到他们的工作行为。尽管绩效评估可以采用一定的客观标准（如销售人员创下的销售额），但主观评估仍然占有重要地位，特别是涉及对员工的总体印象时更是如此。例如，对员工进行年终考评时，除了工作成果外，还会考评其努力程度，对努力程度的考评基本上就是一种主观考评。另外，每个人都有自己的认知结构，并常以此作为评价别人的标准。例如，员工A的性格内向不善言辞，他的上司可能会认为A不是一个有能力的工作者，因为在这位上司的认知结构中，与人交际的能力与工作能力是相互联系的。但实际上，A完全可能在工作中是非常有能力的。由于投射效应，管理者未能意识到不同的人知觉会存在差异，而轻易认为员工的感受与自己的感受是相同的，这显然是不正确的。在一个企业的调查中发现，超过80%的管理者声称他们对工作出色的员工给予了赞扬。但调查者在向员工询问后，只有14%的员工回答管理者因为他们工作出色而赞扬了他们。

由于在现实中，许多工作绩效只能靠主观评定，很难有客观标准，如文秘及一些公关工作等。主观评定又在很大程度上依赖于人的知觉，这时领导者就有很大的裁定权。在组织中常有一些员工对自己的职责并不尽心尽力，但却常常在老板面前表现得十分努力，并擅长讨好上级，为的就是在老板那里留下一个好印象。又如由于第一印象很难消除，那些在老板头脑中留下不良第一印象的员工，即使以后工作再努力，取得的成绩再出色，也常常难以改变老板心目中已有的印象。

绩效评估的内容或要素往往会成为员工的工作目标，绩效评估的结果常常涉及员工的晋级、提升、加薪或能否继续聘用，因此它也成为影响员工工作积极性和主动性的关键。所以公司在进行绩效评估时应尽可能采取客观标准，当必须靠主观判断时，应防止发生知觉歪曲。

3. 员工行为塑造

管理者可以运用知觉过程的规律，对员工行为进行积极地干预与塑造。这就是心理学中所说的自我实现预期。它具体指的是个人对于自己或对于别人的预期，常常会在以后的行为结果中应验。具体表现在，如果管理者对下属的期望很高，他们就不太可能令管理者失望。同样，如果管理者预期员工只能完成最低水平的工作，则他们倾向于表现出这种行为以符合这种低期望。所以作为管理者应该认识到，你怎样对待员工，很可能员工就会怎样表现。

美国一所大学中曾经进行过这样一次试验：在一个新学年开始的时候，一些心理学家对一个系的教师们讲，该系的新生经过心理测试，被发现总体素质高于往年的新生，有着很好的潜能。而实际上，他们并没有进行过任何能够证明这些新生能力的测试。一年之后，当这些心理学家与教师相见时，教师们纷纷向心理学家夸奖这些学生，承认这些学生优于过去的学生。为什么会出现这种情况呢？研究发现，教师一方的心理活动有助于这种效应的出现，他们另眼相待这群高素质的学生，对他们积极鼓励、耐心培养，给这些学生更多的机会和鼓励。同时，学生方面的心理活动也有助于这种效应的出现，他们从教师对自己的爱护中，增强了自信，激发了学习动机，结果使得自己有了更为出色的表现。

在组织环境中也是同样，我们对他人的印象一旦形成，尽管这个印象并非通过我们的直接经验而得到，我们仍会对他人的行为产生某种预期，而这样的预期又会决定着我们对待他人的行为方式。如果管理者相信自己的员工能够取得出色的成绩，对他们重视、鼓励和爱护，激励他们的工作动机，员工也会因此而增强自信心与自尊感，提升自我期望水平，更有可能取得管理者希望看到的业绩。影响人行为的因素有知识、技能、态度和习惯等，所以，在组织管理中，根据员工的行为，可判断出员工在知识、技能、态度以及习惯方面存在的问题。找准问题，对症下药，才能使管理达到预期的目的。

必须认识到，在组织行为管理中，管理者对员工在很多时候是根据知觉而不是客观事实做出反应的，他们是对所看到的事情进行理解和解释的，这必然有产生很大的知觉偏差的可能性。因此，管理者的任务就是要找出知觉偏差的原因，尽量纠正，从而获得准确、全面的认识，保证组织活动的顺利进行。

本章小结

1. 感觉是客观事物的个别属性在人脑中的直接反映。知觉是客观事物的整体属性在人脑中的直接反映。人的知觉的形成受到很多因素的影响，主要表现在知觉者、知觉对象及情境三个方面，也就是通常所称的"知觉三要素"，即主观因素、客观对象和知觉发生的情境。

2. 知觉的基本特征包括知觉的选择性、知觉的整体性、知觉的理解性和知觉的恒常性。知觉的类型可以分为社会知觉和自我知觉。

3. 主要知觉偏差的类型有首因效应、晕轮效应、近因效应、刻板印象、投射效应、归因理论和期望效应。

4. 管理者的社会知觉怎样，直接关系到他们采用何种管理方式。通过了解知觉的基本内容，对他人或自己的行为与相关事实保持客观的态度，从而提高管理者预测、引导、控制人的行为的能力，以便有效地达到组织制定的目标。

关键概念

知觉（perception）　首因效应（primacy effect）
晕轮效应（halo effect）　近因效应（recency effect）
刻板效应（stereotype effect）　归因理论（attribution theory）
期望效应（expectation effect）　投射效应（projection effect）

管理工具

四阶段知觉过程模型　三阶段知觉过程模型　传统的知觉过程模型

思考题

1. 什么是感觉？什么是知觉？分析两者的区别和联系。
2. 知觉包括哪些要素以及知觉的基本特征是什么？
3. 什么是知觉偏差？常见的知觉偏差有哪些类型？
4. 简述常见知觉偏差类型的基本内容。
5. 简述知觉偏差对个体决策的影响。
6. 简述知觉理论与组织行为管理之间的关系。
7. 管理者的个体知觉对管理方式有什么影响？

自我测试

自己对自己的认知

案例讨论

史玉柱的败与思

讨论：

1. 在本案例中，涉及个体知觉理论的哪些基本内容？
2. 领导者个体知觉的差异是如何影响到一个组织的发展？

拓展阅读

推荐书目：安德森．认知心理学及其启示：第7版．秦裕林，等，译．北京：人民邮电出版社出版，2012.

认知心理学及其启示（第7版）系统地将传统认知心理学与脑功能成像技术的应用相结合，侧重于人脑的认知研究，并通过“启示”将研究与我们的生活联系起来。作者以流畅的语言、深厚的学术功底，引领读者进入认知心理学领域。

本书介绍了认知心理学发展和思路以及人类认知的神经基础，探讨了知觉、注意、心理表象、知识表征、记忆、问题解决、推理、判断和决策、语言等各个人类认知的信息加工过程以及认知的个体差异，吸纳了认知神经科学领域内的研究成果，分析了认知的神经基础，内容详尽、深入，具有相当的前沿性。

第6章 个体动机

本章学习目标

1. 理解动机的含义、分类、特征、功能等；
2. 了解动机的产生原因及过程；
3. 理解激励的相关概念；
4. 理解并掌握激励的内容理论和过程理论；
5. 了解动机与态度、行为之间的关系；
6. 了解动机的识别与测量方法。

引例

销售部经理老李发现，小赵业绩一向很好，但是最近三个月业绩不是很理想，以至于对下个月提高销售业绩丧失信心；小王和小刘在本月业绩欠佳，同样对他们说“我知道你们已经尽力了”这句话，只对小王有积极的作用；与此类似，老李发现，经常使用“做得好”“太好了”等语句来表扬下属，有时奏效有时无效；为了激发员工之间的竞争意识，每月公布业绩排名，却对原本业绩不好的小王产生了消极作用。如果你是老李，应当如何激发小赵提升业绩的动机？你认为经常表扬的做法有何局限性？有效表扬应当怎样进行？

人们总是在追求很多不同的目标，有远有近，有大有小。人们可能由于不同的原因去追寻同一个目标，也可能由于同一个原因去追寻不同的目标。动机（motivation）就是用于解释人类行为这一基本特征的概念。更具体地说，动机是行为的动力，它引发人的活动，并推动和引导人朝着特定的目标努力坚持下去。组织中成员需要了解他人的行为动机从而获得其支持与合作，实现个体与组织之间统一、协调的目标。

6.1 动机的含义与功能

6.1.1 动机的含义

动机一词源于拉丁文“movere”，意即“推动”。对动机的研究中最基本的问题是“为什么人们会做出这样那样的行为”，总体而言，动机能够描述行为的方向和持续。所谓动机，是指在自我调节的作用下，个体使自身的内在要求（如需要、驱动力）与行为的外在诱因（如目标、奖惩）相协调，从而形成影响个体自发行为的方向、强度和持久程度的内在力量。

动机起源于个体需要及其潜在的驱动力。许多行为的引发都是从需要开始的。没有满足的需求会产生一种紧张感，使人们想方设法降低需求或者满足需求。需要引起了一种驱动力（drive）的增强，出现一种被激发状态。需求越强烈，满足需求的驱动力就会越强。相反，已经被满足的需求则不能产生驱动力。驱动力激发了人的反应，即一个或一组行动，以实现特定的目标。

人的动机不仅会受到内部需要的"推动"，而且会受到外部刺激的"拉动"。一个目标物除了有满足需要的作用之外还具有某种诱惑力，这种力量被称为诱因作用（incentive value）。一些目标的诱惑力很大，即使没有内部需要，它们也能激发行为。而另一些目标的诱惑力很低，尽管你有内在需要，但还是难以激发行为。[①]

根据史蒂文·麦克沙恩（加拿大，2008）的研究结论，有动机的员工愿意付出一定程度的努力（强度），用一定量的时间（持续性），去完成一个特定的目标（方向）。所谓方向，是指动机是目标导向的，而非随意的。在目标的推动下，人们可能按时上班，提前完成项目。所谓强度，是指为目标做出的努力程度。例如，两个员工都有动机去提前完成任务（方向），但只有其中的一个付出足够的努力（强度）来达到这个目标。最后，动机的持久强度又有所不同。所谓持久强度，就是在特定时段内持续努力的程度。员工可能持续努力直到目标达到，也可能半途而废。

显然，组织要提高其工作绩效，就必须关注组织成员的动机水平，鼓励员工将其努力（他们的驱动力）指向组织目标的成功实现。

6.1.2 动机的分类

动机是一种复杂的心理现象，为了进一步研究，本书对动机的类型加以区分。

根据动机的来源，可以将动机分为内部动机和外部动机。不论是为了展示自己的能力还是为了学到一种技能，人们有时会把进行某项工作作为一种乐趣。此时，做事并不是为了得到奖赏，也没有其他功利性目的，这时的行为动机为内部动机（intrinsic motivation），内部动机是指从事该活动的动机主要针对活动本身，因为他/她认为这个活动是有趣的、吸引人的、令人满意的，具有挑战性的。这种内部动机与马斯洛层次学说中较高层次的需要有着密切关系。相反，外部动机（extrinsic motivation）是指从事该活动的动机主要是为了达到独立于该活动之外的某种目的，有着明显的外部驱动因素，如获得预期的奖赏、在竞争中获胜、得到他人的赞扬。调查显示，大部分人"工作"都是为了从外部得到报酬。外部动机又可以分为增益性和非增益性两种，前者能够提供信息，帮助个体更好地完成任务，而后者则使个体感受到控制。

人的动机有内源性的，也有外源性的，那么两种动机在支配行为时处于何种关系呢？

① COON D，MITTERER J．心理学导论：思想与行为的认识之路：第13版．郑钢，等，译．北京：中国轻工业出版社，2004．

研究表明，在不同条件下他们的关系不同。

在两种情况下，外部奖赏可以增强内部动机：① 当外部奖赏只是传达“一个人胜任该项工作”这样的信息，而不让人觉得这些外部奖赏是别人为了控制自己的行为时。② 当外部奖赏用来强化常规已经熟练掌握的活动时，如装配线上的工作，这类工作通常以单调、缺乏挑战性为特点，如若辅以外部奖赏，一般可以增加人们对工作的关注与兴趣。

同时，还有两种情况会使外部奖赏削弱内部动机：① 对人们很明显有浓厚兴趣的活动加以外部奖赏时。② 用外部奖赏来强化像“问题解决”这一类富有挑战性和创造性的活动时。

我国一些学者通过实证研究认为，内部动机和外部动机并不是此消彼长的对立关系，在某种情况下两者可以同时保持较高的程度。因此，可以同时通过内、外部两种激励源对个体予以激励。对此也可用美国心理学家阿玛布丽（Amabile，1993）提出的“外部动机服务于内部动机”机制加以解释，即增益性的外部动机会支持个体对自身能力的肯定或提高对任务的投入程度，可以和高水平的内部动机相一致。

总的来说，外部动机对于激发学习活动和良好行为表现具有重要意义，其作用不容忽视。但同时，外部奖赏的使用仅仅是为了提高或激发内部动机，而不是持续性控制人们的行为，高强度的外部酬劳还可能会削弱内部动机的作用。

从动机的性质可以把动机分为生理性动机和社会性动机。生理性动机是以有机体的生物需要为基础的动机。例如，饥、渴、回避疼痛等。社会性动机是以人类的社会文化需要为基础的，人有权利的需要、社会交往的需要、成就的需要、认识的需要，从而相应地产生了权利动机、交往动机、成就动机以及兴趣或爱好。这些动机推动着人们求知、社交、获得社会地位和他人赞许等。

从动机对个体所起的作用和强度还可以将动机分为优势动机和辅助动机。一个人往往同时存在着各种各样的动机，这些动机之间不仅有强弱之分，而且会有矛盾和斗争，以其一定的相互关系构成动机体系（或叫动机系统）。动机体系中，各个动机的强度不同，在同一个人身上所起的作用也不同。最强烈而又稳定的动机叫优势动机，其他动机叫辅助动机。一般来说，只有优势动机可以引发行为。即一个人的行为是受优势动机支配的，辅助动机对行为存在影响但不起支配作用。

6.1.3　动机的特征

为了进一步理解动机的本质，从动机与行为的关系分析，动机的特征一般表现在以下几个方面。

1. *动力性*

动力性是动机心理学家所公认的动机特征，它是指动机能激发、维持、调节和支配行为的强度。动机具有激发行为的作用，能推动个体产生某种行为。例如，饥饿激发觅食、绩效奖金激发工作积极性。也就是说动机可以引起个体的行为活动方式发生改变，行为的产生就是动机存在的依据。

动机的动力性还表现在动机具有维持和调节行为的功能。当个体的活动产生后，能否坚持进行这种活动，同样受到动机的支配和调节。个体对动机的调节，主要是视行为结果与动机的一致性程度来做出决定。如果一致性程度高，则对动机做正向调节，即相应的动机会获得强化，这种行为便能维持下去；如果一致性程度不高，甚至相反，则对动机做负向调节，即相应的动机得不到强化，也就会降低个体继续进行这种行为的积极性，甚至会使个体放弃这种行为。另外，其他心理因素如意志也会对动机的维持性产生一定影响。一般来说，意志坚强者的动机的稳定性与维持性较之意志薄弱者要好。

2. 方向性

方向性是指动机使个体的行为指向某一特定的目标或对象。例如，在学习动机的支配下，人们去图书馆看书；在休息放松的动机支配下，人们去公园、球场等。动机不但能激发行为，还能指引行为的方向。行为的方向或目标是个体需要的体现，所以动机性质不同，个体的行为方向也就是它所追求的目标也是不同的。

特定动机所引导的行为方向是确定的，然而，当某一种动机有多个可供选择的目标时，动机的方向性就具有非确定性了。例如，薪酬水平一般的员工需要多挣钱早日买房，可以选择经常加班，提高绩效拿奖金，做本职工作之外的副业，跳槽选择待遇更好的公司，等等。

3. 内隐性

内隐性是指动机是一种内部的、不能直接观察的心理过程。心理学中的“黑箱理论”即人的心理状态是看不见的。动机是人的心理机能之一，同样具有黑箱效应。动机是一种行为产生中的中间变量，心理学家只能根据个体当时所处情境及其行为表现推断个体行为的动机。

6.1.4 动机的功能

动机是行为的直接原因，它能激发行为，能规定行为的方向，还能保持和巩固，或使行为减弱或消失等。动机有以下几种主要功能。

1. 始发功能

动机能够引发个体的活动，驱使个体产生某种行为。一般而言，动机与行为之间存在一种正相关关系。即有什么样的动机，就会随之产生什么样的行为。积极动机往往伴随积极的行为，消极动机则往往伴随消极行为。

动机能激发行为，是行为的内在动力，那么，什么样的动机才能引发行为呢？是在某时刻最强烈的动机即优势动机（或主导动机）引发行为。例如，人在饥饿中产生了觅食的动机之后并不总是立即发生觅食的行为。假如他还没有下班，这时遵守规章制度可能成为最强烈的动机，从而发展继续工作的行为，而不是觅食的行为；或者虽然已经下班，但他从事的一项技术革新已经到了关键时刻，这时，取得成功可能成为最强烈的动机，驱使他继续工作，一旦工作告一段落，饥饿的感觉和觅食的动机才又强烈起来。目标实现了，一种需要满足了，这个动机的强度就会减弱或消失，别种动机又会强烈起来并继续驱使着人们的行为。

2. 导向功能

动机不仅是行动的引发者，而且是行为的指向者。即动机能引导人们的行为朝着某个特定的方向，朝着预期的目标努力。

行为科学认为，人的行为可分为三类：① 目标导向行为。指为了达到目标所表现的行为。② 目标行为。指直接满足需要的行为，也即完成目标达到满足的过程。③ 间接行为。与当前目标暂无关系，为将来满足需要做准备的行为。

一般情况下，由优势动机（即主导动机）引发的行为由目标导向行为与目标行为两部分构成。也就是说，从确立目标到实现（完成）目标的过程，可分为目标导向行为阶段和目标行为阶段。

根据心理学的研究，在目标导向行为和目标行为阶段，动机（需要）强度的变化是不同的：① 对目标导向行为来说，动机强度会随着这种行为的进行而增强，越接近目标，动机强度越强，直到达成目标或者遭到挫折而停止。② 目标行为则不一样，当目标行为开始后，需要强度就有降低的趋势。如饥饿的人为充饥迫不及待地觅食，对食物的需求强度不断增加，而当他得到食物开始吃东西，随着进食的增多，对食物的需求强度便逐渐降低，直到吃饱离开饭桌，进食动机暂时消失。

3. 强化功能

动机能够对行为进行正强化或负强化，即加强、推动和制止、减弱行为的力量。前者在于推动人们去继续从事达到预定目标所需要的行动，后者在于制止不符合预定目标的行动。动机不仅可以调节外部动作，而且还可以调节人的心理过程。

在目标行为阶段，动机的强化功能更加明显。执行目标，常要求更大的意志努力，这是由于：第一，执行目标的行动要求付出巨大的努力或体力，并要求忍受由行动或行动环境带来的种种不愉快体验；第二，积极而有效的行动要求克服人的个性原有的消极品质，如懈怠、保守、不良习惯等；第三，行动中会出现意料之外的新情况、新问题，而个体可能又缺乏应付新情况、解决新问题的现成手段；第四，在行动尚未完成之时，还可能产生新的动机、新的目的和手段，它们会在心理上同既定目标发生竞争，从而干扰行动的过程。

动机除了以上三种主要功能外，还对人们工作中的创新行为产生重要的影响。事实上，人们在受到内在的激励时更容易发挥出创造性，而外部奖赏的压力往往会起反作用。

动机与创造性有什么关系呢？心理学家指出，在以下情况下，人的创造性很容易被扼杀。

（1）在监督下工作。

（2）行动受到条条框框的限制，没有选择余地。

（3）工作的主要目的是多挣钱。

（4）工作的目的是得到好评，或避免不好的评价。

阿玛布丽（Amabile，1996）指出，内部动机可以导向创造性，控制性的外部动机对创造性有害，但信息性的外部动机有利于创造性，尤其当个体内部动机的初始水平较高时。不同类型的动机在创新过程的不同阶段发挥不同的作用。大量的研究表明，内部动机可以同时对创新构想产生和创新构想执行产生正向影响；外部动机可以在创新构想的执行阶段产生积极的促进作用。在创新产生和构想阶段，只有当动机来自内部时，他/她才可能把具有一定程度复杂性、未知性和挑战性的任务当成一种具有强化性的刺激。这时，如果是在外部动机的压力下工作，那些具有复杂性、未知性和挑战性的任务只会被视为达到目标的障碍。在外部动机的驱使下，人倾向于采用最快、最直接的途径来达到目标。在创新构想的执行阶段，外部奖赏会把人的注意力吸引到特定的活动上，从而使其内部兴趣得以发展。当人在执行过程中缺乏必要的活动技能时，外部奖赏往往是必需的。

6.2 动机的产生

6.2.1 需要

1. 需要的概念

需要是个体对其生存和发展的某些条件感到缺乏而力求获得满足的一种心理状态。需要反映的是人对客观事物（客观条件）的一种依赖关系。这里的客观事物或条件既包括人的生理需要，也包括心理的、社会的需要。

需要是人的行为发生的原动力，是一种从根本上影响人的行为的重要的心理因素。换句话说，人的行为是受因需要而产生的动机所支配的。离开需要，人的动机就无法产生，人的行为也就不能被激发。

2. 需要的特征

（1）对象性。人的需要不是空洞的，是由某种缺乏引起的，因此总是有明确的对象，或者表现为追求某一种客体或结果，或者表现为避开某一客体或结果。

（2）多样性。人的需要是多种多样的。一个人在不同时期有多种不同的需要，即使在同一时期，也存在多种程度和作用不同的需要。

（3）独特性。人的需要由于生理因素、遗传因素、环境因素、条件因素不同，每个人的需要都有自己的独特性。年龄不同的人、身体条件不同的人、社会地位不同的人、经济条件不同的人，都会在物质和精神方面有不同的需要。

（4）周期性。一般的需要都有周期性，如饮食需要，它周而复始。虽然比较复杂的需要没有周期性，但在条件适合时，也可能多次重复出现。

（5）社会制约性。人是社会性动物，不仅有先天的生理需要，而且在社会实践中，在接受人类文化教育过程中，又发展出许多社会性需要。一方面，人的社会性需要总是与所处的社会政治、经济、文化等相适应；另一方面，需要的满足又客观受到社会历史条件的制约，尤其是生产力水平的制约。

3. 需要的分类

人的需要多种多样，可以从不同角度划分需要的种类。根据国内学者申林（2007）的研究结果，从需要的起源和需要的对象两个角度能科学、完整地对需要进行分类，如表6-1所示。

表6-1 需要的类别

分类依据	名 称	核心定义	举 例
起源	生理需要	为了保存和维持有机体生命和种族延续而产生	维持机体平衡的需要，如对饮食、运动、睡眠等需要；回避伤害的需要，如对有害或危险情景的回避；性的需要，如对异性的渴望
	社会需要	为了提高自己的物质和文化生活水平而产生	对知识、劳动、艺术创作的需要，对人际交往、尊重、道德、名誉地位、友谊和爱情的需要，对娱乐消遣、享受的需要
对象	物质需要	对物质对象的需求	对衣、食、住等有关物品的需要，对工具和日常生活用品的需要
	精神需要	对社会精神生活及其产品的需求	对知识、文化艺术、审美与道德的需要

4. *需要与动机的关系*

所谓需要（need），是指客观的刺激作用于人们的大脑所引起的个体缺乏某种东西的状态。客观的刺激可以是物质的也可以是精神的。

动机的原意是引起动作。心理学上把引起个人行为、维持该行为并将此行为导向满足某种需要的欲望、愿望、信念等心理因素叫动机。动机是在需要基础上产生的。但需要并不必然产生动机。

需要转变成动机的条件有两个：一是需要到一定程度，产生满足需要的愿望；二是需要对象（目标）的确定。也就是说，有一定强度的需要，还要有诱因条件，才能成为推动实际活动的动机。动机是内在的愿望和外部具体对象（诱因条件）建立心理联系时产生的。需要与动机的转化关系如图6-1所示。

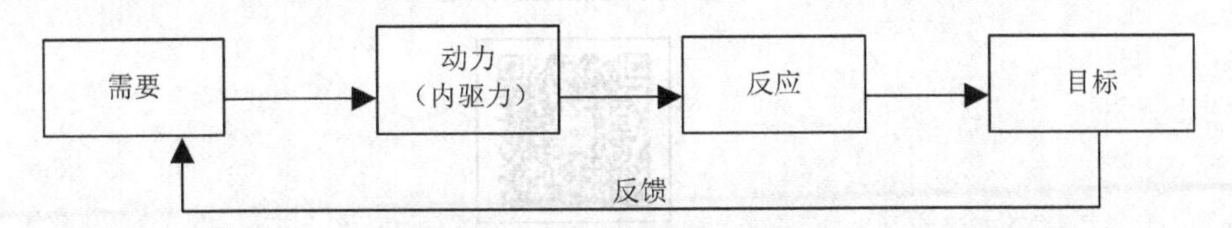

图6-1 需要与动机的转化关系

如上所述，有某种需要不一定就会产生某种动机，同样，有某种动机不一定就会引发某种行动。不同的人有不同的需要结构，同一个人在不同的时期也会有不同的需要结构。不同的需要结构必然会导致不同的动机结构。

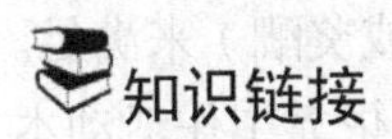

知识链接

四动力理论

6.2.2　激励

1. 激励概述

每个人都需要激励，需要自我激励，需要得到来自领导、同事方面的激励。如何激发人的工作积极性，是组织行为学的关键问题。

（1）激励的含义。激励是指激发、鼓励，利用某种外部诱因调动人的积极性和创造性，使人有一股内在的动力，朝向所期望的目标前进的过程。英语中的 motivation（激励）由 motive（动机）演化而来，基本含义即为激发动机。激励的实质在于通过有效的外在刺激引发内在的动机，达到激发潜能、努力工作、实现组织目标的目的。从激励的功能来看，激励的目的是充分调动员工的工作积极性和创造性。

工作绩效与激励和能力之间的关系常以下列函数式表示：

$$P=f(A \cdot M)$$

式中：P——绩效（performance）；

A——能力（ability）；

M——激励（motivation）。

可见个人的能力、天赋不能直接决定其对组织的价值，对一个人的工作积极性的激励，对工作绩效和组织受益都非常重要。

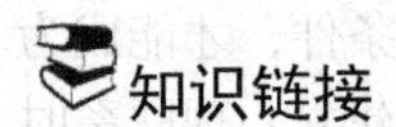
知识链接

孔明的激励策略

（2）激励的分类。外部需要产生外部动机，对外部动机的激励称为外在激励，而对由内部需要产生的内部动机的激励，则称为内在激励。有效而持久的激励，需要内在激励和外在激励的统一。

① 外在激励。大多数组织还是以外在激励为主。这种激励所瞄准的需要是当事者自身所无法控制而由外界环境来支配的，是靠组织所掌握和分配的资源（或奖酬）来满足。

② 内在激励。内在激励所瞄准的需要来自员工所从事的工作本身，依靠工作活动本身或工作任务完成时所提供的某些因素而满足。这些因素都是与工作有关的，它们都是抽象的、不可见的，要通过员工自身的主观体验来汲取和获得。

当工作自身所具有的特质和员工理想、信念、价值观、兴趣、爱好等相符，这种激励自然产生。它不像外在激励那样由组织控制的刺激物所牵引，而是由工作中的内在力量所推动。

外在性激励在外在刺激物消失时便会随之消退；内在性激励则不管环境如何变化，都能持续地、坚韧地发挥作用，它基本上不另外增加成本，所以很值得管理者重视、发掘和利用。

（3）激励过程。激励过程均包含刺激变量、机体变量和反应变量这三者之间的相互关系。

刺激变量是指对个体的反应能产生影响的刺激条件或因素，如目标、诱因、反馈信息，以及可控制、可变化的环境刺激等。机体变量是指个体所具有的、对个体的反应有影响的自身特征，如需要、动机、能力等个性特征。反应变量是指刺激变量和机体变量在行为上引起的变化。

管理者对员工行为的激励过程实际上是要使刺激变量引起机体变量（如需要、动机等）产生激活与兴奋状态，从而引起积极的行为反应，以实现预期目标，提高工作绩效。

2. 激励理论

个体激励理论可以归纳为内容型和过程型两大类，如表6-2所示。内容型激励理论关注具体的激励因素，重点放在需求的本质以及激励的事物之上；过程型激励理论关注行为是如何被激发的，重点是激励的实际过程。

表6-2 基于内容和过程的激励理论分类

理论基础	理论解释	理论创始人	管理应用
内容型激励理论	强调产生、引导、延续和终止行为的个人因素；这些因素只是推断出来的	马斯洛——需要的五个层次 奥尔德弗——需要的三个层次 赫茨伯格——两个主要因素，保健—激励因素 麦克莱兰——三个从文化中习得的需要：成就、归属和权力	管理者需要关注需要、欲望和目标的差异，因为每个人在许多方面都是独特的
过程型激励理论	描述、解释和分析行为如何被激发、引导、延续和终止	维鲁姆——选择的期望理论 亚当斯——基于个体比较的公平理论 洛克——目标设置理论、有意识的目标和意图是行为的决定因素	管理者需要了解激励的过程和个体如何基于偏好、奖励和成就做出选择

（1）内容型激励理论。内容理论强调产生、引导、延续和终止行为的个人因素。它们试图确定激励人的具体需要。四个重要的内容理论分别是马斯洛的需求层次理论、奥尔德弗的ERG理论、赫茨伯格的双因素理论和麦克莱兰的习得性需要理论。

① 需求层次理论。早在1943年，美国著名心理学家和行为学家马斯洛在《人的动机理论》一文中，首次提出需求层次理论，把人的需要分成生理需要、安全需要、社交需要、尊重需要、自我实现需要五个层次，如图6-2所示。

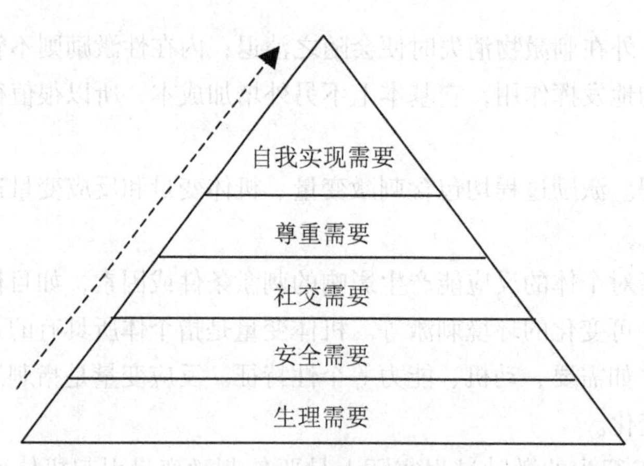

图 6-2　需求层次理论

生理的需要是指衣、食、住、空气和睡眠等人类最原始的、最基本的、赖以生存的需要。如果这些需要不能得到满足，人类就难以生存下去。安全的需要是指人们寻求保护与免遭威胁和伤害，从而获得安全感的需要，包括生命安全、健康、财产安全、职业安全及生活稳定等。社交的需要主要包括两个方面内容：爱的需要和归属感。人总是希望得到别人的爱，也希望爱别人，希望得到友情、爱情、亲情等；同时，人们也希望归属于一个关系融洽的组织，能够进行社交活动、建立友谊和得到归属感。尊重的需要包括自尊和受人尊重的需要。自尊是指自己取得成就时的一种自豪感，包括一个人的独立、信心、自尊心等。受人尊重是指自己做出的贡献得到他人的承认，包括个人的威望、地位、名誉等。自我实现的需要是指追求发挥自己全部能力和潜力，实现理想的需要，包括成就感、胜任感等。

马斯洛将五种需要划分为高级需要和低级需要。生理需要和安全需要属于低级需要，社交、尊重和自我实现的需要属于高级需要。低级需要通过外界条件来满足，而高级需要通过自身内部来满足。马斯洛认为人的需要是有层次的，而且是逐级上升的，在低一级的需要得到实质性的满足之后，就不再发挥激励作用了，由高一层次的需要来发挥主导作用。高一层次的需要也只有在低一层次的需要得到满足之后才出现。马斯洛还认为人同时存在多种需要，但在特定时期、特定环境中，总有某一种需要占主导地位，支配人的行为，这被称为主导需要。人的需要结构和主导需要是由个人的个性及所处的环境决定的。

② ERG 理论。美国耶鲁大学教授奥尔德弗（C. P. Alderfer）于 1969 年在“人类需要新理论的经验测试”一文中提出了 ERG 理论，该理论也被称作“生存（existence）、关系（relatedness）、发展（growth）”理论。他将人的需要分为生存需要、关系需要和发展需要三种。生存需要是指人类最基本的生理需要和物质需要，包括衣、食、住、空气等，也包括组织为成员提供的报酬、福利和安全保障以及对工作条件和环境的需要等。关系需要是指希望与人交往并建立和维持融洽的人际关系的需要。发展需要是指个人希望充分发挥个人能力，获得成就、尊重以及获得更大发展机会的需要。

该理论与马斯洛层次需求理论有相似之处，都认为人的需要是有层次的，由低级到高级逐级上升的并且彼此之间都是有联系的。不同之处在于：需求层次理论建立在“满足—上升”的观点之上，即认为只有低层次需要满足之后，才会上升到高层次的需要；而ERG理论除了承认以上观点外，又提出了“挫折—倒退”的观点，认为个人的较高级需要受挫后，会重新关注较低层的需要。例如，如果一个人在追求发展的需要方面受挫，他会转而追求更好的人际关系和满足生存需要，以获得心理平衡。

③ 激励—保健理论。美国心理学家弗雷德里克·赫茨伯格（F. Herzberg）于1959年提出了“激励—保健理论”。他总结出几种影响工作态度的因素，如表6-3所示。

表6-3 保健与激励因素

与工作不满意有关的因素（保健因素）	与工作满意有关的因素（激励因素）
政策和制度	成就
监督管理	对成就的认可
人际关系	工作本身
工作条件	责任
工资	发展
地位	成长
安全	

经调查发现，人们对工作满意的回答和不满意的回答大相径庭。使员工感到不满意的因素往往由外界工作环境引起的，使员工感到满意的因素则是由工作本身引起的。同时，人们往往把引起对工作满意的因素归功于自己，把引起对工作不满意的因素归于外界。

传统的“满意—不满意”的观点认为满意的对立面是不满意，赫茨伯格否定了这一观点，他提出：满意的对立面是没有满意，不满意的对立面是没有不满意。员工的满意和不满意是不同性质的。

由此，赫茨伯格总结出：影响人的工作动机的种种因素可以分为两大类——保健因素和激励因素。

保健因素是与人们的不满情绪有关的因素。这类因素在不被满足时引起人们不满情绪，但满足时只能消除人们的不满，却不能激发积极性。这类因素往往是和工作环境或条件有关的，如工作安全感、工作中的人际关系氛围、公司政策和行政制度、薪水以及福利等。

激励因素是与人们的满意情绪有关的因素。这类因素在被满足时使人们感到满意；不满足时使人们感觉不到满意，但不会导致不满。这类因素往往与工作本身有关，如工作本身带来的机会和成就、组织承诺、升职机会、职位责任、获得发展的机会等。

④ 成就理论。美国哈佛大学心理学家麦克莱兰于20世纪50年代提出，在人的生理需要满足之后，会出现三种重要的需要：成就需要、权力需要和归属需要。

成就需要是指个体追求卓越、实现目标、争取成功的需要。具有高成就需要的人往往热衷于做具有挑战性的工作，充分发挥自己的能力，追求个人成就，而不是成功的报酬本身。权力需要是指个体追求领导者的地位，希望他人追随并影响和控制他人的需要。具有高权力需要的人往往关心威望和获得对他人的影响力。归属需要是指个体期望建立和维持友好、融洽的人际关系的需要。具有高归属需要的人喜欢合作性而非竞争性的工作环境，渴望相互理解的关系。

麦克莱兰认为，对于不同的个体，三种需要在强烈程度上的排列次序是不同的。一个组织中拥有高成就需要的人越多，这个组织的发展就越快。

麦克莱兰总结了高成就者的特征：第一，他们能够为解决问题而主动承担责任，而不是将结果归于运气或其他人的原因；第二，他们希望及时获得对自己绩效的反馈，以便于判断自己是否需要改进和如何改进；第三，他们喜欢设置具有中等挑战性的目标，他们具有适度的冒险精神，他们也不喜欢成功的概率过高，因为那样对他们的能力没有挑战性；同时，他们也不是赌徒，不喜欢靠运气获得成功，因为从偶然的成功中他们得不到任何成就满足感。

（2）过程型激励理论。以上介绍的内容理论主要强调导致行为的需要和动机。这些理论主要关心的是激励人的具体的事物。激励的过程理论主要是回答如何激发、引导、延续和终止个体的行为。三种重要的过程理论分别是：期望理论、公平理论和目标设置理论。

① 期望理论。美国心理学家维克多•维鲁姆（Victor H. Vroom）在1964年出版的《工作与动机》一书中，提出了期望理论。该理论认为：一种行为倾向的强度取决于个体对于这种行为可能带来的结果的期望程度，以及这种结果对行为者具有的吸引力。所以个体工作动机的强烈程度与三种关系有关：首先，努力和绩效的关系，如果一个人认为通过努力可以达到某种绩效时，他就有动力、有决心去努力工作；如果他认为目标高不可攀或目标可以轻而易举地达到，他就不会去努力工作。其次，绩效和奖励的关系，如果一个人经过努力达到某种绩效以后能获得相应的奖励，他就有很高的工作积极性；如果他认为达到某种绩效也不会获得奖励，这就会影响他的积极性。最后，奖励和满足个人需要的关系，如果某种奖励符合个人的需要，那么这种激励对他就有吸引力，他会为得到这项奖励而努力工作；反之，如果这项奖励不能满足他的需要，那么他就不会为之努力工作，这三种关系可以用以下公式来表示：

$$动机强度=期望值\times功用性\times效价$$

这里，效价、期望值、功用性是分别与以上三种关系相对应的，即期望值为努力和绩效的关系；功用性为绩效和奖励的关系；效价为奖励和满足个人需要的关系。

期望值是指个体对经过努力能够达到某种绩效的期望概率，即能够达到某种目标的可能性的大小，介于0～1。功效性是指个体在达到某种绩效之后，对获得某种奖励的可能性的期望，也处于0～1。效价是指某种奖励对个体的效用的大小，即个体对某种特定的奖励所赋予的价值或重要性的大小，具有正负之分。如果要得到高的工作动机，期望值、功用性和效价的值都应该高。

② 公平理论。美国心理学家斯塔希·亚当斯（J. S. Adams）于 1967 年提出了公平理论。该理论的实质是研究员工的投入和所得报酬之间的比例，以及不公平对员工工作努力的影响。员工的投入指个人对工作所做的贡献或所付出的代价，包括努力的程度、技术水平、工作经验、工作数量和质量等。报酬指员工从事某项工作所得到的报酬，包括工资、奖金、提升、荣誉等。亚当斯认为在社会交换过程中，公平是一个重要的激励因素。

亚当斯指出，员工的工作努力程度不仅受自己所得的绝对报酬（即实际收入）的影响，而且还受相对报酬（即与他人相比较得到的相对报酬）的影响。员工首先考虑自己从工作中得到的报酬和投入，然后会将其比值与某参照物进行比较。当他感到自己的报酬—投入比值与参照物的比值相等时，就有公平的感觉；反之，如果两者不等，就会产生不公平的感觉。该理论的四个重要术语：一是当事人，感到公平或不公平的个体；二是其他参照对象，当事人将其投入和报酬比作为比较指标的群体或个人；三是投入，当事人为履行职务而付出的个体特征。这些特征可能是个体后天获得（如技能、经验），也可能是先天的（如年龄）；四是结果，当事人从职务中获得的东西（如认可、薪资、福利）。

公平理论指出，当员工产生不公平感时，就会导致心理上的紧张和不安，员工会试图采取行动来改变这种状况。可能会采取以下七种行为中的一种或若干种：降低自己的投入；增加自己的期望结果；增加参照对象的投入；减少参照对象的期望结果；改变自己的知觉；改变参照对象；离开该领域。

公平理论认为，员工所得的绝对报酬与工作积极性的高低并无直接联系，而与参照物相比得到的相对报酬会使员工主观上产生公平或不公平的感觉，这会影响员工的积极性。组织内的员工如果主观上感到公平合理，就会受到激励；如果有不公平感，就会影响工作积极性。

③ 目标设置理论。美国管理学家和心理学家埃德温·洛克（E. A. Locke）于 1967 年首次提出了目标设置理论，提出重视目标和争取完成目标是激励的主要源泉的观点。目标设置（goal setting）是指激励员工，通过建立绩效目标明确他们的角色认知的过程。组织中可通过两种方式增加员工绩效：增加努力的强度和持续程度；给员工一个更加清晰的角色认知，使他们努力朝着有助于提高工作绩效的行为方向发展。

目标设置比简单地告诉一个人“尽力而为”更为复杂，它需要有以下六个条件：一是明确的目标。明确的目标是指在明确的、相对短的时间里，发生可衡量的变化。例如“在未来 6 个月内将废品率降低 5%”。二是相关的目标。目标必须与个体的工作有关，并且在他的控制范围之内。三是有挑战性的目标。有挑战性的目标能够促使个体提高工作努力的强度和持续程度，当目标完成时也能满足他的成就感。四是目标承诺。理想的目标既有挑战性，也不至于太难实现，否则员工会丧失完成它们的动机。五是参与设定目标。当员工参与设定目标时，目标设定通常会更加有效，但并非总是如此。与目标由管理者单独制定相比，员工参与可以潜在地增加目标承诺，调动员工积极性和主动性。六是目标反馈。反馈（feedback）是一种人们所收到的反映其行为结果的信息。它澄清角色认知以及通过不断地提供改进绩效问题的信息来提高员工能力。反馈告诉我们是否完成了目标，或者我们的努力是否恰当。

3. 心理契约与激励

社会心理学在分析人际关系时，常把一切人际交往视为一种广义的交换。在各类交换中，交换双方往往要缔结和签订一份正式的、书面的、有法律效力的文件，贸易合同、劳务契约、结婚证书等便属于这类文件，其中明确规定了缔约双方应享有的权利和应尽的义务。但社会心理学家却认为，存在着这种正式契约的同时，双方还有着一种心理性的契约。它是非正式的，不具书面形式，也没有法律约束力；但它确实存在着，并且在遭到违反时，将削弱、恶化乃至破坏掉双方的关系。这就是作为一种广义交换的任何一种交往中，交往双方间所存在的心理契约。

心理契约（psychological contract）是个体和组织中的一方对另一方的给予和回报的期望的、不成文的协议。卢梭（Rousseau，1990）研究认为，心理契约包括交易契约（transaction contract）和关系契约（relational contract）两个维度。其中交易契约是以经济交换为基础的契约，它是指员工以加班等为代价，来换取组织提供的培训和职业发展、晋升、高额奖励等；关系契约是以社会情感交换为基础的契约，它是指员工以长期工作、对组织的忠诚为代价，来换取组织提供的长久的工作保障等。

在理想的心理契约中，个体愿意付出的和组织希望得到的完全相等；同样，组织愿意付出的和个体希望得到的也完全一致。但是事实上，这种情况很少发生。此外，心理契约也不是固定的，双方的期望都可能改变，因为双方继续满足期望的能力或意愿在改变。

在心理契约中，双方愿意给予的和希望得到的彼此一致的情况几乎没有，或越来越少，工作激励因此受到影响。心理契约能够解释这种现象为什么存在。从激励的内容理论来看，心理契约表明个体希望需要能获得满足，作为对付出的时间、努力和其他贡献的回报。以马斯洛的需求层次为例，如果雇员处在自我实现的需求层次上，但不能得到可以充分发挥能力的有挑战性的职务，激励就会受影响。换句话说，需要的满足是心理契约的组成部分；当满足需要的期望和为了实现这种满足的机会不一致时，契约就会出现矛盾，并对激励产生消极影响。[①]

6.3 动机的外在表现

动机的外在表现形式也是多种多样的，但是最主要的、最明显的形式有两种：一种是态度，一种是行为。动机起源于未满足的需要，直接引起个体对需要对象的不同态度，需要的满足与否也直接影响着态度。动机是行为的直接原因，所以动机也直接表现为行为。

① 伊万切维奇，康诺帕斯基，马特森．组织行为与管理：第7版．邵冲，苏曼，等，译．北京：机械工业出版社，2006．

6.3.1　态度

1. 态度的内涵

（1）态度的定义。态度是个体对某个特定事物所持有的一种积极或消极的评价性的心理倾向。

态度具有指向性，态度必须有态度主体（态度持有者）和态度客体（态度对象）。例如，员工对所从事工作的态度、领导对下属的态度等。

态度具有相对稳定性，它一旦形成后，在相当一段时间内是不容易改变的。态度是一种内在的心理倾向，具有行为因素，但不是行为本身，它可以从表露于外的意见、看法、主张，甚至表情、举止等来探测。

态度包含三种成分，即认知、情感和行为倾向。认知是指个体对某一对象的价值陈述，是由他所持的知识、信息、理解和评价等组成的。情感是指态度中受情绪和感情影响的部分，包括喜欢、鄙视、敬畏等。行为倾向是指个体对某一对象做出反应的意向，也就是可能做出的行为的准备状态。如表 6-4 所示，这三种成分都可以通过语言和非语言的反应模式进行表达。

表 6-4　态度成分的模式与表达

反应模式	反应成分		
	认知成分	情感成分	行为成分
语言模式	表达关于态度对象的信念	表达对态度对象的情感体验	表达针对态度对象的行为意图
非语言模式	对态度对象的感觉反应（如反应时）	对态度对象的生理反应	对态度对象的外显的行为反应

（2）态度与行为的关系。态度和行为之间具有密切的内在联系。态度对人的行为具有引导性的影响，但行为本身并不是态度，它是态度的外显，是在态度的影响下表现出的对态度对象的具体化。一般来说，一种态度会引发与其相一致的行为，但由于行为还受其他内外在因素影响，因此常常会出现态度与行为不一致的现象。

态度会影响行为效果。个体以稳定、积极的态度对待工作，在该态度持续时间内，就会有益于工作绩效的提高。反之，如果对工作或学习抱有怀疑、厌恶的态度，效率就会低下。

2. 主要的工作态度

（1）工作满意度（job satisfaction）[①]。工作满意度代表一个人对其工作和工作环境的评价，是对认知到的工作特征、工作环境和工作中的情绪体验的评估。满意的员工基于观察和情绪体验，对其所从事的工作做出赞许的评价。工作满意度是对工作和工作环境各个方面的总体态度。例如，你可能对同事很满意，但是对工作量不甚满意。

---

① 麦克沙恩，格利诺. 组织行为学：第 2 版. 汤超颖，郭理，译. 北京：中国人民大学出版社，2015：75.

（2）组织认同感（organization commitment）[①]。组织认同感又称为组织承诺，它表明了个体对自己在组织中的身份的认同程度，组织认同感分为三个维度：情感的、持续的和规范的。

情感认同是指一个员工有很强烈的愿望留在一个组织里。它包含三个因素：对组织目标和价值观的信仰；为组织付出更多努力的意愿；希望保持组织成员身份的意愿。情感认同包含了忠诚。

持续认同是一个员工因为无法承担离开的代价而希望留在组织中。有时候，员工相信如果离去，他们就会失去许多在时间、精力和利益方面的投入，而且他们也无法收回这些成本。

规范认同是一种认识到应该留在组织中的责任和义务，对于已体验到规范认同的员工来说，留在组织中，是因为他们感到应该这么做。

情感和规范认同与较低的缺勤率、较高的工作质量、生产力的提高以及一些不同类型的工作业绩相关。管理者应该鼓励情感认同，因为有认同感的人会把更多的精力投入与工作相关的方面，并且与其他人相比，离开公司的可能性也较低。

（3）工作卷入（job involvement）[②]。工作卷入用于测量一个人从心理上对其工作的认同态度以及认为他的工作绩效水平的自我价值的重要程度。工作卷入度高的员工对他们所做的工作有强烈的认同感。并且很在意自己的工作。

（4）组织支持感（perceived organization support）[③]。组织支持感是指员工对组织在多大程度上重视他们的贡献、关心他们的福利的看法。研究表明，如果员工认为他们的报酬是公平的，他们能够参与决策，主管能给他们提供支持，就会认为组织具有支持性。员工的组织支持感越强，就越容易表现出较高的组织公民行为、较低的怠工行为。

（5）员工敬业度（employee engagement）[④]。员工敬业度是指个体对工作的参与度、满意度及工作的热情。为了评估员工的敬业度，我们可以这样询问：他们是否有资源和机会学习新技能；是否认为他们的工作很重要、很有意义；他们对于与同事或上级的互动是否有价值。

3. 态度的改变

态度的改变是指个体对已形成的对于某种对象（人、事、物）的态度发生一定变化。态度的改变有两种形式：量变和质变。所谓量变，就是态度在强度上的变化，例如下属对领导的认可转变为钦佩。所谓质变，就是态度在方向上的改变，例如对某物由喜欢变为厌恶。

关于态度改变的最著名的模式是由美国耶鲁大学的霍夫兰（C. Hovland）和贾尼斯（I. Janis）提出的“劝说情景模式”。该模式归纳了影响态度改变的主要因素和变量以及

① 纳尔逊，奎克．组织行为学：基础、现实与挑战：第 3 版．桑强，王丽娟，等，译．北京：中信出版社，2004：119-120.

② 罗宾斯，贾奇．组织行为学：第 16 版．孙健敏，王震，等，译．北京：中国人民大学出版社，2016：63-67.

③ 同上。

④ 同上。

态度改变的过程，如图 6-3 所示。

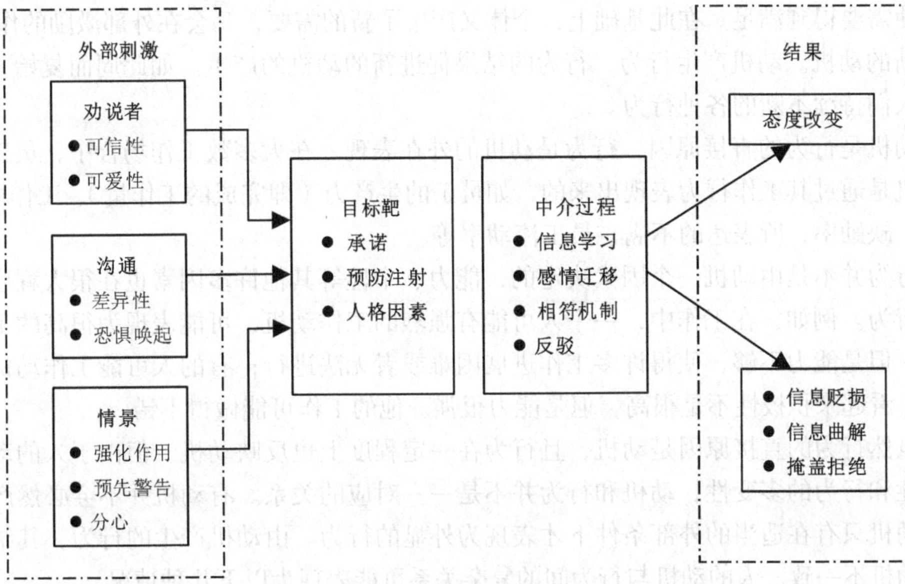

外部刺激
劝说者
● 可信性
● 可爱性
沟通
● 差异性
● 恐惧唤起
情景
● 强化作用
● 预先警告
● 分心
目标靶
● 承诺
● 预防注射
● 人格因素
中介过程
● 信息学习
● 感情迁移
● 相符机制
● 反驳
结果
态度改变
● 信息贬损
● 信息曲解
● 掩盖拒绝

图 6-3 劝说情景模式

劝说情景模式的理论基础是认知相符理论。认知相符理论认为，当个体的原有态度与外部刺激存在着差异的时候，会产生失调、不平衡、压力、冲突等，为了减轻或消除失调与压力，个体会受外部的影响，改变自己原有的态度，或者维持自己原有的态度，设法否定或抵制外部的影响。这一模式包括四个部分，即外部刺激、目标靶、中介过程和结果。外部刺激是指影响劝说对象改变态度的外界因素。目标靶是指劝说者劝说的对象，即被劝说者。中介过程是指目标靶在外部劝说和内部因素交互作用下发生态度改变的心理机制。结果是指目标靶改变态度或没有改变态度。

劝说情景模式归纳了影响态度改变的诸多因素。在实际工作中，管理者要改变员工的态度时，要首先分析态度改变模式中的各种影响因素，然后有针对性地采取改变态度的具体措施。

6.3.2 行为

内部需要和外部激励产生动机，动机是行为产生的直接原因，如图 6-4 所示。

外部激励
未满足的需要
动机
行为
需要满足
产生新的需要
反馈

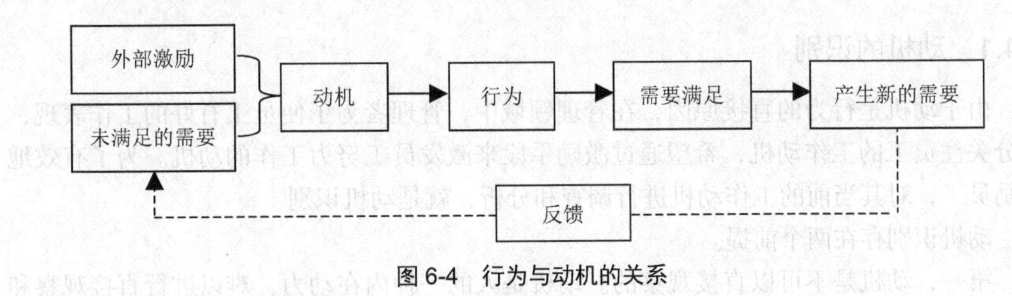

图 6-4 行为与动机的关系

内部需要和外部激励的共同作用产生了动机，动机直接引起了相应的行为，行为的结果使需要得到满足。在此基础上，个体又产生了新的需要，又会在外部激励的作用下产生新的动机。动机产生行为，行为的结果促进新的动机的产生。如此周而复始，就产生了人们持续不断的各种行为。

动机是行为的直接原因，行为是动机的外在表现。在大多数工作场合中，员工的工作动机是通过其工作行为表现出来的，如员工的生产力（即完成的工作量）、工作质量、效率、缺勤率、所表达的不满、员工流动率等。

行为并不是由动机一个因素决定的，能力、个性等其他许多因素也在很大程度上影响着行为。例如，在工作中，一个人可能有强烈的工作动机，可能表现为很高的工作积极性，但是能力不够，使得许多工作进展困难或者无法进行；有的人可能工作动机不是很强，看起来积极性不是很高，但是能力很强，他的工作可能做得不错。

虽然行为的直接原因是动机，且行为在一定程度上也反映动机，但由于人的动机的多样性和行为的多变性，动机和行为并不是一一对应的关系。有动机并不会必然产生行为，动机只有在适当的外部条件下才表现为外显的行为。由动机产生的行为，其结果可能与动机不一致。人的动机与行为间的复杂关系可能表现为以下几种情况。

（1）一种行为明显地只受一种动机支配。例如，某个员工由于一段时间经济困难，他会为了钱而努力工作。

（2）同一动机可以引起种种不同的行为。例如，为了得到更多的金钱，有的员工可能会通过更努力工作来达到，也有的员工可能会通过贪污等不正当的手段。

（3）同一行为可能出自不同的动机。例如，一个公司的员工都在努力工作，但他们有的是为了金钱，有的是为了满足自己的成就感等。

（4）一种动机可能引起与之不一致的另一种行为。有时，合理的动机可能会引起不合理的甚至错误的行为。有时，错误的动机会被外表积极的行为所掩盖。

总之，个体的外在行为与内在动机可能是一致的，也可能是不一致的。所以，不能从行为来准确地判断动机，只能进行推测。为了提高判断的准确性，需要考虑影响动机和行为的多种因素，以及它们之间的复杂关系，进行科学的、辩证的分析。

6.4 动机的管理

6.4.1 动机的识别

由于动机是行为的直接原因，在管理领域中，管理者为了使员工有好的工作表现，十分关注员工的工作动机，希望通过激励手段来激发员工努力工作的动机。为了有效地激励员工，对其当前的工作动机进行调查和分析，就是动机识别。

动机识别存在两个前提。

第一，动机是不可以直接观察的。动机是人的一种内在动力，难以进行直接观察和衡量。

第二，动机并不是个体固定的属性。由于动机是受内部需要和外部激励共同作用形成的，所以动机不是根据稳定的性情上的个体差异来定义的，而是指一种来自个体和环境因素独立影响的或者共同影响的状态，是一种动态的、内部的状态。

基于以上前提，可以得到下面两个动机识别的原则。

第一，个体动机不能被准确地判断和测量，只能通过它的外在表现——态度和行为去推测。但是由于态度和行为受诸多因素（包括个体心理、生理因素以及环境因素）的影响，以及动机和态度、行为之间的复杂关系，我们不能从行为和态度准确判断出个体的动机，只能在一定程度上进行推测。

第二，识别个体动机，必须调查个体及其所处的外界环境组成的整个系统的特征，个体动机需要放在这一系统中来考察。

为了识别动机，可将动机分为两类：可识别动机和潜在动机。

（1）可识别动机。有些动机是通过行为和态度直接反映出来的，而且能够与行为和态度保持一致。对这种动机在现有环境中，通过调查个体特质和需求以及外界环境来推测，如图 6-5 所示。

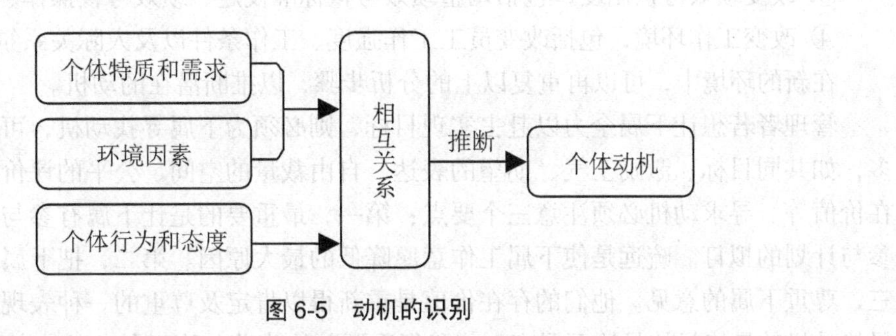

图 6-5 动机的识别

具体包括以下几个步骤。

首先，调查个体。调查个体特质及需求可以有很多方法，如通过问卷、观察、谈话、访问与其相关的人员（如亲人、朋友、同事和直接上级）等方式。

其次，调查环境。这里所说的环境包括个体的工作、地位、人际关系和工作条件等。

最后，调查行为和态度。这一阶段中，会有以下工作。

① 识别与绩效有关的行为事件。在管理工作中，员工的行为很多，管理者关心的只是与绩效相关的行为，这些行为只是工作行为中的一部分。所以，管理者需要了解各种工作行为与绩效的关系，如员工的缺勤率与绩效的关系，然后正确地识别与绩效相关性大的工作行为有哪些。

② 测量行为发生的频率。对于与绩效相关性大的行为，需要调查一定时期内该行为发生的次数，以此来推断动机强度的大小。

③ 测量工作满意度。测量工作满意度的方法包括问卷调查法、量表测量法和面谈等。

④ 识别行为和态度的各种权变因素。某一行为的发生或态度的形成，都是受各种因素影响的。只有充分考虑到这些因素，进行综合的分析，才能较准确地推断个体动机。

根据对以上三个步骤的调查，进行进一步的分析。动机源于未满足的需要，又受到外界激励的影响，因此，首先分析个体未满足的需要和外界的激励措施，从而得到可能的动机，然后对比员工的行为和态度。如果员工的行为是指向未满足的需要，行为与个体需要和外界的激励一致，那么行为就直接反映了动机；同时，根据员工的工作满意度，判断员工的需要是否得到满足，以此来判断某种动机是否会持续。

（2）潜在动机。如果行为与需要和激励不一致，那么动机就无法从行为中直接判断出来，可以称之为潜在的动机。我们可以通过改变外界环境，创造有利环境促使潜在的动机表现出来。通过环境的改变，调查行为和态度的改变，以此来发掘没有表现出来的潜在动机。环境的改变可以通过以下几个方面来实现。

① 改变工作，通过工作轮换、工作扩大化或丰富化等多种方式，观察员工在不同工作中的行为和态度，以此来推断过去未表现出来的动机。

② 改变奖酬制度，如改变晋升制度、设立多种奖励方式、改变工资和奖金的比例结构等，观察在不同的奖酬制度下员工行为和态度的改变来判断其动机。

③ 改变绩效考核制度，包括调整绩效考核标准设定、绩效考核操作、薪酬调整等。

④ 改变工作环境，包括改变员工工作强度、工作条件以及人际关系氛围等。

在新的环境中，可以再重复以上的分析步骤，以推断潜在的动机。

管理者若想让下属全力以赴去实现目标，则必须为下属寻找动机，可提供的动机很多，如共同目标、激励士气、期望的表达、自由裁量的空间、公平的评价以及尊重其存在价值等。寻求动机必须注意三个要点：第一，最重要的是让下属有参与感，亦即使其参与计划的拟订。疏远是使下属工作意愿降低的最大原因。第二，把下属当成主角。第三，尊重下属的意见。他们的存在价值是重新得以肯定及尊重的一种表现。应该牢记，寻找动机的最终目的是让下属产生“我很重要”的感觉，从而全力以赴享受“满足感”。

6.4.2 动机的测量

1. 内隐动机与外显动机

一般认为，动机是一种由目标或对象所引导、激发和维持的个体活动的内在心理过程或内部动力。关于人类动机的研究为支持动机是由两个独立系统组成的假设提供了大量的理论支持，大多数动机领域的研究者都支持麦克莱兰关于内隐动机和外显动机是两个独立系统的观点。从麦克莱兰的理论来看，内隐动机是指那些为了达成某些期望的目标（如更好地完成某事）而具有的持久的偏好和需求（如成就需要），是由完成一项活动的内在刺激驱动的（如掌握一项有挑战性的任务），并且不需要有意识的思考就能影响个体的行为（例如对于一项任务个体要付出多少努力）；而外显动机基于个体的自我意象，它包含目标、价值观和愿望等个体能够清晰意识到的东西，可以从个体能自我意识到的选择行为和对任务、活动的评估中反映出来。

麦克莱兰假设内隐动机基于情感偏好，即基于把某种动机刺激的满足体验为奖赏和愉快的能力。这种能力是内隐动机三种功能（选择、定向和激励行为）的核心。通过条件反射的、工具性的和情节性的学习，个体习得并保持了与愉快刺激有关的线索、行为和背景。这反过来又在以后吸引了个体的注意，并激励了朝向再次获得奖赏目标的行为。外显动机可以指导主动的目标设定，并由此把内隐动机的表达调制为特定背景中的行为，甚至凌驾于内隐动机之上，由此使人类的行为既灵活又稳定，也就是说，既有适应能力又有一定的规范约束。这在其他物种中是没有的。总之，在功能上，内隐与外显动机的区别在于前者是激励行为，后者是调制行为；在刺激源上，内隐动机是对内源情感性刺激的反应，外显动机则是对社会外源刺激的反应。

2. 内隐动机的测量

（1）主题统觉测验（TAT）。1935 年，摩根（C. D. Morgan）和默瑞（H. A. Murray）于《神经精神病学档案》一刊上发表了《主题统觉测验——一直研究幻想的方法》一文，1935 年将此测验应用于哈佛心理诊所，1943 年默瑞于哈佛大学出版《主题统觉测验》一书。后来经过多次修订，TAT 逐渐被推广应用。个体对于内隐动机是无法察觉也不能进行自我报告的，但是通过使用 TAT 让被试者幻想故事，却可以比自陈法更清晰地反映出被试者的动机。因此，许多关于内隐动机和外显动机的研究都使用 TAT 来测量内隐动机。在这一测验中被试者被要求根据一系列含义模糊的图片编写故事，然后由经过专业训练的人员对故事的相关内容进行计分，从而得出被试者内隐动机的得分。

（2）工作风格测验（WST）。使用 TAT 投射技术测量内隐动机，存在着施测、计分的不便及主观性较大等问题；而使用问卷测量，既难以避免被试者作假，又存在测量概念上的差异。这些问题影响了 TAT 测验和问卷法在人事选拔中的应用。针对传统内隐动机测量中的这些不足，瓦格纳 · 门京（Wagner Menghin）介绍了库宾格（Kubinger）等在成就动机研究中首创的工作风格成套测验（Work Style Battery Test，WST）。工作风格测验包括两种任务：一种是符号编码（Coding Symbols，CS）；另一种是图形辨别（Figure Discrimination，FD）。符号编码（CS）是由五个层次构成的速度测试任务。测试内容包含三项指标：抱负水平、耐挫力和持久性。

WST 测量依赖于行为观察，而不依赖行为的自我评定，所以研究者认为，该方法较之问卷调查，更可能得到真实结果，而且比投射测验更为客观。

（3）多元动机网格测验（MMG）。为了解决传统 TAT 测验费时费力的缺点，索可洛斯基（Sokolowski）等基于 20 世纪 70 年代后期发展起来的单个动机网格技术（Grid Technique），发明了一种对三大动机同时进行测量的工具——多动机网格技术（Multi-Motive Grid，MMG）。它结合了 TAT 和问卷测量的特点，是一种测量内隐动机的半投射方法。类似于 TAT，多动机网格技术也是向被试者呈现一系列模糊图片，以引起动机意象。在每幅图片后附有一组陈述，要求被试者选出适合于图片的陈述，并以此取代编写故事。不同的图片与不同的陈述形成了一个矩阵，它有 $i \times j$ 个单元，或叫网格（Grid）。如果要计算某种动机的分数，只需数出该动机相关陈述被选择的个数即可。这种方法进一步减少了施测、计分、数据处理的时间和精力耗费。[①]

数据表明，MMG 是测量内隐成就、归属和权力动机的有效的心理测量方法。MMG

① 杜建政，李明. 内隐动机测量的新方法. 心理科学进展，2007（3）：458-463.

方便实用，在对管理人员样本的研究中很受欢迎，而且具有相当高的信度和效度。

（4）内隐联想测验（IAT）。内隐联想测验（Implicit Association Test，IAT）是格林瓦德（Greenwald）等人于1998年提出的一种通过测量概念词和属性词之间评价性联系，从而对个体的内隐态度等内隐社会认知进行间接测量的新方法。IAT是以自我图式理论为基础的，自我图式是一个以自我概念为中心的高度组织的丰富的观念群。自我图式理论认为，内隐联想测验已被广泛运用于心理学各个领域。与自我不相容的信息相比，自我相容的信息和自我概念的联系更为紧密，此类信息能更快、更有效地被加工。内隐联想测验就是通过一种计算机化的分类任务来测量两类词（概念词与属性词）之间的自动化联系的紧密程度，继而对个体的内隐态度进行测量。

内隐联想测验以反应时为指标，基本过程是呈现刺激词，让被试者尽快地进行辨别归类（即归于某一概念词）并按键反应，反应时被自动地记录下来。归类任务有两种：一种是单一区分任务（single discriminate task），即对单一的刺激做出属于哪一个概念的判断；另一种是联合区分任务（combined discriminate task），在该任务中，概念词和属性词之间有两种可能的关系：相容的和不相容的；所谓相容，是指二者的联系与被试者内隐的态度一致，反之则为不相容，相容条件下，由于概念词和属性词之间的关系与内隐态度一致，人们辨别分类相对较容易，因而反应时间较短；不相容条件下，概念词与属性词之间的关系与人们的内隐态度不一致，辨别分类时会产生认知冲突，因而反应时间长；两种条件下的平均反应时间之差即为内隐态度的指标。

格林瓦德等通过一系列研究发现，内隐联想测验能够有效地防止意识的干扰和自我矫饰的作用。另外，研究还发现内隐联想测验在内隐态度、内隐自我概念和内隐刻板印象等结构的测量上均具有良好的效度和信度，是一种可靠而有效的间接测量方法。

3. 外显动机的测量

外显动机的测量大多采用自陈量表法（自我报告方法），直接询问人们其动机、意向、目的、追求是什么，或在一定情境下他们偏向于做什么。这种方法的假设是，行为的原因是有意识地表征的。主要的外显测量（自陈量表）包括以下几种。

（1）个人努力评测工具（PSAP）。在个人努力评测工具（Personal Striving Assessment Packet，PSAP）中，首先要求被试者自由描述所追求的有自己特色的目标。该技术可为每个被试者提供有其个人特色的个人奋斗列表。本列表描述了12个奋斗的类型：① 积极/消极；② 内心/人际；③ 成就；④ 归属与亲和；⑤ 权力；⑥ 个人成长与健康；⑦ 自我展示（self-presentation）；⑧ 自治（autonomy）；⑨ 自我挫败（self-defeating）；⑩ 情绪性；⑪ 传承或再生（generativity）；⑫ 自我超越（self-transcendence）。这些类别并没有穷尽一切，而只是常用的一般类别。根据研究目的，可以加入其他类别。每一类都给出了定义标准和奋斗目标的例子。各类间并非互相排斥；所有奋斗目标都可以在类别①和类别②中编码，但某一奋斗目标并不一定适合于类别③～⑫种的一种或多种。如果出现这种情况，最好是将该列空着，而非强行归入似乎最好的某个类别。某一奋斗目标也许会覆盖一个或多个动机类别（③~⑥），但这种情况很少。如"强迫他人喜欢我"可同时被计为归属和权利。同样，我们所关心的也是其中的成就、归属与亲和、权力三种主要动机。

（2）生活目标测验（Goals）。生活目标测验可测量个体赋予生活目标的重要性，实际上测的就是外显动机。量表非常简洁，共 24 项，但可有效测量六种动机：成就（achievement）、归属（affiliation）、享乐（hedonism）、利他（altruism）、权力（power）、亲和（intimacy）。采用五点量表，计分极为简单，将各项目得分相加即可。

① 成就：不断提高我的教育水平；拓宽我的视野；不断提高我自己；发展我的技能。

② 归属：与他人共度大部分时光；与很多人交朋友；与他人共同参与多种活动；拥有广泛的朋友圈。

③ 享乐：过令人激动的生活；过冒险的生活；充分享受生活；过令人兴奋的生活。

④ 利他：支持他人的努力；做事大公无私；做善事；帮助有困难的人。

⑤ 权力：具有影响力；拥有较高社会地位；获得公众认可；拥有有声望的地位。

⑥ 亲和：与某人有亲近私密关系；给予他人以同情和关爱；拥有可信赖的关系；获得他人的同情与关爱。

本章小结

1．动机是在自我调节的作用下，个体使自身的内在要求（如需要、驱动力）与行为的外在诱因（如目标、奖惩）相协调，从而形成影响个体自发行为的方向、强度和持久程度的内在力量。

2．需要是个体对其生存和发展的某些条件感到缺乏而力求获得满足的一种心理状态。需要反映的是人对客观事物（客观条件）的一种依赖关系。内驱力是一种力求实现需要的满足，消除某种缺乏或不足状况的内在驱动力。

3．激励是指激发、鼓励，利用某种外部诱因调动人的积极性和创造性，使人有一股内在的动力，朝向所期望的目标前进的心理过程。激励的实质在于通过有效的外在刺激引发内在的动机，达到激发潜能、努力工作、实现组织目标的目的。激励的目的是充分调动员工的工作积极性和创造性。

4．个体激励理论可以归纳为内容型和过程型两大类。内容型激励理论关注具体的激励因素，重点放在需求的本质以及激励的事物之上；过程型激励理论关注行为是如何被激发的，重点是激励的实际过程。内容型激励理论主要有：马斯洛的需求层次理论、奥尔德弗的 ERG 理论、赫茨伯格的双因素理论和麦克莱兰的习得性需要理论。过程型激励理论主要有：期望理论、公平理论和目标设置理论。

5．态度是个体对某个特定事物所持有的一种积极或消极的评价性的心理倾向。态度包含三种成分：认知、情感和行为倾向。

6．动机识别的两个原则：个体动机不能被准确地判断和测量，只能通过它的外在表现——态度和行为去推测；识别个体动机，必须调查个体及其所处的外界环境组成的整个系统的特征，个体动机需要放在这一系统中来考察。

7．内隐动机是指那些为了达成某些期望的目标而具有的持久的偏好和需求，是由完成一项活动的内在刺激驱动的，并且不需要有意识的思考就能影响个体的行为；而外显动机基于个体的自我意象，它包含目标、价值观和愿望等个体能够清晰地意识到的东西，可以从个体能自我意识到的选择行为和对任务、活动的评估中反映出来。

8．内隐动机的测量方法主要有主题统觉测验（TAT）、工作风格测验（WST）、多元动机网格测验（MMG）、内隐联想测验（IAT）。外显动机的测量方法主要有个人努力评测工具（PSAP）、生活目标测验（Goals）。

关键概念

动机（motivation）
需要（need）
内驱力（driver）
激励因素（motivation factor）
保健因素（hygiene factor）
公平（equity）
目标设置（goal setting）
心理契约（psychological contract）
态度（attitude）

管理工具

需要的类别
需要与动机的转化关系
基于内容和过程的激励理论分类
管理者激励员工的方法
态度成分的模式与表达
直接（外显）评估法
间接（内隐）评估法
劝说情景模式
行为与动机的关系
动机的识别
主题统觉测验（TAT）
工作风格测验（WST）
多元动机网格测验（MMG）
内隐联想测验（IAT）
个人努力评测工具（PSAP）
生活目标测验（Goals）

思考题

1．动机理论的知识对管理者有哪些帮助？

2．从管理者在工作中应用的角度来解释“激励”。

3．马斯洛描述的五种需要是哪些？举例说明每种需要是如何被满足的。

4．比较马斯洛的需要层次理论和奥尔德弗的 ERG 理论、赫茨伯格的双因素理论的相似性和差异性。

5．保健因素和激励因素有什么不同？双因素理论对管理者有什么指导意义？

6．描述麦克莱兰提出的三种需要，它们与员工的行为有什么关系？

7．用期望理论的三元素解释，在暴风雪的日子里为什么有些员工会准时上班，而有些员工则不愿意出门？

8．如果你是一名管理者，你会采取什么措施来提高员工的工作积极性？

9．假设有一项你必须做的有挑战性的工作，你如何激励自己完成该工作？你会偶尔感到工作太难吗？你甚至想过要放弃吗？哪些因素（内在的和外在的）激励你圆满完成了工作？

自我测试

明尼苏达满意度问卷

案例讨论

咱们公司的年轻人

案例讨论

一个 90 后的辞职理由，令我们反思曾经的深信不疑

讨论：

1. 谈谈如何激励组织内的“80 后”“90 后”员工？
2. 阐述赫茨伯格的“双因素”激励理论的要点。运用“双因素”理论并结合材料解释“80 后”“90 后”为什么辞职。

拓展阅读

推荐书目：马金斯基．心理学与工作：工业与组织心理学导论（原书第 10 版）．姚翔，等，译．北京：机械工业出版社，2014．

本书是一本实用的应用心理学教材，是美国实业界心理学家多年管理经验的总结，更多应用实践智慧，在社会背景下看心理学在工作中的应用。研究工作中的心理学，对于理解工作的意义、把握职业生涯、提升工作生活质量有不可估量的作用。本书恰好可以在这方面为读者提供有益的帮助。

在经济发展中，劳动力是经济动荡变革过程中的主要承担者，本书将工业与组织心理学和经济发展结合起来，探究了经济形势对劳动者和组织产生怎样的影响。

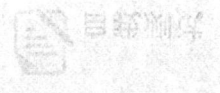

第7章 个性

本章学习目标

1. 了解气质的含义；
2. 了解气质的规律并能够将规律应用在管理工作中；
3. 了解性格特点及形成过程；
4. 掌握个性与管理的匹配关系；
5. 了解个性测评的几种常用方法。

引例

《西游记》中唐僧师徒四人成功取得真经的故事经常被管理者们津津乐道。唐僧所带领的团队性格与气质的完美组合，值得我们研究。在取经路上，孙悟空有见恶必除、除恶务尽的勇气和精神，在任何艰难困苦的条件下都能机智应变，能够根据不同的情形采取不同的斗争策略，是干事创业的中坚力量，但有时候也要闹点“小脾气”，也需要紧箍咒加以约束。猪八戒这个人物既有显著的优点又有缺点，一方面，他重活、脏活都干，秉性憨直；另一方面，他好色、贪吃、懒惰、爱耍小聪明，是组织中的开心果。但要想成就一番事业，也需要唐僧的教育和孙悟空的监督，否则容易走向反面。沙僧虽然能力平平，但为人老实，任劳任怨，埋头苦干，是这个团队的基础力量。

《西游记》中唐僧所带领的团队能够成功说明了：首先，在一个团队中存在不同的职能分工，每一个成员所扮演的角色也各不相同，因此对于员工个性也存在不同的要求。其次，有的工作往往需要几种不同类型的人协同完成，才能取得令人满意的结果。这就需要在配备人员的时候要适当考虑员工个性的相辅和互补。在一个团队中，按照个人的个性特征适当地进行人事编排，使不同气质成员相互合作，发挥彼此个性的互补、相辅作用，将有利于工作任务的完成和工作效率的提高。人员配置注意个性的相辅和互补，还有利于协调群体的人际关系、和谐群体的社会心理气氛。

个性与日常生活中所谈及的性格有所不同，性格是个性的一部分。个性主要由个性倾向性与个性心理特征所组成。个性倾向性包括需要、动机、兴趣、理想、信念、世界观等。这些组成部分是人们进行生活和工作的基本动力。个性心理特征主要包括气质、性格、能力。本章主要描述个性心理特征中气质与性格两个方面的知识与应用。

7.1 气质的含义

心理学中所说的气质，并非日常生活中所指的一个人的风度或仪表，而是俗称的“脾气”。每个人都有各自不同的性情脾气，有的人活泼好动、反应机敏；有的人则安静沉稳、反应迟缓；有的人情绪容易激动、一触即发；有的人则情绪柔弱、不露声色。这都是人气质的表现，它体现了人与人个性差异的另一个侧面。了解气质的一般概念、规律和员工的气质特点，有助于提高企业管理者管理工作的实效性。

7.1.1 气质的内涵

1. 气质的定义

气质（temperament）是指人的心理活动典型而稳定的动力特征。

首先，气质是人的心理活动的动力特征。所谓动力特征，是指心理活动的强度（情绪体验的强度、外显动作的强度、意志努力的程度等）、速度（知觉或思维反应的速度、情绪体验产生的速度等）、稳定性（注意的稳定性、情绪的稳定等）以及心理活动的倾向性（心理活动倾向于外部或内部）等。

当然，任何人遇到有兴趣的事情总会精神振奋、干劲倍增；对不感兴趣的事情则精神不振、情绪低落。这种由活动的动机、目的及兴趣引起的心理活动的动力性表现不属于气质的特点。气质的动力性特征主要受个体生物性的制约。

其次，气质是人的典型的、稳定的心理特点。由于气质是个体出生时就固有的，且每个人都有不同的气质特点，因此，它给人的全部心理活动染上独特的色彩，所以它是典型的。由于气质受高级神经活动所制约，所以它是稳定的，一旦形成就难以改变。俗话说“江山易改，禀性难移”，这里的秉性就是气质。尽管随着环境、教育的改变，个人自身修养的提高，人的气质也会发生某些改变，活泼好动变得安静稳重了，好发脾气变得能控制自己的情绪了。但这仅仅是外部表现的改变，是气质的掩蔽现象，其内部产生质的变化则比较困难。

2. 气质的特性

1）气质的心理特性

气质的心理特性反映的是一个人的气质在其心理活动和行为的各方面表现出的特点，它既是动力特征的具体表现维度，也是进一步划分气质类型的心理依据或心理指标。它主要包括以下几个方面。

（1）感受性。这是指人对外界刺激产生感觉的能力。可以根据人们产生心理反应所需要的外界刺激的最小强度的大小来判断感受性的高低。

（2）耐受性。这是指人在经受外界刺激作用时，在作用时间和作用强度上所表现出的承受程度。可以从人们是否能够长时间或在高度紧张条件下进行有效心理活动的情况中，判断其耐受性的高低。

（3）不随意反应。这是指人随意发生的心理反应和心理过程进行的速度。可以从人们在某些刺激作用下引起的不随意注意的指向性或不随意反应的指向性方面来判断不随意反应的强弱。

（4）反应速度。这是指人随意发生的心理反应和心理过程进行的速度。可以从人们言语、识记、思维、动作等方面的速度上来判断其反应快慢。

（5）灵活性。这是指人对外界信号的改造上所表现出的敏捷程度。可以从人们根据环境变化转换反应的能力上，或从是否能迅速以迂回方式达到目的的行为表现中，判断其灵活性的大小。

（6）情绪兴奋性。这是指人的情绪易产生的强烈程度。可从人们在同样刺激下所产生的情绪反应强度上判断其兴奋性的高低。

（7）倾向性。这是指人的心理活动、言语和动作反应倾向于外部还是内部。倾向于外部的叫外向型，倾向于内部的叫内向型。①

2）气质的规律

（1）气质的生理基础。高级神经活动类型是气质的生理基础。20 世纪初，巴甫洛夫创立了高级神经活动学说。他认为气质类型是高级神经类型在人的行为方式上的表现，并指出高级神经活动有三个基本特性：强度、灵活性和平衡性。巴甫洛夫根据三个基本特性的不同组合，把高级动物的高级神经活动划分为许多类型。其中基本的类型有四种。

强、不平衡型。这种类型的特点是：兴奋过程强于抑制过程，是一种兴奋、奔放不羁的类型，也称为“不可遏止型”“兴奋型”。

强、平衡、灵活型。这种类型的特点是：反应灵敏、好动活泼，能较快适应变化了的外部环境，也称为“活泼型”。

强、平衡、不灵活型。这种类型的特点是：较容易形成条件反射，但不容易改造，是一种坚毅而行动迟缓的类型，也称为“安静型”。

弱型。这种类型的特点是：兴奋和抑制过程都很弱，表现得胆小怕事，在艰难工作任务面前，正常的高级神经活动易受破坏而产生神经症，也称为“抑制型”。

巴甫洛夫认为，上述四种类型是动物与人共有的，因此，称为一般类型。神经类型的一般类型即为气质的生理基础。这四种类型相当于希波克里特对气质的分类，其对应关系如表 7-1 所示。

表 7-1 神经活动类型与气质类型的对应关系

<table>
<tr><th colspan="3">高级神经活动类型</th><th>气 质 类 型</th></tr>
<tr><td rowspan="3">强型</td><td colspan="2">不平衡型、不可遏制型（兴奋型）</td><td>胆汁质</td></tr>
<tr><td rowspan="2">平衡</td><td>灵活性高（活泼型）</td><td>多血质</td></tr>
<tr><td>灵活性低（安静型）</td><td>黏液质</td></tr>
<tr><td>弱型</td><td colspan="2">抑制型</td><td>抑郁质</td></tr>
</table>

（2）气质的天赋性。高级神经活动的特性是气质产生的生理基础，而人的高级神经活动的特性是由个体的生理因素决定的，是与生俱有的。盖赛尔（Gesell）对新生儿的研

① 叶奕干，何存道，梁宁建．普通心理学．上海：华东师范大学出版社，2009：382．

究以及我国心理学家林崇德（1982）对同卵双生子、异卵双生子的研究均证实了气质的天赋性及差异性。如果到产房里观察会发现，有的新生儿好动，有的则安详；有的新生儿活泼，有的则文静；有的新生儿灵敏，有的则迟钝。说明人一出生，就带来了气质上的差异。因此，人生来并不是一张白纸，而是各具有不同的底色，这底色就是气质。

正因为气质具有先天性，由生理决定，因而具有更大的稳定性。尽管受到遗传变量、年龄变量、教育变量、社会变量以及实践变量的影响，人的气质也会具有可变性，但这个可变性是一个长期渐进的过程，是十分缓慢的，气质的被“掩盖”或“改造”，更多地取决于人的性格。

（3）气质无好坏。气质本身无好坏之分，其原因在于：第一，每种气质类型都有积极的方面，也有消极的方面。例如，胆汁质的人，精力充沛，耐受力强，但易怒急躁，难以自制；多血质的人，机敏灵活，容易适应新的环境，富有生气，但注意不稳定，兴趣易转移，认识事物易浅尝辄止；黏液质的人，反应较迟钝，言语、动作较慢，但有耐心、恒心，考虑问题周到细致；抑郁质的人，胆小怕事，多愁善感，优柔寡断，容易疲劳，但精力集中，谨慎细心，情感细腻。可见，每一种气质类型在影响人的心理过程的进行或个性品质的形式上，都存在向好、坏两个方面发展的可能性。在一定情况下可能具有积极意义，而在另一种情况下，可能具有消极意义。例如，胆汁质类型的人，当别人处于困难时，常扶危济困，见义勇为。但在别人闹纠纷的场合下，常不由自主地加入他人的纠纷之中，由于感情用事往往产生攻击性行为。第二，气质不能决定一个人的社会价值和成就的高低。即是说任何一种气质类型的人都可以实现人生价值并在自己可从事的领域中创造出非凡的业绩。例如，俄国四位著名的文学家就分别属于四种气质类型：普希金是胆汁质，赫尔岑是多血质，克雷洛夫是黏液质，果戈理是抑郁质。气质不能决定一个人的社会价值与成就高低，其机理在于一个人的价值与成就主要取决于一个人的个性品质，特别是性格的道德特征、动机、信念、自我意识，而非气质本身。气质的价值仅在于影响一个人工作的效率以及对活动的适应性。例如，要求做出灵活、迅速反应的工作，因多血质和胆汁质的人其原始气质有其优势，顺其自然就很容易适应，因而就较合适，但对于黏液质、抑郁质的人则必须克服或改造其原始气质的弱点，才能适应该工作的要求。因而气质类型的鉴定在职业选定、特殊专业人员的培训方面有重要意义。

7.1.2 气质的类型及其理论

1. 气质类型

根据气质在人身上的表现所划分的类型叫气质类型。公元前5世纪由古希腊医生希波克里特（Hippocrates，公元前437—公元前377年）在《论人的本性》一书中最早提出了著名的“体液说”。他认为人体内有四种液体：生于脑的黏液，生于肝的黄胆汁，生于胃的黑胆汁，生于心脏的血液。这四种液体形成了人的气质。之后，罗马医生盖伦（C.Galen，）对气质进行了分类，并认为每种气质类型特点的表现是由于四种液体中的某种液体在体内占的优势决定的。如果肌体内四种液体的混合中，以黄胆汁占优势称为胆汁质；以血液占优势称为多血质；以黏液占优势称为黏液质；以黑胆汁占优势称为抑郁质。人们对气质类型的称谓采用这四种叫法，并沿用至今。四种气质类型的心理特性的不同组合情况如表 7-2 所示。

表 7-2　典型气质类型与心理指标

气质类型	感受性	耐受性	敏捷性	情绪兴奋性	倾向性	速度	不随意反应
胆汁质	低	较高	不灵活	高	外向	快	强
多血质	低	较高	灵活	高	外向	快	强
黏液质	低	高	不灵活	低	内向	慢	弱
抑郁质	高	低	不灵活	体验深刻	内向	慢	弱

四种典型的气质类型在个体身上都有不同的心理特征和行为表现，简介如下。

多血质：活泼好动，反应迅速，行动敏捷，灵活。易动感情，富于生气，情绪发生快而多变，表情丰富，外向，但情感体验不深。容易适应新的环境。兴趣广泛但易变化，注意力易转移。

黏液质：安静，沉着，稳重，反应缓慢，思维、言语及动作迟缓。具有较强的自我克制力，生活有规律，不为无为的事而分心，做事踏实认真，有耐久力，很适宜从事有条理和持久的工作，不喜欢空谈。焦急适度，不卑不亢。但易因循守旧，不易改变旧习惯去适应新环境。坚韧、执拗、淡漠。

胆汁质：精力旺盛，性情直率，待人热情，容易激动，易感情用事，性急，暴躁，爱发火，在行为上表现出极大的不平衡性。心血来潮时不怕困难，工作热情很高，反之，情绪会一落千丈，做事没有热情。心理活动具有迅速而爆发的色彩。

抑郁质：忸怩，怯懦，多愁善感，办事犹豫不决，优柔寡断；反应缓慢，但细心、谨慎、感受力强。生活中遇到波折易产生沉重的感情。善于察觉别人行动中的细微变化，感情细腻，富有自我体验，但情感脆弱，经不起损伤。[①]

应当说明，单一的气质类型在儿童时期较多见，随着年龄的增长，一般人多属于混合型。

2. 气质类型理论

有关气质类型的理论很多，如表 7-3 所列举的类型学说理论。

表 7-3　各气质理论及其特征

气质理论	具体分类	特征
阴阳五行说	太阴之人，多阴无阳	悲观失望，内省孤独，保守谨慎
	少阴之人，多阴少阳	冷淡沉静，节制稳健，戒备细心，善辨是非，嫉妒心强，耐受性高，自制性强
	太阳之人，多阳无阴	勇敢刚毅，坚持己见，激昂进攻，傲慢暴躁

① 朱智贤．心理学全集．北京：北京师范大学出版社，2002：386.

续表

气质理论	具体分类	特征
	少阳之人，多阳少阴	外露，乐观，机智，随和
	阴阳平和之人，阴阳气和	态度从容，平静自如，尊严谦谨，适应性强，稳定而不乱
刘邵的类型说	从德与才两个方面划分为12种类型	刚毅之人，柔顺之人，凶悍之人，惧慎之人，凌楷之人，辩博之人，弘普之人，狷介之人，休动之人，沉静之人，朴露之人，韬谲之人
孔子的类型说	狂	"狂"者对客观事物的态度是积极的，进取的，言行比较激烈，易表现于外，热情、好动
	狷	"狷"者比较沉稳，拘谨，性情偏激，"有所谨畏不为"
	中庸	属于"中庸"的人，是处于"狂""狷"之间的类型
克瑞奇米尔的体型说	瘦长型	沉默、孤僻、退缩、偏执、多思、敏感
	肥胖型	热情，活泼，好交际，易兴奋，易抑郁，情绪很不稳定
	斗士型	固执，迷恋，认真，理解迟钝，情绪具有爆发性，好斗，比较容易适应新的环境
	由于内分泌的异常造成的发育不全型	具有不正常的心理特征
谢灵顿的体型学说	内胚叶（型）	好逸恶劳，多思虑，镇静，行为随和，好社交，好美食，好睡觉
	中胚叶（型）	体力强壮，精力充沛，大胆坦率，好自作主张，有强烈权力志向，冒险，好斗，缺乏自我洞察
	外胚叶（型）	时而抑制，时而神经过敏，思路灵活，深思熟虑，属于内倾型，不善社交，但工作热心负责，睡眠很差，有疲劳感
血型说	A型血	性情温和，多疑虑，怕羞，顺从，常懊丧追悔，依从他人，独居少断，感情易冲动
	B型血	感觉灵敏，不怕羞，不易被事物所感动，长于社交，多言，好管闲事
	AB型血	外表表现为B型，内里却是A型
	O型血	志向坚强，好胜霸道，不听指挥，爱指使别人，有胆识，不愿吃亏
激素说	甲状腺型	精神饱满，感知灵敏，意志坚强；如果分泌物少则表现为迟钝、缓慢、不爱活动
	肾上腺型	表现为皮肤黑、毛发浓密、精神健旺、雄壮有力、情绪易激动、好斗。女性则可能出现肥胖和长胡须的情况
	脑下垂体型	表现为有耐心、细心、温顺、能忍受身心的痛苦
	性腺型	分泌物过多，表现为进攻行为猛烈；如果性腺分泌不足，则较少表现出进攻行为，而表现为对艺术与音乐感兴趣
	副甲状腺型	分泌物多，表现为易激动，缺乏控制力；分泌物少则表现为肌肉无力，精力不足，缺乏生活兴趣

综上所述，每一种气质都有优势与不足，重要的是认识自己的气质特点，找到最容

易发挥自己气质的环境，适应与自己气质不同的人群。在自身探索发展的道路上，能够取长补短，更加健康地发展。

7.1.3　气质管理

1. 气质与职业的匹配

研究和实践都表明，气质与职业活动有密切的关系，气质对人的活动效率有一定的影响，同时有些职业本身也要求由不同气质的人来从事，因此气质应该成为挑选和培训各种职业工作人员的一项重要依据。而对一些特殊的工种，更是对人的气质提出了特殊的要求，如果员工不具备某种气质特性就很难顺利地完成工作，这就决定了一个人是否适合从事该种职业。例如对宇航员的选拔就必须考虑他们是否具备顽强的忍耐力、是否具有非常灵敏的反应以及能否经受得住高度紧张的工作状态的特性，如果个体不具备这些特征，显然是无法成为一名合格的宇航员的。表 7-4 从希波克里特的四种气质类型出发，分析了一般情况下气质与不同职业的匹配关系，同时也对其所适应的工作特质做了一些简单的分析。

表 7-4　气质与职业选择

气质类别	气质特点	适合的工作性质	适合的职业	不适合的职业
多血质	活泼、好动、敏感、理智、胆大心细	多变性、多样性的工作和生活环境	政府及企事业单位管理者、前台、外事人员、公关人员、驾驶员、医生、律师、运动员、飞行员、消防员、警察、服务员等	单调、细致或过于持久、需要耐心的职业
胆汁质	热情直率、外露、急躁、遇困难易灰心	周期较短且见效快的工作	导游、推销员、勘探工作者、节目主持人、外事接待人员、演员等	单调、细致或过于持久、需要耐心的职业
黏液质	稳重、自制、内向	条理性强、持久性强、重复性强和熟练性强的工作	外科医生、法官、财会人员、统计员、播音员、电话接线员等	热闹、繁杂环境下的职业
抑郁质	安静、情绪不易外露、办事认真	较为细致和持久的工作，友爱与平和的工作环境	机要员、秘书、人事、编辑、档案管理员、化验员、保管员、雷达观察员等	热闹、繁杂环境下的职业

从对管理者气质类型的调查发现，气质与管理岗位之间也存在着一定的联系。经过统计研究发现，多血质、黏液质、多血质—黏液混合或胆汁质—多血质混合气质的人比较适合做管理者，因为这四类气质都具有较强的平衡性，不论是机敏的外倾还是冷静的内倾都是管理者必不可少的特质。另外，胆汁质和抑郁质的人是不宜成为管理者的，因为前者过于鲁莽且脾气又急躁，而后者则孤僻胆小、反应迟缓。

2. 对不同气质类型的管理

管理者的工作要求决定了自身需要匹配合适的气质特点，从另一个方面看，一个称职的管理者也应该结合公共组织成员所属的不同气质类型对其采用合适的管理方法，

表7-5列出了几种比较常见的个性特征中所体现的气质类型与适宜管理方法的组合。

表7-5　气质与管理方法[①]

个性特征	气质类型	行为表现	管理方法
开朗直爽	多血质	坦白直爽、兴趣广泛、爱发牢骚、不拘小节，其言行有时易被人误解	表扬为主 防微杜渐
倔强刚毅	胆汁质	能吃苦，办事有始有终，但缺乏灵活性，与领导意见不一致时不冷静，容易产生抗衡，求胜心切	经常鼓励 多教方法
粗暴急躁	胆汁质	好冲动，心中容不得不公平之事，好提意见，不太注意方式方法，事后常有后悔	肯定成绩 避开锋芒
傲慢自负	多血或胆汁质	反应快，聪明能干，过分自信，好出风头，爱发议论，听不进不同意见，虚荣心强	严格要求 表扬谨慎
沉默寡言	黏液质	少言寡语，优柔寡断，任劳任怨，踏实细心，有时工作效率不高	少用指责 多加鼓励
心胸狭窄	抑郁质	小心眼儿，遇到不顺心或涉及个人利益的事往往患得患失，难以摆脱	多用疏导 开阔胸怀
自尊心强	各种气质类型都有	上进心强，严于律己，争强好胜，听不见批评，情绪忽高忽低	开阔视野，正确认识自己和他人
疲疲沓沓	各种气质类型都有	大错不犯，小错不断，工作拈轻怕重，漠视规章制度，生活懒散	找出闪光点及时鼓励，要求严格而且具体

3. 气质的自我完善

（1）提高气质自我完善的自觉性。每一个人都要认识到：气质的特性虽有其天赋性，但仍能在后天获得改变，并完全有可能通过主观努力对其表现加以控制与调节，改变气质的不良因素是完全可能的。当然，一个人对自己气质弱点的态度，也反映出一个人的修养水平。如果面对自己的气质弱点，不仅不想自己克制，反而故作姿态，以自己的气质弱点作为引起周围人惧怕或同情的手段，或作为自己过失行为的辩解理由，就不好了，这是缺乏修养的表现。因此，气质的自我完善需以人格的自我完善为前提。

（2）了解自己的气质特点，不断改造完善自己。可通过自我观察、与他人比较、做气质测试、同事间相互评议等方式了解自己的气质特点。然后针对自己不同的气质特点扬长避短。胆汁质的人要充分发扬自己热情奔放、勇敢顽强的气质特点，克服其粗暴易怒的消极的气质特点；多血质的人，要充分发扬自己活泼、热情、灵活机智的气质特点，克服其轻浮、懈怠、见异思迁的消极的气质特点；黏液质的人，要充分发扬自己稳重踏实、沉着自制的气质特点，克服其因循守旧、固执拖拉的消极的气质特点；抑郁质的人，要充分发扬自己真挚诚恳、谨慎细心的气质特点，克服其孤僻怯懦、萎靡萎缩的消极的气质特点。

① 陈晓明．组织行为学．北京：经济科学出版社，2002：85．

7.2 性格的含义

人，是万物的灵长。同样的社会背景，同样的生活机遇，差不多的智力水平，然而，有人成功了，有人却失败了，原因在哪里？是什么起了主要作用？是性格，性格决定命运已被现代科学所证明，那么，什么是性格？性格的结构又是怎样的？管理者如何培养员工良好的性格？个体又应该怎样去进行良好性格的锤炼？这就是本节所要阐述的主要问题。

7.2.1 性格的内涵

1. 性格的定义

心理学中，一般把性格定义为：性格是一个人在对现实的态度和行为方式中表现出来的比较稳定的，具有核心意义的个性心理特征。

性格的内涵包括以下三个方面。

首先，性格是表现人对现实的态度和行为方式的个性心理特征。恩格斯说："人的性格不仅表现在他做什么，而且表现在他怎么做。""做什么"涉及一个人活动的倾向——追求什么或拒绝什么，反映了他对现实的态度；"怎么做"说明一个人如何去追求或拒绝，表现了人的行为方式。这就是说，性格体现在人对现实的态度和行为方式之中。在行为方式中，它既包括行为的方式，也包括行为的动机和内容。行为的方式又包括实践活动的方式和思维、情感、意志等心理活动的方式。这些心理特征在类似的情境中不断地出现，有一定的稳定性，以至于习惯化，便形成了人们独特的性格。例如，有的人对工作总是任劳任怨、认真负责、富有创造精神，有的则总是挑三拣四、敷衍马虎、因循守旧；当人民的财产受到损失时，有的人心急如焚、挺身保卫，有的人则无动于衷、袖手旁观，甚至幸灾乐祸、趁火打劫。这都表现了人对现实的不同态度与不同的行为方式，都是性格的表现。

其次，性格是个性中具有核心意义的个性心理特征，对其他个性心理特征起支配作用。因此，性格是一个人本质特征的体现。在性格中占主导地位的是思想与道德品质，它最突出、最鲜明地表现了人与人之间的差异，最集中地体现了个人的精神面貌，它是个性中具有核心意义的部分，它直接影响着气质、能力的表现特点与发展方向。

最后，性格是比较稳定而独特的个性心理特征。在某种情况下，人对事物的态度与做出的行为是一时的、情境性的、偶然的，不能构成人的性格特征，不是人性格特征的表现。只有那些经常性的、习惯性的表现才属于性格特征，才能称为性格。例如，一个人处理事情总是优柔寡断，偶尔一次他表现出非常果断的举动，不能说这个人具有果断的性格特征。性格具有一定的稳定性，这为我们根据人的性格特征去预测他的行为提供了可能性。

性格不仅是稳定的，又是独特的。性格总是为一个人所特有，而与别人有所不同。即使同一性格特征，不同的人也会有不同的表现。例如，同是鲁莽，张飞表现得"粗中有细”，李逵则表现为“横冲直撞”，不考虑行为的后果。

2. 性格类型

性格的类型是指一类人身上所共同具有的性格特征的独特结合。由于性格表现极端复杂，至今还没有一个公认的、有充分根据的性格分类原则。心理学家们曾以各自的标准和原则对性格进行了分类。现将几种有代表性的观点做一下介绍。

（1）机能类型说。机能类型说是英国心理学家培因和法国心理学家李波提出来的。他们根据理智、情绪、意志在性格结构中占优势的情况把人的性格划分成理智型、情绪型、意志型。属理智型的人，依理论思考而行事，以理智来衡量一切并支配行动；属情绪型的人，情绪体验深刻，不善于思考，言行举止受情绪左右；属意志型的人，活动目标明确，行为积极主动。除上述典型的类型外，还有一些中间的类型，如理智-意志型等。

（2）向性说。向性说是由瑞士心理学家荣格（C. G. Jung）提出的。这是按照人的心理活动倾向于外部或内部来划分的一种分类学说。凡是心理活动倾向于外部的叫作外倾型，心理活动倾向于内部的叫作内倾型。属外倾型的人对外部事物特别关心，思想开朗、活跃，情绪、情感丰富且外露，善于交际；属内倾型的人则较为沉静，善于思考，反映缓慢，处事谨慎，应变能力较差，不善交际。大部分人兼有外倾型与内倾型的特点而属混合型。

（3）独立—顺从说。这是一种按一个人独立性程度来划分类型的学说。独立性强的叫作独立型，独立性差的叫作顺从型。独立型的人有坚定的信念，善于独立思考，能独立地发现问题与解决问题，不易为次要的因素所干扰，在紧急困难的情况下表现为沉着冷静，易于发挥自己的力量，往往喜欢把自己的意志强加于别人；顺从型的人易受暗示，容易不加分析地接受别人的意见，依别人的意见行事，在紧急困难的情况下表现为张皇失措。

（4）文化—社会类型学说。这是按社会生活方式来划分性格类型的一种学说。德国哲学家、教育家、心理学家斯普兰格（Spranger）根据人们生活方式的六种形式，相应地把性格划分为六种类型。这六种类型分别是：① 经济型。经济型的人以经济的观点看待一切事物，从实际的效果来判断事物的价值，追求实惠，以获得财产、追求利润为生活目的；② 理论型。理论型的人能冷静而客观地观察事物，力图把握事物的本质，根据自己的知识体系来判断事物的价值，但遇到实际问题时，无法处理，以追求真理为生活目的；③ 审美型。审美型的人不大关心实际生活，而是从美的角度来判断事物的价值，珍视美的享受与创造，喜欢艺术活动；④ 宗教型。宗教型的人相信宗教，有感于圣人相救之恩，坚信永存的绝对生命，重视宗教活动；⑤ 权力型。权力型的人重视权力，并竭尽全力去获得权力，喜欢指挥别人或命令别人，又称为政治型；⑥ 社会型。社会型的人重视爱，以爱他人为最高的价值，乐于助人，有志于增进他人或社会的福利。斯普兰格认为，纯粹某种类型的人是没有的，多数人都属混合型。

（5）特性分析说。这是按照性格的多种特征的不同结合，把性格分为不同类的一种学说。吉尔福特以情绪稳定性、社会适应性和社会倾向性为指标，把性格分成 12 种特性，根据这12种特性的不同结合，可以把人的性格区分为A、B、C、D、E五种特性。A型也称为行为型，这种性格类型的人争强好胜，爱占风头，赢得输不得；急性子，遇事易急躁，说话坦率，言不择词，常打断别人谈话；喜怒无常，情绪不稳定，带有外倾型特点。B型也称为一般型，这种类型的人情绪较稳定，社会适应性较均衡，智力、体力表现一般，主观能动性较差。C型也称为平衡型，这种类型的人情绪稳定，社会适应性较好，处事沉着有条理，但不善于交际，有内倾特点。D型也称为积极型，这种类型的人积极主动，社会适应性一般，但善于交际，乐于助人，有较强的组织能力与管理才干，带有外倾型特点。E型也称为逃避型，这种类型的人宁可独处，常沉浸在内心世界之中，有自己独特的兴趣与爱好，社会适应性一般或较差。五种类型的情绪稳定性、社会适应型和心理倾向性情况如表7-6所示。

表7-6 性格分类

类型＼特征	情绪稳定性	社会适应性	心理倾向性
A	不稳定	较差	外向
B	稳定	平衡	平衡
C	稳定	良好	内向
D	稳定	平衡	外向
E	不稳定	一般或较差	内向

3. 性格的结构与特征

1）性格的结构

人的性格是由各种特征构成的。但这些特征并非杂乱堆积而成，而是有机组合成为一个完整而有序的结构。这个结构包括以下几个方面。

（1）性格的态度特征。这是指表现在对现实态度方面的性格特征。作为社会的人，总是不断地受现实生活的影响，并且总是以一定的态度做出反应。由于客观现实的复杂性和多样性，因而人对现实的态度也是多种多样的。概括起来主要有以下几种。

对社会、集体、他人的态度的性格特征。属于这方面的性格特征主要有：关心集体与无视集体；遵守纪律与自由散漫；助人为乐与自私自利；诚实与虚伪；礼貌与粗鲁；等等。

对劳动和工作态度的性格特征。属于这方面的性格特征主要有：勤劳或懒惰；奋发或懈怠；认真或马虎；务实或浮华；节约或浪费；有首创精神或墨守成规；等等。

对自己态度的性格特征。属于这方面的性格特征主要有：谦虚或自负；自信或自馁；自尊或自卑；严于律己或放任自流；等等。

（2）性格的意志特征。人自觉地调节自己的行为方式和水平表明了一个人性格的意志特征，具体表现在以下几个方面。

对行为目标明确程度的性格特征。属于这方面的性格特征有：有目的性或冲动性；有独立性或受暗示性；有组织纪律性或放纵；等等。

对行为自觉控制水平的性格特征。属于这方面的性格特征主要有：主动性或被动性；自制性或冲动性；等等。

在紧急状态或困难情况下表现的性格特征。属于这方面的性格特征主要有：勇敢或胆怯；镇定或惊慌；坚决果断或优柔寡断；等等。

对自己做出决定，执行过程中的性格特征。这方面的性格特征主要有：坚持或动摇；有原则性地灵活应变或顽固执拗；等等。

（3）性格的情绪特征。这是指人在情绪活动中表现出来的性格特征，具体表现在以下几个方面。

情绪强度方面的性格特征。这种特征主要表现为情绪对人的行为活动的感染和支配程度以及情绪受意志控制的程度。

情绪稳定性方面的性格特征。这种特征主要表现为情绪起伏和波动的程度。情绪持久性方面的性格特征。这种特征主要表现为情感保持时间的久暂程度。

情绪主导心境方面的性格特征。每个人都有主导心境，个人的主导心境鲜明地表现着他对客观现实的一般态度。主导心境方面的特征主要是指不同的主导心境在一个人身上稳定性的表现。

（4）性格的理智特征。性格的理智特征是指人在感觉、知觉、记忆、思维、想象等方面所表现出来的特点，具体表现在以下几个方面。

表现在感知方面的性格特征主要有：被动感知型和主动感知型；分析型和综合型；笼统型和精确型；描述型和解释型。

表现在记忆方面的性格特征主要有：主动记忆型和被动记忆型；有信心记忆型和无信心记忆型。

表现在思维方面性格特征主要有：深刻型和肤浅型；形象思维型和抽象思维型；灵活型和思维固执型；思维敏捷型和思维迟钝型；等等。

表现在想象方面的性格特征主要有：幻想型和现实主义型；主动想象型和被动想象型；广阔的想象型和狭窄的想象型；大胆想象型和想象受拘束型；等等。

2）性格结构的特点

（1）性格结构的完整性。性格各特征之间不是简单堆积，而是有机结合，它们相互联系，彼此制约，从而使一个人的性格表现出一定的整体性。例如，对工作或学习认真负责、踏实勤奋的人，往往在意志特征方面表现出较好的坚持性和自制力；一个在行动中一贯勇敢、顽强的人，其主导心境也往往是乐观、开朗的。由于性格特征之间存在着这种内在联系，因此，可以根据一个人的某一种性格特征来推知他的其他的性格特征。

（2）性格结构的多面性与矛盾性。性格特征在不同场所有不同的组合，从而使一个人的性格表现出一定的多面性与矛盾性。例如，一个战士在战场上是勇敢的，无所畏惧的，在平时的交往中却表现得非常腼腆与怯懦。

茅盾先生曾以作家特有的敏锐的观察力洞察了人的性格的多面性：“一个人，他在卧室里对待他大人是一种面目，在客厅接见他的朋友又是一种面目，在写字间见他的上司或下属又是一种面目，他独自关在一间房间里盘算心事的时候，更有别人不大见到的一种面目。”这都表现了人的性格在不同的场合会表现出性格的不同侧面。因此，只有在各种场合多方面考察一个人，才能把握其性格的全貌。

（3）性格的可塑性。人的性格是在长期的实践中逐渐形成的，它一旦形成就比较稳定。但这种稳定性是相对的，当环境与主观因素发生变化时，已形成的性格就会发生变化。例如，一个开朗活泼的人，如果遭受了重大的不幸事件，可能会从此寡言、内向。性格的可塑性表明了塑造美好的性格是可能的。

4. 性格与气质的关系

性格与气质是个性中既有区别又有联系的两个方面。其区别表现在以下几个方面。

（1）从形成和发展特点来看：气质是先天的，它体现着高级神经活动类型的自然表现，较多地受生物学的制约，因而可塑性较小，变化较难、较慢；而性格是“先天与后天的合金”，主要是后天的，它是在社会生活实践中逐渐形成的，因而可塑性较大，变化较易、较快。

（2）从社会评价来看：气质无好坏之分，而性格则有优劣之别。

（3）从在个性结构中的地位与作用来看：年幼儿童的个性结构中，性格特征还未完全成熟，气质特点起着重要作用；成年人的个性结构中，气质成分的作用渐减，性格特征逐渐起核心作用。

性格与气质又是互相渗透，彼此制约、紧密联系的。气质对性格的影响表现在以下几个方面。

（1）气质影响性格形成与发展的速度。例如，胆汁质的人比黏液质的人更容易形成果断与勇敢的性格特征。

（2）各种气质类型的人，即便形成统一性格特征，也保留了各自的色彩。例如，同是爱助人这一性格特征，不同气质类型的人外部表现是各不相同的。胆汁质的人常常是满腔热忱、急切豪爽地去助人；多血质的人往往是兴高采烈、能说会道、利索地去助人；黏液质的人经常是不动声色、从容不迫地去助人；抑郁质的人带着怜悯、焦虑之心默默地去助人。

性格对气质的影响表现在：由于性格在个性中占据核心地位，因此，性格调节、支配着气质，在社会实践中，性格会在一定程度上掩盖和改造气质。如果性格与气质的发展方向相一致，性格便掩盖气质。例如，多血质的人具有活泼好动的气质特征，容易形成爽朗、率直的性格。如果社会生活环境适合于这种性格的发展，即气质与性格的发展相一致，性格就会包容气质，此时，二者合二为一，性格即气质，气质被“掩盖”通过性格表现出来，而看不到自己原始的气质特征。如果性格与气质的发展方向不一致，性格则改造人的气质，使其符合性格发展的要求。上例中，如果社会生活环境不适合或不允许爽朗、率直的性格发展，要求的是沉稳、寡言的性格，那么，性格便要求自己的原始气质加以改变以符合性格的发展。这就是气质改变的生理机制。

7.2.2 性格的形成

1. 影响性格形成的因素

影响人的性格形成与发展的因素主要表现在以下几个方面。

（1）生理因素。一个人的性格的形成与发展虽然与后天环境教育密切相关，但是，性格的形成与发展也受生物学的影响，这种影响主要与人的神经系统的类型特征和内分泌的活动水平有关。例如，如果个体的甲状腺分泌不足，个体的活动就表现为迟钝，难以持久；高级神经活动类型的差异对个体的影响是多方面的。因此，从某种意义上说，性格是以一定的生物因素为前提的。另外，人的身高、体重、体形和外貌等生理上的特点，对性格的形成也有影响。因为这些特点经常会受到人们的品评，这无疑会影响一个人的性格。如先天生理缺陷者，容易成为人们讥笑或怜悯的对象，很容易形成自卑及内倾的性格。

（2）后天因素。家庭在人的性格中起奠基作用。社会对个体的影响，首先是通过家庭对其发生作用。家庭是孩子最初的学校，父母是孩子的第一任老师。

社会文化因素对人的性格形成有深刻影响。社会文化因素包括文化背景、经济地位等，它对一个人性格的形成和发展会产生深刻的影响。

就一般的文化背景而言，世界各地的风俗习惯、文化发展水平等方面存在很大的差异，这些差异从小就影响着个体的行为举止与道德规范，自然会影响着个体性格的形成与发展。

就经济地位而言，富有者可能形成奢侈、浪费的性格，贫穷者可能形成勤俭节约的性格。因此，不同的时代，不同的民族，不同的社会生活条件和自然面貌，都会影响着人们的性格，从而形成不同时代、不同民族的典型性格。在阶级社会里，不同阶级的实践形成着不同阶级的性格。当然，影响一个人性格形成与发展的因素是多方面的。即使在同样的社会背景下，所形成的性格也不尽相同。

社会实践活动最终决定人的性格形成。人的社会实践是指社会活动、生产劳动、科学实验、文化、文学艺术等活动。社会实践最终决定人的性格的形成。人在社会实践中，会根据客观现实的要求改变自己的性格，并且会形成新的性格特征。例如，军人的团结、紧张、严肃、活泼、敏捷性、纪律性等性格特点，是在部队中长期生活、训练而逐渐形成的军人的性格。同样，管理者的活泼、机智、冷静、敏感、条理化、事业心；科研人员实事求是的态度，论证问题的逻辑性、严谨性、客观性与独创性等都是实践活动的结果。

自我教育是性格形成与发展的内部动力。性格的形成与发展取决于人的生活环境，取决于所受的教育的影响与个人的实践活动。但任何外部条件的影响都必须通过个体的心理活动的自我调节才能发生作用。即使在相同的条件下，不同的人形成的性格特征也是各不相同的，有的可能变得坚强，有的则可能变得怯懦。从这个意义上来说，每个人都在塑造自己的性格，书写着自己的历史。

许多研究结果都表明，良好性格的形成，是将接受与领会的外部要求逐渐转变为对自己内部要求的过程。理解与接受了外部的社会要求，并不是立刻就能调节自身的行为。最初，儿童必须在成人经常、具体的要求下才能实现这种行为，最后才能逐渐形成个人稳定的行为方式，才能成为个人的性格特征。当然，对外部社会的要求的理解，及其对内部的要求，在不同的人身上的表现是不同的，这主要取决于个人的世界观、需要与动机。如果外部的要求与个人的世界现、需要与动机相冲突，不符合原来形成的比较稳定的态度，那么，就难以理解外部社会的要求，自然也就不能形成人这方面的性格。

在一个人成长的过程中，自我意识明显地影响着性格的形成。儿童把自己从客观环境中区分出来是性格形成的开始。人们开始努力地自我教育、自我塑造。人们会主动地寻找榜样，确定理想，并力图了解自己性格的优缺点，拟订自我教育的计划，或提出一些警句，有意识地加强行为的锻炼。因此，管理者应该顺应年轻人的这种欲望，引导他们发展自我教育的能力，逐渐培养他们良好的性格特征。

2. 性格形成的心理机制

性格形成是十分复杂的过程，它需要诸多的心理条件的作用，这些心理条件大致有以下几个方面。

（1）心理状态是从心理过程向个性心理特征转化的中心环节。任何一种心理过程的产生总伴随有一定的心理状态。心理状态在心理生活中是比心理过程更加稳定的现象，它是在一定时期内能够表明各种心理过程的一种特殊的、暂时的状态。例如，激情、聚精会神、漫不经心、积极、消沉、沮丧等都是心理状态。当这些心理状态多次重复出现，从而逐渐实现心理过程向个性心理特征的转化。于是，积极、果断、消沉、沮丧等便成为性格的特征。可见，巩固积极的心理状态，抑制不良的心理状态，是形成良好性格的一个必要条件。

（2）动机的泛化和系统化，以及相应行为方式的巩固是性格形成的基础。性格是在受情景制约的动机的基础上逐渐形成的。这种由某种情景所激发起来的动机，开始只限于具体情景的狭窄范围，后来随着类似情景的不断出现，人就以类似的行为方式重复地反应。于是，这种情境性的动机在一定条件下便发生泛化，由最初的某一情境扩展到类似情境中去，并成为在个体身上巩固下来的、带有普遍化性质的动机体系。这种动机体系和特定行为方式的融合，就形成稳定的性格特征。例如，一个人的劳动动机，开始只是指向个别场合和具体的活动，如收拾玩具、打扫房间、教室等，以后指向一切类似的行为方式，于是就形成了“勤劳”的性格特征。所以，培养良好的动机并形成巩固的行为方式，是形成良好的性格特征的又一必要条件。

（3）解决一系列心理矛盾是形成性格的重要条件。在每个人的性格形成过程中，会碰到一系列的矛盾和冲突，如社会生活的新要求与原有心理水平的矛盾；各种相互抵触的影响和要求所引起的心理冲突；认识和行为习惯的矛盾；新旧行为习惯之间的矛盾等。只有解决这一系列矛盾，才可能形成良好的性格特征。

（4）自我调节是性格形成的内部条件。一切外来的影响都要通过自我调节起作用。在儿童期，自我调节就发生了作用。到青少年期，随着自我意识的发展，自我调节就更显著了，它们能自我评价、自我要求、自我控制、自我调节。科学世界观形成以后，他们根据世界观调节自己的行动，拟订自我教育与行动计划，有意识地进行性格的“自我锻炼”。

7.2.3 性格管理

1. 性格与职业的匹配

大量的调查研究发现工作效率与个人的性格特征是密切相关的。在一项对 800 名男性的追踪研究中发现，其中 160 名成就最大和 160 名成就最小的人相比，在智力方面没有什么差距，但他们的性格特点却有很大的差异。成就大的人一般能够坚持自己的理想，有强烈的进取心和自信心，表现出不屈不挠、工作认真的性格特点。下面就介绍霍兰德的一个著名的理论来探讨性格与职业的匹配性。

美国的心理学家约翰·霍兰德（John.Holland）提出的性格—工作适应性理论（personality-job fit theory）是研究性格与职业匹配的典型代表。该模型提出了六种主要的个性类型，分别是喜欢有规律的具体劳动和需要基本技能工作的现实型、喜欢智力活动和抽象工作的研究型、喜欢用文艺作品来表现自己的艺术型、喜欢社交和教育活动的社会型、喜欢担任领导的企业型以及喜欢有条理和有系统工作的常规型，同时还列举了与它们匹配的职业范例（见表7-7）。这些性格类型的确定也有相应的职业偏好测量表，该表内包括160个职业项目让被测者进行选择。一般来说，每个人都是这六种职业类型的组合，只是每种类型所占的比例不同。量表通过被测者在活动兴趣、职业爱好、职业特长以及职业能力等方面的测验，确定被测者六种类型的组合情况（按分数大小进行排列），这样就可以找出他的主导性格类型，并通过检测的结果来帮助他选择适合自己的职业。

表7-7　霍兰德的性格类型与职业范例①

类　型	偏　好	性格特点	职业范例
现实型	需要技能、力量、协调性的体力活动	害羞、真诚、持久、稳定、顺从、实际	机械师、钻井操作工、装配线工人、农场主
研究型	需要思考、组织和理解的活动	分析、创造、好奇、独立	生物学家、经济学家、数学家、新闻记者
艺术型	需要创造性表达的模糊且无规划可循的活动	富于想象力、无序、杂乱、理想、情绪化、不实际	画家、音乐家、作家、室内设计师
社会型	能够帮助和提高别人的活动	社会、友好、合作、理解	社会工作者、教师、议员、临床心理学家
企业型	能够影响他人和获得权力语言的活动	自信、进取、精力充沛、盛气凌人	法官、房地产经纪人、公共关系专家、小企业主
常规型	规范、有序、清楚明确的活动	顺从、高效、实际、缺乏想象力、缺乏灵活性	会计、业务经理、银行出纳员、档案管理员

这一理论指出，当性格与职业相匹配时，会产生最高的工作满意度和最低的流动率。其前提基础是：① 个体之间在性格方面存在着本质的差异；② 工作具有不同的类型；③ 当工作环境与性格类型协调一致时才能产生更高的工作满意度和更低的离职率。因此，现实型的人应该从事现实型的工作，研究型的人应该从事研究型的工作；如果社会型的人从事研究型的工作则可能非常不合适，不仅工作效率会很低，而且相信不久之后他就会选择离职再寻找适合自己的工作。

2. 对不同性格类型的管理

管理者在公共组织中要寻求与其成员气质类型相符的管理方法，对于不同的性格类

① 罗宾斯．组织行为学精要．北京：电子工业出版社，2002：41..

型也要如此。前文已经指出纯属一种性格类型的个体是没有的，因此在公共组织中针对不同个体的性格差异，在采取不同的管理方式时只能重点兼顾到一些主要的性格特征。例如，对于性格比较强硬和独立的下属，宜采用平等对待的方式，在说服帮助的前提下实行管理，千万不能使用独断和压服的管理方式；对于性格比较顺从和温和的下属，宜利用言语或行为进行暗示，通过对其行为制定严格的要求、规范，并经常加以指导以期达到目的。又如，当下属出现过失时，如果他是一个性格外倾的人，那么你可以公开批评教育，督促他及时改正错误，吸取教训；如果他是一个性格内倾的人，那么进行私下的单独谈心和交流，促使其认识错误并改正，相信会达到事半功倍的效果。

3. 性格的自我完善

塑造、构建良好的性格，改造、剔除不良的性格，其主体在于个人，唯有个体的自我教育才能实现性格的自我完善。

（1）正确认识性格的“自我”。人的政治观点、立场，人的思想意识、境界，人的道德品质、表现，人的心理面貌、品质，都无一不体现出人的性格特征，从而构成了复杂、多样的个人性格、面貌。因此，性格的自我完善的首要任务，在于对自己现有的诸多性格表现有正确的自我认识。

性格的自我认知，其一要明确，由于性格的“无所不包”，多种性格及两种对立的性格并存的情况是自然的，要正确地梳理并找出在自己学习、活动、交往中起主导作用的性格，抓住这些性格全力予以塑造与构建。其二，每一种性格都有其优点与缺点，要全面、辩证地看待。如刚毅，它可以使人勇猛顽强、果断自信，但也往往使人刚愎自用、执拗、我行我素。如谨慎，这种性格使人思虑周详，事无巨细，不致出现大的失误，但也往往当机遇来临时因小心翼翼而难以捕捉，错过时机难成大事。即使令人不被垂青，甚至是“不良”的某些性格，也有其好的一面。

可见，现实中没有完美无缺的性格，我们对自己性格的认知不能僵化，不能刻板，应具体分析，找到性格完善的方向与目标，以自身性格的长处与优点，做出对学习与事业正确的选择。

（2）从小事做起，调动自我教育的机制锤炼良好的性格。现实生活中，人们遇到更多的是些“凡人小事”。恰恰在这些小事中，人的某种性格便自觉或不自觉地表现出来。每件小事，既是折射自己性格的一面镜子，能更清楚地认识自己的性格，又是塑造、锤炼自己性格的极好契机，切不可因事小而掉以轻心，更不能随意而为之，这是对自己责任感、意志力的考验。正确的做法是，从对待每件小事的态度与行为方式中，去认识所体现出来的某种性格，分析对自己学习或事业的好与坏、优与劣，通过自我评价、自我监督、自我调节等自我教育的机制，巩固其优良性格并发扬光大；剔除性格中的不良杂质，使其向良好方向转化，进而使不良性格进行改造与重塑。

（3）经受艰苦、挫折的磨难。“艰难困苦，玉汝于成”“自古英雄多磨难”，在当今新世纪，仍不失为真知良言。司马迁经受宫刑而著《史记》，曾受胯下之辱的韩信，终成汉朝大将，早已被历代传为佳话。艰苦、挫折的磨难之所以是培养良好性格的沃土、佳径，是因为他最能使人明了人生的艰辛、激发奋进的情感，增强威武不屈、坚韧不拔的意志，从而形成各种良好的性格。人才成长的规律已经揭示：处于舒适、安逸、一帆风顺环境的人，难以形成社会所需要的各种良好性格，也难以在事业上有巨大建树。

处在我们现在的时代，生活较为富足，我们无须再自找所谓的困苦去经受身心的痛苦，也没必要自己去创设“挫折”的情景进行所谓的磨炼。但俭朴、诚信、永不言败、永远奋进是个人品格的第一要素。而且学习与事业的道路并非平坦，其艰难困苦总会不时地出现，问题在于敢不敢迎头去接受它的挑战。积极的态度是去获得这种经历，它永远是激励自己不懈奋进的巨大内在动力，是一笔取之不尽的宝贵精神财富。即使在学习、事业中已经取得了令人称道的成就时，也要仍然保持俭朴、奋进的品格。

（4）审美陶冶。爱迪生曾说：“最能打动人心灵的是美。美立刻在想象里渗透一种内在的欣喜与满足。”审美对性格的陶冶作用正是如此，它让人在欣赏之时，不知不觉地情移胜境，使人获得启迪，获得品质的净化。具体来说，审美体验对人性格陶冶的作用主要有：第一，转移作用。审美活动可以转移对不利刺激的注意，消除或抵制某些不良的情绪和行为，使人心情开朗，利于良好性格的形成。第二，升华作用。当一个人受到挫折、委屈与困扰的时候，难免产生不良的情绪体验，此时，去参与审美体验的活动，宽容、豁达的性格会重新回到你的身上。第三，镇定作用。审美体验可以改变一个人的情绪状态。消除因失败、挫折等带来的精神压力，起到类似镇静剂的作用，使人保持乐观情绪，形成热情、开朗、活泼的性格。第四，植入作用。通过审美的体验，审美对象的高尚情操、良好品格会植入一个人的内心，被它同化。无数人读了奥斯特洛夫斯基的《钢铁是怎样炼成的》后，被书里的人物所感动。主人公良好的品格植入每个人的内心，而形成了正直、刚毅、勇敢等性格。因此，无论从事哪项工作、何种职业，对于性格的自我完善来说，切不可忽视审美的陶冶作用。要善于从各类审美的体验中汲取营养，作为塑造、培植、完善良好性格的动力剂、催化剂。

7.3 个性的测评

鉴于个性的整体性和复杂性，对于它的分析和测评也是相当困难的。如果要对个性进行全面、彻底的研究，可以说长时期地对个体行为进行客观密切的观察是对其做出准确结论的唯一方法，但这种方法对于组织的管理者来说是缺乏可行性的，或者说也是没有必要的，因此，我们在这里介绍的几种都是在短时间内可以进行观察和分析的典型测评方法。

7.3.1 自然实验法

自然实验法是在自然条件下运用实验手段对个性进行测量的方法。由于个性与个体所在的情境具有十分密切的关系，因此对个性行为反应的测量不宜单纯地采用严格控制条件的实验室方法。而采用自然实验法可以兼取实验室方法的控制条件和一般观察法的自然真实这两个方面的优点，所以这种方法对于个性的测评是非常有效的。但目前这种方法由于专业性要求比较高，而且实施条件也有许多限制，因此还是主要运用于教育性实验，目的是在该类实验活动中了解学生，并研究有针对性的教育方法。

7.3.2 量表法

量表法通常是在各种问卷上列出许多问题，然后让被测者在限定的时间内回答，最后根据标准化的答案来确定被测者个性类型的方法。这种方法极为简便，是目前运用最为广泛的个性测评方法，但由于问卷答案的正确性受到被测者主观因素的影响非常大，所以其可靠性也经常会受到质疑。为了解决这个问题，有时有一些问卷也会特意选用一些题目来测量被测者回答问题的真实程度。

测量个性的量表有很多种，国际上常用的主要有以下几种。

1. 卡特尔 16 种个性因素问卷

卡特尔 16 种个性因素问卷共有 187 题，每题有 3 个备选答案，主要测量卡特尔所提出的 16 种根源特质分数的高低。一般它能够非常精确地测出一个人的 16 种个性特质状况，其结果可以用于对个人行为的管理以及个体心理健康程度的判定。

2. 艾森克人格问卷

艾森克人格问卷采用的是非题的形式，包括四种量表，即精神质量表（P）、外内向量表（E）、情绪稳定性量表（N）和效度量表（L）。其中，P 揭示被测者是倔强固执还是温柔体贴的特性，E 和 N 就是对两个不同维度的测量，L 则揭示所回答问题的真实性。

3. 霍根人格问卷

霍根人格问卷测量的就是“五大”人格结构模型中的五个要素所对应的正负两极。

4. 加州心理问卷

加州心理问卷由美国加州大学心理学教授高夫（H. G. Gough）所设计，主要考察人与社会相关的各个方面，从人和社会交往中了解个体的特点。问卷由 480 个是非题组成，分为 18 个量表。这 18 个量表又可以分成四个量表群，分别考察人际关系适应能力；社会化、成熟度、责任心及价值观；成就能力和智力效率；个人生活态度和倾向这四个方面的个性心理特征。

5. 明尼苏达多项人格问卷

明尼苏达多项人格问卷由美国明尼苏达大学教授哈撒韦（S. R. Hathaway）和心理治疗家麦金利（J. C. Mckinley）共同编制。问卷共有 566 题，每个问题可以选择“是（T）”“否（F）”或“不能确定（？）”，其中有 16 题是重复的，用于检测被测者回答问卷是否认真。明尼苏达多项人格问卷涉及身体、精神状态以及个人对社会的态度等各个方面，但它主要偏重于运用病理学的术语，所以对正常个性特征进行描述时需要加以修正。

7.3.3 投射法

投射法是使用含糊、模棱两可的刺激材料，指导语也比较简短，让被测者在不受限制的情况下，自由地做出反应，使被测者不知不觉地表露出自己个性特征的一种心理测验方法。[①]许多潜意识的东西在问卷中不易显露出来，而采用投射测验时被测者在回答或

① 黄金辉，韦克难．实用心理学．成都：四川人民出版社，2003：493．

解释的反应过程中往往会不知不觉地投入自己的思想、态度、愿望、价值观和情感，此时专业的测试者就可以据此分析被测者的个性特征。总体来说，投射法是一种非结构化的方法，能够使被测者消除掩饰和伪装，因此其测量的真实性和可靠性比较高。目前运用比较广泛的投射法是罗夏墨迹测验（rorschach ink-blot test），该测试方法由瑞士精神病医生罗夏（H. Rorschach）编制，属于非文字性测验，不受个体文化差异的影响。测试的墨迹图共有十张没有意义与内容的图片，其中五张是黑白的，三张是彩色的，两张除黑色外有鲜明的红色。测验要在采光条件合适的安静房间内单独进行，期间测试者会逐张拿起图片，然后问被测者看到了什么，图形像什么和看图时想到了什么。测试者要详细记录被测者对每张图片的反应部位、反应决定因素、反应内容和其他特殊的反应，并据此推论被测者的个性特征。

7.3.4 综合研究法

综合研究法是把观察法、谈话法、作品分析法、个案调查法等独立的个性测评方法结合起来加以运用的方法。这种方法强调的是有计划地观察和综合一个人的各种外部表现。利用谈话法直接或间接地了解被测者在各种情况下的态度和行为差异表现；通过搜集被测者的一些文字材料，如书信、日记、自传以及其他文艺作品等，了解被测者对各种事物的态度和行为表现；借助于对有关人员的访问，了解被测者过去的经历和情况；最后也是最为关键的步骤是要把获得的各种材料进行系统的分析整理，从中归纳出贯穿在被测者言行和文字材料中的个性特征并据此判断其所属的类型。该方法虽然运用起来有些费时费力，但一般准确性比较高，获得的结果也比较符合实际情况。

本章小结

1．气质是人的心理活动典型的、稳定的动力特征。气质有多血质、胆汁质、黏液质与抑郁质四种基本类型。气质的生理基础是先天的神经活动类型，它本身无好坏之分。但气质影响着人活动的效率。因此，正确鉴定气质，对于选拔和培养人才具有重要的意义。在企业中，管理者掌握与了解员工的气质特点，有助于管理者因材施教，激发员工工作热情，更好地挖掘员工潜质；同时，应引导员工进行气质的自我完善。

2．性格是表现在人对现实的态度和相应的行为方式中比较稳定的、具有核心意义的个性心理特征。性格结构具有整体性、复杂性、可塑性的特点。性格从不同角度可划分为不同的类型。影响性格的形成与发展的因素可概括为先天的因素与后天的因素两大类，但主要是后天因素的影响，它在个人的性格的形成中起重要作用。

3．了解个性的特点，掌握个性的测评方法，有效地进行人员的甄选，对于企业管理者来说是有效管理团队中至关重要的一步；对于员工来讲，了解自己及领导的个性特点及差异，对于适应团队，发挥自身最大潜能，实现人生价值，也是非常重要的一个环节。本章通过几个典型测评个性的方法的学习，将个性测评应用于工作中，使大家能够更好地了解自己与团队，为企业管理提供有效的支持与帮助。

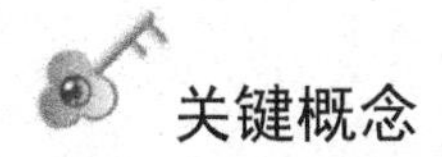

关键概念

个性（personality） 气质（temperament） 性格（character）

管理工具

神经活动类型与气质类型的对应关系
典型气质类型与心理指标
气质理论及其特征
气质与职业选择
气质与管理方法
性格类型
霍兰德的性格类型与职业范例
自然实验个性测评
量表个性测评法
投射个性测评法
综合研究个性测评法
气质的自我测量
个性的自我测量

思考题

1. 如何根据气质的特点对员工进行管理?
2. 试分析四种气质类型的特点。
3. 性格的结构有哪些成分?
4. 性格的自我完善应注意哪些问题?

自我测试

气质的自我测量

案例讨论

大疆汪滔：世界笨得不可思议

讨论：

1. 依据个性理论，对汪滔的能力、气质、性格进行分析。
2. 讨论汪滔的个性如何影响企业的发展?

拓展阅读

推荐书目：Jerry M. Burger．人格心理学：第 8 版．陈会昌，译．北京：中国轻工业出版社，2014.

本书围绕精神分析流派、新精神分析流派、特质流派、生物学流派、人本主义流派、行为主义和社会学习流派这六大人格理论流派，进行了全面、系统、精辟的介绍与评价，并梳理了支持各流派观点的大量实证研究项目。

本书行文流畅、通俗易懂，穿插了众多著名理论家的生平故事与摘自新闻报道的有趣议题，强调运用人格理论解决实际生活中的问题，更提供了 13 个经典的人格测验。

阅读本书，读者不但能掌握人格心理学的经典理论与前沿研究，更将深入了解自己的人格特征。

第 3 篇　群体因素与群体层面行为

本篇在全书中处于中观层面，是联系微观层面个体因素与个体行为及宏观层面组织因素与组织系统行为的桥梁与纽带，组织领导者只有很好地理解群体因素与群体行为才能切实提高其管理效能。群体行为是否有效是建立在群体领导是否高效、群体决策正确与否、群体是否具备良好的沟通能力，以及对群体冲突的管理是否有效基础之上的。本篇主要包括以下五章内容：群体行为及其管理、群体领导、群体决策、群体沟通、群体冲突。其中，群体领导和群体决策是群体行为中内隐的软因素，群体沟通和群体冲突是外显的硬因素，四种因素相互影响决定了群体行为。从静态的角度来看，在某一时点软因素和硬因素达到一个均衡的状态，从动态的角度来看，软硬两类因素是非均衡的，群体根据实际的情况来不断调整软硬两类要素的力量，达到提高群体行为有效性的目的。

第 8 章介绍群体的含义、类型、发展阶段，阐述群体行为和群体绩效间的关系，探讨一种重要的群体形式——团队的建设问题等。第 9 章主要区分领导与管理，描述了领导理论的发展历程、初步探讨权利与组织政治，研究提高领导效果的途径。第 10 章主要介绍群体决策的概念和优缺点，探讨群体决策过程和决策方法，研究群体决策的特殊行为。第 11 章主要介绍沟通的含义和有效沟通的方法，探讨了组织间关系下的群体沟通。第 12 章主要介绍冲突的概念、分类以及冲突观念的变迁，分析冲突形成过程，探讨了冲突管理等内容。

第8章

群体行为及其管理

本章学习目标

1．掌握群体的特征，能区分常见的群体类型；
2．理解群体形成及发展的原因；
3．了解群体行为绩效的影响因素；
4．了解团队，学会塑造高绩效团队的途径和方法。

引例[①]

在《史记·高祖本纪》中有这样一段记载。高祖置酒洛阳南宫。高祖曰："列侯诸将无敢隐朕，皆言其情。吾所以有天下者何？项氏之所以失天下者何？"高起、王陵对曰："陛下慢而侮人，项羽仁而爱人。然陛下使人攻城略地，所降下者因以予之，与天下同利也。项羽妒贤嫉能，有功者害之，贤者疑之，战胜而不予人功，得地而不予人利，此所以失天下也。"高祖曰："公知其一，未知其二。夫运筹策帷帐之中，决胜于千里之外，吾不如子房。镇国家，抚百姓，给馈饷，不绝粮道，吾不如萧何。连百万之军，战必胜，攻必取，吾不如韩信。此三者，皆人杰也，吾能用之，此吾所以取天下也。项羽有一范增而不能用，此其所以为我擒也。"

群体是组织活动的基础。群体是由若干个个体组成的，置身于群体之中的个体在心理与行为上不可避免地会相互作用和相互影响，进而表现出与个体单独行动时不同的行为特征。研究群体行为，就是在了解群体的概念和发展阶段的基础上，分析群体行为绩效的影响因素，有效地发现和激发群体对组织绩效的正向作用，建设高绩效的团队，以便最大限度地实现组织的目标。

8.1　群体的含义

8.1.1　群体的内涵

群体是一种社会现象，它是介于个体与组织之间的人群结合体，也是人类社会组织

① 罗宾斯．组织行为学．北京：中国人民大学出版社，2005：252．

最基本的活动形式。人作为一种高度社会化的生物，生活在各种各样的群体之中，例如家庭、班组、社团等。群体不是个体的简单集合，如同一架飞机的乘客、同一个商场的顾客等，虽然在时间、空间、某种目的方面有相同点，但是由于缺乏共同的目标和相互影响、相互依存的关系，就不能称之为一个群体。

1. 群体的概念

群体是两个或两个以上个体为了实现共同的工作目的和目标而形成的相互依赖和相互作用的集合体。[①]也就是说，群体是个体和条件的特殊组合，是建立在社会和工作关系基础上的人群集合体。人们加入群体，是希望通过群体的合作来满足他们各种层次的需要，而群体为了整体利益会对群体中的个体进行约束和规范。群体具有以下几个主要特征。

（1）群体成员有共同的目标。群体目标是群体建立和维系的基础，是实现群体成员利益的重要保证。群体成员在群体目标的引领下，相互影响、相互作用以期通过共同的努力最大限度地实现群体的目标，因为群体目标的实现程度关系着每个群体成员的切身利益。

（2）群体都有一定的规范。群体规范是在群体活动中自然而然形成的对群体成员具有约束力的行为准则。群体规范的作用在于协调群体成员的行为，使得每个成员的个别行为都能够聚焦到群体的目标上来，对外界因素做出一致的反应。群体规范是群体在长期活动中通过总结前例、汲取关键事件经验等方式逐步形成的，群体规范会随着群体的发展而发生改变。

（3）群体成员之间是有机的结合。每个群体成员在群体中都具有相应的成员资格和角色地位，不同资格和地位的成员之间相互依存、相互交流、相互影响甚而形成共鸣，使群体成为具有凝聚力的有机体。

（4）群体自身具有相对独立性。群体成员之间有一致的群体目标和共同的群体利益作为行为导向，能对不利于群体的一切外界因素做出一致反应，使别人感受到这是一个整体。由于人的需求的多样性，在目标没有相互矛盾的情况下，一个人往往可能同时隶属于不同的群体，例如一个在某单位工作的员工，可以同时成为某项大型社会活动的志愿者。

2. 群体的功能

群体之所以成为组织理论研究的对象，是因为由个体组成的群体实现了单靠个体无法实现的许多功能。这些功能不但拓展和提升了个体的发展空间，而且为组织的发展奠定了基础。一般而言，群体具有以下一些功能。

（1）平台功能。群体为个体提供了个体所不具备的资源和发展机会，个体通过融入群体，获得在群体中应有的地位，将个人目标和群体目标相结合，才能充分体现自身价值，最大限度地实现自己的目标。从这个意义上说，群体为个体的发展提供了很好的平台。

---

① 殷智红，叶敏．管理心理学．北京：北京邮电大学出版社，2004：174．

（2）提升功能。不同的个体在知识、能力、价值取向及所拥有的资源方面存在着较大的差异，一个成熟的群体可以通过其积极的群体意识、明确的群体规范来帮助个体发现和弥补自身的不足，以便更好地适应群体、组织乃至社会的工作与生活。

（3）增效功能。在实现目标的过程中，群体活动比个体活动具有更大的优越性。这是因为个体掌握的知识和技能毕竟是有限的，尤其是在现代技术变革迅速、市场变化快捷的背景下，更需要个体之间紧密配合、加强合作，使个体力量在群体的活动中有机结合，发挥出更大的群体效能。

（4）心理功能。个体加入一个群体之后，会感到自己更有力量，自我怀疑会减少，在威胁面前更有韧性。个体通过参与群体的活动，取得自己在群体中相应的地位，完成对自己极有挑战性的工作，可以满足自己的心理需要，如安全的需要、地位的需要、尊重的需要、交往的需要、权力的需要、自我实现的需要等。

8.1.2 群体的类型

在现实社会中，群体所表现出来的形式是多种多样的，功能和过程也不尽相同。人们在研究群体的时候，会根据不同的研究需要和分类标准，对群体类型进行不同的划分。常见的有以下几种分类方式。

1. *初级群体和次级群体*

根据群体成员接触交往的特点，可以把群体分为初级群体和次级群体。初级群体的概念是美国社会学家库利（C. H. Cooley）最早提出来的。库利把那些规模相对较小，有着独特、强烈的认同感，成员之间时常直接接触，并形成了亲密人际关系的社会群体称为初级群体。他相信诸如家庭、儿童嬉戏群体这类初级群体对于个人的人格、社会性和思想意识的形成都是至关重要的，因此库利把初级群体比作“人性的养育所”。[①]

次级群体是相对于初级群体而言的，是指其成员有目的、有组织地按照一定的社会契约建立起来的社会群体。次级群体一般规模较大，有正式的结构和社会分工，因此成员之间交往接触较少，如学校、职业群体、社团等。

2. *友谊群体和利益群体*

根据群体的功能，可以把群体分为友谊群体和利益群体。友谊群体常常跨越了工作情境，群体成员具有某种共同的兴趣、爱好等特点，如年龄相近、毕业于同一所院校、某种观点相同等。在利益群体中，大家为了某个共同关心的具体目标走到一起。如工厂中，有些员工为了增加工资、变更休假安排、支持一个被解雇的工作伙伴而组成群体，以实现他们的共同利益。

3. *正式群体和非正式群体*

根据群体的组织属性，群体可以划分为正式群体和非正式群体。有关正式群体和非正式群体的划分是由美国哈佛大学教授埃尔顿·梅奥（Elton Mayo）首先提出来的，他认为正式群体是组织根据所要完成的任务或实现的目标，将所属成员合理分派而组成的群

① 周晓虹．现代社会心理学．南京：江苏人民出版社，1991：299.

体。正式群体有明确的分工和具体的工作任务，结构相对稳定，个体要加入正式群体要履行规定的手续，正式群体的成员必须接受目前的规范标准和奖惩制度的约束和激励。

非正式群体不是组织有意计划的结果，它是个体在一定时期的相互交往中，基于某种共同的需要、兴趣、爱好、价值观、利益、背景等自愿聚合在一起形成的群体。尽管非正式群体不像正式群体那样有明确的组织形式，但是非正式群体也可以组织得很好，往往会形成自己群体的灵魂人物。非正式群体既可以帮助组织实现目标，也可能阻碍组织目标的实现，甚至会起到至关重要的作用，这也是管理过程中日益重视非正式群体的原因。

正式群体中的个体，其成长环境、受教育程度、生活方式和习惯、态度和价值观体系存在或多或少的差异，因此在正式群体中出现各种各样的非正式群体是必然的结果。非正式群体虽然不是官方认定的组织，但它却是群体关系的重要组成方面，具有不同于正式群体的特点。早期的研究认为，非正式群体在很多时候会与管理者的正式规定相抵触，降低组织的绩效。进一步的研究发现，非正式群体也存在着积极的作用，非正式群体在满足个体的心理需求上补充了正式群体的不足，在组织形式上为正式群体注入了活力。对非正式群体的有效管理，可以推动正式群体的发展，促进正式群体目标的实现。

对非正式群体进行管理，就是要发挥非正式群体的积极作用，抑制它的消极作用，通常可以采取以下几种途径。

（1）自觉增强与非正式群体的联系。管理者要经常与员工交流，了解员工的思想、工作和生活情况；对本部门非正式群体的组成及形成原因要做到心中有数；经常与非正式群体的核心人物沟通、交流；对非正式群体举办的有益活动要给予理解、参与和必要的支持。

（2）合理利用舆论引导。利用非正式群体灵活、高效的沟通渠道，将企业的经营理念、价值观和组织目标潜移默化地传播给非正式组织的成员；通过各种活动，如旅游、聚餐、体育比赛、恳谈会等，循序渐进地使非正式群体成员的意见与组织目标趋向一致。

（3）有效利用正式群体的组织结构，区别对待不同的非正式群体。对于积极型的非正式群体，可以通过优化组合、自由组合等方式，使非正式群体的组织结构和正式群体的组织结构趋于一致，以获得最优的工作状态；对于消极型的群体，可以通过工作的重新安排和调动等方式，割裂非正式群体成员间的有效联系，从而达到限制和分化消极群体的效果。

8.2 群体维度与群体发展

8.2.1 群体的维度

群体的维度是指影响群体活动并使其具有某种明显特征的性别、年龄、专业、文化等差异。群体是一个多维的综合体，不同维度的不同结合，使不同的群体各具特色。

（1）性别维度。费尔茨（D. L. Fields）和布鲁姆（T. C. Bloom）对美国工人所做的关于性别多样性的研究表明，男女性别比较平衡的群体，其工作效率要高于性别单一的群体。

（2）年龄维度。不同的年龄构成，直接影响群体的活动效率和活动质量。例如，年轻人组成的群体活动效率较高，倾向于进取、冒险；而老年人组成的群体则倾向于稳健、保守。因此，不同工作和活动性质的群体，要采用不同的年龄搭配方式。

（3）专业维度。群体的专业结构合理，就能提高群体的活动效率。如果群体成员的专业结构过于单一，就会失去面对环境变化而不断创新的能力。

（4）文化维度。文化维度是指群体的文化构成成分。随着世界人口流动的日趋频繁和组织发展的国际化趋势，不同民族、不同地域的个体常常要生活或工作在同一个群体中。个体在态度、信仰和价值观方面的文化差异会影响到群体的沟通方式和行为方式。

群体的维度反映出群体构成的多样性，多样性可以提高群体的绩效。[①]一个高效的群体往往是上述几个群体维度的有效结合。

8.2.2 群体的发展

1. *群体的一般发展阶段*

群体总是处在不断地生成、发展和变化之中。1965 年，组织行为学家布鲁斯·塔克曼（Bruce Tuckman）在研究小型群体的基础上提出了群体发展的五阶段模型，成为研究群体发展的一个范本，该模型认为群体发展要经历形成、磨合、正常化、运行和解体五个阶段，在群体发展的每一个阶段以及从一个阶段向另一个阶段的转折点上，群体都面临解体的风险。

（1）形成阶段。在这个阶段，个体的兴趣由内而外不断拓展，开始了解身边的人际关系形式，努力调节自己的行为以被周围的人接受，主动与人为善、追求合时宜，在此基础上与其他的个体相互了解、相互熟悉，开始将个人利益与团队的利益相结合。

（2）磨合阶段。在这个阶段，群体成员间的人际关系是关注的重点。群体成员在有关工作目标、由谁负责各项事务等方面均会发生冲突，群体成员为权力、地位的分配产生了分歧甚至敌意。围绕着角色竞争和目标冲突，群体开始形成自己的结构。

（3）正常化阶段。在这个阶段，群体成员之间开始相互接纳，形成对群体的认同感。成员之间积极交换意见、交流信息并努力达成相互妥协的一致决定。群体关注的重点从关注人际关系转变为关注与群体任务有关的决策活动。

（4）运行阶段。在这个阶段，群体成员已理解和接受自己在群体中扮演的角色，主动致力于实现群体目标。大部分人际关系和任务问题已经得到解决，群体成员的注意力开始转向完成手头的任务，随着群体完成重要的阶段性任务，群体也逐渐获得组织中其他部门和群体的认同。

（5）解体阶段。在这个阶段，群体已经成为一个成熟、有效果、有效率、有产出的单位。能够通过对特定的员工行为实施正向和负向的激励来控制其成员。能够吸纳新成员或在老成员离开之后进行相应的调整。此阶段，一些群体可能继续延续，一些群体关系开

① 纳尔逊，奎克．组织行为学：基础、现实与挑战：第 3 版．桑强，王丽娟，等，译．北京：中信出版社，2004：274.

始松散，直至解体。

五阶段模型为我们研究群体的发展提供了非常直观的视角，但是也应该注意到，实际工作中，群体的各个发展阶段之间不是泾渭分明、依序变化的。例如，一方面群体正处于磨合之中，另一方面它又要执行任务，偶尔一些群体还会倒回先前的发展阶段。群体的绩效尽管总体上会循着群体的发展阶段依次提升，但是也能看到处于磨合阶段的群体绩效高于其后的群体，可能的解释是某些条件下高冲突有助于提高群体业绩。在某些特定的组织背景条件下，群体的发展可能会跨越某个典型的阶段，例如，当训练有素的职业运动员集合在一起时，能很快就进入正常运行阶段。

2. 任务群体的发展模型

任务群体是指为完成某项特定任务而组成的临时群体，这类群体的特点是有明确的开始和截止时间。研究表明，不同的任务群体存在一些共同的活动特点：[①] ① 成员的第一次会议决定了群体的发展方向；② 第一阶段的其他活动依惯性进行；③ 第一阶段结束时，群体会发生一次巨大转变，这次转变正好发生于群体生命周期的中间阶段；④ 这次转变会激起群体内的重大变革；⑤ 转变之后，群体第二阶段的活动又会依惯性进行；⑥ 群体最后一次会议的特点是，显著加快活动速度。这些特点可以通过任务群体的间断—平衡模型反映出来，如图 8-1 所示。

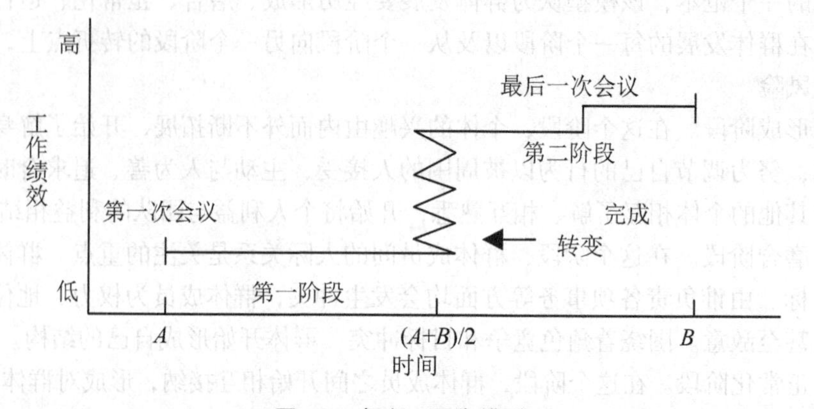

图 8-1 间断—平衡模型

群体成员的第一次会议决定群体的发展方向。在第一次会议上，群体成员会形成完成其项目所要求的行为模式和行为假设的基本框架。一旦这种框架确定之后，群体的发展方向也就固定下来，而且在群体寿命的第一阶段不太可能重新修改。这一阶段是群体依惯性进行群体活动的阶段，即使出现了对初始模式和假设形成挑战的新创意，群体也不太可能在这一阶段实施。

一个有趣的发现是，每个任务群体都在其寿命周期的同一时点上发生转变，而且这一时点恰好位于第一次会议和正式结束的中间阶段。这个“中期危机”似乎为群体敲响了警钟，促使群体成员认识到他们的时间有限，必须“迅速行动”起来，抛弃旧模式，

① GERSICK C J．Time and transition in work teams: toward a new model of group development．Academy of management Journal，1988：9-41．

采纳新观点，开始转变。这个转变调整了群体的发展方向，标志着第一阶段的结束和第二阶段的开始，群体从此进入一个新的依惯性运行的阶段，直至群体任务的完成。

群体最后一次会议的特点是，为了完成工作任务而显著加快最后的活动速度。总之，任务群体的间断—平衡模型的特点是，群体在其长期的依惯性运行的过程中，会有一个短暂的变革时期。这一时期的到来主要是由于群体成员意识到他们完成任务的时间期限和由此产生的紧迫感而引发的。

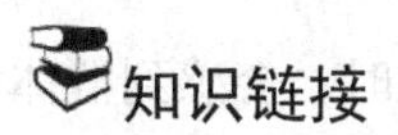

人们为何组成群体

8.3　群体行为和群体绩效

8.3.1　群体行为

人在群体中的行为会表现出不同于个体处于独立情境下的行为反应。那么到底有哪些因素影响着群体内个体的行为呢？霍曼斯（G. C. Homans）的研究为我们提供了有益的启示。

1. *群体行为的组成要素*

霍曼斯对不同群体进行分析后发现，任何群体的行为都是活动、相互作用和情感这三个因素相互联系、相互影响的结果，如图 8-2 所示。

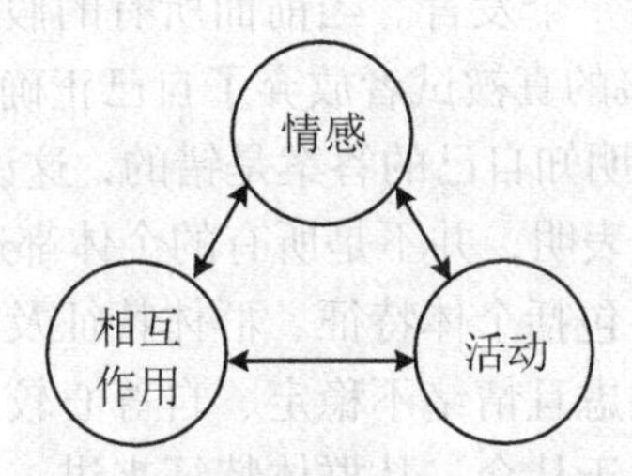

图 8-2　群体行为的组成要素

（1）活动。活动是人们从事工作的总和。一个群体的存在与发展，必须在各种各样的生产和社会活动中体现出来，否则也就谈不上群体了。例如研发群体要从事研发活动，志愿者群体要开展志愿者服务活动等。

（2）相互作用。相互作用是指群体成员在活动过程中，在行为上产生各种形式的相互影响，包括语言和非语言的相互沟通和相互影响。

（3）情感。群体在相互作用过程中，群体成员之间、成员与群体之间会产生情感上的反应，表现为人们的态度、感受、情绪、意见和信念等。这些情感反应会被其他人感觉到，并影响群体的各种活动和相互作用。

后来，霍曼斯又加入了群体规范因素，与活动、相互作用、情感统称为群体行为组成的四要素。关于群体规范，在后面的章节中会有较详细的论述。

2. 群体行为的特征

与个体行为相比，群体行为表现出了鲜明的特征。这主要表现在从众、责任分摊与社会堕化、社会促进和社会干扰等典型的群体行为上。

（1）从众行为。从众是指当一个人在群体中与多数人的意见有分歧时，会感到群体的压力，进而在知觉、判断、信仰及行为上违背自己的意愿，表现出与群体多数成员一致的倾向及行为。而且大量事实表明，群体能够对其成员施加巨大压力，使他们的态度和行为符合群体的标准。

美国心理学家阿希（S. Asch）所做的著名的阿希实验，充分证明了群体对个体的从众压力。阿希把7～8个被试者组成一个小组，让他们一起来比较实验者手中的两张卡片，甲卡片上有一条线段，乙卡片上有长度不同的三条线段，如图8-3所示。可以看出，乙卡片中的线段*A*与甲卡片中的线段一样长，正常情况下做出错误判断的概率低于1%。

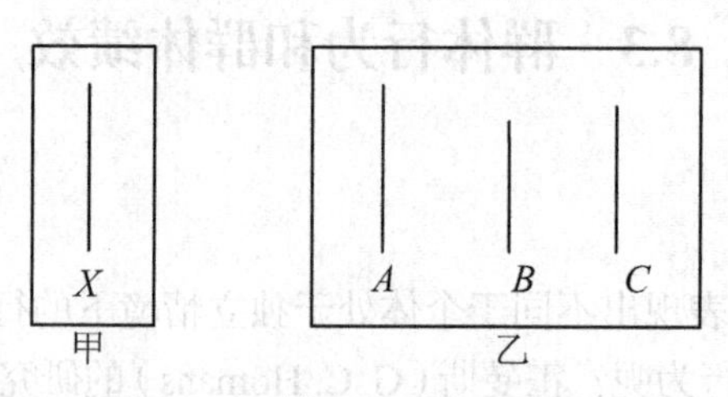

图8-3　阿希实验中的卡片样式

实验中阿希在每个小组只安排一个真正的实验对象，其余都是事先安排好的假被试者，被试者被要求依次大声说出乙卡片上哪一条线段与甲卡片上线段长度相等，而且真正的被试者被有意安排在最后一个发言。当前面所有的假被试者经过“认真观察”给出了同样错误的答案后，有37%的真被试者放弃了自己正确的判断，遵从了群体的压力，给出了同样的答案，尽管他们明知自己的答案是错的，这说明个体渴望成为群体的一员，而不愿与众不同。阿希实验也表明，并不是所有的个体都遵从了群体的压力。

影响从众行为的因素主要包括个体特征、群体特征及有关情境因素。从个性特征方面来讲，通常智力水平低、焦虑且情绪不稳定、自尊心较弱、对人际关系敏感、依赖性强、墨守成规、迷信权威者易于从众。从群体特征来讲，群体越强势、群体越专制、群体凝聚力越强，则越容易使其中的个体产生从众行为。当存在面临的问题不易界定、外界对群体的支持度很高这样的情境时，个体也容易产生从众行为。

（2）责任分摊与社会堕化。责任分摊与社会堕化都是个体的匿名行为。责任分摊是指个体在群体中时会比单独时有更小的责任感，社会堕化是指一个人在群体中工作不如单独一个人工作时努力。这些都是因为与独自工作的个体相比，群体提供了一种匿名保护，在这种情况下，个体的责任和义务都受到了一定程度的弱化。喊叫实验结果表明，六个人一起喊叫的声音不是一个人喊叫的三倍；而另外的实验表明，那些在群体中工作的人更有可能采取不负责任的行为，如说谎和欺骗。

这主要是因为群体共同活动掩盖了个体活动的责任和价值，尤其是在群体中没有严格分工、工作缺乏有效监督的情况下。改善这种情况的有效办法是增加工作的意义感和趣味性，提高成员的参与程度；考核制度中要有针对个人工作表现的评价，使群体成员确信他们个人的行为是可鉴别和有意义的。

（3）社会促进和社会干扰。社会促进是指个体活动由于有他人同时参加或有他人在场旁观而使其活动效率得到提高的现象，反之则称为社会干扰。①

奥尔波特（F. H. Allport）为被试者在个人单独工作和多人工作这两种不同的条件下设计了多项难易程度不同的活动，结果发现在有些工作多人一起做时比一个人单独做时工作效率高，而有些工作则相反。分析表明，这是优势反应的影响，如图 8-4 所示。优势反应是指那些已经学习和掌握得相当熟练，成为不假思索就可以表现出来的习惯动作。进一步的研究表明，群体中个体受他人影响的程度与个性有关，内向、独立性差、易受暗示的人对他人在场的反应要更强烈一些；另外，在场其他人的权威性、严肃性和陌生程度，与个体受影响的程度存在正相关关系。

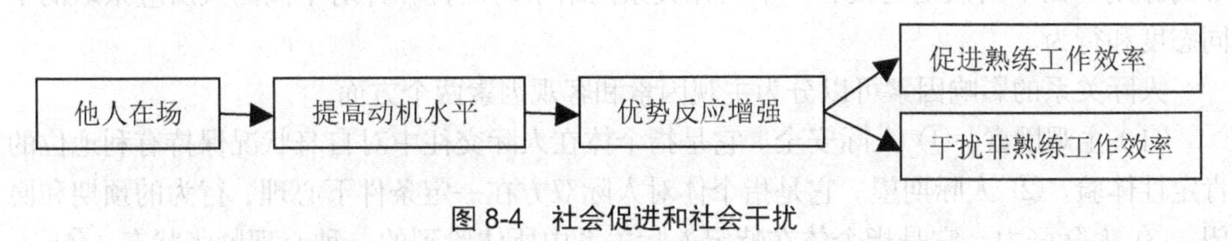

图 8-4　社会促进和社会干扰

一般来讲，性格开朗、乐于表现的人在群体环境下工作绩效会提高；而一个性格内向、喜欢独处的人在群体环境下工作容易受负面的影响。当工作的复杂度和难度都大，需要相互协调时，一些个体的绩效会下降。

8.3.2　群体绩效的影响因素

群体绩效是指群体成员共同的工作成果。影响群体行为绩效的因素是比较复杂的，主要包括群体规模、群体结构、群体内的人际关系、群体角色、群体规范和群体凝聚力等。

1. *群体规模*

群体规模是指群体人员的多少。通常情况下，随着群体人数的增加，其成员在技术、能力、经验方面的组合就会越丰富，群体解决问题的潜力会增大。但是随着群体人数的增加，群体内部的协调会变得更为复杂，加上责任分摊与社会堕化等群体匿名行为，群体人数的增加并不一定能提高群体的绩效。因此，群体规模的选择要有利于成员之间的相互交往、相互作用，充分发挥他们的积极性。研究表明，3～5 人组成的群体，更容易达成一致意见，而且能获得更大的成员满意度；5～11 人组成的群体有利于做出正确的决策；11～20 人组成的群体，其内部意见数目和成员数目之比较高；规模小的群体，成员对工作绩效的可见性更加关心。

① 殷智红，叶敏．管理心理学．北京：北京邮电大学出版社，2004：183-184．

2. 群体结构

群体结构是指群体中各成员在性别、年龄、个性、专业、经验、能力等方面的分布和组成情况。如果某一群体中各成员在知识、能力、性格、年龄等方面都比较接近，则可把这一群体看成是同质群体；反之，则可把这一群体看成是异质群体。

对于简单、紧迫的工作，采用同质结构的群体比较好，因为同质群体成员间能很快地建立交流和合作的渠道；对于复杂性、创造性的工作，采用异质结构的群体比较好，因为异质群体成员能够带来更加全面的能力和经验，与此同时由于群体成员间差别的增加，相互间协调的难度会加大，对管理者能力的要求也会更高。从性别结构来看，异性成员比例搭配适当的群体较单一性别的群体更容易营造轻松的氛围，降低疲劳感。

3. 群体内的人际关系

人际关系是指人与人之间的心理关系或心理距离。人际关系的发生、发展和建立是相互影响、相互作用的过程。人际关系的好坏直接影响个体的情绪、生活和工作，从而对群体绩效产生影响。中西方的人际关系存在较大的差异性，西方人在交往中更强调对等的原则，而中国人则更关心一个人在关系网络中的位置和针对不同的人所应采取的不同态度和行为。

人际关系的影响因素可以分为主观因素和客观因素两个方面。

（1）主观因素。① 人际安全。它是指个体在人际交往中对自身状况保持有利地位的肯定性体验。② 人际期望。它是指个体对人际双方在一定条件下心理、行为的预期和愿望。③ 人际张力。它是指个体在特定人际关系中所体验到的一种心理紧张状态。④ 人际报复。它是指个体在人际交往中会无意识地报复曾经贬损过自己的对象。

（2）客观因素。① 交往频率。它是指人与人之间相互接触次数的多少。通常人与人之间交往的频率越高，相互之间也就越能理解对方的思想感情。② 相似性。它是指人们对事情看法的一致性和采取行动的相像性。语言相通、观点相似、思想一致的人在一起容易产生共鸣，形成良好的人际关系。③ 互补性。人际交往的动机和目的是双方有交际的需求和满足需求的期望，如果交往双方的基本需求都能从交往过程得到满足，则人际关系就会密切、融洽；④ 个性。谦虚、热情、具有同情心的人往往拥有和谐的人际关系，而固执、孤僻、麻木不仁的人往往无法建立起良好的人际关系。

良好的人际关系有助于促进正向的工作态度，如乐于公开和利用信息；真诚地提供和接受有益的建议；细致、耐心地交流和讨论；尊重事实；等等。不和谐的人际关系往往激发负向的工作态度，如对有关信息保密，也不乐于采用他人的信息；不尊重事实，批评、指责、挑毛病；只从自己的角度出发、缺乏耐心；等等。

4. 群体角色

群体角色是指群体成员在群体中所占据的位置和采用的行为模式。一个群体中的各种角色通常可以分为以下几类：① 领导者。领导者是群体中的核心人物。如果群体成员认同领导者，则会对领导产生一种期待。成熟的领导者一般具有以下特点：品德高尚，善于团结人，对群体及群体成员持积极的态度；有一定的预见能力，能预见群体的发展；有组织能力，能发挥每个成员的特长和积极性。② 追随者。他们会听从领导的管理、服从领导的指挥。③ 出主意者。他们遇到问题时能出主意、想办法，找出解决问题的途径和方法。④ 实干者。实干者对工作认真负责、踏实肯干，能够得到群体其他成员的认可。⑤ 具有号召力者。他们善于协调人际关系，化解成员间的矛盾，在群体中能起到“润滑剂”的作用。⑥ 孤立者。他们可能性格孤僻、喜好孤独、不善交际，也可能他们另有自己的交往圈子，没时间也没兴趣与本群体中的成员交往。

值得注意的是，个体在群体中承担的角色不是一成不变的，而且有一个学习和适应的过程。个体通过观察和模仿，对于自己在特定的情境中应该如何表现有了认知和了解，这就是角色知觉。当个体在担任某种角色过程当中，态度与实际行为能够保持一致，说明他已经产生了角色认同。如果人们因为你的身份背景而认为你应该表现出某些特定的行为，那么人们就对你的行为产生了角色期待。如果你发现服从一种角色要求的同时很难再服从另一种角色要求，那么你就产生了角色冲突。总之，群体中的每一个个体都要扮演一种角色，准确理解自己的角色并采取合适的行为，有助于提高群体的绩效。

5. *群体规范*

群体规范是指群体对其成员适当行为的共同期望或标准。这些标准为群体每个成员所公认，并约束着每个成员。[①]群体之所以能产生比单独个体相加时更高的绩效，一个重要的原因是群体规范给出了一个基本的行为框架，使个体行为能够集中到一个一致的方向上。群体规范涵盖正式的法律、法规、规则、规章制度等规定，但主要是指群体中自然而然形成的文化、风俗、时尚、舆论等。群体规范的形成通常受模仿、暗示、顺从、感染等心理因素的影响，能够潜移默化地影响群体成员的行为与人格的变化发展，使成员间彼此更加接近、趋同。

（1）群体规范的种类。群体规范可以分为正式规范与非正式规范。正式规范是指成文的规章制度和守则，如员工不能无故旷工等；非正式规范是指群体中自发形成的，没有用文字明确下来的行为准则，如成员之间沟通的方式和态度、风俗习惯等。正式规范和非正式规范都有约束和指导成员行为的效力，有时非正式规范的作用甚至会超过正式规范的作用。

（2）群体规范的作用。① 群体规范对于群体有维持作用。群体的存在必然要体现出整体性，否则就是一盘散沙；群体规范通过约束群体中个体的行为、情感和认知，促使群体产生一致的观点和目标，展现出整体的特征。② 群体规范有认知标准化的作用。日常生活中每个人的看法是不同的，而群体规范使群体中的个体在交往中相互制约着对事物的知觉、判断和态度。③ 群体规范的行为矫正作用。群体规范在思想上统一群体成员的意识，在行动上监督群体成员的行为，明确什么可以做、什么不可以做。④ 群体规范的去个性化作用。群体规范反映的是群体的整体意见，把全体成员都限制在一个中等的水平上，一些创造性的想法和行为会被看成是不符合群体要求的越轨事件。

6. *群体凝聚力*

群体凝聚力是指使群体成员保持在群体内的合力，包括群体对成员的吸引力和群体

---

① 陈国海，李艳华，吴清兰. 管理心理学. 北京：清华大学出版社，2008：122.

成员之间的吸引力。一般而言，群体的凝聚力越强，群体成员对其群体就越忠诚，遵守群体规范的可能性就越大。

（1）群体凝聚力与生产率。凝聚力强的群体比凝聚力弱的群体具有更高的能量，当这样的群体目标与组织目标一致时会产生更高的生产率；相反，如果这样的群体目标与组织目标不一致时，就会导致生产率低下，如图 8-5 所示。

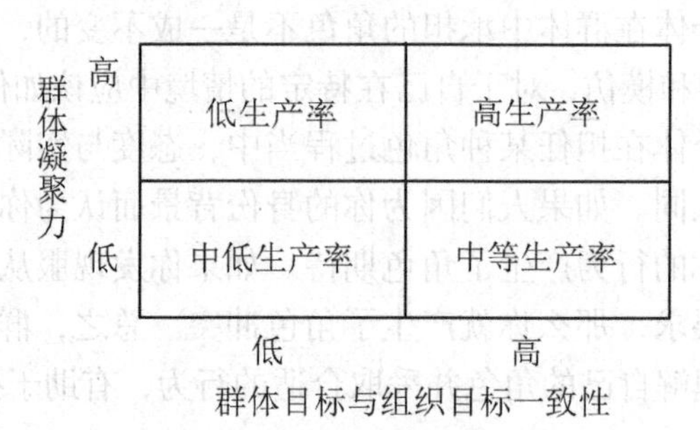

图 8-5　凝聚力与生产效率的关系

可以看出，当群体成员努力方向与组织目标一致时，领导者应该通过各种手段、措施来增强群体的凝聚力；当群体努力的方向与组织目标不一致时，领导者应该努力把群体凝聚力引导到正确的轨道上来，或者采取适当的方式来影响群体的凝聚力。

（2）影响群体凝聚力的因素。影响群体凝聚力大小的因素较多，有效地控制和利用这些因素，可以改变群体的凝聚力。这些因素主要包括：① 群体内部一致性。指群体成员在价值观、工作态度、生活兴趣方面的一致性，以及群体成员有共同的利益和目标。当群体成员普遍认同并接受群体的目标时，凝聚力就高；反之，凝聚力就低。② 群体绩效和地位。成功可以增加成员之间的好感，增强群体的凝聚力；失败会引起相互之间的埋怨，削弱群体的凝聚力。一个群体在组织中的声誉和地位越高，越会让成员产生成就感，越容易产生凝聚力。③ 群体的领导方式。尊重员工、愿意与员工沟通、虚心听取员工意见的民主式的领导方式，更能活跃群体的气氛，促进群体成员之间的交往，增强群体的凝聚力。④ 群体的规模。群体规模大小与凝聚力成反比，即群体规模越大，凝聚力越小；群体规模越小，凝聚力越大。这是因为群体规模的大小直接影响着群体成员间交往机会的多少和交往强度的大小。但是群体规模太小，又不利于任务的完成，一般群体规模在 7 人左右凝聚力可达到最佳。⑤ 群体与外部的关系。群体外部的压力会增强群体成员之间相互合作的需要，从而提高群体的凝聚力。与外界相对比较隔离的群体，凝聚力较强，反之则较弱。

除了这些因素之外，群体内部的奖励、群体内的信息沟通、成员间的相互学习等，也都会影响群体的凝聚力。

7. *群体行为软硬因素的相互作用*

群体领导、群体决策、群体沟通、群体冲突共同构成了群体行为的四要素，如图 8-6 所示，其中群体领导是发挥基础性作用的“硬因素”，群体决策、群体沟通与群体冲突则是围绕群体领导发挥作用的“软因素”，四种因素相互影响决定了群体行为。从静态的角度来看，在某一时点软因素和硬因素达到一个均衡的状态，而从动态的角度来看，软硬两类因素是非均衡的，群体根据实际的情况来不断调整软硬两类要素的力量，达到提高群体行为有效性的目的。

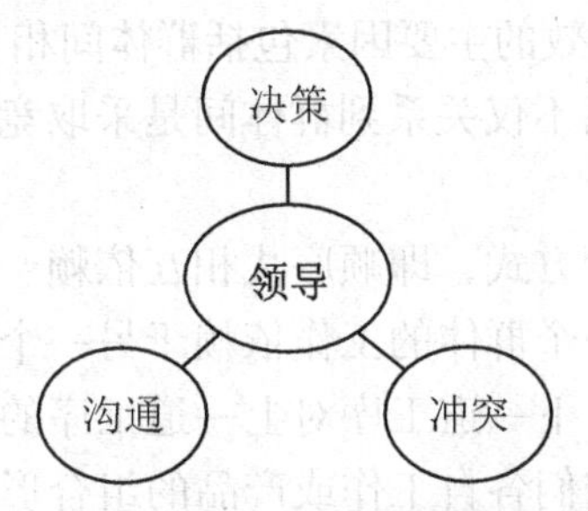

图 8-6　群体层面行为影响因素示意图

因为群体处于一个大的组织中，同时又由许多不同的个体组成，一个群体要想实现其目标，群体的管理者需要在组织目标的框架下，根据群体内个体的特点构建良好的沟通渠道、正确地处理冲突、选择恰当的领导方式和正确地进行决策才能实现群体的目标。同时，组织管理者要把握群体行为的特点，根据实际情况调整相应的管理措施，使群体行为更符合组织行为的要求。

8.3.3　群体间绩效

一个组织往往由多个群体构成，在组织目标实现的过程中，群体之间会发生大量的相互作用，这些相互作用的产出就是群体间绩效。群体间绩效不但影响到群体目标的实现，更关系到组织目标的实现。

1．群体间的关系

群体间的关系可以概括为合作和竞争两种形态。合作是指双方齐心协力，相互配合，以求共同达成目标的心理状态；竞争是指各方力求超过对方而取得优势地位的心理状态。二者都是完成任务和实现目标的手段。事实上，群体间的关系既存在竞争，也存在合作，二者不是截然对立的关系，而是对立统一的关系，竞争可以激发动力、增强活力，合作可以优势互补、形成合力。

目标相关性是决定群体间合作与竞争的决定因素。目标相关性分为正相关、负相关和无关三种情况。当一方目标的达成会使另一方目标的达成变得容易时，这两个目标就是正相关的，例如销售的产品数量越多，生产的任务就越充足。当一方目标的达成使另一方目标的达成变得更困难时，这两个目标就是负相关的，例如当房价不断上涨时，普通老百姓想购置一套自有住房的目标就越来越难实现。当一方目标的达成与另一方目标的达成没有任何关系时，这两个目标就是无关的，例如，不同部门的人在制定各自的学习活动时，相互间不会有影响。

显然，在群体间目标正相关的情况下，群体间越容易产生合作的行为；反之，在群体间目标负相关的情况下，群体间越容易产生竞争行为；在群体间目标无关的情况下，群体间既不会产生合作也不会产生竞争。据此，组织可以通过人为地设定分配和激励制度，来调节群体间目标的相关性，进而引导群体间出现组织所期望的竞争或合作的关系。

2. 群体间绩效影响因素

同一组织不同群体间究竟是相互竞争还是合作，关键是要看哪一种方式能带来更高的群体间绩效。影响群体间绩效的主要因素包括群体间相互依赖程度、任务不确定程度、时间与目标取向等，这些因素不仅关系到群体间是采取竞争还是合作，也关系到群体间竞争与合作的程度。

群体间的相互依赖有三种方式，即顺序式相互依赖、集中式相互依赖和交互式相互依赖。顺序式相互依赖是指一个群体的工作依赖于另一个群体的投入，而且这种依赖是单向性的，如同一生产线上，下一道工序对上一道工序的依赖。集中式依赖是指两个或多个功能相对独立的群体，它们各自工作或产品的组合形成了整个组织的输出，如汽车生产企业中不同的零件生产部门。交互式相互依赖是指共同完成工作的过程中，不同群体的工作成果间互为输入输出，例如企业的研发部门和市场部门，市场部门获得的市场信息为研发部门提供了研发的方向，而研发部门开发的新产品又支持了市场部门的市场开拓。可以看出，交互式相互依赖的群体间对协作的要求更高。

群体所从事的任务，可以被视为一个从高度常规化到极端不确定性的连续体。常规化的任务不大会发生变化，可以采用标准化的运作程序加以处理。不确定性的任务结构化程度低，存在很多例外的情况，不适用于标准化的运作程序，在解决这类问题的过程中需要更多的信息和相互间的合作。

不同群体在时间和目标方面的认识是不一致的，这当然会影响群体间合作共事的难度。例如，生产部门关心的是眼前的生产安排，而研发部门关心的是长期的产品链；销售部门关心的是尽量将公司的产品销售出去，而财务部门则关心货款是否能按期到账。这些差异增加了不同群体间相互沟通的难度，也会影响相互间合作的意愿与质量。

3. 群体间关系的管理

罗宾斯提出了七种管理群体间关系的方法，按投入代价从小到大的顺序排列，依次为规则与程序、层次等级、计划、联络员角色、特别工作组、工作团队、综合部门。

在群体间活动方式比较固定时，可以通过构建规则与程序的方法来具体说明群体间应该怎样相互作用，但是在动荡和变革的情况下，规则和程序会被视为一种禁锢而失去作用。这时求助于组织中更高层次的主管来解决群体间的协作事宜会成为一种选择，这就是层次等级的使用，它会增加上级主管花费的时间。

如果每个群体都有自己负责的目标，知道自己应该做什么，那么就可以运用计划来促进协作。当然，为了促进两个相互依赖的工作单元之间的沟通，可以设定一个联络员角色。在相互作用的群体数目较少时，可以由来自不同群体的代表组成一个特别工作组作为临时性的群体直至问题得以解决。当工作任务更为复杂、需要投入的时间更长时，临时性的特别工作组会被工作团队所取代，工作团队针对的是那些经常发生的问题。当群体间关系过于复杂，无法通过其他方式进行协调时，就要考虑构建永久性的综合部门，将共同完成任务的多个群体整合起来，统一规划和使用组织资源，当然永久性的部门维持起来代价会很高。

8.4 团队及团队建设

当代商业企业中，团队越来越成为组织工作的主要方式。据统计，大约 80%的《财富》500 强企业中，至少有一半或一半以上的员工以团队方式工作。团队比单独的个体具备更多种技能、经验和判断，结构更为灵活、对外界的反应也更为迅速。同时团队也增加了相互沟通的需求，需要管理更多的冲突，需要比个体工作更多的时间和更多的资源。

8.4.1 团队的内涵

1. 团队与群体

团队是一类特殊的群体，团队中的个体具有相互补充的技能，且愿意为了共同的业绩目标而共担责任、积极协同。一般群体的目的在于共享信息、进行决策，帮助每个成员更好地承担起自己的责任。团队则不同，它需要成员的共同努力产生积极的协同效应，取得远远大于个体绩效之和的团队绩效。表 8-1 对群体和团队进行了比较。①

表 8-1 群体与团队的比较

项　目	群　体	团　队
目标	相互独立，共享信息	相互依赖，集体绩效
协同效应	中性（有时消极）	积极
技能	随机，不同	不同，相互补充
责任	个体责任	个体责任和连带责任

团队是组织提高运行效率的可行方式，有助于更好地利用与发挥雇员的才能。在多变的环境中，团队比传统的部门结构更灵活，反应更迅速。简单地说，团队可以快速地组合、重组、解散。并非所有的群体都适合组建团队，例如，作家、画家等以个体劳动为主的职业群体，个体的工作较少依赖其他人，也就不大容易形成团队。

2. 团队的类型

团队可以从事生产、提供服务、处理谈判、协调项目、提出建议、做出决策等工作。组织中主要的团队类型有问题解决团队、自我管理团队、多功能团队和虚拟团队。

（1）问题解决团队。问题解决团队致力于解决责任范围内的某一特殊问题，一般由来自同一个部门的 5～12 名员工组成。每周用几个小时的时间来会面，就如何促进产品质量、提高生产效率、改善工作环境等问题展开讨论，就如何改进工作程序和工作方法交换看法或提供意见，但没有权利单方面采取行动。

（2）自我管理团队。自我管理团队是为了弥补问题解决型团队的某些不足而出现的。

① 罗宾斯. 组织行为学. 北京：中国人民大学出版社，2005：283.

通常由10～15人组成，他们可以自己控制工作节奏、分配工作任务、安排工作时间、检查工作程序、执行解决问题的方案，并对工作结果承担全部责任。研究表明，组织减员、团队规范的强度、奖励结构、文化背景等依赖情境的变化，都会影响自我管理团队的效果。

（3）多功能团队。多功能团队是以完成某项具体任务为目的，由来自同一等级、不同工作领域的员工组成，其特点是跨越了组织内部横向部门之间的界限。多功能团队多出现在大型的制造型企业，优势在于能够实现不同领域员工之间的信息交换、激发人们采用新办法解决问题。由于多功能团队成员在背景、经历和观点之间存在差异，多功能团队在成立初期往往要花费大量的时间才能建立起成员之间的信任和合作共享。

（4）虚拟团队。虚拟团队是利用互联网技术，跨越空间、时间和组织界限建立的工作团队。虚拟团队适应了全球化和知识经济的发展趋势，可以完成其他团队所能完成的一切工作。与其他面对面的团队类型相比，虚拟团队成员之间的沟通几乎不存在时间和空间的限制，但是由于缺乏面对面沟通对非语言线索的把握，信息交流更少含有社会——情感的内容，降低了成员对团队互动过程的满意感。

8.4.2 团队建设

高绩效的团队会带来愉快的经验和成功的体验，在圆满完成组织任务的同时，为成员带来进步与成就感。因此，有效团队的建设无论是对组织还是对个人都非常重要。

1. 高绩效团队的特征

高绩效团队具有以下方面的一些特征：① 明确的目标。团队成员清楚地了解所要达到的目标，以及目标所包含的重大现实意义；清楚任务的分派、工作的进度，知道如何集中精力完成任务。② 内部与外部的支持。既包含内部合理的基础结构，如明确的角色与任务分派，也包括外部给予的必要的资源条件，如合适的设备、及时有效的反馈等。③ 多元化风格。团队成员拥有多种实现目标所需的相关技能，队员之间的个性有所差异但是相互吻合。④ 良好的人际氛围。每个团队成员对队内其他人的品行和能力都确信不疑；乐于与别人分享成功的喜悦，而不在意贡献的大小；对于别人要说的事表现出极高的兴趣；运用幽默感创造轻松的气氛。⑤ 共识。经过公认的程序，当团队达成最后的决定时，每个人都能够在行动上支持最后的结果。⑥ 合适的领导。有效团队的领导往往担任的是教练或后盾的作用，他们对团队提供指导和支持，而不是试图去控制下属。⑦ 建设性冲突。每个人都可以自由地表达意见，没有破坏性敌意与诋毁。⑧ 合理的绩效评估体系。根据个人贡献的评估和奖酬体系与基于团队绩效的利润分享和团队激励相结合，在个体和集体两个层次上提升团队的责任心。

2. 团队建设的重要性

经济全球化的压力以及竞争激烈的市场环境，迫使企业不断地对低效的经营管理过程进行重组，以加快企业对外部市场环境的反应速度。此时，把拥有专业知识、技能，具有强烈的成功愿望、创新意识和合作精神的员工组成高效团队就成为一种行之有效的方式。

（1）团队可以产出大于个人绩效之和的群体效应。团体与个人的关系就如同整体与部分的关系，团队模式使组织结构大大简化，领导和团队、团队和团队以及团队内部成员之间的关系变成伙伴式相互信任和合作的关系。建立在志同道合基础上的团队可以起到功能互补的作用，使决策更加合理、士气更加高涨，从而产生了比个体简单相加高得多的劳动生产率。

（2）团队可以提高企业组织的灵活性。企业团队的共同价值取向和良好的文化氛围，使组织能更好地适应日益激烈的竞争环境，以其敏捷、柔性的优势，增强企业的应变和制变能力，提高企业组织的灵活性，提高企业竞争的效能。

（3）团队有着极强的凝聚力。随着经济的不断发展，人们的思想得到了极大的解放，人们已经不再满足于别人对自己的控制和管理，他们不仅把工作当作一种谋生的手段，更希望在工作中找到人生的乐趣，实现自我价值和自我发展。团队强调沟通协调，成员之间相互信任、坦诚沟通、人际关系和谐，这样可以提高员工归属感和自豪感，大大激发企业员工的积极性，增强企业内部的凝聚力。

（4）团队注重对成员的培养，鼓励成员一专多能，并对员工进行工作扩大化训练，持续完成目标所需要的知识与技能，使得团队成员迅速进步，从而带来团队工作效率的成倍增长。同时，团队在文化氛围上既强调团队精神，也鼓励个人的完善与发展，从而激发了个人的积极性、主动性和创造性，使得企业员工从机器的附属中摆脱出来，充分体现了人本管理的思想。

3. 高绩效团队的塑造

塑造高绩效团队是许多企业管理者的主要任务之一，也是对企业管理者的管理能力的一种特殊的挑战。企业在塑造高绩效团队时主要应考虑以下几方面。

（1）确立清晰明确的愿景和目标。共同的目标是团队存在的基础，马斯洛曾说，杰出团队的显著特征便是具有共同的愿望与目的。由于人的需求不同、动机不同、价值观不同、地位和看问题角度不同，对企业的目标和期望值有着很大的区别，因此，要使团队高效运转，就必须有一个共同的目标和愿景，就是让大家知道“我们要完成什么”“我能得到什么”。这一目标是成员共同愿望在客观环境中的具体化，是团队的灵魂和核心，它能够为团队成员指明方向，是团队运行的核心动力。为了使团队的目标更具激励作用，在设计目标和愿景时，必须坚持以下原则：① 明确原则。必须明确确定团队的目标、价值观以及指导方针。② 激励性原则。制定的目标愿景必须能够激励成员，使每位团队成员都相信团队的愿景并愿意努力去实现它。③ 切实可行原则。团队的目标应该根据团队及其企业现有内外环境资源及市场机会进行理性、综合评判，必须建立在团队确实能做到的愿景的基础之上，目标不能定得太高，也不应太低。④ 共识原则。团队目标应该是团队成员利益的集中体现，不仅要合乎规范，而且要与团队成员的价值取向相统一。⑤ 未来潜力原则。团队发生变化以后，理念和目标也必须获得更新，否则就会丧失其导向功能和动力作用；目标必须得到有效的贯彻推行。

（2）培养良好的团队氛围。健康和谐的人际关系能使团队成员之间从生疏到熟悉、从提防到开放、从动荡到稳定、从排斥到接纳、从怀疑到信任，可以在长时期内使人们保持亲密。团队关系越和谐，组织内耗越小，团队效能就越大。信任对于团队的健康和效率提高具有至关重要的作用。管理层在实施企业政策时要公正、公开，从而使团队成员对企业领导的信用以及企业的政策产生信心。同时，企业管理者应该在团队工作范围内充分授权，并向团队公开团队工作所必需的信息，尽量创造机会与团队成员进行交往、沟通，注重员工工作满意度和生活满意度的提高。团队是每个成员的舞台，个体尊重与满足离不开团队这一集体，要在团队内部经常性地倡导感恩和关爱他人的良好团队氛围，尊重员工的自我价值，将团队价值与员工自我价值有机地统一起来，通过实行良好的工作福利待遇、改善工作环境、职位调换等手段使成员感受工作的乐趣以及挑战性，从而提高团队的工作效率。

（3）建立健全有效管理制度和激励机制。健全的管理制度、良好的激励机制是团队精神形成与维系的内在动力。一个高效的团队必须建立合理、有利于组织的规范，并且促使团队成员认同规范，遵从规范。合理的制度与机制建设主要包括：① 团队纪律。有了严明纪律，团队的战斗力就会加强。② 上级对下级的合理授权。这样就能明确责任和义务，充分调动各方面的积极性和创造性。③ 有效的激励约束机制。要建立工资制度以及公平考核与升迁制度，在实施激励时，要充分考虑人的需求的多样性，激励形式要丰富多样，注重精神激励与物质激励并举并重，不论是正激励还是负激励都应该做到及时，这样才能促进团队不断发展。

（4）注重培训。要有效地提高团队的整体素质，提高团队竞争力，培训是一个重要方面。对于企业来说，企业培训已经成为持续不断地学习和创新的手段和工具，培训对于团队目标的实现非常重要。在团队中，应该营造积极的培训氛围，使团队成员乐于培训，确信自己可以做得更好。企业要在生产经营的同时有计划地实施企业的员工培训，把企业办成一个学习型企业。必须重视并积极创造条件，组织员工学习新知识、新技术，为其提供各种学习的机会，提高员工的知识、技能和业务水平，使他们能够不断提高自身素质适应企业发展的需要。同时，要加强员工的思想工作，加强员工的职业道德建设，培养员工爱岗敬业、团结拼搏的精神，使企业内形成和谐、友善、融洽的人际关系和团结一心、通力合作的团队精神。

（5）提高团队管理者的领导力。领导力是指领导在动态环境中，运用各种管理方法，以促使团队目标趋于一致，建立良好团队关系，以及树立团队规范的能力。优秀的团队管理者往往充当教练员和协调员的角色，他能在动态环境中对团队提供指导和支持，为团队指明方向。人人都知道，一个优秀的团队领导能够带动并且提高整个团队的活力，指导并帮助团队取得更加突出的成绩。由此可见，团队管理者首先要懂得如何管人、育人、用人；其次，必须加强自身素质和能力的修炼，要善于学习、勤于学习，懂得运筹帷幄，懂得把握方向和大局、事业发展战略；同时，还要加强自身的德性修养，懂得以德服人，善于集中团队成员的智慧、采纳团队成员的意见，发扬民主管理的作风，不断提高领导水平。

4. 解决团队出现的问题

团队管理者应该及时注意团队中出现的不正常信号，保持团队良好的工作状态。

（1）团队成员精神离职。这是企业团队中比较普遍的问题，具体表现为工作不在状态，行动较为迟缓，个人能力在工作中只发挥出很小的一部分，对本职工作不愿意继续深入。精神离职的原因主要是个人目标与团队目标产生了不一致，也有工作压力、情绪方面的原因。针对精神离职者的有效方法是用团队精神和团队愿景来提升工作状态，用激励手段提升工作热情，还可以适当安排假期，让精神离职者调整状态。

（2）强势个体带来隐患。团队需要的是整体的绩效，但团队成员中强势个体的出现会对整体绩效带来隐患。其表现特征为个人能力强大，个人绩效突出，同时又好大喜功、组织纪律散漫。这种情况常令团队的管理者无所适从，甚至放任自流、提供有别于其他成员的特殊待遇。长此以往，会扭曲团队的目标以迎合个人的目标，破坏团队的凝聚力，导致团队瓦解。这种情况下，既要发挥强势个体的榜样作用，又要引导其融入团队精神和团队文化之中，使其成为推动团队向前发展的活力而不是妨碍团队发展的阻力。

（3）成熟团队陷入困境。一个团队不会总是保持优良的业绩，随着时间的推移，当最初的热情逐渐衰退之后，成熟团队可能会陷入一种停滞不前的状态。主要原因：一是团队成员开始想当然地认为自己能够读懂每个人的心态，不再愿意发表自己的意见和想法，也不愿意再进行相互挑战；二是团队已经形成了既定的思维模式和活动模式，模式化的程序和活动降低了团队创造性地开展工作的能力。面对这种情况，管理者可以加强对团队成员的培训，通过培训为团队注入新的活力，也可以通过调整团队成员的工作，重新点燃团队成员的工作热情，甚至可以对团队成员进行调整或重组，帮助团队树立新的目标。

8.5 群体行为的识别、选择与反馈

行为过程可以分为三个阶段，即识别、选择与反馈。其中，行为识别是事前对事物的状态及其出现的原因进行分析；行为选择是事中从自律和他律的视角将环境、任务与行为进行匹配；行为反馈则是事后效果评估与处理。三个阶段形成行为管理的结构化内容，其目的是提高与优化组织效率。

8.5.1 群体行为的识别

1. *群体领导行为的识别*

在企业组织的初创阶段，领导或者说创业者的风格对于群体以至组织的成败至关重要。首先，必须识别领导的具体风格，识别工具可以运用“TOPK 技术”（黄德华，2010）。所谓 TOPK 技术，即以 Tiger（老虎）、Owl（猫头鹰）、Peacock（孔雀）与 Koala（考拉）这四种动物的特点来描述和认识不同类别的领导风格。

（1）T（老虎）型的管理者的口号是“我们现在就去做，用我们的方式去做”，他们做事当机立断，大部分根据事实进行决策，敢于冒险，在做决策前，会寻找几个替代方案，更多地关注现在，忽视未来与过去。对事情非常敏感，而对人不敏感，属于工作导向型，注重结果而忽视过程，工作节奏非常快，因此也很容易与下属发生摩擦。

（2）O（猫头鹰）型的管理者非常崇尚事实、原则和逻辑，他们的口号是“我们的证

据在这里，所以我们要去做”，他们做事情深思熟虑，有条不紊，意志坚定，很有纪律性，系统地分析事实，把过去作为预测未来事态的依据。追求周密与精确，没有证据极难说服他们。他们同样是对事情非常敏感，而对人不敏感，也属于工作导向型，但特别注重证据，决策速度比较缓慢，为人很严肃，难以通融。

（3）P（孔雀）型的管理者则是热情奔放，精力旺盛，容易接近，有语言天赋，擅长演讲，经常天马行空，做事比较直观，喜欢竞争，对事情不敏感，对人则很感兴趣。他们更关注未来，更多地把时间和精力放在如何去完成他们的梦想，而不关注现实中的一些细节。行动虽然迅速，但容易不冷静。喜欢描绘蓝图，而不愿意给员工实在的指导与训练。与员工谈工作时，思维属于跳跃式，员工经常难以跟得上。员工得到的多是激励，而不是具体指导。

（4）K（考拉）型的管理者喜欢与别人一道工作，营造人与人相互尊重的气氛。他们决策非常慢，总是希望寻求与相关人员达成一致意见。他们总是试图避免风险，办事情不紧不慢，对事情不敏感，而对人的感情很敏感。他们是关系导向型，很会从小处打动人，为人随和而真诚。非常善于倾听，也很少对员工发怒，员工很喜欢找他们倾诉，但他们优柔寡断。

四种类型各有千秋，从成功的团队来看，其领导组成多是四种类型的综合体。总体上，TOPK 技术可以帮助领导者了解并利用自己的优点，客观地看待自己的缺点，重视搭档喜欢的东西，消除让大家难以合作的“盲点”。

2. 群体沟通行为的识别

群体沟通是否畅通，对于群体和组织的工作效率具有直接和重要的影响，可以利用表8-2包括17个问题的自测表对群体沟通情况进行判断与识别。①

表8-2 群体沟通情况自测表

序号	内容	自测
1	前段时间，你们公司贴出告示，在全公司范围内征集合理化建议，老板为此还专门召开了会议，称凡建议被采纳者可以得到500元现金的奖励。大家都很踊跃，积极提出建议。遗憾的是，问题反映上去了，却石沉大海，采纳与否均未见回应。再后来，公司无论再怎么鼓励大家建言献策，大家都不予响应了	（ ）
2	你们公司的一线管理者和业务员每天需要花大量时间填写几十张表格，如“业务员日记表”“每月市场费用表”等，为了应付报表，营销人员根本没有多少时间、精力、心情去帮经销商开拓市场，最后到了月底业绩惨淡。回头追究原因，领导们认为是营销人员素质太差，培训不到位，管理还需大力加强。于是营销人员又开始了更大强度地填表格	（ ）
3	你发现公司里，老板身边的红人都是职能主管，而业务部门的主管通常都要经过职能主管才能与老板沟通。同时，不直接创收的员工越来越多，而直接创收的员工比例越来越低。乍一看，公司员工很多，结果真正到了一线缺人的时候，能顶上来的员工少之又少	（ ）

① 谢康利，等. 驰援一线. 商界（评论）. 2010（6）：62-63.

续表

序　号	内　容	自　测
4	你们公司基本上每天都在下发最新的流程、制度、文件，要求员工学习、考核；公司半年下来，累计的流程类文件达到两百多个，最后，员工们也不知道该如何“遵守”公司制度了	（　）
5	你们公司已经成立很长时间了，当初的电脑现在大多成了“重病号”。但最要命的是，工作做了一半，电脑突然罢工，你十万火急找 IT 部的“工程师”帮忙，得到的回复就是“你先去填单子”。要是遇到换零部件，填了单子，要找顶头上司签名，接着要找部门经理签字，然后还要找财务部盖章等，七八个字签下了，已经是两星期后，等他们把零部件买回来已经是一个月后了	（　）
6	你们公司经常制订一些庞大的计划，需要多个部门配合才能完成。开会的时候，各个部门的负责人都表态要全力支持，但最后执行的结果却是谁都没有把事情做好，谁也没有责任	（　）
7	在你们公司，出差报销签字要经过至少六七个人，只要领导不同时在场，一次报销少则几天，多则一个月。更为关键的是，出了问题，谁也不担责任。例如，七个领导是这样签字的：第一个人签字最简单，因为他知道后边还有六个人签字，所以我这个签字不重要。第二个人也简单，因为第一个人都签了，我签更不重要了，因为前面有人签，后面还有人签。到了第七个人，一看前面六个人，包括副总裁、总监、部门经理都签了，这个单子应该没有问题，所以我也就签一下吧	（　）
8	你们集团公司的职能部门对下辖企业总以总部自居，从未上过前线，但拥有太多的权力与资源，为了控制运营风险，设置了许多流程控制点，而且不愿意授权。职能主管和员工常对前方发号施令，要求前方的每一个小动作都必须向机关报告或经机关批准，弄得一线部门很难迅速有效开展工作	（　）
9	你们公司的老板总认为与员工的沟通渠道畅通，因为他有一个总经理信箱，员工有意见就可以匿名往信箱里投诉，但一个月后就再也没有人投诉过。因为刚开始还有人投诉，但一个月下来，总经理就训斥了被投诉的七八个中层。再后来，举报人相继被开除和辞退了，此后就再也没有投诉发生了	（　）
10	你们的员工即使发现了问题和有新的建议也不会提出来。因为最初有个员工发现改进一个流程后可以降低很多成本，并向主任汇报，然后一级级汇报到老总那去了。老总不但没有表扬，反而把副总叫来骂：“你发现问题了怎么不早汇报？你看一年浪费我多少材料？”接着副总把部门经理叫来骂：“你们怎么不早发现，让我挨骂？”经理把主任叫来骂道：“以后办事要动脑子，你这个白痴！”主任接着骂员工：“你发现问题后不会当作哑巴？”此后一线员工都成了哑巴	（　）
11	你们的经销商常常抱怨，自己为了要下单、催货、售后等，常常要和财务、销售、市场、品牌等 7～10 个部门电话沟通，烦琐而效率低，但一旦出了问题，却找不到责任部门	（　）

续表

序　号	内　容	自　测
12	你经常会发现财务部门与营销部门矛盾重重。原因是营销人员在辛辛苦苦把产品销售出去后，需要去财务部门开具销售票据、交款以及报销等事宜，而遭受到的“待遇”却是——门难进、脸难看、话难听、事难办，求着他们办事一样	（　）
13	年初，公司总部给每个区域销售部门布置了销售任务，有个片区在执行任务过程中，遇到困难，需要总部支援，总部明确表态支援，但请片区经理自己想办法解决。片区经理想了很多种办法，如促销赠品、降价、抽奖等很多方式，并报请总部定夺，总部却一再否定，又指不出新的方向。年终考核，该片区没有完成任务，认为是总部支持不到位，总部却认为片区经理所提的方案与公司制度有违背才没有完成任务	（　）
14	你们公司要对夏季商品进行促销，但程序繁多。申请促销赠品，要分区报办事处，再报销售部，再报绩效部，然后报市场部、财务部，最后报公司领导。批了后还得再报市场监察部核实，完了再报仓库发货……这期间还不包括数据不对、格式不符、领导不在、报告丢了的特殊情况。所以常常是，大家忙活一大阵，等夏季的促销品返到市场一线，早已经飘起雪花了	（　）
15	你们的客服部门像个哑铃或只报喜不报忧，原因是报忧得罪业务部门，而业务部门收到投诉后往往千方百计推卸责任，老板又睁一只眼闭一只眼	（　）
16	你们的售后服务人员像个推销员，在接到消费者的维修请求时总是要求客户换零部件或推销公司产品，导致客户满意度很低。原因是，售后部门被老板认为是花钱的部门，从来不给好脸色看，为客户服务的花费报销起来也很困难，使得售后人员只好自己创收	（　）
17	你们的销售人员或经销商即使发现了市场上的产品有质量问题也不会反馈回来，因为退换货要走七八个部门的流程，而且公司总是消极对待，直到引爆无法挽回的致命问题为止	（　）

注：（1）自测一列中对情况符合的在括号中打√，不符合打×。

（2）当打“√”的项目超过10个时，表示群体沟通存在问题。

3. 群体冲突的识别

对群体冲突进行识别涉及对各方利益、责任等争议的感知和判定，具体来说，对群体冲突进行识别主要包括以下四种情况。

（1）胜负型识别。在对群体冲突基于非胜即负判断的基础上，冲突双方的利益是完全对立的。胜方目标全部达到，负方则目标完全受挫，一方满意都是建立在另一方不满意的基础上。这种感知是由于仅从己方看待冲突问题，“我得到X或者得不到”。在高度紧张或压力下，在强有力的自我意识驱动下，极可能产生这种简单化的胜负型概念。其原因在于，在高度紧张时，由于察觉不到新的选择，而使得识别变得简单化；在自我意识不断增强时，通常趋向于拒绝中间解决方案，拒绝与对方沟通，从而导致走向极端的感知与识别。

（2）零和型识别。相比于胜负型识别，零和型识别不极端化。例如，冲突问题可能是投入新生产线的时间和资金多少问题，而不是投入与否的争议；冲突问题可能是追究事故发生的责任分担，而不是判断谁该受罚、谁是无辜这种简单的是非争议。显然，零和型的结局有无数多种状态，它是（i，j），$i+j=M$（已定）的任意组合。从这个角度上来说，零和型冲突识别要比胜负型冲突识别复杂。

（3）不确定型识别。此时，群体对冲突问题的认定没有隐含可行选择的明确倾向，这样的感知易于促进双方以最根本性的关注目标为依据判定冲突问题。例如，在销售与生产部门的争议中，冲突问题可能被认为是生产设施的高效利用与快速送货服务间的矛盾。由于在此两者之间不易确定优先权，所以冲突的识别多是凭借经验。

（4）不可调和型识别。这种识别结果的出现，可能是来源于对所争议问题的认识不足以致认为不可解决，也可能是把冲突问题认定为大到不可解决的争议，还可能是双方认为他们现有位置不容改变。不可调和型冲突识别可看作是实现双方目标的障碍，虽然各方都明白能在对方受损的基础上达到自己的目标，但强烈的利益冲突仍存在于他们的感知中，双方都把对方看作是自己达到目标的障碍。

综上所述，群体冲突的识别有多种不同的方式，不同的判断隐含着争议的大小。另外，每一种判断也暗示着可行性选择方案及其后果的不同模式，这个模式反过来又在当前的环境中形成一个明显不同于前者的利益冲突的想象。[①]

8.5.2 群体行为的选择

1. 群体领导行为的选择

高效的领导者知道如何根据商业环境的变化改变决策风格。简单、复合、复杂和混乱这四种情境分别需要不同的领导方式（见表 8-3）。管理者如果能够根据主要情境，警惕危险信号，选择合适的领导行为，就能够在各种情境中都领导得力。

2. 群体沟通行为的选择

群体沟通的方式以不同的维度可以分为多种类别，如正式沟通与非正式沟通、语言沟通与非语言沟通、单向沟通与双向沟通等。以是否正式为维度进行划分，正式沟通行为的选择较为明确，而非正式沟通虽然至关重要，但其行为选择仍需深入研究。其中，非正式沟通主要包括许多不公开、只可意会不可言传、个性化的“潜规则”。群体成员对这些“潜规则”有一个潜移默化的过程（见图 8-7），并在这一过程中对沟通行为进行选择。[②]

① 刘明霞．企业组织冲突行为的动态分析．外国经济与管理．2001（8）：11-16．

② 李茜．破除企业内部上下级关系“潜规则”．人力资源．2010（4）：22-25．

表8-3 领导者指南：多种情境下的决策

情境类型	情境特点	领导者的职责	危险信号	对危险信号的反应
简单	重复的模式与连贯一致的事件； 人人都能看出明确的因果关系； 存在一种正确的解决办法； 属于“已知的已知”领域； 根据事实进行管理	感知、分类、做出反应； 确保正确的流程到位； 委派任务； 运用最佳实践； 以明确、直接的方式进行沟通； 可能没有必要进行广泛的交互式沟通	自满与舒适； 希望把复杂问题简单化； 习惯思维； 无人对公认的信条提出质疑； 如果情境发生变化，过于依赖最佳实践	建立沟通渠道，挑战正统观念； 对情况给予关注，而不要进行事无巨细的管理； 不要认为事情很简单； 认识到最佳实践的价值与局限性
复合	需要专家进行诊断； 能发现因果关系，但并非人人都能一眼看出； 正确的解决办法可能不止一个； 属于“已知的未知”领域； 根据事实进行管理	感知、分析并做出反应； 建立专家小组； 倾听相互冲突的建议	专家对自己的解决方案过于自信，或者相信过去一些解决方案的功效； “分析瘫痪症”专家小组； 排斥非专家人员的观点	鼓励外部和内部的利益相关者对专家的意见提出怀疑，亦克服习惯思维； 利用试验和游戏迫使人们跳出常规
复杂	多变性与不可预测性； 没有正确答案，但具有启发性的模式会显现出来； 属于“未知的未知”领域； 许多相互冲突的观点； 需要采取富有创造性和创新性的方法； 根据模式进行领导	探寻、感知，并做出反应； 营造环境并进行试验，促使模式显现出来； 加强互动与沟通； 采用有助于激发创意的方法：开展讨论（集思广益法）、设定界限、激发吸引点、鼓励表达不同意见和多种观点、管理好初始条件并监控模式的出现	倾向于退回到惯常的命令与控制模式； 倾向于寻找事实，而不是让模式显现出来； 希望尽快解决问题或者利用机遇	要有耐心，留出时间进行反思； 采用鼓励互动的方法，使模式能够显现出来
混乱	动荡不安； 没有明显的因果关系，因此寻找正确的答案毫无意义； 属于不可知领域； 需要做出许多决策，没有时间思考； 非常紧张； 根据模式进行领导	采取行动、感知，并做出反应； 寻找奏效的办法，而非正确的答案； 立即采取行动重新建立秩序（命令与控制）； 提供明确而直接的沟通渠道	运用命令与控制方法的时间过长； “对领导者狂热崇拜”； 错失了创新机遇； 混乱程度没有减轻	建立机制（如平行小组），以便抓住混乱环境所提供的机会； 一旦危机减弱，鼓励咨询顾问质疑你的观点； 努力使混乱情境转变为复杂情境

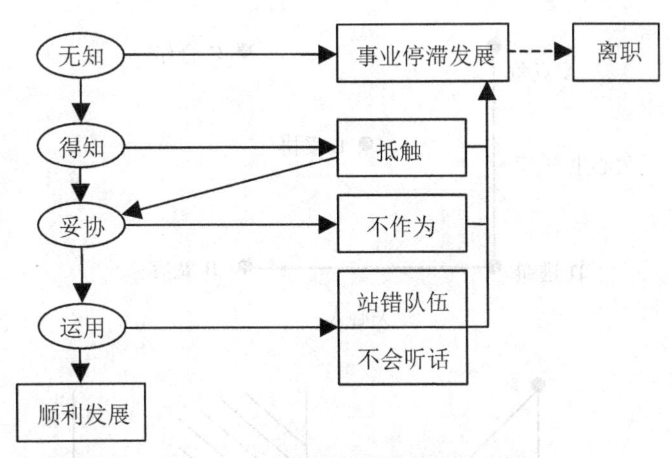

图 8-7　“潜规则”潜移默化的过程

（1）从无知到得知。群体中的某些人员由于新入职等原因，对其中的“潜规则”不太了解，从而存在了解“潜规则”的关键时期。此时，有些员工已经做好了心理准备并可以采取相应的行为，有些员工则无法理解并表现出愤愤不平与行为懈怠，而有些员工则会由于没有很好地理解和主动学习企业“潜规则”而最终选择离开。

（2）从得知到妥协。了解了“潜规则”以后，员工可能做出两种反映，一种是抵触，这是群体中多数人的第一反应，因为“潜规则”违背了公平原则以及大多数人心中的正义。这部分员工或者抵抗，或者既不抵抗也不逃避，只是不作为，希求“洁身自好”，其后果是与组织中的人格格不入，导致个人发展停滞不前。另一部分人则表现得更加“现实”，基于生计或前程考虑，不得不向“潜规则”妥协。其中，有些人是迅速适应了“潜规则”，而有些人则是选择慢慢地自我调整。

（3）从妥协到运用。群体中的某些员工由于看到了“潜规则”带来的好处，从而尽可能地运用“潜规则”，使自己的事业发展更加顺利。这一方面激励了员工遵循“潜规则”的行为，另一方面打消了任何违背“潜规则”的念头，从一个侧面惩罚了违背或者用不好“潜规则”的员工。

3. 群体冲突的选择

冲突行为的发生，首先是因为冲突主体感知到冲突形势的存在及对方为实现目标而做出的努力。群体感知到的利益冲突的大小包括图 8-8 所示的可能结果。根据布莱克（Blake）和莫顿（Mouton）的二维模型，图 8-8 上方的坐标系中，横坐标表示“关心人”，纵坐标表示“关心生产”，从而可以识别出由 A 到 E 这五种冲突管理方式，分别称为竞争、宽容、合作、逃避、妥协。这些方式也即在识别群体冲突后对群体行为所做出的选择。在此模型的基础上，托马斯（Thomas）、拉希姆（Rahim）、沃尔（Wall）和卡内斯特（Canister）对模型进行了不同程度的修改，重新定义了横坐标、纵坐标（见表 8-4），五种行为选择方式的名称也有所改变，但其含义大同小异。①

① 王琦，杜永怡，席酉民．组织冲突研究回顾与展望．预测，2004（3）：74-80．

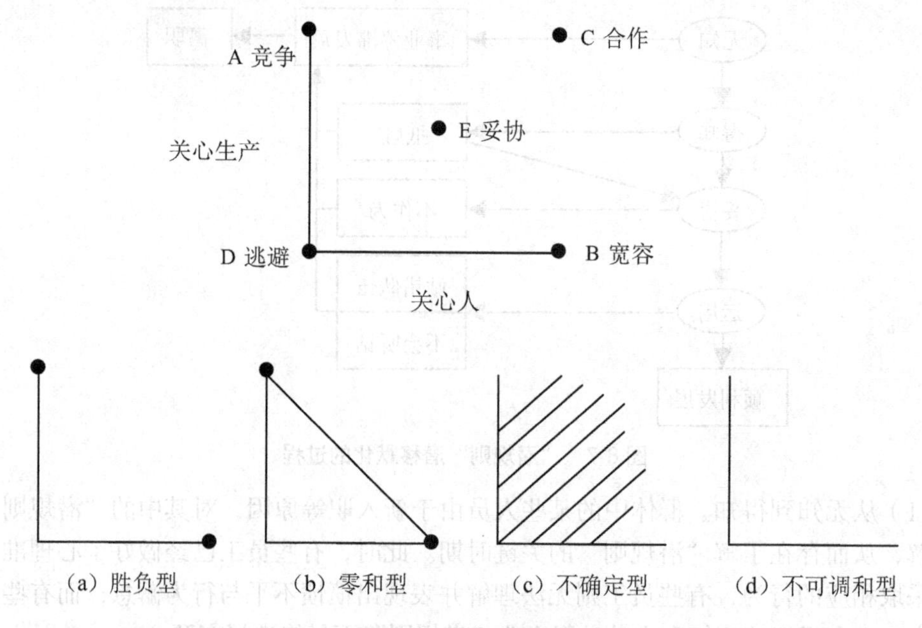

图 8-8　四种冲突模型

群体对冲突问题的界定影响着它所感受的利益冲突的类型和强度，而这种感受又是通过显现的不同选择模式而获得的（见图 8-8（a）～图 8-8（d））。图 8-8（a）是胜负型的冲突问题，此时双方利益完全冲突，结局非胜即负。这种感知是由于仅从己方看待冲突问题，“我得到 X 或者得不到”。在高度紧张或压力以及强有力的自我意识驱动下，极可能产生这种简单化的胜负型概念，从而导致走向极端的胜负型选择。零和型与胜负型相似，但没有胜负型那么极端化，而是有无数多种状态，即在图 8-8（b）斜线上形成任意组合。因此，零和型模式更为复杂。所以，在零和型利益冲突中解决方式有多种选择，一系列中间解决方案被认为是可行的，这些中间解决方案使双方都能达到一定程度的满足。不确定型模式中（见图 8-8（c）），群体对冲突问题的认定没有隐含可行选择的明确倾向，这样的感知易于促进双方以最根本性关注目标判定冲突问题，解决冲突的方案选择是凭经验。不可调和型（见图 8-8（d））的感知可能来源于对争议问题的认识不足，以致认为冲突不可解决；也可能把冲突问题认定为大到不可解决的争议；还可能是双方认为他们现有位置不容改变。不可调和型模式下，双方都把对方看作是自己达到目标的障碍。①

在本书“序言”中“组织行为的识别”部分中，我们已经了解流程能动因素的强度可以分为 P-1、P-2、P-3 和 P-4 四个级别（参见表 13-2），并且这四个级别对员工的要求逐级递增。因而，能动因素强度越高，流程的可持续绩效也就越高。同时，能动因素的强度决定了流程的成熟度，即流程持续创造高绩效的能力。

根据沃尔和卡内斯特的研究，学者们至少发展了九种测度冲突管理方式也即冲突行

① 刘明霞．企业组织冲突行为的动态分析．外国经济与管理，2001（8）：11-16.

为选择的技术，其中使用最多的是基尔曼（Kilman）和托马斯设计的 MODE（Management of Differences Exercise）和拉希姆设计的 ROCI（Rahim Organizational Conflict Inventory）。利用这些工具，学者们对群体冲突的选择问题进行了广泛的研究，其中很多学者的兴趣集中在“影响人们选择管理方式的变量”上。例如，具体来说：① 性别差异对冲突行为选择的影响。拉希姆（Rahim，1983）研究发现，性别差异影响人们的行为选择策略，男人倾向于选择竞争策略，而女人则倾向于其他几种策略。② 地位差异对冲突行为选择的影响。何华德（Howat）和伦敦（London，1980）以及莫利（Morely）和肖克利—扎拉巴克（Shockley-Zalabak，1986）认为，在上下级冲突中，上级倾向于强迫或支配，而下级则更愿意逃避或妥协。

自从冲突行为选择的二维模型和测度技术出现以后，它逐渐成为学者们研究冲突行为选择的标准或模版，出现了大量的理论和实证研究成果。这使得很多学者误认为这一模型已经相当完善，并形成了二维思考的定势。到目前为止，还没有学者对这一模型进行较大改革。[①]其实，研究者最初按照“一维模型”来考察冲突的管理，一端是“合作”，另一端是“竞争”，后来逐渐发展成为二维模型。王琦等（2004）认为，对冲突行为的选择可以基于多维来考虑，例如，在二维的基础上增加“关心组织”这一维度，从而以三维的视角进行更为细致和深入的研究。冲突管理二维模型的演变如表 8-4 所示。

表 8-4 冲突管理二维模型的演变

年代		1964，1970	1976	1986	1995
学者		Blake/Mouton	Thomas	Rahim	Wall/Canister
坐标名称	横	关心人	合作性	关心他人	合作的
	纵	关心生产	自主性	关心自己	自主的

8.5.3 群体行为的反馈

群体行为的反馈包括两个方面：一是对群体行为进行评估；二是对行为与目标间所存在的差距进行优化与提升。

1. 群体领导行为的反馈

这里主要从两个方面对群体领导行为的反馈进行理解：一是对群体领导行为的评估；二是对群体领导行为的优化。

（1）群体领导行为的评估。评估和诊断群体领导行为可以从对以下 10 个问题的回答来进行。其要求和内容如表 8-5 所示。

表 8-5 想一想你最近参与的 3 次比较重大的决策，回答下列问题

序 号	诊 断 内 容	判 断
1	决策得当吗	（ ）
2	决策的速度适当吗	（ ）

① 王琦，杜永怡，席酉民. 组织冲突研究回顾与展望. 预测，2004（3）：74-80.

续表

序　号	诊 断 内 容	判　断
3	决策执行得够好吗	（　）
4	是否让合适的人以合适的方式参与了决策	（　）
5	对于每项决策，是不是明确了 （1）由谁建议，提出解决方案；（2）由谁参与意见；（3）由谁最终拍板； （4）由谁来负责决策的贯彻执行	（　）
6	决策的角色、流程和期限得到考虑了吗	（　）
7	决策是否根据一些恰当的事实做出的	（　）
8	如果事实或意见出现分歧，是否已经明确由谁来做决定	（　）
9	决策者在公司内所处的层级是否合适	（　）
10	公司的衡量标准和激励手段是否能鼓励相关人员做出正确的决策	（　）

（2）群体领导行为的优化。企业要强化其市场存活能力，就必须对现有的管理体制进行深层次的变革，解决终端战斗单元缺乏活力的问题，其包括以下几个步骤。[①]

① 重新明确各事业部的职能定位，强化其经营功能，弱化其管理功能。企业本身就是一个社会的经营单元，官僚习气的滋生，对企业而言将导致致命的后果。而避免这种情况，就必须在事业部设置之初，就将功能局限于经营上。部门的管理理念必须以绩效为主，而不能以权力为主。

② 制定明确的权力流程，避免管理中层将理应归属于终端管理的权力“贪污”。事实上，在任何一个企业高管的脑子里，都有一个线性的权力分布图，分配给管理终端的自由空间很大，但在实际操作中，管理终端的职能越来越重，权力却悄然消失，而高层管理者为了避免与中层发生冲突，缺乏改善与修正的勇气，只能眼看着管理机能因扭曲而失去活力。除非能将授权体系明确下来，否则这种状况不会改变。

③ 制定明确的权力配比率，以量化的测量手段保持管理终端的活力。几乎所有的企业都有个对一线授权的概念，但应该授多少，一线人员与管理中层的权力比率是多少，这却没有研究，放多则滥，放少则死，让企业无法选择。实际上，企业对于管理终端授权的顾虑，主要是担心成本失控，而管理中层的设置正是为了防范这一点。所以这个数字比率，只要由管理中层提出一个点，作为授权比率的底线。再由一线人员提出一个点，作为授权比率的高线，只要权配比率介于二者之间，那么企业就是安全的。

④ 加强时间管理。时间管理对于领导任务的完成至关重要，可以极大地提高工作效率，而利用现代化的信息技术能较好地实现对时间的管理。例如，台塑的王永庆即通过信息技术的运用对所需要关注的工作进行统筹安排，并及时解决重要问题，从而完成了时间管理。在他的电脑上，没有按时完成的重要任务会表现出红色，其次是黄色，完成的任务则为绿色。而他只对红色的问题进行询问并催促其解决。

① 崔金生．摧毁中层．商界（评论），2010（6）：68.

从理念形成流程，再由中层与一线人员自行完成权力配比率，企业就可以进入试运行阶段，可以依据企业自身的情形与市场的变化，根据不同销售季节乃至不同员工的性格，选择适用的配权系数。

2. *群体沟通行为的反馈*

群体沟通行为经常会遇到许多阻碍，对群体沟通行为进行反馈，即是对群体沟通中存在的问题加以解决，从而对沟通行为进行优化，主要可以采取以下几个措施。

（1）搭建无障碍沟通立体平台。建立无障碍、无层级的沟通渠道是搭建一个释放情绪、沟通与引导的平台，这个平台能确保中高层管理者和普通员工保持畅通的交流，特别是高层者要有意识地“垂直”深入到基层普通员工中间，把员工与直线领导者的沟通、与人力资源部的定期沟通和员工间的相互沟通进行整合，最终形成企业内部的立体沟通网络，[①]以便及时掌握员工心态，从而及时了解群体沟通行为，确保健康的员工关系。

（2）员工必须接受系统的训练。沟通并不是简单的说话做事，而是要在相应的行为规范的基础上，以提高工作效率为目的，灵活调整群体中所涉及的沟通行为。为此，需要对群体中的员工进行专门的培训，确立相应的沟通原则，交流具体的沟通方式与方法，在此过程中，也需要让员工了解公司的文化。

（3）需要对各层级员工进行适宜的授权。对各层级员工进行相应的授权可以保证群体沟通的畅通，也可以使得沟通行为得以反馈。一方面，在授权范围内，员工可以不经上一级管理者的事前核准，就能立即进行相应的决策，以便及时地对具体情况做出反应；另一方面，越级沟通在一定条件下也成为现实，从而提高了沟通的效率。

（4）信息必须贯穿整个组织。为了达到优化群体沟通行为的目的，必须重视信息传达的及时、完整、正确。可以通过引入相关的信息输入与输出系统，为群体成员提供数据参考，并且由此确保各部门之间的信息顺畅。

3. *群体冲突的反馈*

群体冲突影响到组织正常工作运行或带来负面甚至是破坏性影响时，则认为群体正处于消极性冲突中。然而，对于群体冲突的反馈则会由于冲突本身以及冲突各方的具体情况而产生差异，需要从以下几个方面进行把握。[②]

（1）冲突问题的性质和利害关系。如果冲突问题微不足道，对群体利益没什么威胁，则群体一般不会采取什么对抗行为；反之，引起冲突问题的对象对群体很重要或放弃后损失很大时，无论风险、代价如何，群体也会“背水一战”采取冲突行为。

（2）冲突双方的实力。实力是经济基础、权力大小、影响力、凝聚力和业务能力等诸多方面的综合体现。如果群体的实力强于对方，则冲突获益的可能性就很大，此时，群体将更容易激起冲突。

（3）冲突双方对风险和压力的偏好。如果对方是怯懦型的，害怕和逃避压力，群体

---

① 周青．激励“新生代”员工并非难事．人力资源，2010（5）：38-39.

② 刘明霞．企业组织冲突行为的动态分析．外国经济与管理，2001（8）：11-16.

心理素质很差且对风险采取规避态度，则己方获益的概率就很高，获益也会很大。反之，对方属于风险偏爱型且对抗压力的能力很强，则己方获益的风险很大，代价也会很高。

（4）零和型和非零和型博弈。在零和型博弈中，冲突双方的利益是负相关的，一方得益会导致另一方相应的损失；而非零和型博弈冲突双方的利益是正相关的，一方得益不会引起另一方的相应损失。就冲突风险而言，前者比后者要大。

（5）冲突双方的合作关系。如果冲突双方是长期合作关系，那么关系的破坏就会导致今后难以交易，并且对方可能的报复行为会极大地增加冲突成本。如果是一次性合作，冲突双方的利益则是一块待分的馅饼，实力越强获得越多。

另一方面，就群体冲突的优化来说，可以依照和谐管理的思想解决群体冲突问题。[①]和谐管理是组织为了达到其目标，在变动的环境中，围绕和谐主题的分辨，以优化和不确定性消减为手段提供问题解决方案的实践活动。该理论提出了基于“和则”“谐则”设计的管理思想和方法，其中把“和”定义为人及人群的观念、行为在组织中“合意”的“嵌入”；而“谐”是指一切物要素在组织中的“合理”的“投入”。运用和谐管理理论进行冲突管理的主要思路即：从分析组织所处的内外部环境出发，深入剖析组织冲突产生的动因，分离出引发冲突的物的要素和人的要素，针对物的要素和人的要素分别在优化工具库（“谐则”）和不确定性消减工具库（“和则”）提取相应的工具，综合运用这些工具进行冲突管理，以使冲突维持在使组织绩效最大化的水平上，如图8-9所示。

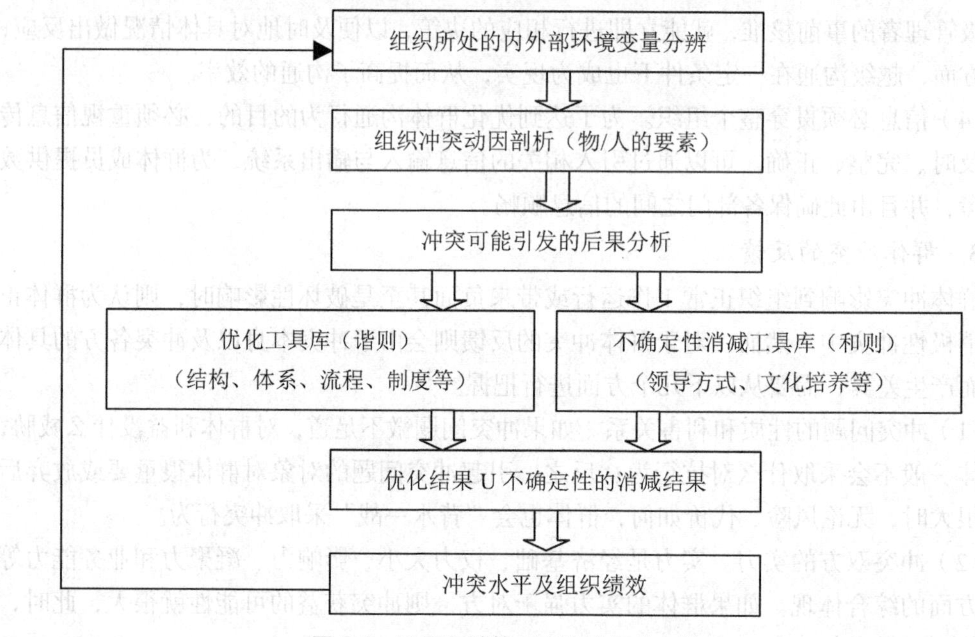

图8-9　运用和谐管理理论进行冲突管理

由于相对于人的要素来说，物的要素的不确定性小，更容易受到控制，因此对于已

① 王琦，杜永怡，席酉民. 组织冲突研究回顾与展望. 预测，2004（3）：74-80.

经产生的冲突，首先考察物的要素，并尽可能地运用物化的方法来解决冲突。具体来说，由于技术落后导致的信息传递无效、资源的稀缺、报酬系统的不完善等都属于物的要素，也即是运用“谐则”进行协调控制的范畴。例如，信息技术的应用和工作流程的优化可以大大消减部门之间的冲突。

同时，要考察群体中引起冲突的人的要素，人的复杂性所引起的人行为的不确定性在冲突中扮演了重要角色。因此，这种不确定性的消减对冲突管理尤为重要。群体人际间以及群体间的冲突可以通过相应的“和则”的设计来消减冲突过程中的不确定性。

本章小结

1. 群体是多个个体建立在工作关系和社会心理关系基础上的人群集合体。具有共同的目标、有一定的规范、有机结合、相对独立等特征。群体具有平台功能、提升功能、增效功能和心理功能。按照不同的标准，可以把群体划分为初级群体和次级群体、正式群体和非正式群体、友谊群体和利益群体等。非正式群体是一种客观存在，既有积极的作用，也有消极的作用。对非正式群体的管理就是要把非正式群体的目标引导到组织目标的方向上来，发挥它的积极作用，限制它的消极作用。

2. 群体的维度包括性别维度、年龄维度、专业维度和文化维度。群体的发展要经过形成阶段、磨合阶段、正常化阶段、运行阶段和解体阶段。群体会表现出社会促进和社会干扰、责任分摊与社会堕化、从众等群体行为。影响群体绩效的因素包括群体规模、群体结构、群体内的人际关系、群体角色、群体规范和群体凝聚力等。

3. 团队是一类共担责任的群体，包括问题解决团队、自我管理团队、多功能团队和虚拟团队。高绩效团队无论对组织还是对个人都非常重要，高绩效团队建设既需要合理筹划，又需要及时解决团队过程中出现的问题。

4. 行为过程可以分为三个阶段，即识别、选择与反馈。其中，行为识别是事前对事物的状态及其出现的原因进行分析；行为选择是事中从自律和他律的视角将环境、任务与行为进行匹配；行为反馈则是事后效果评估与处理。

关键概念

群体（group）　　非正式群体（informal group）

群体行为（group behavior）　　群体规范（group norms）

群体凝聚力（group cohesiveness）　　工作团队（work team）

管理工具

群体的间断—平衡模型　　群体凝聚力与生产效率的关系

思考题

1．群体有哪些功能？试加以分析说明。

2．“群体凝聚力越强，群体生产率就越高”，你同意这种说法吗？说明理由。

3．非正式群体有何特点，该如何对待？

4．虚拟团队与面对面交往团队相比，各有什么优缺点？

5．有效团队的特点是什么？如何建设有效团队？

自我测试

你是一个被授权的员工吗?

案例讨论

政委体系：让 HR 与业务无缝连接

讨论：

1．结合案例，试说明群体规范形成和变化的原因。

2．说说价值观认同对高效团队建设的作用。

拓展阅读

推荐书目：勒庞．乌合之众：大众心理研究．冯克利，译．北京：中央编译出版社，2014.

本书极为精致地描述了集体心态，对人们理解集体行为的作用以及对社会心理学的思考发挥了巨大作用。

在本书中，作者指出，个人一旦进入群体中，个人的个性便淹没了，群体的思想占据统治地位，而群体的行为表现为无异议、情绪化和低智商。本书认为群体在智力上总是低于孤立的个人，但是从感情及其激起的行动这个角度看，群体可以比个人表现得更好或更差，这全看环境如何。一切取决于群体所接受的暗示具有什么性质。

第9章
群体领导

本章学习目标

1. 了解领导的概念与内涵；
2. 理解领导与管理的区别与联系；
3. 了解领导理论的发展演变历程；
4. 理解组织中的权力与政治问题；
5. 了解提高领导效果的途径。

引例①

人们一提及华为，永远都会毫不迟疑地想到神秘、低调、脾气火爆但被广大企业管理者奉为楷模的精神领袖任正非。不过，在华为保持持续成长的过程中，“躲”在幕后的孙亚芳的贡献远远大于她的名气。而她的名气，也是近几年来在华为对外重大事务上凸显出来的。

一向低调的任正非擅长决策指挥，不爱抛头露面。华为对外事务就由孙亚芳来搞定，包括华为自身的业务，也包括各种复杂的社会关系。

孙亚芳 1992 年进入华为后，一路从培训部经理、某办事处主任，到市场主管，再逐步升任为主导市场和人力资源的常务副总裁，乃至当上董事长至今。一路顺风顺水的高升，见证着孙亚芳不俗的实力和管理能力。

可以说，“狼性”文化的驱使，让每个华为员工成为不屈不挠的“进攻者”。但也许你想象不到，这样的营销铁军，正是孙亚芳一手锻造出来的。

1996 年，孙亚芳建立了华为“狼性”市场营销体系，几乎每一个进入华为的大学毕业生在经过“狼性”训练之后，都能在市场一线发挥重要作用，这为华为的营销作战模式立下了赫赫战功。你能说华为 2016 年令人沸腾的 5200 亿元人民币营收，不是靠其“狼性”模式缔造的吗?

对于当初推举孙亚芳担任董事长，任正非的理由就是：孙亚芳的最大功绩是建立了华为市场营销体系。老板的溢美之词，使孙亚芳在“左非右芳”的管理模式中，核心地位得到空前强化。孙亚芳近几年来出现在公众视野的形象是举止优雅，但女性领导力不光有“柔”的一面，可见她在主导市场方面的强悍也不俗。毫无疑问，这是任

① 水中玉，华为的“芳非时代”. 中外管理，2017（8）：66-69.

正非需要的二把手。

组织需要什么样的领导人？什么样的领导方式才是适合的？领导有多重要？华为公司的案例说明，在企业发展过程中，强有力的领导人是使企业获得成功的重要保证，且领导班子要相互配合，合理定位领导的职责，以适应形势发展的需要。本章通过介绍领导、领导理论的发展演变、权力与组织政治等内容，使读者对组织中的领导行为有比较全面的认识。

9.1 领导与领导集体

9.1.1 领导的内涵

在组织行为学中，领导的概念很不统一，不同的管理学者对领导所下的定义都不一样。本书中使用的是领导的广义定义，它包含了目前有关这一主题的所有观点。领导（leadership）定义为：影响一个群体实现其愿景或一系列目标的能力。这种影响的来源可能是正式的，如来自组织中的管理职位，由于管理职位总与一定的正式权威有关，因此领导有时来自于组织所赋予的职位；也可能是非正式的，即影响力来自于组织的正式结构之外，如从群体中自发产生出来，有时非正式领导的影响力与正式领导的影响力同等重要，甚至更为重要。

从领导的定义可看出，领导包括了四个方面的基本含义：第一，领导一定要与群体和组织中的其他成员发生联系；第二，权力在领导和组织其他成员中不平等地分配；第三，领导者能够对组织成员产生各种影响；第四，领导的目的是影响被领导者为实现组织的目标做出努力，而不是更多地体现个人权威。

1. 领导与管理

通常意义上，“领导”是人类社会普遍存在的导向行为，“领导学”的学术源头最早可追溯到 2 400 年前的亚里士多德时代；而“管理”及“管理学”作为一种典型的组织控制行为和专门学术研究领域，则是工业化社会、特别是 20 世纪工业组织规模化的思想遗产。

领导与管理是否有区别，管理学界很多专家有着不同的看法。

哈佛商学院的亚伯拉罕•扎莱兹尼克（Abraham Zaleznik）指出，管理者和领导者是两类完全不同的人，他们在动机、个人历史及想问题做事情的方式上存在着差异。他认为，管理者如果说不是以一种消极的态度，也是以一种非个人化的态度面对目标的；领导者则以一种个人的、积极的态度面对目标。管理者倾向于把工作视为可以达到的过程，这种过程包括人与观念，二者相互作用就会产生策略和决策；领导者的工作具有高度的冒险性，他们常常倾向于主动寻求冒险，当机遇和奖励很高时尤其如此。管理者喜欢与人打交道，他们根据自己在事件和决策过程中所扮演的角色与他人发生联系；而领导者则关心的是观点，以一种更为直觉和移情的方式与他人发生联系。

哈佛商学院的约翰·科特（John Kotter）认为，管理主要是处理复杂的问题。优秀的管理通过制订正式计划、设计规范的组织结构以及监督计划的实施结果，从而达到有序和一致。而领导主要处理变化的问题，领导者设置一个未来愿景，以确定前进的方向；接着领导者与大家一起讨论该愿景，并激励大家克服障碍，从而达成一致。

一些国内的学者认为，是从更广泛的意义上讲，两者是有区别的，其表现在以下几个方面。

（1）范围。从一般的意义上说，管理行为的范围要大一些，而领导行为的范围相对要小一些。

（2）作用。管理行为的目标趋向是为组织活动选择方法、建立秩序、维持运转等活动，而领导行为在组织中的作用表现在为组织活动规定方向、设置目标、开拓局面等方面。

（3）层次。领导行为具有明显的战略性和较强的综合性，它贯穿在管理过程的各个阶段。从整个管理过程来看，领导行为在不同的管理过程中表现出独立的职能，即建立组织有效的运转机制，组织和配备人员会对各个过程结果进行监督检查以实现组织目标。

（4）功能。管理行为的主要功能是解决活动的方式和组织运行的效率，而领导行为的主要功能是解决组织活动的效果。

根据西方一些学者的论述，将领导与管理的差异整理如表 9-1 所示，作为理解两者差异的参考。

表 9-1 领导与管理的差异

比较项目	领导	管理
基本职能	激发学习、变革和创新	维持秩序和一致性
适应环境	变化的和挑战性的学习型环境	稳定的和惯例性的运作型环境
人性假设	Mcgregor 氏 Y 假设	Mcgregor 氏 X 假设
思维方式	归纳式、开放的和想象的	演绎式、封闭的和常规的
思想方法	注重做正确的事情	注重正确地做事
理性特点	价值理性，长期效果和组织发展	工具理性，短期效率和财务效益
行为方式	战略导向，亲和激发，示范带动	战术指导，官僚控制，命令服从
信息传递	横向的、网络化的和直接的	纵向的、单向的和间接的
学习状态	主动的、灵活的和探索的	被动的、教条的和接受性的
个人风格	远见卓识，鼓舞士气，英勇奋斗，精神领袖	独断专行，精通专业，精明能干
人际作风	注重团队互动、集体力量、联系群众和民主精神	崇尚个人魅力、权威和居高临下的层级控制

一个组织要实现组织目标，就需要强有力的领导与强有力的管理。当今世界变化不断，需要领导有能力挑战现状、构建未来愿景，而且能够激发成员实现愿景的意愿。例

如，汽车制造业的巨头福特公司认为自己的管理工作很优秀，却发现在领导方面不够有效，因为他们不能准确预测未来趋势（而他们的竞争对手如丰田，却可以准确预测未来趋势）。同样，我们需要管理者制订具体的计划、构建有效的组织结构、监督每日的实施情况。

因此，领导和管理是两个不同的概念，但是两者相互联系，相互作用，不可将之绝对地区分开来。

2. 领导的职责

作为一个现代的领导者，清楚自身的职责对于实施有效的领导，带领组织或群体实现其愿景或目标是非常重要的。领导的职责包括以下几个方面。

（1）确立目标。从科学领导的角度说，没有明确的目标就没有正确的领导活动。现代领导最终的评价标准是其效能。领导的效能表现在目标方向和工作效率两方面。德鲁克的《有效的管理者》和兰斯登的《有效的经理》中讲的“有效”就是领导效能。德鲁克的解释是：有效是做正确的事情，效率是把事情做正确。可见，衡量管理者管理活动的标准是效率，而衡量领导则是效能。一个有效的领导者，其追求的目标，一方面是决策目标正确，另一方面又能推动下属高效率地实现目标。前者通过决策科学化来达到，后者通过发动下属来实现。①

（2）制定规范。制定规范，包括建立合理而有效的组织机构和制定各种全局性的管理法规，以保证确定的目标方向的实现。

建立合理有效的组织机构是实现规划目标的组织保证，领导活动归根到底是对被领导者的思想、行为施加影响的过程。这个过程的要素包括人、财、物、时间、空间、信息等。所有这些要素只有通过人所组成的机构，进行科学的排列组合，才能形成有机体，使领导者的指令以语言、文字等形式层层下达，并最终落实到实践中，实现预期的目标。

在任何一种领导活动中，为了确保领导过程有序有效地进行和领导目标的实现，必然要通过制定和实施法规来规范组织成员的行为。这种规范人们行为的法规在领导科学、管理科学中叫作管理法。它包括法律方法、政治方法、行政指令方法和经济方法。所以，管理法的制定，对于领导活动的正常开展，意义重大。

（3）选人用人。人才是最为宝贵的财富，世界经济竞争和新技术革命的挑战，使各国对人才的争夺白热化，大到一个国家、地区，小到一个企业，人才都是决定事业成败的关键。一个成功的领导者，必须树立正确的人才观，并能够坚持公平公正、实事求是、人尽其才、才尽其用的原则，科学合理地使用人才。

（4）科学决策。所谓决策，是指理智的个人或社会群体，对未来行动的方向、目标以及实现目标的途径、方法、步骤进行科学设计和选择的智力活动过程。决策是领导工作的核心，而其他工作都是围绕决策来开展，依靠和通过决策来完成的。领导工作是率领、引导和指挥个体、群体或组织来实现他们所期望的某一特定目标的活动，决策贯穿于这一活动的始终。可以说，领导活动的过程就是不断做出决策、实施决策的过程。

① 德鲁克．卓有成效的管理者．北京：机械工业出版社，2006：92-106．

9.1.2 领导集体

根据领导的定义，我们可以将领导集体定义为影响一个群体实现其愿景或一系列目标的集体。领导集体，顾名思义是由两人及两人以上组成的群体来实施领导活动。

随着市场竞争日趋激烈，社会分工更加专业化，团队合作变得日益重要，企业的领导方式也逐渐从个人领导向集体领导发展变化。越来越多的企业开始采用集体领导，于是出现了董事会，决策委员会，智囊团，顾问团等形形色色的组织形式。这些组织形式能在企业商业经营活动中，做出科学合理的决策，它们可视作是领导集体的一种形式。

成功的领导集体必须满足几个条件：① 任何一个领导集体都必须有核心；② 要有意识地维护一个核心；③ 有成熟规范的议事规则；④ 领导集体内部结构合理，包括年龄结构、知识结构、专业结构等，合理的结构才能使领导集体的整体效能最大化。

9.1.3 领导行为

领导是一种行为的过程，在这个过程中，有很多相关的因素。领导者诚然是起主导作用的因素，此外，被领导者、组织环境等都是影响组织行为有效性的重要因素。因此，领导者、被领导者和组织环境被称为领导的三要素。

领导者是致力于实现领导过程的个人和集体，或者说领导者是集权、责、服务为一体的个人或集体，领导者是领导活动的主体；被领导者是指领导者所辖的个人和团体，是领导活动的客体；组织环境也是领导活动的客体。在领导活动过程中，领导者只有带领着被领导者并与组织环境相结合，才能做好领导工作。

（1）领导者。领导者是实施领导行为的人，即在实现领导活动过程中担负引导和影响任务、引导被领导者为实现一定目标而共同努力的个人或集体。领导者分正式领导者与非正式领导者两种：正式领导者拥有组织结构中的正式职位、权力与地位，其主要功能是领导下属达成组织目标。正式领导者的职能是组织赋予的，能实现到何种程度要看领导者的能力以及领导者本身是否为其部属所接受而定。非正式领导者虽然有组织赋予他的职位与权力，但由于其个人的条件优于他人，如知识经验丰富、能力技术超人、善于关心别人或具有某种人格上的特点，令职工佩服，因而对职工具有实际的影响力，也可称为实际的领导者。

（2）被领导者。在领导者的组织、指挥和管理下进行相关活动、接受引导和影响的人员称为被领导者，它是领导活动的执行者，是领导目标的实施者。被领导者一般在特定的组织活动中不担任正式职务，其行为具有服从和自主性的特征。但是他们对领导者也有反作用。其素质的高低、工作自觉性、主动性和创造性的大小、与领导者之间关系的融洽程度以及对组织的关心程度，在很大程度上决定着领导的有效性以及组织活动的整体绩效。

（3）环境。环境是指影响领导者从事领导活动的客观条件，它包括组织状况、人员素质以及社会政治、经济、科技、文化、自然条件等。组织的环境可以分为一般环境和特殊环境两个层次。组织的一般环境也可以说是组织的大环境，包括政治环境、法律环境、经济环境、社会文化环境、自然环境和国际环境等，特殊环境是指对组织具有直接的、特殊的和经常性影响的环境因素，包括用户、竞争对手、同盟者、供应者、运输部门、业务主管部门、税务财政部门以及企业所在社区等。其中，最主要的是用户、供应者、竞争者和同盟者。当领导者和被领导者的特性一定时，环境因素的变化对领导过程和领导效果的好坏就有很大的影响。

领导者、被领导者和环境的关系，在西方学者提出的领导权变理论中得到了最充分的论述。

9.2 领导理论的发展演变

领导理论（leadership theories），即关于有效领导特征、规律和方法的理论阐释，西方管理学界关于领导理论的研究，经历过几个明显的阶段：最早期的“伟人论”（the great man theory）主张“英雄造时势”，认为历史上的重大事件都是由占有领导地位的领袖人物所造成的，这些人物具有某些不凡的特质，使他们能够成就伟大的事业；其后，学者们又走到另一极端，他们发展出各种测量工具，试图测量不同类型的组织中的领导行为，其后又研究了在什么样的外在环境条件下，采取什么样的领导方式，能够产生最大的效能。领导理论的研究成果概括起来大致可分为三个方面，即领导特质论（Trait Theories of Leadership）、领导行为论（Behavior Theories of Leadership）和领导权变论（Contingency Theories of Leadership）。

9.2.1 领导特质论

领导特质论，又可译为领导品质论、领导素质论、领导性格论等，领导特质论（Trait Theories of Leadership）是指根据人格特征区分领导者和非领导者。从20世纪20年代开始，西方学者对领导素质进行了大量卓有成效的研究，提出了各种理论与模式，力图找出某些特性用以鉴别和选拔领导者，这方面的研究形成了领导者特质理论。

1. 吉色利领导特质理论

美国心理学家爱德温·吉色利（Edwin E. Chiselli，1971）采用语义差别量表法来确定优秀领导者的基本素质，并对结果进行因果分析，提出了领导者应当具备的八种个性特征和五种激励特征。

（1）个性特征。① 才智：语言与文辞方面的才能；② 首创精神：开拓新方向、创新的愿望；③ 督察能力：指导别人的能力；④ 自信心：自我评价较高；⑤ 适应性：为下属所亲近；⑥ 决断能力；⑦ 性别（男性或女性）；⑧ 成熟程度。

（2）激励特征。① 对工作稳定的需求；② 对金钱奖励的需求；③ 对指挥别人的权力需求；④ 对自我实现的需求；⑤ 对事业成就的需求。

他的研究结果指出了这些不同的个性特征的相对重要性，如表9-2所示。

表 9-2 个人特性及其在管理才能中的重要性程度

特 征	重要性程度
1. 能力方面	
监督管理能力	100
才智（口头与文字的天资）	64
首创精神（愿意开拓新方向）	34
2. 个性方面	
自信心（有利的自我评价）	62
决断能力	61
适应性（亲近程度）	47
成熟程度	5
性别（男性与女性）	0
3. 激励方面	
对职业成就的需要	76
对自我实现的需要	63
对工作稳定的需要	54
对高额金钱报酬的需要	20
对权力的需要	10

2. 六大特质论

在 20 世纪 50 年代之前，对领导行为进行的大多数研究主要是探讨领导人的品质。领导品质理论着重研究与领导行为相关的品行、素质、修养，目的是要说明好的领导者应具备怎样的品质和特性。这种理论比较典型的研究是柯克帕特里克（Kirkpatrick）和洛克（Locke）于 1991 年研究得出的领导者具备的六种特质。[①]

该理论是运用归纳分析法进行研究的。研究者先根据领导效果的好坏，挑选出好的领导者和差的领导者。然后分析这两类领导者行为在个人品质和特性方面的差异，并由此确定优秀的领导者应具备的特点。

研究者认为，只要能找出优秀领导者应具备的特点，那么根据考察，如果某个组织中的领导者具备这些特点，就能断定他是一个优秀的领导者，会有有效的领导行为出现。反之，如果他不具备这些特点，就不可能出现有效的领导行为，也就可能不是一个优秀的领导者。

研究领导行为品质的学者将成功的领导者的品质做了一些归纳，如表 9-3 所示。

领导特质理论研究表明，领导者的才智、自信心、广泛的社会兴趣、强烈的成就欲、对员工的关心和尊重，的确与领导行为的有效性有很大的关系。此外，领导特质理论还从不同的角度系统分析了领导者应具备的行为品质，对领导者提出了一个高标准，这对于激励、培养、选拔和考核领导者都是有帮助的。

① KIRKPATRICK S，LOCKE E．Academy of management executive，1991，5（2）：48-60.

表9-3 影响领导者行为的六项特质

进取心	领导者表现出高努力水平，拥有较高的成就渴望；他们进取心强，精力充沛，对自己所从事的活动坚持不懈，并有高度的主动精神
领导愿望	领导者有强烈的愿望去影响和领导别人，他们表现为乐于承担责任
诚实与正直	领导者通过真诚与无欺，以及言行高度一致而在他们与下属之间建立相互信赖的关系
自信	下属觉得领导者从没缺乏过自信。领导者为了使下属相信他的目标和决策的正确性，必须表现出高度的自信
智慧	领导者需要具备足够的智慧来收集、整理和解释大量信息；并能够确立目标、解决问题和做出正确的决策
工作相关知识	有效的领导者对于公司、行业和技术事项拥有较高的知识水平；广博的知识能够使他们做出富有远见的决策，并能理解这种决策的意义

3. 魅力型领导理论

魅力型领导的关键是其包括领导者和追随者之间的关系和交互，接受领导的人必须将魅力型的品质归因于领导者。豪斯（Robert House，1977）发展了魅力型领导理论，他从魅力型领导的影响来定义魅力。豪斯认为，魅力型领导者就是那些能够带来高标准结果的人，而且这些结果往往超乎寻常。一般而言，会有以下几个方面的魅力型结果：团队成员相信领导价值观的正确性；团队成员和领导的价值观相类似；不加怀疑地接受领导者；拥护领导者；愿意服从领导者的指挥；认同并效仿领导者；对团队成员投入情感；提升团队成员的目标；感觉自己是团队成员的一部分。其中前六个方面是对团队成员的影响，后三个方面是对领导本人的影响。

海波特认为，豪斯提出的魅力型领导结果可以分成三大维度，分别是参考权、专家权和工作投入，它们都是一种影响他人的能力。其中，参考权源自领导者的品质和特征；专家权源自个人专有的知识、技能或能力；工作投入是指领导者能鼓励团队成员更加投入工作的程度。海波特的研究对那些想成为魅力型领导的人非常有用。为了更有魅力，个人必须体现出参考权和专家权，而且必须使下属更加投入地工作。

魅力型的领导者对下属有什么影响呢？有关这方面的研究表明，魅力型的领导与下属的高绩效和高满意感之间有着显著的相关性。为魅力型领导工作的员工受到激励而愿意付出更多的努力，而且由于他们喜欢自己的领导，也会表现出更高的满意度。

9.2.2 领导行为理论

具备恰当的特质只能使个体更有可能成为有效的领导人，但仍无法对领导者进行成功、准确的预测。这时，人们开始注意把研究重点从界定领导者的特质转为研究领导者的行为，希望了解有效领导者的行为以及他们的领导风格是否有独特之处。

特质理论与行为理论在实践意义方面的差异在于二者深层的理论假设不同。如果特质理论有效，说明领导从根本上说是天生造就的；如果行为理论有效，则说明领导是可以培养的，即可把有效的领导者所具备的行为模式，植入那些愿意成为有效领导者的个体身上。

领导行为理论关心两个基本问题：第一，领导者是怎么做的，即领导的行为表现是什么；第二，领导是怎样或以什么方式来领导下属的。

领导行为理论主要有斯托格第和沙特尔的领导行为四分图理论、布莱克和莫顿的管理方格理论、PM 型领导模式、巴斯的交易型和变革型领导理论、利克特的领导系统模式、戈尔曼的领导风格理论等。

1. 领导行为四分图理论

俄亥俄州立大学在 20 世纪 40 年代末对领导行为进行了研究。他们收集了大量下属对领导行为的描述，列出了 1 000 多个因素，并最终归纳和定义了领导的两个关键方面：结构维度和关怀维度。

（1）结构维度（structure dimension）指的是领导者更愿意界定和建构自己与下属的角色，以达成组织目标。这种类型的领导者强调通过计划、信息交流、日程安排、工作分配以及确定期限和给予指导等指明群体的方向。他们对行为给出明确的标准，要求下属服从。高结构维度的领导者对任务能否完成的关心程度远高于对组织中人际关系和谐的关心，希望通过指明方向和期望别人服从来使自己完成任务，要求员工保持一定的绩效标准，并强调工作的最后期限。

（2）关怀维度（consideration dimension）指的是领导者尊重和关心下属的感情与看法，更愿意与之建立相互信任、双向交流的工作关系。这种类型的领导者强调员工的需求，乐于抽出时间倾听下属的意见和感受，对他们的生活、健康、地位和满意程度十分关心。一个具有高度关怀度的领导者特别重视群体关系的和谐和与下属心理上的亲近。

研究发现，结构和关怀维度方面均高的领导者（高—高的领导者），常常比其他三种类型的领导者（低结构化、低关怀度或二者均低）更能使下属取得工作绩效和高满意度。但是，双高风格并非总能产生积极效果，如当员工从事常规任务时，高结构度的领导行为会导致投诉率高、缺勤率和流动率高，员工的工作满意度也很低；此外还发现，领导者的直接主管对其进行绩效评估的等级，常常与高关怀度成负相关。总之，通常来说，“高结构—高关怀”的领导风格能够产生积极效果，但同时也有足够的特例表明这一理论还需要考虑情境因素，如图 9-1 所示。

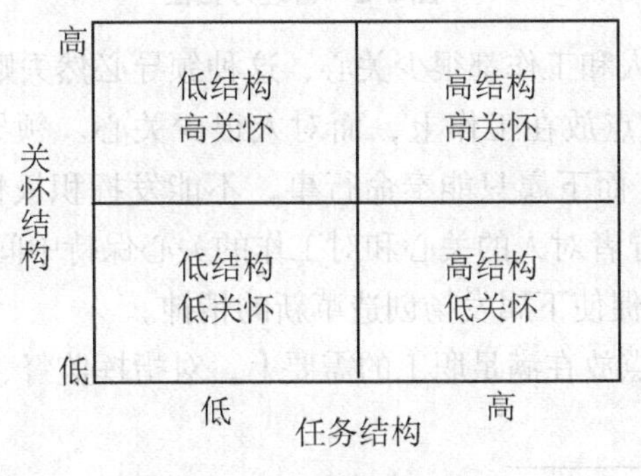

图 9-1 领导行为四分图

密歇根大学调查研究中心通过确定领导者的行为特点及其与工作绩效的关系来研究领导者的行为。他们也将领导划分为两种类型：员工导向型和生产导向型。员工导向型的领导者重视人际关系，他们总会考虑到下属的需求，并承认个体间的差异。相反，生产导向型的领导者更强调工作的技术或任务事项，主要关心的是群体任务的完成情况，并把群体成员视为达到目标的手段。密歇根大学的研究表明，员工导向型的领导者与群体高生产率和高工作满意度成正相关；而生产导向型的领导者则与群体低生产效率和低工作满意度联系在一起。但如果生产导向型的领导者所带来高绩效对员工的长远利益更有利时，员工也会有较高的满意度。

2. 管理方格理论

在对领导（管理）风格的研究中，影响最大的是美国管理学家布莱克和莫顿（1964）。[①]他们设计了一个巧妙的管理方格图，清楚地表达了主管人员对人的关心程度和对生产的关心程度，如图 9-2 所示。图中横坐标表示领导者对生产的关心程度，纵坐标表示领导者对人的关心程度。每个坐标都划分为从 1 到 9 的 9 个小方格，它采取二维构面来说明领导方式，并以坐标方式表现上述二维构面的各种组合方式，纵、横轴各有九种程度，因此有 81 种组合，这就是所谓的“管理方格”。其中有五种典型的组合，表示典型的领导方式。根据领导者对人的关心和对生产的关心的态度及方式的衡量与评价，便可确定某个领导者在 81 个方格中的位置。

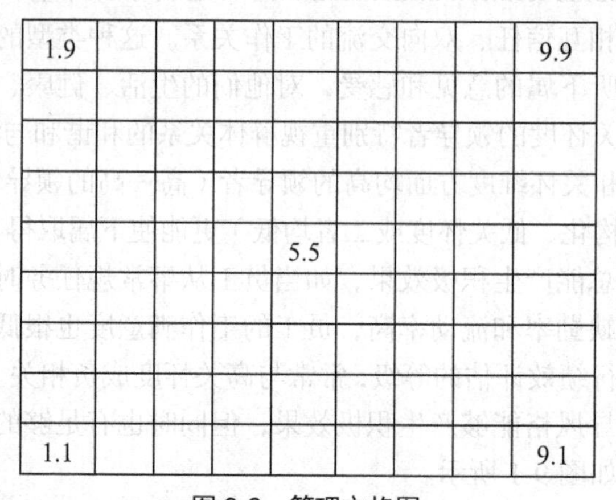

图 9-2　管理方格图

“1.1”方格表示对人和工作都很少关心，这种领导必然失败。

“9.1”方格表示重点放在工作上，而对人很少关心。领导人员的权力很大，喜欢指挥和控制下属活动，而下属只能奉命行事，不能发挥积极性和创造性。

“5.5”方格表示领导者对人的关心和对工作的关心保持中间状态，只求维持一般的工作效率与士气，不积极促使下属发扬创造革新的精神。

“1.9”方格表示重点放在满足职工的需要上，对指挥监督、规章制度却重视不够。

---

① 布莱克，穆顿．新管理方格．北京：中国社会科学院出版社，1986.

“9.9”方格表示对人和工作都很关心，能使员工和生产两个方面最理想、最有效地结合起来。

其单一的因果关系如下：管理风格—态度—行为—组织绩效。布莱克和莫顿根据自己的研究得出结论：9.9 型领导方式最为有效。

管理方格理论重视领导和管理风格，并且以此表达管理者对社会、对工作、对下属和同事的认识，以及他们在工作中以实际行动表达这种认识的方式。管理风格中的“生产导向”“人际关系导向”的二维分法并不是布莱克等最先提出的，但他们的管理方格图和对两个维度的使用以及对五种管理风格的讨论，简明直观，极大地增加了该理论的易沟通性。管理方格理论为领导者风格的概念化提供了较好的框架，但未能提供新的实质信息，同时，上述五种典型的领导方式仅仅是理论上的概括，都是一种极端的情况，在实际生活中，很难出现绝对纯粹的领导方式。

3. PM 型领导模式

美国学者卡特赖特（D. Cartwright）和赞特（A. Zander）在他们合著的《团体动力学》一书中提出三种领导类型：目标达成型，即以执行任务为主的领导方式，简称 P 型；团体维持型，即以维持团体关系为主的领导方式，简称 M 型；两者兼备型，简称 PM 型。

日本大阪大学的心理学教授三隅二不二根据同一原理，将领导方式划分为四种类型。他按领导者的两种主要职能进行分类，即：P 因素（Performance），指领导者为完成生产目标而做的努力和工作绩效；M 因素（Maintenance），指领导者为维持团体而做的努力。根据这两个因素，他将领导方式分成四种类型，如图 9-3 所示。

（1）P 型——目标达成型。

（2）M 型——团体维持型。

（3）PM 型——两者兼备型。

（4）pm 型——两者均弱型。

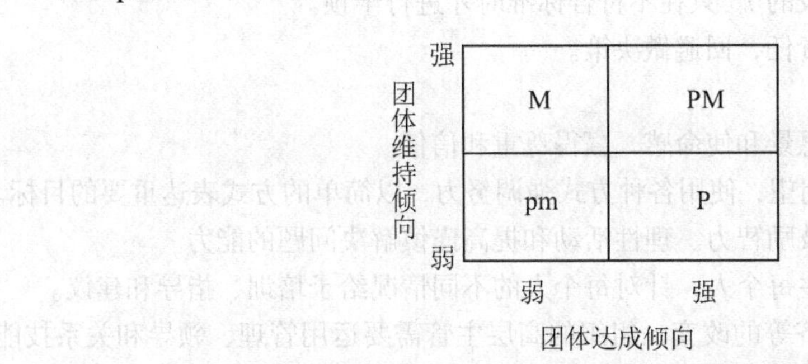

图 9-3 三隅二不二的 PM 领导类型图

三隅二不二还设计了一套调查量表作为评价领导类型的测量工具。以这套量表对许多任务型企业的领导行为进行测定，结果发现，领导类型与生产量、职工的反应存在如下的关系，如表 9-4 所示。

目前在许多国家，如日本、美国、英国等都有人利用 PM 量表对领导行为进行研究。

表 9-4　领导类型与生产量、职工的反应关系

领导类型	生产量	对公司、工会的依赖度	团结力
PM 型	最高	最高	最高
P 型	中间	第二位	第三位
M 型	中间	第三位	第二位
pm 型	最低	最低	最低

通过以上三种具有代表性的理论可以看出，领导行为理论的研究方法之一是通过任务导向和关系导向两个维度，通过两者不同的组合，对实践当中的领导行为进行深入研究，指明了不同方式领导行为的效果，从而回答领导行为有效性的问题。

4. 交易型与变革型领导理论

从 20 世纪 80 年代开始，学者们开始对领导者在情绪上以及象征意义上对追随者所产生的影响产生了兴趣。为什么有些追随者会把组织的任务或目标置于个人利益之上呢？巴斯（Bass，1985）就将上述现象分为交易型领导和变革型领导两种类型。交易型领导通过澄清工作角色或工作需求，为下属建立实现目标的激励机制。而变革型领导是指领导者通过个人魅力对追随者进行个人关怀与智力上的开发，以达到更高层次的目标。巴斯将交易型领导和变革型领导的特征做出了如下总结。①

1）交易型领导的特征

（1）权变奖赏。奉行努力与奖赏相互交换原则，对良好的绩效予以奖励。

（2）例外的管理（积极的）。监督和发现不符合规则和标准的活动，并对其采取修正措施。

（3）例外的管理（消极的）。只在不符合标准时才进行干预。

（4）自由放任。放弃责任，回避做决策。

2）变革型领导的特征

（1）领袖魅力。提供愿景和使命感，赢得尊重和信任。

（2）感召力。传达高期望，使用各种方式强调努力，以简单的方式表达重要的目标。

（3）智力上的激励。鼓励智力、理性活动和提高谨慎解决问题的能力。

（4）个体化关怀。关注每个人，针对每个人的不同情况给予培训、指导和建议。

面对社会、科技、经济等的改变，组织的高层主管需要运用管理、领导和关系技能去进行组织变革。而变革型领导不仅具有分析思考的能力，而且能引导组织中各个阶层的人们达到最佳的境界。因此，变革型领导已经成为领导形态的主流。

微软公司的比尔·盖茨、通用公司的前领导人杰克·韦尔奇均被视为成功的变革型领导者。杰克·韦尔奇在通用公司内设计了一种管理矩阵，该矩阵的两个维度分别为“组织文化”和“执行”。杰克·韦尔奇成功地利用这两个维度来转化下属的心态，使其认同

① BASS B M．Leadership and performance beyond expectations．New York:Free Press，1985:3-242．

组织文化，从内心改变工作行为，努力达到公司的愿景。由此，通用公司得以成功转型。

5. 领导系统模式

美国密歇根大学的利克特（Rensis Likert）教授于1967年在《人群组织：它的管理及价值》一书中提出一种对领导风格进行分类的模型，即利克特的领导系统模式。

利克特将领导方式归结为四种模式，并对此做了进一步阐述。

（1）专制—权威式。采用这种领导方式的领导者非常专制，决策权集中于最高层，所有的决定都由领导者做出，下属没有参与权，只有执行的义务。上下级很少交流，也缺少信任，激励也主要是采取惩罚的方法，沟通主要采取自上而下的方式。

（2）开明—权威式。采用这种方式的领导者对下属有一定的信任和信心，采取奖赏与惩罚并用的激励方法，有一定程度的自下而上的沟通，也向下属授予一定的决策权，但自己仍牢牢掌握最后控制权。

（3）协商式领导。采用这种方式的领导者对下属抱有相当大但并不是完全的信任，主要采用奖赏的方式来进行激励，沟通方式是上下双向的，在制定总体决策和主要政策时，下属有一定程度的参与权，并允许下属部门在一些具体问题上做决策。

（4）参与民主式领导。采用这种方式的领导者对下属在一切事务上都抱有充分的信心与责任，积极采纳下属的意见，上下级之间以及同事间有广泛的沟通交流，乐于授权，鼓励下属参与管理，有问题互相协调讨论，最高领导最后做出决策。

利克特认为，一个组织的领导类型可以用八项特征来描述：领导过程、激励过程、交流沟通过程、相互作用过程、决策过程、目标设置过程、控制过程和绩效目标。鉴别和区分不同领导类型与方式的关键，是看下属参与决策的程度。利克特通过广泛的调查发现，应用第四种管理方式的主管人员都是取得最大成就的领导者，这种领导方式在设置和实现目标方面是最有效率的，通常也是最富有成果的。他还发现，实行参与民主式领导体制的企业，其生产效率要比一般企业高出 10%～40%，他把这些归因于员工参与管理的程度，以及在实践中坚持相互支持的程度。据此，利克特大力提倡专制—权威式、开明—权威式的企业向协商式和群体参与式的企业转变。他认为，单纯依靠奖惩来调动职工积极性因素的管理方式已经过时了，只有依靠民主管理，从内心来调动积极性，才能充分发挥职工的潜力。他建议领导者真诚地而不是假模假样地让职工参与管理。要看到职工的智慧，相信他们愿意并能够做好工作。独裁式管理永远也不能达到民主管理体制所能达到的生产水平和对工作产生的满意感受。他认为，有效的领导者是注重面向下属的，他们依靠信息沟通使所有部门像一个整体那样行事。群体的所有成员，包括主管人员在内都形成一种相互支持的关系。在这种关系中，他们感到在需求、愿望、目标与期望方面有真正的共同的利益。由于这种领导方式是采取激励人的办法，所以利克特认为它是领导一个群体的最为有效的方式。

6. 领导风格理论

美国管理学家丹尼尔·戈尔曼（Daniel Goleman）在最近的一项研究中，对全球3 871名高级经理人的领导风格及领导成效进行了分析，发现存在着六种截然不同的领导风格，每一种风格都由不同的情商要素组成。如果分开来看，每一种领导风格都会对企业、部门或团队的工作气氛产生直接的独特的影响，并最终影响其财务业绩。以下为这六种领导风格。

（1）专制型领导，要求立即服从。

（2）权威型领导，强调远景目标，号召员工为之奋斗。

（3）关系型领导，通过建立情感纽带，创造和谐的关系。

（4）民主型领导，通过鼓励下属参与来达成共识。

（5）领跑型领导，强调卓越，自我指导。

（6）教练型领导，强调未来发展培养员工。戈尔曼发现，最有成效的领导者并不仅仅依靠一种风格，他们会因时制宜，在一周内采取多种领导风格，其领导方式的切换自然妥帖，不着痕迹。①

戈尔曼指出，领导风格对一个组织的工作氛围有明显的影响。他运用六个影响工作环境的主要因素：员工不受条条框框束缚和锐意创新的灵活性；员工对组织的责任感；员工设计标准的高低；绩效反馈的准确性和奖励的恰当性；员工对企业使命和价值观的明确性以及他们对共同目标的投入程度，来测量领导风格对组织氛围的影响。经过对数据的分析统计，得出结论是：权威型领导风格对工作氛围的正面影响最大，其次是关系型、民主型和教练型等。而专制型和领跑型的领导风格对组织的工作氛围则会产生消极的影响，如表9-5所示。

表9-5　领导风格对工作氛围的影响

项　目	专制型	权威型	关系型	民主型	领跑型	教练型
灵活性	−0.28	0.32	0.27	0.28	−0.07	0.17
责任感	−0.37	0.21	0.16	0.23	0.04	0.08
标准	0.02	0.38	0.31	0.22	−0.27	0.39
奖励	−0.18	0.54	0.48	0.42	−0.29	0.43
明确性	−0.11	0.44	0.37	0.35	−0.28	0.38
投入程度	−0.13	0.35	0.34	0.26	−0.20	0.27
对工作氛围总的影响	−0.26	0.54	0.46	0.43	−0.25	0.42

戈尔曼认为，六种领导风格都有最适合运用的时机，对组织的工作氛围也会产生不同的影响。高明的领导者不是仅采用一种风格，而是针对不同的情况采取不同的领导方式。领导者展示的领导风格越丰富多彩，其领导越有成效。掌握更多的领导方式，尤其是掌握权威型、民主型、关系型和教练型四种领导方式，并能根据实际需要在不同风格之间灵活切换的领导者，能创造最好的工作氛围和经营业绩。

① GOLEMAN，DANIEL．Emotional intelligence．USA:Bantam Reprint edition，1997.

利克特的领导系统模式和戈尔曼的领导风格理论，主要通过下属在领导行为中的参与程度以及与领导之间的互动来研究领导行为的有效性，强调领导者、被领导者、环境三者之间的互动和动态变化，可视作是从领导行为理论向领导权变理论的过渡。

9.2.3 领导权变理论

无论是对领导特质，还是对领导风格的研究，有时都无法说明其与领导有效性之间的关系。为什么同样是成功的领导者却性格迥异？为什么 X 风格在 A 条件下行之有效，在 B 情形下却屡屡碰壁，而 Y 风格则切实可行。显然，环境条件变了，领导风格也应做出相应变化；领导行为的有效性不单纯取决于领导者的个人行为，某种领导方式在实际工作中是否有效取决于具体的情境和场合。领导是一种动态的过程，其有效性将随着被领导者的特点和环境的变化而变化。对此，西方学者在理论研究过程中提出了相应的领导权变模型，其中影响较大的有费德勒模式、领导行为连续带模式、领导参与模式、领导生命周期理论和路径-目标理论；同时，中国在领导权变方面也有较为丰富的知识积累，认为领导应因时、因地、因人而采用不同的领导方式，本部分将在此基础上对西方现代领导权变理论进行梳理和阐述。需要说明的是，这些理论所考虑的权变因素是综合性的，既包括了领导或下属等与人相关的因素，也包括了地点、时间、任务等因素，只是侧重点不同而已。

1. 因地的权变理论

因地的权变观，主要指根据环境不同而采用不同的领导方式。这方面的代表理论有连续带模型、领导参与模型和费德勒模式。

（1）连续带模型。领导行为的连续带模型是美国加州大学的坦南鲍姆（R. Tannenbaum）教授在 1968 年的《哈佛商业评论》上发表的论文《如何选择领导模式》中首先提出的。他认为，在独裁和民主两个极端之间存在一系列领导行为方式，构成一个连续分布的连接带。领导的行为方式并不是一成不变的，而是随着环境的变化而变化，领导的方式不是机械地只是在独裁和民主之间选择，而是根据客观需要把二者结合起来运用。有效的领导方式就是在特定的时间、地点和条件下选择适当的领导方式。

领导行为的连续带模型如图 9-4 所示，它以领导者（经理）运用职权的程度和下属享有自主权的程度为基本特征变量，以高度专权来严密控制的、以上级为中心的领导模式为左端，以高度放权、间接控制、以下属为中心的领导模式为右端，划分了七种具有代表性的典型的领导方式。坦南鲍姆认为，领导者应根据领导者、下属、环境三方面的因素，有针对性地在一系列备选的领导方式中选出最恰当的一种。

在实际生活中，大多数领导采取的领导方式是根据需要在斜轴上移动。即使是民主的领导，也不是在所有的问题上都民主，独裁的领导也不是所有的方面都独裁。影响领导者个人放权及允许下属参与决策的程度的主要因素是领导者的价值观、对下属的信任程度、对专制和民主的基本倾向以及与下级共同决策可能带来的不确定性及对个人或工作的影响等。影响下属参与程度的主要因素是，下属追求自主的意愿强度，对解决问题的兴趣、能力及重要性的认识，是否愿意承担责任，他们自己的目标与组织目标的一致性以及上级的授权等。要考虑的情境因素包括组织的类型、规模，各下属部门距离的远近，员工参与的信念，工作群体作为一个能顺利发挥其功能的集体成熟程度以及决策时限是否紧迫等。

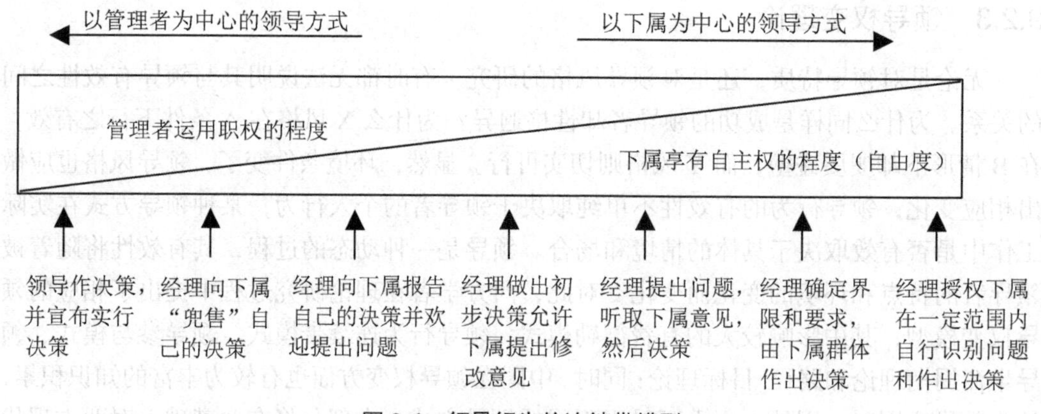

图 9-4　领导行为的连续带模型

由于坦南鲍姆等在领导方式的研究上摆脱了两极分化的倾向，反映出领导模式的多样化特征，因此比较符合实际。该理论首次提出考虑多种因素对采用领导方式的影响，开创了权变论的先河。

（2）领导参与模型。领导参与模型是维克多・维鲁姆（Victor H. Vroom）和菲利普・耶顿（Philip Yetton）于 1973 年提出来的。他们认为领导效率的高低决定于各种权变因素，领导行为应该适应环境的需要而随时变动，领导者应该根据情况的变化来选择最为合适的领导方式。

该模型试图确定出适合特定环境和情况的领导方式，这些不同的领导方式是依照下属参与决策程度来决定的，他们提出了五种典型的领导方式，参与程度逐渐由低向高为：

参与程度 1（独裁 1）：领导者运用手头现有的资料，自己解决问题，做出决策。

参与程度 2（独裁 2）：领导者从下属那里获得必要的信息，然后自己做出决策。向下属索要信息时，可能向下属说明问题，也可能不说明。下属只是提供必要的资料，并不提供或者评价问题的方案。

参与程度 3（协商 1）：以个别接触方式，让下级知道问题，取得下属的意见或建议，然后由领导自己做出决策。决策可以反映下属的意见，也可以不反映。

参与程度 4（协商 2）：与下属集体讨论有关问题，收集他们的意见和建议，然后由领导自己做出决策。决策可以反映下属的意见，也可以不反映。

参与程度 5（群众决策）：与下属集体讨论有关问题，共同提出和评估备选方案，争取获得解决问题的一致意见。

领导参与模型提出了确定适宜的领导方式需要考虑的七个权变因素，这七个因素是用七个问题来表达的，这些问题是：

① 是否存在能使某一解决办法更合理的质量要求？

② 是否有足够的信息做出高质量的决策？

③ 决策问题是否结构清楚？

④ 下属对解决办法的接受程度是否会严重影响决策的有效实施？

⑤ 如果领导者独自做出决策，下属肯定会接受吗？

⑥ 下属是否赞同这种解决办法所要达到的组织目标？

⑦ 准备选用的解决办法是否会在下属中引起冲突？

其中，前三个问题是与决策质量有关的，后四个问题是与下属有关的，只有决策质量高且下属也接受从而有效地实施，决策才能够有很好的效果。

“领导—参与”模式对培训领导者与管理人员如何选择使他们能及时做出决策，并做出高质量的决策所应采取的领导作风方面是个重大的突破。

（3）费德勒模式。美国华盛顿大学著名管理专家弗莱德·费德勒（Fred Fiedler）于1965 年提出了领导权变模式。他认为，不存在一种适用于一切情境的唯一的最佳领导风格，各种领导风格只有在对应的不同情境下才最有效。有效的群体绩效取决于以下两个因素的合理匹配：与下属相互作用的领导者风格、情境对领导者的控制和影响程度。领导者应首先摸清自己及所辖下属的领导风格，并争取自己或下属委派到最适合各自风格的情境中，以实现最佳的领导绩效，即让工作适应管理者。

为解决如何判断领导者的领导风格取向，费德勒发明了一种工具，叫作“最难与之共事者”（Leaser-Preferred Co-Worker，LPC）的问卷，用以测量领导者的领导行为是任务取向型还是关系取向型。另外，他还分离出三项情境因素：领导者与下属的关系、任务结构和职位权力。他相信通过这三项因素能与领导者的行为取向之间进行恰当匹配。费德勒试图用这一方法解决以往特质理论和行为理论忽视情境因素的不足。又通过“LPC”这一指标解决了传统的“任务导向”“关系导向”难以度量的问题。他将个性评估与情境分类结合在一起，并将领导有效性作为二者的函数进行预测。

费德勒首先用 LPC 问卷对个人最基本的领导风格进行测试。费德勒认为一个人的领导风格是固定不变的，是关系取向型或任务取向型的。当情境要求任务导向型的领导者，而此职位上却是关系取向型的领导者，要想达到最佳效果是非常困难的，要么改变情境，要么替换领导者。

在对个体的基础领导风格进行评估之后，需要再对情境进行评估，并将领导者与情境进行匹配。费德勒评估情境因素的三项权变变量，具体有如下定义。

① 领导者与下属的关系。领导者对下属信任、信赖和尊重的程度。

② 任务结构。分配给下属的任务的结构化程度（结构化或非结构化）。

③ 职位权力。领导者拥有的权力变量（如聘用、解雇、训导、晋升、加薪的影响程度）。

然后根据这三项变量来评估情境：领导者与下属的关系或好或差，任务结构化或高或低，职位权力或强或弱。三项权变变量总和起来，便得到八种不同情境或类型，每个领导者都可以从中找到自己的位置，如表 9-6 所示。

费德勒领导权变模式可用于评估现有领导行为与权变模型指引的高效率模式是否相匹配。如果恰好匹配，就可以按现行状态继续前行；如果不匹配，就要考虑改变领导风格即 LPC 值，或调整领导情境变量，以提高领导效率。

表 9-6　费德勒领导权变模式

组织环境类型	非常有利			中间状态			非常不利	
上下级关系	好	好	好	好	差	差	差	差
任务结构	高	高	低	低	高	高	低	低
职位权力	强	弱	强	弱	强	弱	强	弱
有效领导方式	任务导向型			关系导向型			任务导向型	

费德勒模式是领导权变理论中影响最大和应用范围最广的理论之一。大量研究对费德勒模式的总体效度进行了考察，得出了十分积极的结论，也就是说，有相当多的证据支持这一模式。但是，该模式目前也还存在着一些缺陷，也许还需要增加一些变量进行改进和弥补，另外在 LPC 问卷以及该模式的实际应用方面也存在一些问题。例如，LPC 问卷的逻辑实质尚未被很好地认识，领导者被假定不能调整自己的领导风格，而是去调整所面对的情境，这和领导行为的连续带模式相冲突，实际情况中领导情境在很大程度上是一个组织层面的变革问题，而不是个人可以随意调整的，这些都是具有局限性的。

2. 因人的权变理论

因人的权变理论是指因为下属成熟度不同或领导的任职时间不同而采用不同的领导方式。这方面的代表理论是领导生命周期理论和路径—目标理论。

（1）领导生命周期理论。以往的领导理论通常重视研究领导者本身，而忽略对领导的对象——下属的研究。保罗·赫西（Paul Hersey）和肯尼斯·布兰查德（Kenneth Blanchard）提出的领导生命周期理论（Life Cycle Theory of Leadership）则是一个重视下属的权变理论。他们认为：下属接纳或拒绝领导者，直接影响到领导的有效性。因为无论领导者做什么，其效果都取决于下属的活动。因此，领导者的风格，应当适应其下属的“成熟”程度。“成熟度”主要是指个体完成某一具体任务的能力和意愿。领导者的行为应当随着下属“成熟”程度的不同做相应调整，这样才能进行有效的领导。

工作行为、关系行为与成熟度之间并非是一种直接关系，而是一种曲线关系，如图 9-5 所示。

图 9-5 中横坐标表示以工作为主的工作行为，纵坐标表示以关心人为主的关系行为，第三个坐标是下属的成熟度。根据下属的“成熟”程度（从 M_1 到 M_4）有四种不同的情况，这样成熟度、工作行为及关系行为间有一种曲线关系。

图 9-5 中的四个象限代表四种领导方式。

第 1 象限（S_1，高工作低关系），命令型。这个象限是高工作低关系，适用于低成熟度的情况。下属既不愿意也不能够负担工作责任，对这种成熟度低的下属，领导者可以采取单向沟通形式，明确地向下属规定任务和工作规程。

第 2 象限（S_2，高工作高关系），说服型。这个象限是高工作高关系，适用于下属较不成熟的情况。下属愿意担负起工作责任，但他们缺乏工作的技巧而不能胜任。这时领导者应以双向沟通的方式直接进行指导，同时从心理上增加他们的工作意愿和热情。

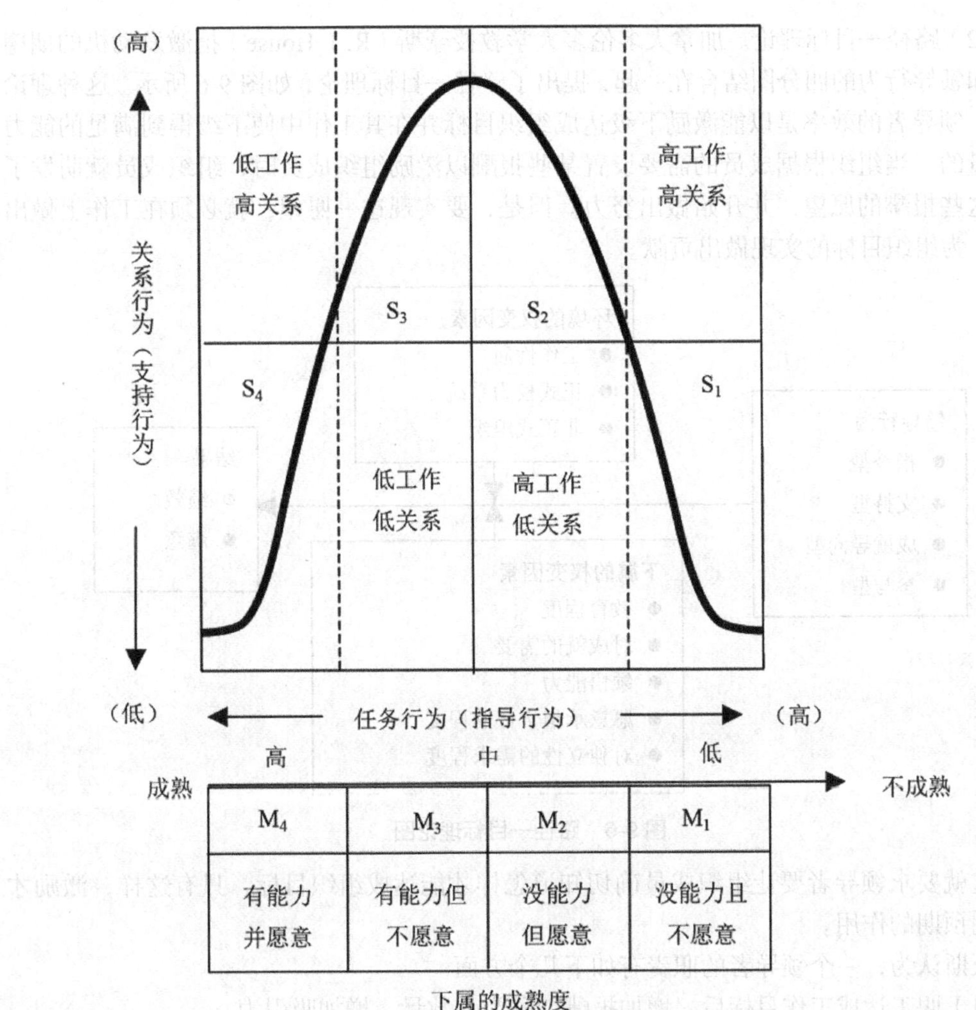

图 9-5 领导生命周期理论曲线

第 3 象限（S_3，低工作高关系），参与型。这个象限是低工作高关系，适用于下属比较成熟的情况。下属能够胜任工作，但却不满意领导者有过多的指示和约束。这时，领导者应该通过双向沟通和悉心倾听的方式和下属进行信息交流，支持下属发挥他们的能力。

第 4 象限（S_4，低工作低关系），授权型。这个象限是低工作低关系，适用于高度成熟下属的情况。下属具有较高的自信心、能力和很强烈的愿望来承担工作责任。这时，领导者可充分赋予下属权力，让下属"自行其是"，领导者只起监督的作用。

随着下属由不成熟向逐渐成熟过渡，领导行为应当按高工作低关系（S_1）—高工作高关系（S_2）—低工作高关系（S_3）—低工作低关系（S_4）逐步推移。"高工作高关系"类型的领导并不是经常有效的，"低工作低关系"也并不一定经常无效，关键是要看下属的"成熟"程度。

领导生命周期理论促使领导者把重点放在具体的工作任务和部属完成该任务的成熟度上，这有利于领导者从客观的角度看待每一种情形。

（2）路径—目标理论。加拿大多伦多大学教授豪斯（R. J. House）把激发动机的期望理论和领导行为的四分图结合在一起，提出了路径—目标理论，如图9-6所示。这种理论认为：领导者的效率是以能激励下级达成组织目标并在其工作中使下级得到满足的能力来衡量的。当组织根据成员的需要设置某些报酬以激励组织成员时，组织成员就萌发了获得这些报酬的愿望，并开始做出努力。但是，要实现这一愿望，就必须在工作上做出成绩，为组织目标的实现做出贡献。

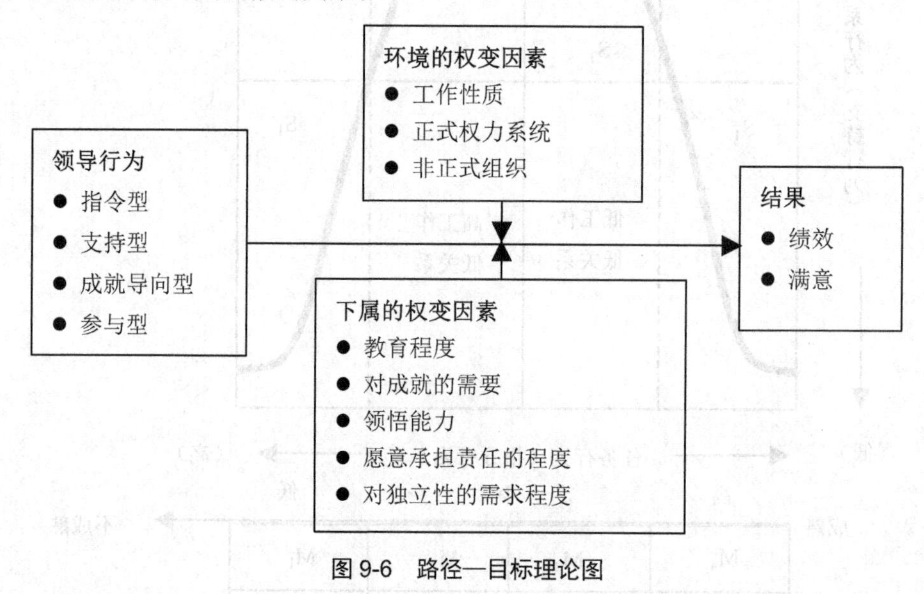

图9-6　路径—目标理论图

这就要求领导者要让组织成员确切知道怎样才能达成组织目标，只有这样，激励才能起到预期的作用。

豪斯认为，一个领导者的职责有如下几个方面。

（1）职工达成工作目标后，增加报酬的种类和数量，增加吸引力。

（2）明确下级的工作目标，指明职工达成工作目标的道路，协助职工克服道路中的障碍。

（3）在完成工作的过程中，增加下级满足其他需要的机会。

豪斯考虑的领导方式有以下四种类型。

（1）指令型，由领导发布指令，下属不参加决策。

（2）支持型，领导者对下属很友善，更多地考虑职工的要求。

（3）成就导向型，领导者为职工树立挑战性的目标，并表示相信职工能达到这些目标。

（4）参与型，职工参与决策和管理。

豪斯认为，高工作就是指引人们排除通往目标道路上的障碍，使他们达成组织目标并获得报酬；高关系就是在工作中增加人们需要的满足程度。他指出，高工作和高关系的组合，不一定是最有效的领导方式，这是因为没有考虑到达成目标时客观上存在着什么障碍。领导方式的选用没有固定不变的公式，要根据领导方式同权变因素的恰当配合来考虑。豪斯提出的权变因素主要有两个方面。

（1）职工的个人特点，如职工的教育程度、对成就的需要、领悟能力、对独立性的需求程度等。

（2）环境因素，包括工作的性质、正式权力系统、非正式组织等。

路径—目标理论在实际运用和实证研究中都取得了积极效果。它比较好地解答了领导者在目标、任务、情境以及下属不同的情况下，选择何种领导方式以提高领导有效性的问题，因而也成为当今最受人们关注的领导理论之一。

3. 因时的权变理论

因时的权变理论主要是指因为时间不同而采用不同的领导方式，主要代表理论是总裁生命周期理论。

总裁生命周期理论主要研究经营者任职时间的长短与企业业绩高低之间的相关关系。1991年，美国哥伦比亚大学的汉布瑞克（Hambick）和福克托玛（Fukutomi）将总裁领导生命周期分为五个阶段，并对总裁任职期间领导能力的变化规律及其原因进行了分析，如表9-7所示。

表9-7 总裁领导生命周期的五个阶段

主要变化和阶段	受命上任	探索改革	形成风格	全面强化	僵化阻碍
认知模式的刚性	中强	或弱或强	中强	强且上升	非常强
职务知识	知之甚少但上升很快	大体熟悉；中速上升	非常熟悉；缓慢上升	非常熟悉；缓慢上升	非常熟悉；缓慢上升
信息源宽窄	来源广，未经过滤	来源广，信息过滤产生	依赖少数信息源；信息过滤现象加剧	依赖少数信息源；信息高度过滤	非常少的信息；高度过滤的信息
任职兴趣	高	高	中高	中高但下降	中低，下降
权利	弱；上升	中；上升	中；上升	强；上升	非常强；失控

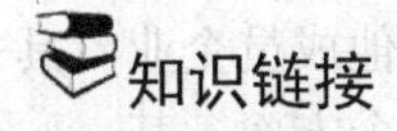知识链接

总裁领导生命周期理论与国企经营者任职生命周期

9.2.4 企业间领导力

1. 企业间领导力的界定[①]

企业间领导力是指联盟中核心企业对成员企业的影响力，核心企业通过探索联盟发

① 郝斌，任浩．企业间领导力：一种理解联盟企业行为与战略的新视角，中国工业经济，2011（3）：109-118.

展方向、整合联盟资源与目标、协助解决成员企业困难、树立良好的企业形象与声望来引导和影响联盟其他成员企业，并促进联盟成功。

在当今的环境下，无论从技术层面还是战略层面来看，联盟的方向都是极不明确的。成员企业无法担当起探索方向的重任，核心企业需要勇敢地站出来，通过核心技术的探索以及对战略的分析，不断寻找、调整联盟的发展方向。在明确的方向指引下，成员企业更愿意追随核心企业，在业务领域和技术轨迹上遵循核心企业的标准或规范。企业间领导力的第二层内容即联盟整合，这要求核心企业具备广博的系统知识和敏锐的洞察力，阅读或判断各联盟企业的隐性知识，并通过系统架构的建立，整合这些隐性知识。同时，核心企业能够较好地纠正其他联盟企业的偏差性行为，使整个联盟的行为与决策达到高度的协调性与一致性。在联盟企业间利益出现分歧时，核心企业应能够扮演仲裁员或调解人的角色，确保各方利益的均衡及联盟整体利益的最大化。最后，拥有企业间领导力的核心企业应在联盟中树立良好的榜样。一方面，在业务能力和技术能力上应体现出高人一等的技艺，并在品牌经营与价值创造方面具有难以超越的优势；另一方面，在企业形象与行业声望上应受人尊重，体现出其在行业内的重要影响力和良好的行业口碑。

2. 企业间领导力的层次[①]

企业间领导力作为核心企业为协调和控制成员企业必须具备的一种特殊能力，其实并不是一种单一能力，而是一种由不同层次能力构成的复合能力。从上述分析来看，企业间领导力至少由三个层次的能力构成：一是技术能力，具体表现为核心企业在技术和对系统技术的掌控上好于其他成员企业的优势；二是平台能力，表现为核心企业较之于其他成员企业能更好地整合平台资源，协同创造价值；三是制度能力，表现为核心企业在网络制度建构方面具有明显的优势，能够设计出有效的制度体系以支撑企业间协同运作。因此，本书把企业间领导力分为技术领导力、平台领导力、制度领导力三个层次。当然，企业要想具备企业间领导力，并不一定要同时具备这三个层次的能力，关键在于引领成员企业协同创造和共享多于竞争对手的价值。

（1）技术领导力。技术领导力特指企业开发前沿技术以抢占市场机会的能力，它强调核心企业在技术胜任力结构与方向及相应的创新能力上要明显优于其他成员企业。具体而言，核心企业相对于其他成员企业的技术领导力主要表现在以下三个方面：其一，核心企业掌控产品核心技术，居于产品技术生态系统的领军地位；其二，核心企业能够控制产品的系统技术架构，拥有绝对的技术配置主导权，而一般成员企业则需要基于系统技术架构开展新技术和新产品研发；其三，核心企业享有行业技术标准的话语权，能够在技术发展轨迹方面引导或影响成员企业，使成员企业的技术投入及技术拓展方向保持一致。企业间网络层面的技术领导力不同于市场层面的技术领导力，它不仅代表技术能力上的相对优势，而且还包括利用这种优势协助成员企业完成技术拓展并与系统匹配。因此，企业间的技术领导力更加侧重于企业间的关系租金协同创造。

核心企业要想在其所处的企业间网络中培育和建构技术领导力，至少要在以下方面

① 郝斌，刘石兰，任浩．企业间领导力理论和实践溯源与层次结构探讨，外国经济与管理，2013（5）：50-59.

具备相当的能力：第一，创造全新的技术流程和系统。技术创业作为突破性创新的重要来源，一直被视为企业战略重构的重要途径。核心企业可通过技术创业改变原有的技术流程，建构全新的技术流程和系统结构，以确保其在技术卡位战中的先发优势。一旦企业通过学习和技术创业在新一轮的技术竞争中获胜，那么就能够形成广泛的技术影响力。第二，整合相关系列创新，形成耦合架构。技术领导力的拥有者绝不仅仅是技术竞赛的领先者，而必须在抢占技术高地、赢得技术领导力的过程中将相关创新纳入自身的技术结构。因此，核心企业自身技术对外部技术的包容性越强，就越能吸引其他成员企业追随自己。一旦核心企业能够设计出耦合型技术架构以支撑外部其他技术嵌入，那么就能在一定程度上锁定与技术嵌入有关的企业。第三，应对创新的市场和技术的不确定性。技术发展的落脚点是价值创造，新技术的发展必然会面临不确定的挑战。因此，核心企业必须充分考虑市场和技术的不确定性，只有采取有效的技术手段规避或降低这些不确定性，才能带领其他成员企业最终实现技术价值的创造和共享，进而增强自身的技术领导力。

（2）平台领导力。在企业间网络情境下，平台特指企业间技术与生产组织的集成化系统。在产品内分工日益细化的微观前提下，平台是促进企业间知识协同、实现技术生态系统价值共创和共享的重要依托。因此，一旦掌控了企业间整合平台，就意味着控制了整个企业间网络的价值主导权。不过，平台的核心企业能否真正成为平台资源的整合者，这在很大程度上取决于其自身的平台领导力。平台领导力是核心企业通过建构技术生产平台并有效整合企业间网络知识与资源而形成的对平台其他成员企业的影响力。

核心企业不一定要拥有领先于平台其他成员企业的关键技术，但在整合其他企业的知识和资源方面必须拥有独特的优势。核心企业不但要整合成员企业的技术与生产流程，而且还要在成员企业之间合理分配共创的价值。核心企业只有在整合平台资源、实现企业间价值共创和共享方面表现出足够的胜任力，才能彰显其平台领导力。作为平台整合者，核心企业必须在组织企业间生产活动之前就介入成员企业的技术开发与生产活动，以引导成员企业为实现平台的共同目标做出应有的贡献。同时，真正具备平台领导力的企业不应该是坐享其成者，而应该协助成员企业解决技术与生产问题，能够推动平台整体高效运作。例如，丰田汽车公司专门派遣技术专家深入上游供应商的生产第一线，及时帮助供应商解决技术难题，从而确保汽车整车生产的效率。

尽管很多网络企业均为平台整合者，但并不都具有充分的平台领导力。核心企业要想真正具备充分的平台领导力，不仅要在企业间资源配置与利益协调方面发挥引领作用，而且要在供需两端表现出足够的敏锐性。就供给端而言，核心企业必须设计有效的甄选机制，选择最适合平台运作的成员企业。为此，核心企业必须充分了解平台企业间的知识互补性和能力差异，通过配置多元化的知识与技术组合，更好地实现平台企业之间的能力协同。在确保企业间协作持续性的同时，核心企业还应该为平台运作保留适度的灵活性，以保证知识结构的适时更新。在需求端，核心企业作为对接模块生产企业与最终消费市场的桥梁，必须充分认识市场的不确定性和易变性，通过有效调整战略和目标来维护成员企业的利益。一旦丧失对市场的把握和对平台战略的有效控制，核心企业就难以形成真正的平台领导力。

（3）制度领导力。制度即“游戏规则”，是系统演化过程中自发生成或者由系统主导者建构的用以协调和规制系统成员的行为准则和基本规范。

从宏观层面上看，制度外生于企业间网络，是网络企业得以生存的基本环境；而在微观层面，制度则是网络主体有意识的策略反馈和主观建构的结果。在企业间网络中，制度的形成虽然在很大程度上有赖于外部环境和成员企业间的竞争演化，但也离不开核心企业对制度的干预和建构。核心企业利用既定的网络制度实施企业间的业务协调与关系治理，同时也会反作用于已有的制度体系，并推动制度向新的结构演化。核心企业在主动建构制度时，自然要满足其自身的利益诉求，但更应该考虑其他成员企业的诉求和遵守问题，这样才能保证网络运作的效率。同时，任何一种有效的网络制度都应该在维护既定的网络关系和保证网络发展方面均具有持续的效力。核心企业能否很好地建构和利用网络内部制度来确保企业间网络协同创造价值，关系到网络整体的市场竞争力。为此，我们将制度领导力作为第三个层次的企业间领导力，并将其定义为核心企业在建构和利用网络制度推动企业间价值协同创造方面形成的对成员企业的影响力。显然，不同核心企业在建构和利用网络制度推动企业间价值协同创造方面的能力各不相同，因此，它们的制度领导力也参差不齐。

网络制度同时包括正式制度（如协调规则等）和非正式制度（如网络规范与行为准则）。网络内部的正式制度绝大部分由核心企业主观建构。网络正式制度是否有效取决于其规制成员企业行为的效果以及激发成员企业知识共享与价值共创动机的作用。非正式制度尽管更多地来源于网络的自发演进，但也受到核心企业的影响。核心企业通过有意识地培育成员企业的认知、信任和其他关系契约机制，可为整个网络营造良好的合作氛围。通过长期、持续的主观协调，核心企业能够强化自己与成员企业之间的信任和承诺关系，并以相互影响、相互渗透的方式实现对网络能力的整合。

与技术领导力和平台领导力相比，制度领导力在凸显正式网络位置影响力的同时，也彰显了非正式机制在核心企业协调与控制成员企业方面的功效。实际上，正是由于企业间非正式机制的存在，核心企业才得以更好地履行网络领导者的正式权力，而且核心企业基于关系契约机制采取的网络协调、能力整合以及价值共创和共享举措更容易得到成员企业的认可和响应，而成员企业的积极姿态又会反作用于核心企业实施这些举措的效果，进而对核心企业的企业间领导力形成正向影响。在反复的网络建构与关系互动中，核心企业的企业间领导力不断得到提升。

9.3 权力与组织政治

9.3.1 权力的定义及内涵

伯特兰·罗素（Bertrand A. W. Russell）曾经说过：“社会科学中最基本的理念就是权力，其地位就好像‘力’在自然科学中的地位一样。”实际上，“力”是整个宇宙间最常见的现象之一，我们无时无刻不在承受并施加着力。权力是一种支配力，它是指个人或群体通过某种手段以一种有意的方式去影响他人行为的能力。自从人类社会有了等级观念和意识，权力就作为社会生活和组织运转的核心而普遍存在着。

权力，从本质上说是一种资源和财富，人们获得权力就是获得资源或财富，它体现着权力拥有者的利益和意志。任何一个权力拥有者要实现自己的利益或意志都必然施行各种权力来达到目的。它可以用来影响他人，使他人根据劝告、建议或命令而行事。具有权力的人是根据需要来改变他人的行为，而避免改变自身的行为。权力并非某类人所独有。事实上，每个人在不同情况下都有某种程度的控制他人和避免受控制的能力。一个组织的领导者显然很有权力，领导者要对被领导者施加影响，就必须要运用权力，组织的领导者可以在许多重要问题上做出最终的决策，并要求他的下属或职员去贯彻实行有关的决策，以保证该组织目标的实现和任务的完成。

权力的突出特征就是权力存在于人与人之间的相互作用之中，亦即权力必须在两人或两人以上之间才有意义。权力还具有三个特征：第一，相对性，即权力的存在必须以一定的对象作为基础；倘若失去了施加影响的对象，也就失去了权力。第二，单向性，即权力的拥有者与被影响和被支配的对象之间处在不完全平等的地位。第三，后果性，即运用权力是为了影响他人，会对受影响者产生某种后果。

9.3.2 权力的类型

德国的韦伯（Max Weber）认为，领导者的权力可分为法理权力、传统权力和虔信权力三种。法理权力是指被授予权位的人拥有发号施令的权力，其基础是它的合法性；传统权力是指人们相信行使权力的那些人，其地位是继承下来的，并信仰其合法性，其基础是基于古老传统的神圣性；虔信权力则是由于人们对某一个人高贵品质的虔诚信仰而产生的。

美国管理学者弗兰奇（J. French）和雷文（P. Raven）则将领导者的权力分为合法权力、强制权力、奖赏权力、专家权力和参照权力等。合法权力来源于组织机构正式授予他的法定地位，以及被领导者个人内化了的社会观念。强制权力是建立在被领导者惧怕的基础上的，这是因为行使权力者具有暴力和惩罚的能力。奖赏权力是指领导者拥有给予下级奖赏的权力，这种奖赏包括物质的、精神的鼓励，以及从社会方面得到的尊重，它们可满足下级的某些需要。专家权力是建立在领导者的专业知识和技术基础之上的，或者说专家权力是以知识和能力服人。参照权力则指领导者作为一种榜样而被下级认同、模仿和学习，这种感人的魅力主要来自思想品质、道德作风、价值观念等。在以上的权力中，领导者的合法权力、强制权力和奖赏权力是从领导者的职位中产生的权力，称为“地位权力”；而专家权力和参照权力则主要和领导者本人有关，是伴随领导者的个人魅力而产生的权力，称为“人格权力”。对社会权力的研究发现，由领导者本人的品质和才能所带来的权力效果最好，但为了使对下级的影响力有一个明确的正面后果，组织还是必须赋予指导者行使其角色所必要的合法权力、强制权力和奖赏权力。

综合国内外学者对权力的分类，我们把权力的类型分为以下六类，如表 9-8 所示。

表9-8　权力的类型

权力类型	含　义	来　源	建立基础
强制性权力	对不服从要求或命令的人进行惩罚	职位性权力	建立在下属惧怕的基础上
奖赏性权力	领导者能够给予下属以特殊的利益或奖赏	职位性权力	建立在给人带来益处的基础上
法定性权力	领导者掌握下属的职位和责任的权力，期望下属服从法规的要求	职位性权力	任命、罢免等权力，具有明显的垂直隶属关系
信息性权力	领导者掌握和控制对下属非常有价值的信息，下属依赖领导者的信息分享	职位性权力	建立在有稀缺或利害攸关信息的基础上
专家性权力	下属相信领导者的知识和经验能带领大家实现目标，从而愿意尊重和服从领导者的引导	非职位性权力	来源于专长、技能和知识
参照性权力	领导者作为一种榜样被下属认同、模仿和学习；下属敬佩、拥戴领导者	非职位性权力	认同有理想的资源或个人特质的人

9.3.2　社会网络与权力

社会网络（social networks）由个体和社会团体通过一个或多个相互依赖关系组成的社会结构（如部门和组织）。社会网络的构建可能使基于共同的兴趣，基于相同的地位、专业技能、亲属关系和位置的临近。①

社会网络中的权力来自社会资本（social capital）社交网络成员之间共享的信誉和资源。社交网络使其成员获得信任、支持、同情心、谅解和信誉，这种信誉鼓励并促使社会成员共享资源。社交网络提供了一系列的资源，潜在地增强了其成员的权力。最广为人知的资源或许就是信息资源，这些信息可以提供个体的专家权力。

在社会网络中获得权力的多少与网络中心性有密切的关系。网络中心性是指处于组织的中心位置，从而有渠道掌握对企业的成败至关重要的信息和人员。②

影响权力大小的关键因素是依赖。当一个群体控制着另一个群体所需要的资源时，就会产生一种依赖关系，也就给予一个群体影响另一个群体的权力。你掌握的资源越重要、越稀缺、越不可替代，你所拥有的权利就越大。个体（团队或组织）在其社交网络中的中心性越强，就能获得越多的社会资本，进而获得更大的权力。③

如图9-7所示，A拥有一个发达的交流网络，通过这个交流网络可以控制信息和对其他资源并进行分配，相对于B和C，A更有可能在组织中获得更多的资源和发挥更大的影响力。

---

① 罗宾斯，贾奇．组织行为学：第16版．孙健敏，王震，等，译．北京：中国人民大学出版社，2016：328.

② 达夫特．组织理论与设计：第12版．王凤彬，石云鸣，张秀萍，等，译．北京：清华大学出版社，2017：572-573.

③ 罗宾斯，贾奇．组织行为学：第16版．孙健敏，王震，等，译．北京：中国人民大学出版社，2016：328.

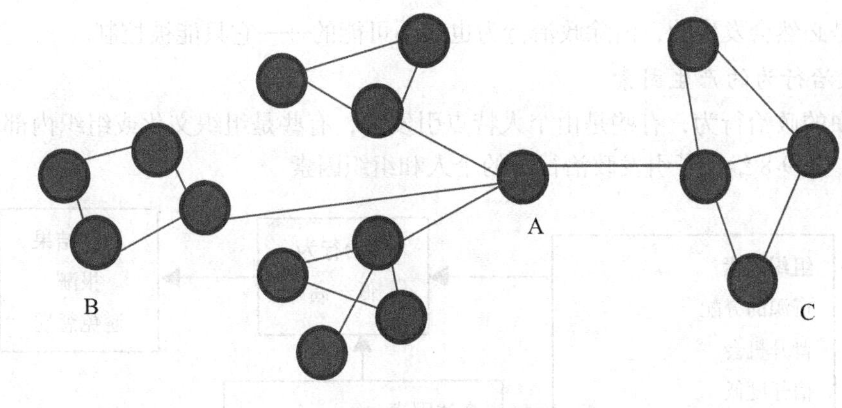

图 9-7 中心示意图

所有层级的员工都可以使用网络中心的思想来实现目标和获得更大成功。[①]例如，人们可以通过增加知识变博学，或者成为某一领域的专家或者主动承担困难的任务，成为高层管理者必需的任务等途径，提高自己的网络中心性。地理位置对于提升网络中心性也是有帮助的。因为一些地理位置经常处在事件的中心。中心位置能够使员工被组织的重要人物察觉，进而成为交互网络的一部分。

9.3.3 组织政治

组织政治毫无疑问是存在的，而且是难言的，很多属于组织潜规则的部分。组织是由人组成的，只要组织中存在人，就存在因为人而带来的利益、关系，也就必然使组织中的每个成员与“组织政治”共舞。

关于组织政治的定义多种多样，几乎所有的定义都集中在如何有效地使用权力以影响组织决策上，或组织规范无法约束而成员自己调节的行为上，本书将组织中的政治行为定义为：那些不是由组织正式角色所要求的，但又影响或试图影响组织中利害分配的活动。

员工们通常很在意办公室政治。他们认为一个理想的工作环境是没有政治行为的。对于政治行为和组织政治的消极态度会影响对这一重要组织行为的认识。人们倾向于认为由于政治行为在一定程度上是个体为了自己的职位而奋力争取，因此它们并不能产生最好的组织决策或结果，而是导致较差的行动或拙劣的决策。尽管这种行为会发生，政治行为对组织而言并不总是有害的。例如，一项对 30 个组织中的管理者研究表明，管理者们能够鉴别政治行为的影响是有害还是有益的。有益的影响包括人生促进发展，对寻求合法利益的个体而言还包括认可和地位，以及组织目标的达成——完成工作，这也是组织中正常政治过程的结果。有害影响包括政治过程中的“失败者”被降级或失去工作、资源的误用以及造成一个没有效率的组织文化。对文化的影响是持续的政治行为最不如人意的结果之一。组织政治会造成员工的焦虑情感，使其冲动地离开组织。这种离开，相应地又导致一种组织文化，其特征是很难获得高效的绩效和坚定的承诺。无论如何，

① 达夫特．组织理论与设计：第 12 版．王凤彬，石云鸣，张秀萍，等，译．北京：清华大学出版社，2017：572-573．

政治行为是必然会发生的，消除政治行为也是不可能的——它只能被控制。

1. 政治行为的产生因素

组织中的政治行为，有些是由个人特点引发的，有些是组织文化或组织内部环境导致的结果。图 9-8 给出了引发政治行为的个人和组织因素。

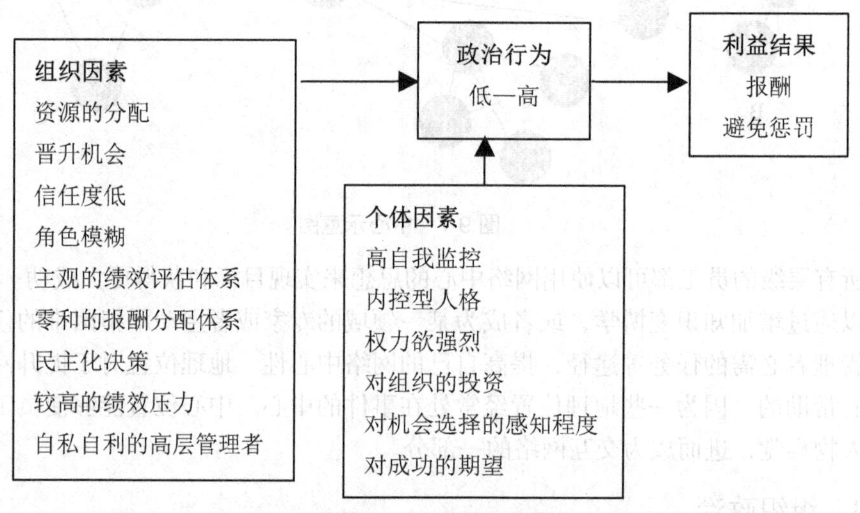

图 9-8　影响政治行为的因素

（1）个人因素。从对个体的个性特质的研究发现来看，有高度自我监控、具有内部控制点、权力需要强烈的人更容易卷入政治行为。比起自我监控能力较差的人来说，自我监控能力较强的人对社会关系比较敏感，他们更擅长于有手腕的政治行为，并表现出较强的社会从众倾向。那些属于内控的人，因为他们相信自己能控制所处的环境，因此更趋于采取主动的态度操纵形势的发展。毫不奇怪，具有马基雅维利个性特点的人具有控制的愿望和对权力的需要，为了实现个人的利益他们对玩弄政治手腕更觉得心安理得。

此外，个人对于组织的投资、感觉到的其他可选择的余地以及对成功的期望，都会影响他参与非法政治活动的程度。为了获取更多利益，一个人对组织的投资越大，那么离开组织给他带来的损失就越大，因此，他就越不可能采用非法的政治手段。一个人可选择的工作机会越多，他越有可能冒一定的风险采取非法的政治活动。最后，如果一个人对于使用非法手段获得成功的期望不高，他也不会贸然行事。

（2）组织因素。政治活动更多地源于组织特征，而非个人的差异。因为许多组织的员工都具有以上列举的个性特征，但采用政治行为的程度和技巧却相去甚远。

事实证明，特定的情境和文化更有助于政治行为的产生。具体地讲，当一个组织的资源趋于紧缺、现有的资源模式发生变化或存在提升的机会时，往往容易引发政治行为。此外，如果组织文化带有如下特征：缺乏信任、角色模糊、绩效评价体系不明确、零总和报酬分配体系、民主化的决策、以高压为手段追求高绩效、自私自利的高层管理者，那么这样的组织往往成为滋生政治行为的温床。

当组织要提高效率时，必须相应地减少资源。由于担心丧失资源，人们会采取政治行为来保护自己的既得利益。任何变革，特别是那些可能带来资源分配方式变化的改革，都可能引起冲突并增加政治化行为。

晋升决策一致被认为是组织中最具有政治性的行为。晋升或发展的机会促使组织成员为有限的资源展开竞争，并试图影响决策的结果。

组织中信任程度越低，政治行为发生的频率越高，非法的政治行为也相应越多。因此，高信任度一般来说可以抑制政治行为，特别是非法的政治行为。

角色模糊意味着对员工行为的范围、职权缺乏明确的界定。因此，对员工的政治行为的范围和功能几乎没有什么限制。由于政治行为是指那些正式角色要求范围之外的行为，因此角色越模糊，一个人越容易卷入政治行为而不被觉察。

绩效评估以主观标准为主，且结果指标又比较单一，或者行为和评估之间的时间拖得很长，那么员工参与政治行为而且能蒙混过关的可能性就越大。主观的绩效评价标准缺乏精确性，使用单一的评价标准使得员工只致力于达到这一目标，而以牺牲其他重要的工作内容的良好绩效为代价。从员工开始工作到对其工作进行评估，这一时间的长度也是相关的原因。这个时间越长，员工越不容易对自己的政治行为承担责任。

如果组织采取零和或非得即失的报酬分配体系，那么员工越容易卷入政治化行为。零总和报酬分配方式把分配量看成固定的数额，因此，任何个人或群体的所得必然以另一个人或群体的所失为代价。如果我赢了，你必定要输。如果要把每年 1 亿元的增资分配给五个员工，那么任何一人所得超过 2 000 元的话，另外的一个或几个人的所得就会减少。这就使得人们总是一方面力图贬低他人的作用，同时想办法使自己显得劳苦功高。

员工感到工作的压力越大，他们越有可能卷入政治行为。当员工必须严格地对自己的工作结果负责时，他就会想尽一切办法来确保结果对他有利。

最后，当员工看到高层管理人员致力于政治行为，特别是在这些人还获得了成功及获得一定回报后，组织中就会形成支持政治行为的氛围。从某种意义上说，高层管理人员的政治行为不言而喻地表明这种行为是可接受的，这就等于允许低层次的员工使用政治行为。

2. *组织行为中的权力策略*

经常使用的政治策略有以下几种。

（1）增加合法性和专家权。管理者可以强调在此决策上自己拥有的职权，也可以说自己的方案符合组织政策或有利于组织的目标，但一定要千方百计地掩饰个人的利益。此外，通过显示自己在组织所要解决的问题上所拥有的专业知识和特长，也容易得到他人的支持。例如，作为人力资源专家，在招聘新员工时推荐某人很容易被人接受。

（2）获得他人支持。应运用多种方法让更多的人支持你的意见。其中，建立联盟是常用的策略。联盟既可以是外部的，如供应商、经销商、顾客、政府官员等；更主要的是内部的，如同学、下属等。建立联盟的关键是搞好人际关系，而良好的人际关系的基础是相互喜欢、相互信任、相互支持。另一个策略是争取职位高、权力大的人，如上司的支持。要达到这一目的，平时应注意提高工作能力与业绩，赢得上司的喜爱。

（3）控制信息流向。信息是组织的血液，控制信息的流动方向可提高影响力，如筛掉不利于自己的信息、避免接触想知道信息的人、有选择地暴露信息等。例如，只有一个出国指标时，仅通知有限的候选人申请。

（4）塑造良好形象。一定要在组织中树立良好的形象，否则就得不到大家的支持。应当明白自己的一言一行甚至穿着打扮都会影响别人对自己的看法，所以必须格外注意。

（5）确定决策标准。在决策过程中，不要急于拿出自己的方案，而是要努力说服别人认同你的方案相应的决策标准。例如，在讨论谁晋升营销副总裁时，不要急于推荐你看重的王五，只是说营销副总裁应当具备五年工作经验、拥有 MBA 学位、年龄不超过45岁等（其实，几个候选人中只有王五完全符合这些条件）。一旦决策标准被大家接受，决策方案随之而定。

（6）使用外部专家。外部顾问因为具备专业特长和知名度，对组织的影响力大。研究发现，谁出面邀请外部专家，谁就将得到专家的大力支持。

（7）控制日程。制定日程的人有许多权力。例如，他决定着什么可以讨论，什么不予考虑。如果某某的方案已经被列入议程，他可以决定什么时候讨论。一般来说，开始时审议的方案更易得到通过，而安排在后面的方案则常常不了了之。因此，可以利用此权力使自己偏爱的方案被大家接受。

（8）使用委员会。如果操纵得当的话，委员会有助于个人目标的实现。例如，生产部经理一职出现空缺，假如直接任命自己的部下赵六会引起大家的不满，此时可成立由各部门代表组成的选拔委员会，自己担任委员会主席。委员会一一讨论各个候选人，最后选择赵六。

3. 政治行为的道德问题

组织政治行为必须把握道德问题，这里有三个道德判断标准：非功利性、权利和公正。

（1）政治行为是有助于个人私利还是有助于完成组织目标？如果是前者，则是不道德的。

（2）政治活动是否尊重受影响的人的权利？违反基本人权的做法是不道德的。例如，建立在间谍技术之上的政治技术是非法的，而且还影响了别人的隐私权。

（3）政治活动是否符合平等和正义的标准？任何不正当地损害一方或有利于一方是不道德的，对两个拥有同样资格的人给予不一样待遇即是一例。

毫无疑问，对政治行为的道德制约是重要的，道理很简单，组织中权力的滥用会带来伤害，从组织管理的角度来说，政治行为应表现出它积极的一面，其消极面则应当予以压抑。这样，就有必要建立一些提高组织道德的战略，其要点包括以下几个方面。

（1）从上到下进行整合。领导者首先应该在组织活动中提高其道德意识，道德不是自动产生的，而是通过从上到下的交流形成的。如果组织的上层能以身作则，则能起到上行下效的作用。领导者应该在道德方面成为组织员工的表率。

（2）通过规章来确定道德。应当建立指出非道德行为的正式的程序，因为规章的确立需要受到一些处理非道德行为的具体程序的支持。建立组织的道德典则是需要的。同时，确立一些上诉程序可能也是有用的，因为有了这样一些程序，员工就可以大胆地指出一些不道德的组织行为。

（3）把道德规则融入组织所有的职位中，使其制度化。职位除了涉及员工的权利、责任、任务、行为角色等内容外，还应包括道德的内容，这里主要是职业道德的内容，而职业道德对于确定或修正个人道德是有作用的。

（4）形成一种健康的组织文化。人的机会主义倾向往往是一些不道德行为得以产生的一个原因，而这种机会主义的产生在很大程度上又是同组织的环境和文化联系在一起的。组织应该培育一种健康向上的组织文化和道德氛围。从外部方面着手（如确定道德规则等）来制约人们的道德行为固然重要，但是，使人们自觉地表现良好的道德行为可能更重要。在这里，组织文化起着更为重要的作用。

9.4 提高组织群体领导效果的途径

9.4.1 提高领导者的影响力

领导者的影响力是领导活动的基础。影响力是指个人在与他人的交往中，影响和改变他人思想、行为的力量。领导者的影响力由权力性影响力和非权力性影响力两部分组成。

（1）权力性影响力。权力性影响力也称作强制性影响力，它是指领导者借助其作为权力的拥有者这一特殊地位而对他人所产生的一种带有强制性的影响力。权力性影响力带有强迫性、不可抗拒性，并以外部压力的形式起作用，而被影响者在思想和行为上则主要表现为被动和服从。

权力性影响力在领导活动中是必要的，是领导者履行其职责、完成其使命所不可或缺的条件。然而，这种影响力的激励作用极其有限，它并不是一种最有效的、唯一的影响力。要正确使用权力性影响力，领导者必须对其持审慎态度。权力性影响力的最大限度发挥，并不在具体行使时，而往往在权力行使前，因此要善于启发诱导和控制。此外，领导者要有无私精神，不炫耀权力、滥用权力、以势压人，更不能以权谋私，追求个人特权。

（2）非权力性影响力。非权力性影响力也称作自然性影响力，它是指以领导者自身的素养，即品格和专长而赢得他人尊重与接受的一种带有自然性质的影响力。非权力性影响力虽非“合法”的约束力，但其影响力远比权力性影响力更为广泛、持久。它包括品格、才能、知识、感情等因素。

非权力性影响力在整个领导影响力中占有主导地位，起着决定性的作用，它使被影响者形成一种内驱力。要正确使用非权力性影响力，领导者必须注意其各因素的主次关系。一般来说，应以品格、能力因素为主，知识、感情因素次之。

9.4.2 提高领导技能

弗雷德 • 鲁森斯（Fred Luthans）对高效管理者的常见技能进行了归纳总结，如表 9-9 所示。

对于有效领导技能的研究发现了和表 9-9 中 10 条相类似的技巧。通过统计，各类研究结果被结合到了以下四个范畴之内，如表 9-10 所示。

表 9-9　高效管理者的10项常见技能[1]

1．言语沟通	6．代表性
2．管理时间和压力	7．设定目标和规划远景
3．管理个人决策	8．自我意识
4．对于问题的认识、定义以及解决	9．团队构建
5．激励和影响他人	10．管理冲突

表 9-10　有效领导技能的四个范畴

1．参与性和人际关系（如支持性沟通和人际建设）
2．竞争性和控制能力（如决断性、权力以及影响）
3．创新性和企业家精神（如创造性地解决问题）
4．维持秩序和理性（如管理时间以及做出理性决策）

通过研究，威坦（Whetten）和卡梅伦（Cameron）对上述各种领导技能进行了评价，指出以下三种特征。

（1）这些技能都是行为上的。它们并不是特质，或者更重要的地方在于，它们不是风格。它们是一组可以指明的行为，它们可以实施，可以产生一定的结果。

（2）这些技能在不同的例子中，似乎是相对的或者矛盾的。比如说，它们既不以团队工作和人际关系为指向，也不唯一地指向个人主义和企业家精神。

（3）这些技能是相互关联的而且是重叠的。有效的领导者并不只表现出其中一种技能或一类技能，而别的技能什么也不会。换句话说，有效的领导者具有多种技能。

9.4.3　增加个人魅力

魅力既非领导者身上单独存在的心理现象，也绝非全然由环境决定。与此相反，魅力存在于领导者与下属的相互作用之中。领导者的魅力在于领导者的高度自信、对目标的坚定信念、令人折服的远见和目标意识、清楚表达目标的能力、高度的投入与奉献、勇于创新和变革等。领导者可通过以下方面来提高个人魅力。

（1）培养高尚的品格修养。高尚的品德修养是领导者个人魅力的基石，是吸引下属追随的首要因素。

（2）具有敏锐的聪明才智。领导的聪明才智和远见卓识能够使人心服口服，增强团队的凝聚力。

（3）具有坚韧的意志和过人的魄力。遇到困难能迎难而上，碰到问题敢于拍板，敢于承担责任。

① 鲁森斯．组织行为学．王垒，译．北京：人民邮电出版社，2004：442．

9.4.4 提高工作技巧

（1）与组织群体的目标相一致。领导者要及时为组织成员指明目标，并使个人目标与组织目标取得协调一致。

（2）帮助部属解决问题。帮助解决部属在完成团体或个人的目标时遇到的问题和困难。从压力结构理论来说，就是解除员工的“机体系统”（思想或生理）存在的压力，使他们达到目标，感到轻松。

（3）善于激励部属完成工作任务。从压力结构理论来说，就是使员工首先在思想上产生压力、增加压力（如激起欲望，感到重要，自愿去承担重任），然后又帮助他们逐步消除压力（如给条件，给办法），使团体目标和个人愿望都能实现。

（4）做到“知彼知己”“对症下药”。

（5）有效的时间管理。做任何事情都需要占用时间，对个人来讲，时间是有限的。因此，领导者要明确认识到时间对于完成工作的重要性，重视科学地管理时间，做时间的主人。有效的时间管理包括以下几个方面。

① 合理授权。通过授权，领导者可以有较多时间去考虑和处理关系组织全局的重大问题，发挥领导者应有的作用，可以提高决策的速度和质量水平，授权显示了对下属的信任，能激发下属的工作热情及创造性，增强其工作的责任心，充分发挥下属的专长，使下属在工作中不断得到锻炼和提高。

② 合理地使用时间。养成记录时间消耗的习惯，不断回顾、总结和分析，找到在时间利用上不合理之处，同时采取措施合理利用时间，提高时间利用效率，使自己的努力产生必要的成果，不是为了工作而工作，而是为了成果而工作，将精力集中在少数重要的领域，要事优先。

③ 提高开会效率。开会是交流信息、解决问题的一种有效方式，但开会也要讲究经济效益。会议占用的时间也是劳动耗费的一种，会议的成本应纳入组织经济核算体系之内进行考核，因此，领导者要提高开会的效率，节约领导者和与会者的宝贵时间。

9.4.5 提高驾驭组织间关系的能力

21 世纪是以知识经济和信息网络化为基本特征的时代，合作与协力是这个时代的基本特征。组织边界日益扩大和模糊化，各种新的组织形式不断涌现，如战略联盟、虚拟企业、外包、模块化组织、产业集群等，组织间的协作与沟通呈现出前所未有的紧密。

领导者的首要任务是帮助组织群体确定目标和远景。组织群体的外部环境是时刻变化着的，组织群体与环境中其他组织间的关系也在时刻发生着变化，这些外部要素时时刻刻影响着组织群体的生存和发展。作为领导者，在关注组织群体内部的协调、沟通、管理、决策等过程的同时，要保持与外部紧密的沟通与联系，通过建立与其他组织间有利于本组织发展的各种关系，来实现组织的目标。

驾驭组织间关系的能力是在新的形势下组织群体的领导者所必须具备的能力。很难想象一个故步自封、不与外部交流、不审时度势的领导者会取得成功。驾驭组织间关系，对领导者的对外交往、公共关系、视野、知识、战略协作等各方面能力提出了新的要求。

本章小结

1. 领导是影响一个群体实现其愿景或一系列目标的能力。领导和管理是不同的概念，两者相互联系、相互作用。

2. 领导理论的演变包括了领导特质论、领导行为理论、领导权变理论。其中领导特质理论介绍了吉色利领导特质理论、六大特质论等；领导行为理论介绍了领导行为四分图理论、管理方格图、PM 型领导模式、领导风格理论等；领导权变理论介绍了因地的权变理论、因人的权变理论、因时的权变理论等。

3. 要正确认识和运用领导权力，客观认识和运用组织中的政治行为，使其朝着有利于组织目标实现的方向发展。

4. 领导者要通过提高领导者的影响力、提高领导技能、增加个人魅力、提高工作技能、提高驾驭组织间关系的能力等途径来提高领导的效果。

关键概念

领导（lead）
领导者（leader）
领导力（leadership）
领导理论（leadership theory）
权力（power）
组织政治（organizational politics）
领导特质论（Trait Theories of Leadership）
领导行为论（Behavior Theories of Leadership）
领导权变论（Contingency Theories of Leadership）
企业间领导力（Inter-firm Leadership）

管理工具

个人特性及其在管理才能中的重要性程度
影响领导者行为的六项特质
领导行为四分图
管理方格图
PM 领导类型图
领导类型与生产量、职工的反应关系
领导风格对工作氛围的影响
领导行为的连续带模型
领导参与模型
费德勒领导权变模式
领导生命周期理论曲线
路径—目标理论图
总裁领导生命周期阶段
权力的类型
影响政治行为的因素
高效管理者的技能

思考题

1. 领导的概念是什么？领导与管理有哪些区别？
2. 领导理论的演变包括哪几个主要的阶段？
3. 什么叫权力？组织政治是好事还是坏事？
4. 如何提高组织群体领导的效果？

自我测试

自我测试

案例讨论

任正非凭什么领导华为

讨论：

1. 任正非的领导方式有效吗？为什么？
2. 你觉得任正非的个人能力与魅力如何？
3. 本案例对中国领导者有何启示？

拓展阅读

推荐书目：纳哈雯蒂. 领导学：领导的艺术与科学（原书第 7 版）. 刘永强，陈德俊，等，译. 北京：中国人民大学出版社，2018.

本书简要梳理了 20 世纪 70 年代以来所有重要的领导力理论，强调相关理论在组织中的应用和改进，并聚焦于未来，探讨了组织正在经历的重大变化，以帮助读者正确看待目前和将来的领导力趋势。

正如作者所说，“领导者不是天生的，而是培养出来的”，这是本书的基石。心理学的研究已经表明，人类在认知世界的过程中，有很多天生的障碍和弱点，比如过度自信、自我服务、群体思维等。科学的研究能够帮助我们打破这些障碍，更好地认知自我，了解他人，从而提高领导的技能。本书从科学的角度展示了领导研究的过去、现在和未来，不同领导观点之间的争论和冲突，以及实践中领导者的困境。坚持科学研究的方法和视角，使得本书观点严谨，内容丰富，无论对学习者还是实践者都具有很大的启发作用。

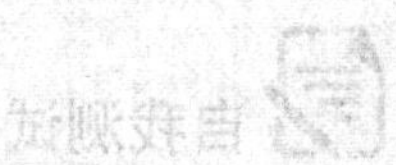

第 10 章 群体决策

本章学习目标

1. 了解群体决策及其优缺点；
2. 了解决策的有关理论；
3. 熟悉群体决策的特殊行为；
4. 了解群体决策的过程；
5. 掌握群体决策的方法；
6. 理解群体决策的影响因素。

引例

“娃哈哈真的太土了”，土生土长的杭州人小虎说起来自己家乡最大的饮料公司时，多少带点恨铁不成钢的感觉。这位出生于 1992 年的杭州男生从小一直喝娃哈哈 AD 钙奶，但上大学之后，娃哈哈就悄无声息地从他的“饮料品牌库”中消失了。“也没有为什么，反正就是不喝了，大概是看起来很不中产阶级吧。”

这也许是宗庆后创立娃哈哈 30 年来最大的尴尬。如今即使宗庆后依然坚持每年出差 200 多天，去走访经销商和销售现场，但在北京包括永辉超市在内的很多大型超市，货架上除了营养快线、瓶装水和八宝粥之外，你几乎找不到娃哈哈更多的产品。这显然是极其危险的事情，在新品层出不穷的饮料市场，娃哈哈已经多年没有新的明星产品。

娃哈哈还是那个娃哈哈，宗庆后还是那个宗庆后，这么多年娃哈哈还是没有副总经理，宗庆后还是靠直觉决策，还是简单的管理和营销，内外部还是没有智囊团。网络大潮浩浩荡荡，宗庆后的决策方式和管理风格是否能适应环境发展的要求？

决策是人类社会发展过程中的普遍现象，诺贝尔经济学奖获得者赫伯特·西蒙（Hebert Simon）曾提出决策是管理的核心，贯穿于管理的计划、组织、领导、控制等各项职能之中。决策的质量与组织的生存和发展密切相关，它不仅受决策主体知识、能力及所掌握的信息等条件所影响，还与决策过程的制度安排密切相关。

10.1 群体决策的含义

群体决策是决策科学中一个具有悠久研究历史和现代应用价值的分支。一般理解，群体决策是由多人参与决策分析，并依据一定方法和规则将群体中每一个个体对不同决策方案的偏好汇集成群体偏好，最终得出群体决策方案的过程。

10.1.1 群体决策的类型和意义

1. 群体决策的类型

可以从不同的角度对群体决策进行分类，通常可以分为以下几类。

（1）多人单目标决策和多人多目标决策。多人单目标决策是指群体决策过程中的决策目标指向是单一化的，决策的目的是实现某一个目标；多人多目标决策是指群体决策的决策目标指向是多元化的，决策的目的是实现两个或两个以上的目标。

（2）领导群体决策与群体参与决策。领导群体决策是指一个领导集体共同进行的决策，决策成员基本上属于组织的中高层管理者；群体参与决策是指较低层次的群体成员参与较高层次决策的情况，是民主决策的一种体现。

（3）同益群体决策和非同益群体决策。同益群体决策是指群体成员之间没有利益冲突，或利益冲突较小并可以忽略的情况下进行的决策；非同益群体决策是指成员之间存在一些利益冲突并且利益冲突不能被忽略时进行的决策。

2. 群体决策的意义

群体决策普遍应用的多数规则是，群体中多数人的偏好即为群体偏好。这一规则的应用，使组织中的群体决策相对于个体决策而言，具有了以下几方面的意义：① 体现了决策的民主性。随着社会整体发展日趋民主，家长制、独裁式的管理模式越来越不受欢迎，个体对参与管理的诉求越来越强烈，而群体决策模式使群体的每个成员都拥有不同程度的决策方案的制定权、发言权和选择权，体现了决策的民主性。② 体现了决策结果的共益性。由于群体做出的最后决策方案是大多数人一致接受的方案，所以方案反映了大多数人的利益，其结果是保证了群体的整体利益而不是某个人的个人利益。③ 体现了决策质量的保障性。对于较为复杂的决策问题，个人的知识、经验、能力已远远达不到要求，集体的参与能够弥补个体的不足，提高决策的质量。

10.1.2 群体决策的优缺点

群体决策体现的是群体参与的决策过程和决策方式，但这种过程和方式并不能保证群体决策的结果必然优于个体决策的结果，因为对决策效果的评价取决于很多因素。对群体决策优缺点的比较，有助于我们正确认识群体决策。

1. 群体决策的优点

（1）提供更为全面的信息。信息是决策的依据，是做出优质决策的保障。群体决策可在较大范围内集结多个人的信息，突破了个体决策自我认识不足和信息来源单一的限制。

（2）激发创造性思维。[1]由于决策参与者的知识结构、个性特征、决策经验及思维类型的不同，如资历、职位的差异以及接触信息的角度及来源、数量不同，这就有助于参与者决策过程中的相互启发，激发创造性思维。

（3）提高决策的准确性。由于群体拥有了更多数量和种类的信息，因此可产生数量较多的备选方案，群体所拥有的多种经验和不同的决策风格，有利于提高决策方案的准确性。

（4）提高决策的执行度。群体决策的过程体现了群体成员的参与，提高了决策的可接受性，有利于更广泛的人群积极支持决策、主动接受决策。

（5）促进人力素质提升。群体决策给群体成员提供了一个交流的平台，通过交流可以消除隔阂，促进人际关系提升，有利于塑造团队精神。交流过程中的相互学习、相互促进，也有利于提升个人素质。

2. 群体决策的缺点

（1）时间长，效率低。意见交换的过程离不开讨论、分析甚至争议。这必然会消耗一定的时间，特别是在难以取得一致意见的情况下，可能会导致决策的延误。

（2）责任不清。由于群体决策在形式上是由决策群体共同决定的，因此群体顺理成章地承担了决策的责任。由于群体是一个广泛的概念，这样群体每一个成员的责任就被淡化了。这可能导致一种不负责任的心态，进而产生“搭便车”的现象。

（3）决策的折中性。由于各成员可能代表不同利益集团，群体决策过程中常常会产生意见分歧，当分歧方互不相让时，为了寻求一致，群体常常会采用折中的办法，而相互之间的妥协，最终结果有可能使所产生的决策不是最有效的。

（4）决策形式化。由于群体中每个成员的身份、地位、权力、能力存在一定的差异，有时差异还相当地大，因此少数成员会利用特殊的身份和权力来对其他成员施加压力，将少数人的意见强加在其他人身上。这时群体决策仅仅是一种形式，其本质还是少数人甚至个人的决策。

为了更好地加强对群体决策的理解，表 10-1 对群体决策和个体决策进行了比较。值得注意的是，这里比较的是群体决策和个体决策的整体效果，而不是某一项决策的单独比较。

表 10-1 群体决策与个体决策比较

决策评价标志	群 体 决 策	个 体 决 策
信息	全面	缺乏
决策时间	长	短
决策认可度	高	低
责权清晰度	低	高
决策成本	高	低
决策质量	高	低

① 刘宗粤，刘裔，刘懿．论群体决策的双面效应和优化技术．探索，2009（4）：80-82．

续表

决策评价标志	群体决策	个体决策
决策异质性	低	高
成员士气	高	低
个人素质提升	较高	较低

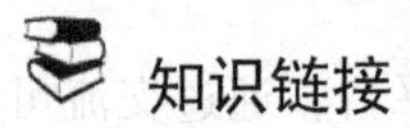

知识链接

决策理论

10.1.3 群体决策的影响因素

分析组织在进行群体决策时可能会受到哪些因素影响，可以合理规避决策的风险。由于群体决策既要受个人因素的影响，又要受群体因素的影响；既要受外部环境的影响，也要受问题本身性质的制约等，因此影响群体决策的因素是复杂而多样的。这里将对群体决策影响较强的因素分为三类，即结构变量、文化变量与资源变量。

1. 结构变量

（1）含义。结构变量，也称群体成员结构，主要根据成员的年龄、专业、心理、能力等作为区分标志。群体成员的结构对群体决策的效率有很大影响。成员搭配得当，会使群体协调一致，紧密团结，提高决策效率；群体成员搭配不当，会使群体涣散，成员之间相互扯皮，经常发生冲突，降低决策效率。因此，在群体决策中必须树立群体结构的观念，合理安排群体结构，这样才能促进群体决策效率的提高。

（2）构成。一个合理的人才素质结构不仅能使每个群体决策成员人尽其才，扮演好自己的角色，而且可以通过相互间的作用发挥出新的决策力量。以下将从群体决策角度来分析结构变量与群体决策的关系。

① 年龄结构。即决策群体要由不同年龄段的成员组成，要实现老、中、青三代人合理的搭配。经验丰富的成员有利于决策的理性化，朝气蓬勃的年轻成员有利于决策的创新性；经验丰富的决策成员过多易产生群体极化中的保守倾向，年轻成员过多也会产生决策的冒险倾向。因此在决策成员中应形成一个梯形的决策年龄结构，可以将成员各自的最优效能结合起来。

② 专业结构。即群体在进行决策时要由熟悉不同专业的成员按合理比例组成，使整个决策群体具有熟悉不同方面业务和具备多方面能力的内行，以适应涉及决策问题的各类因素的需要。这是因为一个决策群体总是面对着全局的、复杂的综合情况，成员在知

识范围、程度等方面有所差别、相互补充与搭配，才能形成有效决策的群体。

③ 心理结构。包括个性、价值观、风险承受、责任心等。不同心理结构的人对问题的判断和处理是不同的，在决策过程中发挥的作用也是不同的。如内向的人适合出谋划策、外向的人适合将决策付诸行动；着眼于长远利益的人关心长期收益、着眼于短期利益的人关心眼前收益；风险承受力强的人不愿意循规蹈矩，风险承受力弱的人喜欢按部就班；责任心强的人做事认真仔细，责任心差的人常常满不在乎。不同心理结构的成员相互搭配组合、互相协调，会形成多功能、高效化的决策群体。

④ 能力结构。个人的能力和经验是有限的，不同技能的人结合在一起，可以形成多维性的能力结构。一个群体既要有善于推敲研究、稳重务实的人，也要有敢于开拓、勇于创新的人；既需要具有组织能力的组织家，又需要具有实干精神的实干家。

（3）结构的意义。群体成员人才素质差异大，称为异质结构；群体成员人才素质差异小，称为同质结构。这两种不同结构的群体决策有效性的高低主要取决于群体所决策问题的性质：① 决策问题的难度。当决策问题比较单一时，不需要复杂、全面的知识和技能，此时同质结构比较有效。反之，则异质结构为宜。② 决策失误的危害性。决策失误的危害性越大，对决策群体的异质性要求越高。因为同质结构的群体由于知识、专业等较相似，意见容易形成一致。而异质结构却相互之间质疑较多，产生较长时间的沟通与协调，有利于降低决策失误。③ 决策问题的创造性。当需要决策富有创新性、具有新意时，异质结构较为有效。因为决策成员素质背景的不同，容易产生思想火花的碰撞。

2. 文化变量

不管群体的结构怎样，资源多少，其制定决策的方式总依赖于它的文化，即具有相同的教育和生活经验的许多人所共享的"心理程序"。文化并非组织可控，而是由民族性格、成员所依存的生活环境所决定。文化对群体决策的影响主要体现在决策质量和决策效率两个方面。

（1）决策质量。

① 文化的理性与感性。群体决策的文化变量中，文化可假定为理性和感性两种模式。理性文化模式支配下的群体将以效用为原则来制定、优选决策，如帕累托优选法、博弈论等；感性文化模型支配下的群体在进行决策时易受其情感影响，如中国人进行群体决策时首先考虑决策行动后，别人会有什么反应，这无疑会限制决策的科学性和创新性。

② 文化的经验与科学。由于受中国传统文化中"重先知，轻分析""唯上"的影响，在群体决策中往往使得领导者个人的经验具有决定性作用，然而环境是权变的，以过去的经验指导未来的决策很难让人信服。在中国的一些群体决策，受到传统文化影响，其他成员只是领导者个人主观经验主义决策的点缀而已。而西方文化就非常强调决策的科学性，群体决策中科学技术运用也较为广泛。

③ 文化的个人价值与集体主义。在个人价值占主体的群体决策中，群体是一个松散的结构，成员只关心决策的个人利益导向；与之相反，集体主义文化占主体的群体中，主要考虑决策是否使群体利益最大化，不太计较个人损失。举例来说，将美国、加拿大（两者都是个人主义国家）的群体决策与中国、以色列（两者都是集体主义的国家）做比

较分析后发现，中国与以色列在群体决策中“社会懈怠”现象较少，即个体在群体中比在自己独自一人的情况下工作不卖力的现象较少。

④ 文化的回避与对抗。回避性文化主要是指对不肯定和含糊不清的情境感受到威胁，并试图回避；对抗性文化正好与之相反，是积极进取和易动感情的。在群体决策中，如果文化的回避性过强，将导致群体决策中成员容忍其他成员不同的行为和观点，易产生从众现象；如果文化的对抗性过强，也往往导致决策观点过于分裂，决策冲突过多，决策难以进行。

（2）决策速度。

① 文化与沟通。不同文化下，群体在决策过程中信息交流与沟通的方式和效果也是不一样的。受到中国传统文化“唯上”的影响，信息沟通主要是一种自上而下单向传递的链式结构，这样在客观上将会造成群体决策中受到权威等级的影响，导致群体决策中高权威人士获取较低成员的信息及反馈较少，并且低层次决策者知道自己在决策制定中作用很小，自然就缺少去积极关心决策的主动性。因此，这种不对等和非闭环的信息决策结构将严重影响群体决策的科学性。

② 文化与决策的制定和执行。在美国文化影响下，决策制定和执行是完全分离的过程，因此，美国等西方国家的组织注重尽快找出答案，至于付诸实施是另外一件事。而在日本文化影响下，决策的制定与执行是统一的，因此，日本组织在决策中非常注重达成一致，一旦取得了这种共识，决策就会很快地得到制定和执行。所以表面上日本的群体决策比美国的群体决策“慢”了很多，但它却省却了“说服”成员执行决策的麻烦，在制定过程中就为决策的有效实施打下了基础。表 10-2 对中、日、美三种文化背景的群体的群体决策进行了比较。[①]

表 10-2　中、日、美群体决策的比较

比较对象	中　国	日　本	美　国
决策参与者数量	多	多	少
决策达到一致的可能性	视情况而定，有可能出现僵局	容易	容易
决策的行为	下行，如上级强制性决策	混合	上行，如下级合理化建议
决策的理性程度	低	中	高
决策的时间	决策制定与执行时间都长	制定长，执行短	决策制定时间短，执行适中
决策的信息分享与反馈	较少	多	适中

3. 资源变量

决策的有效与否取决于决策所需资源的投入，这不仅因为决策起始于投入，更是因为投入资源的种类及多少是决策有效性的根本原因，群体决策作为决策的一种形式也是一样的。这里影响群体决策的资源主要有四种，即人力资源、信息资源、时间资源和情感资源。

① 井润田，席酉民，冯耕中. 中国传统文化与群体决策过程的研究. 管理科学学报，1994（1）：16-25.

（1）人力资源。决策群体人力资源丰富与否是影响群体决策行为和效率的一个重要因素。一般决策群体人力资源的丰富与决策人员规模大小存在直接关系，但并不一定呈正相关关系，即规模越大，人力资源未必越丰富，决策也未必优化。研究表明，群体规模大小对群体决策行为的影响主要体现在以下几个方面。

① 在小规模群体（通常 7 人以下）中，非同质意见和利益的出现以及引起冲突的概率比起大规模群体来说要低得多，出现次群体或派系的可能性也较小，因此小规模群体的凝聚力相比较大规模群体来说也较强。

② 群体规模越大，群体决策过程中成员的互动以及方案制订等方面，就越需要整合不同的观点，在信息处理上也较为复杂，比小规模群体在决策问题上较难达成一致性，这同时也说明为什么大群体比起小群体决策速度慢。

③ 随着参与决策群体规模的增大，成员在决策过程中所表现出的满意度、成就感和积极性将会降低。例如，你出席单位一个重要会议，只有三个高层领导和你总共四个人参加，你肯定感到自己受尊重，自豪感较强，但如果除你之外，还有与你职位相同甚至低于你职位的其他人参加，你就会觉得地位和身份认同感较低。

为此，群体规模的确定应遵循一定的原则。首先，应根据决策的性质确定群体人数的下限，这个下限应保证能够集思广益，基本上完成决策任务；其次，应确定群体规模的最适当人数，这个人数能保证群体决策的效率达到最佳程度；最后，参与决策群体规模的上限应确定在某一人数，如果超过了这个上限，群体决策的效率会急剧下降，不符合决策的成本收益原则。

（2）信息资源。信息资源是决策过程的关键投入要素之一，信息质量会直接影响到决策的结果，群体决策更是如此。理解群体决策的信息资源，主要注意以下几个方面。

① 信息的分享性。分享的信息是群体中每个成员都拥有的信息，不分享的信息是群体中只有一个或少数成员拥有的信息。不分享信息的普遍存在将会形成沟通障碍，导致群体决策的失误。为此，需要在决策过程中对成员进行群体决策技巧的训练，让成员充分地交换信息。

② 信息的分类。按照信息重要性分类，可分为需要知道的信息、知道了会更好的信息、不相关的信息。在群体决策中由于信息交流的多元性，相对个人决策更加费时费力，因此决策时应将有限资源关注于那种需要知道的信息和知道了会更好的信息。

③ 信息的价值。为群体决策收集信息而耗费大量时间、精力和资金不一定是经济的。决策中过多征集成员意见，收集信息也是一种风险。在群体决策中需要寻找出最佳决策点，即在信息的边际收益为零时停止集思广益，及时进行决策。

④ 信息的科学化。新兴的信息技术手段可以帮助我们更好地利用已有的信息资源，如群体决策支持系统、计算机支持的协作活动、电子会议系统等。

（3）时间资源。俗话说“时间就是金钱”。从经济学角度来说，决策过程中存在与决策直接相联系的成本，即决策所耗费的时间。相比较个人决策而言，群体决策的决策速度较慢，所耗费的时间也较多，换而言之，就是群体决策的时间机会成本较高。从管理决策角度来说，时间是决策中所投入的一个变量，是一种资源并且是无形的。既然是资源，就需要考虑资源的投入与产出，就需要在决策中进行时间管理，这主要体现在决策时间的控制和分配上。

① 时间的控制。决策时间过少，成员无法进行充分的交流与讨论，无法提供较多的备选方案，无法对诸多方案进行评优并选择最佳方案；决策时间过长，浪费时间，引起决策成员“疲劳”。因此，好的决策管理意味着可以帮助决策者控制他们做出有效决策所需要的时间资源，减少时间浪费。

② 时间的分配。这是指将时间资源分配给重要的决策方案和成员。在群体决策过程中经常存在一些无意义的讨论，也存在一些无法提出任何具有价值性决策的参与者，这都会带来大量决策时间的耗费。并且大多数好事情的产生是因为少数的建设性力量，大多数坏事情的出现则是源于为数不多的破坏性因素。所以根据80/20原理，只有关键的少数参与者和关键的少数的方案才真正决定决策的优化与否，这就应该把时间分配给那些少数具有建设性的人和方案。

（4）情感资源。情感资源通常是指参与群体决策的成员在决策过程中所投入的感情，是以努力和精力为代表的，具体表现为决策成员忍受兴奋和忧伤的能力，如“这真的很痛苦！我不能忍受这种不确定性与紧张！”“我们不能达成一致，现在办公室四分五裂”等。

在许多情况下，决策制定所消耗的情感资源和物质资源一样重要，而且这种资源的消耗是无法逃避的。例如，在相关的决策问题中总是存在这种风险，群体成员往往会因为决策的重要性与高风险性而使情感资源透支并引起相应的决策恐惧。例如，“如果我做错了，这将会使公司损失几百万美元！”“我会被解雇的”等。大量研究已经表明决策危机所带来的长期忧虑与紧张将给人带来极大的损害。因此，决策投入不仅体现在物质投入上，还有感情上的投入。

在群体决策中对情感资源的管理主要体现在两个方面：一是在群体决策中要通过多种激励手段调动大家在决策时提高自己情感资源的投入比例，即在自己有限的情感资源存在中投入更多的情感资源，如通过建议奖励法、表扬等调动成员参与决策的积极性。二是通过创造良好的决策环境及一些决策训练促使成员情感资源储备的增加。如群体决策支持系统就通过技术手段消除或减少成员在面对面决策时的压力感和紧张感，获得心情的放松，以做到真正有效决策。

10.1.4 群体决策的特殊行为

1. 群体思维

群体思维是指在从众压力的作用下，那些不同寻常的、由少数派提出的或不受欢迎的观点受到压抑、得不到客观的评价，进而妨碍了群体在决策过程中全面信息的获得，影响了群体决策的质量。

一般认为，下列情况易导致群体思维。

（1）群体凝聚力越强的群体越容易产生群体思维现象。这是由于在这样的群体中，人们更容易为了避免激烈的交锋而顺从别人的意见或因担心被孤立和排斥而保持沉默。

（2）群体的领导越强势，越容易产生群体思维。强势的领导让人心生敬畏，别人不敢提出异议，也没有能力反驳，结果就是随声附和、趋向表面一致。

（3）与外界隔绝的群体。这样的群体容易失去横向比较和客观参照，自以为是地固守自己的判断。

（4）面临重大决策的群体。这时一些成员会由于害怕承担责任而不愿意发表不同意见。

当群体中出现这样一些现象时，应该检讨是否出现了群体思维的现象。

（1）群体成员不管自己的主观假设与客观事实存在多么大的差距，总是想方设法把自己的假设合理化。

（2）对于那些挑战群体观点的少数人，不是全面透彻地分析，而是通过多种手段对其施加压力。

（3）持不同意见者为了保持与多数人一致而降低自己意见的重要性或保持沉默。

（4）出现无疑义错觉，把保持沉默想当然地看成是赞成的表现。

一些技术性的安排可以避免群体思维的出现，如指定专门的质疑人对他人的观点进行挑战与质询；先以小组讨论的方式充分交流个人的意见或看法，然后再将不同的意见提交大组；建立开放式的群体决策系统，如引进外部决策人或引入新的参与者来打破惯有的习惯；采用规范的议事规则，避免强势者过早或过多发表自己的意见。

2. *群体偏移*

群体偏移是指群体在决策时容易走向两个极端，更加保守或更加冒险，即表现为一个人的某种情绪或思想倾向在集体环境的传递中会被放大。当群体讨论之前的主导决策规范倾向于保守，那么大家都会倾向于更加谨慎；反之，则会倾向于更加冒险。

群体偏移跟组织文化有关。在激烈的竞争环境中，组织文化强调发挥个人的潜力，冒险精神受到鼓励，群体决策更容易发生冒险偏移。在缺少竞争的环境中，组织文化会强调组织的稳定和按部就班，群体决策会更安于现状趋于保守。

研究也证实，领导者的偏好在群体决策中能转化为群体的偏好，并且在群体的推动下其偏好程度会更强。这主要是因为群体中的个体并不都是处在一个完全平等的位置上，人们通常还存在着以权力为中心的倾向，领导者发挥着比普通个体更显著和直接的作用，会使群体决策受到领导者个人偏见的影响而出现偏移。

对群体决策出现冒险偏移的心理层面的解释是，群体决策使得任何个人都不必最终独自承担全部责任，所以会变得更冒险。

在网络普及的现代社会，网民们的网上评论经常会出现群体偏移，出现“语不惊人死不休”的极端现象。

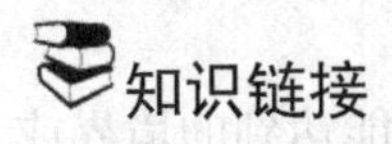

阿背伦悖论

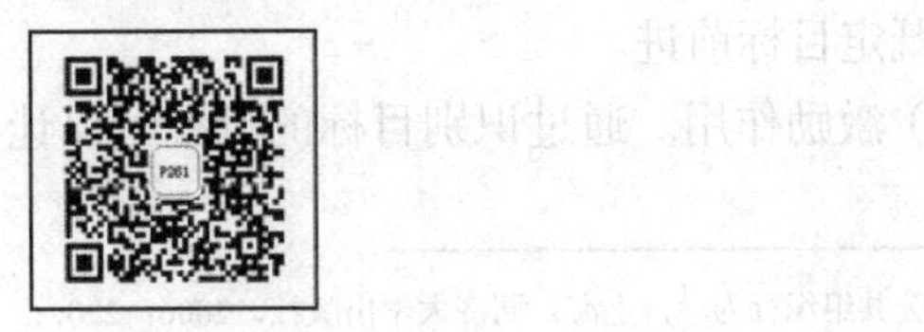

10.2　群体决策过程

一个规范、有条理的群体决策过程可以提高决策质量，减少或消除群体决策中的从众行为和群体偏移。本节所说的群体决策过程主要是指决策实施之前所经过的过程，并不包括决策的实施与评价，因为参与决策的成员往往与群体决策的执行成员不同。据此，可以将决策过程分为四个阶段：识别问题、明确目标、制定备选方案和抉择方案。①

10.2.1　识别问题

决策的原因往往是产生了问题或发现了差距。通过调查、收集和整理信息，来弄清楚问题的原因，是决策的起点。与个人决策相比，群体决策的问题具有以下几个特征。

（1）本位意识。由于群体决策参与主体是多元的，每个群体成员对问题的认识不同，将会从不同的立场与角度提出不同的问题。例如，某企业召开一个由部门经理参加的领导班子会议，人力资源经理可能会从员工素质提高的角度提出需要加强培训，而生产部门的经理却以当前生产任务紧张而反对培训。

（2）问题的重要性。群体决策的问题一般与群体和组织的大多数成员的利益联系紧密，需要广泛征求意见，例如货币化分房政策。

（3）问题的时间约束性。群体决策要经过多轮、多主体的协商与沟通，所以需要较长的时间，不适合紧迫的问题。

群体决策问题识别首先要强化成员的信息交换，以增进群体成员了解其他成员对决策问题不同的认识和出发点，便于清晰地识别和明确定义。其次，问题的重要性需要高质量的决策，而高质量决策的基础是充分的信息。各成员充分地表达自己的真实偏好和想法，将这些不同的意见作为信息资料汇集起来，并进行充分的讨论，有助于达成各成员对群体决策中所使用的资料和解释的一致意见，为决策制定提供信息依据。最后，由于问题的时间制约性较弱，这就要求认真查明问题的范围、特点，分析问题的原因，并根据问题的不同选择不同的决策方法和手段。

10.2.2　明确目标

在识别群体面临的问题之后，还要针对问题确定将要采取的措施应符合哪些要求，必须达到哪些效果。也就是说，要明确决策的目标。明确目标在群体决策中主要具有以下几方面作用。

（1）导向作用。目标是群体成员行为的指引，通常是描述群体希望能达到的境界或进度，它能为群体成员指明共同努力的方向以及预期的成果，引导着决策过程中群体成员朝着既定目标前进。

（2）激励作用。通过识别目标的过程可以让群体成员了解到群体在组织中所扮演的

---

① 任浩．公共组织行为学．上海：同济大学出版社，2006：220．

特定角色和承担的工作任务，以及群体决策的实施所要达到绩效的理想水准，进而激发出群体决策的优化方案的实施，达成对目标的热忱与意愿，给群体成员一种使命感和工作动力。

（3）团结作用。在群体决策过程中，决策参与人员之间经常会出现分歧，最后导致决策无法进行。其中一个重要原因就是决策目标中存在不少潜在的分歧，并致使成员经常因为立场不同而在决策过程中产生严重的内耗。通过充分讨论又被群体成员理解领会的统一目标，使每个成员都会清楚自己在群体中的位置，并感觉到自己是完成共同目标的一分子，有利于加强成员之间的团结协作。

在明确目标阶段，特别要注意以下几个问题：首先是目标统一。因为群体决策主体的多元化意见及问题的复杂性和多样性，且群体决策经常是多目标决策，这就要求在一个统一目标基础上还存在其他目标，并且要分清主要目标和次要目标、核心目标和辅助目标、群体目标和个人目标的关系。其次是目标分离。决策中群体成员的参与往往使成员分不清自身的目标与统一目标存在何种关系。目标完成的好坏与自己的奖励不挂钩，目标失败与自己责任不挂钩，往往造成“事不关己，高高挂起”。因此就要求在统一目标制定后，将总目标分解，使每个人获得自己的分目标，并与个人利益挂钩。这在另一方面也说明了参与群体决策的成员通常应是与该群体决策的实施或分目标有直接利益联系的主体。最后是目标的制定。群体决策要防止个人倾向，防止目标是由个人或少数人制定。群体决策尤其要注意鼓励群体成员共同参与设定决策目标的过程，让群体决策成员乃至组织其他成员感觉“这些目标是我们的”，这是一件很重要的事。

10.2.3 制定备选方案

在确定了决策的目标后，群体决策的后续工作是围绕既定目标集思广益，拟订多个备选方案，这是群体决策的关键，因为有比较才会有鉴别。同时，群体决策之所以优于个人决策，其中最主要的特征就是依靠群体能够制订出比个人决策更多更好的备选方案。为了发挥群体制订备选方案的优势，一般要符合以下几个要求。

（1）方案制定主持人，也称方案协调人。这是为了在群体进行制定方案、集思广益时，引导大家所制定的方案与完成决策目标相关，防止群体成员的方案偏离轨道。很多群体决策低效的原因就是方案无关主题，浪费了大家讨论和评价方案的时间。同时，为了使方案具有选择意义，方案必须相互替代、相互排斥，不能相互包容。方案制定主持人的作用在于制定备选方案过程中起着间隔性总结和协调作用。

（2）方案制定主体。群体决策执行效果的好坏取决于决策执行人的意愿和行为。人们通常愿意去贯彻那些自己参加做出而非强加的决策。因此，要想使决策得以有效执行，就应当尽可能包罗执行者来参与决策方案的制定。同时，由于执行者处于方案执行的一线，因此能够提出较为实际、客观的备选方案。

（3）方案制定环境。在备选方案制定过程中，要营造一种宽松、自由、开放的环境，使决策成员不受任何心理压力影响，避免方案制定的个人倾向化，建立一种民主协商机制，广泛发动群体成员，充分利用群体内部成员甚至外部成员，通过他们献计献策，产生尽可能多的改善设想，制定出尽可能多的可行性备选方案。

（4）方案本身。在拟订备选方案时，要谨记方案本身必须符合“适量、适合”的原则。适量是从方案的数量角度来说的。方案太多将会导致决策成本过高，方案过少也不利于决策的完善。适合是指制订的备选方案与完成目标有较强的相关性，需要对方案进行补充、修改、完善和淘汰。通过对组织内外环境以及资源分析后，权衡利弊，从中选择适量、适合的利多弊少的方案作为最后正式的备选方案。当然，某些时候，不采取行动也是备选方案之一。

10.2.4 抉择方案

抉择方案就是从制定的备选方案中选择最终要实施的方案。虽然在制定备选方案的过程中经过了充分的讨论，但并不能保证一定能够达成统一的意见。这时就需要采用一种大家都认可和接受的办法来决定最后采取哪一套方案，这就是择案原则。在同一择案过程中运用不同的原则，也会导致不同的选择结果。一般而言，群体决策常见的择案原则如下。

（1）全体一致原则。它指只有决策群体所有成员完全一致同意时，才能最终选定某个备选方案，任何人持有不同意见，方案就不能通过，也可以称为一票否决原则。例如，联合国安全理事会在形成决议时，任何常任理事国的反对意见都将会造成该决议的“流产”。该原则的好处在于，一旦通过，由于是全体人员赞同的，执行起来比较顺利。但缺点在于成员利益、价值的多元化，要达成一个大家都满意的“最优”方案是非常困难的，有时经过多轮次的协商都不能有结果。

（2）多数原则。当任何一个方案都不可能让所有人都达成一致时，那么多数人的意见将决定最终的结果，即少数服从多数。由于全体一致性原则在多数情况下很难实现，因此退而求其次，采用多数原则可以最大限度地照顾多数人的利益。通常情况下，把超过总票数半数以上称为“绝对多数”；得票多但未过半数称为“相对多数”。如按照“绝对多数”的择案原则，必须在择案之前规定绝对的数值，如规定要达到 1/2、3/4 或 2/3 的多数等。

（3）孔多塞标准。又称“两两”比较法，具体做法就是在所有的备选方案中任意挑选两个方案进行两两比较，根据 1/2 的绝对多数原则在群体中表决这两个方案，保留优案和抛弃劣案，然后按照同样的方式将保留的优案与余下方案中的任一个再进行两两比较，直至得到最终的方案。

（4）淘汰投票制。当很难优择方案，但却较为容易判别出劣案时，可采取此方法。具体做法是，先由群体成员对所有他认为可以舍弃的方案投反对票，得票最多的备选方案即被淘汰。否定表决依次进行，直至剩下最后一个备选方案。

（5）博尔达计数。也称“偏好次序表决法”，即先由各成员对备选方案标明其偏好，并按照某一个设定的分数区间（如 1～5）给这些方案打分，然后由群体运用加权计算排出各方案的优劣顺序，并做出最后选择。当然，由于群体成员的地位、能力、影响力的差异，需要对各人意见赋予不同的权数，这就是加权综合的意义。

10.3 群体决策方法

如何提高群体决策的有效性，一直是人们探讨和研究的热点。群体决策的方法既要顺利达成统一意见，避免出现议而不决的情况；又要提高群体决策的质量，防止出现群体行为导致的低水平决策。群体决策方法的结构化，可以减少决策失误，提高群体决策的“效率”。人们在决策实践中已经产生了一些行之有效的结构性决策方法，随着新的知识与技术在群体决策中的不断运用，群体决策的方法也在不断发展与创新。

10.3.1 头脑风暴法

头脑风暴法的基本思想是产生尽可能多的观点或想法，想法越多，越有可能蕴藏“金点子”。其特点是营造一个没有任何约束的决策环境、激发人们的自由联想。其操作方法一般是 6～12 人围坐在一起，群体领导向大家明确要讨论的问题，要求大家发表解决问题的方法和建议。群体领导的作用就是要保证每一个人的想法不管多么新奇、多么不可思议，都不能被其他人评论、更不能被批评。

头脑风暴法一般应遵守下列议事规则：① 事后判决，不允许在点子汇集阶段评价某个点子的好坏，也不许反驳别人的意见，反对意见必须放在最后提出；② 多多益善，鼓励想象，想法越多越好，不要限制他人的想象；意见越多，产生好意见的可能性越大；③ 平等自由，与会者不分职位高低，平等议事，营造一个各抒已见、自由开放的交流环境，激发参加者提出各种想法，哪怕是荒诞的想法也要给予鼓励；④ 动态优化，不断寻求整合与改进，一方面增加或改正自已与他人的意见，另一方面还要把自已与他人的观点结合在一起，提出更好的决策选择。

后来人们又在头脑风暴法的基础上又提出了反向头脑风暴法，即在第一次头脑风暴法的基础上召开第二次会议，对第一次会议提出的已经系统化的设想进行质疑，分析其现实可行性，会议过程中仍然遵循头脑风暴法的议事规则。

头脑风暴过程比较自由，不会出现相互指责，可以相互激发各自的想象力和创造力，在广告词、新产品取名方面很有效。研究表明，大家在无拘无束、相互激荡的情形下汇集的点子往往比一般方法汇集的点子多 70%。

10.3.2 德尔菲法

德尔菲法是在 20 世纪 40 年代由美国兰德公司研究人员设计的一种专家集体决策的方法。德尔菲是古希腊神话中太阳神阿波罗神殿所在地，而传说中太阳神经常派使节到各地收集仁人志士的意见。

德尔菲法适用于专业性较强的群体决策，也称专家法，其具体操作方法包括：① 建立一个专门的工作小组作为主持机构。② 工作小组确定需要决策的问题，设计用以解决问题的征询表。③ 将征询表寄给由工作小组确定的专家，各专家之间互不联系、身份保密，独立分析问题，填写征询表。④ 工作小组对收集来的征询表进行统计分析，形成进一步要咨询的问题，连同前一阶段的匿名意见发给所有专家，供专家重新考虑自己的意见。如此时有专家需要修改前次的意见，需说明原因。⑤ 多次重复步骤④，逐步得出最后的结果。

德尔菲法的特点在于决策成员之间相互匿名、独立思考、提出意见。这避免了由于面对面的争论而可能引发的人际冲突以及权威人士对他人的影响，减少了群体压力，杜绝了群体思维、群体偏移和阿背伦悖论现象的发生。而且多次的反复可以使各方面的意见更加完善，更加趋于合理。

德尔菲法也有它的缺点，如比较费时，当需要快速决策时不太适用；征询表的处理复杂，突出的创意有可能被舍弃；由于不是面对面交流，专家不愿改变自己的观点；等等。

10.3.3 名义群体技术

名义群体技术主要用在当群体成员对所要解决的问题不太了解，并且在讨论中难以达成一致意见的情况下使用。具体做法是成立一个专门的工作小组作为主持机构，选定7～10位专家围坐在一起，专家之间可以相互见面，但讨论过程需按下列步骤进行：① 在讨论前，工作小组负责人给出要决策的问题，每个成员将自己的意见写下来交工作小组；② 工作小组将每个人的意见匿名公布在大记事板上，然后主持对每条意见进行讨论，参加讨论的人在澄清意见后，表明支持还是不支持，工作小组记下所有的意见；③ 工作小组让每个参加人员秘密地写下对这些意见的排序后，统计出累计得分最高的方案作为最后的决策。

名义群体技术设计了匿名的环节，可以使讨论保持在对事不对人的状态，避免了人际关系引起的冲突。同时匿名投票的方式也限制了投票过程中能说会道的人对他人的影响，降低了决策过程中的干扰。

10.3.4 冲突导向的群体决策方法

研究表明，一定程度和类型的冲突有助于决策绩效的改善。因此，将冲突引入群体决策过程，已经得到了研究者和决策者们的重视。

冲突导向的群体决策方法主要包括辩诘法和魔鬼发言人法。辩诘法起源于黑格尔的辩证法，在决策过程中安排一个人专门提出与决策者们相反的假设和建议，由此产生的冲突可以导致更好的决策。通过这种辩诘式的对话，可以促使决策者从更多角度更充分地理解决策问题。魔鬼发言人法起源于中世纪推选圣徒的程序，该程序指定一名发言人专门对圣徒候选人的生平事迹进行批判式的评价，这种方法可以找出所有不利于候选人的事实。管理决策的研究者把这种方法引进到群体的决策过程中，在群体成员中指定一位或者几位成员，对群体形成的决议进行批评，找出所有的问题和漏洞，提高群体决策的质量。

研究发现，不同的群体决策方法适用于不同的决策条件。如基于冲突的决策方法比较适用于同质化程度较高的群体，通过人为设计的、结构化的冲突来保证群体成员深入讨论，避免未经过深思熟虑就达成一致。德尔菲法和名义群体技术等基于非冲突过程的决策技术能够在一定程度上避免冲突升级，应用于异质性、凝聚力较低的群体，可以改善群体成员的沟通交流，提高决策质量。图 10-1 从决策任务和群体构成两个维度展示了几种决策技术的适用条件①。

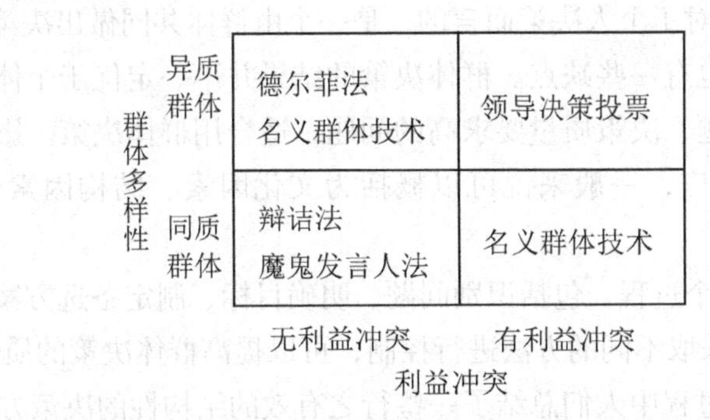

图 10-1 群体决策方法的适用情况

10.3.5 群体决策支持系统

群体决策支持系统（GDSS）是一个用以支持智力型活动的交互式计算机系统。通过把同一领域不同方面或相关领域的各个决策支持系统集成在一起，使其相互通信、相互协作，可以形成一个功能十分全面的决策支持系统。群体决策支持系统应用于群体决策活动，可以保证决策成员相互合作和制约，并由一组约定的规则来调整他们的行动，使决策过程更加理性化、信息化和公平化。

群体决策支持系统具有以下特点和功能。

（1）提供会话功能，支持全体决策成员同时参与决策。

（2）若群体中成员违反约定规则，就会产生有害的决策冲突，而群体决策支持系统可以通过软件技术来杜绝违反规则的行为。

（3）具有面向最终用户的先进语言工具，以利于决策人员参与会话。

（4）提供群体决策软件，用来集中决策信息，处理群体决策中的冲突和矛盾，支持决策成员之间的讨论和群体决策会议的开展。

常用的群体决策支持系统决策会议有以下四类。

（1）单机分时系统的决策会议，又称决策室，备有大屏幕显示设备，显示各种决策方案、效用值及统计分析数据，供会议参加者讨论之用。

（2）局域网决策会议，局域网中各决策成员以电子报文形式进行通信，并参与群体决策活动。

（3）远程决策网会议，由广域网通信系统实现各决策成员之间的信息传送。

（4）计算机化电视决策会议，当各决策成员之间相距较远，而又必须举行决策会议进行讨论时，则可将广域网与电视会议结合在一起，形成计算机化电视决策会议系统。它适用于国际组织或跨国公司的定期联席会议。

① 郎醇刚. 基于冲突的群体决策技术. 统计与决策，2006（2）：62-64.

本章小结

1. 群体决策是相对于个人决策而言的，是一个由群体共同做出决策的决策过程。群体决策有许多优点，也有一些缺点。群体决策的结果并不一定优于个体决策，但是总的来说，重要性强的问题、决策质量要求高的问题，适合用群体决策。影响群体决策的因素种类繁多，范围很广，一般来说可以概括为文化因素、结构因素和资源因素三个方面。

2. 群体决策是一个过程，包括识别问题、明确目标、制定备选方案和抉择方案几个方面。对这几个方面采取不同的方法进行控制，可以提高群体决策的质量。

3. 在群体决策的过程中人们总结了一些行之有效的结构性的决策方法，如德尔菲法、头脑风暴法、名义群体技术等。结合当代信息技术的运用，这些方法会体现出更高的效力。

4. 群体决策过程中会表现出一些特殊的行为，如群体思维、群体偏移等，这些行为不利于群体做出有效的决策。

关键概念

群体决策（group decision-making）
群体思维（groupthink）
群体偏移（group polarization）
阿背伦悖论（Abilene Paradox）
头脑风暴法（brain storming）
德尔菲法（Delphi）
名义群体技术（nominal group technique）
群体决策支持系统（group decision support system）

管理工具

中、日、美群体决策的比较
头脑风暴法
德尔菲法
名义群体技术
冲突导向的群体决策方法
群体决策方法的适用情况
群体决策支持系统

思考题

1. 为什么需要群体决策？
2. 试举例说明群体决策中成员会表现出哪些特殊的行为特征？
3. 群体决策的方法有哪些？请简要说明。
4. 试说明影响群体决策的有关因素。

自我测试

是否有偏差在影响你的决策

案例讨论

从巨亏 31 亿到净利年翻 44 倍 李宁如何救活“李宁”

讨论：

1. 请评价李宁公司决策中的得与失？
2. 李宁公司的决策对中国企业有何启示？

拓展阅读

推荐书目：海斯蒂，道斯. 不确定世界的理性选择：判断与决策心理学（原书第 2 版）. 谢晓非，李纾，等，译. 北京：人民邮电出版社，2013.

生活中充满了不确定性，我们也无时无刻不在面对形形色色的选择和判断。大量行为学研究揭示，人类的思维过程存在系统的局限性。人们往往无法做到完全意义上的理性，相反，各种认知缺陷、启发式以及惯性思维决定了我们大多数判断和决策。雷德·海斯蒂和罗宾·道斯尽可能用生活化的语言与现实中的事例向大家介绍判断和决策领域中的基础理论和研究成果。本书的内容可分成六部分：判断和决策领域的学科历史；关于判断的心理学研究；理性与不确定性间的关系；偏好与选择问题；理性决策理论及描述性决策理论；未来的研究方向。掌握理性决策的原理，无疑可以帮助我们提升选择的质量，从而改善我们的生活。本书的内容不仅有深刻的学术魅力，而且有较高的实践价值。

第11章 群体沟通

本章学习目标

1. 了解群体沟通的要素和种类；
2. 熟悉群体沟通过程的基本步骤；
3. 理解群体沟通中存在的各种障碍；
4. 掌握克服沟通障碍的策略；
5. 领会组织间关系背景下的群体沟通行为。

引例

如何与这样的上司沟通

张敏的上司是一位管理细致的领导，每次布置任务连非常具体的细节都有所要求，完全按照他的思路和模式来做每一项工作，员工没有任何创新的空间。有几次张敏就某个方案根据自己的观念做了创新，而没有完全按照上司的思路设计，事后也向上司陈述了自己的理由，她解释说，按照这样的思路可以更快更好地完成此项工作。但上司还是认为这是不按规矩办事，予以否决。张敏觉得非常不满，工作积极性大大受挫。但是，张敏对于公司氛围、所从事专业以及收入比较满意，不想因为不适应上司的工作特点而调换部门或跳槽。于是，张敏不得不考虑如何做好与上司的沟通，使自己能在工作中发挥自己的创造性和主动性。

有效沟通的实现帮助无数企业提高了工作效率，取得了事业的成功。那么，什么是沟通？群体沟通具有哪些功能和类型？各种类型的群体沟通会面临什么样的障碍？在组织间关系不断发展的背景下，群体沟通会表现出哪些特点，其有效沟通的方法有哪些？我们试图通过本章内容的阐述，能够对这些问题做出解答。

11.1 群体沟通的含义

11.1.1 群体沟通的定义和功能

1. *群体沟通的定义*

沟通在汉语中的本意是开凿沟渠使两水相通。语出《左传》："哀公九年，秋，吴城邗，沟通江淮。”其引申义为彼此相通。作为专业术语，专指相互之间信息的传递与交流。国内外学者对沟通以及群体沟通定义的描述并不相同，如表11-1所示。

表11-1　国内外沟通的典型定义

来　源	有关沟通的定义	关　键　词
《大英百科全书》	用任何方法，彼此交换信息，即指一个人与另一个人之间用视觉、符号、电话、电报、收音机、电视或其他工具为媒介，所从事交换信息的方法	信息、交换、媒介
《韦式大辞典》	文字、语句或消息之交流，思想或意见之交换	信息、交流、交换
罗宾斯	意义的传递和理解	意义、传递、理解
海瑞格尔	通过一种或多种信息媒介，对想法、实事、信念、态度和感受进行传递和接受，并且有反应发生，通过积极倾听，包含发出者原意的信息被接受者精确地理解和解释	信息媒介、传递、接受、倾听、精确地理解
麦克沙恩和格里诺	信息在两个或两个以上人之间传输和理解的过程	信息、传输、理解
陈国权	人与人之间、群体与群体之间、组织与组织之间传达思想、交流情报和信息的过程	信息、传达、交流、过程
石国兴，等	意义的传递与理解。群体沟通是指群体成员或群体之间传递情报、交换思想、疏通感情、交流意见的过程	意义、传递、理解
陈国海，等	信息源通过某种渠道把信息（信息、观点、情感、技能等）传送到目的地的过程	信息源、信息、渠道、目的地

一般来说，沟通就是个体或群体之间的信息交流，并寻求反馈以达到相互理解的过程。从表11-1诸多定义可以看出，不同的人从不同的角度来阐述对沟通的理解，但总体上讲，沟通包括以下几层意思。①

（1）沟通首先是信息的传递。沟通包含着意义的传递，如果信息没有传递到既定对象，那么，就没有发生沟通。也就是说，如果演讲者没有听众或者写作者没有读者，那么就无法构成沟通。所以，从沟通意义上来说，“树林中有一棵树倒了，却没有人听见，那么它是否发出了声响”，答案当然是否定的。

（2）被传递的信息要被充分理解。完美的沟通经过传递后，接收者所感知到的信息应与发送者发出的信息完全一致。值得注意的是，信息是一种无形的东西，传送者要把传送的信息翻译成符号，接收者则要进行相反的翻译过程。由于每个人的“信息-符号储存”系统各不相同，对同一符号常常存在不同的理解。沟通者要想完整地理解传递来的信息，即既要获取事实，又要分析发送者的价值观、个人态度，只有这样才能达到有效的沟通。

① 甘华鸣，李湘华．沟通．北京：中国国际广播出版社，2001：5-7.

（3）有效沟通要考虑双方的利益。许多人认为，有效沟通就是使别人接受自己的观点。实际上，你可以明确地理解对方所说的意思但不一定同意对方的看法。沟通双方能否达成一致意见，对方是否接受你的观点，往往并不是沟通有效与否这个因素决定的，它还涉及双方利益是否一致、价值观念是否相似等其他关键因素。例如，在谈判过程中，如果双方存在着根本利益的冲突，即使沟通过程中不存在任何噪音干扰，谈判双方的沟通技巧也十分纯熟，往往也不能达成一致协议，而在这个过程中双方都已充分了解对方的要求和观点。

（4）沟通是一个双向互动的理解过程。有人认为，既然我们每天都在与别人沟通，那么沟通并不是一件难事。但是，每天都在进行沟通，并不表明我们是成功的沟通者，正如我们每天都在工作并不表明我们每天都能获得工作上的成就一样。沟通不是一个纯粹单向的活动。或许你已经告诉对方你所要表达的信息，但这并不意味着对方已经与你沟通了，沟通的目的不是行为本身，而是在于结果。如果预期结果并未产生，那么就也没有达成沟通。

因此，我们认为群体沟通是指两个或多个人之间通过一定的符号相互交换信息的过程，这些符号能被双方精确地理解和解释。这里所指的群体沟通包括群体内个人的沟通、个人与群体的沟通、群体间的沟通以及群体与外部的沟通。

2. 群体沟通的功能

在一个群体内，信息沟通把许多独立的个人、群体串联起来，形成一个整体。彼此间相互了解问题，获得反馈或衡量成果，运用强化或惩罚手段激励员工，进行决策及部门间的协调，无不依赖于信息的沟通。具体来说，群体沟通的功能体现在以下几个方面。

（1）控制功能。群体沟通对员工具有控制功能。一方面，员工要在正式群体中按照岗位说明书工作，必须遵守组织的各种规章制度和行为规范，以至于在沟通和交往中逐渐形成其集体心理并得以发展，培养出趋向一致的态度、观念和价值取向；另一方面，非正式沟通也会对员工产生控制作用，如在非正式群体中，当某个成员的行为违背了大多数人的利益时，其他人便会通过各种非正式的沟通渠道对这类行为进行谴责或施加压力，从而改变其行为。

（2）激励功能。群体沟通是激励员工的基本手段。有效的沟通有助于人们更好地理解自己的工作，明确告诉员工应该做什么，怎么做，达不到标准怎么改进。具体目标的设置、实现目标过程中的持续反馈以及对理想行为的强化过程，都使人们深刻地感受到自己的活动与整体任务休戚相关，从而达到激励的作用，而这些过程都需要沟通。

（3）情绪表达功能。人与人之间的沟通是一种重要的心理需要。对于大多数人来讲，工作群体是主要的社交“圈子”，成员通过群体间的沟通来表达组织的满足感和挫折感。因此，沟通提供了一种情感的表达机制，并满足人们的社交需要。另外，组织成员在与其他人进行交往的过程中不断地了解他人，满足自身的心理需求并达到平衡。

（4）信息传递功能。群体沟通最基本的功能是传达信息。组织成员之间交流信息、知识、经验、思想和感情，或得到组织环境变化的信息，为个体和群体提供决策所需的信息，使决策者能够确定并评估各种备选方案，权衡各方利益，从而做出正确的选择。有助于组织活动中取得一致意见或使不同的意见尽快表达出来并加以解决，从而使组织得以良好运转。

（5）协调功能。沟通是统一员工思想和行为的工具。决策制定以后，由于主观和客观方面的原因，群体成员对决策的态度会有差异，造成决策或政策的贯彻不力。通过充分而有效的沟通，员工之间可以通过交换意见、统一思想，在较好地理解这些决策的基础上，执行这些决策并达到组织目标。而且通过有效沟通，组织内成员之间可以建立良好的人际关系。

11.1.2 群体沟通的基本模式

1．群体沟通的过程模式

群体沟通是一个双向、互动的过程，因此，群体沟通不仅是发送者将信息通过渠道传递给接收者，同时接收者还要将他所理解的信息反馈给发送者。因此，群体沟通是一个反复循环的互动过程，根据凯茨·大卫斯（1989）的研究，沟通的一般循环过程可以通过图 11-1 描述。

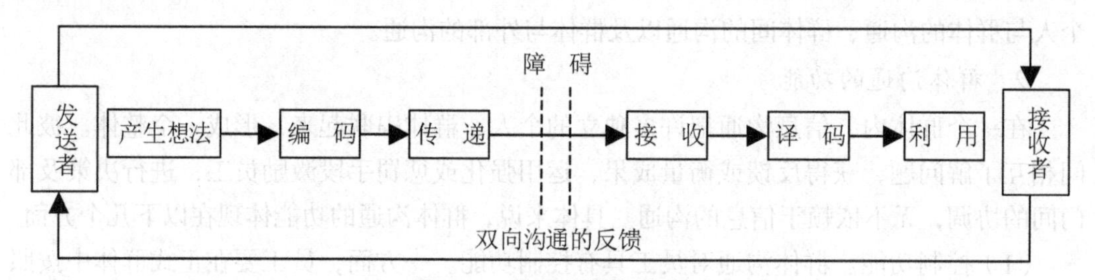

图 11-1 沟通的基本模式

根据图 11-1 所示，信息的沟通可以分为以下七个步骤。

（1）产生想法。沟通的起点是信息发送者获得了某些观念或事实，并且有了传送出去的意向。对一个有效的沟通系统来说，这一步极为重要。一个不完整的意念或未经证实的事情，若被轻易传送出去，可能会产生无法估计的差错。并且发送者在产生想法后还应权衡沟通的价值，判断是否有进行沟通的必要。

（2）编码。发送者决定进行沟通以后，接下来就必须把要传递的信息进行编码，把信息转换成接受者能够理解的形式。同时确定信息的传递方式并根据传递方式对信息进行组织。例如，发送者将信息转化为某种口头的或书面的语言，并且在语言中注意遣词造句以确保准确表达自己所要表达的意思，必要时还要利用某些非语言的方式。

（3）传递。信息编码完成后，下一步要做的就是把编码、组织好的信息按预先确定的传递方式传递出去。此时，发送者必须选择合适的传递时机和传递渠道，并采取适当的方法，尽量避免传递过程中的信息延误或曲解，减少传递过程中的各种障碍和干扰，使信息能顺利到达接收者并引起足够的注意。

（4）接收。这一步是把传输的信息让别人接收。接收者由通道接收到信息符号，良好的沟通不仅需要发送者准确的编码和传递，还需要接收者能应用各种接收技巧，完整地接收信息。否则，信息就会丢失或曲解，从而无法实现沟通过程。同时，接收者还应增强主动性，寻找正确的通道，提高自己的接收能力。

（5）译码。译码是指接收者重新翻译发送者发出的信息。信息译码受到接收者知识、经验、思维方式、态度和个性的限制，并形成对信息的理解、不理解或错误理解。接收者接收信息后，一方面把信息转换为自己所能理解的意念，另一方面会把自己的思想附加于信息之中，并试图发掘该信息中可能隐含的思想。

（6）利用。信息被接收者利用是沟通的意义所在，也是信息传递能够持续进行的一个动力。但是信息是否被利用主要取决于接收者，他可以按照信息指示付诸工作，可以将信息储存起来以作备用，也可以对信息置之不理或采取其他措施。这与信息接收者的需求、信息本身的内容、接收信息的情景等都有关系。

（7）反馈。反馈就是接收者告知发送者收到信息并做出有关反应。信息的反馈使沟通成为一个交互作用的过程。例如，肯定的答复、困惑的表情等，向发送者表明对此信息的理解情况。如果没有反馈，发送者就无法了解信息的沟通效果。这时，沟通双方就会主观地而不是客观地评价沟通的内容及对方的意愿，从而容易造成双方的误解。

以上七个步骤构成了沟通的完整过程。了解沟通的过程，不断提高各个步骤完成的水平，才能更好地进行沟通。

2. 群体沟通要素

从以上沟通过程的模式可知，一个完整的沟通过程，应该包括以下五个要素。

（1）沟通主体。沟通主体是指信息的发送者和接收者。信息发送者是指在沟通中具有沟通需求并发出信息的个人、群体、组织，信息接收者则是信息指向的客体。发送者和接收者没有明显的界线，当接收者对发出者进行反馈时，最初的信息接收者就成了发送者，而最早的发送者就成了接收者。

（2）信息。如果把发送者和接收者作为沟通活动中的主体，那么信息就是沟通活动的客体。信息是经过信息源编码而形成的一切语言和非语言的符号。一般来讲，信息接收者并不能领悟发送者内心的思想和观点，他只是通过接收发送者传递的信息来理解对方真正的意图，可以说，信息是沟通者真正意图的异化。

（3）渠道或媒介。在沟通中，信息必须借助一定的渠道或媒介作为载体才能交流和传递。不同的信息内容要求不同的渠道，而渠道的选择直接关系到信息传递和反馈的效果。实际选择时要考虑渠道或媒介是否方便易行、传递的速度与精确性、成本高低、反馈快慢、语言的丰富性等多方面，表 11-2 显示了不同沟通渠道的特性（黄培伦，2001），可以依据沟通的特定要求进行选择。

（4）环境。任何沟通都是在一定的环境下发生的，这就是沟通的背景。同样的信息在不同的背景下传递将被赋予不同的含义。环境对沟通产生重大的影响，正式的环境适合正式的沟通。例如，庄重的会议室是正式谈判的好地方，但对于小范围的深入交谈而言，温馨的茶吧更容易让人敞开心扉。

表 11-2　沟通媒介（渠道）特性比较

口头	易获得	低成本	高速度	直接性	受关注	书面	易获得	低成本	高速度	直接性	受关注
面谈	+	+	+	+	+	信函	+	+			+
电话	+	+	+	+	+	报告备忘	+				+
开会	+		+	+		电报			+		+
讲演	+		+	+		传真			+	+	
联网电话			+	+		手册	+	+			
闭路电视			+	+	+	互联网络				+	+

（5）噪音。噪音就是出现在沟通过程中的干扰因素，它可以使沟通发生信息扭曲、信息失真、信息过载和信息延迟等，是组织准确理解和解释信息的障碍。噪音可能存在于沟通中的各个环节，从发送者对信息的编码到接收者对信息的解码的过程中，大部分因素都有造成信息失真的可能性，从而使接收者的译码信息与发送者本意产生偏差，影响群体沟通效果。

11.2　群体沟通的类型与网络

11.2.1　群体沟通的类型

在群体沟通时，依据传递信息工具的不同，信息传递后反馈信息的多少、信息流动方向的差异以及信息沟通途径的不同，可以将群体沟通分为不同的类型和不同的网络。各种类型的信息沟通效果不一样，在组织中的运用也不一样。下面是常见的几种沟通类型。

1. 语言沟通与非语言沟通

按沟通所借用的媒介不同，沟通可划分为语言沟通与非语言沟通。

（1）语言沟通。语言沟通通常是指借助语言符号系统所进行的沟通，又可分为口头沟通与书面沟通。

① 口头沟通。口头沟通是指运用口头表达的方式进行信息传递和交流。如面谈、演讲、电话交谈、非正式的会议和小道消息都是口头沟通的常见形式。口头沟通的优点是比较灵活、简便易行、快捷和反馈及时；信息的发出和反馈几乎同时发生，如果接收者存在疑问，发出者能及时接到反馈并迅速予以更正。口头沟通的主要缺点在于：信息传递经过的人越多，被曲解的可能性越大，并且口头沟通过后保留的信息较少。通常用于传递一般性的、暂时性的有关例行工作的信息。

② 书面沟通。书面沟通是指任何以书面形式来传递信息的交流方式，包括书信、备忘录、新闻图片、布告栏上的通知，或其他通过文字和符号传达信息的工具。书面沟通的优点是具体而直观。不容易在传递中被歪曲，可以永久保留，接收者可以按照自己的

速度详细阅读了解。而且一旦对该信息有疑问，非常便于查阅。这个特点对于冗长而复杂的信息尤其重要。发送者有更多的时间来全面地思考将要传达的内容，因此书面沟通更全面、更有逻辑、更清晰。其缺点是书面沟通缺乏反馈机制，而且由于很少有机会通过交流者的形体语言和声调来观察其沟通方式，所以书面沟通人性化程度较低。

（2）非语言沟通。非语言沟通是指借助非正式语言符号，即语言与文字之外的符号系统来进行的沟通，如面部表情、身体姿势和动作以及其他传递信息的行为。据有关资料显示，在面对面的沟通过程中，那些来自语言文字的社交意义不会超过 35%，而其中的 65%是以非语言方式传达的。非语言沟通的内涵十分丰富，一般可分为身体语言沟通、副语言沟通、空间距离等。

① 身体语言沟通。身体语言沟通是通过动态无声的目光、表情、手势语言等身体运动或静态无声的身体姿势、衣着打扮等形式来传递或表达沟通信息。人们可以通过面部表情、手部动作等身体姿态来传达诸如攻击、恐惧、愤怒、愉快、傲慢等情绪或意图。例如，在交谈中与对方进行良好的目光接触，表示真诚、友好；如果不做目光接触，可能表示冷淡、紧张、说谎等；交谈者坐在椅子上，如果身体前倾表示感兴趣、注意；如果懒散地坐在椅子上，表示厌倦放松。

② 副语言沟通。副语言是通过非语言的声音，如重音、声调的变化、哭、笑、停顿来实现的。语音表达方式的变化，尤其是语调的变化，可以使字面相同的一句话具有完全不同的含义。例如，一句简单的口头语“真棒”，当音调较低，语气肯定时“真棒”表示由衷的赞赏，而当音调升高，语气抑扬，则完全变成了刻薄的讥讽和幸灾乐祸。

③ 空间距离。空间距离也是一种非语言沟通形式，沟通双方所处的位置远近，会影响到沟通的效果。国外有关研究表明，学生对于课堂讨论的参与直接受其座位的影响，在倾向上，以教室讲台为中心，座位越居中心位置，学生对于课堂讨论的参与比例也就越大。沟通中空间距离的不同，还直接导致沟通者不同的沟通影响力，有些位置对沟通的影响力较大，有些位置影响力较小。同样是发言，站在讲台上讲与在台下自由发言所引起的作用是不同的，高高在上的讲台本身具有某种权威性。

2. 正式沟通与非正式沟通

组织内部的沟通方式依其正式与否可分为正式沟通与非正式沟通。

（1）正式沟通。正式沟通是指通过组织明文规定的渠道进行的信息传递和交流。如组织间的公函往来，上级的指令逐级向下传递，下级的情况逐级向上报告等。正式沟通按其发生的方向可以分为下行沟通、上行沟通、平行沟通与斜向沟通。

① 下行沟通。下行沟通是指在组织中从一个较高层次向另一个较低层次进行的自上而下的沟通。它是以命令、指示或通报的形式出现，通常来自组织的高层，通过各中间层次到达基层组织成员个人。下行沟通是组织中上级领导让下级了解其意图、统一思想与行动的一种重要手段。它能够协调组织之内各层级之间的关系，增强各层之间的联系。缺点是如果结构层次很多，则通过层层传达，信息容易发生歪曲，甚至遗失。下行沟通的信息损失程度可参照图 11-2（a）（张德，吴志明，2002）。

② 上行沟通。上行沟通是指组织中信息从较低层次流向较高层次的一种沟通，主要是下属依照规定向上级所提出的书面或口头报告。除此之外，许多机构还采取某些措施

以鼓励向上沟通，例如，态度调查、征求意见座谈会、意见箱等。上行沟通对组织的高效和谐起着非常重要的作用。良好的上行沟通能够使组织成员有较高的满意度和忠诚度。上级也可以通过这种方式了解下属的需要，以及下达的指示正确与否，执行得如何等。然而不少组织中上行沟通阻碍重重，主要原因一是由于地位差别大，上级令人难以接近，以至于下情不愿上达或有所保留；二是信息过滤，员工向上级汇报时常常只报告那些他们认为上级想听的内容，信息层层过滤，而到达最高层，也许就产生了很大的误差，上行沟通的信息损失程度可参见图 11-2（b）（张德，吴志明，2002）。

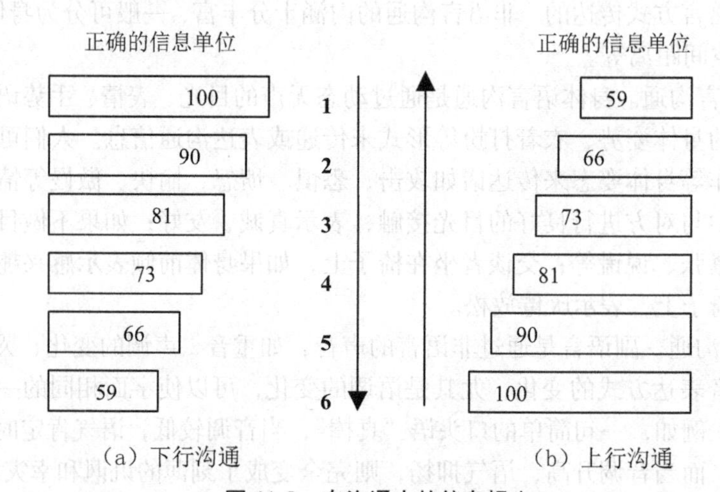

图 11-2　在沟通中的信息损失

③ 平行沟通与斜向沟通。平行沟通是指组织中同一层次不同部门之间的沟通，而斜向沟通是指信息在不同层次的不同部门之间流动时的沟通。不少管理信息学家认为，对于一位管理者来说，运用横向沟通和斜向沟通是错误的，因为它会破坏统一指挥。但在现实生活中，各种组织仍广泛地存在平行沟通和斜向沟通，原因在于平行和斜向沟通有助于缩短距离、节省沟通时间、促进协调合作等。有时平行和斜向沟通是组织正式规定的，但大多数情况是为了简化垂直方向的交流、加快速度而产生的非正式沟通。

从管理者的角度来看，横向沟通有其有利的一面，也有其不利的一面。这两种沟通都跨越了不同部门，脱离了正式的指挥系统，如果当正式的垂直通道受到破坏、成员越过或避开其直接领导行事、上司发现所采取的措施或做出的决策他事先不知道，横向和斜向沟通会产生功能失调的冲突，为了防止这种冲突，在横向和斜向沟通前得到上级的允许、沟通后及时向上级汇报沟通结果是十分必要的。

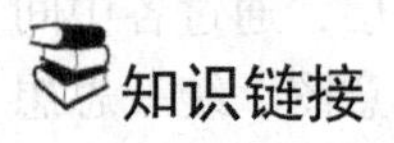

知识链接

沟通中的“跳板原则”

（2）非正式沟通。非正式沟通是指正式沟通渠道之外的信息传递和交流，它以社会关系为基础，是与组织内部明确的规章制度无关的沟通方式。它不受组织监督，自由选择沟通渠道，如朋友聚会、员工之间私下的交谈、小道消息的传播等。其沟通对象、时间及内容等方面，无计划且难以辨别，任何部门及个人都可按任何方向进行非正式沟通，包括上行、下行、平行和斜向的沟通。

非正式沟通的优点是沟通方便、内容广泛、方式灵活、速度快，而且在这种沟通中比较容易表露思想、情绪和动机，因而能提供一些正式沟通渠道中难以获得的信息。缺点是信息容易失真，而且可能导致小集体、小圈子的形成，影响组织的凝聚力和人心稳定。

3. 双向沟通和单向沟通

按信息的发送者和接收者的角色是否交换的角度，可分为单向沟通和双向沟通。

（1）单向沟通。发送者和接收者的角色固定不变。一方发出信息，另一方接收信息，双方无论在情感上还是在语言上都没有信息反馈，如下达命令、书面指示等。其优点是传达信息速度快，发送者不必顾忌接收者的挑战，能保持发送者的尊严；缺点是准确性较差，较难把握沟通的实际效果。

（2）双向沟通。发送者和接收者在沟通中的地位不断发生变化，发送者将信息发送给接收者，接收者要给发送者以反馈。如交谈、协商、会议等。其优点是准确性高、参与感强、有助于建立双方的感情等；缺点是速度慢、参与者心理压力大、易受干扰等。信息发送者可能遭到接收者的质询、批评和挑剔，因而对发送者有一定的压力。

单向沟通与双向沟通哪一种更有效呢？美国心理学家利维特（H. J. Leavitt）在 1959 年曾经设计实验研究这一问题，实验结果如表 11-3 所示。

表 11-3 单向沟通与双向沟通的效用差距

比较内容	双向沟通	单向沟通
沟通	慢	快
沟通内容的正确性	高	低
工作次序	差	好
沟通者的心理压力	大	小
沟通前的准备工作	较不充分	较充分
沟通时需要的应变能力	较强	较弱
沟通对促进人际关系	较有利	较不利
沟通时的群体规模	较小	较大
接收者接收信息的把握	大	小

从利维特的实验结果中可以看到，单向沟通和双向沟通都有各自的优劣，管理者应根据情景，灵活、交替地运用这两种沟通类型。一般认为，在工作任务不紧迫而又需要

正确地传递信息，或者在处理全新而复杂的问题时，要做出重要的决策，宜采用双向沟通的方式。在上下级之间进行双向沟通时，领导者要特别注意由于下属的地位差别导致的“心理差距”对沟通的负面影响，但当完成工作的时间很紧，工作性质简单，以及从事例行的工作时，可以采用单向沟通的方式。

11.2.2 群体沟通的网络

在信息交流的过程中，信息发送者将信息直接传递给接收者，或经过第三者的转传才到达接收者，这就产生了沟通的通道问题。在群体沟通中，一些不同的信息通道组合在一起就形成了沟通的网络。信息沟通的有效性与它的网络类型有一定关系。群体沟通网络可以分为正式的沟通网络与非正式的沟通网络。

1. 正式的沟通网络

正式的沟通网络遵循权力系统，并只进行与工作相关的信息沟通，巴维拉斯（Bavelas）和利维特曾于20世纪50年代对群体沟通网络问题进行了研究，总结了六种组织中的正式沟通网络类型，如图11-4所示。实验结果表明，信息沟通的效率与它的网络结构形式有关。

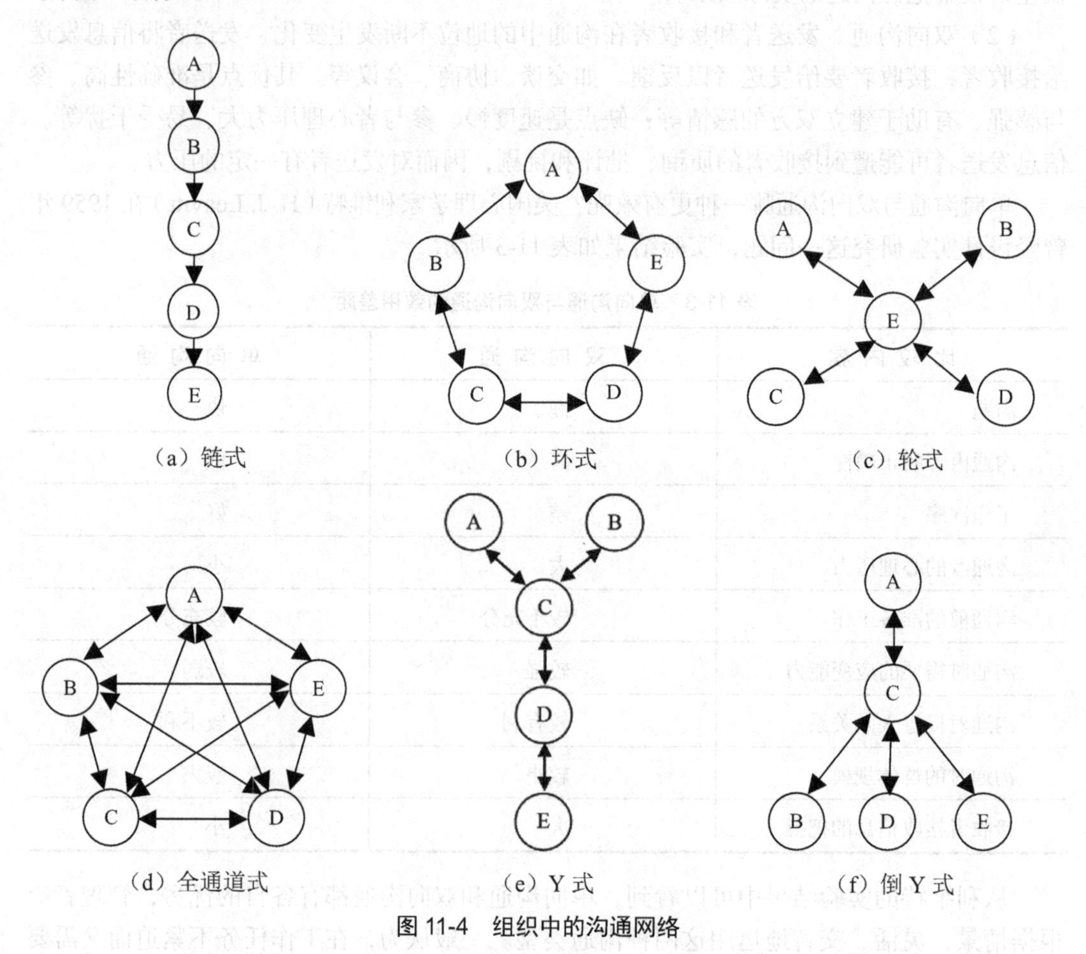

图11-4 组织中的沟通网络

（1）链式沟通网络。链式沟通网络相当于组织中的垂直沟通系统，信息逐级向上或向下传递，每个人只和其上下级发生联系，不能横向传递信息。这种网络的优点是沟通直接迅速，适合解决简单问题。缺点是信息经过层层传递与筛选，容易失真；各个信息传递者接收的信息差异很大，平均满意度有很大差距；每个成员的沟通面狭窄，最低层次的沟通者与最高层次的沟通者难以通气，不利于培养群体凝聚力。

（2）环式沟通网络。环式沟通网络中每个成员都能与相邻成员联系，但不能与更远的成员进行沟通。这种沟通方式的效率较低，例如，组织的集中度和领导人的预测程度较低，信息易于分散，往往难以形成中心。但在这种沟通中，成员地位平等，因此获得的满意度较高。如果组织需要营造出一种高昂的士气来实现组织目标，同时又追求创新与协作，采用环式沟通是一种行之有效的措施。

（3）轮式沟通网络。轮式沟通网络表示一个领导人与他的若干下属进行沟通，但下属之间没有直接沟通，即只有主管了解全面情况，其他人则消息闭塞。这种网络大体类似于一个主管领导直接管理几个部门的权威控制系统。其缺点是沟通渠道少，下属的沟通需要无法得到满足，因此士气低落，不利于解决复杂的创造性问题。优点是主管人员容易直接控制下属；集中化程度高，解决问题的速度快；中心人员的预测程度高并有较高的满意度。因而是加强组织控制、争时间、抢速度的一个有效办法。

（4）全通道式沟通网络。全通道式沟通是所有成员间充分参与信息沟通的一种形式，所有成员地位平等，可以自由地交换意见和信息，无核心人物。这种沟通网络具有很强的民主气氛与合作精神，成员的士气很高。缺点是沟通渠道太多，容易造成混乱，信息传递费时，影响工作效率。在一个民主气氛很浓或合作精神很强的团体、任务小组或委员会之类的组织机构中，一般都采用这种网络模式。

（5）Y 式沟通网络。Y 式沟通表示各个层次逐级传递，两个领导分别通过一个人，如秘书或一个部门与下面的中、基层管理人员逐级传递信息。如果把这个图形倒过来，并稍作修改，则变成倒 Y 式，如图 11-4（f）则表示一个主管通过第二级（如秘书）与三个下级发生联系。处于这种地位的秘书可以获得最多的信息，因而往往容易掌握真正的权利，控制组织，而第一级的主管则变成了傀儡人物。一般来说，掌握信息越多者，越容易成为领导人物。

Y 式网络兼有链式和轮式的特点。它的优点是集中化程度高，信息传递和解决问题的速度较快，组织控制比较严格；缺点是组织成员之间缺少直接的横向沟通，除此之外，全体成员的满意程度比较低，组织气氛不太和谐。如果主管人员的工作任务十分繁重，需要有人协调、筛选信息，提供决策依据，节省时间，而又要对组织实行有效的控制时，可采用这种倒 Y 式沟通网络。

上述种种沟通形态和网络，都有其优缺点。作为一名主管，在工作实践中，应根据企业的工作性质与员工特点选择不同的沟通形式，各种沟通形式对组织内群体行为的影响是有差异的，如表 11-4 所示。

表 11-4 不同形式的沟通网络对群体行为的影响

比 较 内 容	沟通网络类型				
	链 式	轮 式	环 式	Y式	全 通 道 式
解决问题的速度	较快	快	慢	较快	最慢
信息精确度	较高	高	低	较低	最高
组织化程度	慢、稳定	快、较稳	不易	不一定	最慢、稳定
领导人产生	较显著	显著	不发生	会易位	不发生
士气	低	很低	高	不一定	最高
工作变化弹性	慢	较慢	快	较快	最快
集中化程度	中等	很高	低	高	最低
成员平均满意度	中等	低	中等	低	高
各成员满意度	中等	高	低	高	最低

在现实组织中，很少存在单一的沟通模式。在许多情况下，群体沟通都是自觉或不自觉地同时或交替使用多种沟通网络的。在实践中，这种复杂性和可变性要求组织的设计者和管理者以及一般的组织成员，灵活掌握、综合运用各种沟通网络，以提高群体沟通效率取得良好的效果。

2. 非正式的沟通网络

前面对沟通网络的讨论都集中在正式的沟通模式上。在群体内部和群体之间，正式沟通并不是唯一的沟通系统。在非正式系统中，信息通过小道消息的方式传播，而流言也大量滋生。小道消息有三个特点：一是它不受管理层控制；二是大多数员工认为它比高级管理层通过正式沟通渠道解决问题更可信、更可靠；三是它在很大程度上有利于人们的自身利益。

有关小道消息的一项著名研究是多年以前对一家小型生产厂67名管理层人员沟通模式的调查。调查使用的基本方法是：从每名信息接收者那里了解他是怎样获得某一信息的，并追踪到信息源。结果发现，尽管小道消息是信息来源的一种重要途径，但仅有10%的管理人员担任联络员角色（即将信息传递给其他人）。这一研究所得到的另两个结论也值得注意：第一，人们普遍感兴趣的信息倾向于在主要的功能群体之间流动，而不是在功能群体内部流动；第二，没有证据表明任何成员一直在群体中担任联络人角色，不同的人传递不同类型的信息。

还有研究者以小型政府办公室的工作人员为被试者重复了这一研究，也发现仅有很小比例的人（10%）担任联络员。重复性的研究包括的人员范围很广——不仅有管理者，还有普通老百姓。然而，研究发现政府办公室中的信息是在功能群体内部流动的，而不是在它们之间流动的。研究者认为这种差异的原因来自于样本的不同，前者的样本是纯粹的经营人员，后者的样本中还包括了普通工人。对管理者来说，可能更多地感受到保持消息灵通地位的压力，因而倾向于向直接功能群体之外的其他人传递信息。另外，与前面的研究结果相反，重复性研究发现，在政府办公室中有一群稳定的个体扮演着联络员角色传递信息。

沿着小道消息途径流动的信息精确吗？有证据表明其中 75%的信息是准确的。在什么条件下小道消息是有利的？在什么条件下小道消息是不利的？

人们常常认为小道消息来自于搬弄是非者的好奇心，其实很少如此。小道消息至少有四个目标：缓解焦虑；使支离破碎的信息能够说得通；把群体成员甚至包括局外人组织成一个整体；表明信息发送者的地位（我是圈内人，你是圈外人）或权力（我有权力使你成为圈内人）。研究表明，如果情境对我们来说十分重要，但又模棱两可，并因而激起人们的焦虑情绪，此时小道消息会作为情境的反应而出现，这一点可以解释为什么在组织中小道消息十分盛行。在大型组织中保密性和竞争性是司空见惯的，对诸如新上司的任命、部门的重组、工作任务的重新安排这些事件来说，都为小道消息的产生和延续创造了有利条件。如果小道消息背后人们的愿望和期待得不到满足或焦虑得不到缓解，那么它会一直持续下去。

从上面的讨论中能得出什么结论呢？显然，对于任何群体或组织的沟通网络来说，小道消息都是其中的重要组成部分，值得我们认真了解。它表明了一些员工认为很重要的事情，管理者未能详尽透彻地说明，因而激起了员工的焦虑感。因此，小道消息具有过滤和反馈双重机制，它使我们认识到哪些事情会让员工认为很重要。从管理的角度来看，更重要的是，对小道消息进行分析并预测其流向是可行的。由于只有少部分人（不足 10%）积极向其他人传递信息，通过了解哪一个联络人认为某种信息十分重要，能够提高我们解释和预测小道消息传播模式的能力。

11.3 有效的群体沟通

11.3.1 有效沟通的原则

要保证沟通的有效进行，必须使之符合有效沟通的原则，具体包括以下几个方面。

1. 准确性

有效沟通必须保证信息在传递过程中的准确，能够准确地反映发送者的意图，同时也要保证接收者准确地理解信息。信息的发送者和接收者都要具备较强的沟通能力，掌握语言和非语言符号的运用方法，并相互熟悉对方的习惯与能力。同时，根据实际需要科学合理地选择信息传递渠道。只有按照准确的、不失真的信息采取行动才能达到预期的结果，这是有效沟通的最基本的要求。

2. 完整性

信息的发送者在发出信息时必须注意信息内容的完整、全面，不能以偏概全。信息的接收者也不能断章取义，根据自己的兴趣进行选择性的接收。但在实际沟通时，信息在发送过程中容易被过滤，在接收时经常被选择，从而造成信息被遗漏、修改和破坏。因此，保证信息在发送、传递和接收过程中的完整性，对于沟通的有效性至关重要。

3. 及时性

有效的信息沟通必须及时，即在尽可能短的时间内进行沟通，并使信息发挥效用。在沟通过程中，要使信息发送及时，尽量减少不必要的中间环节，避免信息的过滤，使信息以最快的速度到达接收者。接收者收到信息后，应及时反馈，这有利于发送者修正信息。另外信息还应该及时被利用，以免过期失效。

11.3.2 有效沟通的障碍

在沟通的过程中，存在着很多影响和干扰沟通效果的障碍，这些障碍存在于沟通过程的各个环节。

1. 来自发送者的障碍

发送者要把自己的观念和想法传递给接收者，必须不断提高自己的沟通技能，同时考虑接收者的特点选择合适的编码、传递方式，确保双方都能理解其观念和想法等信息，也就是说，把要传递的信息表达出来，并要十分清晰地表达。这方面容易出现的障碍主要有以下几个方面。

（1）发送者表达能力不佳。发送者词不达意、口齿不清，或者字体模糊，使人难以了解其意图。或者发送者在表达的时候不够清楚、有歧义或者使用了难以理解的术语、行话等，都会给沟通造成障碍。

（2）传送形式不协调。发送者表达信息时往往需要把信息从一种形式转化成另一种形式再发送，当信息通过几种形式（符号）传送时，如果相互间不协调，就会使接收者难以正确理解所传信息的内容。

（3）信息来源上的问题。发送者假设接收者不需要理解被传送的信息，就会故意扣留某些信息，或者可能提供一些无意义的信息，以及容易引起误解的信息。例如，在传达某一信息时，管理者通常将信息分解成不同的部分，然后根据下属的职位来传达相应的部分。但由于管理者在应用这一方法时往往难以把握信息分解的程度，从而影响接收者对信息的准确理解。

2. 来自接收者的障碍

（1）知觉的选择性。在沟通过程中，接收者会根据自己的需要、动机、经验、背景、兴趣及其他个人特点，有选择地去接收信息。另外，在解码的时候，接收者还会把自己的兴趣和期望带入到信息之中。正如有学者指出，我们不是看到事实，而是对我们所看到的东西进行解释并称之为事实。

（2）信息的过滤。在接收信息时，接收者有时会按照自己的需要对信息加以“过滤”，即特别重视某些信息而忽视另一些信息。例如，上级好大喜功，只注意下属汇报中的成绩，而忽略缺点；下级对上级的指示采取实用主义态度，仅听进去对己有利的一面，而忽视对己不利的一面等。过滤的主要决定因素是组织结构中的层级数目，层级越多，过滤的机会也就越多。

根据王重鸣、时巨涛（2003）的研究，可以用图11-5反映多层级组织中的信息过滤。图中上面的箭头显示理解误差的允许区域，表示理解与阐述高层管理者的方针政策和思想时，允许在一定范围内有某些弹性。图中右边的箭头显示信息传递的方向，图中黑点表示各层级人员在传递信息时对信息理解的正确程度。信息传递每经过一个层级，都会产生新的差异，最后就会脱离允许的误差范围。

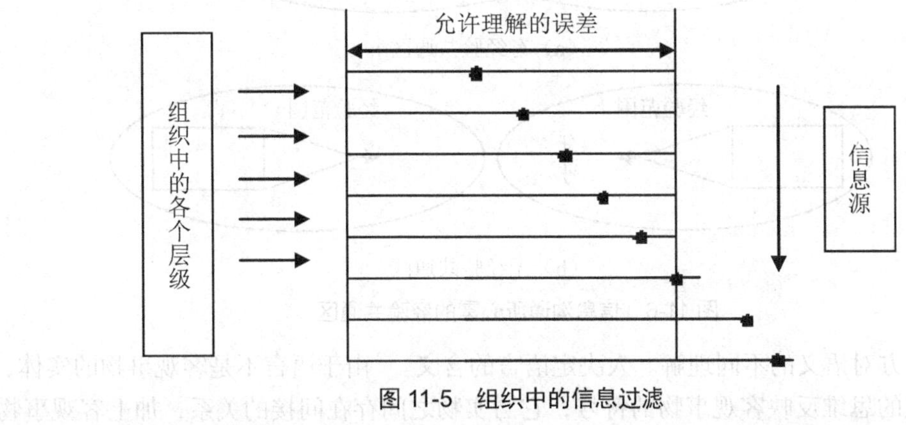

图 11-5 组织中的信息过滤

（3）对信息来源缺乏信任。信息接收者对发送者的人品、经验、地位和知识等的不信任，造成接收者对信息来源缺乏信任。例如，管理者为了激励员工，常常喜欢给员工描绘不切实际的“蓝图”，大开各种“空头支票”。虽然员工刚开始时可能听了这些激励后会激情澎湃，但久而久之则会让下属产生“领导的话不可信”这样一种非常致命的坏印象，从而影响组织沟通的效果。

3. 沟通双方差异造成的障碍

（1）双方知识经验的局限。当发送者把信息编码成信号时，他只是在自己的知识经验范围内进行编译；同样，接收者也只能在他们自己的知识经验范围内进行解码，以理解所接收到的信息的含义。如图 11-6（a）所示，甲乙双方的知识经验范围有交叉区，这个交叉区就是双方的共同经验区（共通区）。这时信息就可以容易地被传送和接收。双方彼此很熟悉时，往往有这样的情况，一方只需稍微说一点，另一方很快就能理解对方的意思，因为它们之间有很大的共通区。相反，如果双方没有共通的经验区，如图 11-6（b）所示，就无法沟通信息，接收者不能理解发送过来的信息的含义。如小孩子听不懂成年人的话，因为他没有足够的知识和经验。因此，信息沟通往往受到知识和经验的局限，有效的信息沟通需要共通区。

（2）双方价值观和信仰等方面的差异。各人不同的背景、经历形成了人们各不相同的标准、世界观和个人价值取向。对于外界的刺激，每个人均会以自己的信念、价值观为标尺来筛选信息，发送和接收那些符合自己的期望的信息，忽视甚至拒绝那些不熟悉、不喜欢的信息。这会导致双方对同一件事情的看法有差异，而这些差异可能会造成沟通时的障碍。

（3）双方个性特征、沟通风格、情绪等方面的差异。个性、情绪及沟通风格等都是影响沟通有效性的重要因素。有的人具有较强的人际敏感性，在沟通中善于理解他人意图，并对他人的情感给予较多关注；而有的人则人际敏感性较差，对他人的潜在意图反应较为迟钝。有的人情绪稳定，沟通中表现得较为理智；而有的人则容易感情用事。

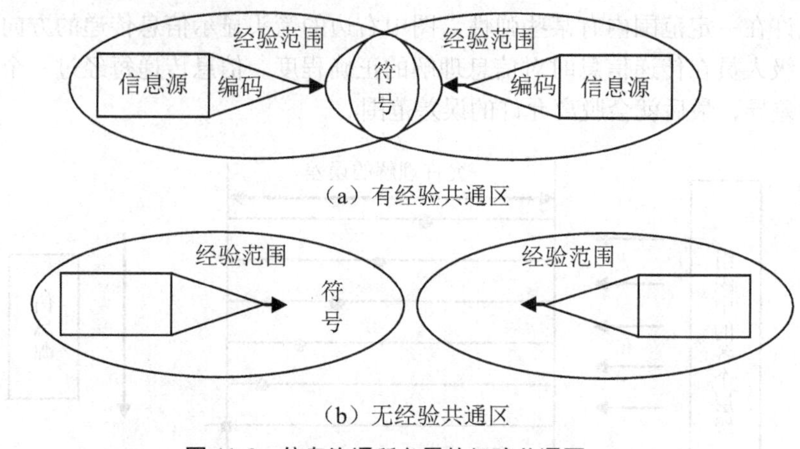

图 11-6　信息沟通所必需的经验共通区

（4）双方对语义的不同理解。人决定语言的含义。[①]由于语言不是客观事物的实体，而是通过人的思维反映客观事物的符号，它与实物之间存在间接的关系，加上客观事物及人的思想意识的复杂多变，使语言的表达范围和人使用语言的能力具有更大的局限性。由于沟通双方对语言意义的理解不同，也会产生许多沟通问题。

（5）沟通主体缺乏主动性。由于某些原因，沟通双方均有可能存在着不愿沟通的心理，缺乏沟通的主动性，双方在各自立场上各执己见，以至对思维方式产生负面影响，使之定势化、片面化。即使有所沟通，也会因沟通心理的障碍而失去应有的沟通效果。

4. 信息传递过程中的障碍

（1）传送时机不适。信息传送的时机会增加或降低信息沟通的价值，不合时机地发出信息将会使接收者难以理解信息。例如，主管人员在员工吃饭时布置复杂的任务，很可能导致员工信息接收的不完整，因为此时员工无法把精力集中在工作上。另外，时间上的耽搁与拖延也会使信息过时而无用。

（2）媒介选择不当。如果沟通渠道不对，致使接收者接收不到或无法理解信息，沟通也不能完成。例如，向一位身在偏远山区无法上网的朋友发送电子邮件，向不懂英语的员工讲英语，自然无法进行有效沟通。另外，媒介的选择必须熟悉各种媒介在传递信息时的优缺点，并事先了解接收者擅长的沟通渠道是什么，还要根据被传送的具体内容选择合适的渠道。

（3）信息量极不均衡。在沟通过程中，信息量过少（欠载）或者信息量过多（超载），都是不利的，都将影响沟通的质量与效果。因此，沟通中的信息以适度为宜。这取决于一系列负载性、组织性及个人因素。

（4）反馈不适当。造成信息传递中反馈不足的因素主要是沟通双方对待对方的态度，如果信息发送者没有给接收者表明对信息理解程度的机会，或者信息接收者主动隐瞒对自己不利的信息等，都会造成沟通困难，降低沟通的有效性。另外，沟通时对于正反馈和负反馈的把握如果不适当，也会形成沟通中的障碍。

① 贝克．管理沟通：理论与实践的交融．康青，王蔷，冯天译，译．北京：中国人民大学出版社，2003：22.

5. 沟通中的物理障碍

信息沟通的过程中还有可能遇到很多物理障碍的干扰。例如，在直接面对面的沟通中，人与人之间的距离过大，使人听不清对方的声音，或者看不清楚对方的表情、手势，这将影响沟通的效果。另外，当环境中存在较大的噪声干扰或者传递信息的载体本身存在问题，例如通信信号受到干扰、通信设备本身的问题等，都会影响信息沟通的质量。

6. 组织内部固有的障碍

（1）组织结构不合理引起信息沟通障碍。组织结构设置不当，会阻碍组织的有效沟通。例如，组织机构重叠而造成的沟通缓慢，各职能部门之间缺乏沟通以及沟通的渠道单一而造成信息交流不充分等，都会影响组织内部的有效沟通。或者由于沟通渠道过长、中间环节过多而造成信息在传递过程中的丢失或变异。

（2）组织气氛不和谐。组织中的氛围或者组织文化对信息被接收程度会产生影响。与信息源自那些气氛不和谐、相互猜忌和提防的组织相比，如果信息来自一个相互高度信赖和开诚布公的组织，那么该信息被接收的可能性要大得多。

11.3.3 有效沟通的方法

针对以上影响有效沟通的主要障碍，可以从以下方面着手，实现有效的沟通。

1. 基于组织层面的方法

（1）改善组织结构。为了改善组织沟通效果，应尽量减少组织结构的层次，消除不必要的管理层级，同时还应避免机构的重叠，增强沟通渠道，加强部门之间的联系，以加快信息的沟通速度，保证信息的准确和充分。另外，可以建立多通道的信息沟通渠道，提高沟通体系的自主性和独立性，形成一个既相互独立又相互统一的纵横交错、四通八达的沟通网络。[①]

（2）建设网络系统。网络沟通方式是指以国际互联网为工具，以文字、声音、图像及其他多媒体为媒介的沟通方式。建设网络沟通系统，对群体沟通将会产生深刻的影响，它不仅可以使信息沟通成为互动化过程、使信息的角度成为全方位、多层次的，而且它还能使沟通行为无纸化、多样化、规范化，从而提高沟通效率。但同时要注意，利用网络进行沟通会加大管理者的领导难度，使组织缺乏凝聚力，造成组织成员口头沟通能力与肢体语言沟通能力的下降。[②]

2. 基于沟通者层面的方法

（1）换位思考。无论何时何地，无论与谁沟通，也无论采取何种方式沟通，要取得沟通成功，最好的方法就是能够站在对方的立场去思考问题。例如，当对他人进行评价时，可以先问自己：如果别人这样评价我，我是否可以接受？这样的评价对方会感到真诚吗？在批评下属之前，可以先问自己：是我布置任务不合适，还是没有给对方以必要的资源？是对方的能力有问题，还是态度有问题？这种先站在对方的立场思考问题的方

① 侯琦，魏子扬．信息不对称对我国政治沟通的影响及对策．理论前沿，2004（11）：34-35.

② 林秋妤，宋绍峰，何振．网络对组织内部沟通行为影响的探讨．西南交通大学学报（社会科学版），2007（4）：88-91.

式，能够从“对方需要什么”作为思考的起点，不但有助于问题的解决，而且能更好地建立并强化良好的人际关系，达到有效沟通的目标。

（2）全面对称地组织信息。沟通过程中，信息发送者和接收者之间由于背景、观点、需要、经历、态度、地位以及心理等方面存在差别，信息发送者应向接收者发出完整的信息，否则信息接收者就不能完全理解信息发送者所发出的信息的含义，产生信息失真或信息不对称现象。强调有效沟通的完全性，就是要求沟通过程中把握信息组织的三个原则，即沟通中是否提供全面的必要信息；是否回答询问的全部问题；是否在需要时提供额外的信息。其中，必要信息是指向沟通对象提供5W1H，即谁（Who）、什么时候（When）、什么（What）、为什么（Why）、哪里（Where）和如何做（How）六个方面的信息。[①]在提供全面信息的同时，沟通者还要分析所提供信息的精确性，如分析数据是否足够、信息解释是否正确、关键因素是什么等问题。

（3）采用问题导向的沟通方式。人们在沟通过程中常会出现两种不同的导向：问题导向和人身导向。问题导向的沟通关注问题本身，即如何处理和解决好问题；而人身导向的沟通关注的是个人品质而不是问题本身，沟通者以评判他人的方式进行沟通。有效的沟通应坚持“对事不对人”的原则，在沟通中不要轻易给人下结论，要学会克制自己，从解决问题的角度考虑沟通策略，关注问题的发生、发展和解决，以事实说话，来表达沟通者的思想。为实现问题导向的沟通，沟通者应重视普遍接受的标准或期望，通过与行为、外部标准比较得出陈述，给人以信服感。当然，有效的沟通也没有必要完全避讳讲出从他人态度或行为得出的个人印象或感觉。只不过在必须这么做的时候，应当关注其他的有效沟通的方法。

（4）主动倾听。所谓主动倾听，就是指不仅限于被动地接受对方所传递过来的信息与事实，了解其言辞中字面的意义，而且要保持对其弦外之音的敏感，注意其表情、手势、眼神等非语言符号所显示出的感情，深入并清楚地发掘其真实内心意图。同时要主动做出反馈与提问，明晰真正问题之所在。积极地倾听有四项基本要求：专注、移情、接受、对完整性负责的意愿。[②]专注即倾听者精力非常集中地听说话人所说的内容，概括和综合所听到的信息；移情是把自己置身于说话者的位置上，以保证对所听内容的解释符合说话者的本意；接受即客观地倾听内容而不作判断，努力尝试接受他人所言，而把自己的判断推迟到说话的人说完之后；对完整性负责即倾听者要千方百计地从沟通中获得说话者所要表达的信息。达到这一目标最常用的两种技术是，在倾听内容的同时倾听情感，并且通过提问来确保理解的正确性。

（5）及时反馈与跟踪。信息发送者要及时了解接收者对信息是否理解，是否愿意执行。特别是对于组织中的领导来说，更应善于听取下属的报告，安排时间充分与下属人员联系，尽量消除上下级之间的地位隔阂及其所造成的心理障碍，引导、鼓励组织基层成员及时、准确地向上级领导反馈情况。

---

① 魏江．管理沟通．北京：科学出版社，2004：33.

② 罗宾斯，库尔特．管理学．北京：中国人民大学出版社，1988：445.

3. 基于沟通内容的方法

从沟通内容层面考虑进行有效沟通的方法可参考乔哈里窗口（Johari Window）模型，该模型是由美国社会心理学家约瑟夫·罗夫（Joseph Luft）和亨利·英格拉姆（Harry Ingham）设计的一种交往模型，用于研究有效沟通的方法。它将人的心灵想象成一个四扇的窗户，每一扇分别代表个人的特征中与沟通有关的部分，如图 11-7 所示。

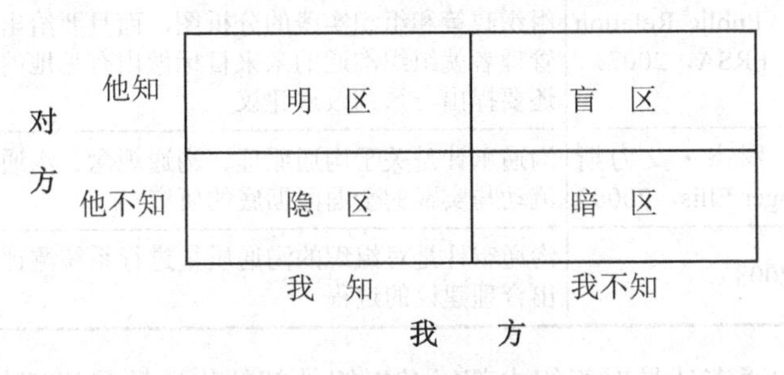

图 11-7 乔哈里窗口模型

左上单元称为“明区”，是我知人亦知的情况，如果沟通这部分信息，在双方之间不会存在障碍；右上区为“盲区”，是人知已不知，如上级对自己有看法。这时如果对方不发送信息，自己就无法理解对方的行为、决定及潜能；左下为“隐区”，是已知而人不知，如自己不愿让人了解的隐私，这实际上是给自己戴上了假面具的沟通方式，虽然对自己有保护作用，但却影响了正常的交流；右下为“暗区”，是己不知人亦不知，一般情况下，这样的沟通将无法进行。所以要想提高沟通的有效性，就要从两方面进行工作：一是增加自我暴露的程度，这可以使隐区转为明区，这种方法要求人更诚实，并与对方分享信息；二是提高反馈程度，这可以使盲区转为明区。

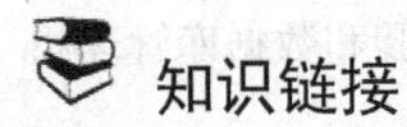

员工微信信息参与行为与沟通管理

11.3.4 沟通审计

1. 沟通审计的概念

作为沟通学的一个分支，沟通审计已经成为一种有效的管理手段，而且其应用范围被大大拓宽，并适用于各种追求长远发展的行业或组织。为了规范工作，不少行业和部门将审计作为一种管理工具和手段，以测试和评价组织行为及工作成果。但是理论界对沟通审计的概念并没有形成共识，其主要观点如表 11-5 所示。

表 11-5　沟通审计的概念

学者/机构	沟通审计的概念
艾伦·杰伊·查伦巴（Alan Jay Zaremba，2004）	沟通审计测评组织的沟通质量，审计即测试
美国公共关系学会（Public Relation Society of America，PRSA，2007）	沟通审计是对一个组织的完整分析，不但要绘制出关于组织要求、组织政策和组织实践的分析图，而且要给出必要的数据，使高层管理者就组织沟通的未来目标做出有见地的决策。同时，审计者还要提出一系列改进建议
伊莱恩·郝哥特，罗杰·艾力斯（Elaine Hogard，Roger Ellis，2006）	沟通审计是关于沟通原理、沟通观念、沟通结构在一个组织内的流动与实践的全面而彻底的研究
麻思蓓，武夷山（2008）	沟通审计是对组织的沟通质量进行系统测评、就改进组织沟通提出合理建议的过程

我们认为，沟通审计是对组织内部以及组织外部的沟通质量进行的系统分析与测评，并为进一步提出合理化建议和决策提供依据。

2. 沟通审计的方法

美国国家沟通学会（NSSC）于 1967 年创立了组织沟通部，该部门的诞生为组织理论及沟通理论的深层次研究、为沟通审计的产生和发展奠定了必要的基础。随着沟通研究与组织研究的发展，人们需要相应的方法来分析沟通的深度、有效性、可靠性和可行性。由此，相关机构及诸多学者在评价组织沟通有效性和效率的方法方面进行了有益的理论研究与实践探索，大致情况如表 11-6 所示。

表 11-6　沟通审计的方法

学者/机构	沟通审计的方法
国际沟通协会（ICA）（1976）	强调将审计工具的开发管理、数据分析步骤和数据库管理相结合
高德哈博，科利维诺思（Goldhaber，Krivinos，1977）	调查法、面谈法、沟通日志法、网络分析法
高德哈博（Goldhaber，1986）	主要回答以下问题：① 什么样的环境因素影响了组织的沟通系统？② 沟通的相互作用和沟通行为改变产生了什么影响？③ 组织的层次与在这种层次上接收的信息的效果之间有何关系？④ 什么样的标准和规范适用于评价组织沟通系统的有效性？⑤ 组织中领导班子的角色和作用是什么？
苏·德万，阿尼塔·詹姆斯（Sue DeWine，Anita C. James，1988）	组织沟通调查方法，在审计工具中修订可靠性测试和因子分析
吉姆·夏佛，1993（Jim Shaffer）	maxi 沟通审计：① 更注重组织战略上的进展，更关注广泛意义上的沟通过程；② 在确认组织成功条件上要花费更多时间
丹尼斯·奎因，欧文·哈吉，2004（Dennis Quinn，Owen Hargie）	面谈、ICA 调查问卷和关键事件分析相结合的方法

沟通审计的方法不但在形式上有所创新，在数量上也有所增加。在早期高德哈博

(Goldhaber)与科利维诺恩(Krivinos，1977)所提出的四种方法的基础上，又增加了其他一些沟通审计的方法，包括组织内分段式沟通渠道法(episodic communication channels in organizations)、中心小组法(又被称作焦点团队法，focus group)、内容分析法(contents analysis)等。

同时，沟通审计方法在内容上也有所变革。例如，原来 ICA 调查问卷包含了 13 个部分，完成调查问卷非常依赖于对沟通过程中重要事件的回忆和报告，这一要求影响了数据的准确性。2000 年，沟通审计的另外两位奠基者哈基(Hargie)与丹尼斯(Tourish)设计了一个简化的版本，只要求回忆一个重要事件，而不是对每一部分都要回忆一个重要事件。2004 年，哈基又做了进一步工作，使这个简化了的版本更加精致。

11.4 组织间关系背景下的群体沟通

11.4.1 组织间关系背景下沟通的特点

考虑到组织间关系的内涵及其对组织行为的影响，在组织间关系的背景下，群体沟通也被赋予了新的特点，具体表现为以下几点。

1. 重视组织间的文化差异

在组织间关系背景下，不同的组织具有特色各异的文化。在合作沟通过程中，各组织需要了解来自不同组织的文化背景。因为组织间的文化背景差异越大，沟通时对文字和动作等信息的含义的理解差距也就越大。参与组织间合作的组织内部的群体或者组织间关系下所形成的合作群体，会存在来自不同文化的碰撞，自然会生发出对事物的理解和评价的不同，其反应也各异。此时的沟通要首先承认相互间的不同，对于一个人的语言和行动应在其文化背景下进行理解和评价，从而需要换位思考，了解其所处的工作以及地域背景的信息。

2. 强调信息交流的互补性

组织间关系的含义主要是理解和把握组织之间的合作关系。在合作过程中，各个参与合作的组织具有共同的合作目标，各组织为了实现这一目标而进行相互沟通与信息交流。由于这些信息来自不同的组织，信息内容具有明显的差异性。与组织内信息传递不同的是，信息传递不再更多地体现为自上而下指挥和影响下属活动，或者自下而上报告工作情况、表述态度等，而是强调信息内容的互补性，以达成合作目标为目的，进行显示知识与学习特性的信息交流过程。

3. 突出沟通过程的多元化

在组织间关系的背景下，组织间的合作既可以经由正式的契约机制进行协调，也可以通过非契约机制进行协调。[①]契约机制协调通常采用的是组织间的公函来往、情报交换等正式的沟通方式；非契约机制协调通常采用的是群体成员私下交换看法、

① 任浩，甄杰. 创新型中小企业间研发合作的非契约机制研究. 科学与科学技术管理，2009，30(12)：128-133.

朋友聚会、传播谣言和小道消息等非正式沟通的方式，以便使目标、声誉、信任、结构、文化等非契约机制要素发挥作用。并且这种非正式的沟通方式对于组织间的有效合作越来越重要，在某种程度上，其作用甚至超过了正式的沟通方式，从而使沟通过程趋于多元化。

4. 注重沟通渠道的电子化

随着经济、技术的快速发展，企业面对越来越多的信息，信息的沟通方式更多地利用电子技术，如传真、电子会议、电子邮件、语音信箱等。在以计算机技术为基础的信息处理系统中，大规模数据库、局域网、因特网等也较多地被运用。但在组织内部，由于传统的面对面的沟通方式能够在传递语言意义的同时传递细腻的感情差别，能够满足群体归属需要和工作任务完成情况的仲裁等，因此，传统沟通方式仍居于重要地位。相比之下，组织之间由于空间距离、成本等条件所限，很难像组织内部那样进行经常性的面对面交流，因此，组织间沟通是以电子沟通渠道为主。

11.4.2 组织间关系背景下有效沟通的关键

一般来说，组织内部的群体沟通会存在由于文化因素（语义、经验等）、社会因素（地位、职业、性别、组织结构等）、心理因素（认识、态度、情绪等）、物理因素（自然、技术、距离等）形成的沟通障碍。要克服这些障碍，则需要通过运用反馈、使用简单的语言、积极倾听、限制情绪、注意体态语言以及应用小道消息等来提高沟通的效率。但在组织间关系的背景下，还应该在此基础上充分认识组织间关系沟通的特点，把握具有针对性的促进有效沟通的关键。

1. 明确组织间合作的目标

在组织间关系背景下，沟通双方必须明确组织间合作的目标，以此来确定沟通所要达成的具体目标，并系统考虑和规划沟通的内容。以组织间的共同目标来指引群体沟通，将会使沟通过程更有效率。

2. 增加组织间的信任程度

各个组织之间在沟通中应建立在互信的基础上，并在合作的过程中逐渐增加相互间的信任程度。这样，沟通的信息内容才会更加广泛、真实、具体、深入。信任程度与组织间的沟通效率具有正相关关系。

3. 建立组织间的沟通机制

伴随着组织间沟通的不断增多和重要性的增加，组织间不仅需要进行面对面的沟通交流，还需要建立电子化的网络沟通平台；不仅需要赋予相关部门以新的职能以履行组织间沟通的职责，而且可能会成立组织间沟通的对口部门，从而以多种方式建立组织间的沟通机制。

4. 加强组织间的相互理解

不同的组织之间在组织结构、组织文化、管理水平等方面具有不同程度的差异，而这些差异则会形成组织间沟通时新的障碍，直接影响组织沟通的效率。因此，应该在提高组织间沟通的过程中保持良好的沟通意向和认知感受性，加强组织间的相互理解。

5. 创造良好的沟通氛围

组织间合作的成功固然与合作的人才、技术、资金等方面有着重要而直接的关系，但合作各方的相互契合则是合作成功的基础，在合作过程中起到润滑剂的作用。这种契合正是相互间充分沟通的结果，因而在组织间背景下，更要注重创造良好的沟通氛围。

11.4.3 组织间关系背景下信息技术对沟通有效性影响的实现

1. 组织间关系初始阶段信息技术的实现

在组织间关系发展和优化的初始阶段，组织间信息共享的需求和意愿较弱，所以这一阶段用于沟通的信息技术一般是常规的、简单交流的信息工具。信息的传播途径、手段、内容是信息交流的基本要素。网络技术的发展使企业间进入了接入和互联阶段，使得企业间信息资源的交换与查询具备了条件和实现工具，网络技术成为组织间信息交流和沟通的基础和平台。网络技术的广泛使用，产生了很多支持信息搜索和交流的技术产品，其中有一些产品使用方便、安装不昂贵、容易测定、方便管理，成为组织间日常沟通和交流的基本工具。

（1）信息检索工具。信息检索技术的发展，使用户能从庞大、分散、无规律的海量信息中方便快捷地找到对自己有用的信息。信息检索的一个重要组成部分是搜索引擎，即根据一定的策略、运用特定的计算机程序搜集互联网上的信息，对信息进行组织和处理，并将处理后的信息显示给用户。搜索引擎是为用户提供检索服务的系统，能让用户快速准确地找到目标信息。

（2）电子邮件。电子邮件是因特网中最基本、最普遍的软件应用程序，并且是组织间交流的主要渠道。电子邮件的使用是异步的，对应的接收方和发送方不需要同时在线，不需要同时看信和写信来维持交谈。除了运用基本的邮件收发功能外，用户还可以通过其界面允许用户之间快速、简便地进行文件、链接与图像的共享，并已经成为组织间发布通知及实现交流的最常用工具。

（3）即时信息聊天工具。对于很多人来说，直接性的实时交流会使得交流更加亲密、社交性更强，而其实现则依靠同步媒介即信息实时发送技术的使用。这种实时的回应十分接近于面对面或者电话交谈，是一种非常流行的交流方式。目前，运用较多的是美国在线的 AIM、微软的 MSN、谷歌的 G-talk、腾讯的 QQ 和微信、Yahoo Messenger，还有 Skpye、ICQ 等。大多数组织都想通过即时信息软件来实现诸如客户支持和协同工作等目的。

（4）网络会议。网络会议能够以网络为媒介形成新型的多媒体会议平台，让使用者突破时间地域的限制，通过互联网达到面对面交流的效果。网络会议系统采用先进的音视频编解码技术、强大的数据共享功能，能够全面满足远程视频会议、资料共享、协同工作、异地商务等各种需求，从而为用户提供高效快捷的沟通新途径，有效降低沟通的成本，提高企业间交流和沟通的运作效率。另外，在线信息版和会议界面等工具可以让用户进行组织和交流，这是一种在虚拟空间会面的方式，为无法参加实时网络会议的人提供了参与和分享的便利与机会。

（5）P2P（peer-to-peer）或称端对端工具。它是指不需要通过网络集成器或服务器，在两个或多个通信者的个人计算机间进行的交流和信息共享。P2P 程序通过直接连接个人计算机上的客户程序来共享文献、收发信息和维护共享目录。这些程序能实现组织间为协同工作而制定的专门性安排，工作进度不会因组织中心管理机构的影响而减慢。P2P 使得网络上的沟通变得更为容易和直接，真正消除了中间商。另外，P2P 可以改变互联网以大网站为中心的状态，重返"非中心化"，并把权力交还给用户。

以上列举的是组织间日常的沟通及获取资料的信息交流技术，是组织间关系初始阶段的重要信息工具。但是随着信息技术对协同机制的作用以及组织间关系的日趋紧密，上述信息技术工具则不能满足信息和流程的协调需求，更不能解决业务的协同问题。所以，当组织间关系发展到中级阶段时，需要更适宜的信息技术工具。

2. 组织间关系成长阶段信息技术的实现

中间阶段是组织间关系发展的三个阶段中过程最长且最为普遍的阶段，在这个阶段的初期，组织间关系趋于成熟，信息共享能力和向其他组织提供信息的意愿有了进一步的提高，在某些业务功能上有了衔接，从而使组织之间的信息系统在某些功能上会产生联系，对于跨组织信息系统的要求日益迫切。

（1）跨组织信息系统的概念。利用信息技术来支持组织间信息的交流与沟通，这就要求信息系统能够跨越企业的边界。跨组织信息系统（Inter-organizational information system，IOS），也可以称为组织间信息系统。对跨组织信息系统的理解，必须抓住以下五个要点：一是该系统是两个或两个以上组织之间的信息资源系统；二是该系统跨越了组织疆界；三是能够在组织之间确保电子数据交换（EDI）的实现；四是该系统是一个支撑跨组织业务活动的信息系统；五是该系统是组织间为了实现共同目标而构成的系统。

可见，跨组织信息系统是以信息与通信技术特别是以网际网络为基础，跨越组织疆界来实现两个或多个组织之间信息流动的系统。创建跨组织信息系统的最重要意义是为了支持组织之间的合作，跨组织合作是跨组织信息系统使用的前提。跨组织信息系统的建立和使用通常也表示双方更进一步的合作。跨组织信息系统是由于组织间为了某种共同的战略目标，为了能共同做出决策，因而衍生出双方信息分享需要而存在的。库马等人（Kumar and Van Dissel，1996）指出，跨组织信息系统存在的目的是支持或实现两个以上组织的活动或战略联盟。

同时，跨组织信息系统的建立和使用的先决条件是组织间良好合作关系存在，跨组织信息系统的基础是跨组织的合作，组织间关系决定跨组织信息系统的投入。组织间关系越密切，双方信息分享的需求越高，对跨组织信息系统投资也就越迫切。支持跨组织间的信息分享是创建跨组织信息系统的目标所在，如果组织间没有合作关系进而产生信息分享的需求，也就不需要跨组织信息系统的存在。迈尔斯和斯诺（Miles and Snow，1992）强调，跨组织信息系统的成功必须基于组织间的合作而非竞争。

因此，探讨影响跨组织信息系统必须研究跨组织合作的机制。组织间的合作就像人际间的合作一样会有冲突存在，良好的跨组织关系则可以缓和冲突发生。我们强调，越密切合作的组织，信息分享需求越高，因此越重视跨组织的信息整合。同时，组织间关系越好，越能够化解跨组织合作产生的冲突。组织间关系越紧密，对跨组织信息系统的创建和管理越有正向帮助。

（2）组织间纵向关系的跨组织信息系统。纵向的组织间关系是比较常见和传统的，以企业组织为例，其所涉及的企业一般是供应链上下游的相关企业。这类企业间的竞争关系主要来自于讨价还价能力，但是占主导地位的还是他们之间因为业务而发生的合作关系。

在纵向企业间建立的跨组织信息系统，最基本的功能就是提供联系上下游企业日常运作所必需的交流，这类跨组织信息系统可以归类为事务处理系统（TPS）。该系统所交流和传递的数据，对企业内部的商业运作设计不多，可以通过数据的标准化而实现，企业之间接受程度高，成功率也很高，可以发生在任何有生意往来的上下游企业之间。如通过 EDI 或者 XML 等手段实现的订单信息进入、货款信息传递等。通过这类系统，企业利用更快捷和方便的信息交流手段促进企业信息交流，并使交流成本降低。但是，安全性风险和标准的难以制定是阻碍企业实施这类系统的主要原因。

随着纵向企业间关系的进一步发展，企业间将会利用信息技术和一定的流程协同改进，建立基于流程层的跨组织信息系统，例如自动化的供应链系统。这类信息系统的连接一般能够自动触发某些日常运作。如下游企业的系统根据库存减少量自动向上游企业发出订单，上游企业的系统接到订单后，会自动制定或者调整生产计划，积极做出反应。由于这类的信息系统需要联系参与企业间工作的流程，需要双方企业都能公开一部分的企业运作，因此对企业间关系的要求程度比较高。这类系统的建立能够加强上下游企业间的协同水平且降低协调成本、减少库存，并且流程的透明化能够增加企业间的信任、流程的衔接能增加企业间的承诺程度，能进一步优化企业间的关系。

当企业间关系紧密度再次提高时，信息系统涉及的已经不再局限于企业的日常运作信息和流程，而是要上升到战略规划和决策的高度。这类信息系统能够实现企业间群组决策、经验的交流以及产品的联合研发等。这类信息系统能够加速企业间学习的过程，改善产品和服务，还可以利用跨组织信息系统获得彼此的竞争性资源，产生合作的竞争优势。它的建立需要参与的企业充分信任和依赖彼此，实现风险和成本的分担。在这类信息系统的运用过程中，要注意协调私有信息的分享程度，以及决策权的部分丢失带来的冲击。企业文化的协调，是这类信息系统成功的必要条件之一。

（3）组织间横向的跨组织信息系统。以企业组织为例，近几年，组织间横向关系正由传统的同行业竞争关系转向逐渐开始在一定程度上产生合作。这种合作的出现是对目前日益激烈的竞争和快速变化的市场的一种适应和调整，体现出了管理者对于竞争合作与合作相关关系的一种新的认识。

横向企业之间最初的信息交流一般是通过同类产品提供者和行业协会、政府的某些机构或科研院校共同建立的网上产品发布场所。这类信息系统只是通过形成共有的信息库等来进行合作和交流，对企业间关系的要求不高。通过这类信息系统可以集结信息，能够提供选择和购买的方便，还能够通过与竞争者的联合实现规模效应对供应商施加影响，从而使参与其中的企业都能够获利。

为了共同应对某个强大的行业对手或者为了解决该行业的一些重大问题，企业间需要集结整个行业的专家、知识经验、资金和其他各类分散在各个企业内的资源。此时，企业往往会根据自身的战略发展与对手进行一定时期的战略联合，这种情况下建立的信息系统一般不是永久性的，而是根据项目的周期进行某些系统功能的构建。

由于横向企业之间是以竞争关系为主，企业为了自身的发展而有意隐藏一些信息，所以在这种情况下，跨组织信息系统的建立比较困难，而且效果不佳。

3. 组织间关系成熟阶段信息技术的实现

组织间关系的进一步发展，使得组织间由单纯的横向或者纵向关系逐步朝着网络状发展。组织间的往来要求信息系统的功能不再局限于仅仅实现业务流程上的信息交流与沟通，还要能在组织关系网络上发挥作用。这就需要构建网络信息平台，将原有的组织间关系网络上的节点联系起来，实现关系网络关键信息、知识在更大范围内及时有效地集成、共享和有效利用。网络信息平台方式可以降低协同的成本，提供各业务相关主体都需要的共享基础设施和数据库等，通过集聚能力产生网络效应，实现协同的扩展。目前，许多组织都建立了完整的内部集成化信息系统，组织内部的信息系统已达到了很高的集成度和自动处理信息能力，它能够充分实现组织内部的所有工程及管理信息的共享，保证信息畅通。由于需要支持组织间关系的协调，所以对跨组织的网络信息系统协同平台的需求日益迫切。

在信息化实施过程中，由于不同组织的信息水平差异和信息技术实现的技术要求，要在不同的组织间原有的异构信息系统中直接进行信息共享和交互，几乎是不可能的。这就要求企业间建立可以交互信息的系统集成平台，并利用这一方式使得不同产权主体共享一个平台，以更好地传递和共享信息，促进协同。平台方式可以降低协同的成本，提供各业务相关主体都需要的共享基础设施和数据库等，通过集聚能力产生网络效应，实现协同的扩展。为此，我们提出的跨组织协同管理信息化的实现方法就是采用平台的方式。

协同的跨组织信息系统平台将产品协同数据管理（Product Date Management，PDM）、客户关系管理（Customer Relationship Management，CRM）、供应链管理（Supply Chain Management，SCM）、企业资源计划（Enterprise Resource Plan，ERP）等组织运作的各个信息单元平台集成在一起，并利用 Internet 技术将产品设计、制造资源、销售、市场、服务、客户等统一在一个网络平台上。通过建立企业间关系的信息化协同平台，发挥信息技术和计算机网络技术的支撑作用，提高关系网络内外信息与知识的快速、便捷、准确地交流、共享、整合、创新，通过组织间全过程的全面合作，实现协同关系网络节点上的各组织应变能力和竞争能力的提升，加速组织间关系的优化、和谐和持续稳定的发展，保证组织间关系网络协调机制的有效运行。

组织间关系的信息化协同平台是电子商务的一种综合实现模式，同时又是一个基于 Web 的应用系统，它使组织能够释放存储在内部和外部的各种信息，使组织关系网络上的各个节点企业能从单一的渠道访问共享所需要的个性化信息，它是“系统集成”“应用集成”更高层次上的“信息集成”。它能将组织的所有应用软件和数据集成到一个信息管理平台上，并以统一的用户界面提供给用户，使企业可以快速地建立企业之间与企业内部之间的信息共享平台。企业间关系的信息化协同平台的总体框架如图 11-8 所示。

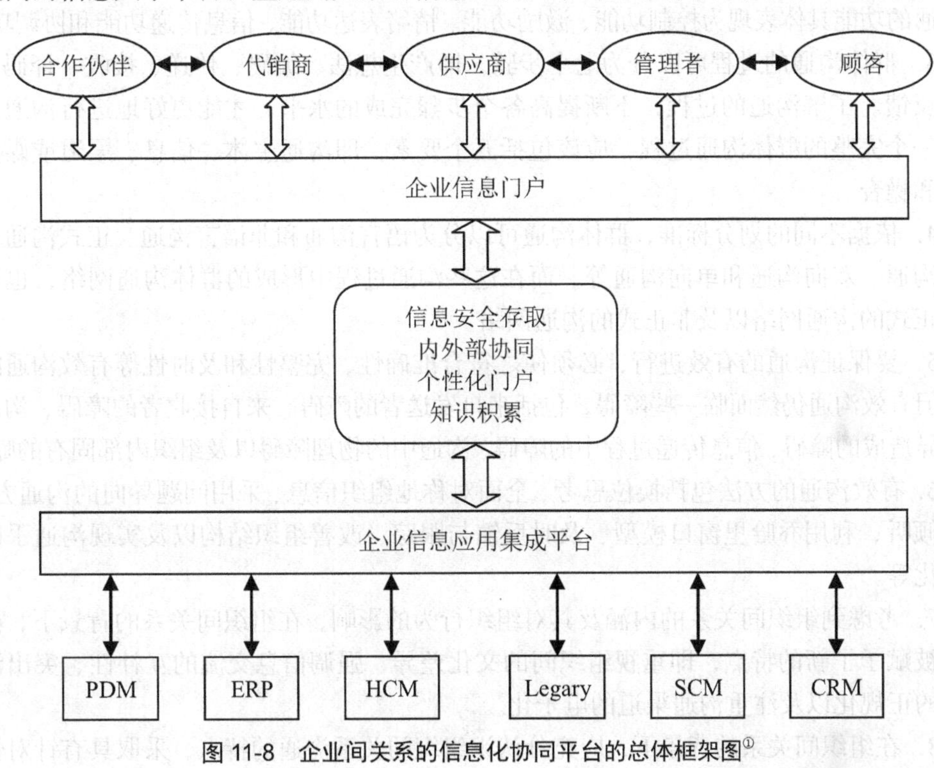

图 11-8 企业间关系的信息化协同平台的总体框架图①

根据协同平台的功能，我们还可以把它划分为组织层、网络层、数据库层、中间件层、应用层五个层次。应用层负责网络节点上的组织之间的对话和功能的管理，为平台节点上的组织之间提供协同所需要的功能，同时屏蔽各组织内部的管理和数据。中间件层是各成员组织内部系统与协同系统之间联系的纽带，它为应用层提供所需要的信息，其功能的实现与各成员内部管理又不无关系。数据库层是管理、储存系统数据。网络层是进行信息交流的硬条件。在网络层的网络基础上，组织层可以实现其具体的组织、管理功能，如资源中心、设计中心、物流配送中心、电子商务和客户系统等。组织间的信息化协同平台，超出了传统的管理信息系统的概念，也越过了普通意义的网站，它为组织间的协作提供了新的广阔舞台，为组织间关系的优化和进一步发展提供了强有力的加速引擎。

本章小结

1. 群体沟通是指两个或多个人之间通过一定的符号相互交换信息的过程，这些符号

① 李焕荣，林健. 企业战略网络管理模式. 北京：经济管理出版社，2007.

能被双方精确地理解和解释。这里所指的群体沟通包括群体内个人的沟通、个人与群体的沟通、群体间的沟通以及群体与外部的沟通。

2. 群体沟通把许多独立的个人、群体串联起来，形成一个整体。彼此间相互了解问题，获得反馈或衡量成果，运用强化或惩罚手段激励员工，进行决策及部门间的协调。群体沟通的功能具体表现为控制功能、激励功能、情绪表达功能、信息传递功能和协调功能。

3. 群体沟通的过程可以分为七个步骤，即产生想法、编码、传递、接收、译码、利用和反馈。了解沟通的过程，不断提高各个步骤完成的水平，才能更好地进行沟通。同时，一个完整的群体沟通过程，应该包括五个要素，即沟通主体、信息、渠道或媒介、环境和噪音。

4. 依据不同的划分标准，群体沟通可以分为语言沟通和非语言沟通、正式沟通和非正式沟通、双向沟通和单向沟通等。而在这些沟通过程中形成的群体沟通网络，也可以分为正式的沟通网络以及非正式的沟通网络。

5. 要保证沟通的有效进行，必须使之符合准确性、完整性和及时性等有效沟通的原则。但有效沟通仍然面临一些障碍，包括来自发送者的障碍、来自接收者的障碍、沟通双方差异造成的障碍、信息传递过程中的障碍、沟通中的物理障碍以及组织内部固有的障碍。

6. 有效沟通的方法包括换位思考、全面对称地组织信息、采用问题导向的沟通方式、主动倾听、利用乔哈里窗口模型、及时反馈与跟踪、改善组织结构以及实现沟通手段的现代化等。

7. 考虑到组织间关系的内涵及其对组织行为的影响，在组织间关系的背景下，群体沟通被赋予了新的特点，即重视组织间的文化差异、强调信息交流的互补性、突出沟通过程的正规化以及注重沟通渠道的电子化。

8. 在组织间关系的背景下，应充分认识组织间关系沟通的特点，采取具有针对性的有效沟通的方法。包括明确组织间合作的目标、增加组织间的信任程度、建立组织间的沟通机制、加强组织间的相互理解、创造良好的沟通氛围等。

关键概念

沟通（communication）
群体沟通（group communication）
编码（encoding）
传递（transmission）
接收（reception）
译码（decoding）
反馈（feedback）
信息（information）
渠道（channel）
噪音（noise）
发送者（sender）
接收者（receiver）
语言沟通（speech communication）
非语言沟通（nonverbal communication）
正式沟通（formal communication）
非正式沟通（informal communication）
双向沟通（two-way communication）
单向沟通（one way communication）
有效沟通（effective communication）
障碍（hindrance）

管理工具

沟通的基本模式
正式的沟通网络
乔哈里窗口模型
单向沟通与双向沟通的效用差距
沟通网络对群体行为的影响
沟通审计的方法

思考题

1. 举例说明沟通在群体及组织中的功能。
2. 描述群体沟通的过程模式及关键要素。
3. 列举群体沟通的种类及其具体内容。
4. 论述正式的沟通网络。
5. 说明非正式沟通网络的重要性。
6. 指出有效沟通面临的障碍。
7. 如何理解组织间关系背景下沟通的特点？
8. 组织间关系背景下有效沟通的方法有哪些？

自我测试

倾听技能自我测试

案例讨论

办公室主任王强的沟通烦恼

讨论：

1. 如何改善 AG 公司的沟通？
2. 电子沟通带来的便利与问题有哪些？

拓展阅读

推荐书目：海因斯. 管理沟通：策略与应用：第 5 版. 贾佳，许勉君，译. 北京：北京大学出版社，2015.

本书着重介绍管理层人员而非一般职员的沟通问题，其以坚实的研究成果为基础，兼具深度与广度，内容全面丰富，囊括了当前管理沟通的热点，且对口头沟通和书面沟通都进行了论述。该书的突出特色在于注重沟通策略的把握和应用。作者在研究的基础上，全面介绍了经理人在现代工作场合中所必须掌握的沟通策略和技巧，具有很强的实用性和可读性。全书分为现代组织中的管理、管理写作策略、信息理解策略、人际沟通策略、团队沟通策略五个部分。

第12章

群体冲突

本章学习目标

1. 掌握冲突的概念，了解冲突观念的变迁；
2. 理解冲突产生的根源；
3. 掌握不同层次冲突的特点；
4. 领会群体冲突对群体、群体间关系及组织绩效的影响；
5. 了解冲突的过程并学会冲突管理。

引例①

国内某知名民营企业营业额大不如前，董事长非常着急，召开董事会议，会议上有人提出寻找投资方入资该企业，经再三考虑，决定与某美资企业合作。美方代表为期一周的视察后提出更换人力资源总监人选，聘请美方资深人力资源总监 Jacob，从调整员工薪酬福利入手，废除同岗同酬，改革固定工资占主导地位和以学历为参考的薪酬模式。这项决策受到公司大部分员工的强烈反对，因为薪酬是员工最为关心的问题之一，收入的不稳定性增加了员工心理上的不确定性。出乎意料地，经过半年的实施，企业营业额却上升了5个百分点，董事长非常好奇，向这位美籍管理者询问究竟。Jacob 解释说："在公司视察一周发现员工的工作积极性不高，尤其是销售部，上班打私人电话，上网，甚至织毛衣，中午带电饭煲做饭，几乎没有工作压力，试问这样的工作效率能提高公司营业额吗？所以我马上调整薪资福利，员工薪酬福利完全根据销售业绩来衡量，固定工资仅占很小一部分，这种薪资方式改变了以往同岗同酬、固定工资大于浮动工资的薪酬平等的模式，即使个人销售业绩不佳，但是由于每月固定工资大大超过销售业绩带来的提成收入，因此每月薪水相对而言比较稳定。另外重能力轻学历的薪酬参考标准也让那些学历高的员工对自己有了新的认识，对自己有更高的要求，不断提升自己的业务能力，员工产生了危机感，从而提高了员工的工作积极性，势必增加公司营业额。"

处在一定社会关系之中的个人或群体在互动过程中必然存在着冲突，组织也不例外。冲突一方面会造成组织的混乱局面，使得员工无法相处融洽，降低组织的生产率和凝聚

① 贾勤，杜慧. 跨文化人力资源管理冲突探源及解决对策：基于中美合资企业案例. 湖北工业大学学报，2012（12）：79-82.

力；另一方面，适度可控的冲突，又能够营造恰当的组织氛围，增强组织的活力。组织行为学对冲突问题的研究，旨在寻找冲突产生的根源，探求冲突发展变化的过程和规律，把握处理冲突问题的策略与方法，从而有效地管理冲突，提高组织的绩效和效能。

12.1 冲突的含义

由于冲突存在于人类生活的各个领域，因此冲突的含义非常广泛。它既包括个人内心的冲突，也包括人与人之间的争论、争吵，甚至国与国之间的争端。冲突的形式既可以是轻度的意见分歧，也可以是挑衅性的身体攻击，甚至是争斗或战争。冲突的原因既可能是道德观、价值观的差异，也可能是物质的、利益的对立，甚至是文化的、宗教的分歧。因此，对于冲突的定义给出一个一致的看法是非常困难的，但这并不影响我们对冲突概念的把握。

12.1.1 冲突的内涵

组织行为学主要研究广泛存在于组织各项活动之中的，作为组织活动的基本内容和基本形式之一的，影响和制约着组织和组织成员的行为倾向和行为方式的冲突。迄今为止，学者们分别从冲突的原因、冲突的过程、冲突的后果以及对冲突的感知等不同角度对冲突进行了研究，其中有代表性的冲突定义[①]如表12-1所示。

表12-1 代表性的冲突定义

定义者	冲突定义
勒温（Lewin）	冲突是针对相对方向相反、强度相等的两种以上力量同时作用在同一点（个体）时的情景而言的
布朗（Brown）	两个以上的互不两立的动机、目标、态度或反应倾向同时出现的状态就是冲突
特纳（Torner）	双方公开与直接的互动，冲突中每一方的行动都是旨在禁止对方达到目标
科塞（Coser）	冲突就是为了价值和对一定地位、权力资源的争夺以及为使对立方受损或被消灭的斗争
庞迪（Pondy）	冲突最好理解为组织行为中的一种根本性的动态过程
托马斯（Thomas）	一方感到另一方损害了或打算损害自己的利益时所开始的一个过程

通过对冲突不同定义的理解和归纳，可以总结出较全面的关于冲突的内涵。

（1）冲突是不同主体或主体的不同取向对特定客体处置方式的分歧而产生的行为、心理的对立或矛盾的相互作用状态。前者主要表现为行为主体之间的行为对立状态，后者主要表现为主体内部心理矛盾状态。[②]

（2）冲突的主体、客体具有多元性。冲突的主体可以是组织、群体或个人；冲突的

① 任浩．公共组织行为学．上海：同济大学出版社，2006：269.

② 马新建．冲突管理：基本理念与思维方法的研究．大连理工大学学报，2002（9）：19-24.

客体可以是利益、权力、资源、目标、方法、意见、价值观、感情、程序、信息、关系等。

（3）冲突是一种主观感受。冲突是否存在不仅是一个客观性问题，而且也是一个主观的知觉问题。如果没有“知觉”到冲突的存在，就没有所谓的冲突。

（4）冲突是互动关系行为。冲突中各方所采取的行动，会招致相应的措施。采用建设性的做法，双方关系得到改善，可以减缓冲突；采取破坏性的做法，会引发更激烈的冲突。

（5）冲突是一个过程，它反映了冲突主体之间交往的状况、背景和历史。同时冲突本身也有一个发生、发展和结束的过程。

综上所述，我们可以把冲突定义为行为主体在人际交往或工作互动中，一方感知到另一方对自己的利益和偏好产生了消极影响或者将要产生消极影响而导致的对立的心理状态或采取相应行动的过程。

12.1.2 冲突观念的变迁

人们对冲突的认识经历了三个阶段。在 20 世纪 30 年代至 40 年代，人们认为所有的冲突都与破坏、暴乱等非理性行为联系在一起，是不良的、消极的行为。会造成组织、团体、个体之间的不和，破坏组织内或组织间的关系，影响组织目标的实现。因此，应该通过管理纠正组织中的功能失调，减少或避免冲突。

但是许多相关的研究表明，冲突的减少并不一定会导致组织绩效的提高，冲突的存在也并不一定就会导致组织绩效的低下。于是在 20 世纪 40 年代末至 70 年代中叶，冲突的人际关系观点占据了主导地位。这种观点认为，对于所有群体和组织来说，冲突都是与生俱来、无法避免的。冲突的存在虽然有一定的破坏作用，不利于组织目标的达成，但是有时冲突也会对组织的工作绩效有益。

人际关系观点接纳冲突。而冲突的相互作用观点则鼓励冲突，这一观点认为没有冲突，过分融洽、和平、安宁、合作的组织容易对环境变化表现出静止、冷漠和迟钝。相反，适当的冲突能够刺激组织或群体的活力、生机和创新，从而有利于组织健康地发展。因此组织的任务是管理好冲突，既要限制破坏性的，也要促进建设性的冲突。充分利用和发挥冲突的积极影响并控制其消极影响。

以上关于冲突的观点体现了西方社会的冲突管理观念的演变过程。而注重家庭观念的中国社会，人与人之间的关系一直是考虑和处理问题十分重要的方面，“和”字被称为是中国文化精神特征的典型代表，大多数情况下人们对冲突的理解都是建立在消除分歧、避免冲突的基础上。

12.1.3 冲突的类型

根据不同的分类依据，可以把群体冲突划分为不同的类型，常见的有以下几种方式。

（1）依据冲突的作用，可以将冲突分为现实性冲突和非现实性冲突。冲突的作用，有时是为了实现某种目标，有时则是作为实现目标的一种手段。[①]那些目的在于追求没有

① 科塞. 社会冲突的功能. 孙立平，译. 北京：华夏出版社，1989：34.

达到目标的冲突是现实性的冲突，这时冲突是为了直接地获取某种特定的结果。相反，非现实性冲突虽然也涉及两个或更多人的互动，但它不是以获取某种直接结果为取向，而是为了释放紧张状态或引起对方的重视。

（2）依据冲突的激烈程度，可以将冲突分为论辩性冲突、战斗性冲突和竞争性冲突。论辩性冲突是指冲突主体在理性控制状态下的分歧和对抗，采用摆事实、讲道理等方式来维护自身，处理冲突。战斗性冲突是指冲突主体认为双方的冲突牵涉到根本利益，无法协调解决，只能存在一个受益方，于是不惜用尽各种方法来处理矛盾。在这种情况下，一方的行动会成为对方行动的起点，各方矛盾会不断升级乃至失控。竞争性冲突是一种良性的冲突，冲突各方都会考虑采取什么策略对自己有利，自己的决定和行为会如何影响对方，会招致对方的何种反应，最终自己会落得什么样的结果，各方会在相同的游戏规则下，追求有利于自身的差别均衡状态。

（3）依据冲突产生的后果，可以将冲突分为功能正常的冲突和功能失调的冲突，也可以称为建设性冲突和破坏性冲突。功能正常的冲突支持群体的目标，并能提高群体的工作绩效；功能失调的冲突则妨碍群体的目标，并降低群体的工作绩效。

（4）根据冲突涉及的内容，可以将冲突分为任务冲突、关系冲突和过程冲突。任务冲突是由于对工作的内容和目标有分歧而产生的冲突；关系冲突着重于人际间的关系，是由于人际交往过程中产生挫折感而引起的；过程冲突指向工作如何完成。研究表明，适度的任务冲突是功能正常的，而绝大多数的关系冲突是功能失调的。

（5）根据卷入冲突的各方是个体还是群体，可以将冲突分为个人内心的冲突、人际冲突、个人与群体间冲突、群体间的冲突等不同的类型。[①]

① 个人内心的冲突。个人内心的冲突是指个人内心的认识、情感和目标冲突，即个人意识到其行为会带来相互矛盾的后果时，内心产生的紧张、挫折和不安的感觉。德国心理学家勒温曾以个人心理冲突的接近和回避两种倾向为参照，提出了个人心理冲突的四种模式：第一，双趋式冲突。指一个人同时要达到两个目标，但这两个目标是背道而驰、不可能同时达到的。要走出这种困境，必须放弃一个目标，或同时放弃两个目标而追求另一折中的目标。第二，双避式冲突。指一个人同时要回避两件具有危害性的事情。这两件事的危害程度差不多，且只能回避其一，因而陷入的内心冲突状态。第三，趋避式冲突。指当一个人一方面想接近一个目标，另一方面又想回避这一目标时产生的心理冲突。当一个人越接近目标所需投入的精力或付出的代价越大时，回避的愿望会快速增长，甚至超过接近目标的愿望，这时会陷入犹豫不决的状态。直到做出决定或情况发生改变。第四，双趋避式冲突。指个人面临两个互相矛盾的目标，它们同时既有利又有弊，很难做出选择的情境。如当员工面临两位不同要求的管理者，一位管理者重视产量、另一位管理者重视质量，而员工无法达到既高产又高质时，就会面临这种类型的冲突。

② 人际冲突。人际冲突是指两个或两个以上的人因态度、行为或目标的对立而引发

① 黑尔里格尔，斯洛克姆，伍德曼．组织行为学（上）．王杰伟，译．北京：中国社会科学出版社，2001：570.

的冲突。人际冲突的原因除了前面提到过的引起冲突的人格、情绪、价值观、地位及利害关系之外，角色冲突也是一个重要的原因。所谓角色，是指其他人期望某人在工作中担当的各种角色的总和。当人们对角色的期望过高、相互矛盾或角色本身对自己的角色认识模糊时，会引起冲突。

③ 个人与群体之间冲突。当个人需求与群体要求不一致时，可能会发生冲突。例如，个人最希望的是随己之意、为所欲为，而群体规范却从群体利益出发，约束个体的行为。当二者不相容时，会引发冲突。同样，个体有显示其独特性的心理需求，而群体却倾向于要求成员抛弃个人的独特性，表现出群体一致的从众行为。当个人的需求与群体的期望发生矛盾时，会产生冲突。

④ 群体间冲突。群体间冲突是指一个群体与其他群体间的敌对和冲突。群体间的冲突可以划分为以下几种类型：第一，纵向冲突。它指组织内不同级别的群体间所发生的冲突。这种冲突通常发生在下级群体认为上级群体的部署根本无法完成或者上级妨碍了他们完成工作的自由。第二，横向冲突。它指组织内部同一级别的职员群体间的冲突。主要是由不同群体不同的价值观、涉及的利益和权力的不同引起的。第三，一线人员群体与职能部门群体之间的冲突。职能部门通常会掌握一线人员所需的部分资源，当一线人员感觉受到职能部门的羁绊、牵扯或职能部门认为一线人员不遵守规矩、为所欲为时，会产生这类冲突；第四，多样性冲突。随着组织发展的区域化和国际化，组织成员的民族、信仰等也趋于多样化，再加上组织中存在着形形色色的非正式群体，决定了群体间多样性冲突的存在。

12.1.4 冲突对组织的影响

1. *群体间冲突的影响*

美国心理学家谢里夫（Sharif）通过冲突实验，[①]研究了群体间冲突对群体内部的影响和对群体间关系的影响。

1）对群体的影响

（1）严重的本位主义。当冲突中群体拥有共同的使命和价值观时，人们会强烈认同自己的群体，在不同群体之间形成“我们”与“他们”的明显对比。这种对比导致群体成员更容易强化本群体的目标。甚至于某些群体或个人会脱离组织，因为这时忠于群体显得更重要，这时群体成员会把其他的一些群体（包括本组织中的其他群体）看作是敌人而不是中立的第三方。

（2）对任务的完成越来越关心。当冲突发生时，人们会自觉地把重心转移到工作上来。做群体该做的事并尽力地做得更好。这也会促进群体由一个关心成员个人心理需要的非正式群体，转变为以工作和任务为导向的正式群体。

（3）增强了群体领导的话语权和威信。群体成员往往不自觉地接受那些在冲突过程中自动形成的“自然领袖”，并习惯于他们的领导方式从民主型向专制型的转变。当然，

---

① 李淑梅，邢月梅，等. 管理心理学. 北京：中华工商联合出版社，2007：262.

专制也为某些领导提供了机会，如压制内部分歧，避免其在不适当的时候迸发出冲击群体的“安全”目标等。

（4）增强群体凝聚力。群体间的冲突能增加群体内部成员的凝聚力，在群体中形成一道坚强的抵抗其他群体的统一阵线，使群体变得组织严密、纪律严明。实验表明，当存在竞争、冲突或其他对外部威胁时，团体内部成员会齐心协力，减少分歧，一致对外。

2）对群体间关系的影响

（1）会产生群体偏见。冲突中的群体经常对对方行为进行歪曲的理解，双方都会认为自己比对方重要，认为自己在组织目标的实现过程中的作用比对方大，多高估自己的力量和成就，而低估对方的力量和成就。

双方的成见会随着冲突的加剧而进一步得到强化，特别是在既定目标无法实现时，会相互指责，甚至落井下石。结果导致群体成员暂时忽略了内部分歧，而夸大了群体间的差异，甚至对对方充满了敌意。

（2）群体间的相互交流和信息沟通减少。冲突发生后，群体间的交流会明显减少。这样会给组织带来许多消极影响，特别是群体间存在单向的时间顺序依赖或质量上的依赖时，直接影响产品质量及任务完成时间，导致组织目标不能实现。

即使双方在外部压力下进行意见交流，其交流也是否定和敌意的。往往是双方只对信息进行有保留的传递，对对方的信息进行有选择的和歪曲的接受，因此只注意倾听对自己有利的意见。

（3）对待冲突的态度变得情绪化。随着相互之间的敌意逐渐加深，直接导致双方对待冲突的态度发生变化，由原来的为解决问题变成为一争高下。所以，我们经常会看到发生冲突的双方会在冲突过程中寸土不让，虽然他们也知道这样对问题的解决不利，但仍然坚持这样做。其根本原因在于双方已经偏离了冲突的目标，变得只考虑输赢。

2. *群体冲突对组织绩效的影响*

冲突对群体绩效的影响可以是促进性的，提高群体的绩效水平；也可以是破坏性的，降低群体的绩效水平。群体需要维持一定的冲突水平，过高或过低都会造成不利的影响。现代冲突观认为，不仅要区别冲突，而且要进一步区别冲突的程度。冲突程度高低的差异，与达成组织目标的功效和能力存在着对应的相关关系。

当冲突达到最佳程度时，它可以使群体激发创造力，充满活力，不断创新。图12-1是美国管理学家伊万塞维奇（J. M. Ivansevich）和马特逊（M. T. Matteson）所做的分析，指出了三种典型的情景。

（1）很少冲突，一团和气。此时组织的状态是对环境变化反应迟钝，极少创新，整个组织停滞不前，组织绩效较差。

（2）有适度的冲突。此时组织内有思想交锋，不断创新，组织对环境变化能迅速调整适应；组织有自我批评能力，能保持旺盛的生命力，这是最佳的冲突状况，组织绩效较佳。

（3）冲突激烈，分崩离析。组织受许多干扰，很难协调，一片混乱无秩序，组织内不合作，这种高冲突状态是破坏性的，组织绩效较差。

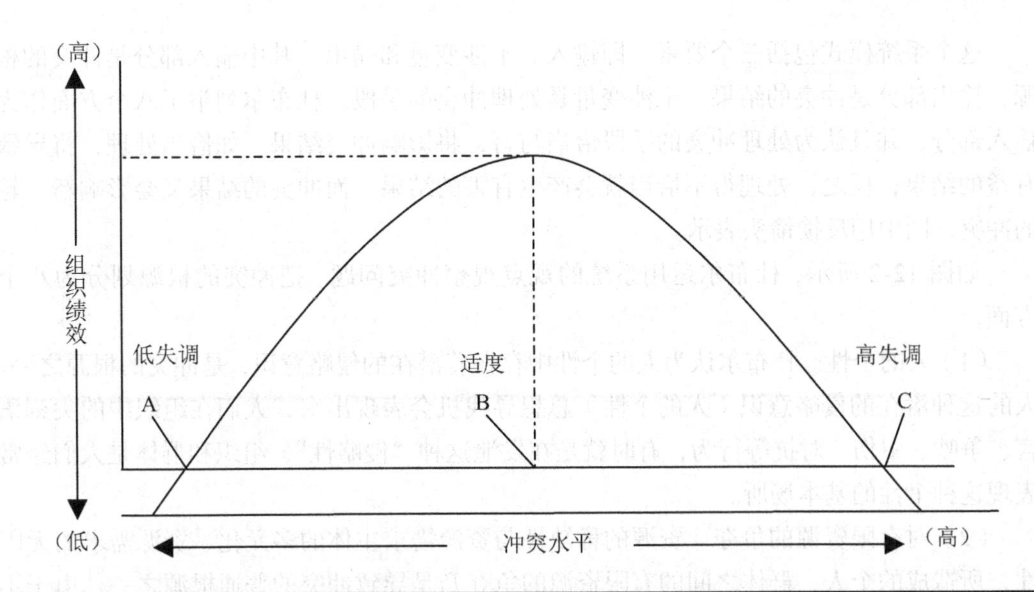

情　境	冲突水平	冲突类型	组织特征	组织绩效
A	低	功能失调	冷漠、迟钝、对变化反应慢、缺乏新观念	低
B	适度	功能正常	生命力强、自我批评、不断革新	高
C	高	功能失调	分裂、混乱无秩序、不合作	低

图 12-1　冲突水平与组织绩效

12.2　冲突的根源与过程

12.2.1　冲突的根源

1．杜布尔的冲突根源分析

美国行为科学家杜布尔（Andrew.J.Dubrin）运用系统的观点来观察冲突问题，提出了冲突的系统分析模型，如图 12-2 所示。

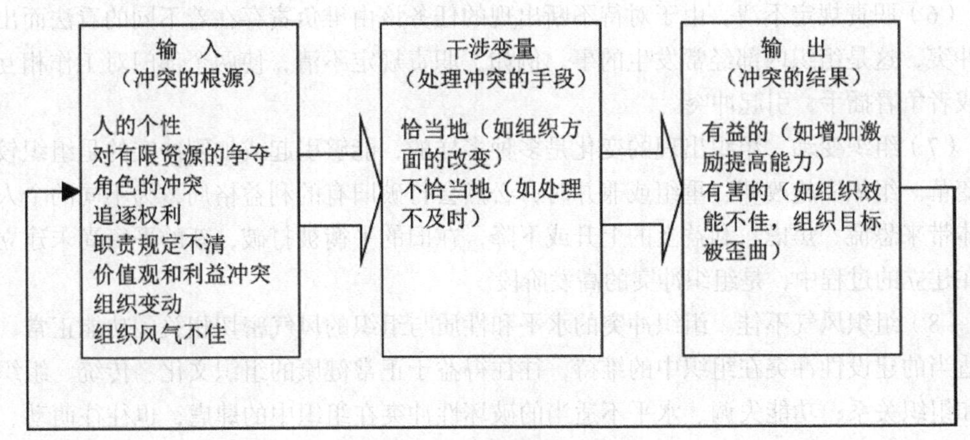

图 12-2　冲突的系统分析模型

这个系统模式包括三个要素，即输入、干涉变量和输出。其中输入部分是冲突的根源，输出部分是冲突的结果，干涉变量是处理冲突的手段。杜布尔列举了八个方面作为输入部分，并且认为处理冲突的手段恰当与否，将影响冲突结果。如恰当处理，将导致有益的结果；反之，处理得不恰当就会产生有害的结果。而冲突的结果又会影响新一轮的冲突，图中用反馈箭头表示。

如图 12-2 所示，杜布尔运用系统的观点观察冲突问题，把冲突的根源划分为八个方面。

（1）人的个性。杜布尔认为人的个性中存在着潜在的侵略意识，是冲突的根源之一。人的这种潜在的侵略意识（人的个性）总想寻找机会表现出来，人们在组织中的尖刻语言、争吵、中伤、对抗等行为，有时就是在发泄这种“侵略性”，组织和群体是人们经常表现这种个性的基本场所。

（2）对有限资源的争夺。资源的稀缺性与资源需求主体的多元化、资源需求的无限性，所造成的个人、群体之间的有限资源的争夺乃是导致冲突的普通根源之一。由于不同的群体或组织在资金、原料、人员、设备、信息、时间等各种有用资源上必然存在不同程度的有限性，难以做到“按需分配”或完全合理的配置，所以源于资源争夺的冲突便在所难免。

（3）价值观和利益的冲突。不同的个人或群体参与生产和社会活动过程动机之一是追求自身的目标和利益，必然抱有自己的价值观念，在错综复杂的交往与互动过程中，彼此间价值观和利益不可能协调一致，常常存在着多种形式的分歧或对立，从而导致彼此间的冲突发生。

（4）角色的冲突。组织中的个人或群体在履行职责、承担任务、从事活动、表现形象时，常常不得不扮演两种或两种以上的相互矛盾或相互排斥的角色，这种角色矛盾会引发个人或群体的紧张状态，从而导致冲突发生。

（5）追逐权力。几个人或群体由于权力与和追逐权力的行为，消极地影响作用于与自身发生交往和互动关系的其他个人或群体，从而在彼此间可能导致冲突的发生。

（6）职责规定不清。由于对待不断出现的任务该由谁负责存在着不同的看法而出现的冲突，这是组织内部经常发生的事。例如，职责规定不清，使两个部门对工作相互推诿或者争着插手，引起冲突。

（7）组织变动。组织出现的变化是多种多样的，能够引起或加剧冲突的是组织较大的变革。组织实施改革、重组或兼并时，必然会打破旧有的利益格局，为不同的个人或群体带来恐慌、焦虑、利益上的上升或下降，在旧的平衡被打破，新的平衡尚未建立或正在建立的过程中，是组织冲突的高发阶段。

（8）组织风气不佳。组织冲突的水平和性质与组织的风气密切相关。功能正常、水平适当的建设性冲突在组织中的维持，往往得益于正常健康的组织文化、传统、组织风气和组织关系；功能失调、水平不适当的破坏性冲突在组织中的肆虐，也往往萌动、助长组织风气不正、组织关系庸俗、组织制度的失范。

2. 罗宾斯的冲突根源分析

罗宾斯从沟通因素、结构因素和个人因素三个方面对冲突的根源进行了总结。

（1）沟通因素。由于个人或群体之间因为教育的差异、知觉选择的不同以及信息掌握的不一致都会导致语义理解上的困难和误解的产生。人们在传递信息的过程中会有一个不自觉的自行过滤，也增加了沟通的障碍。进一步的研究指出，沟通是有一个最佳的程度的，当沟通不足或过度时，都会增加冲突的潜在可能性。

（2）结构因素。这里的“结构”概念包括了这样一些变量：群体规模、任务的具体化程度、管辖范围的清晰度、员工与目标之间的匹配性、领导风格、利害关系和群体间相互依赖的程度。

群体规模越大、层次越多、任务越专门化，则信息的差异化程度越大、传输信息的链条越长，信息失真的可能性就越大，产生冲突的可能也越大。管辖范围的清晰度越低，会导致各群体都试图控制资源和领域而产生冲突。群体目标与组织目标越不一致，群体间目标差异就会越大，增加了冲突的可能性。

一般认为，强调自上而下的管理会导致员工的压抑情绪，引发下级的不满，增加冲突的可能性。但是处于这种状态下的员工往往会把自己的不满情绪隐藏起来，不到一定的程度不会引发冲突。一般认为，满足员工尊重和友爱的需要，积极听取员工的意见，使整个组织的人际关系比较融洽，有利于减少冲突。但是研究发现，参与的人越多，所得到的不同的方案就越多，最后由于采用某一方案而引起的不满也就越多。所以控制参与的程度与节奏，也是管理者值得注意的问题。

任何一个组织，其掌握的权力和资源必定是有限的，因此对权力和资源进行的分配不管是平均的还是不平均的，都会使人产生出相对剥夺感，增加了冲突的潜在可能。同时，如果一个群体依赖于另一个群体或群体之间的利益关系表现为此消彼长，都会激发冲突。

（3）个人因素。个人因素包括人格、情绪和价值观。某些个性特质，如专制、教条、爱扩大事态等，有可能导致冲突。不良的情绪也会导致冲突，人们往往会将对某件事的不良情绪迁移到毫不相关的另一件事情上，从而招致不满和冲突。价值观的差异，诸如对自由、平等、正义、幸福、自尊、诚实、纪律和勤奋等，往往有着不同的看法。当人们自觉不自觉地将自己的价值观有意无意地强加于别人的身上时，往往会埋下冲突的种子。

12.2.2 冲突的过程

罗宾斯的冲突过程五阶段模型，[①]是受到较为广泛认可的冲突过程模型，如图 12-3 所示。下面就这五个阶段依序进行简要说明。

① 罗宾斯，贾奇. 组织行为学. 北京：中国人民大学出版社，2005：430.

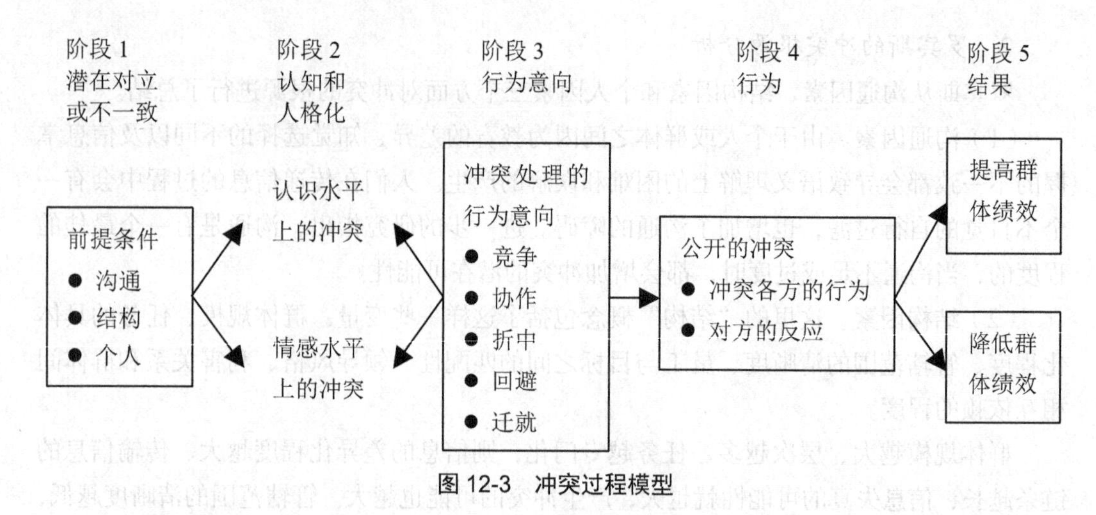

图12-3 冲突过程模型

1. 潜在的对立或不一致

产生冲突的第一步是要存在冲突的条件。这些条件不一定会直接导致冲突，但他们是冲突产生的必要条件。这些条件分为沟通、结构和个人三类。这些因素在前面都已经分析过。

2. 认知和人格化

第一阶段产生的对立和不一致在这一阶段被双方认识到，并对个人的情绪和情感产生了影响，双方都体验到焦虑、紧张、挫折和敌对。这时双方都意识到了冲突，并能够界定引起冲突的问题到底是什么。这时双方如果认为这个问题是一种零和情境（即一方的增加意味着另一方的减少），冲突的行为就会在所难免。如果双方认为这个问题是一种双赢情境（即双方利益的总量可以增加），那么达成妥协的可能性就会增加。同时在这一阶段，情绪的影响也非常重要。研究发现，负面情绪会导致负面的解释，降低双方信任度，诱发负面的行为；积极的情绪会使眼光开阔，创造性地解决问题。

3. 行为意向

行为意向描述的是介于认知、情感和外显行为之间的状态，指的是以某种特定方式从事活动的决策。行为意向为冲突情境中的各方提供了总体的行为指南。通常可以根据合作性（一方愿意满足另一方愿望的程度）和自我肯定性（一方愿意满足自己愿望的程度），将行为意向划分为竞争（自我肯定但不合作）、协作（自我肯定且合作）、回避（自我不肯定且不合作）、迁就（自我不肯定但合作）和折中（合作性与自我肯定性均处于中等程度）等几种类型，如图12-4所示。

竞争是指一个人在冲突中寻求自我利益的满足而不考虑对冲突另一方的影响。例如以牺牲他人的目标为代价来实现自己的目标或当问题出现时试图怪罪别人等。但是在某些情况下，例如在明知某些人是为了从非竞争性行为中获取个人利益时，采用竞争性的行为意向更利于组织目标的实现。

协作是指当冲突双方均希望满足双方利益，并寻求相互受益的结果。这时双方都试图澄清差异并找到解决问题的办法，而不是迁就不同的观点。例如寻求可以综合双方意见的最终结论；寻求使双方目标均得以实现的双赢的解决办法。

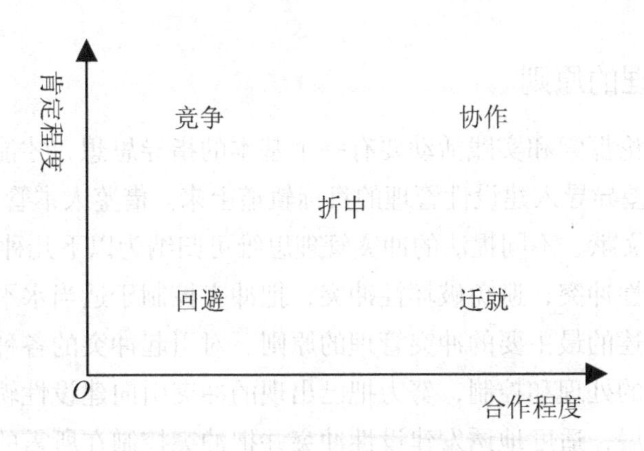

图 12-4 冲突处理行为意向

回避是指个体或群体意识到冲突的存在，但希望逃避它或抑制它。当问题微不足道或还有更紧迫、更重要的问题需要解决时，回避不失为一种避免冲突的策略。但是当回避造成的潜在破坏性超过了回避所能获得的收益时，回避就会变成一种不负责任的态度。

迁就是指一方为了安抚对方，愿意把对方利益放在自己利益之上。迁就是为了维护相互关系而牺牲自己的部分利益。迁就的目标不是着眼于当前的、明确的利益，而是着眼于未来的、潜在的利益。

折中是指冲突双方都放弃某些东西，从而共同分享利益。折中是一种对双方都达不到彻底满足的解决方法，没有明显的赢家或输家。

4. 行为

这一阶段，冲突双方会表现出一定的冲突行为，按由轻到重的程度可以分为：轻度的意见分歧或误解、公开的质问或怀疑、武断的言语攻击、威胁和最后通牒、挑衅性的身体攻击、公开贬损对方等。这是一个相互作用的动态的过程，冲突各方的行为都是以对方的意向或行为为前提。

5. 结果

冲突的结果既可能提高群体功能或绩效也可能降低群体功能或绩效。如果冲突能够提高决策质量，激发革新与创造，调动群体成员的兴趣与爱好，并提供一种渠道使问题公开化、消除紧张，鼓励自我评估和变革的环境，那么冲突就是建设性的。如果冲突导致不满或共同纽带的破裂，群体凝聚力的降低、群体沟通的迟滞甚至群体功能的停顿，那么冲突就是破坏性的。

12.3 冲突管理

冲突管理就是将冲突的范围和程度维持在一个合适的水平，以保持组织的绩效和活力，同时保护组织避免毁灭性的伤害，换句话说，就是使冲突能够更大限度地发挥功能正常的结果而避免功能失调的结果。

12.3.1 冲突管理的原则

冲突管理的理论探索和实践活动要有一个基本的指导思想，才能全面客观地把握冲突，把真正的冲突差异导入建设性管理的目标轨道上来。借鉴人本管理的一些思想原理，可以把散见于不同文献、不同提法的冲突管理思维可归纳为以下几种。

（1）倡导建设性冲突，避免破坏性冲突，把冲突控制于适当水平的原则。这是西方冲突理论文献中论述的最主要的冲突管理的原则。对引起冲突的各种因素、冲突过程、冲突行为加以正确的处理和控制，努力把已出现的冲突引向建设性轨道，尽量避免破坏性冲突的发生和发展，适度地诱发建设性冲突并把冲突控制在所需的水平之内，以达到“弃其弊而用其利”。

（2）实行全面系统的冲突管理，而不是局限于事后的冲突控制和解决问题。如果把冲突管理的重点放在冲突公开后的控制和解决上，容易陷入被动。现代冲突管理理论认为，冲突管理不仅是冲突公开发生后的事情，必须对冲突产生、发展、变化、结果的全过程，所有因素、矛盾和问题进行全面管理，才能把握冲突管理的最佳时机，最大限度地减少冲突管理的成本，尽量减少破坏性冲突的消极作用，充分发挥建设性冲突的积极作用。

（3）防止走极端，持中、贵和的处理原则。这一原则源于中国传统文化的儒家思想，在现代冲突管理理论中也有所体现。在儒家思想中，所谓“持中”就是凡事不能走极端，所谓“贵和”指的是和而不同的意思。这一原则告诫我们，在冲突管理中要以和来统一差异性、多样性，以和作为解决矛盾的上策和根本，求大同存小异，追求“共赢”，维护整体利益，从而减少冲突的恶性发展风险和冲突管理的成本。

（4）具体问题具体分析，随机制宜处理冲突的原则。不存在一成不变、适用于一切情况和放之四海而皆准的冲突管理原则。必须针对冲突的具体情况和所处环境，审时度势、机动灵活地采用适当的方法处理冲突、力求提高冲突管理的有效性。

12.3.2 影响冲突管理的因素

影响冲突管理的因素与双方对冲突过程的感觉、双方的结构、风险大小等因素有关，如表12-2所示。这些因素直接影响着如何对冲突进行管理，以及冲突是否容易得到管理。

表12-2 影响冲突管理的因素

影响因素	难以管理	易于管理
争论中的问题	有关原则性的问题——价值观，伦理道德，或问题关键部分的先决条件	可分解的问题——很容易就可以分解为细小部分、单元的问题
风险大小	很大——结果影响重大	很小——结果不重要或影响不大
双方的依赖程度	零和游戏——一方所得，即为另一方所失	正和游戏——都相信合作比单独行动的结果要好

续表

影响因素	难以管理	易于管理
相互作用的连续性	一次性交易——没有过去和未来	长期合作——将来仍然会发生作用
双方的结构	无组织——结构松散，领导不力	有组织——结构严谨，强有力的领导
第三方的卷入	没有中立的第三方存在	有可信任的、强有力的、具有良好声誉的第三方存在
对冲突过程的感觉	不平衡——一方感觉受到太多伤害，并寻求报复和补偿	平衡——双方都受到同样的伤害，获得同样的收获；并愿意称此为平局

12.3.3 冲突管理的方法

根据分析冲突水平对组织绩效的影响可以发现，冲突过高或过低都不好，冲突应该维持一个合适的水平，对冲突管理就是要在冲突出现后有效地进行处理。当冲突太多时，设法减少冲突；当冲突太少时，则采用一些办法激发冲突，增加组织的活力。

1. 预防有害的冲突

管理冲突应以预防为主，预防对群体有害的冲突或破坏性冲突为主，可以采取以下一些方法：① 设置超级目标。通过超级目标的完成来扩大组织能够使用的资源，创造利益分享的新机会，从而缓解双方的对立情绪。② 找出共同的“敌人”。找出一个与双方都存在潜在对立关系的共同竞争对象，使对立双方的目光向外，将对立情绪转移。③ 加强信息沟通和交流。通过正式或非正式的沟通，促进对立双方消除歧见、加强了解。④ 进行工作轮换。通过工作轮换，加强换位思考。促进对不同任务和职责的了解，从而调整不同群体间的利益诉求。⑤ 求助于外在力量。当自身的力量和资源无法对可能产生的冲突起到限制作用时，可以借助上级或专家顾问的力量。

2. 管理破坏性冲突

破坏性冲突管理指的是当有害冲突不可避免地出现后，有效地对其加以处理或缓解，从而控制或减少其破坏性。可采取如下的方法和步骤。

（1）审慎选择所要处理的冲突。群体和组织中的冲突决不会简单、孤立地存在，总是多种多样、复杂关联的，其中既有鸡毛蒜皮不值得花费精力的冲突，又有极难处理，超出管理者能力和影响力之外的冲突，当然也有一些适合去处理的冲突。管理者并不能解决每一个冲突，应当区分冲突的不同类型和处理价值，审慎地选择那些有价值、有意义，自己又有能力处理的冲突来进行处理，只有这样，才能提高冲突处理的成效。

（2）评估冲突当事人。当管理者开始着手处理某一冲突时，要拿出时间仔细地了解和研究冲突的当事人。有什么人卷入了冲突，冲突双方各自的兴趣所在是什么？双方各自的价值观、人格特点以及情感、资源因素如何？它们基本的冲突处理风格怎样？各方最有可能采取何种行动，习惯采取什么样的冲突处理方式？管理者如果能站在冲突双方的角度上看待冲突情况，则成功处理冲突的可能性会大大提高。

（3）分析冲突的原因和根源。不仅要了解公开的表层冲突原因，还要了解深层的没有说出来的原因，甚至要从个人和群体发展的角度去把握冲突的原因。只有先找到冲突的根源，才有可能找到解决冲突的钥匙。

（4）选择与冲突特点相适宜的冲突解决方式。冲突中双方的行为可能是互为因果的，因此任何方法都会随着冲突的发展发生改变甚至转变，以下讨论的方式只是为冲突的解决提供了一些基本的思路：① 冲突双方自助式解决冲突。即冲突双方各自代表自身利益，面对面地采取讨论、谈判、磋商、沟通等方法解决冲突的方式。② 冲突双方代理式解决冲突。即冲突双方委托代理人（如律师、朋友等）来解决冲突的方式。③ 第三方调停式解决冲突，即当冲突双方无法自行解决冲突时，双方共同邀请非当事人的第三方或上级来加以调停解决。这里的第三方是冲突双方都认可的第三方。④ 强制式的解决冲突，即当第三方调停都无法解决冲突时，由权威或执法部门强行制止和处理双方的冲突。

知识链接

第三方解决冲突

3. 激发建设性冲突

在管理过程中，不仅要掌握解决破坏性冲突的技能，而且要掌握策划、激发建设性冲突的方法。

1）识别是否需要激发冲突

当组织中存在以下 10 种现象时，表明组织需要激发冲突：① 你是否被“点头称是的人们”所包围；② 你的下属害怕向你承认自己的无知吗；③ 决策者是否过于偏重折中方案以至于忽略了价值观、长远目标、组织福利；④ 管理者是否认为他的最大乐趣是不惜代价维持组织中的和平与合作效果；⑤ 管理者是否认为在奖励方面，得众望比有能力和高绩效更重要；⑥ 决策者是否过于注重不伤害他人情感；⑦ 管理者是否过分注重获得决策意见的一致；⑧ 员工是否对变革表现出异乎寻常的抵制；⑨ 是否缺乏新思想；⑩ 员工的离职率是否异常低。

2）激发冲突的方式

（1）鼓励有建设性冲突的价值观。公开鼓励那些敢于向现状挑战，倡导新观念，质疑现行政策和制度的员工，并通过委以重任、加薪等奖励制度，奖赏那些致力于激发冲突而卓有成效的管理人员，以此把鼓励建设性冲突的价值观传达给整个组织。

（2）变革组织结构，有效地激发冲突。组织结构的变革是激发冲突的重要手段，增加或削减部门，改变各部门的工作性质、工作范围和权力分配，可能使以前的权责关系发生变化，因而可能激发创意和改变，给组织注入活力。

（3）利用信息和信息渠道来激发冲突。一般而言，具有威胁性或模棱两可的信息可以用来促进人们积极思维，减少漠然态度，提高冲突水平，如危机的预言或晋升的传言等。通过非正式的信息渠道提前透露一些消息，以激起组织中的讨论，试探组织中的反应，也是一种惯用的方法。

（4）利用鲶鱼效应激发冲突。长期的共同活动中，在组织的价值观和行为准则的影响下，员工的行为方式会逐渐趋于一致，这会降低组织的活力。适时引进补充一些在个人背景、知识体系和处事风格等方面与当前员工不同的成员，可能对群体原来的陈规陋习形成冲击，激发出更多的创意。

（5）树立对立面，激发建设性冲突。在群体层面，可以树立群体的竞争对手，以激发群体的斗志。在个人层面，可以有意提出一些与大多数人背道而驰的观点或做法，故意对那些自己实际上赞同的观点提出反对意见，以有效阻止小集团思想，提高群体决策的质量。

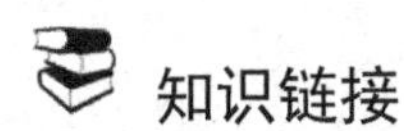

知识链接

谈判

本章小结

1. 冲突广泛存在，形式多样。人们对冲突的认识经历了传统的观点、人际关系的观点和相互作用的观点三个阶段。从排斥冲突、接纳冲突到鼓励功能正常的冲突，反映了人们从否定冲突到利用合理冲突的观念的转变。冲突可以增强群体的凝聚力，也可能导致严重的本位主义。冲突可能导致群体间的偏见。当冲突达到最佳程度时，可以提高组织绩效。

2. 冲突产生的根源来自于沟通、结构、个人三个因素。冲突的根源源于八个方面，分别是人的个性、对有限资源的争夺、价值观和利益的冲突、角色的冲突、追逐权力、职责规定不清、组织变动、组织风气不佳。

3. 冲突过程可以分为潜在对立或不一致、认知和人格化、行为意向、行为、结果五个阶段。五阶段模型反映了冲突发生、发展的过程及导致的结果，可以帮助我们更好地意识到冲突和采取合适的冲突处理行为。

4. 对冲突的有效管理在于预防有害的冲突、管理破坏性冲突、激发建设性冲突。

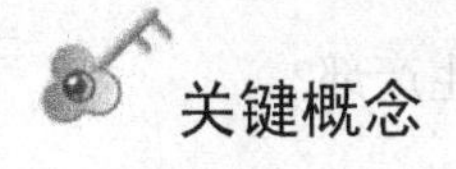

关键概念

冲突（conflict）　　冲突观念（conflict view）

冲突过程（conflict process）　　行为意向（intention）
谈判（negotiation）

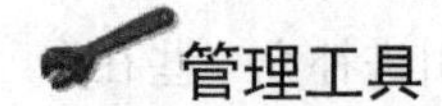

管理工具

冲突水平与组织绩效　　冲突的系统分析模型
冲突过程模型　　冲突处理行为意向
影响冲突管理的因素　　谈判双方的解决区域

思考题

1．阐述冲突的积极作用和消极作用。
2．举例说明冲突过程的五个阶段。
3．试述预防冲突和引起冲突的策略。
4．分析分配谈判和综合谈判的特点。

自我测试

冲突管理模式调查

案例讨论

光耀集团——管理团队中的冲突管理

讨论：

1．光耀公司产生冲突的原因是什么？
2．如何才能解决这些冲突？

讨论：

1．东方公司两个群体产生冲突的原因是什么？
2．怎样评价研究部关于解决冲突的想法，尤其是派工作组进驻生产部？
3．你觉得应如何建立正确的群际关系？

拓展阅读

推荐书目：费希尔，尤里，巴顿．谈判力．王燕，罗昕，译．北京：中信出版社，2012．

我们每一个人都是一位谈判者，每天都不可避免地要与人谈判。虽然谈判随时都在发生，但要谈出好结果却不容易。常见的谈判策略大多属于温和或强硬的方式。温和的方式总是尽量避免摩擦和冲突，为达成共识，往往很快让步；而强硬的方式则以战胜对方为目标，坚守立场，但常会两败俱伤。还有第三种谈判方式，哈佛大学谈判项目研究出了“原则谈判方式”。这种方式根据事情本身的是非曲直寻求解决方案，强调把人和事分开，着眼于利益而非立场，当双方利益发生冲突时，让谈判结果基于某些公平的标准，而不是以某一方意志为转移。

谈判形式千差万别，但基本要素不会变，因此，在各种谈判中，原则谈判方式都完全适用。《谈判力》便介绍了有关原则谈判的方法。

第 4 篇　组织因素与组织层面行为

组织行为学是一门系统科学，其完整的理论体系由个体、群体、组织三个层面构成，这三个层面是逐步深入、相互依存的紧密关系。首先，组织行为学的研究从对个体微观层面的研究展开，对个体行为进行了全方位的深入研究。在此基础上，组织行为学的研究逐步深入到群体中观层面，将个体行为融入群体行为中，对群体行为进行了系统研究。最后，组织行为学的研究以个体行为和群体行为为基点，有效展开了组织宏观层面的研究，对组织行为进行了科学的分析、理性的思考，并形成了组织行为的研究理论体系。个体行为同群体行为相互紧密依存，个体行为是群体行为的基础，群体行为以个体行为为载体展开，同样，个体行为、群体行为同组织行为相互也是紧密依存，个体行为的聚合，形成了群体行为，而群体行为的聚合并制度化、规范化则产生了组织行为。因此，个体行为、群体行为是组织行为的根基，组织行为最终是通过群体中的个人行为去实现目标和完成任务。所以，本篇在全书中处于宏观层面，是组织行为学研究的最高层次以及最终目的，其在第 2 篇和第 3 篇的基础上，进行了更高的组织层面的系统化、结构化思考，研究在一个制度化、规范化的组织层面，组织因素与组织行为主要有哪些，这些行为如何受到“二元非均衡”因素的影响以及怎样对这些行为进行有效管理。本篇的研究内容同第 2 篇和第 3 篇共同构成了一个完整的组织行为学理论体系。本篇主要包括五章内容：组织行为及其有效性建设、组织结构、组织文化、组织伦理与慈善、组织变革。

第 13 章首先系统明确了组织行为的内涵，在此基础上，重点研究了组织有效性的判定标准与衡量办法，并对组织有效性的建设进行了初步探讨，最后，对组织行为研究的新进展进行探索与思考；第 14 章主要介绍了组织结构的概念、要素及其影响因素，继而明确了组织结构的经典类型与新型类型，并对组织结构设计的原则、影响因素以及设计方法进行了阐述，进一步地，对组织间关系背景下的组织结构设计进行了探讨；第 15 章介绍了组织文化的主要内容，涉及其含义、构成、分类与作用，并论述了组织文化的内化与外化问题，从系统的角度阐述了组织文化的形成、维系与变革，最后在组织间关系背景下探讨组织文化的冲突与整合；第 16 章梳理了组织伦理方面的内容，不仅对组织伦理的含义、特征与功能进行介绍，而且对组织伦理的建设、失范问题进行了论述。此外，为了深化组织层面的研究，解决现实中的重点问题，我们对组织慈善问题进行了深入探讨，不仅厘清了组织慈善的内涵及其发展历程，而且探讨了组织慈善的动因、功能、策略以及组织慈善的实施等相关问题；最后，本篇在第 17 章对组织变革进行了系统化分析，并重点研究了组织变革的模式与内容，并在组织间关系的背景下，对组织变革及其发展趋势进行了初探与思考。

第 13 章

组织行为及其有效性建设

本章学习目标

1. 掌握组织行为的定义与类型；
2. 清楚组织行为的特征与影响因素；
3. 掌握组织有效性的内在含义，了解组织有效性的判定标准和衡量方法；
4. 熟悉组织有效性建设的五大核心内容与促使组织有效性实现的五大具体行为；
5. 了解组织行为研究的新进展，熟悉积极组织行为的内涵。

引例

北京某科技发展有限公司的问题

北京某科技发展有限公司（以下简称公司）成立于 1994 年。公司创办之初非常艰难。没有资金，就向亲属借了 5 万元钱；没有场地，就从别的公司的营业场所中租了一张桌子，作为自己的营业场所；没有现成的客户，就从他们原先认识的朋友中开始介绍。整个公司就两个人，所有推销、搬运、验货、送货等全部工作都是两人亲自来干，辛苦自不必说。公司刚开始主要经营打印机，当时卖一台打印机的利润还是相当可观的，这样一年下来，经营情况还算不错。

第二年，公司租了一个门市，就招了一名员工帮助进货，业务量开始有起色。由于对整个市场发展的行情把握得比较好，发展速度很快，当年做得比较好的是惠普公司的外设产品。他们决定招聘一个在惠普 PC 和服务器产品方面有丰富经验的人加入公司，为了吸引对方的加盟，他们提出了加盟者与公司之间对所经营的惠普 PC 和服务器产品毛利二八分成的分配方式，并于 1996 年 4 月便开始代理惠普公司的 PC 和服务器产品。

1997 年是公司稳定发展的一年，微机和外设的销售量都有了明显的增长，人员增加了不少，公司有了自己的独立门市，并有点惠普专卖店雏形的味道了。

1998 年又是一个转折点，公司办公从临街门市搬到写字楼，同时又吸收一名合作者加盟，任销售部经理，公司与他毛利润二八分成。这样，整个公司的经营分成门市和写字楼两个相对独立的部分，各有一名合伙人负责，权责分明。

从公司的发展过程来看，还是比较顺利的。但随着公司业务的不断发展，公司的高层管理者也发现在公司经营中存在的问题也不少：公司各个部门之间各行其是，除去加盟者之外，其他员工士气和热情不高，公司除了物质上的刺激外，再无其他能够调动员工积极性的办法。但现实的情况是，像该公司这样的规模和经营情况的公司在物质刺激方面的余地并不大，因为利润率已经很低了，这是IT产业中硬件销售业的总体态势。其实，即使是那些平均利润率比较高的行业中的小公司也同样存在相同的问题。公司领导者常常为这类事情头痛不已。

13.1 组织行为的含义

组织对我们的工作生活有广泛的影响，我们大多数人都会作为组织的一员而度过工作、生活的大部分时间。同时，人们在组织中极少完全单独工作，如果要实现目标，组织成员就必须在工作中合作并协调他们的活动，人们在一起工作的形式还是小组、部门、委员会这些组织形式。因此，一方面，组织作为社会的创造物或发明物，影响其成员的思想、感情和行为；另一方面，组织的各个成员的行为方式及其绩效又会影响组织的绩效。组织在我们的生活中有着重要的作用。

13.1.1 组织行为的定义

考察组织现象，需要认识组织的结构，了解组织的类型。然而，组织本身是一个运动的整体，无论何种结构何种类型的组织，都有其运动的表现。这种组织运动的表现，就是组织行为。[①]组织行为是由组织中的个体和群体的行为及其相互作用构成的，组织行为是一种重要的组织现象。

当前，组织行为研究的现实状态囊括了几十年前乃至几百年前的观点和思想，因此，即使是该研究的最新发展也不能说是对过去理论的替代。从管理实践看，几乎没有一种组织行为理论能够解释所有的工作和所有类型的组织，也几乎没有一种组织行为思想适应于所有的组织管理，因此，以权变的观点为基础来构建组织行为理论框架就成为必然。[②]

通过对组织行为理论的梳理，可以发现，虽然组织行为理论框架的构建需要以权变理论为基础，但是，在组织行为的基本定义上，不同专业背景的学者能够达成初步的共识，即组织行为是指组织内部要素的相互作用以及组织与外部环境的相互作用过程中所形成的行动和作为，或者说，组织的个体、群体或组织本身从组织的角度出发，对内源性或外源性的刺激所做出的反应。

组织是由个人和群体组成的，因此，组织行为有不同的三个层次，即个体行为、群体行为和组织行为。从组织层面的角度研究组织行为，可以发现，组织行为是在个体行为和群体行为基础上产生的，但组织行为并不等于个体行为和群体行为及其简单相加，而是个体行为和群体行为在组织内，在一定的规范化、制度化约束下，所产生的人际行为和工作行为的综合表现。

---

① 游传新，李刚．企业组织变革及其绩效变化规律性研究．科技创业月刊，2005（4）：26-27.

② 何大安．理性选择向非理性选择转化的行为分析．经济研究，2005（8）：16-17.

为了更加清晰、全面的整体掌握组织行为的定义，我们还需要对组织行为的具体类型进行研究，在此，我们可以从两个不同的角度对组织行为进行分类。

首先，组织行为从其行为主体的角度，可以将其划分为两大类，即微观组织行为和宏观组织行为。

（1）微观组织行为。微观组织行为是指组织内的某一个体或群体的行为。它包括个体行为，如态度、能力、人格、动机、压力、认知、学习等；人际行为，如沟通、领导、谈判等；群体行为，如群体决策、工作团队等；群际行为，如冲突、权力、政治活动等。

（2）宏观组织行为。宏观组织行为是指所有组织成员作为一个整体活动时表现出的行为，如组织结构、组织文化、组织伦理、组织慈善、组织评估等。

其次，组织行为从其组织成员所表现出行为导向的角度，又可以将其划分为两大类，即正向组织行为和反向组织行为。

（1）正向组织行为。正向组织行为是指组织成员表现出的一切都利于组织目标实现的行为，如尽职尽责、遵守规章制度等。作为正向组织行为的一种特例，组织公民行为是指组织成员主动、自发、自愿地为组织的成功而付出额外努力的行为，如不计报酬加班、帮助同事完成任务、为企业成长献计献策等。组织管理者必须注意奖励、鼓励、保护正向组织行为，使其持续发生。

（2）反向组织行为。反向组织行为是指组织成员表现出的所有阻碍组织目标实现的行为，如缺勤、偷窃、暴力、迟到、欺骗等。组织管理者必须采取各种有效的惩戒措施抑制、消除或减少反向组织行为。

13.1.2 组织行为的特征

组织行为是全体组织成员共同活动的行为，是通过组织成员的个体行为来实现的，反过来又影响成员的个体行为。组织行为的动机是根据这个组织建立的宗旨而产生的，带有明确的目的性。可以说，组织行为往往具有以下明显的特征。

1. 目标性

组织行为都具有明确而又具体的目标性。一切社会组织都有自己特定的目标，组织的所有行为都是围绕着这一目标展开的。如工厂的目标是生产社会所需要的产品，工厂组织的行为就是围绕着产品而展开的产、供、销一系列行为。学校的目标是培养社会所需要的人才，学校组织的行为就是围绕着学生而展开的一系列教育行为。

从这一意义上讲，组织行为就是目标行为。组织目标是组织奋斗的目的，是组织一切行为的总导向，是组织存在的价值体现，是衡量组织有效性的基本依据之一。组织目标确定之后，在外部条件具备的情况下，组织成员的努力就成了组织目标实现的关键。组织目标的实现靠组织成员的努力。组织成员对组织目标的影响主要是通过他们对组织目标的认同、完成组织目标的技能、敬业和努力来实现的。组织要使组织成员对组织目标认同，必须进行目标教育。组织战略目标既是对员工的利益吸引，也是对成员的行为导向。一个组织就是一个利益共同体，组织成员首先有对共同利益的认同，才有进一步对组织目标的认同，而组织的目标教育是实现目标的保障。

2. 秩序性

任何组织都有其特定的秩序。这种秩序是围绕某一特定目标加以精心设计的。因此，组织行为具有显著的秩序特征。

首先，组织有一个复杂而正式的结构。社会组织一般都具有一定规模。为了高效有序地达到目标，就得有一个正式的结构，以保证组织内部分工有序、职责分明，各成员、各部门得以协调一致地行动。

其次，在一定的组织结构基础上，社会组织内部通常被划分为不同的层次和部门。如一个企业内，上设经理室，下设采购部、生产部、销售部等，各部门各司其职，这样，整个组织行为才能快速、高效地运作。

最后，为了保证组织秩序行为的形成和正常持续，组织必须制定一系列的规章制度、行为规范。而组织形成秩序的中心是有一个权力核心。组织权力核心用以指挥组织成员的行为，以促进组织目标的实现，这些权力核心还要不时地考核组织的绩效，必要时调整组织秩序以增加效率。

3. 高效率性

社会组织不同于初级社会群体，它实际上是人类为了追求高效率而创造出来的一种工具。因此，社会组织的行为从根本上说是理性的，具有高效率性。

首先，在社会组织中，一切以组织整体功能的合理高效为基础，组织成员间的行为多以对事不对人的原则进行。这种状况使组织在活动中奉行事本主义，非人格化的特征比较严重。

其次，不像初级社会群体中成员不可代替，组织成员是可以代替的。社会组织是由无个性的职位构成的，而不是由有个性的人组成的。当一个职位由于某种原因空缺出来时，很容易就能找到相应的人来补足空缺。因此，组织管理中可以实行成员的淘汰，对不胜任的成员通过轮训、降职、撤职的方式加以更换。

社会组织行为相对于初级社会群体行为最大的两个特点就是高效率和非人格化。这两个特点使人们一方面感觉到社会组织的存在是生产和生活发展的需要，另一方面又感觉社会组织不需要成员全部个性以及感情的投入，并把人看成物的非人格性。

但是，随着管理实践的不断发展，社会组织行为有朝着事本性和人本性统一发展的倾向，既强调高效率行为又注重以人为本。①

13.1.3 组织行为的影响因素

组织行为具有明显的层次性，这就在一定程度上决定了影响组织行为的因素是多方面的。通过对当前组织行为理论相关理论成果的梳理和研究，我们将影响组织行为的因素分为三大类，即宏观环境因素、组织内部因素和组织成员因素。

---

① 贾书章，赵应文. 组织行为学. 武汉：武汉理工大学出版社，2006：6-8.

1. 宏观环境因素

（1）宏观环境因素的内容及其影响。宏观环境是组织生存和发展的社会环境，包括社会的政治环境与法律制度、经济和行业发展、文化和科技等因素。政治环境与法律制度为组织提供了行为规范和政策条件，具有引导、激励和规范作用；经济和行业发展影响组织产出的供求关系，进而影响社会对组织的重视程度、资源投入和经费支持；文化环境影响组织的价值观念、行为规范、伦理道德，对组织成员的价值观和行为动机具有引导作用；科技环境影响组织的生产方式和生产效率，并对组织成员的知识技能提出了要求。

组织内在的结构、功能和运行方式要与外部环境相适应。权变理论、制度理论、资源依附理论和产业组织理论对组织与外部环境的关系进行了研究，权变理论从组织所处环境出发对组织行为进行系统分析，强调组织适应环境的重要性；制度理论重点分析社会文化、政治环境等宏观因素对组织行为的影响；资源依附理论认为对稀缺资源的控制有助于实现竞争优势；产业组织理论所形成的“市场结构—市场行为—市场绩效”的分析框架，将组织行为同产业内企业关系结构的状况紧密联系。哈根（Hagan）等学者提出的核心能力理论认为，组织的动态能力和智能资本是组织可持续发展的根本，组织不仅要对环境变化做出反应，还要形成组织和环境之间一致的双向关系。[①]

（2）环境的不确定性及其影响。环境的不确定性是组织环境的一个重要特征，对组织决策、战略选择、组织结构设计、组织激励体系、信息系统的设计等都具有重要影响。环境的不确定性包括复杂性、不确定性、互倚性三个维度，复杂性指影响因素数量的多少，不确定性指影响因素变化速度的快慢，互倚性指影响因素之间的作用关系。米尼肯（Milliken）认为环境不确定性是由于缺乏信息或者没有能力区别相关的和不相关的数据，个体不能精确地预测组织的环境，他把这种感知到的不确定性分为三类：状态的不确定性（state uncertainty）、影响的不确定性（effect uncertainty）和反应的不确定性（response uncertainty）。[②]

环境的不确定性对组织行为的影响是全方位的，其中对组织管理者和组织战略的影响尤为突出，前者关系到组织战略的制定和实施，而后者则是组织适应环境变化的最为重要和直接的手段。[③]

2. 组织内部因素

组织内部因素主要包括组织目标、组织结构、组织文化、组织技术、组织制度和机制。[④]组织内部因素互相作用，形成了组织行为的内部环境。

（1）组织目标的内容及其影响。组织目标是组织在一定时期内活动的期望成果，是

① HAGAN C M. The core competence organization：implications for human resource practices. Human resource management review，1996，5（6）：147-148.

② MILLIKEN F J. Three types of perceived uncertainty about the environment：state，effect，and response uncertainty. Academy of management review，1987，12（1）：133-143.

③ 王益谊，席酉民，毕鹏程. 组织环境的不确定性研究综述. 管理工程学报，2005，19（1）：46-49.

④ 韩智慧，李南. 知识创造的组织环境分析. 科学学与科学技术管理，2004（12）：77-78.

组织使命在一定时期内的具体化，是衡量组织活动成果的标准。组织目标是组织存在的基础，组织是为达到特定目标而正式建立的载体，组织目标为组织的决策和行动提供了指导方针。此外，组织目标对组织结构、组织文化、组织技术、组织制度和机制等具有导向和整合作用。

（2）组织结构的内容及其影响。组织结构包括工作专门化、部门化、命令链、控制的宽度和幅度、集权与分权、正规化等内容。古典组织理论注重组织内部分工与活动安排，系统组织理论注重研究组织结构与行为、功能的关系，而现代组织理论研究组织结构、行为和生存机会与环境的关系。典型的组织结构包括直线制、直线职能制、事业部制、矩阵式、网络式等。根据权变理论的观点，组织的最佳结构取决于组织的具体的环境条件、技术、目标和规模等因素的综合，其中，技术环境是影响组织结构的主要因素。在不同的技术条件下，应该选择不同的组织结构以适应环境，获取最大效率。其中，技术环境的复杂性和不确定性越高，组织结构就越扁平化、分散化，组织的边界就越模糊。①

（3）组织文化的内容及其影响。组织文化表现了组织内部特征，文化是组织拥有的稳定的假设，被分享的信仰、含义及行为背景的价值观。在厄得咖·斯册因（Edgar Schein）提出的组织文化框架中，组织文化包括组织与环境的关系、核心使命、功能和主要任务；组织的具体目标、达到目标的基本方式、检验结果的标准；组织活动的价值判断和价值选择，即活动的本性和现实的本性问题；对人的基本认识和人际关系定位。组织文化和组织的其他因素交织在一起，形成了组织行为的环境，国内学者从精神文化、物质文化和制度文化的角度研究组织文化对组织行为的影响。②

（4）组织技术的内容及其影响。组织技术包括组织的管理技术和生产技术，每个组织都有其工作所用的技术和组织生存发展所面临的技术环境。组织技术影响组织的运行效率，包括组织产出的质量、数量、工期、投入产出效率。组织技术水平对组织成员的知识、技能和心理也提出了相应的要求。此外，组织技术对组织的管理方式、组织结构和运行方式有重要影响，如信息技术对组织的结构扁平化、网络化、柔性化，管理模式上弱化中层、决策权分化、加快反应能力、业务流程再造等提出了新的要求。③

（5）组织制度和组织机制的内容及其影响。组织制度是组织运行方式的原则性规定，是对其成员的责、权、利关系的规定，组织制度的基本功能是提供组织基本结构、行为、程序和相互关系的框架。组织机制是组织在运行、实施过程中所形成的，是组织构成各部分之间相互作用的过程和方式。组织机制的作用体现在两个方面：一方面是为组织的运行提供动力，即解决动力问题，其作用体现为推动和吸引；另一方面是制约组织各要素运行的范围，即解决规范和秩序的问题，其作用体现为控制和调节。组织制度和机制

① 湛正群，李非．组织制度理论：研究的问题、观点与进展．现代管理科学，2006（4）：14-17.

② 姚公安，覃正．组织文化的场效应．软科学，2006，4（20）：45-48.

③ 叶萍．基于信息技术下的组织变革．企业经济，2005（8）：21-22.

与组织的其他因素互相融合，共同产生作用。

3. 组织成员因素

组织是由其成员组成，则组织行为往往是通过组织成员行为展示出来的，因此，组织成员因素在很大程度上影响着组织行为。影响组织行为的组织成员因素可初步概括为成员的目标定位、合作能力、合作关系、合作行为等。

（1）成员目标定位的内容。目标定位（object location）定义为成员在一定时期内对实现成果在内容、数量、质量和程度预期的实现水平，成员目标是指导成员行为的基础和标准。德特施彻（Deutsch）把成员目标的关系分为合作性、竞争性、互相依赖性三种，他认为人们如何看待各自目标的关系将会影响群体合作的机制和结果。成员的目标定位对成员合作具有导向作用，影响成员的合作能力、合作关系和合作行为。[①]

（2）成员合作能力的内容。合作能力（cooperative ability）定义为成员在合作中为实现自身目标优化而表现出的影响他人的能力。成员的合作能力对组织行为有效性具有重要影响，博尔曼（Borman）和穆托韦德（Motowidlo）把成员能力作为关系绩效和任务绩效的重要影响因素，在坎贝尔（Campbell）提出的绩效结构模型中，成员能力也是影响组织绩效的关键因素。[②]

成员的合作能力受到成员绝对能力和成员目标定位的影响，借鉴汉斯·摩根斯奥（Hans Morgenthau）提出的"问题—特定权力结构"的分析方法，同一个人在具体问题上的目标定位不同，在合作中表现的合作能力就会不同。合作能力是绝对能力和合作愿望的综合，而组织成员的目标定位对成员的合作愿望产生影响。成员以个人目标优化为条件参与合作，所以，成员投入合作的能力并不是自己的全部能力，而是根据个人目标优化的需要进行调整后的结果。

（3）成员合作关系的内容。合作关系（cooperative relationship）定义为组织成员为其他合作方提供帮助的程度，反映了成员在合作中的利他水平。如博尔曼（Borman）和穆托韦德（Motowidlo）把工作绩效划分为任务绩效和关系绩效，并将关系绩效划分为工作奉献和人际便利两个维度，[③]反映了合作关系对组织绩效和成员收益的重要影响。在关系绩效研究中，提出了对组织有利的关系因素，如服从、自律、帮助、体谅、合作等行为等，这些因素有助于改善组织协调性，减少摩擦，提高成员收益和增加组织绩效。[④]

成员之间的合作关系主要受到以下因素影响：一是成员目标定位的关系。成员目标关系反映成员利益的一致性程度，以及成员对利益分配的敏感性。二是组织环境。包括

---

① 蔡德章. 基于成员合作的高校创新团队组织有效性研究. 哈尔滨工业大学，2008.

② CAMPBELL J P，MCCLOY R A，OPPLER S H，et al. A theory of performance. Schmitt N & Borman W C.(Eds.)，Personnel Selection in Organizations. San Francisco: Jossey Bass，1993：35-70 .

③ BORMAN W C，MOTOWIDLO S J. Task and contextual performance: The meaning for personnel selection research. Human performance，1997，(10)：99-109.

④ BORMAN W C，MOTOWIDLO S J. A theory of individual different in task and contextual performance. Human performance，1997，10(2)：71-83.

组织结构、管理技术、管理制度和机制、组织文化，以及组织的人际关系环境、评价和奖惩制度等。三是成员的合作态度。成员的合作态度反映成员参与合作和帮助他人的愿望，受到成员价值观、目标关系和人际关系的影响。四是成员的一致性预测。一致性预测指组织成员对组织和他人行为判断的一致性。如组织成员认为其他成员会采取高水平的合作行为，则会倾向于提高自身合作水平，反之，则倾向于降低合作水平。

（4）成员合作行为的内容。合作行为（cooperative behavior）定义为组织成员在组织合作中投入资源占个人标准资源的比例，反映了成员参与合作的努力程度。成员的标准资源是根据成员所在岗位承担的工作量确定。组织成员以个人目标优化为条件选择合作行为，受到组织环境、组织因素和成员因素的影响。成员投入合作的个人资源是组织人力资源的基础，组织的人力资源并不是所有组织成员个体人力资源的总和，而是以成员投入合作的资源为基础，结合组织的管理水平和技术水平综合形成。由于组织成员合作行为的有限性，使得人力资源成为组织目标优化的资源约束。

4. 组织行为软硬因素的相互作用

组织结构、组织文化、组织伦理与慈善、组织变革共同构成了组织行为的四要素（如图 13-1 所示），其中组织结构是其他各种要素发挥作用的平台，可视为影响组织行为的“硬因素”；组织文化、组织伦理与慈善、组织变革则是在这一平台上对组织行为发挥作用的“软因素”，四种因素相互影响决定了组织行为。同样，从静态的角度来看，在某一时点软因素和硬因素达到一个均衡的状态，而从动态的角度来看，软硬两类因素也是非均衡的，组织将根据实际情况不断调整软硬两类要素的力量，以达到提高组织行为有效性的目的。

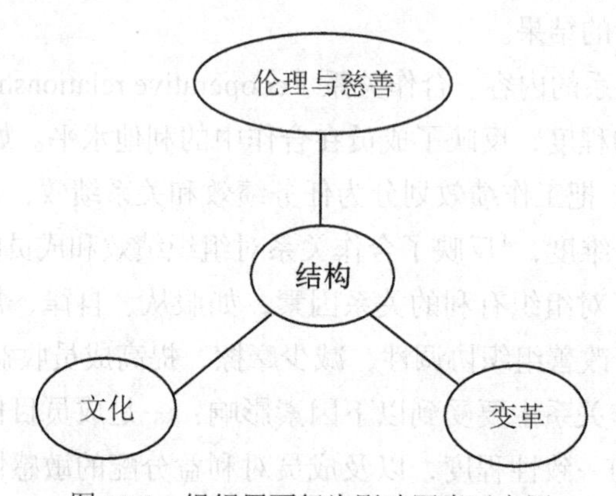

图 13-1　组织层面行为影响因素示意图

作为组织行为生发的基础与平台，组织结构将会影响其他三种因素作用的发挥。同时，组织文化、伦理与慈善以及组织变革对组织行为产生的影响也会引致组织结构的相应调整。但总体来看，组织结构仍然是影响组织层面行为的平台或载体，一个组织要想实现其目标，其管理者首先需要在组织目标的框架下建立某种组织结构，以此为基础形成相应的组织文化、组织伦理，从事一定的慈善活动，并考虑组织变革。

13.2　组织有效性的内涵与衡量

组织行为从整个组织的角度来对组织进行研究，其研究的侧重点在于组织自身的行为、组织主要构成部分之间行为的协调和组织行为对组织有效性的影响，如组织整体结构框架的设计与规划、各部门之间职权和相互间的协调运转等。组织有效性是组织行为的目标导向，而组织结构、组织文化、组织伦理、组织慈善和组织评估等则是影响组织有效性的核心内容模块。本节内容是对组织有效性的基本原理做出阐述。

13.2.1　组织有效性的定义

组织有效性的相关研究是组织理论、组织管理及评价实践中日益受到关注的热点问题之一，不论是企业、政府还是非营利性组织。尽管不同类型的组织对于有效性的概念和结构上有差异，但也存在一些共同关注的问题、基础理论和研究方法。

组织有效性研究的驱动来源于变化的挑战，不论是对企业还是对非营利组织。环境的迅速变化、复杂性和意外性增强，是当今世界的突出特征，如何应对这样的变化是今天的管理者和组织面临的最普遍的问题。提高组织有效性是应对变化、提高竞争力的基础之一。

在组织理论中，组织有效性是组织实现其目标的程度，组织目标反映组织存在的原因和它寻求达到的结果。有效性是一个广义的概念，即表明在组织和部门之间，可认为组织目标存在一个变化的范围，有效性可评价目标的实现程度。[①]因为组织目标存在多重性，组织有效性也用于评价组织多重目标的实现程度。在一个开放的系统中，组织有效性与战略管理和外部环境共同构成有机整体，决定组织目标、战略设计、适应环境变化。

组织有效性的结构定义范围涉及组织有效性的指标和其相互关系。坎贝尔（Campbell）提出了由 17 个指标构成的组织有效性定义，包括冲突、控制、效率、外部评价、灵活性、成长性、信息管理和沟通、士气、计划与目标设计、生产、利润、质量、准备状态、稳定性、培训与发展重点、环境利用、人力资源价值等。奎因（Quinn）等在此基础上提出了组织有效性的对立价值模型。[②]

从短期来看，组织的有效性体现为组织的绩效，伯纳尔丁（Bernardin）把绩效定义为“特定的时间内，由特定的工作职能或活动产生的产出纪录，工作绩效的总和相当于关键和必要工作职能绩效的总和”。这里的特定时间指的是短期的时间。从长期来看，组织有效性还要包括组织适应环境变化，获得竞争优势的能力。

综合以上研究成果可发现，评价组织有效性必须综合考虑两个尺度：从质的规定性来看，是有效性，即具有效能（effectiveness），意味着“做正确的事”，即“做对”。从量的规定性来看是有效程度，即具有“效率”（efficiency），意味着“正确地做事”，即

---

① 达夫特．组织理论与设计精要．李维安，译．北京：机械工业出版社，1999：29．

② QUINN R E，ROHRBAUGH J. A spatial of effectiveness criteria: towards a competing values approach to organizational analysis．Management science，1983，29（3）：363-377.

“做好”。[①]

因此，我们认为，从组织层面角度，评价组织有效性的两个尺度构成了组织有效性的内在含义，即组织有效性是指组织行为有效地提升了组织的效能与效率，进而使得组织绩效获得持续提升。

作为有效组织的尺度之一，效能可以定义为组织实现它的目的和目标的能力。这意味着组织能以最终实现全部目标的方式来开发和利用它的资源。

效能最终要与组织试图满足的利益团体相联系。一个组织要有效能，必须具有对其目标的明确理解。成功的第一步是确立目标，并将它广泛通知给组织的成员，因为不论对目标设立过程的参与程度如何，组织的所有成员都必须知道他们和组织所指望的东西是什么。

效能是一种普遍的总的标准，即组织是否达到了预期的目的，并且是否直接或间接地与主要受益群体相关。因此，每个组织都有度量其成功程度的效能标准。

与效能相伴的是效率，即花费的资源与所产生的结果之间的关系。资源的各项花费应该带来相应的正面结果。一个组织可以是有效能的，但却没有效率。

效能可以是长期测度的标准，而效率则属于短期测度的标准，也就是说，长期无效率是不可能的，效率的有无应该在短期内量度。

一般来说，讲求效率要以讲求效能为前提，即“不但求做好（有效），而且求做对（有效能）”。但是对于效率也务必小心加以确定，否则将会把组织引导到只注重有效性而牺牲效率为代价的错误道路上。因此，效能和效率两者都是有效组织所必须同时具备的，如图 13-2 所示。

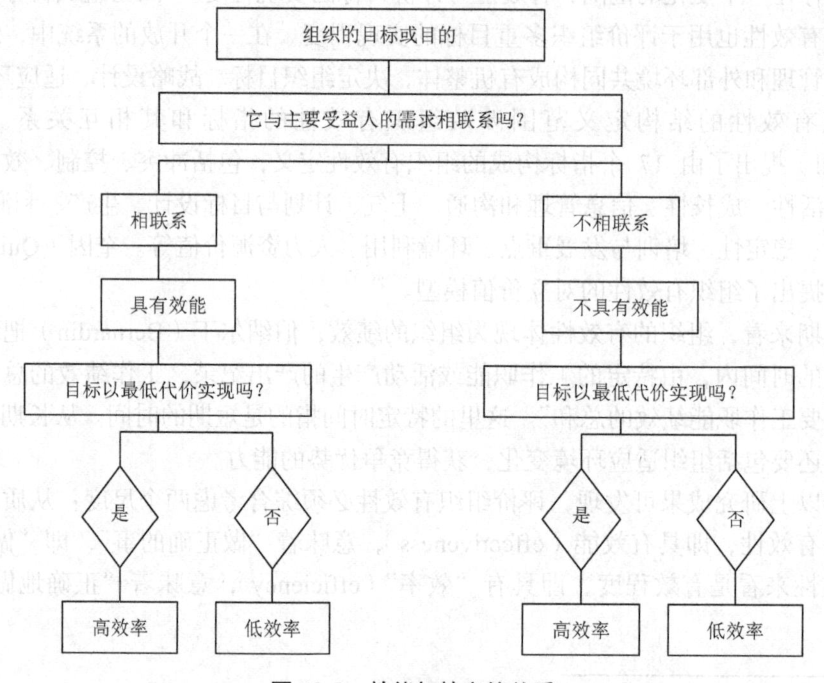

图 13-2 效能与效率的关系

① 余凯成．组织行为学．大连：大连理工大学出版社，2001，420-422

从以上分析可见，有效的组织必须兼具效能与效率。传统观点着重效率，把组织看作是封闭系统，认为有效组织的特征是利润多、产量高、质量好、士气足。而现代观点则着重效能，把组织看作是开放系统，认为有效组织的特征是：① 实现目标；② 适应环境；③ 内部协调；④ 自我完善。

由此形成以下分析思路，如图 13-3 所示。

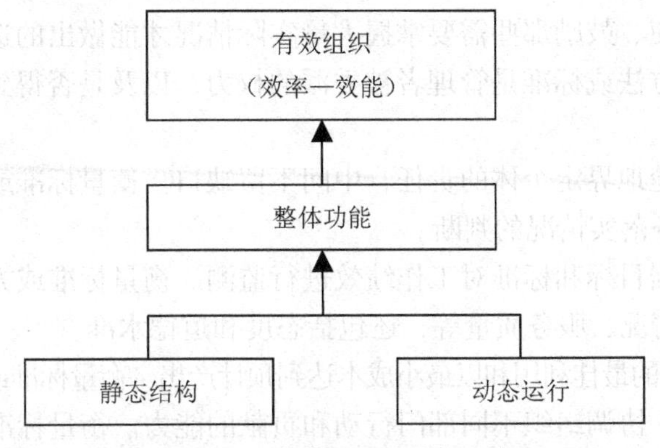

图 13-3　有效组织的分析思路

总而言之，有效组织取决于：① 组织对外部环境的能动适应；② 组织及其成员的激励效能；③ 内外互动的综合效应。

13.2.2　组织有效性的判定标准

评判组织的有效性，不同的人会采用不同的标准。在相同的参照系上，指标的权重也会因组织类型的差异而不同。卡纳尔（Carnal，1990）用四象限图呈现了一个较全面的指标体系，来判断企业组织的有效性，[①]如图 13-4 所示。

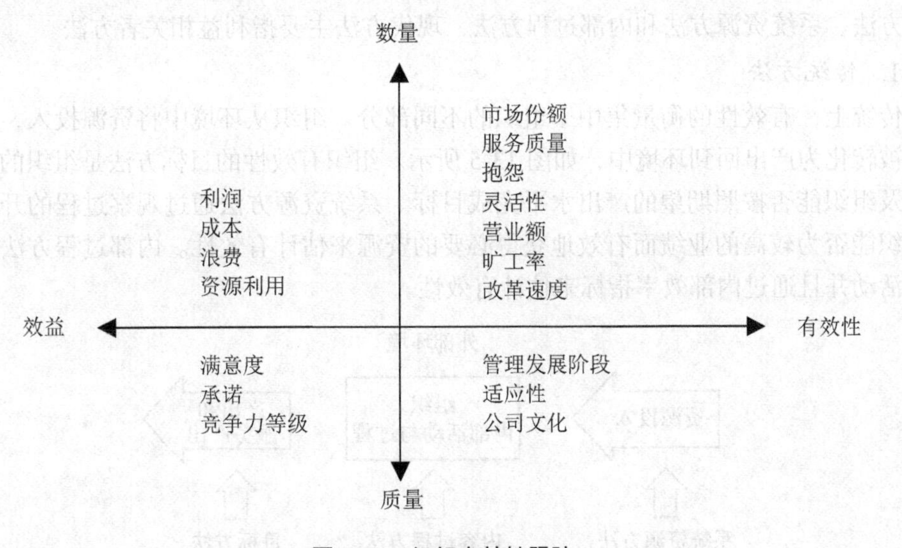

图 13-4　组织有效性跟踪

① 杰克逊．组织行为学精要．高筱苏，译．北京：中信出版社，2003：187.

英国学者泰森（S. Tyson）和杰克逊（T. Jackson）总结的目标判断组织有效性的常用标准如下。

（1）方向：确定的目标，长期和短期的计划；合适的组织结构；良好的组织形象。评判方法或标准是组织目标达到的水准，包括战略远见、成功的创新、利润率和高度一致的价值观等。

（2）分权：促使、鼓励那些需要掌握大量实际情况才能做出的选择尽可能地就地解决。这一点的评判方法或标准是管理者被委派的权力，以及是否得到下属的认可和上司的足够支持。

（3）责任：清楚地界定个体的责任，中间不留缺口。衡量标准或方法是对达到目标所需完成的各项任务落实情况的判断。

（4）控制：根据目标和标准对工作绩效进行监测。衡量标准或方法是与任务相关的指标，如资源利用情况、服务质量等，还包括态度和道德水准。

（5）效益：资源的最佳利用和以最小成本达到预计产出。衡量标准或方法是投入产出比。

（6）协调：统一协调组织不同部门行动和贡献的能力。衡量标准或方法是不同部门之间的相互支撑关系、一项行动在整个流程中受阻碍的程度等。

（7）适应性：对环境变化的反应能力、创新能力和解决问题的能力。衡量标准或方法是解决问题的速度和逐步改善现状的能力。

（8）社会系统和个人期望：保持必要的社会系统和社会联系，以及满足雇员的条件，以便获得人们的承诺。衡量标准或方法是评价报告、民意调查、旷工率等。

13.2.3 组织有效性的衡量方法

组织有效性的衡量方法可以分为两大类，即传统方法和现代方法。[①]传统方法有三种：目标方法、系统资源方法和内部过程方法，现代方法主要指利益相关者方法。

1. 传统方法

传统上，有效性的衡量集中于组织的不同部分。组织从环境中将资源投入，这些资源又被转化为产出回到环境中，如图 13-5 所示。组织有效性的目标方法是组织的产出方面以及组织能否按照期望的产出水平完成目标。系统资源方法通过观察过程的开始和评价组织能否为较高的业绩而有效地获得必要的资源来估计有效性。内部过程方法则考察内部活动并且通过内部效率指标来估计有效性。

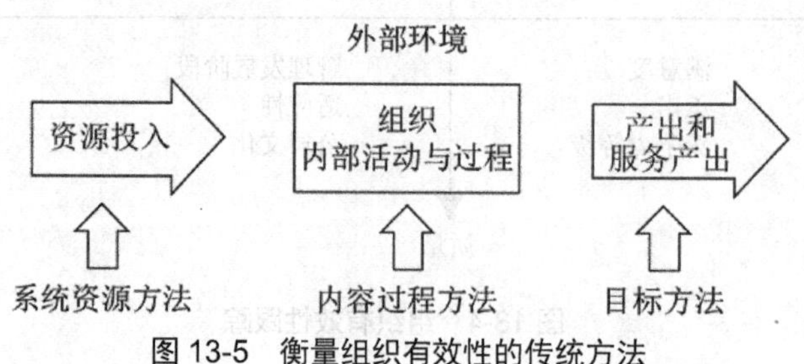

图 13-5　衡量组织有效性的传统方法

① 达夫特．组织理论与设计精要．李维安，译．北京：机械工业出版社，1999：29-34．

（1）目标方法。有效性的目标方法包括确认组织的产出目标和估计组织如何更好地达到目标。这是一种逻辑方法，因为组织试图努力达到一定的产出和客户满意水平，目标方法衡量这些目标完成的进展情况。

由于组织具有多重的和相互冲突的目标，有效性的衡量通常不能用单一的指标来评价。此外由于存在许多部门目标，有效性的全面评价应该同时考虑几个目标。

目标方法似乎是评价组织有效性最好的逻辑方法。有效性被定义为组织完成其目标的能力。因为目标反映了高层管理者的价值观，提供信息的人是高层管理者同盟的成员，用目标方法对组织有效性的评价要求评价者必须清楚这些问题并且在有效评价中考虑它们。

（2）系统资源方法。系统资源方法考察的是转换过程中投入的一面。它假定组织必须成功地获得投入资源并保证组织的有效性，组织必须从其他组织获得稀缺的和贵重的资源。从系统的观点看，无论是绝对还是相对，组织有效性被定义为组织开发环境取得稀缺的和有价值的资源的能力。

广义上讲，系统资源有效性的指标包括以下四个方法：① 讨价还价的情况——组织开发环境获取稀缺和贵重资源的能力；② 系统的决策者觉察并准确解释外部环境真实特点的能力；③ 维持组织内部日常活动；④ 组织对环境变化做出反应的能力。

当其他业绩指标难以取得时，系统资源方法是有价值的。许多非营利组织和社会福利组织很难衡量产出目标和内部效率。例如，评价一所大学的有效性指标有聘用高水平教授的实力、获得企业或基金资助的能力、较高的学术能力、学生整体上的多样性等。但这种方法的缺陷是获取资源的能力似乎不如这些资源的使用来得重要。

（3）内部过程方法。在内部过程方法中，有效性被内部组织健康和效率衡量。一个有效的组织具有平滑的内部过程，雇员是高兴和满意的，部门的活动相互交织以保证较高的生产率。这种方法没有考虑外部环境，有效性的重要因素是组织利用其拥有的资源来反映内部健康和效率。

从组织过程方法看，一个有效组织的指标是：① 浓厚的组织文化和积极的工作氛围；② 团队精神、群体、忠诚度与团队工作；③ 员工与管理者之间的信心、信任和沟通；④ 决策靠近信息资源，而不管这些资源处于组织中的什么位置；⑤ 非扭曲的横向和纵向的沟通，共享相关的资料和知识；⑥ 管理者因业绩、成长和下属组织的发展以及创造了有效的工作团队而受到奖赏；⑦ 组织与其各部分之间的相互作用按照组织利益解决因超越计划而引起的冲突。

内部过程有效性的第二指标是经济效率的衡量。美国学者威廉·伊万（William Evan）提出一个量化的衡量有效性的方法。第一步确定投入的财务成本（I）、交易（T）、产出（O）；第二步用这三个变量构成比率来评价组织业绩的各个方面，最常用的是效率评价指标 O/I。

管理的最新趋势是将人力资源的授权作为一种竞争性优势的源泉，大多数管理者都认为参与性的管理方法和积极的企业文化是组织有效性最重要的因素。内部过程方法的不足是它无法估计总的产出量和组织与外部环境的关系。同时，对组织内部健康和功能的估计也常常带有主观性，因为投入及内部过程的许多方面也不具有定量性，因此管理者应该认识到单凭效率来反映组织有效性是有限的。

2. 现代方法——利益相关者方法

利益相关者是组织内部或外部关心组织的一个集团。在利益相关者中，这些集团的满意程度可以作为评价组织业绩的指标。每个利益相关者都有不同的有效性标准，因为他在组织中有不同的利益，每个利益相关集团都必须了解组织是否按他们的观点完成得更好。

利益相关者方法正变得普遍，它基于这样的观点，即有效性是复杂的、多方位的概念，没有单一的衡量方法。最近的研究表明，多重利益相关者集团的评价是对有效性的准确反映，特别是关于组织的适应性方面。此外，研究表明，组织也确实关心自己的名誉状况从而努力去改变利益相关者对其业绩的评价。

利益相关者方法的长处在于它采用了有效性的广义观点和将环境因素与组织内的因素一样对待。利益相关者方法包括社会责任的社区概念，而它通常不能用传统的方法来衡量。利益相关者方法也同时作为许多标准，包括投入、内部过程和产出等，并承认有效性不存在单一的衡量方法。成员的良好状态与实现所有者的目标同样重要。

最后，这里对组织有效性的衡量方法做出分析：以管理者的观点看，当衡量可行时，有效性的目标方法和内部效率的衡量是有效的。其他因素如高层管理者偏好目标的可衡量程度以及环境资源的稀缺性等都可能影响有效性标准的运用。在非营利组织中，内部过程方法和产出标准通常是不可量化的，相关利益者的满意度或资源的取得可能是唯一可行的有效性指标。以组织以外其他人的观点来看，如学术调查和政府研究者，组织的有效性的利益相关者方法可能是优越的。利益相关者方法评价组织对各种利益相关者的贡献，包括员工、顾客和其他团体。

13.3 组织有效性建设

组织有效性是组织行为的目标导向，根据组织有效性理论，组织有效性包括效能和效率两大方面。因此，组织有效性建设需要从组织行为的核心内容着手，即通过对组织结构、组织文化、组织伦理、组织慈善、组织评估等的建设，最终实现组织效能和组织效率。我们结合组织管理理论，对效能和效率两大方面进行细分，可以发现，组织效能的实现往往是通过组织领导行为、决策行为和控制行为等具体体现，而组织效率的实现往往是通过组织激励行为和沟通行为等具体体现。所以我们认为，组织有效性建设是通过对组织结构、组织文化、组织伦理、组织慈善、组织评估等组织行为核心内容的建设，使得组织形成科学、系统、有效的领导行为、决策行为、控制行为、激励行为和沟通行为等，进而致使组织效能和效率得到持续改进与提升。

13.3.1 组织有效性建设的核心内容

组织有效性建设的核心内容主要包括五个模块，即组织结构建设、组织文化建设、组织伦理建设、组织慈善建设和组织评估建设等。

1. 组织结构

组织结构的概念有广义和狭义之分。狭义的组织结构是指为了实现组织的目标，在组织理论指导下，经过组织设计形成的组织内部各个部门、各个层次之间固定的排列方式，即组织内部的构成方式。广义的组织结构除了包含狭义的组织结构内容外，还包括组织之间的相互关系类型，如专业化协作、经济联合体、企业集团等。

组织结构的建设往往需要在四个结构层面进行建设，并致力于解决四大问题。四个结构层面一般分为职能结构、层次结构、部门结构和职权结构等。

（1）职能结构是指实现组织目标所需的各项业务工作以及各自在所有业务中所占比重和 相互关系。其考虑维度包括职能交叉（重叠）、职能冗余、职能缺失、职能割裂（或衔接不足）、职能分散、职能分工过细、职能错位、职能弱化等方面。

（2）层次结构是指管理层次的构成及管理者所管理的人数（纵向结构）。其考虑维度包括管理人员分管职能的相似性、管理幅度、授权范围、决策复杂性、指导与控制的工作量、下属专业分工的相近性等。

（3）部门结构是指各管理部门的构成（横向结构）。其考虑维度主要是一些关键部门是否缺失或优化。

（4）职权结构是指各层次、各部门在权力和责任方面的分工及相互关系。主要考虑部门、岗位之间权责关系是否对等。

而四大问题是单位、部门和岗位的设置，各个单位、部门和岗位的职责、权力的界定，单位、部门和岗位角色相互之间关系的界定，组织结构设计规范的要求等。

（1）单位、部门和岗位的设置。企业组织单位、部门和岗位的设置，不是把一个企业组织分成几个部分，而是企业作为一个服务于特定目标的组织，必须由几个相应的部分构成。它不是由整体到部分进行分割，而是整体为了达到特定目标，必须有不同的部分。这种关系不能倒置。

（2）各个单位、部门和岗位的职责、权力的界定。这是对各个部分的目标功能作用的界定。这种界定就是一种分工，但却是一种有机体内部的分工。

（3）单位、部门和岗位角色相互之间关系的界定。这就是界定各个部分在发挥作用时，彼此如何协调、配合、补充、替代的关系。这三个问题是紧密联系在一起的，在解决第一个问题的同时，实际上就已经解决了后面两个问题。但作为一大项工作，三者存在一种彼此承接的关系。

（4）组织结构设计规范的要求。企业组织结构设计规范化，也就是要达到企业内部系统功能完备、子系统功能担负分配合理、系统功能部门及岗位权责匹配、管理跨度合理等四个标准。

2. 组织文化

组织文化的概念有广义和狭义之分。广义的组织文化是指企业在建设和发展中形成的物质文明和精神文明的总和，包括组织管理中硬件和软件、外显文化和内隐文化两个部分。而狭义的组织文化是指组织在长期的生存和发展中所形成的，为组织所特有的且为组织多数成员共同遵循的最高目标价值标准、基本信念和行为规范等的总和及其在组织中的反映。具体地说，组织文化是指组织全体成员共同接受的价值观念、行为准则、团队意识、思维方式、工作作风、心理预期和团体归属感等群体意识的总称。

组织文化的建设往往需要在四个层面展开，即物质层、行为层、制度层和精神层。

（1）物质层是组织文化的表层部分，它是组织创造的组织的物质文化，是一种以物质形态为主要研究对象的表层组织文化，是形成组织文化精神层和制度层的条件。优秀的组织文化是通过重视产品的开发、服务的质量、产品的信誉和组织生产环境、生活环境、文化设施等物质现象来体现的。

（2）行为层，即组织行为文化，它是组织员工在生产经营、学习娱乐中产生的活动文化。包括组织经营活动、公共关系活动、人际关系活动、文娱体育活动中产生的文化现象。组织行为文化是组织经营作风、精神风貌、人际关系的动态体现，也是组织精神、核心价值观的折射。

（3）制度层是组织文化的中间层次，把组织物质文化和组织精神文化有机地结合成一个整体。主要是指对组织和成员的行为产生规范性、约束性影响的部分，是具有组织特色的各种规章制度、道德规范和员工行为准则的总和。它集中体现了组织文化的物质层和精神层对成员和组织行为的要求。制度层规定了组织成员在共同的生产经营活动中应当遵守的行为准则，主要包括组织领导体制、组织机构和组织管理制度等三个方面。

（4）精神层，即组织精神文化，它是组织在长期实践中所形成的员工群体心理定势和价值取向，是组织的道德观、价值观即组织哲学的综合体现和高度概括，反映全体员工的共同追求和共同认识。组织精神文化是组织价值观的核心，是组织优良传统的结晶，是维系组织生存发展的精神支柱。主要是指组织的领导和成员共同信守的基本信念、价值标准、职业道德和精神风貌。精神层是组织文化的核心和灵魂。

3. 组织伦理

企业组织伦理是企业经营本身的伦理，是指任何企业的经营必须以合法方式营利。企业的伦理管理，就是要求企业管理者在经营全过程中，应主动考虑社会公认的伦理道德规范，使其经营理念、管理制度、发展战略、职能权限设置等符合伦理道德要求，处理好企业与员工、股东、顾客、厂商、竞争者、政府、社会等利益相关者的关系，建立并维系合理、和谐的市场经济秩序。

因此，企业组织伦理的建设需要从六个方面展开，即企业内部的伦理建设，包括劳资伦理、股东伦理、竞争伦理等，以及企业外部的伦理建设，包括客户伦理、社会责任、政商伦理等。

（1）企业与员工间的劳资伦理。通过劳资伦理建设，明确劳资双方如何互信、劳资双方如何拥有和谐关系、如何进行伦理领导与管理、如何展开职业训练（员工素质的提升，包括职前训练与在职训练）等。

（2）企业与股东间的股东伦理。企业最根本的责任是追求利润，因此企业必须积极经营、谋求更多的利润，借以创造更多的股东权益。此外，应该清楚严格地划分企业的经营权和所有权，让专业经理人充分发挥，确保企业营运自由。

（3）企业与同业间的竞争伦理。不削价竞争（恶性竞争）、不散播不实谣言（黑函、恶意中伤)、不恶性挖角、不窃取商业机密等是竞争伦理建设的主要内容。

(4)企业与客户间的客户伦理。客户伦理的核心精神是满足顾客的需求才是企业生存的基础。顾客是企业经营的主角,是企业存在的重要价值。

(5)企业与社会间的社会责任。企业与社会息息相关,企业无法脱离社会而独立运作。取之于社会、用之于社会。企业重视社会公益,会有效提升企业社会形象。同时,社会责任的建设也会有助于谋求企业发展与环境保护之间的平衡。

(6)企业与政府间的政商伦理。政府的政策需要企业界的配合与支持,金融是国家经济发展的重要产业之一,因而金融政策更是政府施政的重点,企业不但要遵守政府相关的法规,而且要响应与配合政府的金融政策。

4. 组织慈善

目前,对于组织慈善,国内外还未形成统一的认识。在此,通过综合国内外从不同角度关于组织慈善行为的定义,我们认为,组织慈善是指企业自愿地把自身拥有的有形或者无形资源无偿奉献出来用于促进和改善社会福利的行为。

随着我国经济社会的发展以及建设和谐社会的发展目标,我国企业从事慈善活动的意愿在不断增强,其慈善行为也在逐渐增多。但是同西方发达国家相比较,我国企业对慈善行为的投入仍然有非常大的差距,究其原因,可能主要有四大方面:发展慈善事业的相关法律、法规不健全,慈善事业的进入、评估和监管、公益产权的界定与转让、融投资、退出等完整法律法规尚未形成;国内慈善公益组织影响力不够,必须大力发展民间组织;企业慈善捐赠观念陈旧,当前,中国企业家在慈善方面最大的缺陷就是没有意识到慈善就是一种投资,此外,由于政府在计划经济时期长期统包社会救济和社会福利,造成社会慈善捐赠观念落后,慈善主体参与捐赠率低;从经济上来说,我国企业目前大都处在原始积累和规模扩张阶段,由于在激烈的市场竞争中没有明显的竞争优势,很多企业不得不将有限的精力、物力与财力集中于自身的发展与扩张上,因而积极参与社会慈善捐赠的企业较少。[①]

基于此,组织慈善的建设应有针对性地从以下四个方面开展。

(1)建立健全法规制度。为建立企业捐赠行为的长效机制,有必要完善会计、税收、资本市场运行方面等相关法规。

(2)逐步形成企业慈善捐赠的良好理念。从公司法的角度看,企业的捐赠行为是企业实现其社会责任的一种方式,而企业主动承担道德层面上的社会责任,是我们国家应当大力提倡和发扬的。此外,将企业捐赠融入企业战略,为企业捐赠拟订一个与企业经营业务有关的主题,然后制定出系统、详尽、个性的公关计划与营销策略,来突出企业的社会公益理念,对于企业的持续发展具有非常重要的作用。

(3)建立企业慈善捐赠的新模式。企业慈善捐赠的两种模式:他利型与互利型。主要依靠外部驱动力决定捐赠事项、不重视捐赠项目管理和评估为他利型,而主要依靠内部驱动力决定捐赠事项、重视捐赠项目管理和评估为互利型。互利型的捐赠模式是一种

---

① 银样军,王芬. 关于企业慈善捐赠行为的探讨. 长沙民政职业技术学院学报,2009(2):7-9.

可持续发展的企业慈善范式，我们应当逐步建立互利型的企业慈善捐赠新模式，企业和普通公民一样，应该为社会尽一份公民的权利和义务。

（4）规范发展慈善机构，提高其公信度及对公众的吸引力。由于慈善组织、慈善机构是以从事公益事业为目标的非营利组织，它的动力主要来自内生的慈善精神，自律应该是慈善组织的主要制度。要加强慈善组织的自律，完善慈善组织内部的管理和监督制度，实行理事会决策和所有信息公开透明，培育慈善组织的社会公信度，提高从业人员的道德素质，进而增强公众参与慈善事业的吸引力。[①]

5. 组织评估

组织评估，即组织绩效评估（performance appraisal），又称绩效评价，员工考核绩效评估是一种正式的员工评估制度，它是通过系统的方法、原理来评定和测量员工在职务上的工作行为和工作成果。绩效评估是企业管理者与员工之间的一项管理沟通活动。绩效评估的结果可以直接影响到薪酬调整、奖金发放及职务升降等诸多员工的切身利益。

企业组织绩效评估问题是经济体系中的核心问题。在企业发展中，绩效评价指标体系起着一种导向性的作用，这一作用的发挥，不仅有利于企业经营绩效的客观正确评价，而且能定期监控企业发展状况与企业发展战略的一致性。因此，组织评估的建设，重点在于建立起一套科学、适合、有效的绩效评价指标体系，并对该指标体系进行动态监控，针对组织内外环境所发生的新变化，及时调整指标体系，使得其对组织行为形成正向的引导作用。

13.3.2 组织有效性实现的具体行为

组织有效性建设是通过对组织行为核心内容的建设，使得组织形成科学、系统、有效的领导行为、决策行为、控制行为、激励行为和沟通行为等，进而致使组织效能和效率得到持续改进与提升，最终组织有效性得以实现。因此，组织行为五大核心内容的建设，推动了促使组织有效性最终实现的五大具体行为的科学、系统化。组织行为五大核心内容对五大具体行为的支持性作用，具体如图13-6所示。

应该说，组织行为的五大核心内容对使得组织有效性得以实现的五大具体行为都具有支持性的作用，但通过对五大核心内容的深入研究与探讨，我们发现，各核心内容模块在一定程度上都存在相对重点支持的具体行为。

对于组织结构，其重点支持领导行为、决策行为和控制行为。通过组织结构的设计与建设，会直接影响组织的领导风格（集权式、分权式等），进而影响到组织的决策流程、决策方式等决策行为，最终会形成相对应的控制行为。

对于组织文化，其重点支持控制行为、激励行为和沟通行为。通过组织文化的建设，会形成组织独特的文化环境，进而影响员工的工作心态，增强员工的向心力和凝聚力，有效地提升员工的工作意愿，使得原有的制度化控制行为融入人性化的因素，并对员工的工作产生激励作用，大大提升组织沟通行为的有效性。

---

① 银样军，王芬．关于企业慈善捐赠行为的探讨．长沙民政职业技术学院学报，2009（2）：7-9．

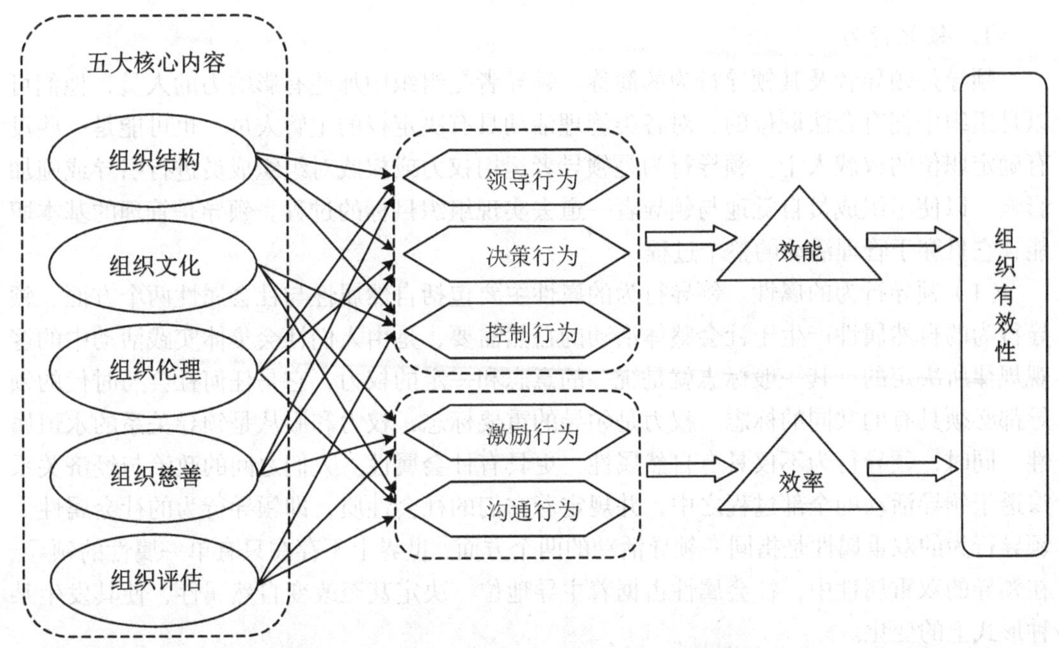

图 13-6　五大核心内容对五大具体行为的支持性作用图

对于组织伦理，其重点支持领导行为、决策行为和沟通行为。通过组织伦理的建设，会使企业组织逐步改变原有的、单纯追求利润最大化的经营目标，企业组织会逐渐转向寻求企业经济发展与社会环境的平衡，逐渐重视企业的社会责任，进而企业组织的领导行为会逐渐发生改变。此外，组织伦理的建设使得企业在决策时会综合考虑企业和社会的利益，因此，决策行为也会发生相应改变。最后，组织伦理的建设会使组织内部的员工体验到“企业如家”的感觉，随之，组织的沟通行为会更加有效地展开。

对于组织慈善，其重点支持领导行为、决策行为和激励行为。通过组织慈善的建设，会使得企业更加注重自身的公众形象和品牌价值，因此，组织原有的领导行为会发生调整，同时，由于企业在做任何重大决策时，会充分考虑到自身的公众形象，进而，其决策行为也会发生相应的改变。此外，由于企业具有良好的公众形象和品牌价值，这些无形资产将会大幅度提升企业组织内员工的荣誉感和自信心，从而对员工工作产生良性的激励作用。

对于组织评估，其重点支持控制行为、激励行为和沟通行为。通过组织评估的建设，会形成组织员工工作的绩效导向，进而形成对员工工作的控制行为。此外，绩效评价指标体系会有效地激发组织员工向指标要求的方向努力工作，并在工作过程中，伴随着组织内的绩效跟踪与辅导，提升组织内沟通行为的有效性。

因此，组织行为的五大核心内容有效支持和影响着组织领导行为、决策行为、控制行为、激励行为和沟通行为等五大具体行为，而组织领导行为、决策行为和控制行为直接决定着组织的效能，组织激励行为和沟通行为则直接决定着组织的效率，进而五大具体行为直接决定组织有效性能否实现。

1. 领导行为

领导是领导者及其领导行为的简称。领导者是组织中那些有影响力的人员，他们可以是组织中拥有合法职位的、对各类管理活动具有决定权的主管人员，也可能是一些没有确定职位的权威人士。领导行为是领导者运用权力或权威对组织成员进行引导或施加影响，以使组织成员自觉地与领导者一道去实现组织目标的过程。领导是管理的基本职能，它贯穿于管理活动的整个过程。

（1）领导行为的属性。领导行为的属性主要包括自然属性与社会属性两个方面。领导行为的自然属性产生于社会整体活动的自然需要，是由人们社会集体实践活动中的客观规律所决定的。其一般标志就是统一的意志和一定的权力，它是任何社会与时代的领导都必须具有的共同的标志。权力是领导的重要标志，权力和服从是领导关系的永恒属性。同时，领导行为不仅具有自然属性，更具有社会属性。人们之间的政治与经济关系渗透于领导活动的全部过程之中，并规定着它们的社会性质，即领导行为的社会属性。领导行为的双重属性是指同一领导活动的两个方面，世界上不存在只有单一属性的领导。在领导的双重属性中，社会属性占据着主导地位，决定甚至改变自然属性，使其发生某种形式上的变化。

（2）领导行为的功能。领导行为的功能是指领导者在领导过程中必须发挥的作用，即领导者在带领、引导和鼓舞下属为实现组织目标而努力的过程中，要发挥组织、激励和控制作用。

① 组织功能。组织功能是指领导者为实现组织目标，合理地配置组织中的人、财、物，把组织的三要素构成一个有机整体的功能。组织功能是领导的首要功能，没有领导者的组织过程，一个组织中的人、财、物只可能是独立的、分散的要素，难以形成有效的生产力，通过领导者的组织活动，人、财、物之间的合理配置，构成一个有机整体，才能去实现组织的目标。

② 激励功能。激励功能是指领导者在领导过程中，通过激励方法调动下级和职工的积极性，使之能积极努力地实现组织目标的功能。实现组织的目标是领导者的根本任务，但完成这个任务不能仅靠领导者一个人动手亲自去干。领导者应在组织的基础上，通过激励功能的作用，将全体职工的积极性调动起来，共同努力，“众人拾柴火焰高”，领导的激励功能，形象地说就是要使众人都积极地去拾柴。

③ 控制功能。控制功能是指在领导过程中，领导者对下级和职工以及整个组织活动的驾驭和支配的功能。在实现组织的目标过程中，“偏差”是不可避免的。这种“偏差”的发生可能源自不可预见的外部因素的影响，也可能源自内部不合理的组织结构、规章制度、不合格的管理人员的影响，纠正“偏差”、消除导致“偏差”的各种因素是领导的基本功能。

2. 决策行为

“决策”一词直观的意思是做出决定或选择。时至今日，国内外众多学者对决策概念的界定不下上百种，但仍未形成统一的看法，诸多界定归纳起来，基本有以下三种理解。

（1）把决策看作是一个包括提出问题、确立目标、设计和选择方案的过程，这是广义的理解。

（2）把决策看作是从几种备选的行动方案中做出最终抉择，是决策者的拍板定案，这是狭义的理解。

（3）决策是对不确定条件下发生的偶然事件所做的处理决定，这类事件既无先例，又没有可遵循的规律，做出选择要冒一定的风险，也就是说，只有冒一定的风险的选择才是决策，这是对决策概念最狭义的理解。

以上对决策概念的解释是从不同的角度做出的，要科学地理解决策概念，有必要考察决策专家赫伯特·西蒙在决策理论中对决策内涵的看法。赫伯特·西蒙认为，一般理解，决策就是做出决定的意思，即对需要解决的事情做出决定，但事实上，决策不仅指高层领导做出决定，也包括人们对日常问题做出决定，如某企业要开发一个新产品、引进一条生产线、某人选购一种商品或选择一种职业等，都带有决策的性质，可见，决策活动与人类活动是密切相关的。在对现有相关决策理论进行梳理和总结的基础上，我们认为正确理解决策概念应把握以下几层意思。

（1）决策要有明确的目标。决策是为了解决某一问题或是为了达到一定目标，确定目标是决策过程第一步。决策所要解决的问题必须十分明确，所要达到的目标必须十分具体，没有明确的目标，决策将是盲目的。

（2）决策要有两个以上的备选方案。决策实质上是选择行动方案的过程。如果只有一个备选方案，就不存在决策的问题。因而至少要有两个或两个以上方案，人们才能从中进行比较、选择，最后选择一个满意方案为行动方案。

（3）选择后的行动方案必须付诸实施。如果将选择后的方案束之高阁，不付诸实施，这样，决策也等于没有决策。决策不仅是一个认识过程，也是一个行动的过程。

决策是人类社会自古就有的活动，决策科学化是在20世纪初开始形成的。第二次世界大战以后，决策研究在吸收了行为科学、系统理论、运筹学、计算机科学等多门科学成果的基础上，结合决策实践，到20世纪60年代形成了一门专门研究和探索人们做出正确决策规律的科学——决策学。决策学研究决策的范畴、概念、结构、决策原则、决策程序、决策方法、决策组织等，并探索这些理论与方法的应用规律。随着决策理论与方法研究的深入与发展，决策渗透到社会经济、生活各个领域，尤其应用在企业经营活动中，从而也就出现了经营管理决策行为。

3. 控制行为

从一般意义上说，控制是指控制主体按照给定的条件和目标，对控制客体施加影响的过程和行为。控制一词，最初运用于技术工程系统。自从维纳（Norbert Wiener）的《控制论》一书问世以来，控制的概念更加广泛，它已用于生命机体、人类社会和管理系统之中。从一定意义上说，管理的过程就是控制的过程。因此，控制既是管理的一项重要职能，又贯穿于管理的全过程。

一般来说，管理中的控制职能是指管理主体为了达到一定的组织目标，运用一定的控制机制和控制手段，对管理客体施加影响的过程。在管理中构成控制活动必须有以下三个条件。

（1）要有明确的目的或目标，没有目的或目标就无所谓控制。

（2）受控客体必须具有多种发展可能性，如果事物发展的未来方向和结果是唯一的、确定的，就谈不上控制。

（3）控制主体可以在被控客体的多种发展可能性中通过一定的手段进行选择，如果这种选择不成立，控制也就无法实现。

此外，控制行为的展开需要有一些环节和程序，这些环节和程序构成了控制行为的整个过程。控制行为的整个过程通常由以下四部分组成。

（1）确定控制标准。控制标准的确定由三个必不可少的环节组成，即确立控制对象、选择控制重点和制定标准方法。在现实的管理实践中，常用的制定标准的方法有三种：利用统计方法来确定预期结果；根据经验和判断来估计预期结果；在客观的定量发现的基础上建立工程（工作）标准。

（2）衡量实际业绩。控制活动应当跟踪工作进展，及时预示脱离正常或预期成果的信息，及时采取矫正措施。在衡量的过程中应注意三个方面的问题：通过衡量成绩，检验标准的客观性和有效性；确定适宜的衡量额度；建立信息反馈系统。

（3）进行差异分析。通过将实际业绩与控制标准进行比较，可确定这两者之间有无差异。若无差异，工作按原计划继续进行。若有差异，首先要了解偏差是否在标准允许的范围之内，在分析偏差原因的基础上进行改进；若差异在允许范围之外，则应深入分析产生偏差的原因。

（4）采取纠偏措施。控制行为有效展开的最后一个环节是采取纠偏措施。在当前的管理实践中，具体的纠偏措施主要有两种：一是立即执行的临时性应急措施；另一种是永久性的根治措施。对于那些迅速、直接地影响组织正常活动的急迫问题，多数应立即采取补救措施。而在危机缓解以后，则可转向永久性的根治措施。

4．激励行为

所谓激励，就是组织通过设计适当的外部奖酬形式和工作环境，以一定的行为规范和惩罚性措施，借助信息沟通来激发、引导、保持和规范组织成员的行为，以有效地实现组织及其成员个人目标的系统活动。对激励行为的理解包含了以下几方面的内容。

（1）激励的出发点是满足组织成员的各种需要，即通过系统的设计、适当的外部奖酬形式和工作环境，来满足企业员工的外在性需要和内在性需要。

（2）科学的激励工作需要奖励和惩罚并举，既要对员工表现出来的符合企业期望的行为进行奖励，又要对不符合员工期望的行为进行惩罚。

（3）激励贯穿于企业员工工作的全过程，包括对员工个人需要的了解、个性的把握、行为过程的控制和行为结果的评价等。因此，激励工作需要耐心。

（4）信息沟通贯穿于激励工作的始末，从对激励制度的宣传、企业员工个人的了解，到对员工行为过程的控制和对员工行为结果的评价等，都依赖于一定的信息沟通。企业组织中信息沟通是否通畅，是否及时、准确、全面，直接影响着激励制度的运用效果和激励工作的成本。

（5）激励的最终目的是在实现组织预期目标的同时，也能让组织成员实现其个人目标，即达到组织目标和员工个人目标在客观上的统一。

对一个企业组织来说，科学的激励制度至少具有以下几个方面的作用。

（1）吸引优秀的人才到企业来。在发达国家的许多企业中，特别是那些竞争力强、实力雄厚的企业，通过各种优惠政策、丰厚的福利待遇、快捷的晋升途径来吸引企业需要的人才。

（2）开发员工的潜在能力，促进在职员工充分地发挥其才能和智慧。美国哈佛大学的威廉·詹姆斯（W.James）教授在对员工激励的研究中发现，按时计酬的分配制度仅能让员工发挥 20%～30%的能力，如果受到充分激励的话，员工的能力可以发挥出 80%～90%，两种情况之间 60%的差距就是有效激励的结果。管理学家的研究表明，员工的工作绩效是员工能力和受激励程度的函数，即绩效=F（能力×激励）。如果把激励制度对员工创造性、革新精神和主动提高自身素质的意愿的影响考虑进去的话，激励对工作绩效的影响就更大了。

（3）留住优秀人才。德鲁克认为，每一个组织都需要三个方面的绩效：直接的成果、价值的实现和未来的人力发展。缺少任何一方面的绩效，组织注定非垮不可。因此，每一位管理者都必须在这三个方面均有贡献。在三个方面的贡献中，对“未来的人力发展”的贡献就是来自激励工作。

（4）造就良性的竞争环境。科学的激励制度包含着一种竞争精神，它的运行能够创造出一种良性的竞争环境，进而形成良性的竞争机制。在具有竞争性的环境中，组织成员就会收到环境的压力，这种压力将转变为员工努力工作的动力。正如麦格雷戈所说：“个人与个人之间的竞争，才是激励的主要来源之一。”在这里，员工工作的动力和积极性成了激励工作的间接结果。

5. 沟通行为

沟通是人与人之间、人与群体之间思想与感情的传递和反馈的过程，以求思想达成一致和感情的通畅。人与人的沟通过程包括输出者、接收者、信息、渠道主要因素。在对沟通形成系统认知的基础上，对于沟通行为的模式，通常被划分为两大类，即语言沟通和肢体语言沟通。

（1）语言沟通。语言是人类特有的一种非常好的、有效的沟通方式。语言的沟通包括口头语言、书面语言、图片或者图形。口头语言包括我们面对面的谈话、开会等。书面语言包括信函、广告和传真，甚至现在用得很多的 E-mail 等。图片包括一些幻灯片和电影等，这些都统称为语言的沟通。在沟通过程中，语言沟通对于信息的传递、思想的传递和情感的传递而言更擅长于传递信息。

（2）肢体语言沟通。肢体语言传达的信号非常丰富，包括我们的动作、表情、眼神。实际上，在我们的声音里也包含着非常丰富的肢体语言。我们在说每一句话的时候，用什么样的音色去说，用什么样的抑扬顿挫去说，这都是肢体语言的一部分。语言更擅长沟通的是信息，而肢体语言更善于沟通的是人与人之间的思想和情感。

沟通行为的模式在组织中往往通过一些具体的沟通方式展现出来，这些具体的沟通方式都具有自己独特的特点，现将常见的沟通方式描述如表 13-1 所示。

表 13-1 常见的信息沟通方式的特点

沟通方式	举例	优点	缺点
口头	交谈、讲座、讨论会、电话	快速传递、快速反馈、信息量很大	传递中经过层次愈多信息失真愈严重、核实越困难
书面	报告、备忘录、信件、内部期刊、布告	持久、有形、可以核实	效率低、缺乏反馈
非语言	声、光信号、体态、语调	信息意义十分明确，内涵丰富，含义隐含灵活	传递距离有限，界限模糊，只能意会不能言传
电子媒介	传真、闭路电视、计算机网络、电子邮件	快速传递、信息容量大、一份信息可同时传递给多人、廉价	单向传递，电子邮件可以交流，但看不见表情

13.4 组织行为的识别、选择与反馈①

13.4.1 组织行为的识别

组织行为的识别是对组织行为的状态与表现进行分析。下面以组织行为中的流程管理为例来说明组织行为识别。

业务流程是指从原材料进入企业到产品流出企业这一运营链条上的所有工作。企业对业务流程进行设计和管理，不仅能够大幅提高绩效，还能为客户提供更大的价值，为股东创造更多的利润。事实上，各行各业的企业，无论其规模大小，几乎都因为关注、衡量和重新设计了面向内部和外部客户的流程，而在成本、质量、速度和赢利能力等关键指标上取得了显著改善。然而，所有的变革项目推行起来都困难重重，流程变革就更为艰难了。失败的例子也比比皆是。尽管有良好的意愿和必要的投资，但许多企业不是进展缓慢，就是成效甚微。

迈克尔·哈默与多家领先企业合作，用 5 年时间建立了“流程和企业成熟度模型（Process and Enterprise Maturity Model，PEMM）”。这个新的模型框架可以帮助企业高管理解、规划和评估基于流程的企业变革。

通过研究企业实施新流程的不当之处以及确保业务流程持续运行的各种因素，迈克尔·哈默最终筛选出了任何高绩效流程所不可或缺的五个因素。首先，一个流程必须有具体明确的“设计”（design），否则执行流程的人就不知道要做些什么，或者应该什么时候做。其次，执行流程的人，即“执行者”（performer），必须具备适当的技能和知识，否则就无法实施流程设计。再次，流程必须有一个“负责人”（owner），一位有责任、有权力的高管，确保流程出成效，也避免项目中途而废。还有，企业必须协调信息技术和人力资源系统等“基础设施”（infrastructure），以支持流程，为实现流程绩效扫除障碍。

① 哈默. 流程再造新工具：PEMM 框架. 商业评论，2007（10）：31-34.

最后，企业必须制定和使用正确的“指标”（metrics），以评估流程的长期绩效，否则就不能取得我们希望的结果。一个流程如果具备了这些能动因素，就有可能取得高绩效。这些因素就是迈克尔·哈默所称的“流程能动因素”（process enabler），它们适用于单个流程，决定了流程的长期运行效果。

这些能动因素相互依存：一旦其中一个因素缺失，其他因素也会失效。流程负责人太弱势，流程设计再好也无力推行；执行者缺乏培训，就没有能力执行流程设计，而如果流程设计不完善，那么不管流程指标有多周全，也无法优化流程绩效。业务流程实施中如若缺少一个能动因素，也许通过员工的超常努力或高层的干预，短期内也能取得绩效，但这种情况不会持久，当然，就算所有能动因素都齐备了，也不能保证流程一定运行良好。例如，虽然有流程设计，但如果设计不善那就毫无用处。

令流程变革尤为棘手的一点是，企业内的每个能动因素在强度上都有差异，对流程的支持力度也就大不相同。例如，很多企业遇到的问题往往不是有没有人指派流程负责人这样简单，而是在指派负责人后，没有授予他应有的权力，令其无法实施所有必要的变革，流程也就无法发挥作用。在本书“序言”中“组织行为的识别”部分中，我们已经了解流程能动因素的强度可以分为 P-1、P-2、P-3 和 P-4 四个级别（参见表 13-2），并且这四个级别对员工的要求逐级递增。因而，能动因素强度越高，流程的可持续绩效也就越高。同时，能动因素的强度决定了流程的成熟度，即流程持续创造高绩效的能力。

表 13-2　识别流程成熟度①

使能器	变　量	P-1	P-2	P-3	P-4
设计	目标	流程并非从头到尾重新设计，部门经理主要利用原先的流程设计来改善部门绩效	从头到尾的流程设计以优化流程绩效	为了优化企业绩效，流程设计考虑了与企业内其他流程和 IT 系统的匹配	流程设计以适应客户和供应商的流程并达到优化企业间绩效的目标
	流程间关系	已识别流程的输入、输出、供应商和客户	对流程客户的需求有所了解，并已经达成共识	流程负责人与其他衔接流程负责人以就预期流程绩效达成共识	流程负责人与客户及供应商流程的负责人以就预期流程绩效达成共识
	记录	流程记录主要在部门内进行，但同时关注到公司内参与流程执行的各部门之间的关联	流程设计从头到尾的全程记录	流程文件描述了与其他流程的衔接状况、对其他流程的期望，并将该流程与其他企业系统和数据架构的流程相连接	流程设计电子化，支持了流程绩效和管理的改进，并为环境变化和流程重组的分析提供依据

① 哈默．流程再造新工具：PEMM 框架．商业评论，2007（10）：31-34．

续表

使能器	变　量	P-1	P-2	P-3	P-4
执行者	知识	执行者能够讲出他所施行的流程名称并识别流程绩效的关键指标	执行者能全面地描述流程，知道他们的工作是如何影响到客户和流程中的其他人员，知道流程所要求的绩效标准和实际绩效的水平	执行者熟悉基本的商业概念和企业绩效的驱动因素并能描述他们的工作是如何影响到其他流程和企业绩效	执行者熟悉企业所处的行业及态势并能描述他们的工作如何影响跨企业流程的绩效
	技能	执行者具备问题解决技巧和流程改善技能	执行者具备团队精神和自我管理能力	执行者具备业务决策能力	执行者具备变革管理和变革实施的技能
执行者	行为	执行者在一定程度上对流程负责，但主要还是忠于其所在部门	执行者会努力遵循流程设计，正确执行流程，并尽心配合流程的其他执行者有效开展工作	执行者努力确保实现企业目标所需要的流程结果，帮助企业实现目标	执行者寻找流程变革的迹象并提出流程改善建议
负责人	身份	流程负责人是以非正式的方式负责流程绩效改善的某个人或某群人	企业领导人设立了一个正式的流程负责人职位，并指派有影响力和威信的高级经理人担任	在时间分配、精力投入和个人目标上，流程负责人优先考虑流程	流程负责人是企业最高决策层的成员
	活动	流程负责人能够界定和记录流程，并与所有执行者沟通，发起小规模的变革项目	流程负责人能清晰地表达流程绩效目标和未来愿景，发起再设计和改革活动，计划并确保按设计的流程实施	流程负责人和其他流程负责人合作，整合所有流程，以实现企业目标	流程负责人制定流程的滚动战略，参与企业级的战略规划，与同事一起为客户和供应商工作，发起企业间的流程再造活动
	权利	流程负责人游说大家采用新流程，但仅鼓动部门经理进行变革	流程负责人可以组建一个流程再造小组，并实施新的流程设计，对流程的开发预算也有一定的控制权	流程负责人控制支持流程的 IT 系统和任何改变流程的项目，对人员任命、评估、流程预算等有影响力	控制流程预算并对人员任命评估具有强有力的影响力
基础设施	信息系统	由原来分散的 IT 系统支持流程运行	构建一个基于各部门的 IT 系统的整合体系，以支持流程 运行	有一个集成 IT 系统来支持流程，该系统根据流程需要设计，符合企业标准，支持流程运营	支持流程的 IT 系统采用模块化架构，符合跨企业沟通的行业标准
	人力资源	对于流程工作中有助于优化部门业绩和解决部门问题的行为，部门经理予以奖励	流程设计决定了职责范围、工作描述和能力要求。工作培训往往根据流程记录来 设计	招聘、培养、奖励和认可制度都基于流程的需求和结果，并与企业的需求相平衡	招聘、培养、奖励和认可制度都注重企业内部和跨企业的合作、个人学习和组织变革的重要性

续表

使能器	变　量	P-1	P-2	P-3	P-4
指标	定义	流程有一些基本的成本和质量衡量指标	根据客户的要求，为整个流程制定衡量 指标	根据企业战略目标制定流程衡量指标以及跨流程衡量指标	根据跨企业流程目标来制定流程的衡量指标
	运用	管理者利用流程衡量指标来跟踪流程绩效，查找绩效不佳的根源，并推动部门业绩的改善	管理者利用流程衡量指标，将自己的绩效行业基准、业内最佳绩效、客户需求进行比较，并设定绩效目标	管理者以衡量指标来引导和激励流程执行者，并根据衡量指标制定管理规则，用于流程的日常管理	管理者定期评估和更新流程衡量指标和目标，并用于战略规划

表 13-2 展示了流程成熟度的四个级别，列中列示的是能动因素，行中显示的是强度级别。企业在使用这张表格来评估流程成熟度时，不要把有关能动因素的级别说明（方格内的描述）简单视为“正确”或“错误”，而应该做出“大致正确”“勉强正确”“不太正确”的评估。如果可以采用量化评估，“大致正确”表示陈述的情况至少 80%相符；“勉强正确”表示情况的相符程度介于 20%～30%；“不太正确”表示陈述的情况最多 20%，高管们常常会根据自己的评估，将那些方格分别用绿色、黄色和红色来标示。绿色方格表示这些情况不会阻碍流程的进展，因此无须太多关注，黄色方格表示企业在这些方面还有很大的改进余地，红色方格则表示这些是阻碍流程创造更高绩效的障碍。企业如果对问题置之不理，或处理不当，通常就会面临红色方格描述的情况，当然应该马上着手处理。

13.4.2　组织行为的选择

组织行为的选择是从自律和他律的视角，对环境、任务和组织行为进行匹配。本文以组织行为中的流程变革为例进行企业的组织能力与组织流程的匹配。

要发展高绩效流程，企业还需要提供配套环境，具体来说包括四个方面的组织能力：领导能力（leadership）、文化（culture）、专业技能（expertise）和治理（governance）。第一，企业高层必须支持基于业务流程的变革方法。流程再造需要进行大范围的组织变革，而这些往往会引发上上下下各级员工的抵制。如果没有企业高层的支持，流程变革就有可能前功尽弃。第二，企业的组织文化必须重视客户、团队合作、个人责任和变革意识，只有这样才有可能推动基于流程的变革项目。因此，执行跨部门业务流程的人必须拥有上述价值观。第三，企业必须有一些人员具备流程变革的技能和相关知识，造诣不高或者准备不周的人是无法胜任这些工作的。第四，企业必须确保能够管理各种项目和变革计划，以免陷入混乱和冲突之中。

只有整个企业都具备所有这些能力，才有可能贯彻流程能动因素的要求，并保持流程的长期绩效。如果企业能力欠缺，那么即使企业高管能勉强确保部分能动因素符合要求，但流程的绩效不会持久，因此组织的企业能力必须达到基本级别，才能启动流程变革项目；而想要取得更大的进展，就必须达到更高的能力级别，同流程能动因素的强度分级一样，企业能力级别也分为四级：E-1、E-2、E-3 和 E-4。如果一个企业的能力为 E-1 级别，那么企业的成熟度就处于第一级别，每一种能力的 E-1 级别都分别有具体的界定，例如，若组织文化处于 E-1 级别，就表示它肯定拥有一定的团队合作经验。但要想更进一步，企业就必须拥有 E-2 级别的文化，也就是说，它经常采用跨职能的项目团队，员工们也熟悉团队合作。要想达到 E-3 级别，团队合作就必须成为企业的标准工作方式，而要上升到 E4 能力级别，企业还必须习惯于和供应商及客户的团队合作。

表 13-3 列出了企业成熟度的四个级别，并将四种企业能力分解成 13 个组成要素。高管们评估企业成熟度的方式同评估流程能动因素差不多，也是看表述的情况对组织来说大致正确、勉强正确，还是不正确，然后用不同的颜色标示出企业的哪些方面有利于流程实施（绿色），哪里仍需要努力（黄色），以及哪些方面非常不利于流程实施（红色）。如果表述的情况至少 80%相符，则把相应方格涂成绿色，如果相符程度介于 20%～80%，则涂成黄色，如果最多 20%相符，则涂成红色，企业必须着重处理红色方格内的问题。

表 13-3　企业成熟度的级别[①]

能　力	变　量	E-1	E-2	E-3	E-4
领导力	了解	企业高管层意识到有必要改善运营绩效，但对业务流程作用的认识有限	至少有一位高管深入了解了业务流程概念，知道企业可以如何利用业务流程来提高绩效，以及流程实施会涉及哪些方面	高管层从流程角度审视企业，并为企业及其流程制定了愿景	高管层从流程角度来审视自己的工作，并将流程管理视为管理企业的一种方式而不仅仅是一个项目
	协调	由中层管理人员来领导流程项目	由高管来领导流程项目，并对此负责	高管层对流程项目的看法高度一致，企业各层面都有许多员工协助推动流程再造	企业各级员工都对流程管理表现出极大的热忱，并在流程再造中发挥领导作用
	行为	有一位高管支持并适当参与流程改进	有一位高管从客户利益出发，公开设定长远的流程绩效目标，并准备好投入资源，进行深度改革，排除障碍，以达成这些目标	高管们以团队形式开展工作，通过流程来管理企业，并积极参与流程项目	高管层成员以流程方式开展自己的工作，以流程作为战略规划的重心，并在高绩效流程的基础上发掘新的商业机会
	风格	高管层开始由自上而下的层级管理风格向开放、合作的风格转变	领导流程项目的高管层深信变革的必要性，并将流程作为变革的关键工具	高管层将控制权和职权授予流程负责人	高管层通过愿景和影响力，而不是通过命令和控制来发挥其影响力

① 哈默. 流程再造新工具：PEMM 框架. 商业评论，2007（10）：31-34.

续表

能　力	变　量	E-1	E-2	E-3	E-4
文化	团队合作	团队合作只见于项目之中，其他场合很少进行，并非常规活动	企业普遍采用跨职能项目小组以实施改进项目	团队合作是流程执行者惯用的方式，在管理者中也司空见惯	与客户和供应商进行团队合作已是屡见不鲜
	客户至上	员工普遍认识到客户至上的重要性，但对其内在含义却不甚了解，在如何满足客户需求上，也存在不确定和意见分歧	员工认识到他们工作的目的是创造客户价值	员工认识到客户需要连贯的卓越服务和无缝式服务体验	员工致力于与教育伙伴进行合作，以满足最终客户的需求
	责任	由管理者对结果负责	一线员工开始对结果负责	员工觉得自己对企业的经营结果负有责任	在客户服务和持续绩效提升上，员工有一种使命感
	对变革的态度	企业内部逐渐进行了适度变革的必要性	员工准备好对工作方式进行重大变革	员工准备好迎接重大的多层面变革	员工认识到变革是不可避免的，并认为这是一种正常现象
专业技能	员工	只有一小群人深知流程的作用	有一群专家拥有流程再造和实施、项目管理、沟通以及变革管理等方面的技能	有一群专家拥有大规模变革管理和企业转型方面的技能	整个企业有大量员工拥有流程再造和实施、项目管理、计划管理和变革管理等方面的技能，企业还建立了一个发展和保持该技能基础的正式流程
	方法	企业使用一种或多种方法解决流程执行问题，并渐进地改善流程	流程再造小组拥有基本的流程再造方法	企业建立了一个正式的、标准化的流程再造模型，并将其与流程改进的标准程序进行整合	流程管理和流程再造已经成为企业的核心能力，并已纳入一个正式的系统，该系统包括了企业环境分析、变革规划、变革实施，以及以流程为中心的创新
治理	流程模式	企业确定了一些业务流程	企业开发了完整的企业流程模式，并得到了高管的认可	企业流程管理模型已传达到整个企业，用于排定项目的优先顺序，并与企业层面的技术和数据架构进行连接	企业扩展其流程模型，与客户和供应商的流程相连接，并在流程模型的基础上制定战略

续表

能 力	变 量	E-1	E-2	E-3	E-4
治理	责任	部门经理对绩效负责，项目经理对改进项目负责	流程负责人对单个流程负责，指导委员会则对企业流程的整体进展负责	流程负责人对企业绩效也负有责任	流程委员会是最高管理机构，流程执行者也对企业绩效负责，企业与客户和供应商共同组建指导委员会以推动跨企业的流程变革
	整合	一个和多个群体倡导和支持各种不同的运营改进方法	有一个非正式的协调机构负责必要的项目管理，指导委员会则负责为流程再造项目配置资源	有一个正式的项目管理办公室，由首席流程官领导，负责协调和整合所有流程项目，有一个流程委员会负责管理流程整合问题。企业从全局层面管理和部署所有的流程改进方法和工具	流程负责人与客户及供应商企业的流程负责人合作，以推动企业流程整合

要确定你们的组织与哪一个级别的流程变革可以匹配，可以评估这张表中的各项表述，它们阐述了企业在改进业务流程时所需具备的能力。企业能力越强，流程能动因素就越强，也就能创造出更好的流程绩效。因此，当企业的领导力、文化、专业技能和智力水平都处于 E-1 级别时，它的所有流程也准备好进入 P-1 级别，当所有四种能力达到 E-2 级别时，企业就可以把流程提升到 P-2 级别，依此类推。

很多企业想当然地认为自己的企业能力是没有问题的。例如，加州汽车协会（CSAA，即北加州、犹他州和内华达州的美国汽车协会俱乐部）进行了一项分析，以了解为什么有些流程的绩效比其他流程要好。结果发现，问题出在自己的企业能力上，在 CSAA 业务变革副总格雷格 • 塔克（Greg Tucker）的领导下，一个研究小组调查发现，该组织在治理水平和专业技能方面存在不足，尤其是在流程负责人的培训上，从而导致其流程无法保持在 P-2 级别。研究小组还发现，该组织的文化中缺乏跨部门团队合作的意愿。因此，主要隶属于某个部门的流程，如理赔处理，在绩效表现上要优于跨部门的流程，如客户计费和付款。根据这项发现，该组织采取了多项举措，包括扩大流程负责人的职责范围、将流程首要任务纳入战略规划，以及建立一个强调流程能力的新领导力模型。这些举措帮助 CASS 提升了企业能力，稳定了流程的绩效。

13.4.3 组织行为的反馈

组织行为的反馈是指评估个体行为在一定环境下产生的绩效，如果绩效满意，则保持目前的状态，如果有待改进，则采取措施对行为进行优化，最终提高组织的效率。本文以流程变革为例来说明如何通过一定的方式对组织行为进行评估和改进。

1. 组织行为评估

正如前面所说，流程能动因素和企业能力构成了一个完整的框架，企业可以利用这个框架来评估业务流程的成熟度，以及组织对流程变革的接受程度，进而对组织进行优化。哈默介绍了米其林、加州汽车协会、利乐、壳牌、高乐氏、施奈德等多家企业，它们在不同阶段，以多种方式成功应用了 PEMM 框架，并对基于流程的变革进程进行了评估和优化。下面以壳牌公司的流程管理为例说明组织行为的评估。

汤姆·珀维斯（Tom Purves）现任壳牌公司美国墨西哥湾地区生产运营副总裁，2001 年，他出任位于德克萨斯州的阿瑟港的 Motiva 炼油厂厂长，当时，他和他的领导层采用基于流程的方法，重新设计了两个核心流程——“确保安全生产”流程和“可靠性维护”流程，改善了炼油厂的运营绩效。变革的结果令人瞩目：该厂的预算外生产损失从 2001 年的 7%降低到了 2.4%，创造了低于行业 3%的平均水平。

为了进一步改善炼油厂的运营绩效，珀维斯决定把流程能动因素从 P-2 提升到 P-3 级别，并带领领导团队利用 PEMM 框架，寻找需要改善的领域，他命令流程负责人和企业高管为一组，一线员工为一组，分别独立地评估流程能动因素和企业能力，结果并不令人意外：高管们的想法比员工们乐观得多，珀维斯并没有去掩盖两者之间的差异，而是提醒双方关注分歧所在，它要求两组人员充分沟通，而不是简单地彼此迁就、取道中庸，因此最终做出了准确的评估。例如，高管们对阿瑟港流程再造中的专业技能的评估普遍高于员工，这是因为员工并不知道高管们是如何评估流程设计方法，或者建立流程设计标准的。最后，高管们说服了员工接受了他们对流程再造专业技能的评估，但同时也承认在该问题上需要加强沟通。

珀维斯和他的领导团队发现，企业的多个能动因素已处于 P-3 级别，但 PEMM 评估显示，执行者的知识和根据指标设定目标的能力仍显不足，同时，治理水平也有欠缺。了解了这些情况后，领导团队采取了相应的措施，以增进执行者对流程的了解，并使用更具结构性的方法来设定绩效目标。另外，他们设立了一个项目管理组。结果，企业的流程绩效持续提高。例如，阿瑟港的警报率（“确保安全生产”流程的一个关键评估指标）现在是壳牌公司制造体系中最低的，而且该厂的主要设备平均无故障工作时间也大幅度延长了，这些变化大大促进了炼油厂利润的提高。

有了阿瑟港的经验后，壳牌公司开始运用 PEMM 框架来评估其在全球各地的炼油厂和化工厂，并以评估结果与战略业务评估结果审视其工厂在主要问题上的表现，并制定相应措施以发展企业能力和流程能动要素，由于 PEMM 框架简单易用，且所需的间接费用很低，所以壳牌公司每 6 个月就会进行这样一次评估。

2. 组织行为的优化

当组织与相应级别的流程变革进行匹配并获得高绩效时，如何维持流程的高绩效又是企业的一大难题。下面以高乐氏公司（Clorox）为例来说明组织如何进行持续的优化改进。自 2002 年以来，高乐氏公司一直致力于其“订单—收款”（Order to Cash，OTC）流程的改进工作，在对多个子流程进行再造之后，公司取得了令人瞩目的成果：到 2006 年，交货延误减少了 70%以上，逾期应收账款减少了三分之二，订单完全履行率也从 19%飙升到70%。但是，公司领导层仍然担心这样的成果难以维持，里克（Rick Magoun）是高乐氏公司的物流副总裁，同时也是OTC流程的负责人，它要求4个子流程的负责人评估这些流程的成熟度，并让物流领导小组（由10名成员组成）评估执行OTC流程的相关部门的企业能力。每个成员独立评估后，再由整个小组讨论评估结果，他们并没有回避分歧，也没有采取折中的做法，而是就每个评估结果进行讨论，直到有人——不一定是少数派一方——重新考虑自己的评估意见。就这样，他们慢慢达成了共识。事实证明，这种方法非常有效，有助于团队共同认识到哪些地方需要变革，以及公司还需如何改进工作。

他们的分析带来了几个令人意想不到的发现。第一，OTC流程并不像许多人认为的那样成熟。这个发现着实让人意外，毕竟该流程是大家集体创意的产物。但是这件事再次说明了一个问题：存在越久并不意味着越成熟。第二，高乐氏公司的企业能力比OTC流程的能动因素更为成熟。这个评估结果表明，公司高管们需要更多地关注执行者的技能、知识和行为。另外，流程设计并没有充分反映客户的心声，因此这方面也需要加强投入。第三，OTC流程各项衡量指标的状况要优于其他流程的能动因素状况，因此领导小组可以先暂缓这方面的改进工作。同时，该小组发现高乐氏的企业能力也存在不足之处，包括流程专业技能的欠缺，以及变革准备得不充分。该领导小组根据所有这些发现，制订了下一年的行动计划，并把流程改造的情况记录备案，利用这些记录，帮助员工做好变革准备。另外，他们还让更多的人员参与到流程重组的工作中来，从而扩展了公司的技能基础。由于企业能力级别高于流程能动因素的级别，高管们知道企业已经准备好投入时间和资源解决一切悬而未决的问题了。

有了PEMM框架并不意味着公司就能轻松走完流程变革之路。高管们必须克服困难，甚至历经痛苦才能设计出高绩效流程，营造有利于流程发展的环境。事实上，PEMM分析的结果常常令组织大感意外，因为它们的自我感觉总是优于分析结果。然而，一旦知道自己所处的位置，再配备一张指路的地图，总比在黑暗中跌跌撞撞要强得多。生活如此，流程变革亦如此。

本章小结

1. 组织行为是指组织内部要素的相互作用以及组织与外部环境的相互作用过程中所形成 的行动和作为，或者说，组织的个体、群体或组织本身从组织的角度出发，对内源性或外源性的刺激所做出的反应。组织行为可以从两个不同的角度对类别进行划分，从组织行为主体的角度，可以将其划分为微观组织行为和宏观组织行为两大类。而从组织成员所表现出的行为导向的角度，又可以将其划分为正向组织行为和反向组织行为两大类。

2. 组织行为往往具有目标性、秩序性、高效率性的特征，并且通过个体行为、群体行为和组织行为三个层次展示出来。这种层次性在一定程度上决定了影响组织行为的因素是多方面的，主要可以划分为宏观环境因素、组织内部因素和组织成员因素三类。

3．从组织层面角度，评价组织有效性的两个尺度，即效能和效率，构成了组织有效性的内在含义，即组织有效性是指组织行为有效地提升了组织的效能与效率，进而使得组织绩效获得持续提升。当前，对组织有效性的衡量方法可以采取传统方法和现代方法两大类。传统方法有目标方法、系统资源方法和内部过程方法三种，而现代方法主要指利益相关者方法。

4．组织有效性是组织行为的目标导向，组织有效性建设是通过对组织结构、组织文化、组织伦理、组织慈善、组织评估等组织行为核心内容的建设，使得组织形成科学、系统、有效的领导行为、决策行为、控制行为、激励行为和沟通行为等，进而致使组织效能和效率得到持续改进与提升，最终组织有效性得以实现。

关键概念

组织行为（organizational behavior）　效能（effectiveness）　效率（efficiency）
领导行为（leadership behavior）　决策行为（decision behavior）
控制行为（control behavior）　激励行为（motivation behavior）
沟通行为（communication behavior）

管理工具

效能与效率的关系　组织有效性跟踪
衡量组织有效性的传统方法　利益相关者方法

思考题

1．什么是组织行为？组织行为可以分为哪些类型？

2．组织行为所具备的明显特征是什么？通常，我们将影响组织行为的因素归纳为哪些？

3．组织有效性包括怎样的深刻内涵？如何对组织有效性进行评判与衡量？

4．组织有效性建设的核心内容包括哪些？促使组织有效性实现的具体行为又包括哪些？这两者的相互关系如何？

自我诊断

分配和程序公平

案例讨论

三大核心举措落实京东组织变革

讨论：

1. 运用本章所学，对以上案例进行分析，组织效能的提升应该从哪些方面着手？
2. 生态联盟构建对组织有效性的影响有哪些？

拓展阅读

推荐书目：鲁森斯. 组织行为学：第12版. 王磊，姚翔，童佳瑾，等，译. 北京：人民邮电出版社，2016.

本书是一部系统展示组织行为学风采的优秀著作，它集聚了第一代组织行为学家鲁森斯40多年的心血，内容详细而全面，既囊括组织行为学领域的基础内容，也包含鲁森斯教授的独有研究主题；既以厚重的理论基础为依托，又有丰富的实证数据的支持；既强调深入理论阐述，又注重精辟实践运用，堪称组织行为学领域的经典之作。

本书独到之处在于，每编开头的循证实践咨询，每章结尾的大量案例材料，独有的有关组织报酬系统和积极组织行为的新章节，基于元分析的组织行为学原理的科学提炼，等等。这种理论与实践的完美结合使得本书既适合学术圈内的教师和学生使用，也适合管理实践者研修之用。

第 14 章

组织结构

本章学习目标

1. 明确组织结构要素；
2. 掌握对组织结构设计的各种影响因素；
3. 熟悉各种常见组织结构形式及其优缺点；
4. 清楚组织结构设计原则和过程。

引例[①]

扁平化是基于小米相信优秀的人本身就有很强的驱动力和自我管理的能力。设定管理的方式是不信任的方式，小米的员工都有想做最好的东西的冲动，公司有这样的产品信仰，管理就变得简单了。

当然，这一切都源于一个前提——成长速度。速度是最好的管理。少做事，管理扁平化，才能把事情做到极致。

小米的组织架构没有层级，基本上是三级：七个核心创始人—部门 leader —员工。而且不会让团队太大，稍微大一点就拆分成小团队。从小米的办公布局就能看出这种组织结构：一层产品、一层营销、一层硬件、一层电商，每层由一名创始人坐镇。大家互不干涉，都希望能够在各自分管的领域努力，一起把这个事情做好。

除七个创始人有职位，其他人都没有职位，都是工程师，晋升的唯一奖励就是涨薪。不需要你考虑太多杂事，一心只放在工作上。

这样的管理制度减少了层级之间互相汇报浪费的时间。雷军对自己的第一定位不是 CEO，而是首席产品经理。他 80%的时间是参加各种产品会，每周定期和 MIUI、米聊、硬件和营销部门的基层同事坐下来，举行产品层面的讨论会。很多小米公司的产品细节，就是在这样的会议当中和相关业务一线产品经理、工程师一起讨论决定的。

组织结构是组织体系的决定性架构，是一个组织有效运转的平台，组织结构的设计和变革是管理工作中的一项重要内容。小米公司的扁平化设计强化了内部的沟通，提高了效率，有效地帮助了公司快速成长。组织结构是组织战略和目标的有机载体，设计分工合理、协作关系明确的组织模式，能够适应组织的发展，是保证不同时期的组织目标

① 改编自《雷军自述管理：除七个创始人外其他人都没有职位》。

能够得以实现的基础。

本章主要讨论组织结构的要素、影响因素、常见类型及其设计方法和原则。

14.1 组织结构的含义

组织结构在整个组织中起着“框架”作用，有了它，组织的人流、物流、信息流才能正常流通，组织的目标才有可能实现。形象地看，组织结构可以用房屋的结构做类比，房屋有大门，组织也有“入口”，如人力资源部；房屋内有过道与走廊引导人们走动，组织内有规章与程序规范员工行为；房屋有多种类型，面积小的房子，结构相对简单，多个楼层、房间和过道的房子，结构复杂，组织的复杂程度也同样会因规模大小各不相同，同时正规度和集权度也会改变；房屋内的中央供暖和空调设备，可以集中控制，也可以每个房间“自治”——供暖和空调均可由住户自行调节，在不同的组织中，组织成员和各个部门自行决策的权力也不相同。所以，组织结构可视为组织部件的排列组合，既有一定的构建规律和方法，又有个性化的内容融合在其中。

14.1.1 组织结构的概念

组织结构可以被认为是对工作任务进行的分工、分组和协调合作。从系统论的角度看，组织结构就是安排各部门的排列顺序、空间位置、聚焦状态、联系方式以及各要素相互关系的一种模式，它是执行组织管理和经营任务的体制。[①]也有学者认为组织结构有静态和动态两层含义：静态含义指的是组织结构的框架体系，它可以用组织结构图、职位说明书和组织手册等来表示；动态含义指的是组织各要素之间的相互关系，即组织的责、权、利的分配关系，这一关系是由组织的分工协作引起的。

本书认为，组织结构是指组织内各构成要素以及它们之间的相互关系，是对组织复杂性、正规化和集权化程度的一种度量，它涉及管理幅度和管理层次的确定、机构的设置、管理职能的划分、管理职责和权限的认定及组织成员之间的相互关系等。[②]

组织结构具有以下三个基本功能。

（1）组织结构有利于组织实现其既定的目标，它必须与组织战略目标相适应，并且随着它们的变化而发生改变。

（2）组织结构有利于使个人差异对组织的影响最小化，至少能够规制个人差异对组织的影响，组织结构强行规定个人适应组织的要求而不是组织适应个人的要求。组织结构的本质是员工之间的分工协作关系，规定员工的工作内容，提高工作的质量和效率；分工的同时，又要进行部门间的协作配合，加强横向协调，发挥整体工作效率。

（3）组织结构是运用权力的场所。组织结构的内涵是员工在职务范围、责任、权力

---

① 符绍珊．企业组织结构模式创新研究．北京：中国经济出版社，2008：14.

② 任浩．战略管理：现代的观点．北京：清华大学出版社，2008：299.

方面形成的结构体系。这个结构体系包括职能结构、层次结构和职权结构。职能结构，即完成组织目标所需的各项业务工作关系；层次结构，即各管理层次的构成（组织的纵向结构）和各管理部门的构成（组织的横向结构）；职权结构，即各层次、各部门在权力和责任方面的分工及相互关系。

14.1.2　组织结构的要素

1. 复杂度

复杂度是指组织分化的程度。一个组织分工越细、组织层级越多、管理幅度越大、各单位地理分布越广泛，组织的复杂性就越高。组织内部结构的分化是由组织结构各要素之间的差异度共同决定的，它包括横向差异度、纵向差异度和空间分布差异度。[①]这三个差异度中任何一点发生变化，都会引起组织结构复杂度的改变，它们也是导致不同组织在组织结构上有差别的主要原因。

组织结构的横向差异度主要是专业分工的程度体现。组织根据要实现的目标，将必须进行的活动划分成最小的有机关联的部分，并按照某种逻辑合并成一些组织单元。这种划分和合并会因为专业方向、技能、工作的性质和任务等方面存在的差异，进而产生组织内部部门与部门之间或单位与单位之间的差异。

组织结构中的纵向差异度主要是纵向垂直管理层级数的体现。一个管理者所能直接有效地指导、监督或控制其下属的人数的差异产生纵向管理层级数的不同，管理幅度越小，管理层级越多，部门协调就越复杂，同时，信息传递失真的可能性就越大，沟通就越困难，纵向复杂程度也就越大。

组织结构中空间分布差异度是水平分化或垂直分化的一种形式。管理机构、部门及其人员根据水平或垂直功能通过权力中心或任务的分割实现地区分布。例如，区域销售反映了水平分化，银行所设的国家级总部、区域性总部、各个分支机构是垂直分化的形式。当然，分布的范围越广，分布的数目越多，其复杂程度就越高。

2. 正规度

正规度是组织依靠规则和程序引导员工行为的程度。正规度体现了管理者对组织成员的认识，组织成员有自律能力，正规化程度就会低；反之，需要制定大量的规则来指导成员的行为，正规化程度就会较高。

正规度代表着一个组织对程序或规章的使用程度，其中程序和规章包括正式公布的和非正式形成的，而成文、不成文的规范和标准对人们具有相同的约束力。正规度可以在高度严格与极端松懈的区间内变化，存在正规度的最大值和正规度的最小值。正规度较高的组织有以流水线作业为主的组织，正规度较低的组织有心理健康门诊、不断处理前所未有的新情况的组织等。

3. 集权度

集权度是组织内部权力的配置，即决策权力的集中程度。在集权度较高的组织中，

① 符绍珊．企业组织结构模式创新研究．北京：中国经济出版社，2008：14.

决策权是高度集中的，问题由下而上传递给高层管理者，由他们选择合适的方案。而在集权度较低的组织中，其决策权授予下层人员，表现为组织中较低管理层级决策的数目或频度大，决策的范围广，涉及的职能多，相应的费用及影响大，以及上级审核的程度低。

就复杂度、正规度和集权度三者而言，集权度和复杂度是负相关的，高复杂度总是与低集权度分权相随，而集权度和正规度则没有明显的关系。①

14.1.3 组织结构的影响因素

1. 战略

战略决定组织结构。组织结构是管理者实现组织目标的一种手段，组织目标的制定是由组织总体战略决定的。因此，组织结构应与组织战略紧密配合，即结构服从战略。

不同的组织战略对应于不同的组织结构。创新战略注重有意义的、独特创新的战略形式，需要有机结构的灵活性。有机结构具有结构松散、工作专门化程度低、正规化程度低以及分权化的特征。成本最小化战略要求对成本进行严格控制，限制不必要的发明创新和营销费用，压低销售基本产品的价格，与此相对应的是机械结构的效率和稳定性。机械结构具有控制严密、工作专门化程度高、正规化程度高以及高度集权化的特征。模仿战略追求风险最小化并且利润最大化，有机与机械的融合是最适合的结构。有机-机械结构具有松紧相配、进行中的活动控制较严、创新活动控制较松的特征。总之，组织结构形式的选择要依据组织当前战略的制定和执行情况。

2. 规模

组织的规模对组织结构具有明显的作用。规模越大，组织成员越多，组织的活动内容也越复杂，为了实现有效的管理，就要通过工作专门化和部门化，制定大量的活动程序和规则来保证成员统一行动。因此，大型组织倾向于比小型组织具有更高程度的专业化和横向及纵向的分化，规章条例也更多。但是，规模与结构之间并不是简单的线性关系，而是随着规模的扩大，影响强度逐渐减弱。

3. 技术

技术是影响组织结构选择的另一个关键的内部环境因素。琼·伍德沃德（John Woodward）提出组织结构因技术而变化，查尔斯·佩罗（Charles Perrow）则研究知识技术与组织结构的关系。琼·伍德沃德认为组织结构与技术之间的匹配是组织成功的关键。他根据技术的复杂性程度将技术分为三类：小批量生产，如顾客定制产品；大量生产，如装配线式生产；连续性生产，如化工或炼油厂。研究表明：① 管理层次的数目随着技术复杂性的提高而增加；② 在技术复杂性和组织规模之间，没有发现显著的关系；③管理人员和监督人员占总人员的比重将随着技术复杂性程度的提高而增加。②查尔斯·佩罗以任务可变性和问题可分析性作为划分维度，构建双因素矩阵划分出四类技术：常规的、工程的、手艺的和非常规的。研究表明，控制和协调必须因技术类型而异：① 越是

① 符绍珊．企业组织结构模式创新研究．北京：中国经济出版社，2008：18.

② 阎海峰，王端旭．现代组织理论与组织创新．北京：人民邮电出版社，2003：48.

常规的技术，越需要高度结构化的组织；② 非常规的技术，要求更大的结构灵活性；③ 手艺技术的，需要以最丰富的知识和经验加以解决，即分权；④ 工程技术的，会有许多例外情况，应以分散决策权限、低正规化来保持组织的灵活性。在对技术与结构的关系研究中，除了上述的技术划分外，常规化程度是对技术进行分类的一个常用标准，常规技术是指技术活动是自动化、标准化的操作；非常规技术是技术活动的内容会根据要求的不同而不同。常规技术通常通过各种操作规则、职务说明书及其他正规文件等标准化的协调和控制来实现；非常规技术更多地依赖专家的知识，成员之间有频繁的相互学习。相对而言，常规技术应当与机械式结构相配合，非常规技术应当与有机式结构相配合。

4. 环境

环境是组织结构的一个主要影响因素。环境之所以能影响组织结构是因为环境的不确定性，它可以通过环境的容量、环境的稳定性、环境的复杂性三个关键维度考察。环境的容量是指环境可支持组织发展的程度，主要是资源的提供。环境的稳定性主要是不可预测的变化程度，它影响到管理者决策的难易度与正确度。环境的复杂性是环境要素的异质性与集中性状况，与竞争者的多寡相关。

环境的不确定性对组织结构的影响表现为：环境资源的稀少性、动态性、复杂性越强，即环境越不确定，就越应该采用有机式组织结构；环境资源的丰富性、静态性、简单性越强，即环境越稳定，就越可以实行机械式组织结构。

14.2 组织结构的类型

组织结构不但会因战略、规模、技术和环境的变化而进行调整，而且也随着生产力和社会的发展刻画出自身的演变轨迹。

直线制的层级结构流行于 19 世纪末到 20 世纪初。当时，外部环境稳定，内部处于资本家个人集权管理，对员工的管理主要以“经济人”为指导思想，制度比较严密。

直线职能制结构在 20 世纪初到 20 世纪 20 年代被大规模采用。组织已进入多种经营和业务越来越复杂的阶段，直线职能制增加了各种专业化的管理部门，提高了管理工作的效率，适应了组织成长的需要。

事业部制结构出现在 20 世纪 20 年代，开发新产品及拓展产品线成为占据市场的重要途径，事业部制结构以“集中决策，分散经营”的分权模式，使组织具有较强的应变能力，成为各类大型组织追捧的组织结构形式。

自 20 世纪 50 年代至今，组织结构相应出现多种形式，如“超事业部制”“二维矩阵结构”“多维矩阵结构”“模拟分权结构”“系统结构”等。[①]进入 21 世纪，随着信息技术进步、经济全球化和不确定性的加大，组织结构也发生了深刻的变化。

① 胥岳红. 网络组织的组织模式设计. 北京：人民邮电出版社，2008.

14.2.1 组织结构的经典类型：机械式与有机式组织结构

伯恩斯（Tom Burnes）和斯托克（G.M.Stalker）考察不同外部环境条件对组织结构模式与管理实践等方面的影响，提出“有机式组织”和“机械式组织”两种组织结构。机械式与有机式组织是两种极端的组织形式，中间有多种不同的具体形式。

1. 机械式组织

机械式组织，也称官僚行政组织，是综合使用传统组织设计原则的产物。[①]

（1）特点：高度的复杂化、正规化和集中化。有刚性的组织结构和正式职位说明，组织关系内强调理性和逻辑关系，强调组织机构的建立健全，强调程序、规则、规章制度、职责划分、职权明确，且严格按规定程序和规则行事。

（2）优点：任务明确且持久，管理严密，下级能彻底执行命令。

（3）缺点：组织只能完成常规化的工作，按部就班地完成任务，对于出现的新情况反应缓慢。

（4）适用范围：环境相对稳定和确定，技术相对统一而稳定，企业可以以近于封闭的方式来运作，企业规模相对较大。

2. 有机式组织

有机式组织，也称适应性组织，是组织适应多变环境的产物。

（1）特点：低复杂性、低正规化和分权化。强调非理性因素，非逻辑关系，强调情感因素和弹性。重视技术专长与知识，而不是依靠职权；岗位职责界定得比较宽，而不是刻板的规定工作条件；在管理方面，强调信息交流，而不是单纯的下达指令；人与人之间的关系注入更多的感情色彩，非正式关系大为增加；行为规范强调自我调节、自我控制和自我完善。

（2）优点：灵活，对变化的环境具有高度适应性；强调横向沟通而不是垂直沟通。

（3）缺点：对管理人员和员工的素质要求较高，要求有较好的控制系统。

（4）适用范围：环境相对不稳定和不确定、任务多样化、技术复杂多变、组织规模相对较小。

机械式与有机式组织结构比较如表 14-1 所示。

表 14-1 机械式与有机式组织结构比较

项　目	机械式组织结构	有机式组织结构
总体特征	封闭性、稳定性、机械性、刚性	开放性、适应性、有机性、弹性
任务界定	明确且持久	多样化且变化不断
沟通模式	强调上级对下级的纵向沟通	强调上下级双向沟通及横向和斜向的沟通
协调控制模式	倾向于集中化、层级制	相互调整、自我控制
权力影响	职位权力	专长权力
决策过程	集权化决策	分权、民主化决策
决策类型	常规性决策多	非常规性决策多

① 芮明杰. 管理学：现代的观点. 上海：上海人民出版社，2005：153.

续表

项　　目	机械式组织结构	有机式组织结构
对知识要求	高度专业化分工	强调通才
激励机制	偏于较低层次需要的满足	偏于较高层次需要的满足
个人参与度	低	高
适用条件	环境相对稳定和确定、技术相对统一而稳定、组织规模相对较大	环境相对不稳定和不确定、任务多样化、技术复杂多变、组织规模相对较小

14.2.2 传统组织结构类型

1. 直线制组织结构

直线制组织结构又称军队式结构，它是最早使用也是最为简单的一种结构。

（1）特点：命令系统单一，直线传递，经营权和管理权统一于管理高层。各种职位权力级别按直线从上到下排列，各级主管对其下级拥有一切指挥权，各级员工只有一个上级。

（2）优点：结构简单，权力集中，职责分明，信息传递快，决策迅速，管理成本小，效率高。

（3）缺点：由于没有专职的职能管理部门辅助，要求管理高层通晓各种业务，容易造成管理决策失误或工作上顾此失彼。

（4）适用范围：刚起步的小组织，没有按职能实行专业化管理的小型组织。此类组织通常生产、销售单一产品或配件产品，并且规模较小。以制造业为例，如图 14-1 所示。

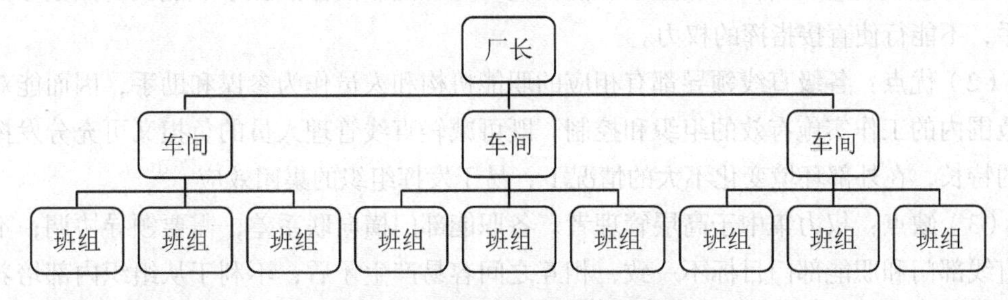

图 14-1　直线制组织结构示意图

2. 职能制组织结构

职能制组织又称为“U 形”组织，这是以工作方法和技能作为部门划分的依据。通过将专业技能紧密联系的业务活动归类组合到一个单位内部。

（1）特点：在组织中设置若干职能专门化的机构，使经营和管理分离，各个职能部门具有专职的职能。

（2）优点：将具有相同专业的人员置于同一部门，集中于某个专业范围，一起工作、交流，易于提高员工的技能，可以提高部门专业管理的水平。同时，职能部门在业务活动中发挥其专业管理作用，能够提高组织的工作效率。

（3）缺点：政出多门，使得基层部门无所适从；各种产品给组织带来的贡献不易区分。

（4）适用范围：任务较复杂的社会管理组织和生产技术复杂、各项管理需要具有专门知识的管理组织。以制造业为例，如图 14-2 所示。

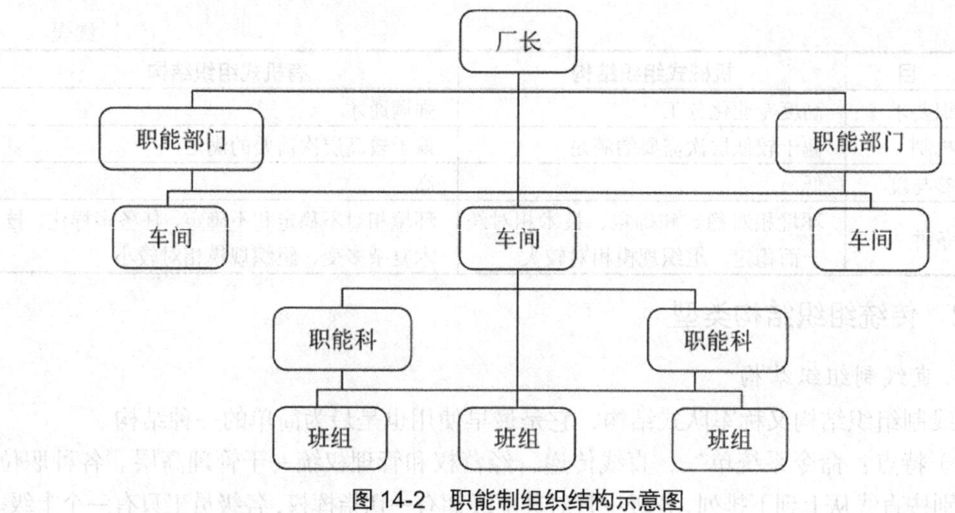

图14-2　职能制组织结构示意图

3. 直线职能制组织结构

直线职能制组织结构是把直线制和职能制结合起来形成的。

（1）特点：这是一种综合了直线制和职能制两种类型组织特点而形成的组织结构形式。以直线为基础，在各级行政负责人之下设置相应的职能部门，分别从事专业管理，作为该级领导者的参谋，实行主管统一指挥与职能部门参谋、指导相结合的组织结构形式。它与直线制的区别在于设置了职能机构；与职能制的区别在于职能机构只是参谋和助手，不能行使直接指挥的权力。

（2）优点：各级直线领导都有相应的职能机构和人员作为参谋和助手，因而能对管理范围内的工作实施有效的组织和控制。既可减轻直线管理人员的负担又可充分发挥专家的特长，在外部环境变化不大的情况下，易于发挥组织的集团效应。①

（3）缺点：权力集中于高层管理者；各职能部门横向联系差，需要领导协调；不同的直线部门和职能部门目标不一致，相互之间容易产生矛盾；不利于从组织内部培养熟悉全面情况的管理人才；由于分工细，规章多，反应较慢，适应环境变化难。

（4）适用范围：一般组织普遍可以采用。我国大多数组织，甚至机关、学校和医院都采用直线职能制结构。以制造业为例，如图14-3所示。

4. 事业部制组织结构

事业部制组织结构是对内部具有独立的产品和市场、独立的责任和利益的部门实行分权管理的一种组织形式。

（1）特点：集中政策、分散经营。这种组织结构形式按产品或地区划分，具有独立的产品或市场，公司决定经营方向和制订战略计划，事业部自主经营，独立核算。总公司只保留预算、人事和重大问题的决策权力，并运用利润等指标对事业部进行控制。

① 阎海峰．现代组织理论与组织创新．北京：人民邮电出版社，2003．

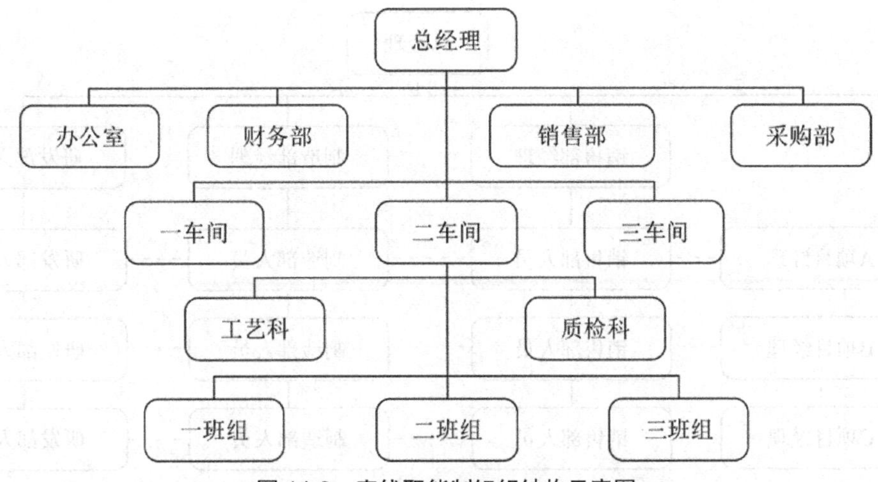

图 14-3　直线职能制组织结构示意图

（2）优点：公司管理层次化，提高了管理的灵活性和适应性；管理高层可以更好地集中精力根据外部环境变化确定战略决策；有利于培养和训练高级管理人才；有利于在公司内部开展竞争，比较成绩优劣，从而克服组织的僵化和官僚化。

（3）缺点：各事业部易产生本位主义，只关注本部门的利益，忽视整体利益。此外，各个独立经营的事业部职能部门设置重复，增加管理成本。

（4）适用范围：多产品或多种服务的规模较大的公司，如图 14-4 所示。

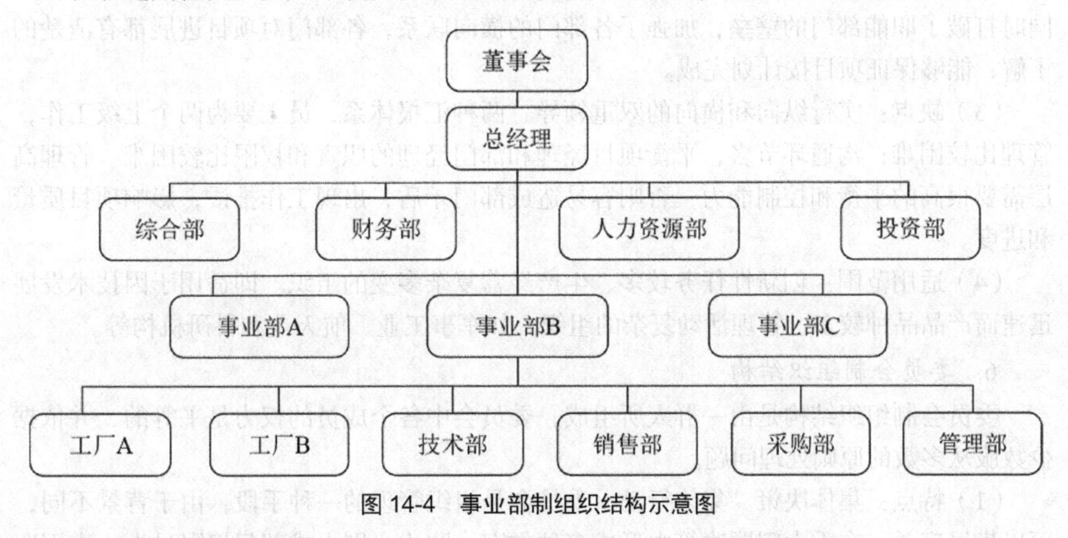

图 14-4　事业部制组织结构示意图

5. 矩阵制组织结构

矩阵制组织结构是为了适应在一个组织内同时有几个项目需要完成，每一个项目又需要具有不同专长的人在一起工作才能完成这一特殊需求而形成的，如图 14-5 所示。

（1）特点：矩阵制组织结构是由纵横两套管理系统组成的组织结构，一套是纵向的职能领导系统，另一套是完成某一任务而组成的横向领导系统。矩阵制组织中的员工既能同所在的职能部门保持组织与业务关系，又能参加项目小组的工作。

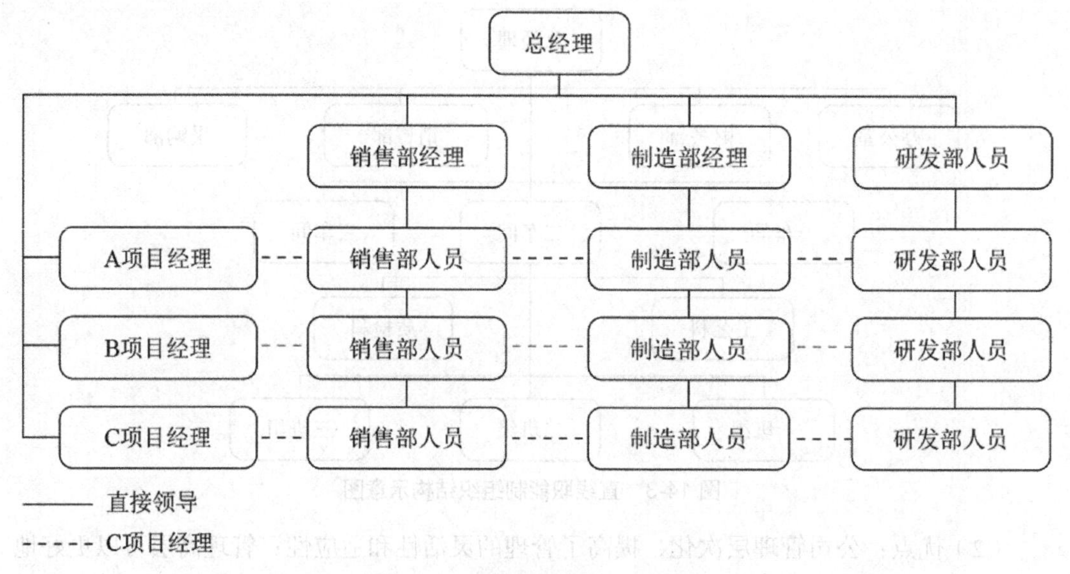

图 14-5　矩阵制组织结构示意图

（2）优点：职能部门的技能可以供所有项目组使用，员工有归属感；各职能部门的员工在项目组内协同工作，可增进横向交流和学习的机会；项目组成员隶属于职能部门，项目解散后，员工能够回归部门，使组织保持既稳定又动态的状态。矩阵制组织既能有效地综合利用组织的人力资源，发挥专业人员的潜力和长处，又能为组织培训综合人才；同时打破了职能部门的壁垒，加强了各部门的横向联系，各部门对项目进展都有清楚的了解，能够保证项目按计划完成。

（3）缺点：实行纵向和横向的双重领导、两种汇报体系，员工要为两个上级工作，管理比较困难；沟通环节多，平衡项目经理和部门经理的职责和权限比较困难。管理高层需要很高的平衡和控制能力，否则容易造成部门矛盾，出现工作推诿，影响项目质量和进度。

（4）适用范围：创新性任务较多、生产经营复杂多变的组织。即适用于因技术发展迅速而产品品种较多、管理活动复杂的组织，如军事工业、航天业和科研机构等。

6. 委员会制组织结构

委员会制组织结构是由一群人所组成，委员会中各个成员的权力是平等的，并依据少数服从多数的原则处理问题。

（1）特点：集体决策、集体行动。委员会是组织管理的一种手段，由于背景不同，可以集思广益，在重大问题决策中形成多种方案；防止个别人或部门权限过大，滥用职权；扩展信息获得渠道，不同利益团体有机会表达各自的要求，更好地协调各方利益，减少矛盾。

（2）优点：充分发挥集体的智慧，避免个别领导人的判断失误；少数服从多数，防止个人滥用权力；地位平等，有利于从多个层次、多种角度考虑问题，并反映各方面人员利益，有助于沟通协调；可在一定程度上满足下属参与感，激发组织成员的积极性和主动性。

（3）缺点：决策时间较长；集体负责，个人责任不清。

（4）适用范围：产品类别较多或地理分布较散的大型组织。

14.2.3　新型组织结构类型

信息经济、网络经济和知识经济的快速发展改变了组织生存环境，各个组织正在重新设计它们的结构形式，使其更加紧密和灵活，并使组织结构的发展产生新的变化。

1. 项目型组织

为了完成某一特定的任务，人们从组织的不同领域抽调出一些具有不同教育背景、技能和知识的人，组成一个团队。团队的人数一般不多，由一个成员担任领导工作，小组成员没有上下级之分，只有高级人员和普通人员的区别。

（1）特点：打破部门界限，并把决策权下放到工作团队员工手中，要求员工既是全才又是专才。团队非常灵活，团队内并没有严格的指挥系统，团队的领导随任务而变动。在团队内，每个成员都应始终对整个团队的产出和成绩负责，而不是只对自己的工作负责。

（2）优点：每个成员始终都了解团队的工作并为之负责。团队有很大的适应性，能接受新的思想和新的工作方法。在大型组织中，团队结构一般作为典型官僚结构的补充，既能得到官僚结构标准化的好处、提高运行效率，又能因团队的存在而增强灵活性。

（3）缺点：小组的领导人如果不提出明确要求，团队就缺乏明确性；稳定性不好，经济性也差；团队必须持续不断地注意管理；小组成员虽然了解共同任务，但不一定对自己的具体任务非常了解，甚至可能因为过于对别人的工作感兴趣，而忽略了自己的工作。

（4）适用范围：对市场需要和变化做出快速响应的组织。

2. 流程型组织

流程型组织结构是为了提高对顾客需求的反应速度与效率，降低对顾客的产品或服务供应成本而建立的以业务流程为中心的组织结构，如图 14-6 所示。[①]

在流程型组织内部，所有提供一种产品或服务所需要的职能人员安排在同一部门，这个部门通常由“流程负责人”来管理。它注重流程的一体化整合，以完整、循环、成长的整合型流程取代了因各职能部门而被割裂的、隐蔽的、难以管理的业务流程。

（1）特点：以系统、整合理论为指导，用整体实现全局最优替代单个环节或作业任务的最优。按照业务流程为主、职能服务为辅的原则设立部门，通过在流程中建立控制程序来尽量压缩管理层次，最大限度地激发每个人的工作能动性与责任心。流程型组织结构更加强调组织各要素之间的横向联系，因此相对而言，纵向管理链较短，横向管理链较长。

（2）优点：能够根据环境的变化进行自身机构的调整，从而更好、更准确地满足客户的需求；高效地整合了创造价值的各个活动，使它们有机地结合成为一个整体，同时又为不同流程间职能性技能的共享和知识的发展提供了机会；由于部门的数量和位置都是由基本流程的功能需要决定的，因而具有一定的稳定性；将员工的注意力转向顾客生产和提供价值；通过提供分享责任、制定决策及对结果负责的机会提高员工的生活质量。

① 任浩．战略管理：现代的观点．北京：清华大学出版社，2008：302-303.

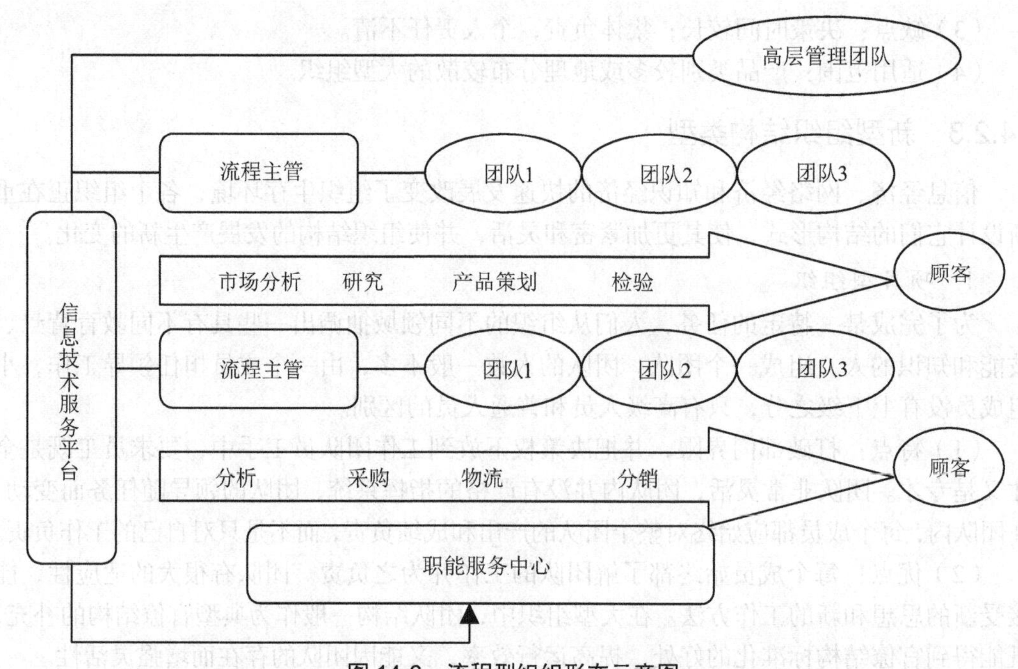

图 14-6 流程型组织形态示意图

（3）缺点：确定核心流程较为困难；需要极大地加强员工培训，使他们能在流程型团队环境中有效地工作。

（4）适用范围：整体效率主要取决于产品或服务流程运行状况的组织，都可以过渡到流程型组织结构形式。

3. 虚拟型组织

虚拟型组织是指两个或两个以上独立的实体，为迅速向市场提供产品和服务，在一定时间内结成动态联盟，从而以强大的结构成本优势和机动性完成单个组织难以承担的市场功能。[①]这种组织是功能虚拟化组织，而不是空间虚拟化组织。虚拟型组织的核心是为数不多的管理人员，主要工作是直接监督公司内部的经营活动，协调为本公司进行生产、分销及其他重要职能活动的各种组织之间的关系。

（1）特点：组织边界模糊，具有高度的灵活性和流动性，根据项目需要聚集，随着项目结束而解散；决策集中化程度很高，部门化程度很低，或根本不存在。

（2）优点：灵活，可以快速适应市场变化；共享成员核心能力和优秀资源；并行运作，工作相对独立，大大缩短产品面世时间。

（3）缺点：组织管理人员对组织的主要职能活动缺乏强有力的控制；成员间的冲突协调不能用传统组织中的命令来解决，协调成本较高；管理风险增加，包括核心技术外泄风险、信息系统安全风险、激励风险等。

（4）适用范围：善于创新又缺乏资金的组织，如图 14-7 所示。

① 阎海峰，王端旭．现代组织理论与组织创新．北京：人民邮电出版社，2003：266.

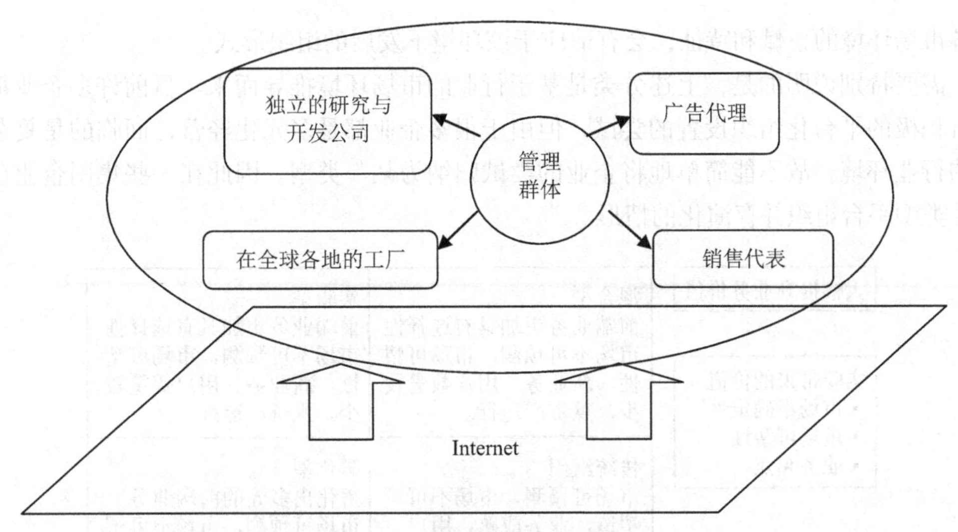

图 14-7 虚拟组织形态示意图

4. 平台化组织①

波士顿咨询公司（BCG）提出了平台化企业组织的四大重要特征：大量自主小前端、大规模支撑平台、多元的生态体系以及自下而上的创业精神。

（1）数量众多且规模较小的自主型前端，一般由跨职能部门的人员组成；在被赋予自主权的同时，也承担全部或部分盈亏。大规模支撑平台建立标准且简洁易用的界面，使每个职能模块化；形成资源池，便于资源共享；根据业务发展需求，形成新特色及新能力，如大数据分析、机器深度学习和创新词典等。借力生态体系，使体系内的企业能够相互影响，协同治理，相互合作，进而为创造更大的价值提供可能性。自下而上的创业精神体系为，项目、产品、创意等由小前端启动；平台使用风险投资型机制和内部自由市场机制来配置资源；领导层不再进行事无巨细的管理，而是给予更多的授权。

（2）平台化组织的类型与适用范围。平台化组织通过进行试验，来寻找客户不断变化的需求方向，实现对客户需求的精准把握，从而获得市场制胜的机会。然而不同市场环境有各自的特性，一种平台化组织形态不能适用全部的市场环境。在不同环境中，企业进行创新尝试的价值及成本有所不同，其适合采用的平台化组织机制也有所不同。

考虑到上述情况，BCG 认为在实验成本较低且通过实验能大幅提升业务价值的环境中，组织会演进为实验型的平台化组织，通过全面尝试来获取市场制胜的机会；若在实验成本较高的环境中，实验型组织会适应为混合型平台化组织，前端业务的发展更加具有选择性；而如果创新实验只是带来部分增量价值，实验型组织就会转变为孵化型平台化组织，如图 14-8 所示。

图 14-8 中根据实验带来的价值（带来部分增量价值/大幅提升业务价值，由市场不确定、市场可塑性、业务地点三个因素共同作用）以及实验成本（受客户数量、资产运作模式的轻重影响），可将市场环境划分为四大类，其中三类环境适宜发展平台化组织。基

① 波士顿咨询公司（BCG）联合阿里研究院发布报告：未来平台化组织研究报告《平台化组织：组织变革前沿的“前言”》。

于各市场环境的禀赋和特征，会有适应于该环境下发展的组织形式。

需要特别说明的是，上述分类是基于行业的市场环境推导而来。目前许多企业都在进行积极的平台化组织设置的尝试，但由于很多企业都是多元化经营，面临的是复杂多样的行业环境，故不能简单地将企业的尝试归纳为某一类型。因此在一些集团企业存在多种类型平台组织并存演化的情形。

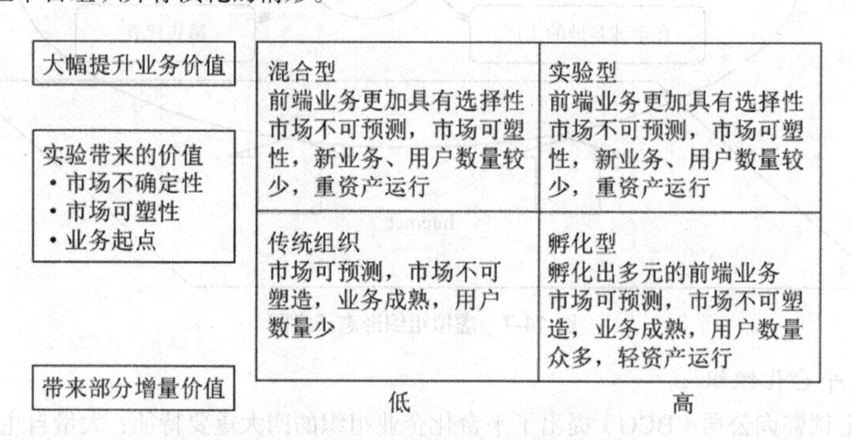

图 14-8　市场环境四大类

（3）主要平台化组织类型的特点。

① 实验型平台化组织适用于实验能大幅提升业务价值、实验成本低的市场环境和业务场景，其特点包括以下几点。

第一，针对其实验成本较低的特点，会涌现大量拥有较大自主权和独立性的小前端，这些前端拥有低试错成本并进行快速创新的能力。大量的小前端会自主设立适用于自身、拥有独立性的战略目标和针对目标的具体执行计划。每个独立的小前端对自身盈亏负有部分或者全部责任。其运行的主要目的在于以客户为中心，快速做出尝试，敏锐把握客户不断衍生的需求——如服装业界所称的"小（批量）、多（品种）、快（反应）"，并迅速确立自身的价值。

第二，大量的小型前端会自下而上地从底层发起创新的项目。在项目的不断尝试与推进当中，组织结构中设立的风投型投资委员会发挥作用，根据前端项目的绩效、项目的反馈结果决定为哪个前端进行持续投资；通过此机制，根据客户需求，实现资源面向大量不同前端的智能化有效分配。

第三，大型赋能平台将传统和新兴职能模块化和标准化，对传统职能部门进行数字化改造，通过新增特征、功能为灵活的前端提供支持帮助；同时在组织内部建立自由市场，通过内部资源定价、交换等手段，为面向内部前端的资源以及服务进行定价与评估；建立整体和大型的平台，为大量小前端迅速高效扩大规模、提高效益提供了可能；同时需要通过建立新的能力特征，以及建立共同词典以便联合共享术语，实现平台能力的综合提高。

② 混合型平台化组织适用于能通过实验大幅提升价值，且实验成本高的市场环境和

业务场景，其特点包括以下几点。

第一，由于实验成本高昂，小前端只有被管理层选择并被批准之后，才能实现全面的自治。高昂的实验成本意味着较大投资风险，领导层需要通过对全局的决策去控制风险，在各个前端起到分配资源、战略协同的作用。

第二，前端也会从底层发起项目/创新，但由领导层批准商业案例并相应地分配资源。混合型组织中，自下而上和自上而下的决策过程被整合在一起。自下而上来看，拥有一定自主权的前端可以通过其对市场的观察以及有限的尝试了解可能的发展方向。这种自主性受到自上而下的管理与引导。项目的发起和资源的利用需要通过管理层的同意，然后前端才能开始实验、开发等一系列过程，后续的投入与决策也会受到领导层的监督。中层扮演协调和指导各个前端的角色，使信息、工具在各个前端共享，同时新技术的使用更加降低了协调沟通成本。

第三，大支撑平台构建模块化职能，采用大数据分析、机器深度分析、创新词典等新技术建立资源库；同时保留部分传统的职能部门，赋能平台与职能部门相互混合。

③ 孵化型平台化组织适用于通过实验提升部分增量价值，且实验成本低的市场环境和业务场景，其特点包括以下几点。

第一，针对新型业务，员工自发搭建灵活的小前端以催生新思路/新业务，寻找业务优化的机会，采用平台化组织模式运作，甚至，催生新思路/新业务的小前端可以由组织外部的人员组成。前端创新业务独立核算成本。

第二，在平台化的新业务组织架构中，在上层设置风投类投资委员会为各前端分配资源，领导层不再进行事无巨细的管理。项目的价值由市场和企业内部共同决定，前端进行试验，风投型投资委员会根据市场与企业情况选择合适的项目进行投资。

5. 生态型组织

组织生态学的目标是解释社会条件是如何影响新组织和新组织形式产生与成长的速度、组织形式改变的速度以及组织和组织形式消亡的速度，除了研究社会、经济和政治系统对这些速度的影响之外，组织生态学还考察组织群落内部的动态变化。①

生态学的观点认为组织结构具有惯性，不太容易改变。组织结构改变并非内部计划或主动行动的结果，而是来自大范围的环境——群落层面整体演变的动态过程，以及国家政治上的要求或专业规范的压力。

（1）组织群落、组织形态和经营领域的概念②。群落（population）是指进行类似活动的一系列组织，他们利用资源的方式相似，而且取得的结果也类似。这样，同一种群内的组织就会为了争夺类似的资源或相近的顾客而相互竞争。

组织生态学涉及组织的形态。所谓组织形态（organization form）是指那些可能为环境所选择或淘汰的组织的技术、结构、产品、目标和人员等的形态。每个新组织都在努力寻找一个足以支持它生存下去的经营领域，即环境中有独特资源和需求的领域，对于某一个特定形态的组织来说，其发展早期阶段适合的经营领域通常是很小的。如果这一

① 斯科特，戴维新. 组织理论理性自然和开放系统的视角. 高俊山，译. 北京：中国人民大学出版社，2011：279-280.

② 达夫特. 组织理论与设计：第 12 版，王凤彬，石云鸣，张秀萍，等，译. 北京：清华大学出版社，2017：207-209.

组织获得成功，适合它生存的经营领域就会随着时间的推移而逐渐扩大，但是，如果适合的经营领域并不存在，那么该类组织就会衰退，或者消亡。

（2）组织群落生态变化的过程。解释组织的多样性有一个主要关注的问题——为什么会有那么多或者那么少的组织形态？虽然生态学理论家认为每个组织在随着时间的适应过程中改变了自己的特征是多样化原因之一，但是更强调选择过程的作用："由于一种形态取代另一种形态不均等地发生，导致了组织形态分布的变化。"

自然选择的核心命题是，环境会以组织形态与环境特征之间的适应为基础，有差别地挑选存活的组织，进化论强调三个阶段：变异的产生，形态的选择，被选形态的保留与扩散。①

（1）变异（variation）。变异是指在组织的种群中新的组织形式不断地出现。它们通常是由企业家发起、由大公司用风险资本建立起来或者由寻求提供新服务的政府建立。

（2）选择（selection）。是指一种新型的组织形式能否适应环境并生存下来。有些变异组织比另一些更能适合外部的环境，或者有些变异的组织处于有利的环境中因此能够找到自己的领地或经营位置，并从需要生存的环境中获得资源。不能满足环境需要的变异的组织就会因被淘汰而消亡。

（3）保留（retention）。保留是对所选择的组织形式的保存和形式化或制度化，是指经环境选择后的组织形态留存了下来，并站稳了脚跟。有些技术、产品或服务被环境高度重视，这种形态的组织留存下来，成为环境的主要部分。

根据"适者生存"原则，变异、选择和保留的过程，导致了一个组织种群内新的组织形态的不断建立。

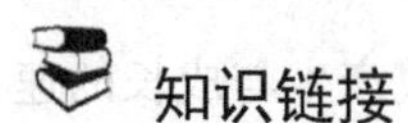

生态系统中的企业生存法则

14.3.1 组织结构设计的原则

每种形式的结构都是在不同的环境条件下，协助管理者改进组织绩效的一种工具，有着其各自的特点。但是不管最终采用何种组织结构形式，在进行组织结构设计时，都应遵循组织结构设计的基本原则。

1. 目标明确原则

组织结构设计的根本目的是有助于实现组织目标。任何组织活动都是以组织目标为

① 达夫特.，组织理论与设计：第12版，王凤彬，石云鸣，张秀萍，等，译. 北京：清华大学出版社，2017：210.

方向，如果只是为了设计组织结构而设计，手段与目的错位，那么组织结构设计就失去了意义。这就要首先明确组织发展方向和经营战略目标；其次，使实现组织目标的每项活动内容都落实到具体的岗位和部门；最后，随着组织发展战略的调整和组织目标重新定位，做相应变动。

2. 分工与协调平衡原则

分工与协调是为了发挥组织整体效率。通过分工将组织活动分解为许多作业任务，并且协调这些作业任务进行全盘运作。在设计中明确每个部门和每个岗位的工作内容、工作范围和相互协调方法等。特别要注意分工与协调二者需保持平衡，不可偏废。过度强调分工有碍整体效率，过度强调协调则会妨碍局部的积极性。

3. 有效沟通原则

有效沟通是达成组织的总任务必不可少的。组织结构设计应能促进组织成员、部门之间的沟通，即将组织设计成提供实现组织总目标所必需的所有纵向和横向信息流动的结构形态。[①]纵向联系用于协调组织高层和基层之间的活动，主要是为了组织的控制目的而设计的；横向联系用于消除部门之间的障碍，为员工提供协作的可能，以便集中力量实现组织的目标。在组织结构设计时，要保证最短的信息联系线；要明确各部门之间的协作关系以及各项跨部门工作的流程，防止因接口不清而导致责任不明确；要有利于开展非正规的讨论，有利于组织成员间的相互理解及和谐气氛的形成。

4. 有利于人才成长和合理使用原则

人才的合理开发利用是组织成功的保证，组织结构的设计必须考虑到人才的正确使用以及进一步的开发利用。不但要根据不同的情况视人定岗和按岗定人，更要注意从结构上提供明确的升迁阶梯，为组织成员提供必要的培训、继续教育和岗位轮换机会，以便吸引和留住人才。

5. 精干高效原则

组织拥有的资源有限，精干高效是组织结构设计经济性和效率的体现。精干就是要求在保证满足组织实现目标的前提下，将管理层次和管理人员数目降到最低限度。高效就是要根据组织的特点，选择管理效率最高、经济效益最大的组织形式。机构臃肿庞大，不仅会浪费管理费用，还会造成职责不清、推诿扯皮、决策迟钝，不可能产生高效率。[②]因此，从组织结构设计上将资源浪费降到最低。

14.3.2 影响组织结构设计的因素

组织结构设计是组织活动的一项内容，在设计过程中会受制于与组织活动相关的内外因素。第一，组织结构是落实组织发展战略的一种手段，组织结构的设计不可能脱离组织发展战略。第二，组织结构会随着环境变化不断调整。第三，组织结构是维持组织存在的，若无一定形式的结构，组织本身也就不复存在，但仅有结构而不拥有具有相应条件的人，也无法将所设计的职责落实到位。因此，组织结构的设计必须考虑到组织战

① 达夫特．组织理论与设计：第 7 版．王凤彬，等，译．北京：清华大学出版社，2003：104．

② 阎海峰，王端旭．现代组织理论与组织创新．北京：人民邮电出版社，2003：319．

略、组织所处环境、组织业务特点、组织规模、人力资源的可得性、现有员工的素质及其相互之间的关系。[①]

1. 组织发展战略

战略通常从结构形式和力量配备方面影响组织结构的设计。不同的战略要求开展不同的活动，要求有不同的组织方式，战略决定了组织整体结构形式；不同的战略决定了组织不同的工作重点，从而决定了各部门在组织中的重要程度和各部门所应配备的岗位数量。丰田公司在2008—2009年创下公司成立71年来首度亏损的纪录，为了扭转局面，重点开拓中国市场成为丰田谋求发展的战略任务。为此，在新任的丰田董事会中，负责中国事务的董事数量达到了空前规模，而且史无前例地配备一个专务和两个常务负责一个国家的市场。

2. 组织环境

外部环境主要影响组织结构的形式选择和部门的岗位设计方面。稳定的环境，组织结构可以采用稳固的形式，结构严密、界限分明、关系固定、流程规范；多变的环境则要求组织结构相对比较灵活，强调分权和横向沟通协作。而对部门和岗位设计的影响主要是：社会化分工程度和市场化发展情况决定了组织可以职能外部化的程度，从而影响到组织所需要独立开展的工作内容、所需设立的部门和岗位。2009年，沃尔玛在中国的快速扩张中，由于本地化管理的缺失，暴力事件、群殴等恶性事件时有发生，为了克服管理上的“水土不服”，沃尔玛在中国管理梯队中增设了区域总监一职，构成了中国区营运副总裁——营运总监——区域总监——区域经理的管理模式，新的调整使各层级的职责范围更加细化，更注重区域的本土环境，也改善了区域管理效率。

3. 组织业务特点

组织业务的特点主要是从技术的复杂化程度来描述。组织所采用的技术越是复杂，通常就越需要一种弹性组织结构，以提高管理者应对突发状况的能力。相反，所采用的技术越常规，就越适合采用规范的结构。[②]例如，提供IT信息管理系统设计方案的公司，通常是以项目为团队来解决客户个性化的服务，由于信息管理系统涉及的技术面广、专业性强，相对应地采用分权化的、非正式沟通和共享信息资源的有弹性的组织结构形式比较有效。当这些技能发展为比较普及和标准的服务时，可以采用规范的组织结构。

4. 组织发展规模

组织规模对组织结构设计的影响集中在规范度和集权度上。组织规模越大，工作就越专业化；标准操作化程序和制度就越健全，分权程度就越高。[③]这些组织结构要素方面的变化就会构建不同的组织结构。

5. 人力资源状况

人力资源对组织结构设计的影响主要反映在集权程度和规范性上。组织所拥有的人力资源素质越高，越需要采用一种弹性的分权组织结构形式。而当现有的人力资源素质

① 邢以群，张大亮．组织结构设计：规范分工协作体系．北京：机械工业出版社，2007：66.

② 邢以群，张大亮．组织结构设计：规范分工协作体系．北京：机械工业出版社，2007：71.

③ 芮明杰．管理学：现代的观点．2版．上海：上海人民出版社，2005：107.

较低时，采用容易控制的规范组织结构能更好地满足组织需要。所以组织结构设计一方面要考虑到如何合理使用现有的人力资源，另一方面也要考虑到从市场上可以获得的人力资源状况。

14.3.3 组织结构设计的方法

组织结构设计是一项复杂的系统工程，广义上，组织结构设计的一般过程包括：① 明确影响组织结构设计的条件因素；② 组织结构框架的设计；③ 部门职能划分，撰写部门职能说明书，明确各部门的职责、权力和相互之间的关系；④ 岗位设计，分解部门职能，明确岗位设置方案，撰写各岗位职责说明书，以明确各岗位所需要开展的工作、应承担的责任、所拥有的权力和应具备的素质要求；⑤ 组织结构的落实，按照设计为各个岗位配备人员，召开会议确定职能和责任，建立督促履行责任的奖惩制度。通常狭义地认为设计组织框架是组织结构设计的核心内容，设计过程从工作分类、部门确定到管理层次设计依次展开。

1. 工作分类与职务设定

在组织结构设计过程中，需要将实现组织发展战略或目标必须开展的工作进行分类，以形成相应的工作岗位和管理单元。而工作分类体现的是劳动分工专业化，可以提高劳动生产效率。

工作分类的方法多种多样，按组织目标划分，将相应的工作按生存目标和发展目标划分成与生存相关的工作和与发展相关的工作。按组织运转所必须开展的工作内容划分，将相应的工作划分为业务类和管理类工作，再根据组织的特点细化。[①]这些方法实践中都会在不同场合应用。

工作任务细分后组合为职务，职务因任务组合方式不同而各异。有些职务是常规性的，其任务是标准化和经常反复的；另一些职务则是非常规性的。有些职务要求变化和多样的技能；另一些只要求有限的技能。有些职务限定员工遵循非常严格的程序；另一些则对员工如何做工作给予充分的自由。有些职务以一组员工按团队的方式进行可取得更好的效果；另一些职务让个人单独做可能更好。所以，职务设计工作是复杂而有方法的。设计方法包括以下三种。

（1）职务专门化。职务专门化有助于提高员工的工作熟练程度，可以取得更高的效率和更好的业绩，是通常普遍采用的基本方法。但是要注意长期从事单调的工作，会引起员工不满的情绪。护士、计算机数据录入员、流水线上的装配工等的工作都是职务专门化的典型。

（2）职务扩大化。职务扩大化是通过增加一个岗位所包含的不同任务的数目从横向扩展工作内容，从而减少该岗位中同一任务被重复执行的频率。职务扩大化可以克服工作由于过于专门化而缺乏多样性的特点，但是不能为员工提供足够的挑战性。

（3）职务丰富化。职务丰富化意味着允许员工对他们的工作授予更大的自主权、独立性和责任感，充实工作内容，增加工作深度，使工作更具挑战性，提高员工的满意度

① 邢以群，张大亮．组织结构设计：规范分工协作体系．北京：机械工业出版社，2007：86.

和工作积极性。

2. 部门设计

部门是组织中各类主管人员按照专业化分工的要求，为完成某一类特定的任务而有权管辖的一个特定的领域，它既是一个特定的工作领域又是一个特定的权力领域。[①]部门的划分有以下两种思路。

（1）先整体后细节。部门设置有三种方法：自下而上的设计方法、自上而下的设计方法和按业务流程组建。自下而上的设计是先具体确定组织运行所需的各个岗位和职位，然后按一定的要求将某些岗位和职位组合成多个独立的管理部门，并根据部门的多少和设计的幅度要求划分出各个管理层次。相反，自上而下的设计是根据组织各项基本职能及集权程度的设计原则确定组织的管理层次和各管理层次应设置的部门。新组织的组织结构设计通常采用自上而下的设计方法。对于现有组织的组织结构再设计可将这两种方法结合，单独采用自下而上的设计方法不利于组织结构与组织目标的匹配。[②]按业务流程组建的设计是贯彻以客户为中心的理念，通过绘制以客户为中心的业务流程图，明确组织必须开展的各项工作，然后将这些工作按一定原则进行归以并形成相应的部门。

（2）常规方法。在将组织任务分解成具体的可执行的工作和形成相应的职务的同时，我们还需要将这些工作或职务按某种逻辑合并成组织单元，常见的方法有职能部门化、产品部门化、地区部门化和顾客部门化。

① 职能部门化。遵循专业化原则，以组织经营职能为基础划分部门。有利于专业人员的相互交流，有利于专业领域最新思想和工具的引入，促进在该专业领域的深入发展。缺点是本位主义严重，横向部门间协调困难。

② 产品部门化。按组织向社会提供的产品和服务的不同来划分。有利于发挥专用设备效益，有利于个人技能和专业知识的发挥，有利于部门内协调。缺点是各部门独立性较强而整体性较差。

③ 地区部门化。按照组织活动分布的地区为依据来划分部门。有利于调动地方区域的积极性，有利于对地区环境变化做出迅速反应。缺点是总部控制困难，容易出现各自为政的局面。

④ 顾客部门化。按顾客的需要和顾客群的不同划分部门。有利于组织更好地服务于顾客多样化的需求，有利于针对性地按需生产、按需促销。缺点是很难确定顾客群的规模和组织效益间的平衡点。

最后，对形成的部门进行部门职能划分，即将各部门的职能具体化和明确化。部门的职能由部门的本职工作、部门的主要职能和部门兼管职能。部门的本职工作是部门的本质职能，如设备的维修是工程部的部门本职，这些职能不会根据各级领导的意愿而改变。部门的主要职能是部门按行业惯例或传统上基本不能变更的职能，如公共关系部的主要职能是广告、宣传、组织、内部形象设计、联系重要客户、组织公关活动等，如有

---

① 芮明杰．管理学：现代的观点．2版．上海：上海人民出版社，2005：114.

② 阎海峰，王端旭．现代组织理论与组织创新．北京：人民邮电出版社，2003.

变动，都会形成行业的革命性变化。部门兼管职能可以在不同部门之间改变责任范围的职能，它往往属于边界或相关职能，兼管职能可以按一定程序增减。[①]

部门之间的职能范围的界定是部门职能划分的另一重要任务。特别注意职能部门的职能互不重叠（无重叠）、职能部门的职能互相衔接。

3. 确立管理层次

具有成百上千个员工的组织中，组织主管不可能对每一位员工直接进行指挥和管理，这就需要设置管理层次，实行分级管理。而且一名管理者管理下属的人数也是有限的，能实现有效管理的人数称为管理幅度。

（1）管理幅度。管理幅度是指组织中的管理者能够直接有效地领导下属的可能人数。被管理下属人数会有局限是因为受管理者的知识、经验、时间、精力、条件等方面限制，如果直接被领导的下级人数超过了一定的限度就会降低管理的效率。因此，合适的管理幅度有助于提高管理效率。

管理幅度反映了管理者直接控制和协调业务活动量的多少，确定管理幅度应考虑以下几个因素。

① 管理工作的性质。管理幅度会因为管理者所处的层次不同而发生变化，高层管理者所面临的是有关全局的战略方面的问题，直接领导的人数应少而精；基层管理者面对的是日常工作，具有重复性和相似性，直接领导的人数可以相对多一些；而中层管理者介于两者之间。

② 管理者与被管理者素质状况。如果管理者具有较强的工作能力、组织能力、理解能力、协调能力，管理幅度可以适当加宽；反之，就要相应减少。如果下属受过良好的训练，各方面素质较为优秀，管理幅度也可以加宽；反之，适当减少。

③ 管理业务标准化程度。如果作业方法和作业程序标准化程度较高，管理幅度可以加大；反之，差异性大，要处理研究的环节多，管理幅度就要减小。

④ 授权程度。如果管理者善于把管理权限充分地授予下属，管理者需要亲自处理的问题就可相对减少，管理幅度就可增大；如果不愿授权或不能授权，管理幅度就会减少。

⑤ 信息传递的效率。如果信息传递的方式和渠道恰当，传递效率高，上下左右沟通快捷，关系能够很好地协调，则可扩大管理幅度；如果信息传递渠道不畅，传递方式不当，传递技术落后，上下左右沟通困难，则应适当减小管理幅度。

（2）管理层次。管理层次与管理幅度密切相关，在员工人数一定的情况下，管理幅度的大小与管理层次数目的多少成反比例关系。扩大管理幅度意味着减少管理层次，缩小管理幅度意味着增加管理层次。在可能的情况下，组织内的管理层次应尽量少。除了管理幅度，管理层次也受到规模和技术的影响。规模较小的组织，一般其管理层次也较少。国外对 128 个组织的研究指出，有 100 个员工的公司大致有 4 个管理层，有 1 000 个员工的公司大致有 6 个管理层，而有 10 000 个员工的公司大致有 7～8 个管理层。技术越复杂，相对来说，管理层次就会增加。专家对拥有 100 个员工的公司进行研究后发现，

① 芮明杰．管理学：现代的观点．2 版．上海：上海人民出版社，2005：117.

单件小批生产组织，平均有 3 个管理层次，而大量大批生产组织，平均拥有 4 个管理层次，一些复杂的联合组织，则平均拥有 6 个管理层次。

本章小结

1．组织结构是组织体系的决定性架构，是一个组织有效运转的支撑。具体而言，是指组织内各构成要素以及它们之间的相互关系，是对组织复杂性、正规化和集权化程度的一种度量，它涉及管理幅度和管理层次的确定、机构的设置、管理职能的划分、管理职责和权限的认定及组织成员之间的相互关系等。组织结构受到多种因素影响，特别是战略、规模、技术和环境等，需要随着它们的变化而进行调整。

2．组织结构的传统类型有直线制、职能制、直线职能制、事业部制、矩阵制和委员会制等；新类型有项目型、流程型、虚拟型、平台化、生态型等形式。

3．不管组织采用何种组织结构形式，在进行组织设计时都应遵循一定的原则，包括目标明确原则、分工与协调平衡原则、有效沟通原则、有利于人才成长和合理使用原则以及精干高效原则。同时，要关注影响组织设计的一系列因素，以及由组织架构设计、部门职能划分和岗位设计到确立组织内部分工协调关系的设计过程和方法。

关键概念

组织结构（organizational structure）　设计原则（design principle）
直线职能制结构（line-functional structure）　事业部制结构（divisional structure）
流程型组织结构（process-oriented organization）

管理工具

直线制组织结构　职能制组织结构　直线职能制结构
事业部型组织结构　矩阵制组织结构　委员会制组织结构
项目型组织　流程型组织　虚拟型组织
平台化组织　生态型组织　组织结构设计的方法

思考题

1．什么是组织结构？组织结构在组织运作中的作用是什么？
2．决定组织结构不同的要素是哪些？分别影响到组织哪些方面？
3．战略与组织结构存在怎样的关系？请举例分析。
4．请指出常见的组织结构形式，并分析优缺点和适用范围。
5．组织结构设计的一般原则和方法分别是什么？
6．组织间关系背景下组织设计面临的挑战有哪些？

自我测试

了解你的个人网络

案例讨论 1

小米生态链三年 89 家背后的逻辑与价值

案例讨论 2

阿里巴巴成全球最大零售体 生态体系不断完善

讨论：

1. 在组织间合作越来越紧密的时代背景下，组织结构设计有何新趋势？
2. 如何进行组织生态系统设计？请结合本案例进行讨论。
3. 本案例中小米和阿里构建生态系统的原因是什么？
4. 构建企业生态系统应该注意的问题有哪些？

拓展阅读

推荐书目：达夫特. 组织理论与设计：第 12 版. 王凤彬，石云鸣，张秀萍，等，译. 北京：清华大学出版社，2017.

本书以一种能激发学生兴趣和爱好的方式，将组织设计中出现的最新问题与重要思想及理论结合起来。本书从对现实社会中各类组织的观察和分析入手，以理论与实践密切结合的方式，通过对组织的结构设计及相关影响因素进行由浅入深、循序渐进、生动有趣和富有逻辑的介绍和阐述，使读者对西方组织理论的概貌、组织模式的历史演变与最新发展，以及组织设计的实务和方法等，获得一个真正“组织学”角度的框架性认识。

第15章
组织文化

本章学习目标

1. 领会组织文化的概念和特点；
2. 熟悉组织文化的构成、分类和作用；
3. 掌握组织文化的内化与外化；
4. 了解组织文化的形成、维系和变革；
5. 认识组织间关系背景下的组织文化冲突和变革。

引例[①]

万宝之争历时两年多，最终万科保住了无实际控制人的现代治理结构，郁亮领导的万科管理团队得以继续领航万科。自从1991年上市以来，万科股价上涨了近1 500倍。在A股上市公司中，万科是唯一一个自上市以来连续分红20多年的公司，其累计分红派息总额已远超募集资金总额。万科取得如此成效，主要原因是什么呢？

万科成功的主要原因是职业经理人制度和文化。不破不立，王石对万科的最大的贡献之一就是在较早的时候就开始一步步摧毁掉万科的老板文化，从而亲手扶植起了职业经理人制度。

职业经理人制度，这个听起来有些过时的概念，对于中国公司来说，其实少有真正做到的。王石是万科创始人，1988年股改时，王石罕见地放弃个人拥有股权，万科得以一步步打造出一套成熟的职业经理人制度和文化，使得万科在中国3 000余家A股上市公司中成为一个特殊的存在。

创始人对一个公司的核心贡献往往不在于获得，而在于放弃。王石对于万科的贡献，有两个关键的放弃：一是放弃个人股权，这个决定是万科孵育职业经理人制度与文化的前提；二是放弃战略上的捷径，不行贿。前一个之于文化和管理，后一个之于战略，这两个决定使得万科从1997年开始一直到现在始终领跑中国住宅产业。

如果从2001年算起，“郁王”组合走过了16年，王石与郁亮都长了16岁，但万科没有显老，其中最根本的一条原因往往不可见，那就是从1999年开始，王石就开始着手摧毁老板文化。在这方面，对于时下很多受困于企业传承的中国公司而言，才是真正需要反思和借鉴的。

---

① 王丰，摧毁老板文化，才是万科的真正核心竞争力．公关世界，2017（9）：104-109．

20 世纪末，人类进入了知识经济时代，各种先进的管理技术在欧美等发达国家得到了广泛的应用，先进的管理技术深刻地影响着组织的运作和管理，提高了组织的战略实践能力。但同时，组织文化对组织战略的成功发挥着越来越重要的作用，并影响组织行为的诸多方面。本章将从概念、特点、构成、分类、演变等方面对组织文化进行详细阐述，并分析组织间关系背景下组织文化的冲突与变革。

15.1 组织文化的含义与作用

15.1.1 组织文化的内涵

1. 组织文化的概念

任何一个组织都有自己的文化，且不同类型的组织有不同类型的组织文化。例如，一家企业会有其企业文化，一所学校会有其校园文化，一支军队会有其军营文化，一个政府部门会有其机关文化等。其中，企业文化是人们普遍关注、研究最为深入的领域，已经积累了较为丰富的理论知识。

（1）国外学者关于组织文化概念的阐述，如表 15-1 所示。

表 15-1 国外有关组织文化概念的观点

学 者	有关组织文化的概念
威廉·大内（Wilian Ouchi）	一个公司的文化由其传统和风气所构成。文化还包括确定活动意见和行为模式的价值观
吉尔特·霍夫斯塔德（Geert Hofstede）	文化由价值观和实践两个层面组成，其中实践层包括英雄、象征、仪式三个要素
特雷斯·E.迪尔（Terrence E.Deal）；阿伦·A.肯尼迪（Allan A.Kennedy）[①]	组织文化五要素：组织环境、价值观、英雄、习俗礼仪和文化网络，其中价值观是核心
埃德加·沙因（Edgar Schein）[②]	在一定的社会经济条件下通过社会实践所形成的，并成为全体成员所遵循的共同的意识价值观念、职业道德、行为规范和准则的总和

（2）国内关于组织文化概念的观点。《企业管理学大全》中认为，组织文化是社会文化一定程度上的缩影，是企业在建立和发展过程中逐步形成并且日趋稳定下来的文化积淀；组织文化应该包括组织价值观、组织精神以及以此为主导的组织行为规范、道德准则、社会信念和组织风俗，及在此基础上生成的企业经营意识、经营指导思想、经营战略等；组织文化包括三种基本形态：观念文化形态、物质文化形态和制度文化形态。组织文化功能赖以发挥的关键在于企业生产经营中生成的社会群体文化氛围和心理环境。

另外，《企业文化简明手册》中认为，组织文化是指在一定的社会历史条件下，组织

① 迪尔，肯尼迪．企业文化：现代企业的精神支柱．唐铁军，叶永青，译．上海：上海科学技术文献出版社，1989：5．
② 沙因．企业文化与领导．朱明伟，等译．北京：中国友谊出版社，1989：7．

在物质生产过程中形成具有本组织特色的文化观念、文化形式和行为模式，以及与之相适应的制度和组织结构，体现了组织及成员的价值准则、经营哲学、精神道德、行为规范、共同信念及凝聚力。

随着研究的深入，以上概念被认为是狭义的组织文化。很多学者认为组织文化包含着更多的内容，并且提出了广义的组织文化的概念，即组织文化是指组织在创立和发展的过程中所形成的物质层面的文化和精神层面的文化，包括企业管理过程中的外显文化与隐性文化或者表层文化与深层文化两个部分。本书认为，组织文化是组织在发现问题和解决问题的社会实践过程中不断形成的，被组织成员认可并且遵守的价值观、信念、思维方式、工作准则、行为规范的总和。组织文化的核心是价值观念，优秀的组织文化以共同的价值观念推动组织的发展，约束组织内成员的行为。组织文化可以被视为一种新的以人为本的管理方式，通过塑造良好的组织文化，提升管理者的水平，加强组织内部成员的责任感，提升竞争优势，使员工真正把自己看作组织大家庭中的一员，与组织同呼吸共命运。

2. 组织文化的一般特点

组织文化属于社会系统中的一个子系统，所以组织文化具备社会文化的共性，即连续性、变迁性、后天性、适应性、超个体性和超国家性。同时，与其他文化相比，组织文化又具有以下几个特征。

（1）时代性。组织文化产生在特定的时代背景下，组织运作需要一定的时空条件，所以组织文化必然成为时代精神的反映，渗透着现代经营管理的种种意识。良好的组织文化浓缩了时代精神。

（2）人文性。组织文化是一种在小群体中调整人际关系和人本身的一种文化，它遵循的是文化规律，故有人文性。组织文化是由价值观、组织精神、行为规范等一系列内容，以及相互依存与联系的多种要素所构成一个系统。同时它又受到外界环境与其他文化的影响、渗透，并随着社会文化的发展而变化。

（3）独特性。组织文化反映的是特定的组织文化，铭刻的是特定的组织烙印。组织拥有自己独到的、鲜明的文化特性。

（4）可塑造性。组织文化的形成在很大程度上依赖于久远的文化传统和历史经验，所以，组织文化具有历史的惯性而表现出相对的稳定性。但组织文化又是由人类塑造而成的，进而表现出可塑性，特别是当组织出现危机时，就必须对组织文化进行改造和重塑。

（5）系统性。组织文化是组织内相互联系、相互依赖、相互作用的不同层次、不同部分结合而成的有机整体。它拥有系统论范畴中系统的基本特征——整体性、结构性、目的性，所以组织文化是一个系统，具有系统性。

（6）目的性。组织文化把组织的目标内化为组织的价值系统，强调全体员工的价值认同，把追求各种具体指数上升为崇高的目标。

15.1.2 组织文化的构成

关于组织文化的构成，1981 年美国哈佛大学教授狄尔（Deal）和麦肯锡咨询顾问爱伦·肯尼迪（Allen Kennedy）在《企业文化——企业生活的礼仪仪式》一书中指出，构成企业组织文化的要素有五项：① 组织环境，对组织文化的形成和发展具有关键影响；② 价值观——企业文化的核心和基石，组织的基本思想和信念。价值观把员工凝聚在一起，产生共享价值的作用，大部分企业的成功在于能分辨、接受和执行企业的价值观，并将其贯彻到企业经营的方方面面；③ 英雄人物，企业文化的浓缩和结晶，把价值观人格化并且为员工提供了具体的楷模；④ 礼节及仪式，公司日常生活中的惯例和常规，是企业动态的文化，是企业员工意识到的企业所期望的行为模式；⑤ 文化网络，有效传递企业价值观和英雄人物，是企业文化所推行和流动的渠道。该书的问世，标志着企业文化形成了一种系统的理论。

典型的文化结构理论方面，日本学者认为，从文化人类学角度看，企业文化的结构可以分为三个层面：物质层面，包括企业的设备资源、建筑等一切器物，称为物质文化；动态层面，即外显的行为方式，称为行为文化；心理层面，包括知识、态度、价值体系等，称为观念文化。我国学者在这个角度上对组织文化结构的划分也大致相同，认为广义的组织文化可以分为三个层次，即物质层、制度层和精神层。

1. 组织文化的物质层

组织文化的物质层是组织文化的表层部分，是形成制度层和精神层的条件。物质层往往能够折射出组织的经营思想、经营管理哲学、工作作风和审美意识，主要包括厂容厂貌、产品的外观包装、企业技术工艺和设备特性三个方面。

2. 组织文化的制度层

组织文化的制度层是组织文化的中间层次，主要是针对组织成员和组织行为产生规范性、约束性影响的部分，它集中体现了组织文化的物质层和精神层对组织成员和组织行为的要求。制度层规定了组织成员在共同的生产经营活动中所应遵循的行为准则，主要包括企业的工作制度、责任制度和特殊制度三个方面。

3. 组织文化的精神层

组织文化的精神层主要是指组织领导者和组织成员共同信守的基本信念、价值标准、职业道德及精神面貌，它是组织文化的核心和灵魂，是形成组织文化的物质层和制度层的基础和原则。

文化精神层是为企业物质层和制度层提供思想基础，是组织文化的核心；制度层能约束、规范精神层与物质层的建设；物质层为制度层和精神层提供物质基础，是组织文化的外在表现和载体。任何组织都有自己好的或不好的文化。不规范的组织文化是组织发展过程中自然而然形成的，一般来说是不完整、不协调、不成熟的，其中不少内容对组织的生存、发展起到阻碍和腐蚀的作用。规范的组织文化，是组织适应环境变化、发展需求及组织各层次成员共同需求而建立起来的一整套的价值观与行为方式，它有完整性、协调性和成熟性的特点。

15.1.3 组织文化的分类

组织文化在研究的过程中，出现了诸多的理论，如Z理论、7S管理框架、革新性文化以及学习型组织文化等。在此过程中，许多学者对组织文化进行了分类研究，如河野义弘、迪尔和肯尼迪、海伦、科特尔和赫斯科特、高菲和琼斯、野村综合研究所、奎因以及华拉奇等，他们分别把组织文化划分为不同的类型。同时，中国学者对组织文化的分类也进行了相关的研究。以下对具有代表性的组织文化分类进行介绍。

1. 河野义弘的组织文化类型

河野义弘在调查统计了上百家企业后，将组织文化归纳为五种类型，其具体分类及各种文化类型的特点如表 15-2 所示。

（1）活力型组织文化。此种类型的文化具有活力，挑战精神较为旺盛。新的点子源源不断地产生，顾客导向，充分收集外部的信息，自发地产生构想，具有自由豁达的风气；无惧失败，能承受失败；上下级距离短，沟通良好，集思广益；对工作的责任感强。

表 15-2 河野义弘的组织文化类型[①]

要　素	类　型				
	活力型组织文化	独裁活力型组织文化	官僚型组织文化	僵化型组织文化	独裁僵化型组织文化
基本特点	富有创新价值且具有革命性构想	追随独裁者，但却充满着活力	行事注重固定的规则和流程	对于创造性的思维不关心，习惯满足已有的模式	不做创新的事情，只会吹拍逢迎，以追求自身利益为主
对组织的忠诚度	两极化	终身雇佣	终身雇佣	有机会就换工作	有机会就换工作
实例	较为年轻的企业组织	年轻的企业组织	老化企业组织，大型的机械式组织	老化企业，独占企业，强大的企业组织	旧企业组织

（2）独裁活力型组织文化。政策卓越，尊重人性。这种形态多出现于初创期的组织，领导者具有革新取向，全体员工有活力并且信赖领导者。

（3）官僚型组织文化。固执、谨慎、保守。在信息收集方面，注重理论，内部导向；构想的产生是技术导向和领导导向；本位主义强烈，派系思想严重。

（4）僵化型组织文化。成员只做习惯性的事情，崇尚惯例；具有“安全第一”的价值取向；收集信息内部导向，有创意的建议少。

（5）独裁僵化型组织文化。由于独裁者政策决定不符合环境要求，成员丧失士气，成为僵化的风气；成员仰赖上层，行为平庸，缺乏独立思考。

2. 杰弗里·桑南菲尔德的组织文化类型

艾莫瑞大学的杰弗里·桑南菲尔德提出了一套标签理论，它有助于我们认识组织文化之间的差异，认识到个体与文化的合理匹配的重要性。通过对组织文化的研究，他确认了四种文化类型。

（1）学院型。学院型组织是为那些想全面掌握每一种新工作的人而准备的地方。在

① 任浩. 战略管理：现代的观点. 北京：清华大学出版社，2008.

这里他们能不断地成长、进步。这种组织喜欢雇用年轻的大学毕业生，并为他们提供大量的专门培训，然后指导他们在特定的职能领域内从事各种专业化工作。桑南菲尔德认为，学院型组织的例子有IBM公司、可口可乐公司、宝洁公司等。

（2）俱乐部型。俱乐部型组织非常重视适应、忠诚感和承诺。在俱乐部型组织中，资历是关键因素，年龄和经验都至关重要。与学院型组织相反，它们把管理人员培养成通才。俱乐部型组织的例子有联合包裹服务公司、德尔塔航空公司、贝尔公司、政府机构和军队等。

（3）棒球队型。棒球队型这种组织鼓励冒险和革新。招聘时，从各种年龄和经验层次的人中寻求有才能的人。薪酬制度以员工绩效水平为标准，由于这种组织对工作出色的员工给予巨额奖酬和较大的自由度，员工一般都拼命工作。在会计、法律、投资银行、咨询公司、广告机构、软件开发、生物研究等领域中，这种组织比较普遍。

（4）堡垒型。棒球队型组织重视创造发明，而堡垒型组织则着眼于组织的生存。这类组织以前多数是学院型、俱乐部型或棒球队型的，但在困难时期衰落了，现在尽力来保证企业的生存。这类公司工作安全保障不足，但对于喜欢流动性、挑战性的人来说，具有一定的吸引力。堡垒型组织包括大型零售店、林业产品公司、天然气探测公司等。

3. 科特尔和赫斯科特的组织文化类型

哈佛商学院的两位著名教授约翰·科特尔（John P. Kotter）和詹姆斯·赫斯科特（James L. Heskett）于1987年8月至1991年1月，先后进行了四个项目的研究，依据组织文化与组织长期经营之间的关系，将组织文化分为以下三类。

（1）强力型组织文化。在具有强力型组织文化的公司中，员工们方向明确，步调一致，具有共同的价值观念和行为方式，并愿意为企业自愿工作或献身。强力型组织文化提供了必要的企业组织机构和管理机制，从而避免了组织对那些常见的、窒息组织活力和改革思想的官僚们的依赖，因此，促进了组织业绩的提升。

（2）策略合理型组织文化。具有这种组织文化的企业，不存在抽象的、完美的组织文化内涵，也不存在任何放之四海而皆准、适合所有企业的“克敌制胜”的组织文化。只有当组织文化“适应”于企业环境时，这种文化才是好的、有效的文化。不同的组织，需要不同的组织文化，只有文化适应于组织，才能发挥其最大的功能，改善企业经营状况。

（3）灵活适应型组织文化。市场适应度高的组织文化必须具有同时在员工个人生活中和企业生活中都提倡信心和信赖感、不畏风险、注重行为方式等特点，员工之间相互支持，勇于发现问题、解决问题。员工有高度的工作热情，愿意为组织牺牲一切。

4. 奎因的组织文化类型

密执安大学的奎因（Quinn）认为，组织文化可以根据两个轴向分成四大类，如图15-1所示。[①]

① 卡梅隆，奎因. 组织文化诊断与变革. 谢晓龙，译. 北京：中国人民大学出版社，2006.

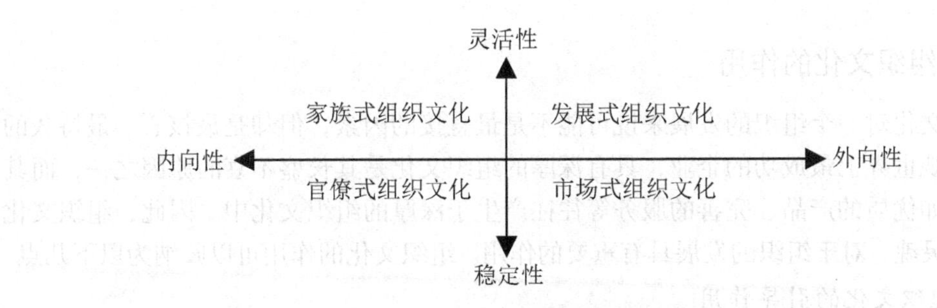

图 15-1 奎因的组织文化类型

（1）发展式组织文化。其特点是强调创新和成长，组织结构较为松散，运作上非条规化。

（2）市场式组织文化。其特点是强调工作导向和目标的实现，重视按时完成各项生产经营目标。

（3）家族式组织文化。其特点是强调组织内部的人际关系，组织像一个大家庭，员工像这个家庭的成员，彼此间相互帮助和关照，最受重视的价值是忠诚和传统。

（4）官僚式组织文化。其特点是强调组织内部的规章制度，凡事皆有章可循，重视组织结构、层次和职权，重视组织的稳定性和持久性。

5. 中国组织文化的分类

中国组织文化从不同角度可以划分为不同的类型，具体如表 15-3 所示。

表 15-3 中国企业文化分类①

分 类 标 准	具 体 类 型
行业	工业组织文化、商业组织文化
层次	表层组织文化、中介组织文化、深层组织文化
所有制	国有组织文化、股份制组织文化、民营组织文化、“三资”组织文化
特征	伦理型、政治型、人事型
状况	竞争型、发展型、并重型、技术型、民族型

现实中的许多组织并不能简单而明确地归入上述组织文化的某一种类型，因为他们是一些不同类型文化的混合体，或者正处于不同类型文化的转型期，有一些组织在不同时期还会拥有不同类型的文化。

本书根据组织文化与外界环境的兼容程度，将组织文化分为异质性文化和兼容性文化。异质性文化是一种有别于其他社会个体的文化，它强调的是组织与其他组织的不同点和特色。兼容性文化是一种善于整合的文化，它能够把其他企业的文化因素同化到自身的文化传统中，并且在外来异质文化的冲击下既能保持自己，又能在文化整合过程中吸收与融合外来异质文化的因素。

① 任浩. 战略管理：现代的观点. 北京：清华大学出版社，2008.

15.1.4 组织文化的作用

组织文化对一个组织的发展来说可能不是最直接的因素，但却是最核心、最持久的因素。纵观世界上最成功的企业，具有深厚的组织文化是其长盛不衰的原因之一，而其他因素，如优质的产品、完善的服务等往往产生于深厚的组织文化中。因此，组织文化是组织的灵魂，对于组织的发展具有重要的作用。组织文化的作用可以归纳为以下几点。

1. 组织文化的引导作用

组织文化的引导作用是指组织文化能对组织整体和组织每个成员的价值取向及行为取向起引导作用，使之符合组织所确定的目标。激烈的竞争中，一个组织如果没有一个自上而下的、统一的目标，就不能形成强大的竞争力，也就难在竞争中求得生存和发展。传统的管理方法都是靠各种各样的策略来引带组织成员实现组织的预定目标。而如果有了一个适合的组织文化，成员就会在潜移默化中接受共同的价值观念，不仅过程自然，而且由此形成的竞争力也会持久。例如，华为集团用文化来管理。华为总裁任正非说："最自信的企业最自信的是改造人的力量，用一种思想聚集一群人迈向一个目标。这个思想就是灵魂，目标就是导向。"任何企业组织都会倡导自己所信奉的价值理念，而且要求自己倡导的价值理念成为全体成员的共识，成为指导组织行为和成员行为的灵魂。组织文化对组织成员行为能够产生积极的或消极的影响，从而影响到战略目标是否能够实现。

2. 组织文化的凝聚作用

组织文化的凝聚作用可以在组织创业开拓之际和危难之际显示出巨大的力量。组织文化是组织的灵魂，它通过向成员宣传统一的组织价值观而将他们凝聚在一起，这些价值观将影响成员的生活方式、行为方式和价值观念，促使他们积极地为组织创造价值。

松下电器产业集团是日本六大独立企业集团之一，是目前日本最大的民用电子公司，也是世界上发展迅速的典型企业之一，号称"家电王国"，有所谓"不知萧条的企业"和"世界健康儿童"的美称。松下公司能从一个微不足道的小作坊发展成为规模庞大的跨国集团，与创始人松下幸之助的攻心策略和对组织文化的重视有着极为密切的关系。

松下幸之助重视企业组织文化的作用，努力将企业的经营意图、指导思想、观点、信念灌输到员工中去，提出了松下电器集团应遵循的精神，向员工灌输"全员经营""群智经营"的思想，并宣传所谓的"职工自家事"，让职工觉得"自己也是松下电器的主人"。这种组织文化的凝聚作用给组织带来了高效益和持续不断的成长。

3. 组织文化的扩散作用

扩散作用是指组织成员对组织文化的共享程度，常分为高度和低度两种程度。文化扩散度高是指组织文化能够迅速、广泛地被组织成员接受；文化扩散程度低则是相反的情形。扩散程度高的企业文化有助于组织将各种能力和资源都用于生产经营活动，扩散程度低的文化却不能。

4. 组织文化的协调作用

协调作用是指组织文化协调各种关系、解决各种矛盾的功能。具体来说包括以下三个方面。

（1）组织文化能够协调组织和社会的关系，使组织发展适用于社会发展。因为优秀的组织文化精神内容都是要使组织自觉地为社会服务。具体来说，通过文化建设，组织能够调整自己，以便于适应社会整体文明，满足顾客不断变化的需要。

（2）组织文化能够协调组织之间的竞争关系，给竞争加上了必须文明的限制。这样，即使两个竞争关系特别突出的组织，也不致发生不合理的竞争行为。

（3）组织文化能够协调人际关系。组织群体活动总是在互相联系、互相信赖、互相协作的氛围中进行，组织文化所具有的共同价值观念，可以发挥其协调员工之间关系的功能，使组织员工具有共同信念和共同价值取向，从而有利于密切合作，建立良好的人际关系，形成团结和谐的气氛。

15.2 组织文化的内化和外化

15.2.1 组织文化的内化

1. *组织层面*

组织是由互动的个人或团体为实现一定的目的而组成的社会单元。每一个组织都必然拥有一种文化。现在越来越多的组织将其成功归功于该组织固有的、由悠久传统所继承的文化。组织通过文化影响组织内部不同层面的行为，影响组织的目标和策略，继而对组织绩效有着重要的影响。而组织经营绩效的好坏，又直接或间接地影响着组织文化建设的强度和力度，两者之间是相辅相成、相互促进的关系。

组织文化在组织层面上主要是表现在与企业整体业绩和企业发展的关系。所有企业都有自己的企业文化，有的企业的文化显得比别的企业的文化要雄厚和强大。这些企业文化均对企业内的员工和经营业绩产生巨大的作用。

组织文化在组织层面的内化过程中，往往会出现“两层皮”现象，也就是说存在公开宣称的文化（公开文本）与实际运作的文化（隐藏文本）共存的现象。组织文化公开文本是指组织公开宣称的价值与信仰体系，它通常是由组织管理层构造并主要体现在组织的战略目标、规章制度、人工制品、组织体系等各类可直接观察到的外显物中。组织文化的隐藏文本是指组织成员实际上所持有的价值观与行为方式，它具有隐含性、真实性和批判性的特点。

企业管理者会通过内部和外部一系列的社会活动来完善组织文化的完整性和连贯性，从而使得组织成员的意识打上组织文化公开文本的烙印。另外，员工个人既然加入组织中来，也或多或少地认同组织文化的内容。因此可以说，组织中隐藏文本与公开文本的重合是伴随着组织的存在而存在，所以我们要考虑的重点在于两种文本重叠部分的大小。若重叠部分小，说明该组织所宣称的文化远未取得员工的共识，组织文化为弱势文化；若重叠部分大，则说明该组织所宣称的价值与信仰体系获得了员工的广泛认同，形成了强势文化。只有当两种文本高度重叠，形成了强势文化时，才能对组织的发展起到巨大的推动力量。

由于隐藏文本的隐含性特点，使得组织文化可以采取更多的非正式沟通渠道进行传播。利用非正式的渠道控制和减少隐藏文本，可以从下面三个方面入手：① 承认非正式传播的真实性，它可能代表员工急切盼望解决问题的愿望和情绪，也可能代表员工对组织现行制度的不同声音，因此必须急切处理其中可能存在的问题。因为有效的沟通是化解冲突、误解的最好方式。② 依据两级流动传播理论，即来自媒介的消息首先抵达意见领袖，接着意见领袖将其所见所闻传递给同事或接受其影响的追随者。③ 利用非正式传播公开文本的内容。总之，需要运用一些科学的方法和手段，对正式和非正式两个沟通渠道产生影响，把正式和非正式两个沟通渠道的功能结合起来，以便于两个系统能够协同工作，从而控制和减少组织中的隐藏文本。

2. *群体层面*

每一个组织都有自己独特的文化，并因其特有的组织文化而凝聚员工。同样，在群体层面上，组织中的各部门也有其与众不同的文化，并因其特殊性而得以相互区分。

良好适当的部门文化可以营造和谐的人际关系，提高员工士气，从而使部门取得高绩效。否则，就会降低部门工作效率，影响部门绩效。因此，对部门文化的评判可以通过部门的绩效管理得以反映，主要表现在员工的绩效管理意识、绩效管理有效实施的情况、绩效管理的方法与措施。而创建基于绩效的部门文化，必须做好以下几个方面的工作。

（1）提出部门整体绩效目标。组织的管理者必须提出这个目标并将之传达给员工，让每个员工都树立提高绩效的思想意识，并愿意为提高绩效而努力，从而在部门中形成人人重视绩效、追求绩效的良好氛围。这一文化营造过程可以为未来的绩效管理打下良好基础，让员工有一种为绩效而努力的紧迫感和责任感。

（2）帮助员工订立绩效目标。绩效管理是管理者与员工之间的双向沟通，而且重要的是要让员工了解其工作范畴和工作要求，需要改进和提高的缺点与不足，并且了解员工自己对工作的计划与打算。

实施绩效管理首先要让员工有一个关于绩效的目标。没有目标，就无法确定员工的绩效，更无法管理员工的绩效，也就无从考核员工的绩效表现、确定员工的绩效水平。因此，有必要帮助员工订立各自的绩效目标，用目标管理员工及其工作，使员工的工作更加有方向，使管理更加有效率。

（3）辅导员工提高目标执行能力。对员工进行在职辅导，在员工认识绩效目标、执行绩效目标、判断绩效目标执行结果等各方面做出有效的辅导，帮助员工不断提高业绩水平。通过这些努力让员工获得一种管理自己绩效的技能，在绩效管理中不断得到进步和提高。

在绩效管理中对员工进行辅导也就是对员工进行在职培训，必须将在职培训和绩效管理很好地结合起来，用绩效管理的手段帮助员工提高绩效管理能力，让其成为自己的绩效管理专家。

（4）创建绩效管理档案。为了减少在未来进行绩效考评时的摩擦和矛盾，绩效管理提倡做绩效档案，以记录员工在绩效管理过程中的绩效表现，为下一次绩效考评提供参考和依据。因此，管理者要全面系统地为每一位员工建立一份有效的绩效档案，包括绩效目标、绩效能力、绩效表现、绩效考评结果以及需要改进的绩效缺陷等。这项工作比较耗时而且烦琐，但却是绩效管理中的一项重要内容。

（5）评价员工的绩效表现。绩效考评是评判员工是否优秀的手段，管理者必须通过公平、公正的绩效考核来确定员工的实际绩效水平，对员工优秀的绩效表现给予认可，对员工需要改进的绩效表现给予建设性的改进意见，帮助员工改善和提高绩效能力。

绩效管理是一个方法，部门文化建设是一个方向，必须将这两个方面很好地结合起来，在工作中不断总结和提高，不断完善和发展，将部门文化建设统一到员工的绩效上来，积极创建一种基于绩效的部门文化。

3. *个人层面*

组织文化的实质就是以人为中心，以文化引导为根本手段，潜移默化地影响组织成员的意识和行为，包括价值观，从而达到以激发员工的自觉性和主动性为目的的一种文化现象和管理思想。组织文化内化的过程更多的是一种柔性管理的过程，表现为组织文化对员工的影响。

（1）行为规范作用。文化的行为规范力往往具有至高无上的地位，它告诉人们什么样的行为是被许可的，什么样的行为是不被许可的。所以，在特定企业文化的影响下，企业的员工往往都会遵守一定的规范，而且这些规范也并非局限于成文的条例和规章制度，这就是企业文化在员工行为方面的规范力。

（2）思维规范作用。文化对人的思维方式、思维取向和思维结论，无形中都起着规范作用，这也被称为文化的思维定式功能。处于不同企业文化背景下的员工在思维方面会有不同的模式，受这种模式的影响，该企业内的员工就会形成一定的思维定式或心智模式，并以这种定势或模式来指导和规范自己的行为。

（3）形象维持作用。文化都是以一定的社会和人群为依托形成的，反过来文化又可以对社会和人群的整体形象起到维持、发展和促进作用。组织文化可以通过影响员工的行为来影响社会大众，从而增强公众对组织整体形象的认同感，这种社会认同感又会督促组织及其员工保持一贯的风格来维持组织形象。

15.2.2　组织文化的外化

组织文化的外化主要表现在一个组织的外部形象上，概括地说，就是社会公众对组织行为的综合性评价。这种评价是社会公众通过亲身体验、人际交流、宣传媒体传播、耳濡目染以及自己理性思考而形成的认识。它既是理性的、哲学的和抽象的，又是现实的、具体的和有形的。

1. *组织形象的构成要素*

组织的总体形象是由三个方面的要素构成的，即理念形象、行为形象和视觉形象。理念形象是其中最根本、最关键的，并起着主导作用的因素。

（1）理念形象的要素主要有：① 德信，即组织经营理念是否正确先进，是否遵守社会道德，是否遵守合同、重视信誉；② 质量，即产品的质量是否过硬，这是组织形象的物质基础和最基本要素；③ 服务，即是否考虑消费者的利益，是否对内部和外部顾客服务周到，是否重视售后服务等；④ 技术，即生产技术是否先进优良，研究开发能力是否可以满足竞争的需要；⑤ 销售，即组织是否有相当完善发达的销售网，市场占有率的高低多寡等。

（2）行为形象的要素主要有：① 员工行为，即组织中全体员工在组织内部和外部所表现的精神状态和道德风貌；② 经营者行为，即组织中领导者所树立的自身形象是否优秀、令人敬佩；③ 社会责任，即组织为社会是否承担了应有的社会责任，对社会公益事业持有何种态度等。

（3）视觉形象的要素有：① 组织名称；② 组织标志，包括旗帜、徽章和歌曲等。

以上三个方面基本上囊括了组织形象的各个要素，组织要运用各种有效的方法把上述三个方面的要素统一起来，使组织的利益相关者对组织产生认同和好感。

良好的组织形象一旦形成，可以产生极大的社会效益和经济效益。第一，良好的组织形象有利于获得组织外部公众的认同，从而扩大组织所提供的产品或者服务的竞争力。第二，良好的组织形象具有强大的凝聚力，可以使组织成员在内部和外部环境中产生一种优越感和自豪感，使每一个岗位上的成员都能获得最大的精神满足。第三，良好的组织形象可以帮助形成一大批追随者，他们以购买该组织生产的产品和服务为荣。第四，良好的组织形象还有利于产生适宜的外部经营环境，对组织的经营活动产生巨大的推动作用。在新经济时代，尤其是处于同等水平的经济组织之间，塑造良好的组织形象如同抢占制高点，是组织在激烈竞争中取胜的法宝。

2. 组织形象的战略塑造

企业形象识别CI（Corporate Identity，CI）是企业经营理念、行为活动规范、视觉传达设计的统一整体。CI战略就是企业形象识别战略，它强调通过企业识别系统的运作，把企业的各种信息传递给企业的利益相关者，以塑造企业统一、良好的形象，使人们对企业产生认同和依赖，从而达到扩大产品服务和销售的目的，为企业这样一个经济性组织带来最大的经济效益。

企业的形象识别系统是由三个要素构成，即企业理念识别（Mind Identity，MI）、企业行为识别（Behavior Identity，BI）、企业视觉识别（Visual Identity，VI）。

（1）企业理念识别是指企业的精神和全体员工的共同理想，即企业所追求的目标和境界，是内部统一兼具外部特征的企业主导思想和观念，是企业的“自我定位”，也是企业欲使社会公众广泛知晓并接受的企业独立品格，是企业之“魂”。塑造企业之魂的核心是确立企业自身信奉的价值观，此价值观能使整个企业充满活力与朝气，并能激发广大员工的各种潜能。企业理念识别包括企业的价值观念、经营理念、企业精神和企业道德等。企业理念与企业价值观基本是一致的，在组织文化的诸多定义中几乎都提到了文化与价值观的关系，也即与企业理念的关系。企业理念是企业文化的核心，企业的成功来自于成功的企业理念。

（2）企业行为识别是指企业在其经营理念的指导下，形成的一系列经营活动。具体来说，企业行为识别就是将企业的方针、目标、发展战略、组织结构、管理措施、销售手段等，通过所采取的各种决策和措施，对内激起全体员工的积极性，使其共同行动，将目标变成现实；对外则要树立和展现企业魅力，使之获得社会的承认和肯定，从而达到塑造良好形象的目的。企业行为识别还具有规范性的功能，这种规范性受企业理念的支配，同时又利用一切可能落实到企业行为中去。

（3）企业视觉识别是指在企业确立经营理念和战略目标的基础上，运用视觉传达设计的方法，根据与经营有关的宣传媒体要求设计出系统的识别符号，以刻画企业个性、突出企业精神，从而使社会公众和本企业员工对企业产生一致的认同感和价值观。企业视觉识别是理念识别和行为识别的具体化和视觉化，它包括企业名称、标志、标准色、企业造型、象征图案、企业标语口号及办公用品、旗帜招牌、建筑物、交通工具、衣着服饰、产品设计等。理念、行为和视觉三个要素相辅相成，构成一个统一的企业识别系统，即企业的组织形象。

15.3 组织文化的过程

15.3.1 组织文化的形成

组织文化究竟是如何形成的呢？埃德加·沙因指出，组织文化的形成过程是组织应对外部适应性挑战、生存挑战和内部融合挑战的过程；组织是在适应外部环境求生存和建立内部一体化而做出反应时形成自己的组织文化的。

1. 适应外部环境求生存

适应外部环境求生存是指一个组织如何在外部环境中找到一个适合的位置，并与不断变化的外部环境相适应。适应外部环境求生存包括以下几个方面。

（1）宗旨和战略。确定组织的基本宗旨并选择其基本战略。

（2）目标。确立组织的具体目标。

（3）方法。确定如何实施组织目标的方式、方法、手段、工具等。

（4）标准。确定标准以衡量个人和群体完成目标的状况。

2. 内部一体化

内部一体化是指一个组织中的成员之间在建立和保持一致有效的工作关系和组织关系过程中，人们的行为和活动所形成的以组织目标为中心的规范化的整体。组织的内部一体化主要包括以下几个方面。

（1）语言和概念。确定组织成员间相互交流的方法，形成对重要理念和概念含义的共同认可。

（2）群体和团队的界限。建立群体和团队成员的身份标准。

（3）权力和地位。建立群体和团队成员的身份标准。

（4）奖励和惩罚。建立鼓励适当行为以及阻止不当行为的制度和规则。

总之，当一个组织的成员把他们共享的知识、假定、行为规范等用于解决组织的外部适应性和内部一体化问题的方式时，该组织的文化便会产生和形成。组织文化产生的一般模式如图15-2所示，该图展示了一般组织的文化形成的一种共同范式。

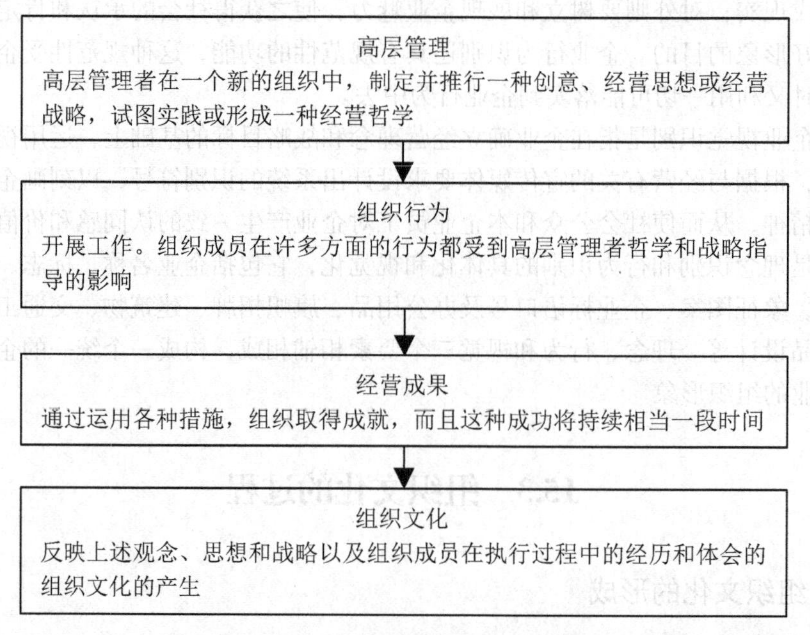

图15-2　组织文化形成的一般范式

在一个新的公司（或组织）里，其创始人或者少数关键人物在很大程度上影响着公司（或组织）文化的形成。如松下幸之助对松下企业文化的影响，韦尔奇对通用电气企业文化的影响，张瑞敏对“海尔文化”的影响都说明了这一点。

组织文化的形成及其形式也会受到社会的较大影响，如组织所在的国家或地区的民族文化、风俗习惯、社会规范、道德标准等，都会强烈地影响到组织文化的形成。

15.3.2　组织文化的维系

组织文化一旦形成或者创立，就需要一系列有效的管理措施和方法来维系组织文化，保持组织文化的活力和特色。组织文化的维系对于组织文化的发展发挥着非常重要的作用。

1. 组织文化的维系过程

组织文化形成或创立以后，有关领导管理层应当采取人力资源管理等必要措施，通过给组织成员提供一系列相似的经历来维系组织文化，从而保持组织文化的活力。以人力资源管理为主的组织文化维系过程如图15-3所示，其含义可以从以下四个方面来理解。

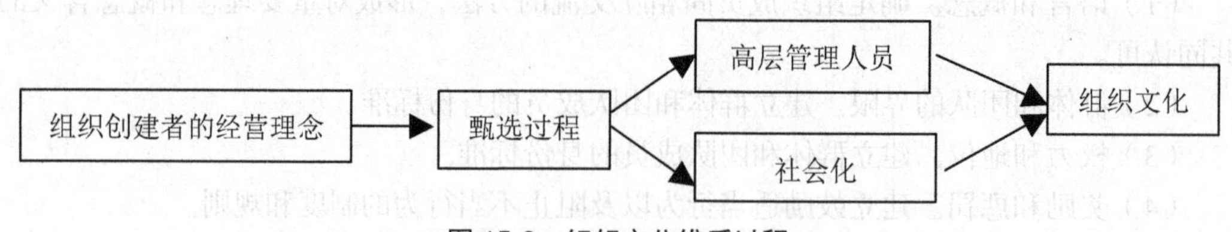

图15-3　组织文化维系过程

（1）组织创建者的经营理念不仅决定着组织文化的创建，而且会强烈地影响到组织对其他成员的甄选标准和甄选过程。

（2）组织的甄选标准和甄选过程决定着其对组织成员的选拔，并且影响或限定组织成员的行为标准，限定高层管理人员的行为范围和组织成员的社会化过程。好的甄选过程也是一种文化价值观双向选择过程，一方面，招聘工作者要认真判断应聘者的价值观与组织的价值观是否匹配，筛选掉那些可能对本组织核心价值观存在威胁的人；另一方面，应聘者也可以在此过程中得到一些组织信息，若发现自己的价值观与组织价值观相冲突，便可以自行退出候选人之列，从而起到维系组织文化的作用。

（3）高层管理者的言行举止对组织文化产生重要影响。他们的所作所为会告诉或暗示组织成员什么是可接受的行为，什么是不可接受的行为，把活的行为准则渗透进组织，如鼓励什么行为，晋升、奖励什么，什么衣着得体等。他们的偏好会决定应该怎样对员工进行社会化，进而影响组织文化的维系。

（4）组织员工的社会化——帮助组织成员特别是新成员适应和奉行组织文化，在维系组织文化过程中起着特别重要的作用。无论甄选标准和过程多么科学严密，新的组织成员对组织文化都有一个熟悉和适应的过程，他们总是容易干扰组织已有的观念和行为习惯；一些老的组织成员，有时也会由于多种原因，难以完全适应组织文化的要求。因此，帮助组织成员特别是新成员完成社会化过程，适应和奉行组织文化，是维系组织文化的重要工作。其中，最关键的社会化阶段是人员刚刚进入组织的时候，组织要尽力把外来者塑造成为一个合格的员工。每完成一个员工的社会化过程，就进一步起到了维系组织文化的作用。

2. 组织文化的维系方法

组织文化的维系除了招募和甄选适应组织文化的个人，对新雇员工进行社会化外，还可以通过解雇那些不断违背组织文化的人来保持组织文化。此外，维持一个组织的文化还有许多常规的方法，这些具体方法大部分都比单纯雇用或解雇人员要复杂得多，如图 15-4 所示。

图 15-4 所示的维系组织文化的方法是组织文化最有力的强化剂。

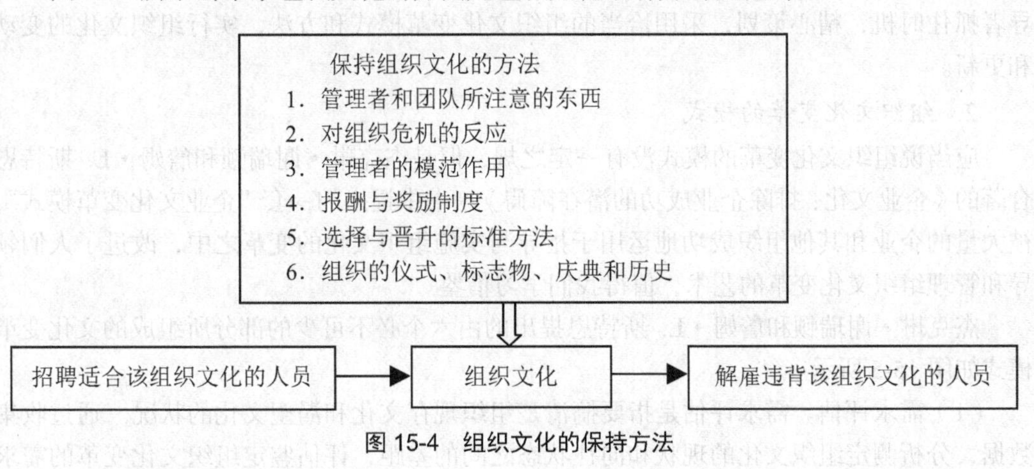

图 15-4 组织文化的保持方法

（1）管理者和团队所注意的东西，是指那些得到管理者和组织注意和赞扬的过程和行为。有规则地处理这些事，将向组织成员发出强烈信息：什么是重要的，期望他们去做什么。

（2）对组织危机的反应，是指当面临危机时，管理者和员工表现出大量和文化有关的行为。人们对危机的处理方式既可增强现有组织文化，又可能在价值观、行为规范等方面改变现有组织文化。

（3）管理者的模范作用，是指通过管理人员的表率作用，把组织文化传达给普通员工，并尽量把组织文化信息具体结合到组织成员的培训计划和日常工作指导中去。

（4）报酬与奖励制度，是指与各种行为相关的奖励制度，维系着组织文化的某些特定方面，向员工表达管理者和组织所关注的重点和价值观，人们往往通过报酬和奖励制度来认知与学习组织的文化。

（5）选择与晋升的标准方法，是指组织通过人员的招募、甄选提拔和调动等工作标准与取向来保持组织文化，这些标准是组织成员所通晓的，它们可以加强和表明组织文化的基本方面，并能维持和改变现有组织文化。

（6）组织的仪式、标志物、庆典和历史等，是富有文化含义的组织活动和组织文化形式，它们既是组织文化组成的部分，又是维持组织文化的必要惯例和行为规范。

15.3.3 组织文化的变革

1. 组织文化变革的时机

组织文化不仅需要创立和维系，而且需要变动和革新。这是因为任何组织都要存在于社会这个大的开放系统中，其组织文化作为上层建筑的一部分，仅仅是受到社会制约和影响的一种亚文化，必然受到社会文化的制约和影响，必然随着经济基础的变化而变化。一成不变，因循守旧的组织文化是难以存续、缺乏活力的。一般而言，当发生重大社会变动，当诸如市场、科技、体制、竞争等组织的外部环境发生剧烈变化，或者诸如组织重组、转产、领导换届、严重亏损、发展战略重大转变等内部条件发生重大变化时，或者当组织面临重大失败和重大挫折时，都是组织文化变革的重要时机，需要组织的领导者抓住时机，精心策划，采用恰当的组织文化变革模式和方法，实行组织文化的变动和更新。

2. 组织文化变革的模式

应当说组织文化变革的模式没有一定之规，但是杰克琳·谢瑞顿和詹姆·L. 斯特恩合著的《企业文化：排除企业成功的潜在障碍》一书中提出的一套“企业文化变革模式”，被大量的企业和其他组织成功地运用于指导与实施组织文化的变革之中，改进了人们领导和管理组织文化变革的艺术，值得我们学习借鉴。

杰克琳·谢瑞顿和詹姆·L. 斯特恩提出的由六个必不可少的部分所组成的文化变革模式如图15-5所示。

（1）需求评估。需求评估是指要搞清楚组织现存文化和渴望文化的状况。通过收集数据，分析测定组织文化的现状和向往状态之间的差距，评估鉴定组织文化变革的需求和目标。

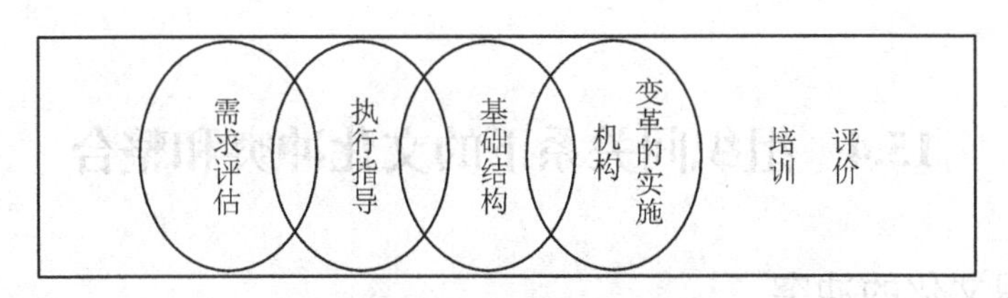

图 15-5 组织文化的变革模式

（2）执行指导。组织管理者必须在组织文化变革的目标、方向、理由和路径等方面对组织成员进行行政指导，并与组织文化的变革保持步调一致，这是组织文化变革的原始动力之一。

（3）基础结构。组织文化变革的基础结构由选拔制度、管理制度、成果认定制度等指导组织正常运转的制度和过程所构成。一个有利的基础结构对文化变革的成功至关重要，所以应当把组织的各项制度向着有利于确立新的组织文化的方向加以调整。

（4）变革的实施机构。组织文化变革需要建立变革过渡时期的临时性组织机构——变革实施机构，以处理那些需要特别关注的基础结构部分中的问题，帮助实施组织文化变革，其成员还负担着组织文化变革使者的基本职责。

（5）培训。培训是任何组织文化变革的基础之一，通过培训教育，组织成员才能比较好地认识和否定旧文化弊端，认同和拥护新文化。

（6）评价。组织文化变革需要测定和评估变革的预期成果，需要能反映出组织文化实施变革的内在原因和成效。评价既是衡量组织文化变革成果的一种手段，又是对其进行干预的一种手段。

3. 组织文化变革的方法

前述的一些维系组织文化的方法也可以用来变革组织文化。组织文化的变革常常会用到以下方法：① 改变管理者和组织所注意的东西；② 改变把握和处理危机的方式；③ 改变招募和甄选组织新成员的标准；④ 改变组织内部提升的标准；⑤ 改变报酬分配和奖励的标准；⑥ 改变组织的礼仪、庆典等。

此外，成功变革组织文化还需要把握以下要点：① 了解旧文化，确定创造新文化的起点和目的；② 发现和支持员工团队较好的文化思想和变革的愿望；③ 发掘组织中最有效的次级文化，并把其树为榜样；④ 不要把抨击文化放在首位，而是重点找出恰当的方法，帮助员工和团队更有效地做好工作；⑤ 组织文化变革要有耐心，重大的组织文化变革可能需要 5～10 年的时间才能完成；⑥ 把新的文化观点作为变化的指导原则，要坚持不懈地实践和巩固变革后的新文化。

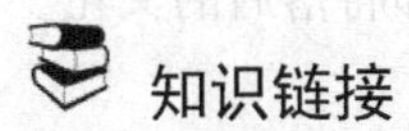
知识链接

创新型文化

15.4 组织间关系下的文化冲突和整合

15.4.1 组织文化的冲突

1. 组织文化冲突的类型

所谓文化冲突，是指不同形态的文化或者文化要素之间相互对立、相互排斥的过程。它既指跨国企业在他国经营时与东道国的文化观念不同而产生的冲突，又包含了在一个企业内部由于员工分属不同文化背景的国家而产生的冲突，也包含企业兼并后来自不同企业的员工的文化冲突。

在一个复杂的组织当中，其文化系统构成非常复杂，因此必然会面对各种各样的文化冲突。从造成文化冲突的根源角度看，大致可以将组织中的文化冲突分成以下三种。

（1）民族文化差异所造成的文化冲突。在涉及不同民族、种族、国家文化的组织之中，最主要和最为显著的往往就是这种冲突，其中尤以跨国经营企业最为典型。跨国经营企业的组织文化与其他类型组织的文化相比，其最大的特点就是该组织是处在大的文化体系的交界上，它作为一个多元文化的复合体，必然会面临来自不同文化体系的文化域的摩擦和碰撞，处在不同文化交汇和撞击的区域内。在这个区域中，不同的文化环境、经济条件、社会和政治背景等因素，必会形成较大的文化差异。由于文化演变是一种漫长的过程，这种文化差异对组织来讲，在一段时间内是不会被消灭的，并可在一段时间内保持稳定。文化差异的客观存在，势必会在组织中造成文化之间的冲突，并使组织经理人员与员工在心理上形成“文化休克”反应，这会给组织的经营管理活动带来十分重要的影响。因此在跨国企业中，组织文化及相关问题，例如文化冲突、文化变革、跨文化管理较其他企业更受到重视。

（2）组织新旧文化之间的冲突。上述关于跨国企业的文化冲突是研究不同民族文化或不同国别文化之间的横向的文化冲突。事实上，对于一个微观的组织来说，其所面临的文化冲突或文化危机，往往有来自于组织内部或者外部的创新力量与组织的文化传统之间的冲突，即是一种纵向的冲突。即使是那些横向的冲突，往往也是可以显现在其中的。任何一种组织文化，无论其形成之时先进与否，由于文化本身的自我延续性特征，必然在相当长的一段时间内保持其某种惯性或者刚性。但是社会及其文化和经济又是不断发展变化的，即使一个组织的文化在其初建时是非常先进的，是迎合社会发展趋势的，但是这样一种“先天性”的因素，使得其终将有一天成为落后或者是即将落后的文化。因此，组织中新旧文化之间的冲突便往往成了组织中文化冲突的主题。

（3）组织中利益冲突所导致的文化冲突。除了可以从纵向和横向两个角度来对组织文化冲突进行分析，从另外一个角度上看，组织文化冲突所反映的往往是组织中或者组织外不同利益主体之间的利益冲突。例如，在组织中很可能出现的组织亚文化，也即组织的部门文化与组织整体文化之间的冲突，或者组织中的正式文化和非正式文化的冲突，实际上大多是由组织中的小群体为了维护自身的或者其内部成员相对于组织其他的成员的利益而产生的。有时，这种利益冲突还可能是发生在作为个体的组织成员与调整整体的组织本身之间，或者是组织成了两种更大群体之间利益争夺的战场。不论是哪种原因而产生的文化冲突，也不论是哪种形式所展现的，有一点是所有这些文化冲突的共性，即在两种文化接触的初期，两种文化是处于同一个组织中，但那只是由于它们的接触还只是表层的，最终两种文化本质的分歧和冲突必将显现。在组织之中只有一种文化可以生存下来，或者是两种相冲突的文化中的某一种，也或者会是一种融合和交流之后产生的全新的文化。

2. 文化冲突的后果

文化冲突会造成文化困惑，而文化困惑又会加剧文化冲突，因此这两者交互影响，则会出现以下消极的结果。

（1）极度保守。文化冲突将影响管理者和员工之间的和谐关系，尤其是对于跨国企业来说，高层管理者可能只是按照规章制度控制组织的运行，对员工更加疏远；与此同时，员工则会对工作变得不思进取，高层管理者的行动计划实施起来也十分困难。结果双方都会变得保守，最终也不会有所作为。

（2）决策效率低。文化冲突会导致决策效率低下。由于各方都有自己的价值观、思维方法和行为方式，很容易凝结成某种秉性，当碰到问题时，很自然按照自己的价值观、思维方式去分析、判断、评价，协调起来比较花费时间，有时甚至难以做到，在这样的情况下进行决策其效果可想而知。

（3）组织涣散。使组织各项工作散乱，无法形成集中统一、标准化、规范化的管理。形成不同的价值观和行为规范，在日常工作中往往容易各行其是、各自为政、各级效仿、各成体系，使组织不能处于正常状态。整个组织犹如一盘散沙，管理者不能将其整合起来。

（4）沟通中断。由于各方价值观、思维方式和文化背景各不相同，所以彼此之间能够相互理解是非常困难的。当高层管理者与员工的距离达到一定程度时，自上而下的沟通便自然中断，结果经理人员无法了解实情，双方在不同的方向上越走越远。

（5）非理性反应。当双方在不同的方向上越走越远的时候，高层管理者如不能正确地对待文化冲突，就会感情用事。这种非理性的态度很容易造成员工的非理性报复，结果误会越来越多，矛盾越来越深，对立和冲突更加剧烈。

（6）怀恨心理。对于发生冲突的结果，冲突双方如不耐烦从彼此的文化背景中寻求文化共性，而一味地抱怨对方鲁莽或保守，结果只会造成普遍的怀恨心理。伴随经常性的冲突，会使组织中各方相互猜疑，产生偏见，遇事首先从消极处考虑，使大家丧失合作信心，甚至后悔选错了伙伴，导致关系紧张，引起组织心理上的变态。

15.4.2 组织文化的整合

所谓文化整合，就是指组织要适应外部环境、社会文化氛围、组织制度的变化，将构成组织文化的各异质性文化要素整合为一个有机整体。

两个企业的文化整合涉及不同文化的组合构造和优化问题。组合构造问题是指需要对原有文化进行一系列的调查和分析，在此基础上对系统构造适合兼并后企业情况的模型。组合优化又称为组合规划，就是在系统中不断优化已构造的模型，以适应文化系统的不断变化。

企业兼并中，有许多影响企业文化整合的因素，主要表现为四个方面：一是企业兼并战略，是横向兼并还是纵向兼并，抑或是多元化兼并；二是两个兼并企业的原有文化特征，是强文化还是弱文化，以及文化的优劣性；三是企业兼并中面临的风险度，是高还是低，抑或是中等；四是兼并后企业的集中程度，是高还是低，抑或是中等。依据这四个因素，在企业兼并中的文化整合模式主要有三种：吸纳式、渗透式和分离式，如表 15-4 所示。

表 15-4　企业兼并中的文化整合模式

模　　式	吸　纳　式	渗　透　式	分　离　式
文化类型	优质强文化 优质强文化/弱文化	优质弱文化 优质/劣质弱文化	优质强/弱文化 优质强文化
适用兼并战略	横向兼并	横向/纵向兼并	纵向/多元兼并
兼并方面面临风险	极小	一般	极大
兼并后企业集权程度	高度集权	一般	分权

1. 吸纳式文化整合模式

吸纳式文化整合模式是指被兼并企业完全抛弃自己原有的企业文化，接受兼并企业的文化理念。它适用于具有较强优质文化的企业兼并劣质的文化企业，海尔就是其中的一例。海尔集团是个企业文化浓厚、团队凝聚力强的企业，它在兼并相关企业的时候，多是采用文化注入的方法，将对方融入本企业之中。例如，它在兼并青岛电器厂的时候，没有增加一分钱的投入，没有置换一台设备，只派了三个企业文化中心的人员。他们以海尔的管理理念转变员工的观念，转换机制，以海尔文化塑造员工的思维，以无形资产盘活有形资产，使这家 1995 年还名列洗衣机行业最后一名的企业在 1997 年就居于本行业的前列。海尔就是应用这种“吃休克鱼”的理念，兼并了许多硬件设施较好但管理理念落后的企业，在被兼并企业中注入海尔文化。

2. 渗透式文化整合模式

渗透式文化这种整合模式是指兼并企业双方都有一定程度的调整，并最终形成一种新的优质强文化。当兼并双方都具有较好的文化弹性，但又存在着一定文化缺陷的情况时，该模式比较适用。惠普与康柏 2002 年合并案的文化整合就是一个典型的渗透式文化整合模式。惠普和康柏是两个具有截然不同文化的企业。惠普公司成立于 1939 年，在长期的发展过程中，惠普积累及建立了深厚的文化底蕴。惠普拥有受人拥护的诚信之道，依靠对待客户的忠诚，一直保持着盈利。惠普信任并尊重个人、追求卓越成就、坚持诚实与正直、重视团队精神、鼓励灵活性及创造性。而康柏是一个年轻的计算机制造商，注重以业务为导向，把快速抢占市场作为第一目标，它的操作是灵活的，决策是迅速的。康柏员工更倾向于着眼未来，不太看重程序，看准了就行动。在整合两个企业文化时，惠普吸收了康柏文化的精华，使二者互相补充、充分融合，从而建立起一种更加雄厚、更为强劲的企业新文化。这种新文化秉承了“惠普之道”的核心价值观，发扬了康柏机动灵活、决策迅速的优点，具有更多的灵活性、更大的向心力和凝聚力、更强的创新力以及更快的行动力。

3. 分离式文化整合模式

分离式文化整合模式是指在短期内，双方企业文化均大幅度改变，被兼并企业拥有很大的经营自主权。这种模式多用于纵向一体化兼并战略和多元化兼并战略，而且一个重要前提是被兼并企业具有优质强文化。美国通用电气公司控股日本五十铃公司时，通用电气公司并没有向五十铃输入自己的文化模式，而是采用了文化隔离的整合方式。这样就较好地处理了两者存在很大文化差别的合并障碍。

本章小结

1. 关于组织文化内涵的描述：一方面，组织文化是一种新的管理方式，是以人为本的管理。通过塑造良好的组织文化，提升管理者水平，加强组织内部成员的责任感，提升相对于竞争对手的竞争优势，使员工真正把自己看作组织大家庭的一员，与组织同呼吸共命运。另一方面，组织文化的核心是价值观念。优秀的组织文化是以共同的价值观念推动组织的发展，约束组织内成员的行为。

2. 组织文化可以分为三个层次，即物质层、制度层和精神层。物质层为制度层和精神层提供物质基础，是组织文化的外在表现和载体；制度层能约束、规范精神层与物质层的建设；精神层是为物质层和制度层提供思想基础，是组织文化的核心。

3. 组织文化具有引导、凝聚、扩散、协调的作用。

4. 组织文化的内化和外化作用，内化作用包括组织层面、群体层面、个人层面方面的作用；组织文化的外化作用是指组织文化的社会层面的作用，指对组织外部形象的作用。

5. 组织文化的形成、维系和变革。组织是在适应外部环境求生存和建立内部一体化而做出反应时形成自己的组织文化的；组织文化的维系是为了保持组织文化的特色和活力；组织文化的变革是对组织文化的一种创新和延续。

6. 组织文化冲突是指不同形态的文化或者文化要素之间相互对立、相互排斥的过程。组织文化整合就是指组织要适应外部环境、社会文化氛围、组织制度的变化，将构成组织文化的各异质性文化要素整合为一个有机整体。

关键概念

组织文化（organizational culture）
组织文化的构成（structure of organizational culture）
组织文化的分类（classification of organizational culture）

组织文化的作用（function of organizational culture）
文化冲突（cultural conflict）
文化整合（cultural integration）
吸纳式文化整合模式（assimilation mode of culture integration）
渗透式文化整合模式（infiltration mode of culture integration）
分离式文化整合模式（separation mode of culture integration）

管理工具

河野义弘的组织文化类型
杰弗里·桑南菲尔德的组织文化类型
科特尔和赫斯科特的组织文化类型
奎因的组织文化类型
组织形象的战略塑造
组织文化形成的一般范式
组织文化维系过程
组织文化的保持方法
组织文化的变革模式
企业兼并中的文化整合模式

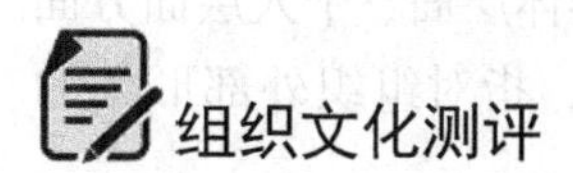

思考题

1. 组织文化的含义和构成是什么？
2. 组织文化的分类包括哪些类型？
3. 组织文化的作用是什么？
4. 如何理解组织文化的内化作用和外化作用？
5. 组织文化的形成、维系和变革分别是怎样的？
6. 阐述组织间关系下的文化冲突和整合。

组织文化测评

案例讨论

东方通公司创新型企业文化的构建

讨论：

1. 东方通成功的原因是什么？
2. 在本案例中，如何理解企业创始人对组织文化的作用？
3. 组织文化对一个组织的发展有何作用？

拓展阅读

推荐书目：埃德加·沙因，组织文化与领导力：第 4 版．章凯，罗文豪，朱超威，等，译．北京：中国人民大学出版社，2014．

本书关注日益复杂的商业现实，并运用大量的当代研究来说明领导者在运用文化原理实现组织目标上的决定性作用。

作者探讨了领导力和文化是如何从根本上交织在一起的，解释了有关领导力与文化的重大发现，包括：领导者是企业家，也是文化的重要设计者。文化一旦形成，又会影响领导模式的选择。如果文化要素变得功能失调，那么采取行动加速文化变革就是领导者的责任。此外，本书还分析了各种不同层次的文化，从国家和民族的宏观文化到基于团队的微观文化等。本书是一本值得反复阅读的经典著作。

第16章
组织伦理与慈善

本章学习目标

1. 理解企业组织伦理的含义与核心问题；
2. 了解组织慈善的概念与动因；
3. 明确企业组织伦理失范的现状与主要原因；
4. 掌握企业组织伦理建设的方法；
5. 理解与掌握组织慈善的主要功能；
6. 熟悉企业的战略慈善行为建设，了解慈善项目的运作与管理。

引例[①]

中广核在坚持发展清洁能源。建设美丽中国，需要我们坚持绿色发展理念，构建清洁低碳、安全高效的能源体系。中广核始终牢记“发展清洁能源 造福人类社会”的企业使命，专注核电、风电、太阳能等各类清洁能源，围绕环境治理、生态保护持续拓展新业务，努力成为建设美丽中国的主力军。

中广核坚持安全第一。安全是核电企业的“安身之基，立命之本”，没有核安全就没有中广核。中广核将2017年定位为“核电安全管理提升年”，部署了18个领域153项安全提升行动，推动核安全管理水平持续上台阶、上水平。岭澳核电站1号机组安全运行天数在国际同类机组中排名第一，目前该纪录仍在延续。

中广核坚持精准扶贫。中广核积极响应国家“坚决打赢脱贫攻坚战”的号召，利用自身技术优势、结合扶贫地区实际需求，实施“一户一策”的扶贫方案，用“精准”为扶贫工作输入“核动力”。凌云少数民族“白鹭班”、乐业千亩猕猴桃产业园、新疆阿勒泰7000万水利工程……中广核立足产业扶贫、教育扶智，与当地政府携手共同做好脱贫攻坚。

中广核坚持透明沟通。作为以核电为主的能源企业，中广核一直站在公众沟通的最前列，不断探索公众沟通的新模式、新方法。2017年，中广核组织18场新闻发布会，参与国内外大型展会15次，核电基地累计参观人数超过60万人次，结合8.7公众开放日策划的“最美核电婚纱照”主题活动吸引了900万公众的关注和参与，打造出中广核透明沟通的社会责任新品牌。

① 节选自《中广核2017年企业社会责任报告》。

16.1 组织伦理与慈善的含义

企业是市场经济条件下最重要的市场主体。“市场中的利益关系、供求关系、交换关系、竞争关系，实际上就是企业和企业以及企业和其他市场主体之间的关系。因此，企业树立应有的伦理意识、遵守企业道德原则和规范，不仅是企业自身生存发展的重要因素，而且对社会经济的健康运行有着直接的重要影响。”①

16.1.1 组织伦理的含义

1. 企业组织伦理的概念

近年来，国内外学者进行有关企业组织伦理方面的研究，出版和发表了相当数量的书籍和文章。他们大多是从两个方面来理解企业组织伦理这一概念的，如表16-1所示。

表16-1 有关组织伦理的代表性观点

企业组织伦理内涵	代表性观点
一种企业组织伦理规则	南京师范大学王小锡教授认为：“企业组织伦理即企业道德，它是指企业经济活动中完善企业员工素质和协调企业内外善恶价值取向及其应该与不应该的行为规范。”②
	美籍华裔学者成中英认为：“企业组织伦理是指任何商业团体或生产机构以合法手段从事营利时，所应遵循的伦理规则。”③
	陕西师范大学的李健认为：“企业组织伦理是指在企业全部生活中所蕴含和活跃着的道德意识、道德准则与道德活动的总和。”④
	美国学者P.V.刘易斯提出：“企业组织伦理是为企业及其员工在具体情景中的行为道德提供指南的各种规则、标准、原则和规范。”⑤
企业组织伦理关系、伦理意识、伦理规则和伦理活动的总和	乔法容教授认为：“企业组织伦理文化可有广义和狭义之分。狭义的企业组织伦理文化是指企业内部成员所形成的某种伦理观念、历史传统、共同价值准则、道德规范和生活观念等，也就是增强企业的内聚力、向心力和创造力的各种意识形态的总和。广义的企业组织伦理文化除了包括上述内容外，还要研究渗透在职工劳动行为中的行为动机、道德心理和道德意识等，并且要对各种企业经营活动进行道德上的认识和分析。”⑥
	欧阳润平教授认为：“企业组织伦理是企业生产、经营以及生活运行过程中的伦理关系、伦理意识、伦理规则和伦理活动的总和。”⑦

① 乔法容，朱金瑞．经济伦理学．北京：人民出版社，2004：281-282.
② 王小锡．中国经济伦理学：历史与现实的理论初探．北京：中国商业出版社，1994：150-151.
③ 成中英．文化、伦理与管理．贵阳：贵州人民出版社，1991：244-245.
④ 李健．企业组织伦理论纲．陕西师范大学学报，1994（4）：2-3.
⑤ 吴新文．国外企业组织伦理学：三十年透视．国外社会科学，1996（3）：21-22.
⑥ 乔法容，等．企业组织伦理文化：当代企业管理趋向的认识和实践．郑州：河南人民出版社，1990：5-6.
⑦ 欧阳润平．义利共生论：中国企业组织伦理研究．长沙：湖南教育出版社，2000：5-6.

2. 义利关系问题是企业组织伦理的核心问题

企业组织伦理的产生源自于企业求利的需要。传统的义利对立和不相容的观点已为时代所抛弃。新形势下，利在于“义之和”，义利共生已成为普遍的共识。经济学界和伦理学界开始为谋求义利之和走向联合。经济伦理学、企业组织伦理学等边缘学科的产生就是这种联合的产物。

义利的关系问题是中国伦理学的基本问题。朱熹说：“义利之说，乃儒者第一义。”所谓“义”，是指人的道德价值；“利”是指人的功利价值和物质利益。在如何处理义与利的关系问题上，孔子提出要“见利思义”“见得思义”。孔子说：“见利思义，见危授命，久要不忘平生之言，亦可以为成人矣”“君子有九思……见得思义”。在孔子看来，是否有“义”行“义”是一个原则性的大问题，是一个关系到成为一个什么样的人的根本性问题。“君子有勇而无义，为乱；小人有勇而无义，为盗。”但孔子并非一概地反对对“利”的追求。孔子说：“富与贵，是人之所欲也”“贫与贱，是人之所恶也”。不过，在富贵利禄面前，不能丧失道德良心，而只能“见利思义”、“见得思义”、循义而求之。孔子说：“不义而富且贵，于我如浮云。”“君子成人之美，不成人之恶。小人反是。”成人之美不仅是不损害他人的利益，而且还要积极主动地为他人谋利谋福。亚当·斯密也认为，每个人只有追求个人利益最大化，才能实现社会利益的最大化。当然这种对私利的追求，应当控制在合理合法和合乎道德的范围之内。当今民营经济的迅猛发展，企业家追求个体利益的同时，也对集体利益、国家利益做出了贡献。企业组织伦理文化就是要尽可能使私利和国家利益、社会利益相协调，使道德和功利相和谐。

今天，当代学者又对义与利的含义及其关系问题，做出了新的解读。对于“利”的含义，任俊华教授这样认为，“利”即利益。他从利益观的视角对“利”做了历史的阐述：“《辞海》和《现代汉语词典》都把利益解释为‘好处’，即与‘弊端’相反的概念。古希腊的色诺芬也是从这个角度来认识利的，财富是一个人能够从中得到利益的东西。”[①]所以“利”这个概念是与人们需要的物质生活资料密切相关的，所以有人把“利益”定义为人类自我的满足。[②]

关于义的内涵，可以从三个方面来理解。首先，公益为义。公益是相对于个人利益的社会公共利益，如有组织主体的集体利益和国家利益，无组织主体的群体利益、社区利益、行业利益和人类利益。其次，人道为义。人道是相对于物用而言的。人道包括两重含义：一重是人的权利；另一重是人的发展。人是经济活动的目的，而不是经济活动的手段，人永远不能将自己当作手段。最后，公平为义。对于公平有几种不同的解释，或是指结果的公平，或是指分配的公正，还有的是指规则的公正。我们所主张的公平是相对于效率第一的主张而言的，是权利与义务的平等，是通过分配体现个人劳动质量差异的公平，即分配和规则的公正。这种公平是效率实现的基本前提。[③]

义利关系是企业内外关系的核心，义利关系问题是企业组织伦理学的核心问题。企

① 色诺芬．经济论．北京：商务印书馆，1961：3-4．

② 张循理．利益论九讲．北京：中国青年出版社，1987：7-8．

③ 欧阳润平．义利共生论：中国企业组织伦理研究．长沙：湖南教育出版社，2000：140-141．

业对于义利的不同选择反映着企业不同的价值取向。概览古今中外人们对义利关系问题的探讨，不外乎有三种结论：一是重义轻利，甚至只讲义不讲利的道义论价值观；二是重利轻义，甚至只讲利不讲义的功利论价值观；三是义利共生，是既讲义又讲利的价值追求。当代的企业组织伦理理念应以追求义利共生为价值目标。

因此，我国传统的企业组织伦理精神不把获利作为商业活动的唯一目的，而是提倡把经商谋利与“博施济众”结合起来。社会主义市场经济条件下，重新解读义利关系问题，我们不能不从企业之利与社会之利相结合的视角去探讨企业如何获得生存与发展的长远利益、如何在获利的同时承担自己的社会责任、如何在增进企业利润的同时推进社会发展等问题，而这些就是企业组织伦理的核心问题。

16.1.2 组织慈善的含义

1. 组织慈善的概念

目前，我国关于“慈善”还没有统一的定义。何光喜在《被动的自愿——对四城市个人慈善捐赠行为的多因素分析》中提出：“目前关于慈善事业没有统一的称谓，有称‘慈善事业’者，有称‘公益事业’者。相应的，慈善捐赠行为也有称作‘公益捐赠行为’的。二者在内涵上没有什么本质区别。”[①]概括起来，我国对慈善的定义主要有两种观点：一种观点认为，慈善事业是众多的社会成员建立在自愿基础上所从事的一种无偿的、对不幸无助人群的救助行为。[②]另一种观点则比较宽泛，认为慈善活动的目的旨在提供人类福利和增进公共利益，它包括提供有形的财物或无形的劳务，对他人表达善意，对社会做有意义的贡献等。[③]而官方对公司捐赠的定义是：企业自愿无偿将其有权处分的合法财产赠送给合法的受赠人，用于与生产经营活动没有直接关系的公益事业的行为。[④]

从表16-2中可以看出，有关企业慈善的定义有的只包涵了扶贫、赈灾、助学等传统的慈善项目，有的则涵盖了环境生态保护、文物古迹保护等许多“公益”范畴的活动。综合以上观点，我们认为，组织慈善是指企业自愿地把自身拥有的有形或者无形资源无偿奉献出来用于促进和改善社会福利的行为。组织慈善与现有的企业社会责任（corporate social responsibility）等概念有相通之处，很多时候甚至可以混用，但它们也有区别，即企业社会责任更多强调的是理念和意识，主张企业为了避免使自身陷入不利的环境，在采取行动时须考虑利益相关者因素，侧重防御性；而组织慈善更多强调的是实际行动，主张企业应更多主动行善以改善自身经营环境，侧重积极性。

2. 组织慈善的动因

心理学认为，个体或者组织的每种行为背后都存在着不同的动因，找出这些动因是深入研究这些行为的基础，国内外已有很多学者对组织慈善的动因进行了研究。有的学者根据慈善行为的指向将组织慈善的动因分为自利、他利、互利型，有的学者根据慈善

---

① 何光喜．被动的自愿：对四城市个人慈善捐赠行为的多因素分析．济南：山东人民出版社，2004：16.

② 陈瑞霞．浅析中国企业的慈善行为．中国发展，2006（1）：47-49.

③ 张向前．和谐社会企业公益活动管理研究．科技和产业，2006（11）：57-61.

④ 关于加强企业对外捐赠财务管理的通知，财企［2003］95号。

行为的内容将其划分为经济、政治和道德动因，这些研究基本上都是从企业逐利的角度考虑的。通过综合前人的研究成果，并考虑慈善行为的来源，我们从经济诉求和来源两个维度，对慈善动因进行了划分，如图 16-1 所示。

表 16-2　有关企业慈善的定义

学　者	定　义
科林斯（Collins，1993）①	一种针对一个事件或者活动的经济（或者其他方面）投资，这种投资首先应该给社会带来好处，但是最终可以给企业带来长远的利益
科林斯（Collins，1994）②	一种企业在与自身没有明确利益关系的前提下做出的现金或者其他方面的捐赠行为
赵义隆（2000）	企业通过提供金钱、实物和劳务等方式，主动或协助文艺的、体育的、保健的、环保的以及关怀社会的活动
杨团（2003）③	企业向所在的当地社区和一些需要帮助的领域或社会群体提供资金、劳务或实物援助的行为，是企业承担社会责任的一个重要方面
胡胜军（2006）④	企业自觉自愿地将属于企业所得的钱、物等，拿出一部分无偿地献给社会或者他人的一种道德行为

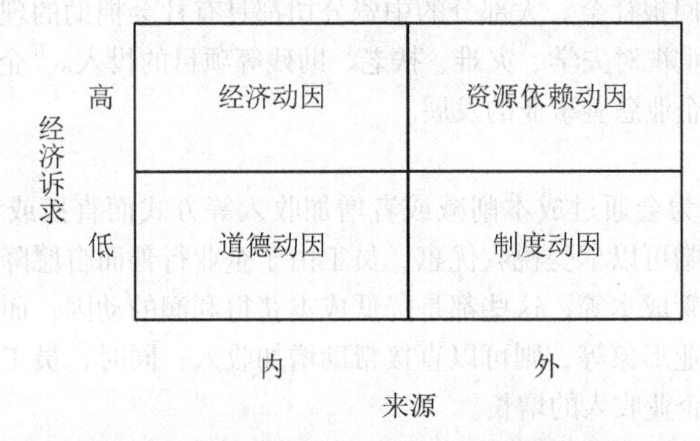

图 16-1　根据来源和经济诉求分类的慈善动因

慈善动因的来源总体上分为外部压力驱动和内部动力驱动两种，迫于政府等外部环境压力的慈善属于明显的外部压力驱动型，而减税、促销则是典型的内部动力驱动型。国外企业慈善行为以内部动因为主，而在中国，外部驱动则占据重要地位。组织慈善行为的经济诉求总体上分为低利润诉求（如响应政府号召的赈灾）和高利润诉求两种，高利润追求又可细分为即时性高利润诉求（如促销）和长期性高利润诉求（如塑造品牌）两种。按照动因的来源和经济诉求这两个维度，组织慈善的动因可以划分为道德动因、经济动因、制度动因和资源依赖动因四种。

① COLLINS M．Global corporate philanthropy: Marketing beyond the call of duty．European Journal of Marketing，1993，27(2): 46-58．

② COLLINS M．Global corporate philanthropy and relationship marketing．European Management Journal，1994(12)：226-233．

③ 杨团，葛道顺．公司与社会公益 II．北京：社会科学文献出版社，2003：106．

④ 胡胜军．我国慈善捐赠与慈善投资的现状与困境．集团经济研究，2006（07）：73．

1）道德动因

组织慈善起源于个人慈善，个人慈善出于人向善的高尚道德情操。企业也是社会成员，应该承担社会责任，应该贡献自己的资源帮助解决社会问题，无论企业慈善行为是由管理层发起还是由普通员工发起，都是基于人性道德的考虑。这是一种出于企业内心的不追求财务表现的他利动因，持此动因的代表企业有Ben&Jerry、摩托罗拉等。组织慈善的道德动因主要有以下两种。

（1）解决社会问题，促进社会福利。扶贫济困、抗震救灾、环境保护、帮助弱势群体等社会问题，并不能完全依赖政府得以解决，很多情况下需要依靠非营利组织和企业组织。从慈善发展的历史来看，组织慈善源于个人慈善，而个人行善的最初目的就是解决形形色色的社会难题。在中国，“老吾老以及人之老，幼吾幼以及人之幼”的理念深受推崇。与此类似，组织慈善的初衷往往也是出于承担社会责任的考虑，帮助那些处于困难中的人群，促进社会福利的增加。

（2）贯彻领导层的慈善理念。这一慈善动因在中外企业中都普遍存在，西方的实证研究表明，领导层的看法是企业慈善水平的重要影响因素。在中国这样一个蕴含深厚儒家文化的国家，很多企业家在“回报社会，造福桑梓”的理念指导下，愿意在事业成功的时候报效家乡、回报社会。大部分的中资公司都具有社会捐助的理念和传统，这些公司的历届管理层都重视对失学、灾难、扶老、助残等项目的投入。[①]企业家的为善理念在不同程度上推动了企业慈善事业的发展。

2）经济动因

企业的慈善行为会通过成本削减或者增加收入等方式而直接或者间接地使企业受益，例如，慈善捐赠可以享受税收优惠，员工由于企业行善而自愿降低用工成本，良好的政府关系降低监管成本等，这些都是降低成本获得利润的动因；而像善因营销、塑造产品品牌和改善企业形象等，则可以直接帮助增加收入；同时，员工凝聚力的提升和人才的丰富也有助于企业收入的增长。

（1）追求即时效果的经济动因。

① 减税。在国外，达到10%的减税额度对于企业是非常具有吸引力的。中国的减税额度比较低，而且规定直接捐赠、与不在政府名录中的慈善组织的合作等不享受税收减免，这导致中国企业慈善的减税动因显得不那么重要。不过，正在酝酿中的《慈善事业促进法》预计会对这一问题做出合理的调整，使得这一情况有望得到改善。

② 促销。随着市场开发费用的日益增加，以及公益慈善事件可以使得产品销量的大幅上升，慈善事业引起了很多企业的关注，利用社会公益项目来进行市场推广也成为一种普遍的做法，并被称为善因营销。据调查研究表明：78%的消费者更愿意购买某种与自己关心的公益事业有关联的产品；84%的美国人认为，如果价格和质量不相上下，他们更愿意选择与某项公益事业相关的品牌。因此，在产品极大丰富、竞争日益激烈的市场上，公司参与慈善活动日益成为一个重要的市场开发策略。

① 杨团，葛道顺．公司与社会公益II．北京：社会科学文献出版社，2003：42.

（2）追求长期效果的经济动因。

① 塑造产品品牌。消费者购买产品考虑的不仅是产品的物理价值，同时还很看重品牌的精神内涵和企业价值观、企业形象等软性的、无形的东西。因此，企业可以通过选择恰当的公益领域树立企业形象、传达企业价值观念，以此来加强和树立品牌形象，宣传品牌内涵，最终影响消费者对企业产品的印象和选择，这既给企业带来了经济效益，又给社会带来了实实在在的好处。例如，雅芳关爱女性健康的粉红丝带计划，对于企业和消费者双方来说是互利互惠的。

② 改善企业形象，提升企业声誉。在日益变化的社会环境中，良好企业形象的树立与保持不仅需要承担相应的经济责任和法律责任，而且要求企业必须承担更多的社会责任，如环保、就业、社会稳定等。在美国，有 95%的高层行政人员认为，公司形象是影响消费者选择的最有力的因素；这一数字在德国、俄罗斯和西班牙为 96%；而在韩国则达到了 98%。[①]可见，慈善行为是企业树立形象的较佳选择，通过在慈善捐赠领域的努力，可以赢得社会的认可与关注，赢得行业的尊重、消费者的青睐。

③ 提高员工凝聚力。企业除了要建立以经济利益、权力和地位为核心的员工激励机制外，还要重视从文化的角度对员工进行激励。企业通过参与慈善公益活动，不仅树立了良好的企业形象，而且还向员工传达了一个信息，即自己所在的企业是一个负责任、可以信赖的企业。员工参与企业组织的慈善活动也促进了沟通，有助于良好的工作氛围形成，激发员工的积极性，提升员工的凝聚力。

④ 吸引优秀人才。在竞争激烈的今天，有效吸引优秀人才是企业提升竞争力的基石。企业对公益事业的态度和慈善领域的选择，可以较好地传达、渗透企业价值观，从而为企业吸引到有价值认同的员工。另外，企业参与公益活动对社会福利的改善以及所树立的良好企业形象，将影响人们的择业观。调查显示：在 2 100 名 MBA 学员中，过半数的人表示愿意以较低的薪水到一家对社会负责的企业中工作。[②]可见，企业的慈善行为可以为自己储备人才或者吸引到具有同样价值观念的高素质人才。

3）制度动因

企业为了生存发展，必须与所在环境中的其他主体维持良好的关系，通过构建与其他企业、社会团体、非营利组织和政府的关系，改善其在环境中的位置。目前，不少企业仍缺乏主动行善的意识，出于政府、社会舆论或者竞争对手的压力才产生慈善行为。因此，这些企业并没有考虑慈善行为能够为自己带来的经济利益，或者没有认真筹划如何实现这些经济利益，只是一捐了之。这种动因是由外部驱动的被动之举，主要有以下几种。

（1）响应政府号召和慈善组织的劝募。与国外相比，这是一个极具“中国特色”的慈善动因，因为中国企业的经营在相当大的程度上受到政府影响。一旦给政府留下了不好的印象，后期弥补是比较困难的。在我国经济转型时期，政府力量还很强大，很多企

① 陈达文．企业界的慈善投资．北京：华夏出版社，2002，21．

② 科特勒．企业的社会责任．北京：机械工业出版社，2006，14．

业不得不对政府的倡议和动因做出某种积极的反应，以谋求一种和谐、安全的政府公关关系。慈善组织的劝募也是与政府号召类似的慈善动因，不过，在中国其影响力度比政府号召要小很多，而国外则正好相反。

（2）迫于竞争对手的压力。竞争对手在慈善领域的作为会强化社会、公众、消费者对企业在社会责任领域的期盼，如果企业不能及时做出反应，可能会丢失印象分，从而在竞争中处于不利地位。因此，此时的社会责任领域的竞争丝毫不亚于市场的竞争。为了避免和摆脱这种不利局面，企业必须以一种高昂的姿态来承担社会责任。不过，这一动因在中国显得并不那么重要，毕竟在慈善领域表现出色的企业还不多。

（3）社会舆论导向。危机管理已经成为企业管理的重要课题，一旦某个问题处置不当，造成社会舆论一边倒的反对，则会在很长一段时间内对企业产生不良影响，甚至会让企业因此而一蹶不振。影响力较大的企业如果为富不仁，很容易制造出舆论事端，尤其是在重大的自然灾害等影响较大的事件发生后，企业必须高度重视，尽早做出反应，发起慈善行为。

4）资源依赖动因

理论上，应该有外在高利润观点的资源依赖动因及其表现，但现实中它只是制度动因和经济动因中间的桥梁。因为受制度动因驱动的组织慈善要么一直认识不到行善有利于自身发展，或者即使认识到了也无力详尽筹划慈善项目（自然也就不对利润诉求报太大期望），要么在力所能及的范围内迅速转向内在驱动的高利润诉求的经济动因，变被动为主动。因此，资源依赖动因越来越向经济动因靠近，自身只是一种过渡形态了。

16.2 组织伦理的失范与建设

16.2.1 组织伦理的失范

目前，我国正处在一个由计划经济体制向市场经济体制、传统农业文明向现代工业文明过渡的时期，权力经济让位于责任经济，产品经济让位于商品经济，计划经济让位于市场经济，传统经济时代让位于知识经济时代，旧的经济体制的作用正在削弱，新的经济体制正在建立。然而在这一转型过程中，伦理道德尤其是企业组织伦理道德的“滑坡现象”却在一定时期内未能克服，存在着企业组织伦理“失范”的现象。

1. 组织伦理失范的表现

（1）企业损害国家利益。企业损害国家利益的行为主要表现为致使国有资产流失。国有资产流失是国有企业在经济体制转换过程中出现的一个重大问题，撇开由于经营不善造成的国有资产流失不谈，丧失道德操守的企业管理人员采用各种手段大量侵吞国有资产：在股份制改造中，不评估或低价评估国有资产的价值；通过虚列、多列成本，截留转移收入，做到虚亏实盈；通过不提折旧或大修基金、费用支出挂账等方法，做到虚盈实亏；集体企业无偿占用国有资产导致国有资本累积流失；在新旧制度转轨和产权变动之际，低估国有资产或低价出售国有土地使用权和房产等。[①]这些行为富的是少数人，而损害的是国家和广大人民的利益。1998 年，岳阳起重电磁铁厂正式宣告破产，其主要债权人——国有商业银行成为最大的受害者。岳阳起重电磁铁厂 1997 年资产评估为 1.8 亿元，而破产时卖给湖南鸿仪投资公司作价是 6 000 万元，主要用于职工的安置，而岳阳起重电磁铁厂欠银行 1.3 亿元的贷款则成为一笔坏账，造成了国有资产的大量流失。

（2）企业牺牲社会长远利益。这一伦理失范主要表现为企业忽视伦理责任，对环境造成不可逆的影响。人类的任何活动都会对环境产生影响，只要在环境的承受范围内，地球始终是人类生存的乐园。恩格斯在《自然辩证法》中告诫人们："不要过分陶醉于我们对自然界的胜利。对于每一次这样的胜利，自然界都报复了我们。"确实，在工业结出经济硕果的今天，环境问题却成为社会发展之痛：从最初的影响人类的生存质量到影响人类的生存基础，进而发展到毁灭部分物种，甚至将会威胁到人类的存在。在我国，长期的粗放型发展方式一直以来的高投入、高耗能、高污染，导致了我国环境污染严重，生态破坏加剧，资源供应不足。在经济发达、工业密集地区，城市中工业企业造成的污染和乡镇企业造成的污染形成城乡复合污染区，严重威胁着该区域的空气、水域和居住环境；在经济欠发达地区，对矿产冶金的无节制开发，使得我国许多珍贵资源严重流失，同时对周边环境造成严重的危害，极大地制约了我国经济的可持续发展。《2005 年中国环境状况公告》显示，我国劣 V 类水质的断面比例达到 27%，其中，辽河、淮河、黄河、松花江水质较差，海河污染严重；28 个国控重点湖（库）中，劣 V 类水质湖（库）占 43%。其中，太湖、滇池和巢湖均为劣 V 类；全国开展酸雨监测的市（县）中，出现酸雨的城市占到 51.3%，其中浙江省象山县、安吉县，福建邵武市，江西瑞金市酸雨频率为 100%；全国近岸海域 IV 类、劣 V 类海水占 23.9%，全年有毒藻类引发的赤潮次数和面积大幅增加，东海为赤潮重灾区。截至 2006 年 1 月，全国环境执法人员发现环境安全隐患或污染问题 5 800 多处。可见，在经济发展背后，企业因为忽视伦理责任而给环境带来灾难性后果，并会将真正的惩罚遗留给子孙后代。

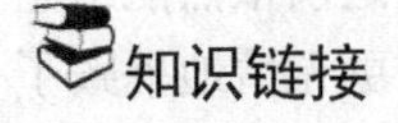

地表水域功能和分类标准

（3）企业损害个人权益。这个伦理失范涉及的利益相关者包括员工和消费者。

① 企业无视员工利益。在企业的发展运作中，人是最宝贵的财富。然而，在我国社会主义市场经济建立的过程中，很多企业并没有重视员工的利益。首先表现在工作环境

① 何清涟．现代化的陷阱．北京：今日中国出版社，1998：108-110.

不安全。这一问题在中小企业中尤为突出，我国中小企业吸纳了 75%以上的城镇就业人员。相当一批中小企业从事采掘、粗加工业，技术相对落后，作业环境较差，工伤事故与职业危害风险很大。据调查，82%的中小企业存在不同程度的职业危害，其中近 30%的从业工人接触粉尘、毒物等。而且当事故发生之后，企业更多的是掩饰丑闻的扩散和减少企业的损失，而不是顾及员工的安危。其次表现为降低薪水，压榨员工。我国正处在快速城市化的进程中，大量农村剩余劳动力涌入城市，造成劳动力过剩。部分企业利用在劳动力市场上的买方优势，一味降低薪水，减少必要的生产投入来降低成本，以期获得更高的利润。这在劳动密集、危险性较高的企业中表现得尤为突出。

② 企业损害消费者权益。随着社会主义现代化建设的推进，企业的产品质量和服务水平有了显著的提高，消费者的地位也在不断提升，但部分企业在处理与消费者伦理关系中的行为仍不尽人意。如果说生产销售“假冒伪劣”产品是 20 世纪八九十年代企业损害消费者权益的主要手段，那么时至今日，“虚假广告”“产品安全问题”“价格欺诈”等不道德行为则是当代企业损害消费者权益的利器。近几年，随着企业宣传包装意识的逐步增强，广告市场发展迅猛。2000—2005 年，全国广告营业额平均增长 14.8%，达到 1 416 亿元，可是在广告市场的繁荣之中，那些带有欺诈性和误导性的产品广告，却极大地降低了消费者对企业的信任度。据统计，仅 2006 年上半年，全国消协系统受理涉及广告虚假宣传的投诉就达 5 483 件。中国消费者协会与搜狐财经频道共同举办的“广告公信度”网上问卷调查显示，超过 66.7%的网民对商业广告不信任，尤其认为医疗、保健食品和药品广告中虚假宣传问题相对严重。有 67.8%的网民认为自身受到过虚假违法广告的伤害。产品的安全问题也日益成为企业与消费者之间的尖锐矛盾。它包括企业提供的产品或服务在达到基本品质要求的同时是否安全可靠，是否向消费者充分说明了其发生潜在危险的可能性，以及产品是否会对生态和环境产生不良影响等问题。2008 年震惊全球的三鹿毒奶粉事件，严重侵犯了广大消费者和社会的利益，严重影响了中国企业的世界形象，最终企业破产。著名化妆品牌 SK-II 的部分产品被查出铬含量超标，引起消费者强烈不满，全国各大商场 SK-II 产品纷纷下柜。这些存在安全隐患的产品在问题暴露之前依然能给企业带来可观的利润，可是问题一旦出现，扼杀的不仅是消费者的信心，更无情地摧毁了企业的形象，损害了企业的长远利益。

（4）企业间的不正当竞争。我国有为数不少的企业将竞争对手设立在绝对对立的地位上，认为必须致竞争对手于死地，企业才能获得尽可能多的利润。在这样的思想认识下，企业采取各种不正当的竞争手段：如大企业的倾销与垄断行为，利用自身资金雄厚的优势对其他企业进行排挤；企业采用不正当手段获得竞争对手的商业秘密；企业假冒他人商标获取暴利；企业捏造、散布虚伪事实，损害竞争对手的商业信誉、商品声誉等。1993 年 6 月 8 日，蚌埠卷烟厂举行了一场特制黄山牌香烟新闻发布会，邀请专家对“黄山”“中华”“红塔山”三种香烟进行了封闭式评吸，还特地邀请安徽省公证处在现场监督审查。当年 7 月 22 日，香港《大公报》在一版用整版篇幅刊登了一则巨幅广告——《石破天惊》：安徽省公证处公正宣布“黄山”第一，“中华”第二，“红塔山”第三。在说明左侧，用四分之一版的位置，刊登了安徽省公证处的公证书，并赫然盖着公证处的大印。

这则广告还在安徽《蚌埠日报》用了四个整版的篇幅刊登。随后，十几家新闻单位相继报道了此事。这件看似有理有据的事实际上正是烟草工业企业间的不正当竞争。首先，蚌埠卷烟厂竞争手段不正当，其所谓的评吸会不具有权威性和公正性，请来的“专家”不仅不具备相应的资历和资格，而且都与该厂有一定的利益关系。其次，该厂的竞争目的不正当，造成的结果也给竞争对手的商业信誉和商品声誉造成了损害。其将不具备权威性的鉴定结果以结论性的语言在新闻媒体上大肆宣传，尤其还使用了公证词，对消费者进行误导，极大地损害了“中华”和“红塔山”的声誉，影响了两种卷烟的销量。[①]

2. 组织伦理失范成因分析

1）从社会层面，展开原因分析

（1）法律制度不健全。法律法规是企业组织伦理建设的重要制度基础。一个国家法律法规的健全、完善和有效与否直接关系到企业组织伦理的建设和维护。如果没有强有力的法律法规为依托，企业的伦理建设往往会流于形式，缺乏实效。反之，如果法制健全，执法严格，便会给企业形成无形的压力，使企业感到其生产经营行为如果逾越了法律法规的界限，终将被淘汰出局。目前，相对于发展迅速的经济建设，我国的法制建设还显滞后，为企业非伦理行为的发生留下了空间。企业非伦理行为泛滥的另一个重要层面是执法不严，使企业难以受到应有的惩罚，即使受到惩罚，所付出的成本也远远小于获得的收益，成本和收益两者之间的极度悬殊增加了非伦理行为发生的概率。例如我国实行烟草专卖许可证制度，《中华人民共和国烟草专卖法实施条例》（简称《条例》）第二十三条规定：“取得烟草专卖零售许可证的企业或者个人，应当在当地的烟草专卖批发企业进货，并接受烟草专卖许可证发证机关的监督管理。”《条例》第五十七条规定：“无烟草专卖零售许可证经营烟草制品零售业务的，由工商行政管理部门或者由工商行政管理部门根据烟草专卖行政主管部门的意见，责令停止经营烟草制品零售业务。”可见，烟草专卖行政主管部门对持有烟草专卖零售许可证的零售户有监管权限，而对无烟草专卖零售许可证的零售户（简称无证户）没有监管权限，只能向工商行政部门提出相应意见。那么，政府在管理无证户的过程中就存在烟草专卖行政主管部门与工商行政管理局部门的衔接问题，从而有可能给无证户带来可乘之机，并扰乱卷烟市场秩序。此外，对于销售非法生产的烟草专卖品（其中包括假烟）的罚款为“违法经营总额的 20%以上 50%以下”，如此低的罚款额度显然无法与销售非法生产的烟草专卖品（其中包括假烟）所获得暴利相比，不利于遏制卷烟制品的售假行为。

（2）政府不能有效履行职能。在计划经济体制下，政府是全能型、管制型的政府，其经济职能的发挥主要通过国民经济的计划实现，通过计划手段执行资源配置职能；在市场经济体制下，政府的经济职能应该转变为宏观调控和管理监督，克服市场经济的盲目性，维护市场环境的公平、公正。但是，出于经济利益和政治利益的考虑，行政主体介入市场，一方面使企业的自主性不能很好地体现，另一方面导致权力寻租，这都扭曲了企业的行为，进而造成伦理失范。与政府越位、缺位、错位相对应的是我国市场机制

① 张绍俊．不正当竞争的识别与对策．北京：北京经济学院出版社，1994：58-60.

的不健全。我国从计划经济过渡到社会主义市场经济的时间仍很短，市场经济体制还没完全构建起来，尤其市场竞争机制还不完善，市场的公平原则、诚信原则尚未完全体现出来。这两者同时存在，无疑导致了更多企业的非伦理行为。

（3）企业与消费者信息不对称。广义的信息不对称是指人们不可能掌握有关事项的所有信息。企业与消费者信息不对称是指企业和消费者掌握的商品或服务的信息量是不一样的。通常情况下，消费者所掌握的信息要少于企业所掌握的信息。导致这一情况的原因是多方面的：首先，我国信息市场的发育相对滞后，这使得消费者在收集信息做出消费决策时处于劣势，无法进行系统的比较。其次，消费经验需要从反复消费中获得，对于购买频率较低的商品，消费者没有可能也没有足够的精力收集足够的信息。此外，垄断情况下，消费者亦处于信息劣势地位，在企业一味追求利润最大化的情况下，企业与消费者信息不对称，就会导致“逆选择”。逆选择是指在大部分企业规范运作、诚信经营的情况下，采用不正当竞争手段的企业就获得竞争优势，诚信企业就会退出市场或者降低企业的道德标准，产生“劣币驱逐良币”现象，严重扰乱市场秩序，降低了社会的道德水平。

2）从组织层面，展开原因分析

（1）管理者缺乏伦理意识。管理者缺乏伦理意识是企业产生各种伦理失范的重要因素之一。不同的道德认知水平反映了不同的伦理水平，从而产生不同的伦理选择。企业管理者作为企业经营决策的主导人物是否具有较高的伦理水平，对于企业的伦理经营、伦理决策以及员工的伦理意识有着巨大的影响，是导致企业各种行为的决定性因素之一。在我国改革开放的四十多年里，企业的发展与没落，企业管理者的沉浮更替，印证了一个不可忽视的事实，我国企业管理者的伦理水平普遍不高，并已成为制约我国企业发展的瓶颈。云南红塔集团的褚时健创造了一个传奇：1979 年，在他走马上任时，玉溪卷烟厂固定资产仅 1 065.65 万元，是云南省数千家烟厂中的一个小厂。20 世纪 90 年代初，玉溪卷烟厂年创利税相当于 400 多个农业县的财政收入总和，达 200 亿元以上，稳坐中国烟草业第一把交椅，并跃升为亚洲第一、世界第五大烟草企业。1997 年，红塔山集团的无形资产达到了 353 亿元，在国内位居榜首。可就是这样一个传奇人物，因为一时的贪念，在功成身退的最后时刻落马了。诚然，褚时健的收入与他的付出以及创造的财富不成正比，但如果他具有较强的伦理意识，不在企业管理者和所有者之间错位，不因欲望的膨胀而放弃自己的道德操守，悲剧就不会发生。

（2）员工缺乏伦理意识。“企业职工作为企业生产经营活动的主体，他们的道德状况对企业的发展同样起着重要作用”，[①]当企业员工缺乏伦理意识时，也会导致企业的非伦理行为。因为员工是直接从事生产经营活动的主体，产品质量、服务质量都要通过员工这一关，如果员工具有强烈的伦理意识，管理者的某些非伦理决策也会被削弱；而如果员工缺乏伦理意识，即使管理者做出了伦理决策，也可能会由于员工的原因而导致产品不合格或服务质量不过关等问题，进而造成企业的伦理失范。

① 王小锡．经济伦理与企业发展．南京：南京师范大学出版社，1999：203-204．

16.2.2 组织伦理的建设途径

企业组织伦理建设是一个系统化工程，具体来说，应从宏观、中观和微观三个层面入手，探讨企业组织伦理建设的途径和方法。宏观视角是从理论的层面构建企业组织伦理文化，中观视角是从实践的层面理顺企业与其利益相关者的伦理关系，微观视角则从操作层面提出具体的企业组织伦理管理措施。

1. 宏观层面：加强企业组织伦理文化建设

从企业组织伦理建设的宏观角度看，首先要树立企业的伦理道德观念，这属于企业文化建设的范畴。关于企业组织伦理文化的建设，目前我国主要的问题表现在企业文化精神层面缺乏伦理意识和道德修养，在制度层面还没有普遍设立伦理管理机构和专职伦理官员的措施，在建设方法上也没有将中国传统文化精华和全球化的新伦理要求很好地融合起来。因此，需要从这三个方面进一步加强企业组织伦理文化建设。

（1）从精神层面提高管理者和员工的伦理意识。管理者在企业的伦理建设中应当率先自律，规范自身的道德修养和道德觉悟，这决定了企业组织伦理建设的成败。管理者作为一种极为稀缺的人力资本，自身体现了经济和社会双重价值，肩负着经济发展和社会和谐的双重使命。他们应该意识到企业是应社会需要而产生的，企业不能只关心利润，而应理解为社会经济和人文活动的组织者、社会组织或社区的管理者，他们按照一个社会的要求，以及基本的信仰和道德准则，把员工组织起来，使员工依托企业获得社会的身份和地位，履行社会责任，发挥个人天赋和才干，提升自身价值和成就。

此外，加强企业员工伦理意识的培养也非常重要。企业应该培养员工正确的商业伦理认识，使其形成正确的善恶观，这是员工选择正确道德行为的必要前提。同时，企业应持续地陶冶员工的道德情感，推动员工将道德义务付诸行动。并通过锻炼员工的道德意志和帮助员工树立道德信念，使得其在履行企业道德规定的各种义务时，有效克服来自多方面的困难和阻力。最后，企业还需要通过持续不断的教育与培养，使得员工形成良好的道德习惯，促使其为无须外来监督就能符合企业所推崇的道德原则和规范。应该说在对企业员工伦理意识的培养上，以上几个环节是相互影响、相互作用的，并形成了一个有机整体。其中，道德认识是前提，道德情感和道德意志是两个必要条件，道德信念是核心，道德习惯则是商业伦理教育的归宿。

（2）从制度层面设立专门的伦理机构和伦理主管职位。在组织设计方面，企业除了总裁以外，应该成立一个专门负责监管伦理事务的高层管理委员会，负责伦理规划的制定与执行，并针对伦理管理职能设立伦理主管。我国企业目前在这方面还相当欠缺，因此，可以借鉴国外优秀企业的做法。对美国《财富》杂志公布的美国公司 1 000 强所做的调查表明，位列《财富》1 000 强的绝大多数美国企业都设置了伦理官（ethical officer）这一负责伦理管理的专门职位。他们在伦理规划的设计，伦理标准、守则、政策的制定，培训计划的安排，伦理审计的实施，对伦理失范的纪律处分等方面充当专职管理的角色。同时，对外部社会公众而言，伦理官往往还要负责与电台、报纸、杂志和各种社团的沟通，向外部的利益相关者宣传本公司的伦理规划。其职责具体是：就伦理规划与高层管理、董事会成员、高级经理人员充分协调；制定、修正、删改伦理守则；制定有效的伦理标准的沟通措施；确立伦理规划的审计、控制制度；建立强化伦理守则与伦理标准的执行（奖励与惩罚）措施；对伦理规划定期修订；与电台、报纸、杂志等各种媒体打交道，宣传本公司的伦理政策；向外部的利益相关者解释本公司的伦理规划；与各种社团沟通，参与有关社会活动；代表本公司处理各种伦理纠纷，包括法律诉讼、仲裁与协调等。

（3）从文化层面吸收传统文化的精华，适应全球化的新伦理要求。企业的文化必然是受到本国传统文化的长期熏陶而形成的，中国的传统文化博大精深，源远流长，是构成中国式企业组织伦理的强有力的人道支撑和理性支柱，并值得当代企业组织伦理重视与借鉴。

第一，传统文化所注重的和谐观念，有助于企业凝聚力的形成。道家和儒家均有着突出的和谐思想。老子把万物的规律和本质归结为“道”，其思想底蕴在于追求道的和谐运作状态。和谐是道的根本特性，因而是人们处世、处事的根本原则。儒家主张“礼之用，和为贵”。孟子认为，“天时不如地利，地利不如人和”。这些思想对于中国企业发展中凝聚力的形成，有着丰富的启发意义。

第二，传统文化所注重的仁爱思想，有助于企业形象的树立。中国传统文化非常重视征服人心的作用。孔子的“仁爱”观念，实际上体现了“人心”的力量。当代企业组织伦理建设中，特别强调人心的作用。企业“争心”，包括内部争心与外部争心。所谓内部争心，即通过“德、诚、信、俭”等观念的确立，在企业内部坚持“以人为本”和“德治”原则，正确处理所有者、管理者和员工的关系。所谓外部争心，即通过吸收中国传统文化的合理因素，使企业组织伦理为企业塑造良好的社会形象，增进企业在市场竞争中的实力。

第三，传统文化注重集体的观念，有助于企业确立国家利益观念。中国传统文化所追求的“先天下之忧而忧，后天下之乐而乐”的崇高思想境界，以及“修身、齐家、治国、平天下”的宏大理想抱负，体现着一种集体主义精神。市场经济在实践中往往有着双重效应。市场经济的独立性、自主性、竞争性原则，如果缺乏社会在法律、道德等方面的有力控制，就可能导致个人主义的膨胀，这显然对企业组织伦理的建设是不利的。中国传统文化注重集体精神，对个人主义的纠正有其合理价值。中国式的企业组织伦理应包含国家利益至上的思想主旨与精神追求。通常情况下，企业的长远利益与国家的利益是一致的。在社会主义的条件下，企业的竞争应服务于国家长远利益、全局利益的发展。

第四，传统文化中“己所不欲，勿施于人”的道德原则，有助于企业从事合法的竞争，形成竞合的新观念。市场经济是竞争性的，企业在竞争的大海里搏击起伏，一些企业运用非正当甚至违法的手段参与竞争，对市场经济的正常秩序产生了破坏与瓦解作用。作为中国传统道德原则，尽管“己所不欲，勿施于人”是一个较低标准，但它又是企业组织伦理建设中必不可少的基点。只有确立这一观念，才能使不同企业形成良好的共处状态，使分工合作和竞争秩序得以保持不断扩展。

2. 中观层面：确立企业与内外部利益相关者的伦理关系

企业组织伦理建设在树立了科学的伦理观念的基础上，还要从中观角度理清与企业利益相关的各方的伦理关系。因此要明确企业的社会责任范畴，还要与时俱进地用国际标准来进一步规范企业与人、企业与大自然、企业与社会三个层面的关系。

（1）明确企业应有的社会责任。企业组织伦理规范是关于企业及其成员行为的规范，是关于企业与他人、群体、组织和社会间关系的行为规范。社会责任是对企业道德素质的概括评价，是衡量企业经济生存能力和市场发展潜力的重要指标。在进入 WTO 以后，中国企业可能会更多地面对的是国际通用的"企业社会责任"来评估企业的主要伦理道德素质。①

社会责任包括企业对投资者以外的、企业内外利益相关者的责任，是企业通过企业制度和企业行为，所体现的是对员工、商务伙伴、客户（消费者）、社区、国家履行的义务和责任。具体应该包括：

① 企业管理。企业管理反映着企业的法制观念、民主观念、价值观念、道德观念等社会责任素质。企业管理有两方面的表现，即企业规章制度的建立和实施，体现企业管理的水平和原则；企业人力资源的开发状况、企业经济指标和企业行为的社会反映，体现企业管理的实际成效。

② 企业与员工的关系。企业与员工的关系是企业社会责任的最重要的体现。企业应该保证和帮助劳动者建立维护自己权益的组织。此外，企业应建立起内部沟通机制，鼓励管理层和员工间的沟通。同时，企业应执行公平的个人绩效评估机制，承认并奖励有突出贡献的员工，并鼓励员工提高他们的工作技能。最后，企业应鼓励并帮助员工处理好工作、家庭和个人责任之间的关系。

③ 企业劳动用工制度。企业通过自己的劳动用工制度向社会提供就业岗位，保障劳动者的就业权。企业的劳动用工制度是体现企业社会责任的重要方面。企业社会责任要求企业具有博爱精神，并对内部员工实行同工同酬。

④ 企业与利益相关者的关系。企业的利益相关者是指与企业生存和发展有着直接关系的社会组织或机构，如商务伙伴、社区、政府机构等。企业与所在社区的关系是企业社会责任的一个重要体现途径。关心和帮助社区发展既体现了企业的社会责任，也有利于为企业发展营造一个有利的外部环境。企业与社区的关系包括企业的建设、生产和发展对社区生态环境、生活环境、人文环境和区域经济的影响。企业与社区的关系是企业可持续发展的重要条件，没有良好的社区关系，企业的发展就没有后续支撑。例如环保问题、运输问题、与社区居民的关系等，若处置失当都可能会成为企业发展的致命伤。商务伙伴是指企业的供应商、营销商、客户及其他业务合作者，广义的商务伙伴还应包括企业的产品消费者。运用与企业社会责任体系相匹配的企业行为准则与企业的商务伙伴共事，以便与商务伙伴建立稳定和互利的合作关系，是企业社会责任的体现。保证企业为客户提供的服务和商品达到国家和行业标准以及客户的合法要求，是企业最基本的

① 郭虹．企业社会责任：进入 WTO 后中国企业面临的新问题．天府新论，2002（3）：76-80.

义务和社会责任体现。政府代表社会公众利益对企业进行监督，同时也为企业提供生存发展环境。进入 WTO 以后，随着我国市场经济体制的完善，政府对企业的控制将会逐步弱化，在新的条件下，企业的社会责任要求企业以透明的方式与政府机构进行全面合作，防止或消除因企业生产、发展或消费使用企业的产品（服务）而对大众健康、社会安定等产生的重大隐患；同时，企业还要接受政府对企业法律责任、社会责任和环保责任的监督。

（2）借鉴国际标准进一步完善企业组织伦理规范。

① 以 ISO 9000 质量管理标准规范企业与消费者的关系。2000 年，ISO 9000 标准首次提出，企业生产的产品不仅要满足顾客的要求，还要满足适用的法律、法规的要求。例如，按照各国环保法的要求，企业的产品必须是绿色产品，这既属于环境管理体系的要求，也属于质量管理体系的要求，这就与环境管理体系更加相容，解决了两种标准并行态势，从而为企业的持续发展提供了基础。

ISO 9000 质量管理标准所涉及的伦理关系主要是供需双方之间的关系，所体现的商业道德就是始终对消费者负责，“以顾客为中心”，为顾客提供高质量的产品和服务，而不是仅仅为了营利。2000 年，ISO 9000 标准建立了质量体系的八项原则，即以顾客为中心、领导作用、人员参与、过程方式、系统管理、持续改进、基础事实决策、与供方互利的关系。在这八项原则中，以顾客为中心和持续改进是基本点，领导作用是质量管理的关键，其他五个原则是为了达到以顾客为中心和持续改进。

② 用 ISO 14000 环境管理标准促进企业与自然环境的协调。ISO 14000 系列标准是国际标准化组织负责起草的又一个国际标准。它是一个系列的环境管理标准，包括环境管理体系、环境审核、环境标志、生命周期分析等国际环境管理领域内的许多焦点问题，旨在指导各类组织（企业、公司）取得和表现正确的环境行为。这套标准是在环境问题日益突出、可持续发展观日益兴起的背景下产生的。国际标准化组织（ISO）在总结各国环境管理标准化成果的基础上，参考 ISO 9000 质量管理系列标准的推广经验制定了 ISO 14000 环境管理系列标准。

地球是人类共同的家园，人类现在已经开始意识到保护环境的重要性，如果一个企业在生产产品时污染了环境，就意味着污染了人类共同的家园，会遭到公众的拒绝。因此，实施 ISO 14000 环境管理体系认证已成为代表企业形象的重要因素，也是进入国际市场甚至国内市场的重要条件，有人甚至将此称为“绿色通行证”。ISO 14000 环境管理标准所涉及的伦理关系是供需双方与自然界之间的关系以及需方对供方的绿色要求，其中主要规范的是供方的环境仪式和产品的绿色含量，所体现的商业精神就是注重环境保护和促进可持续发展，所追求的目标就是经济效益、环境效益和社会效益的统一，人与自然的和谐。ISO 14000 环境管理标准反映了人们对自然界认识的提高、消费观念的转变以及对后代人的关怀和负责。

③ 用 SA 8000 社会责任标准规范企业的社会道德行为。SA 8000 即社会责任标准，是首个道德规范国际标准。其基本宗旨是确保企业员工的社会权利，确保商业机构所供应的产品符合社会责任标准的要求。它的具体条款，像 ISO 9000 质量管理体系及

ISO 14000 环境管理体系一样，自成体系，是可被第三方认证机构审核的国际标准。制定 SA 8000 标准的目的是通过有社会道德的采购活动改善企业员工的权利，最终达到公平而体面的工作条件。这是一个通用的标准，不仅适用于发展中国家，也适用于发达国家。不仅适用于工商企业也适用于公共机构；另外，还可以代替公司或行业制定社会责任守则。

SA 8000 社会责任标准标志着供需双方之间伦理关系的重新调整，也是商业道德的进一步提升，说明了消费者道德境界的提高。以前是为盈利而主动向需方宣传和承诺，需方只要得到物美价廉的产品和服务便得到了满足，至于供方采取什么手段生产产品，在生产过程中对环境和工人有什么不道德行为则不予关心。而现在不同了，需方不仅要享受高质量的产品和服务，而且还要进行有道德的采购，主动向供方提出了道德要求，以迫使投资方赚到有良心的钱，避免以往那种不道德的赚钱行为。

3. *微观层面：形成企业组织伦理化管理的具体措施*

在加强了科学伦理意识的培养和理顺了企业经营中与各方的伦理关系之后，企业还应该在微观层面形成有利于实行伦理化管理的一些具体措施。

（1）建立企业组织伦理准则。企业组织伦理准则是企业的道德意识转化为道德行为的重要推动力，建立这一准则可以对企业主体的活动和行为进行善恶、好坏的价值判断。企业的伦理准则在不同的企业可以有不同的描述，但一般应该包含三个方面的原则。

一是讲效益。市场经济讲求伦理道德最终是要以实现企业的利润为基础，不是对追求利益最大化的完全否定，而是将义和利统一起来，先义后利。

二是讲公平。即公开、公正、平等。公开是指商品交易活动公开、商品质量价格公开、市场规则和管理公开。公正是指要保证市场经济运行的秩序性、权威性和严肃性。以顾客的利益为重，维护正当权益，主持公道。平等是指机会平等、竞争平等、公平交易。经营主体不论所有制差异还是规模差异都有平等的市场地位。

三是讲诚信。诚的标准是货真价实、童叟无欺、待客平等、优质服务。信是要求企业讲信誉，守诺言，说话算数。

（2）制定企业决策的伦理评价操作办法。企业界不少管理者已经认识到伦理管理的重要性，可付诸实践的很少，这里面有一部分属于“只说不做”型管理者，然而更多的是由于伦理道德准则的复杂，缺乏可操作性，让管理者无所适从。因此，企业应该实行具有较强操作性的伦理评价办法。具体内容可以包括：第一个项目，我做出的决策符合公司的方针吗？与法律精神不相违背吗？我们的利益相关者有哪些？他们想要从我们这里获得什么？有哪些是我们应该为他们提供的？在同类情形中我愿意别人也做出这样的决策吗？我会愿意长期与这样的企业合作吗？如果我是利益相关者，会对他们这种行为感到满意吗？我的行为是否发扬了某种美德？是否将使我感到骄傲？该评价项目的第一项强调法律精神，排除了只遵守字面上的法律，钻法律的空子的可能。第二个项目，充分考虑了利益相关者的要求，尽量达到利益相关者接受的程度，通过换位思考来确定该决策是否符合企业长远利益的要求，提高了决策的科学性。第三个项目，在利益相关者接受的基础上进一步确定能否让利益相关者满意。如果只达到第二个项目的要求，其决策也是追求伦理的决策，但不是追求卓越的决策，追求卓越应该是发扬了某种美德，令利益相关者感到满意的决策。通过回答这三项核查项目，管理者能够尽量简化做出伦理决策的程序，从而达到提高伦理化管理的效率与科学性的目的。

（3）对企业员工进行道德激励。道德激励是一个不断认识、评价和调控的过程，以增强道德主体的意志和信心。研究表明，激励对象对目标价值看得越重，其实现目标的概率越高，激励力量就越大。要提高道德激励的力量，就必须提高激励目标在人们心中的地位和达到这一目标的可能性。为此，企业在道德激励过程中，既要为激励目标的实现创造一定的外部条件，又要注意强化人们对目标的追求动力。在选择道德激励方式上，应采取多种需要激励相互配合，对不同的需要采取不同的激励方式。

① 责任激励。企业要明确各部门的职能和职工的岗位职责，加强职业教育，鼓励职工做好自己分内应做的事情，把劳动和工作当成一种义不容辞的责任。

② 价值激励。企业要鼓励职工在劳动过程中实现自身的人生价值，使之树立牢固的集体主义思想，其实质就是引导职工把对社会和他人的贡献看得更重于个人对劳动报酬的获取，逐渐淡化对物质激励的过分追求。

③ 榜样激励。榜样的力量是无穷的，企业可以通过树立先进典型的方式营造良好的工作环境，激发广大职工“比、学、赶、帮、超”的工作热情。

④ 荣誉激励。荣誉激励就是在职工对企业做出一定的贡献之后，给予其应有的肯定和褒奖，如评选劳动模范、积极分子等。

（4）加强企业内外部的道德监督。企业是组成社会的细胞，其道德行为也自然处于社会的监督之下。对企业的道德监督应是一个全方位的监督，可以从法律监督、环境监督和自我监督三个方面来考虑。

① 法律监督。法律手段是一种强制性手段，具有至高无上的权威。以法律监督为手段促进道德建设有着重要意义。首先可以提高道德的权威性，其次可以增强道德的规范性，再次可以强化道德的监督性。法律监督以强制为特征，是更严厉的治恶性手段，以此来监督企业的行为，对各种非道德行为必定会起到震慑作用。法律监督手段可以强制性地为企业行为确定价值取向，有助于迅速扭转企业行为失范的状态。

② 环境监督。这是检验企业是否履行道德义务的一种必不可少的手段。如果道德环境过于宽松，没有约束力，会有损道德行为的施行，严格的环境监督则能够防患于未然，时时监督企业弃恶从善，加速道德风气的改善。环境监督包括三种方式：第一，媒体监督，即大众传播媒体对企业善行的褒扬和恶行的谴责；第二，企业的竞争者、合作者、服务对象的彼此监督；第三，组织监督，即通过建立一定的组织（如官方的、行业的、民间的）对企业行为进行全方位的监督，避免企业的非道德行为，从而有效促进企业日常行为的改善。

③ 自我监督。道德行为最终要靠具体的行为个体来完成，如果个体的道德行为是在监督和强迫之下完成的，就算不上真正的自觉的道德行为。“道德的基础是人类精神的自律”，每个道德主体需要将社会的道德要求转化为内在的道德义务，从而指导其社会行为。其中，道德认识的提高、道德情感的培养、道德意志的磨炼、道德修养的积累都是非常重要的，而自我监督是贯穿其中的必不可少的环节。企业只有在不断的自我对照、反省、

提示下，道德境界才可能不断提高，并成为一个有高度道德觉悟的个体。

（5）通过伦理审计帮助企业找到伦理冲突，实施改进措施。对于一个积极承担其社会责任的企业来说，它更愿意通过伦理审计的形式明确已发生的伦理失范和潜在的伦理，并迅速采取改进措施。伦理审计是对一个企业的伦理现状和伦理行为进行评估，以衡量伦理规划实际效果的评价系统。伦理审计的主要事项及伦理指数如表 16-3 所示。

表 16-3　伦理审计的主要事项及伦理指数

问　　题	得　　分
1．你认为该公司有一套可真正防止行为过失的伦理守则吗？	10 9 8 7 6 5 4 3 2 1 0
2．你认为该公司有一位负责伦理规划的伦理官员吗？	10 9 8 7 6 5 4 3 2 1 0
3．你认为该公司有一套防止授权给不道德行为倾向的雇员的有效机制吗？	10 9 8 7 6 5 4 3 2 1 0
4．该公司通过对雇员的伦理培训，向雇员有效地传达了它制定的伦理标准与程序吗？	10 9 8 7 6 5 4 3 2 1 0
5．该公司将其伦理标准告诉给了供应商、顾客以及与公司有联系的其他重要单位吗？	10 9 8 7 6 5 4 3 2 1 0
6．该公司指导运营的管理手册与书面文件包含正确的伦理行为等管理伦理方面的信息吗？	10 9 8 7 6 5 4 3 2 1 0
7．在该公司内部对那些可接受的伦理行为方面，有过正式或非正式的沟通吗？	10 9 8 7 6 5 4 3 2 1 0
8．管理高层有一种可以了解与雇员、顾客、社区、社会有关的伦理问题机制吗？	10 9 8 7 6 5 4 3 2 1 0
9．对员工来说，有一种向上级汇报非伦理行为的制度吗？	10 9 8 7 6 5 4 3 2 1 0
10．在该公司有一套相应的执行标准与惩罚措施吗？	10 9 8 7 6 5 4 3 2 1 0
11．在该公司有处理伦理问题的伦理委员、伦理管理部门、团队与群体吗？	10 9 8 7 6 5 4 3 2 1 0
12．在该公司有持续改进伦理规划的具体措施吗？	10 9 8 7 6 5 4 3 2 1 0

从表 16-3 所示的内容看，它主要用于对公司伦理执行规划的制定、执行、监督、奖惩、持续改进这样一种过程环节来进行审计。在具体审计过程中，通过为每一问题设置权重，以更精确地获得“伦理规划执行指数”，即“伦理指数”。

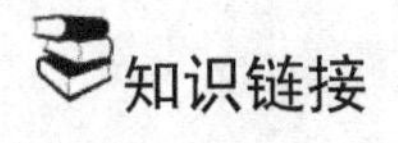
知识链接

伦理规划基础上的“伦理指数”测评

为了迅速发现主要的伦理失范与伦理冲突所在，我们还可以设计一个“针对具体问题的伦理审计”，如表16-4所示。

表16-4　针对具体问题的伦理审计

回答		具体问题
是	否	1．保障员工伦理行为的制度与操作过程是否缺失？
是	否	2．为了把工作做好，员工是否不得不违反本公司的伦理规则？
是	否	3．在本公司为避免使公司难堪，是否存在欺骗、压制、“捂盖子”等现象？
是	否	4．让员工参与伦理问题讨论的参与式管理在本公司是否严重缺失？
是	否	5．公司补偿/奖赏制度是否完全根据工作绩效来决定？
是	否	6．本公司存在性骚扰吗？
是	否	7．在本公司的聘用、提拔与奖赏制度是否存在种族、性别、年龄歧视现象？
是	否	8．本公司对环境问题的考虑是否只限于不违反有关法律规定？
是	否	9．本公司在社区伦理价值观方面是否严重缺失？
是	否	10．本公司在提升方面是否有欺骗与信息误导现象？
是	否	11．本公司是否存在产品宣传误导、向顾客隐瞒消极影响或其他缺陷等现象？
是	否	12．本公司是否存在复制其他公司未经授权的材料现象？
是	否	13．本公司的财务账目在管理费用方面有虚夸现象吗？
是	否	14．本公司存在对顾客过高收费现象吗？
是	否	15．本公司是否对未经授权的计算机软件加以复制使用？

这种“针对具体问题的伦理审计”便于发现带有普遍性、倾向性的伦理失范。例如，调查发现，员工普遍反映工作中存在着性骚扰的问题，对于管理高层来说，就应该引起特别的重视。

总之，伦理审计不是对企业组织伦理行为的终结，而是为企业下一步更好地改进和规范自身伦理行为指明了方向，提供了可操作的方法。

16.3　组织慈善的管理

16.3.1　组织慈善的功能

不可否认，组织慈善除了出于解决社会问题、促进社会福利等动因考虑，还因为慈善确实能够在客观上影响组织的运营管理，也就是说，组织慈善具有一定的客观功能，这一点已经为学术界和企业界认识与重视。当组织慈善的客观功能与主观动因相契合时，就能发挥较大的效应。本节客观分析慈善管理所能带给组织的影响，即组织慈善的具体功能，并从企业战略管理、人力资源管理和市场营销管理这三个方面所受到的影响进行重点分析。其中，战略管理侧重从宏观上分析组织慈善如何帮助企业达成战略目标，而人力资源管理和市场营销管理则更细化了组织慈善的作用机理，从心理感知的角度分析慈善的战略管理功能在这两个方面的贯彻执行。

1. 组织慈善的战略管理功能

战略管理是企业非常重要的管理职能，它在很大程度上决定了企业的兴衰。战略管理是一个从分析到制定、实施、评估和调整的完整体系，但是纵观这一体系，我们会发现它的核心基本就是两个方面：一是洞察、适应和改善外部环境；二是加强自身资源能力。组织慈善正是通过对企业的利益相关者施加影响从而达到对战略管理两大基本方面作用的效果，这才具备了战略管理的功能，可以称为基于利益相关者的组织慈善的战略管理功能。通常认为，企业主要的利益相关者包括所有者、员工、消费者、供应商、政府、社会公众和媒介等，组织慈善能够帮助企业改善与这些主要利益相关者的关系，从而改善外部经营环境以及自身资源能力，这正是战略管理的精髓。组织慈善行为战略管理功能的作用机理如图 16-2 所示。

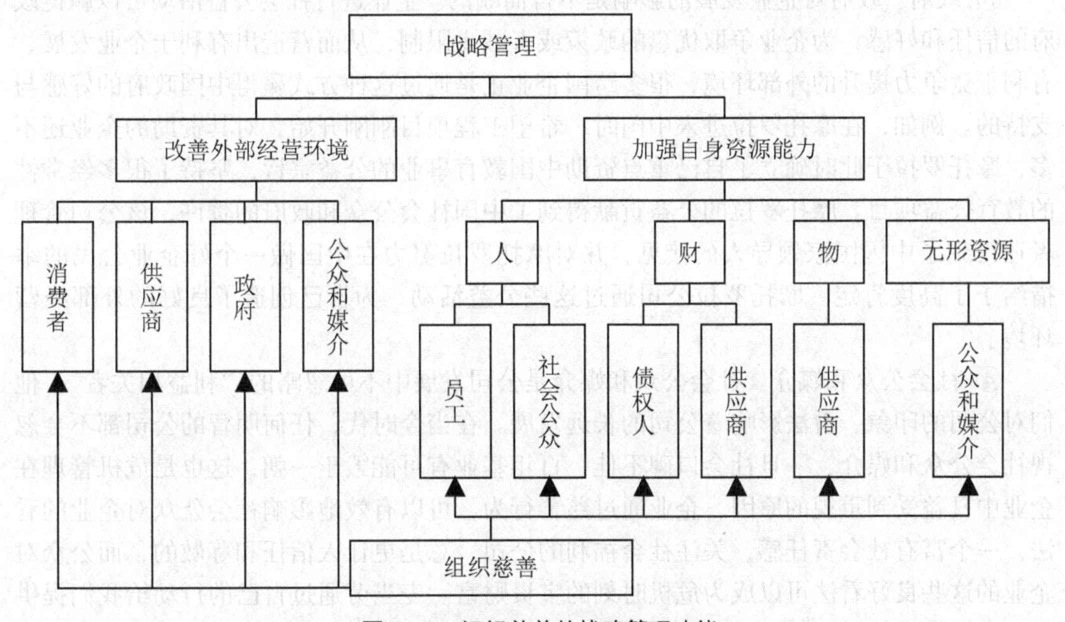

图 16-2 组织慈善的战略管理功能

（1）改善外部经营环境。组织慈善主要通过改善企业与消费者、供应商、政府、社会公众和媒介等利益相关者之间的关系来改善外部经营环境，以此实现战略管理功能。

① 消费者。消费者是企业最重要的利益相关者之一。如果失去了消费者，企业也就失去了生存的基础。慈善行为有助于增强消费者对企业及其产品的感知和认同，增加企业业务收入。英国国际调研公司 1996 年所做的一项消费者定性调研中特别提到：86%的消费者倾向于购买与公益紧密结合的产品；86%的消费者认为他们相信为世界更美好而奋

斗的公司具有更为积极的形象；64%的消费者认为公司应把公益营销作为标准商业实践的一部分[①]。可见恰当的慈善行为可以拉近消费者与企业的距离，有效地改善客户资源，提升企业的竞争力。

② 供应商。企业与供应商之间良好的关系有利于企业的长远发展，而慈善行为有助于改善供应商对企业的看法，增加信任，达成非正式的心理契约，形成更稳固的合作关系。企业可以通过选择参加合适的公益活动来发展和改善与供应商的关系，为形成、提升企业竞争力提供良好的前提条件。一种比较普遍的做法是企业通过与供应商协作共同参与某个公益项目。在公益项目的合作中，企业与供应商可以增进了解、促进沟通、加深信任、形成命运共同体的意识，把企业与供应商联结成一个整体，从而加强与供应商的合作关系、提升企业与供应商的整体形象，促进共同发展。例如，上海华联超市结合本企业公益项目，与供应商协作，共同在上海设立了"华联供应商慈善帮困专项基金"。[②]其中，华联超市为基金会捐赠 200 万元，华联超市供应商捐赠 554 万元，这些资金用来帮助患重病、生活困难的人群，达到了公益活动目的。同时，华联超市和供应商通过基金会的建立、运作和管理，加强了合作和纽带联系，并提升了二者作为一个整体的形象，给当地群众留下很好的印象，促进二者共同发展。

③ 政府。政府对企业发展的影响是不言而喻的。企业进行社会公益活动可以赢得政府的信任和好感，为企业争取优惠的政策或者减少限制，从而营造出有利于企业发展、有利于竞争力提升的外部环境，很多跨国企业正是通过这种方式赢得中国政府的好感与支持的。例如，在摩托罗拉进入中国时，希望工程项目刚刚开始，对其资助的企业还不多，摩托罗拉于此时确立了自己重点资助中国教育事业的公益宗旨，坚持了很多经常性的教育公益项目。摩托罗拉的公益贡献得到了中国社会公众和政府的赞许，该公司管理者还得到了中国国家领导人的接见，并对摩托罗拉努力在中国做一个好企业公民的举措给予了高度肯定。摩托罗拉公司通过这些公益活动，为自己创造了良好的外部经营环境。

④ 社会公众和媒介。社会公众和媒介是公司发展中不可忽略的"利益相关者"，他们对公司的印象、看法影响着公司的长远发展。在当今时代，任何明智的公司都不会忽视社会公众和媒介，一旦社会口碑不佳，百年基业有可能毁于一朝，这也是危机管理在企业中日益受到重视的原因。企业通过慈善行为，可以有效地影响社会公众对企业的看法，一个富有社会责任感、关注社会福利的公司，总是更让人信任和尊敬的，而公众对企业的这些良好看法可以成为危机时刻的宝贵财富。麦当劳通过自己的行动给我们提供了一个生动的例子。[③]1992 年的洛杉矶中南部暴乱期间，良好的声誉保护了麦当劳。公司以及麦当劳之家在创造就业机会和发展社区关系方面的努力，为公司赢得了非常好的声誉，以至于暴乱的参与者们拒绝破坏麦当劳的店铺。尽管恶意破坏的行为给这一地区的商业造成了巨大的损失，但是麦当劳在这里的全部 60 家特许经营店全部幸免于难。

---

① 马尔科尼．公益营销．北京：机械工业出版社，2005：3.

② 徐绍伟．社会公益事业与企业文化再造．北京：华夏出版社，2002：97.

③ 科特勒．企业的社会责任．北京：机械工业出版社，2006：13.

（2）加强自身资源能力。组织慈善主要通过改善企业与员工、债权人、供应商、社会公众和媒介之间的利益相关者关系来加强自身的人、财、物、品牌形象等有形或无形资源能力，以此实现战略管理功能。

① 凝聚人才。人才是企业最宝贵的财富，慈善行为帮助企业从员工和社会公众两个方面获取人才。对于企业内部员工而言，慈善行为易于促进沟通，形成和谐融洽的工作氛围，从而促进员工的身心健康和对企业文化的认同。某些特定慈善项目可以培训员工，增强其凝聚力和忠诚度。对于企业外部的潜在员工而言，慈善形成的文化氛围具有较强的吸引力，并对企业的发展前景和个人的发展前途具有信心。对于高职位高收入的人才而言，他们甚至愿意牺牲更高的薪酬而服务于经常行善的企业，以满足其自身的高成就感的心理需求。由网络影响完成的一项调查显示：在接受调查的 2 100 个 MBA 学员中，过半数的人表示，为了到一家对社会负责的企业工作，他们愿意接受较低的薪水。此外，很多企业的慈善行为，尤其是资助教育事业的慈善行为，可以为其培养大量优秀的未来员工。通过对内外员工的心理感知施加影响，组织慈善加强了企业凝聚人才的能力，从而改善了战略管理的重要方面，提升了竞争力。

② 融通资金。几乎没有一家企业可以完全靠自有资金发展，因此，能否缔造和谐的银企关系、赢得良好的信贷条件、顺利得到企业发展所需资金，就成为企业必须关注的问题。而慈善行为有助于改善企业面临的资金压力，降低资金成本，这主要体现在改善其与债权人（主要是银行）和供应商的关系方面。银行对企业贷款的信誉评级一般使用“5C”标准——能力、品质、抵押、资本、条件。虽然企业慈善行为与银行信誉评级没有直接的联系，但是企业进行社会公益的记录却会影响到对其“信誉”和“能力”的评估。通常，人们认为一家有能力进行慈善捐赠的企业是有实力的、值得信赖的和有信誉的。社会投资论坛的一份报告也显示，把投资目标的选择与道德、环境和企业社会责任联系起来的投资组合，其管理下的资产在 1995 年是 6 390 亿美元，在 1997 年是 11 850 亿美元，而在 1999 年则增长到了 21 600 亿美元。同时，在供应商方面，通过慈善行为，建立具有良好信誉、值得信赖的形象，有利于获得供应商的信任，获得更优惠的付款条件，从而有利于企业的采购与资金流转。在企业日常商业经营中，购买货物通常是赊购，赊购货物不仅可以减少资金占用、以更少的资金获得更大的收益，降低资金成本，而且可以使企业的资金流转更加顺畅。并非所有企业都可以赊购或得到好的赊购条件，这取决于销售方的销售政策和购买方的信誉。一个信誉不良、不负责任的企业，供应商是不会对其赊销货物的。企业通过慈善行为，可以向社会传达这样的信息，即我们是有责任感的，我们是讲究信誉的，我们是有实力的，这些信息都可能帮助企业增强资金资源能力。

③ 优取物料。企业通过慈善行为，有可能获得“有竞争力”的原料供给，即在相同价格条款下获得更为优质的原料；在同样品质的前提下，以更低的成本获得原料；能及时获得充足的、持续稳定的原料供给。正如前面分析的那样，慈善行为有助于构建稳固共赢的合作关系，更有条件获取“有竞争力”的实物供给，提高企业实物资源获取能力，助力企业战略的实现。

④ 提高声誉。除了人、财、物这样的有形资源，知识产权、品牌价值等无形资源的

价值也不容忽视。相当比例的消费者是因为品牌或者企业形象而购买企业的产品，而不是仅仅为了获得某种基本功能，他们购买的是产品的精神和内涵，并形成对产品和企业的忠诚。通过社会公众和媒介这一利益相关者，企业慈善行为可以有效地提高企业知名度和美誉度，提升企业的形象，起到公关宣传的作用。企业形象的提升、品牌和声誉的建立，使得企业可以拥有竞争对手无法模仿的无形资源，在战略制定和实施时拥有天然优势。

2. 组织慈善人力资源管理功能

在知识经济时代，科学技术成为第一生产力，国家之间以及企业之间的竞争是技术的竞争、产品的竞争、人才的竞争。人才与现有的财、物、信息资源相比较，已经处于统领地位。人才对企业的选择不仅取决于薪酬待遇等物质财富，所需人才在很大程度上还取决于他们对于企业的感知，良好的正面感知有助于企业招募到和保留住所需人才。企业慈善行为正是一种能够影响员工心理感知的组织行为，可以帮助企业获取人力资源，形成人才优势，从而提升企业绩效。

从已有的研究可以发现，企业慈善行为影响员工感知主要是从以下几个方面对员工的心理产生了影响：企业形象、社会责任、价值观念、工作氛围、人才丰富度以及政府支持。除了上述六个典型因素外，还有出于提高个人声誉、信任企业的领导层、满足自身非物质的成就感、向往企业的行业地位和由于消费者认可而改善经营前景的考虑。这些因素根据其内部关联程度可以归为三个层面：一是企业向外界传达的声誉，包括企业慈善行为传达的社会责任、企业形象以及个人声誉这三个感知因素，其内部相关程度较高；二是企业内部的价值与文化，包括非物质成就感、工作氛围和领导层信任，它们与企业慈善行为展现的价值理念之间相关性较高；三是企业发展前景，包括政府支持、消费者认可和人才丰富性，它们在一定程度上描绘了企业的发展前景。可见，声誉、价值文化、发展前景是组织慈善具备人力资源管理功能的本质所在，其作用机理如图 16-3 所示。

（1）声誉。声誉是广泛的利益相关方对公司产生的综合认知，包含了不同程度的信任和尊重。这种认知是人们通过接触公司的产品和服务、对企业言行的观察、口碑和媒体报道等多种渠道经过反复验证和消化后产生的。声誉是对企业的一种更接近现实的评价，具有更高的可信度。有研究表明，企业有 70%～80%的价值来自于投资者对公司长期成长潜力的预期，而这种预期很大程度上建立在企业的综合声誉基础上。就企业慈善而言，它对员工的声誉感知主要体现在社会责任、企业形象和个人声誉三个方面。

① 社会责任。长期致力于公司声誉研究的纽约大学斯登商学院教授查尔斯·弗布伦（Charles Fombrun）认为，公司声誉不仅来源于其优质的产品和服务、杰出的财务表现、愿景和领导力、工作环境等，还来源于其社会责任表现。企业慈善行为是企业展现其社会责任的重要体现，通过行善，企业展示了它负责任的社会形象，从而提高了企业的声誉，人才也会因为其较高的声誉愿意到该企业就职，这一点已被国外的实证研究所证明。例如图尔班（B.Turban）和格尼宁（Greening）访问了 75 名雇员，对 189 家企业进行了声誉及企业吸引力的打分和排名，又结合这些企业的社会责任排名，经过实证分析发现，企业的社会公民表现与它的声誉显著正相关，也与其对员工的吸引力正相关。

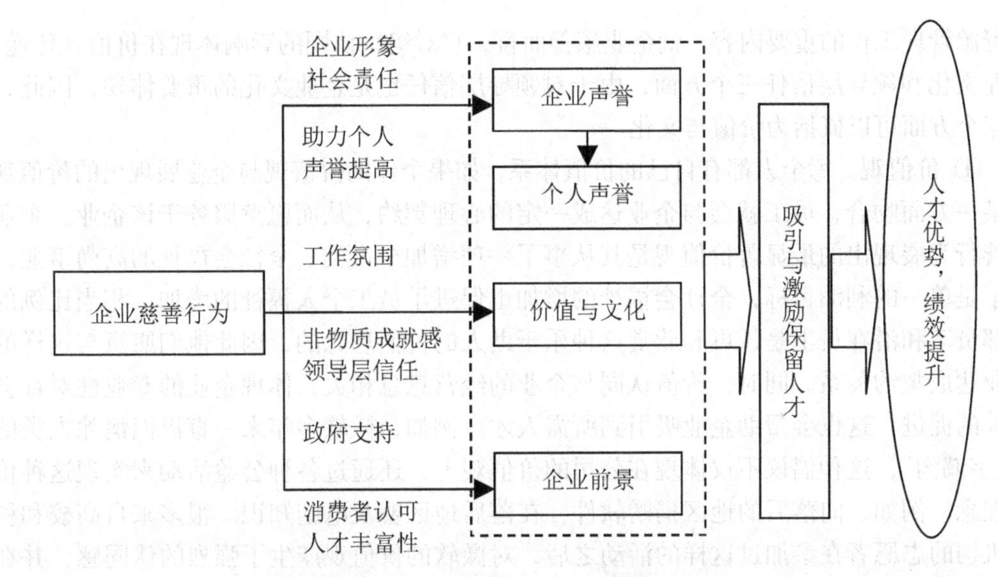

图 16-3　组织慈善的人力资源管理功能

② 企业形象。企业形象是企业通过大规模的公关、广告等营销活动，刻意制造出来的一套话语体系，它单方面地出现在电视、报刊、户外广告、宣传单等各种媒体间，是企业对自己的产品、服务和自我身份的一种理想化描述。如今太多的公司忙于通过大规模的广告和宣传攻势制造完美无缺的公司形象，但是如果它们传达的信息是想象的，而非建立在事实基础上的，那么这种做法对良好的公司声誉的打造就不能形成有力支持，反而会因为缺乏可信度，被视为炒作而遭人厌恶。苹果和星巴克都拥有很高的声誉，而这些公司在广告方面的开支却出奇的低。这些声誉卓著的公司从来没有打算用营销行为来完全左右消费者的认知，它们只是做到了确保自己有限的营销传播活动、产品和服务、重大战略举措和行为、员工的职业操守和工作态度等都建立在同样的价值观和愿景上，从而让公众对自己的品牌形成一致性的认知。与广告、公关等活动构筑企业形象、增加企业声誉相比，企业通过慈善营造的企业形象无疑更可信和更长久，好的、持续时间长的企业形象将更长久地影响员工对企业的心理感知，吸引和留住优秀人才，促进人力资源优化和管理。

③ 个人声誉。根据马斯洛的需求层次理论，在一定阶段，人们都有被尊重的需求，这种需求使人们往往注重个人的声誉和社会地位的提高，而服务于一家具有较好形象和较高声誉的企业，则是一条满足这种需求的现实途径。也就是说，企业的潜在员工和现有员工不仅出于对企业声誉的重视，也出于提高自身声誉的考虑，从而倾向于选择经常行善的企业，组织慈善的人力资源功能借此得以体现。

（2）价值文化。理论界和实践界都已证明，卓越的人才获取仅靠薪酬福利方面的物质激励是不够的，员工对企业文化等方面的认同感已成为其选择雇主的主要考虑因素。已有研究表明，组织认同度对员工离职倾向具有明显的调节作用，企业的工作环境、员工关系、角色冲突等正是组织认同的软性要素，这说明增加组织的认同感已成为企业人力资源管理工作的重要内容。就企业慈善而言，它对组织认同的影响体现在价值观传递、企业文化和领导层信任三个方面，由于对领导层信任也是企业文化的重要体现，因此，这三个方面可以概括为价值与文化。

① 价值观。每个人都有自己的价值体系，如果个体的价值观与企业展现出的价值观在某一方面吻合，员工就会与企业达成一定的心理契约，从而愿意服务于该企业。企业慈善行为展现出的最显著价值观是其从事了一项增加全人类、全社会福祉的高尚事业，而不是单一的利润目标，全社会福祉的增加也促进了员工个人福祉的增加。相当比例的内部员工和潜在员工是认可和欣赏这种乐于助人的价值理念的，因此他们愿意与这样的企业达成契约关系。同时，价值认同与企业的经营息息相关，体现企业的专业性对社会福祉的促进，这也会帮助企业吸引到所需人才。例如，微软多年来一直提倡消除人类的“数字鸿沟”，这种倡议不仅体现在公司的价值观上，还通过各种公益活动来实现这种价值理念，例如，向落后的地区捐赠软件，在落后地区普及电脑知识。很多来自高校和科研机构的志愿者在参加过这样的活动之后，对微软的价值观产生了强烈的认同感，并在择业时把微软作为其首选目标。

② 企业文化。组织慈善传达的企业文化信息包括了我们研究的满足员工高层次成就感的心理需求和融洽和谐的工作氛围两大方面。薪酬福利这些物质激励已经不是人才选择雇主排名靠前的因素，取而代之的是晋升、工作氛围、工作多样性等非物质因素。企业通过参与慈善公益活动，可以影响员工的心理感知，满足其较高的心理需求，帮助员工建立互信合作的工作环境、增强员工的凝聚力，激发员工的积极性。例如，联邦快递的一位经理在参与了公司对一个贫困社区的志愿活动后说：“当联邦快递派了一支志愿者大军来帮助清理社区的消息传到布法罗的市政官员那里时，他们派来了街道清扫车和自卸卡车相助，以往市政部门总是忽视这个贫困落后的社区，而现在他们派来了卡车，这是联邦快递参与的结果。那一天，我们真的对那个社区产生了巨大的影响，这让我们感到非常自豪。”

③ 领导层信任。领导者的人格魅力是其个人特质的重要组成部分，而个人特质又是领导力的源泉。通常来说，人们比较钦佩和赞赏领导者的高觉悟，对领导层慈善行为的赞赏有可能进一步上升为对领导层的信任，认为在这样的企业工作不会受到管理者的亏待，这也是企业改善员工感知的一个重要因素。但同时，也是一个非常敏感的因素，如果操作不当，很可能反受其害。例如，万科董事长王石就是典型的反面教材，原本外界对其个人魅力以及万科公司评价颇高，汶川大地震捐款风波让王石本人以及万科公司的声誉都受到了损害，这对人才吸引和保留的作用是负面的。

（3）发展前景。企业的发展前景好，员工的发展前途相应较好，也更容易吸引和保留人才，人力资源管理工作也就相对容易做。从利益相关者角度考虑，企业慈善行为影响员工对发展前途的感知主要体现在三个方面：政府支持、消费者认可和人才的易得性。在本节的战略管理功能中已经对组织慈善如何影响政府和消费者有过简单论述，这一论述讲的是组织慈善通过影响政府和消费者从而实现企业发展的客观现实，毫无疑问，企业发展的变化也会被组织内外的人力资源感知到，从而达到吸引或者保留人才的效果。

以“王老吉”为例，在消费者对它极力推崇号称要“喝倒”它之后，很多人在心理上对这个企业的前景都有了更高的期待，也更乐意为它服务（在一项研究中，这一比例高达95%）。[①]当然，人力资源对企业发展前景的看法也来源于他们对企业是否能较容易地获取人才的判断，越容易获得目标人才的企业越容易成功，个人前途也相应有保障。某些特定的组织慈善行为开发了大量的人才，提高了人力资源的可获得性，企业的发展有了人才这一最重要资源的保障，发展前景更加美好。很多企业通过支持高等教育与科研为自己的长期发展储备人才，例如美国的思科公司曾举办过一个教育公益项目——“思科网络学院”，不仅巧妙摆脱了业务增长的人才桎梏，提高了人才的可得性，而且在特定的人群中扩大了影响，极大地提升了大学生对企业发展前景的感知。

3. 组织慈善的市场营销功能

企业经营的第一指向是消费者，利润的第一来源也是消费者，企业的发展最终也是要落实到消费者身上的。只有消费者认可了企业的产品和服务，愿意去购买它的产品和服务，企业才能基业长青。在某种意义上，营销管理是企业最重要的职能。近年来，慈善与营销相结合的趋势日渐迅猛，尽管这一做法仍有非议，但不可否认的是，这一结合对企业发展和社会福祉都有益处，组织慈善行为将产品销售与公益事业相结合，在为相关事业进行捐赠、资助其发展的同时，以其正面形象影响消费者的购买行为，提高产品销售额，实现企业利润，从而实现企业效益和社会效益的双赢。组织慈善的市场营销功能渐渐被公众接受和认可，而这一功能的实际效果尤其体现在特定的慈善项目上。

企业运用慈善行为的手段改善经营效益的先例可以追溯到 1981 年的美国运通公司，该公司为帮助旧金山的“精美艺术团体”筹募基金，承诺每当消费者刷卡消费或申请新卡时，公司就会捐赠部分所得给该艺术团体，结果非常成功。此后，其他公司纷纷仿效这种慈善方式。2001 年，农夫山泉启动首届“一分钱”行动支持北京申办奥运会，其倡导的“聚沙成塔”的宣传理念被评为十大成功营销案例之一；2002 年，“一分钱”行动的主题更换为“阳光工程”，农夫山泉共向全国 24 个省的 395 所学校捐赠了价值 500 万元的体育器材；2004 年，第三届“一分钱”行动与雅典奥运会同行，用以支持“中国体育事业”；2006 年，农夫山泉从 5 亿瓶水中筹集 500 万元，与宋庆龄基金会共同成立“饮水思源”助学基金，锁定长白山、千岛湖、丹江口、万绿湖等四个水源地，捐助 1 001 名贫困学生及十所学校。舆论媒体纷纷对这些活动进行报道，使得农夫山泉的营销行为不仅带动了产品销量，而且使之成为社会行动。

组织慈善行为通过改善消费者的感知来影响消费者的购买行为，从而使得市场营销功能得以落地，这一对消费者心理产生作用的实现一方面体现为消费者对企业及其产品的感知，另一方面体现为对满足自身心理需求的感知。

（1）对企业及其产品的感知。消费者对产品的选择不仅取决于产品的质量、价格等硬性方面，企业及产品的品牌、形象、社会责任表现等日益成为决定消费者行为的软性要素。一家经常行善和积极履行社会责任的企业往往能够积累起良好的口碑，建立起较

① 钱凯. 企业慈善行为对消费者感知的影响研究. 上海：同济大学管理学硕士学位论文，2009.

强的企业和产品形象，消费者可能会因此联想到企业的产品质量和服务过硬、值得信赖，甚至进而联想到企业强大的经济实力、员工素质、先进装备等。对企业及其产品的较佳感知使得消费者甚至愿意为此付出更高的溢价，组织慈善的市场营销功能也由此得以实现。

（2）满足消费者自身心理需求的感知。按照马斯洛的需要层次理论，当较低层次的需要得到满足后，较高级的需要就会出现。同时，人在某一阶段可能同时具备几种心理需求，只是某一需求更为突出和明显，但其他的需求在特定的时候也可能成为主导需求。很多人都有帮助他人、促进社会进步的高层次心理需求，但是这一需求在低层次需求未被满足的时候往往很难表现出来，而参与企业的慈善项目，购买企业善因营销的产品或服务恰恰能满足人们的这一心理效用。调查表明，高达91%的受访者认为通过参与企业慈善项目或者服务于行善企业使他们有更高层次的成就感。[①]

16.3.2 组织慈善的建设

组织慈善的建设可以分为宏观和微观两个层次，即战略慈善行为（strategic philanthropy）和慈善项目的运作与管理。

1. *战略慈善行为*

企业在考虑慈善时，通常会犯两个错误：第一，把企业和社会对立起来，只考虑两者之间的矛盾，而无视两者之间的相互依存性。第二，只泛泛地考虑行善，而不从切合企业战略的角度进行思考。这就导致企业内部的各项慈善行动好似一盘散沙，既不能带来任何积极的社会影响，也不能提高企业的长期竞争力，造成了企业资源和能力的极大浪费。

以波特为代表的战略管理学者认为，企业和社会是相互依赖、相互需要的，企业必须把社会观点整合到它已经使用的用以理解竞争和制定战略决策的框架中来。慈善行为不仅有利于社会，也有利于企业，但是并非任何慈善行为都会对企业的竞争力提升有帮助，只有在企业的慈善行为既具有良好的社会效益又具有经济效益时，企业的慈善行为才能与经济目标兼容。企业社会责任中最重要的任务，就是要在运营活动和竞争环境的社会因素这两者间找到共享价值，从而在促进经济和社会发展的同时，改变企业和社会对彼此的偏见。波特尤其强调企业慈善行为对企业竞争环境可能产生积极影响，并将这种企业慈善行为定义为战略性慈善行为，这一战略慈善理论已越来越被更多的学者和企业界认同与支持。波特进一步将企业竞争环境概括为相互关联的四个方面，即生产要素、需求情况、战略和竞争环境、相关和支持性产业。波特认为，战略性慈善行为对竞争环境的四个方面都将产生十分重要的影响。第一，慈善帮助改善教育和培训状况，从而为企业提供大量高素质劳动力储备；帮助改善企业当地居民生活水平，从而对专门人才具有强大的吸引力；帮助提升所在地研发机构水平、行政机构效率、基础设施质量以及自然资源生产效率。这些都在不同程度上改善了生产要素条件。第二，从需求条件的角度

---

① 张良和．企业慈善行为影响人力资源获取的实证研究．同济大学管理学硕士学位论文，2009．

看，战略性慈善行为不仅可以影响本地市场规模，还可以有效改善本地市场质量。第三，从企业战略与同业竞争的角度看，战略性慈善行为对于创建更有效率和公开透明的竞争环境至关重要，如 26 家美国企业和 38 家其他国家企业共同支持国际透明化组织反对国际商业贿赂，这不仅有利于当地居民，而且为推动这种活动的企业提供了进入市场的便捷途径。第四，从相关和支持性产业的角度看，战略性慈善行为可以推动簇群和支持性产业的进一步发展。例如，美国运通公司的“旅行研习课程”既带动了该公司信用卡业务和旅游代理业务的发展，也推动了当地旅游产业的兴旺。

践行战略慈善理念就要鉴别企业和社会的交叉点，选择关注与企业经营重合的社会问题。没有一个企业会有足够的能力和资源来解决所有的社会问题，它们必须选取和自己的业务有交叉的社会问题来解决。其余的社会问题则留给其他更有优势的组织来处理，如其他行业的企业、非政府组织或政府机构。而选取标准的关键也不是看某项事业是否崇高，而是看能否有机会创造出共享价值——既有益于社会，也有利于企业。

选择社会与企业运营的交叉点是战略慈善行为的核心，这就决定了慈善决策必然考虑两个维度：市场导向和竞争力导向。市场导向是指企业围绕利益相关者期望来决定慈善行为的具体方案；竞争力导向是指从核心竞争力出发来考虑如何进行慈善事业，以此来与公司本身的核心业务互相帮衬。根据这两个维度进行的慈善决策就被划分为了四种类型的慈善行为，如图 16-4 所示。

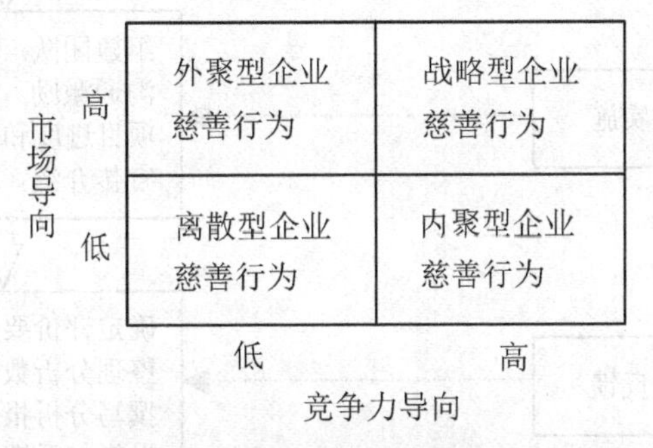

图 16-4 组织慈善行为四分图

（1）外聚型企业慈善行为。这种慈善行为仅考虑市场导向，主要是被外部需求和利益相关者期望所驱动，往往与企业自身的核心业务无关。该类慈善行为将为企业带来良好的声誉，但也有其不足。由于慈善行为与企业自身的核心竞争力没有丝毫关联，此类慈善行为往往显得较为肤浅、简单，没有自身的特色。更为严重的是，企业为了进行此类慈善事业将从主营业务中单独分离一部分资金和管理资源，可能造成企业战略模糊。

（2）内聚型企业慈善行为。这种慈善行为仅考虑竞争力导向，企业主管将经营活动和慈善事业融为一体，利用自身的资源，如自己的产品、服务和员工的技能来进行公益活动。这类慈善行为容易忽视外部利益相关者的需求，错失提升企业声誉的机会。

（3）离散型企业慈善行为。这种慈善行为既未考虑利益相关者的需求，也未考虑自身竞争力的发展。从高层主管到一般员工，对企业慈善行为缺乏一个清晰完整的认识，在企业内部也没有选择慈善捐赠项目的标准，没有一个慈善主题来指导众多捐赠项目。

此类慈善行为既不符合企业的利益，也没有满足外部利益相关者的需要。

（4）战略型企业慈善行为。这种慈善行为兼顾了市场导向和竞争力导向，既满足了利益相关者的需求，又能利用企业自身独特的资源和能力来造福社会。企业通过此类慈善活动，有机会思考如何将核心竞争力应用到新的商业领域，有利于激发员工热情，刺激消费者需求，并提高在劳动力市场的吸引力。更为重要的是，企业通过慈善行为向外界传递了自身的目标和愿景，突出了企业的特性。战略型企业慈善行为应该是组织慈善策略的正确选择。

2. *慈善项目的运作与管理*

战略型企业慈善行为落实到实践中就是具体慈善项目的运作和管理，这正是中国企业慈善的短板。与国外先进的企业慈善运作相比，中国的企业慈善往往停留在被动反应和一捐了之的状态，缺乏主动性和持续性。因此，我们不仅要提倡企业行善，更要提醒企业做好慈善。某种意义上，慈善也是一种投资，投资需要取得回报，这就要求对这笔投入进行规范的管理，而成熟的运作和管理离不开周密的计划、完美的执行和完备的评价反馈，如图 16-5 所示。

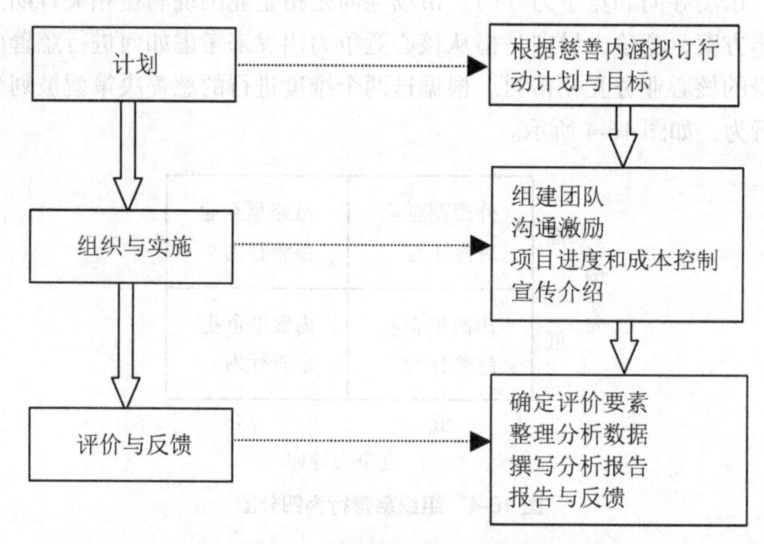

图 16-5　慈善项目的运作与管理

（1）计划。组织慈善的时机、领域、资源、水平和途径是每一个慈善项目实施前需要详细考虑论证的内容。尽管战略型慈善行为理论颇为重视领域、资源和水平这三个方面，提倡组织慈善利用自身资源投向与企业经营相关的领域，例如雅芳的乳腺癌关注计划和微软的数字社区行动，但是我们也无法否认，慈善的时机和途径也是影响竞争环境对企业行为态度的重要方面。组织慈善的计划也要量力而行，企业应结合自身资源选择适当的领域，在合适的时候通过恰当的途径向社会付出决策行为。另外，慈善项目在计划阶段除了要针对慈善的几大内涵部署外，还应筹划项目的时间进度、经费预算，并设定相应目标，对项目运作的经济效益和社会效益做出规划。

（2）组织与实施。

① 组建团队。实施慈善项目的第一步就是要组建合适的团队，当前国内企业的慈善

业务多是临时任务，很少有哪个专门职能部门具体负责慈善事务，因此，慈善团队的临时性特征非常明显。由于慈善不是企业最主要的任务，理想的慈善运作团队应该吸纳那些自愿的，对社会福利事业抱有浓厚兴趣和热情的人员参与其中，这些人员只需要具备一定的管理水平，以保证项目的顺利运作。团队建立后，应授予团队的领导者和成员相应的权限，明确他们的职责，使其能够在权责范围内较好地完成使命。

② 沟通激励。企业首先应将慈善理念传递给企业员工，让员工熟知企业的价值观，增进企业员工理解；其次，为了让员工了解企业慈善项目，适当的沟通非常必要，应在企业进行透明及时的宣传；再次，在慈善计划实施过程中，企业与员工、员工与员工之间都必须增强沟通的频度和效度，便于企业计划的开展。同时，企业应当将外在激励与内在激励相结合。外在激励包括福利、晋升、表扬、授衔等，这些激励方式能显著提高效果，见效快；内在激励包括学习新知识和新技能、责任感、光荣感等，这些激励方式所需的时间比较长，但可以加强效果，且能持久。

③ 项目进度和成本控制。企业慈善不能一捐了之，而要跟踪关注，加大过程控制的力度，尤其是要经常追踪项目进展的时间和费用使用情况。为了反映实际支出费用和进度之间的关系，以及便于后期对投资费用进行分析，要详细记录费用支出和时间进度情况，对企业费用支出实行严格控制，减少企业慈善活动成本，使企业慈善项目运作成本在不超出预算的前提下按期完成项目。

④ 宣传介绍。企业在实施慈善项目时，可以酌情开展宣传和公关工作，一方面能引起政府、社区和顾客的关注和支持，另一方面对公司形象和品牌的宣传也非常有效。对慈善项目的宣传应当注意以下几点：既实事求是又鼓舞人心，企业不应该对慈善项目进行浮夸，因为一旦达不到目标反而影响公众对企业的信任；让员工和公众充分了解该项目，要获得员工和公众的认同和支持，企业应该对慈善项目的规模、作用和社会利益等情况进行说明；要务实和客观，宣传活动不要急于求成，遇到问题及时向有关单位说明情况，以求得相关部门的理解和支持。

（3）评价与反馈。很多企业在慈善项目结束后，就以为慈善项目终止了。其实，项目结束后还有很多事情要做。例如，要清点项目过程中消耗的资源，整理项目过程中产生的资料和数据，要准备做好与下一个项目的交接等。对一个慈善项目来讲，评价与反馈是很重要的一个环节。首先，评价结果有助于管理层了解很多信息，如企业慈善项目的实施状况、企业捐赠的有效性、捐赠项目是否符合企业总目标、与企业成功相关的慈善结果等。通过利用这些信息，管理层可以找出慈善项目各个环节的不足，从而提高项目整体管理水平和决策能力；其次，评价结果可以为企业制定未来的慈善活动提供参考。通过对慈善项目运作后的评价工作，高层领导者对该项目的实施情况以及所产生的效果就有了清楚的了解，尤其是项目的成本、资源需求和产生的社会影响，这些评价结果将影响企业下次慈善运作。因此，慈善项目后的评价工作是企业慈善管理的重要一环，是企业管理者纵观全局和进行决策的基础。在这个主题下，需要做好以下几件事情：确定评价要素、整理分析数据、撰写分析报告、报告和反馈，如图 16-6 所示。

① 确定评价要素。在组建评价团队之后，团队成员需要对评价内容进行讨论，商讨

企业究竟应该选择哪些合适的评价因素进行评价。企业在选择捐赠项目评价要素时，要把握好捐赠的基本特性，设计评价指标体系，确定评价的标准。只有根据捐赠项目的特殊性而设计的指标体系和评价标准，才能达到正确评价的目的，这也是避免指标体系与捐赠项目特性产生差异的有效途径。

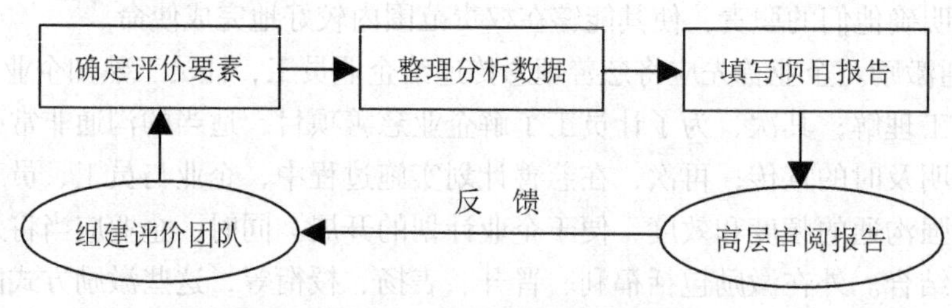

图 16-6　慈善项目评价与反馈

② 整理分析数据。准确可靠的数据是项目评价的基础。因此，项目后管理的一个重要工作就是收集和整理数据。为了获得更全面和真实的数据资料，评价团队的成员有必要开展调查活动，并可以选择访谈或者问卷调查等方式。收集到的数据只是初步的信息，要转变为可用的有效数据还需要对这些数据进行整理和分析。团队成员应该对收集的数据进行归类处理，淘汰一些无效调查数据，保证调查数据的完整性和有效性。然后对这些数据进行分析。分析可以采用定性的方法，也可以采用定量的方法来进行。

③ 撰写分析报告。在对所获得的数据和资料进行整理分析后，评价团队要对得到的评价结果进行分析和讨论，对评价结果进行论证，必要时要听从专家的指导和建议。并且评价团队要将论证后的分析结果进行总结，填写详细的书面材料，上报高层管理者进行审阅。

④ 报告与反馈。项目评价报告上报到高层，由高层管理者对项目评价报告进行审阅，了解企业慈善项目的综合效果，并同预定目标进行比较。管理者赞成或者要求改进的信息应及时反馈给评价团队的其他成员和参与项目的其他员工，使他们对项目中的经验和教训有明确的认识，为接下来的项目做好准备。

本章小结

1．企业组织伦理是一种伦理规则，更是企业组织伦理关系、伦理意识、伦理规则和伦理活动的总和。企业组织伦理研究的核心问题是义利关系的问题。

2．组织慈善的出现和个人慈善的出现类似，起初是出于纯粹利他的道德动机，随着社会的发展，逐渐有了与企业自身经营相结合的自利和互利动机。我们按照动因的来源和经济诉求这两个维度，组织慈善的动因可以划分为道德动因、经济动因、制度动因和资源依赖动因四种。

3．在转型的大背景下，企业组织存在损害国家利益、牺牲社会长远利益、损害个人权益、企业间的不正当竞争等伦理失范的现象。通过对失范成因的分析，主要有社会层面的法律制度不健全、政府不能有效履行职能、企业与消费者信息不对称等原因，以及组织层面的管理者缺乏伦理意识、员工缺乏伦理意识等原因。

4．企业组织伦理的建设，应该从宏观、中观和微观三个层面展开。在宏观层面，加强企业组织伦理文化建设；在中观层面，确立企业与内外部利益相关者的伦理关系；在微观层面，形成企业组织伦理化管理的具体措施。

5．随着社会的发展，组织慈善有利于企业自身的一面越来越被大家所认识，这也促使越来越多的企业愿意主动行善，促进社会福祉的增加。我们选取了组织慈善的战略管理功能、人力资源管理功能和市场营销功能进行了较为全面的分析：从组织慈善影响企业经营的内外环境角度分析战略管理功能的实现；从影响人才心理感知的企业声誉、价值文化和企业前景角度分析人力资源管理功能的实现；从改变消费者感知和购买行为的企业和产品形象以及满足消费者较高层次的自我实现需求的角度分析市场营销功能的实现。

6．组织慈善的主观动因如果能与客观功能找到较佳的契合点，就势必能够促成社会福利和企业运营的双赢，组织慈善应该追求这样的双赢效果，而不是像目前中国企业慈善“不推不做，做完不管”的被动现状。企业究竟应该如何行善，我们从宏观和微观两个层面提出了建议：兼顾企业和社会的战略慈善行为建设以及全过程的慈善项目运作与管理。

关键概念

企业组织伦理（corporate organizational ethics）
企业组织慈善（corporate organizational philanthropy）
企业社会责任（corporate social responsibility）
企业伦理失范（corporate ethical anomie）
企业慈善功能（corporate philanthropic function）
战略慈善行为（strategic philanthropy）

管理工具

组织慈善的动因
组织慈善的战略管理功能
组织慈善的人力资源管理功能
组织慈善行为四分图
慈善项目的运作与管理
慈善项目评价与反馈
伦理审计

思考题

1．什么是企业组织伦理？企业组织伦理包括哪些丰富的内涵？

2．企业组织伦理失范有哪些表现？造成企业组织伦理失范的原因是什么？谈谈个人对这些失范的解决对策。

3．企业组织伦理建设的途径和方法是什么？在建设过程中，应该重点把握哪些关键点？

4．你觉得企业将慈善与其自身的经营管理行为相结合可取吗？为什么？

5．你认为有哪些措施可以促进中国的企业行善，以构建一个更加和谐的社会？

自我测试

组织伦理测评

案例讨论

当合资公司遭遇中式回扣文化

讨论：

1．Almond公司是否应该坚持其企业伦理道德观？

2．你认为企业组织伦理观在帮助企业成功方面起到了什么作用？

拓展阅读

推荐书目：哈特曼，德斯贾西斯，麦克唐纳德，等．企业伦理学：第3版．北京：机械工业出版社，2015．

本书主要阐述了企业伦理的产生以及中外重要的伦理思想、个人与职业的伦理决策、企业文化中的伦理、企业社会责任等基本理论，同时，还介绍了环境责任、营销伦理、会计伦理、公司治理伦理等。本书不只是介绍企业伦理的基本理论，而且还阐明了伦理决策的一般规律。本书的决策模型将多元化的全球视角兼容在对于某些特定伦理价值观和原则的讨论中，这也使得该模型具有更大的跨国界、跨学科甚至跨时空的包容性。

同时，书中融入了大量的中国案例，以贴近国内读者，并提供了一些有争议的伦理问题供读者讨论。

第 17 章
组织变革

本章学习目标

1. 掌握组织变革的内涵与动因；
2. 熟悉组织变革的五种模式，明晰组织变革的主要内容；
3. 明确企业间关系对组织变革的影响，掌握基于企业间关系的组织变革措施；
4. 理解企业间关系背景下的组织发展趋势。

引例[①]

韩都衣舍是一家典型的借助互联网销售的服装企业，相比于传统服装企业，借助互联网平台销售服装，试错成本相对较低，韩都衣舍给予了一线员工们充分的授权，设计师设计出来的服装要不要批量生产上市，决定权不在产品经理那里，而是在“小前端”的团队负责人手里。

事实上，韩都衣舍的组织架构非常扁平，目前拥有 7 大后台赋能平台，包括摄影、淘内运营、淘外运营、生产、储运、客服、其他职能，这 7 大平台共同为 300 个左右的“小前端”服务。

韩都衣舍的这种做法，一方面保持了前端团队规模的小型化和灵活性，能更好地匹配市场需求并进行创新；另一方面也通过后台赋能平台有效地保证每一条业务线的高效运转，为试错和规模化提供可能性。

通过这样的组织形式，韩都衣舍以较低成本实现了快速试错，实现了年上新品超过 3 万款，最大程度满足用户对服装的快速多变的需求。而在韩都衣舍之前，业内领先公司的年上新品最高纪录是 2.2 万款。

随着全球化进程的加快、知识经济的发展，企业面临着日益变动和复杂的环境。为了生存与发展，企业必须致力于提高整体绩效，提升企业的系统产出，增强市场竞争力。由此，企业需要对自身运作管理系统进行深层次变革，以更好地迎合外部环境的需要与内部资源条件的变化。变革就是用一种新秩序取代旧秩序，通过改变系统的构成要素以及要素之间的相互关系，来完成系统的改造。组织变革要求企业组织在战略、结构、流程等诸多方面打破原有的系统机制，创造一种能够适应环境变化的全新系统。

本章将阐述组织变革的内涵与动因；介绍组织变革的不同模式，以及组织变革所涉

① http://www.cb.com.cn/gongyeyucaikuang/2016_1101/1171182.html.

及的具体内容；揭示组织变革的阻力，并就如何化解这些阻力进行探讨；基于企业间关系的背景，深入分析企业间关系如何影响组织变革，组织又该如何基于企业间关系开展变革。

17.1 组织变革的含义

17.1.1 组织变革的内涵

1. 组织变革的定义

变革可以通俗地理解为变革对象的内在变动与革新。组织变革面对的问题是组织的现实状况与目标状态之间存在的差距，并且这一差距在现有组织发展轨迹下无法实现弥合。从组织与内外部环境的匹配与协调性来说，组织原有的稳定和平衡状态不能适应环境变化和自身发展的要求，需要通过变革来改变现有的结构与状态，进而构建一套能够适应新形势、新需求的，具有足够的革新性、适应性、持续性的新组织模式与机制。

我们将组织变革定义为：组织变革是组织为适应内外环境及条件的变化，对组织的目标、结构及组成要素等适时而有效地进行的调整和修正。组织变革是组织适应环境变化、保持自身活力的重要手段。组织作为一种开放有机体，必须随着内外部环境的变化而进行相应的调适与改变，以确保组织稳定成长，推动组织绩效提升。

哈默和钱皮在《公司再造》一书中将“3C”力量，即顾客（Customers）、竞争（Competition）和变革（Change）视为影响组织市场竞争力的三种最重要的力量，其中更加强调了变革的重要性，认为变革不仅无所不在，而且还持续不断，这已成了常态。换言之，组织变革是组织的经常性工作，需要组织人员长期反复地进行。同时，一个组织变革的开展并不是终点，它会引起一系列的连锁反应，并可能引发更深远、范围更大的组织变革。

2. 组织变革的目标

（1）环境适应性。组织并不是孤立存在的，而是处于特定商业生态系统中，与外部环境发生着广泛的信息、资源、资金的交流。组织的发展离不开与环境的互动，只有更好地适应环境，才能够不断发展。组织变革从现有组织与环境的关系出发，有针对性地改变组织的架构、要素等，以更好地适应外部环境。

（2）市场竞争性。如今的环境是一种超竞争环境，组织很难长期保持竞争优势，只有不断改变、不断创新的组织才有可能赢得市场竞争。组织变革正是立足于这一目标，通过内部资源与能力的重组，不断巩固与强化自身组织能力，由此确保市场竞争中的优势地位。

（3）战略匹配性。组织结构跟随战略，当由于战略变化而使得组织难以适应时，就有必要进行组织变革。可以说，组织变革的目标之一就是为了与战略相匹配，通过调整组织的结构、业务类型等，更好地支撑战略的执行。

（4）运营高效性。内部运营效率是影响组织绩效的重要环节，组织如果长期维持原有结构与流程，很容易滋生官僚作风，引起组织僵化，组织的运营效率将受到较大影响。通过组织变革，企业能够重组内部运作流程，改变现有结构与职权体系，摒弃不符合现代企业运行与发展的旧有方法、思维和工具，彻底提高组织运营效率。

（5）顾客价值性。组织要想赢得更多的顾客，必须考虑如何为顾客创造更多的价值，降低顾客的产品购买成本和使用成本。有效的组织变革能够改变组织的低效运作体系，提升组织的知识创造能力和顾客需求感知能力，为顾客提供更有价值的产品或服务。

17.1.2 组织变革的动因

引起组织变革的动力因素有很多，包括需求变动、技术变革、宏观经济形势、劳动力市场状况等外部因素，以及企业资源、能力、组织战略、流程组织内部条件与要素等。下面从消费者需求变化、技术变革、超竞争环境的驱动、企业知识要素的变化、组织战略的调整等五个主要方面展开分析。

1. 消费者需求的变化

某种程度上说，企业组织存在的价值就在于满足消费者的需求，围绕特定的消费者需求，企业需要进行相应的结构、流程等方面的内部组织安排。当消费者需求发生变化时，企业必须在内部管理与资源整合方面进行调整，以更好地服务于市场、满足消费者的新需求。例如，海尔集团从 20 世纪 90 年代以来，为了迎合不断变化的消费者需求，进行了三次重大变革，从最初的直线职能制组织变革为事业部制再到事业本部，最终演化为流程型组织，使集团组织结构与运作流程随着消费市场的变化得以不断优化。

具体地说，消费者需求会发生以下三个层次的变化，进而不同程度地影响组织变革：一是现有产品功能的升级需求，如个人计算机消费市场中对运行速度的不断追求，此时的组织需要在研发团队的组建、生产流程的组织等方面进行适当的调整；二是新产品功能的需求，即消费者希望产品能够实现更多的功能，如手机产品中不断增加的摄像、录音、蓝牙、网络连接等功能，由于这些功能完全不同于原有的产品功能，对研发、生产等方面的知识、技能要求也发生了很大变化，企业需要在研发人员配备、生产组织等方面进行相应调整；三是产品的更新换代需求，比较鲜明的实例如电视机的更新换代，从黑白电视机向彩色电视机的过渡，使得原有生产线完全不能符合新的生产要求，企业不得不进行彻底的组织变革，才能够很好地开展内部生产运作。

2. 技术变革

技术变革会引起组织内部生产方式、资源整合模式或重心的变化，由此引起组织变革。可以从信息技术变革和生产技术变革这两个方面分别来认识技术变革对组织变革的影响。从信息技术变革的角度来说，不断发展的网络技术为企业内部的有效沟通、提升内部组织效率创造了优越条件，使得企业越来越依赖于网络平台管理内部资源。网络会议、视频电话等信息技术沟通方式在现代企业管理中变得非常普遍，原来由高层到中层再到基层的信息传递与指令发送路径，在信息技术的引入之后被彻底改变，基层与高层之间可以通过网络进行直接的、即时的沟通，大大提高了沟通效率，降低了信息失真，也更有利于组织高层掌控组织运作的基本状况。在管理信息系统的有效调配下，组织资源被更加高效、有序地分配和利用，组织内部流程也得以大大简化，也相应引起了组织结构的调整。

从生产技术变革的角度来说，新的生产技术不仅影响企业生产的过程，而且会给产品的制造与运营方式带来新的理念。一般来说，生产技术的革新对岗位的操作、岗位之间的联结、流程的组织过程会产生较大的影响，组织必须调整现有流程以适应新技术的需要。在有些情况下，新技术的引入甚至要求组织放弃现有生产线，改用全新的设备和生产线，其组织机构也必须进行相应的调整。新技术的影响不仅是组织结构与流程方面，还会深入到组织的生产运营的理念层面，使得组织成员在生产理念上发生重要转变。例如，模块化技术的广泛应用，带动了企业组织的模块化变革，也由此催生了组织管理与运作的模块化思维。

3. *超竞争环境的驱动*

在超竞争环境下，企业很难保持某种特定的运营与架构模式，必须根据外部环境变化不断做出调整。美国管理大师理查德·达韦尼（Richard Aveni）在研究竞争环境变化过程中短期竞争优势和持久竞争优势的关系时，提出了超竞争理论（Hypercompetition）。他认为，今天的企业正处在超竞争的环境下，这是一种优势迅速崛起并迅速消失的环境，没有哪家企业或公司可以建立起永恒的竞争优势，企业必须通过一连串短暂的行动来建立一系列暂时的竞争优势，由此来保持超竞争环境下的持久优势地位。

超竞争环境意味着企业竞争本质的不断变化，企业面临的是一个急剧动荡的外部环境，企业很难对这种环境做出很好的预测，更多地都处于被动反应的局面。因此，企业必须根据超竞争环境的特点，构建具有较大柔性的组织。就目前来看，企业应对超竞争环境的一种有效策略是组织的虚拟化、模块化。企业彻底放弃了原有一体化的运作模式，不再将产品生产的全部相关环境囊括在组织边界以内，而是尽量借助于外部资源与能力，通过生产、服务的模块化外包，以及有效的外部协调，更好地实现产品生产的专业化、规模化。

4. *企业知识要素的变化*

企业知识要素是企业生产运作的基础，其变化必然会引起组织内部的相应调整。可以从以下三个方面来认识企业知识要素变化对组织变革的影响。

（1）不同知识之间地位的调整。企业的不同业务类型代表了不同的知识组合，某一种业务占主导地位，意味着这类知识更加受到企业高层的重视。当企业调整业务结构，将原核心业务调整为非核心，而将非核心业务调整为核心业务时，原有核心知识也就相应失去了核心地位。此时，组织必须进行结构调整，将更多的资金、人力等分配到新的业务上，以支撑这一新核心知识体系的运作。以 IBM 为例，在出售 PC 业务之前的一段时期内，PC 业务是 IBM 重要的价值增值业务，随着企业战略的调整，IBM 逐渐将业务重心转移到方案解决和业务咨询等方面，PC 业务也就不那么重要，最终引起了整个 IBM 公司的组织变革，整个 PC 业务也被转售给联想集团。

（2）重要知识的外购。为了快速得到提高，企业可能会选择直接外购核心技术知识。此时，企业也需要围绕外购的新技术，对组织现有运作体系进行变革，以形成全新的、支撑新技术运作的有效体系。接着上文的例子，在收购 IBM 的 PC 业务之前，联想集团在国际竞争中并不具有突出的核心技术优势，而收购之后，联想不仅一跃成为全球三大 PC 生产商之一，而且拥有了原 IBM 个人笔记本电脑的许多重要核心技术。围绕这次收购，联想集团对组织的架构、业务结构、人事等诸多方面进行了根本性变革，使组织能够承载新联想的业务运作。

（3）企业创新带来的新知识要素。当企业创新知识时，也会对组织进行相应的调整。例如，组建新的项目团队以拓展新知识为基础的业务类型，基于新知识调整现有的业务组合和人事安排，重新设计组织的岗位与流程等。

5. 组织战略的调整

根据钱德勒的研究，战略决定结构，组织不能仅从现有的结构出发去考虑战略，而应根据外部环境的要求，动态地制定相应的战略，然后根据新制定的战略来审视组织结构，并进行适当调整。在组织外部环境发生变化之后，组织将面临新的机遇或者挑战，为了抓住这一机遇或者应对挑战，组织需要对战略进行调整，以谋求经济利益的持续增长。新战略的实施要求组织结构也进行相应的调整以适应战略的需要。否则，组织战略的实施效果将大打折扣，无法实现既定的利益目标。

从工业化的发展过程来看，在工业化的初期，组织外部环境比较稳定，组织结构也相对简单，以单一性的直线结构为主。随着工业化的发展，组织生产率得到了极大的提高，组织战略的转变体现为新市场的开发，相应地，组织内部形成了总部与部门的职能型结构。在工业增长阶段的后期，出现了产品供大于求的压力，组织纷纷采用纵向一体化战略，由此出现了中心办公室机构和多部门的组织结构。工业发展进入成熟期以后，企业竞争更加激烈，经营风险也随之增加。为了分散经营风险，大型组织纷纷采取多元化战略。相应地，组织形成了总公司与事业部相结合的组织结构。由此可见，战略的调整必然伴随着结构的相应变革。

17.2 组织变革的模式与内容

17.2.1 组织变革的模式

1. 里维特（Leavitt）的变革模式

美国学者哈罗德·里维特（Harold J. Leavitt）将组织变革的模式分解为以下四个变量。

（1）结构变量：组织的要素之间相互连接的关系、组织的流程与权责体系、管理层次和幅度、沟通状况等。

（2）任务变量：组织存在的使命、组织任务之间具有一定的层次关系和隶属关系。

（3）技术变量：组织为完成目标所采用的方法和手段。

（4）人员变量：实现组织目标的个体、群体、领导人员等。

里维特认为上述四个变量是相互依赖、相互联系的，当其关系较为稳定时，意味着组织系统处于相对平稳、相对均衡的状态；当某一个变量出现变动时，必然会引起其他变量的改变，并由此打破组织系统现有的平衡状态。组织变革的过程可以通过有计划地改变某一个或几个变量的方式来进行。这种模式把组织看作是一个由多种要素构成的复杂系统，其重点不在于找出组织变革的原因，而在于探讨有计划地进行组织变革的方法。里维特提出的这一模式，为制定组织变革的对策和方法提供了一个基本的框架，如图17-1所示。

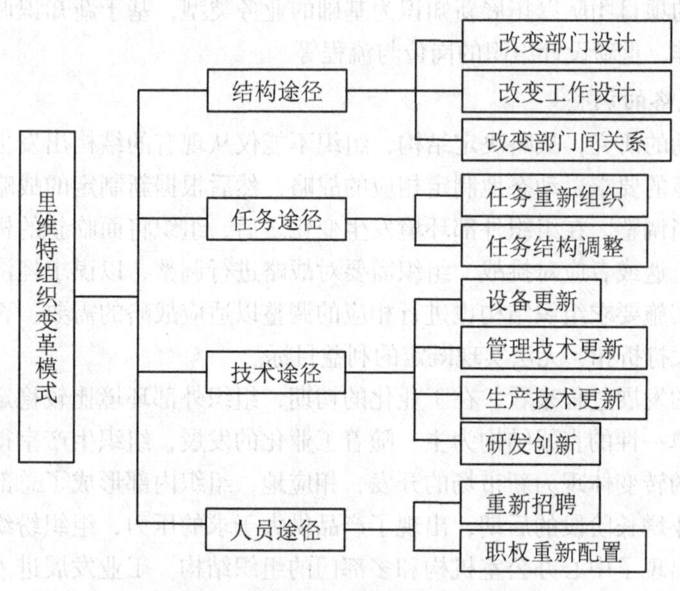

图17-1 里维特组织变革模式基本框架

2. 勒温（Lewin）的变革模式

美国心理学家库尔特·勒温在长期研究员工心理的基础上，认为组织变革中心理机制发挥着重要的作用，要对组织实施变革，首先必须改变组织成员的态度与认知。由此，他提出了"解冻—改变—再冻结"的组织变革模式，如图17-2所示。

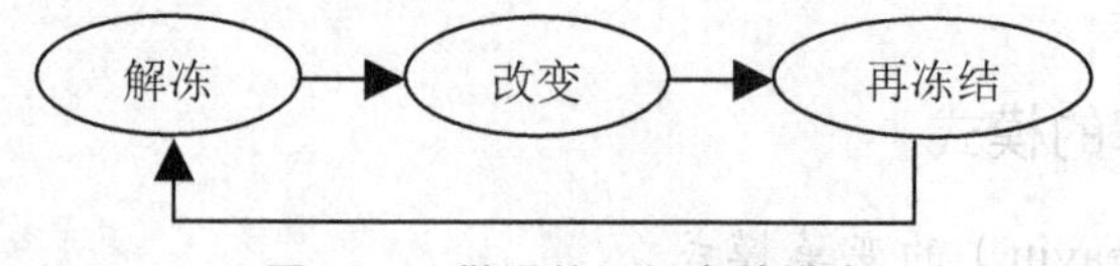

图17-2 勒温的组织变革模式

（1）解冻（unfreezing）阶段。即通过特定手段或方法来刺激组织员工或群体，使其明确组织变革的必要性，鼓励员工接受新的思维或观念，改变原来的传统、态度、习惯与认知。在解冻阶段，组织首先需要分析目前的内部资源状况与外部环境，明确所面临的问题，并将分析所得的信息传递给组织员工，使员工充分了解变革的必要性，由此获得员工的支持。进一步地，组织应争取到员工的参与，通过组织各方的积极互动，推动组织变革的进程。

（2）改变（changing）阶段。即通过认同和内在化等方式，使组织成员形成新的态度和行为，并接受新的行动方式。认同即对外部事物状态、思维方式、行为模式的认可，是组织向自己的成员直接提供态度或行为的新模式，组织成员通过将自己与其他员工进行对比，在言传身教中模仿并形成新的行为模式。内在化是指人们接受并开始用新的态度或价值观分析问题、解决问题的习惯性过程。组织新的行为模式与思维方式需要员工去贯彻，为此首先需要员工将这些行为模式与思维方式内化为自己的认知，在此基础上，员工可以利用新的认知去分析与解决问题。

（3）再冻结（refreezing）阶段。即强化组织新均衡，组织在经过调整以后，能够适应新环境的要求，服务战略执行的基本条件，应保持较为稳定的状态。具体地说，一个组织的平衡包括下列内容：① 有足够的稳定性，以利于达到组织目前的目标；② 有足够的持续性，以保证组织在目标或方法方面进行有秩序的变革；③ 有足够的适应性，以便组织能对外部的机会和要求以及内部的变化条件做出合适的反应；④ 有足够的革新性，以便使组织在条件适宜时能主动地进行变革。

3. 里皮特（Lippit）的变革模式

在勒温的研究基础上，里皮特对组织变革的模式进行了拓展，将整个变革过程划分为发现变革需要、明确变革关系、力行变革措施、维持稳定变革、结束协助关系等五个阶段。

（1）发现变革需要。在实施变革之前，组织需要明确企业的运作情况，找到运行中的问题所在，掌握哪些方面需要开展变革。

（2）明确变革关系。在变革过程中，如果关系处理不当，很容易在变革实施者与被变革者之间产生矛盾，并引发被变革者的不配合或抵制。为此，组织应首先明确变革中的各种利害关系，做到事先预防，尽量将抵触风险降到最低。

（3）力行变革措施。即开展实际的变革行为。经过员工的认同与内化作用，会产生新的组织与员工行为，组织变革也就得以成功实施。

（4）维持稳定变革。对应勒温的再冻结阶段，将变革结果制度化为公司整体运营及管理活动的一部分，并保持新组织体系的有效运作。

（5）结束协助关系。当变革推动者完成变革任务以后，即可以选择适当时机退出。

4. 弗兰切（French）的变革模式

弗兰切提出了另一种组织变革的模式，其包括以下几个主要步骤。

（1）对问题探究与察觉。即通过企业内部资源与外部环境的结合分析，找到变革的需求点。

（2）变革推动者伺机介入。即选择合适的变革执行者，并启动变革进程。

（3）收集相关资料。包括企业内部的运营状况、现金流情况、近年内企业的发展与走势情况、市场的需求变动情况、竞争对手的情况、宏观经济与法律环境状况，以及变革所需的其他相关资料。

（4）将资料回馈给被变革者。通过将收集并整理的资料回馈给被变革者，让其了解变革的必要性，进而对组织变革行为给予配合。

（5）共同规划行动。变革推动者与被变革者共同参与到变革工作中，通过各方因素的协调与思考，对变革方案进行规划。

（6）采取变革行动。在共同规划的行动方案基础上，变革推动者与被变革者一起开展变革行动。

（7）评估结果。对变革的结果进行评估，发现其中的问题，并进行适当的调整。

5. 格瑞纳（Greiner）的变革模式

哈佛大学商学院教授格瑞纳（Larry Greiner）在《哈佛商业评论》上提出了他的组织变革模式，如图 17-3 所示。

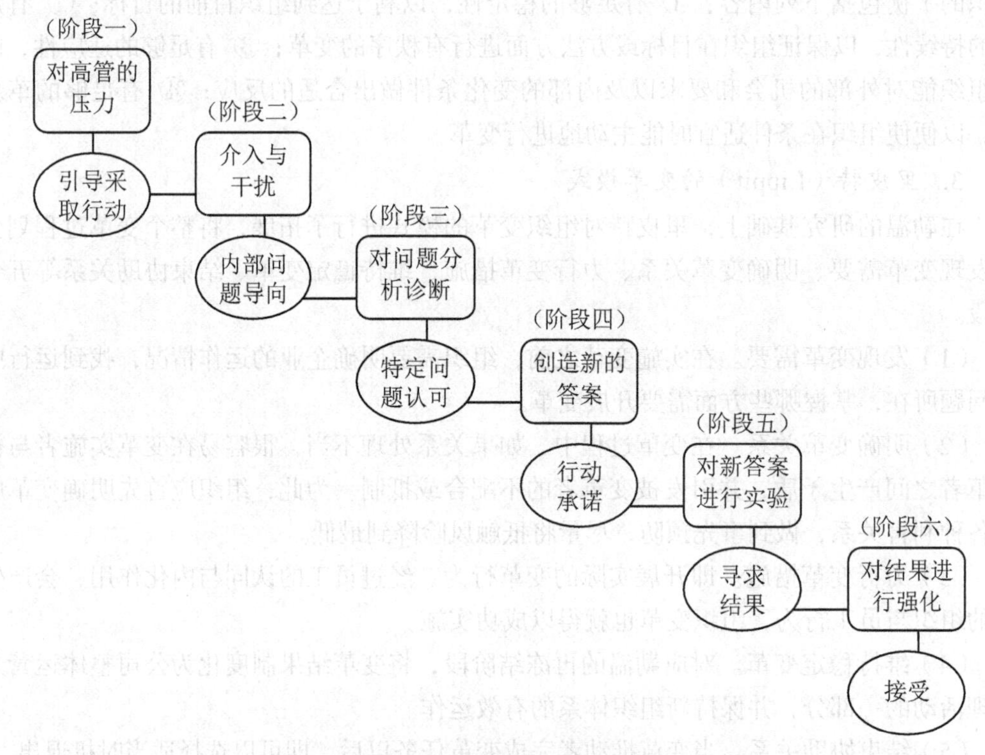

图 17-3　格瑞纳的组织变革模式

（1）压力与激励（press and arousal）：给高层管理者变革需求的压力并引发其行动。

（2）干预与重新定位（intervention and reorientation）：对高层管理者进行干预，并使其对工作方向重新定位。

（3）诊断与认同（diagnosis and recognition）：组织高层与下层员工共同分析组织问题，并寻求一致认同。

（4）创造与承诺（invention and commitment）：寻找解决问题的初步构想，并向员工承诺，未来即按照此方案进行变革。

（5）实验与搜寻（experimentation and search）：通过实验验证初步构想，并努力寻找最后的结果。

（6）强化与接受（reinforcement and acceptance）：对实验后的正面肯定结果予以强化，并努力使全体组织成员接受。

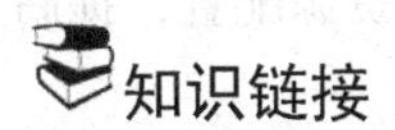知识链接

社会网络与变革

17.2.2 组织变革的内容

1. 重新制定战略

战略是组织为了收益制定的与组织目标相一致的最高管理层的计划。组织制定战略的过程中，需要充分考虑到内部资源条件和外部环境状况，并据此进行合理有效的规划。当组织由于内外部条件的变化而进行变革时，同样意味着组织战略的资源基础或环境基础发生了改变，组织必须对战略进行相应调整。战略的调整可能是多方面的，包括目标的重新设定、组织发展计划的调整、战略执行主体的变更等。从更基础的层面来说，组织重新制定战略的行为应落实到组织各级员工的认同上。由此，根据美国学者威廉·乔伊斯的观点，重新制定战略的措施主要有建立共享意义和公认的相互依赖性，[①]下面从这两个方面进行介绍。

（1）建立共享意义。共享意义超越了共享目标，它创造的这种目标不仅被所有组织参与者分享，同时也提升了对他们的意义。[②]例如，投资者 A 和 B 也许都以股票价格的上升为目标，但是如果这一目标对 B 没有意义的话，B 并不会真正地关注它，更不会花很多的精力去实现它。很多组织目标都脱离了人的目标，只是单纯体现最高管理层的想法，因而对基层员工并没有太大的意义。为此，企业应从以下三个方面着手以建立共享意义：一是强化内部合作，通过合作超越个人的业务与思想范畴，创造一种促进整个组织的共享意义；二是愿景的人性化，即将个人目标与行为很好地融合到愿景与战略内容中去；三是认识愿景中隐藏的意义，通过员工参与制定组织愿景与使命，使员工真正领会隐藏在愿景中的深层次意义。

（2）建立公认的相互依赖性。公认的相互依赖性建立在一致认同的基础上。一致认同表明，为了实现共享意义，个人、团队和管理人员都意识到了相互依赖性。这意味着人们更多地就“为什么”而不是“是什么”达成一致，也就更有利于组织开展变革。在公认的相互依赖性基础上，管理者和员工能获得双方都赞同并积极支持的解决方案。

---

① 乔伊斯．组织变革．张成，译．北京：人民邮电出版社，2003：163-165.

② 乔伊斯．组织变革．张成，译．北京：人民邮电出版社，2003：163-165.

2. 重构组织结构

组织结构是组织运行的基础，组织结构的重组是组织变革中的重要内容。重构组织结构即通过改变某些结构要素或要素之间的相互关系，进一步优化组织资源配置，提高组织运行的有效性。

（1）建立过程驱动的结构。以专业化分工为基础的职能式结构经常错误地拆分了组织运作的系统性过程，使协调和综合变得非常困难，并且还带来了过多的官僚制度。在组织结构中加入对过程的关注，能够消除不必要的官僚制度。过程驱动的结构的基本目标是过程，而不是整体的目标。它将结构和目标建立在关键过程的基础之上，通过最初的部门创建活动，在组织基本结构中就植入了对过程的关注，由此提升组织结构的协调性与有效性。

（2）调整管理层次与管理幅度。组织变革常常始于缩减组织规模，或减少组织人数以便消减成本。扁平化是组织变革的一个趋势，是组织管理者扩大控制范围、减少管理层次的体现。要扩大控制范围，管理者必须让员工承担更多的工作，只有这样才能将自身从烦琐的日常业务中解放出来，并能够真正从事管理工作。一旦组织管理者的控制范围得以扩大，组织的管理层次也就自然地减少了。在大多数减少管理层次的过程中，科层的数目取决于直接的裁员或"强制命令"，并由此削减成本。随着信息技术的不断完善和组织内部信息平台的构建，组织管理层管理内部事务的效率变得越来越高，组织管理层次与管理幅度的调整也变得更加便利。

（3）责、权、利的重新分配。权责体系是组织成员开展工作的推动系统。组织变革必然会打破原有责权体系，并产生责、权、利的不对等。在重新调整权责体系时，组织应以权责对等为基本的原则，保证内部权利的层次性和有序性，对于同级权利的交叉问题，应予以妥善处理。尽量控制组织不同岗位上权利的冲突，增强授权行为的合理性与认可度，以便组织的权责体系能够更有效地运转。

3. 实现文化变革

企业战略与结构的调整造就了一个全新的组织形态，信息化在组织中被广泛应用，组织内部的沟通方式与协作模式发生了重要变化，组织结构越来越扁平化，管理层级逐渐减少，基层员工被授予了更多的权力，包括战略制定的参与权以及业务的处理权，尊重和信任成为企业价值观的重要组成部分。组织的这些变化，对组织传统的行为方式的思维模式提出了挑战，要求组织文化进行相应的变革，以支撑变革后新组织的有效运转。总的来说，文化变革主要包括以下方面的内容。

（1）思想变革。组织应抛弃传统的思想，改变以口号、标语为激励手段的做法，更多地培养企业员工特别是管理层的战略眼光和危机意识，强化企业的实践精神。通过实践精神的指导，使企业能够在有限的资源条件下取得辉煌的经营成果。在遭遇经营中的困境时，企业应转变战略思维，适时调整战略目标，不断尝试变革和创新。

（2）管理意识变革。管理者应改变原有的领导意识，把自己放在一个服务者的位置，更好地为员工创造一个宽松、和谐的工作氛围。在组织遇到问题时，应避免权力垄断的不利思想，争取各层员工的参与，共同协商以解决组织问题。

（3）人才观念变革。企业首先要改变原来人事管理中将人力投入看作一种花费的旧有观念，将人力资源视为企业的一项长期投资，而且这种投资是有产出的，并能不断产生回报。由此，为员工提供针对性培训在留住人才方面是必要的。同时，企业还要改变以往人才管理机制，务必避免在企业里出现论资排辈。按照能力定待遇，不拘一格留住人才。应该特别注意的是，企业不能把人力资源当作一次性的消耗品，而应该对人才进行有效的激励，提供晋升机会，推行参与式的管理，并进而留住员工。

（4）利润观变革。利润只是推动企业发展的必要构成，并不是企业的全部，企业价值最大化才是企业的最终追求。为此，企业应改变以利润最大化为首要目标的旧有思想，立足于长期的发展，努力为股东、顾客、社区、员工等各利益相关者创造更大的价值。

（5）企业文化观变革。企业管理者应该意识到，企业文化不是万能的，不能够为企业解决任何问题。两个同样优秀的企业可能其理念截然不同，拥有优秀文化的企业并不一定就能成功。企业理念一旦确立，企业的一切行为都必须遵循其核心价值。随着企业的不断发展以及文化不断进步，企业应能为其核心价值观赋予新的意义。

4. 变革中的员工参与

组织是一个由各层管理人员和普通员工组成的价值体系，组织变革的开展无法完全依靠管理层来完成，必须争取员工的参与。在组织变革的过程中，基层员工可能比管理层更加清楚问题的所在，更能够找到解决问题的办法。有时候，组织变革就是由底层的员工所推动的。任何忽视员工参与的变革都注定是失败的，只有让员工广泛参与到变革中，才能够更加高效地完成组织变革。以下主要从组织变革中的政策和制度调整角度，分析变革中的员工参与问题。

（1）员工推动的政策变革。在组织变革的初期，变革推动者还处于一个经验积累的过程。在这个阶段中，管理者需要做的是如何听取意见，如何做出反应，员工则在与管理者不断的交流与反馈中体现自身价值。针对企业的现有政策，管理者可以与员工一起，在以下三个层面上对政策进行合理的处理：一是完全无益的政策，即对于组织的发展起不到任何的作用，因此需要加以重新制定或修改；二是过去发挥作用但却不适合组织当前的运行状况的政策，对于这类政策应加以废除；三是看起来好像不合理但实际上却有利于组织运行的政策，对于这类政策，组织应对其予以合理化。

（2）员工推动的制度变革。员工是组织制度的直接感受者，对组织现有的制度有着较为直接的认知，让员工参与到制度变革中，能够有利于员工利用自身所拥有的有关制度的具体知识参与或做出一些决策。当然，制度变革是一个全组织的问题，员工参与并不意味着组织高层放弃决策权，而是通过良好地引导授权后的决策过程，以及在重大制度问题上决策权的控制，更好地推动组织制度变革。

17.3 企业间关系下的组织变革

17.3.1 企业间关系对组织变革的要求

随着企业间关系的发展，企业需要在经营管理中更多地考虑到外部关系性企业。为此，企业在进行组织变革的过程中，必须将企业间关系对变革的要求纳入组织的变革管理与实施中。总的来说，在企业间关系背景下，企业需要在战略、流程、文化、沟通、行为等方面寻求与外部关系性企业的协同变革。

1. 企业间战略的同一性

唯物辩证法的矛盾同一性范畴是对事物矛盾所具有的同斗争性相反的基本属性的概括，它的基本含义可归结为矛盾双方的相互依存和相互贯通。具体到企业战略层面，同一性是指企业间战略相互依存、相互联结、相互渗透的倾向。

随着企业间关系的发展，企业已不再局限于与外部企业发展简单的交易关系，而是深化为更加紧密的关系结构模式，并且这一结构模式会随着行业和企业发展状况的不同而有所区别，可能的关系模式如交易耦合关系、权力科层关系、协同网络关系等。[①]实际上，这三种关系结构的紧密程度是不一样的，然而对于企业间的战略却都具有同一性的要求。企业在合作中，不可避免地要在战略层面与外部企业进行一定程度的协调，以实现彼此战略之间的相互联结与依存。

（1）交易耦合关系下的战略同一性。交易耦合关系意味着企业之间没有高昂的基础投资，关系性企业之间是建立在声誉与信任基础上的长期友好交易关系。由于交易耦合关系强调企业间发展长期友好的交易协作，因此从战略的构成来看，企业间的战略同一性主要侧重于业务范畴的同一性，即合作双方不会轻易改变业务范畴，始终保持企业间的协调与对接。

（2）权力科层关系下的战略同一性。权力科层关系即企业之间形成了类科层的权力关系，核心企业尽管不对非核心企业控股，但仍然能够通过权威或价值高端地位对非核心企业形成重要影响。由此，企业间的战略同一性需要在业务范围、成长方向、战略方针等多个层面有所体现。业务范围同一性决定了核心企业与非核心企业之间的业务可以实现很好的对接，非核心企业可以在现有业务上始终保持附属地位。成长方向的同一性意味着核心企业与非核心企业之间始终保持发展的同步和同向，非核心企业不能够通过转变方向或市场而逃离权力科层关系。战略方针的同一性说明核心企业与非核心企业之间能够在思想上形成高度统一，也更便于核心企业的权力控制。

（3）协同网络关系下的战略同一性。协同网络关系即企业之间不再局限于整合效率的提升，而是更多地聚焦于协同价值的创造，使企业间关系表现出协同网络化的特征。从战略的构成来看，协同网络关系更强调战略方针、战略对策等思想、方法层面的同一性。企业间发展协同网络关系，其根本目的是知识的创造。知识创造的行为是不受业务类型约束的，只要企业间的业务范畴不存在太大偏差，企业可以在知识创造上与合作伙伴形成联合。

2. 企业间流程的协调性

企业间关系超越了一般的市场交易关系，形成了企业之间在战略、流程、资源等多个层面的相互对接。企业不再仅仅局限于将生产好的产品交易到外部其他企业中，或者从外部其他企业接收原材料或半成品，而是与外部企业协作以共同完成产品的生产，在

① 郝斌，任浩，吴轶轮．信息技术对企业间关系结构的影响：基于产业视角的分析．外国经济与管理，2009（3）：9-15.

分工与流程上进行广泛的合作与协调。

从企业组织模式由一体化向模块化的发展来看，生产流程实际上是从一个大企业内部的集聚向多个企业分散，不同的企业共同承担着原本属于一个企业的生产流程。以美国福特汽车公司为例，20 世纪初期的福特不仅生产所有的汽车配件并组装整车，还自己制造轮胎、生产钢铁，自己磨制挡风玻璃。它在巴西亚马孙丛林中拥有橡胶园，拥有并自己经营铁路来运输生产资料和汽车，甚至还曾计划自行销售汽车并且提供服务。而如今，福特公司除了核心技术的研发、核心部件的生产等少数核心业务由自己承担外，其他的相关生产、服务等全部外包给外部合作企业。此时，福特就需要跟外部企业进行流程上的协调。

企业间流程的协调能够强化彼此之间的关系，使企业之间能够更加紧密地联系在一起，从而能够更有利于在业务交流上达成一致。同时，企业间流程的协调还能够为企业和合作者节约成本，优化跨企业的流程。美国两家巧克力的原材料供应商和生产商之间长期开展合作，彼此之间最初的产品供应是：供应方将融化的巧克力凝固，做成小块的固体巧克力，然后运输到生产方，生产方再融化以进一步加工。经过协商，双方对现有流程进行了优化，供应方不再将液态的巧克力凝固，而是直接将巧克力液体运输到生产方，由此，不仅使供应方省掉了固化的成本，也使生产方节约了融化的成本。当然，对于如何协调企业间流程，并没有一个放之四海而皆准的办法，需要企业根据具体的产品价值链，协调与合作企业之间的利益关系，最终确定合适的流程协调方案。

3. 企业间文化的融合性

在现实中，很多企业只注重企业间的资源有效配置，更多地从企业间关系中人员与组织结构的安排、企业间的技术与资源组合等方面着手，而对深层次的文化则缺乏应有的重视甚至是未予关注。实际上，企业间关系的发展，使得企业在进行变革中必须考虑到文化的融合。为此，企业之间需要在彼此的文化中找到契合点，以消除企业间的文化差异与冲突，推动企业间文化的融合与共生。

（1）企业间关系中的文化差异与冲突。企业间关系的发展会引起不同企业文化之间的碰撞。一般来说，不同的企业之间由于所处的大文化背景和核心价值观的不同，其文化差异也比较大。一方面，企业文化是以其所在的地域、民族文化为依托的，因此必然受到地域文化和民族文化的影响，包括企业员工的心理、感情、行为等的诸多方面都会打上地域和民族的烙印；另一方面，即便是同一地域、同一民族的两个企业，其文化也存在很大的差异，因为除了受地域和民族文化的影响之外，企业还有其独特的核心价值观，这种核心价值观可能是与领导人的个人品质与追求直接相关，也可能是企业长期发展而逐步形成的。企业间的文化差异，在合作中很可能演变为文化冲突。企业总是习惯于按照自己的文化和价值观行事，对于外来文化则采取抵制的态度。由此，企业间文化的差异会成为企业间协作的障碍。

（2）企业间文化的融合。为了避免企业间的文化差异成为阻碍企业间有效合作的不利因素，企业之间需要在合作中找到双方文化的契合点，正确对待双方企业文化的差异，增加沟通与了解，努力缓解文化冲突，由浅入深地实现企业文化的融合。一般来说，企业在合作之初就应该与对方建立一套较为完善的文化融合机制，使企业对异己的文化保持接纳吸收、兼容并蓄、交流互补、共存共赢。随着合作的进行，企业之间在文化上必然还会存在不协调甚至是激烈的冲突，企业需要采取一些手段来解决矛盾，而矛盾的解决会促进双方文化的深入展开与结合。以惠普与康柏的企业间合并关系为例，惠普、康柏于2001年宣布合并，其后几年中，两家公司克服了各自原有企业文化背景冲突，创建了一种全新的企业文化。新惠普公司正是在这一企业文化指引下，使他们的产品研发计划有的放矢，避免了盲目投资，克服了合并之前惠普和康柏公司在关键产品种类上存在的不足，也填补了原来的产品种类的空白，站在了行业的最前沿，引领业界的发展潮流。

4. 企业间沟通的有效性

企业间关系的发展使得跨企业的沟通越来越频繁，组织变革需要满足的不仅是内部的有效沟通，还有外部沟通的有效性。

随着企业间关系的发展，企业开始越来越依靠外部资源与能力发展自身实力，企业内部的很多业务也逐渐向外部转移，企业之间已超越了传统的交易关系，转而向更加深入、更加密切的伙伴关系发展，企业间的沟通成为企业间关系中的重要内容。企业间的有效沟通能够推动信息交换，使企业信息能够成倍放大，强化企业对市场和行业发展的掌控。在有效的外部沟通下，企业能够更好地与关系性企业开展合作，推动企业间多层面、多角度的资源与能力融合。当企业遇到外部环境的压力时，企业间的沟通可能使企业利用关系找到有效的化解路径；在企业之间出现合作障碍时，有效的沟通能够有利于消除障碍、推进合作。

实际上，由于企业间合作中缺乏统一的行政职权关系，企业很难对外部合作企业进行权力干预，企业间沟通很容易出现障碍。为此，企业需要通过组织变革来完善跨企业的沟通机制。

17.3.2 企业间关系下组织变革措施

1. 企业间关系下的战略变革措施

战略变革是一个综合性的议程，它推动着组织从现在的战略和组织设计向期望的战略方向前进。在企业间关系背景下，企业战略变革首先需要与关系性企业形成共同式反应，在此基础上开展跨组织发展变革。

（1）企业间战略的共同式反应。通过与其他组织日益频繁的合作，组织可以处理对环境的依赖性和环境的不确定性问题。共同式反应可以帮助控制组织之间的相互依赖，采用的方法包括竞价、合同、合作、合资、联合、战略联盟和工会等。如今的组织越来越多地与其他的组织合资或结成伙伴关系，以此来控制环境的不确定，承担一些对单个组织来说成本太高或过于复杂的项目。将这种多组织安排在进行大规模的研究和发展时可以实现各组织的资源共享，分散创新风险，集中不同领域的专家解决复杂的高难度问题，克服国外市场的进入壁垒。例如，制药公司结成战略联盟来销售非竞争性药物，避免了建立销售组织的高额成本；不同国家的公司组成合资企业来回避贸易壁垒；高科技公司共同进行研究开发可以分担巨额的研发成本，并提高研发效率。

（2）跨组织发展。跨组织发展是战略变革计划的一种形式，旨在帮助组织与其他组织发展共同战略或合作战略。与一般性的产权组织不同的是，跨组织系统趋向于非集中化，成员之间是一种松散的耦合关系，领导权仍然保留在各独立的组织中，并没有被等级式地集中起来；成员之间尽管协作关系较为紧密，但并不存在直线命令。在共同经营的同时，各组织仍然保持产权与决策的独立性。

跨组织发展不仅可以帮助企业分担战略风险，迎接不确定性的挑战，而且能够共担成本、共享资源，在生产、研发、市场开拓等方面能够创造独特的协同优势。例如，美国半导体技术公司（Sematech）就由许多组织组成，如英特尔、AT&T、施乐、摩托罗拉、IBM，它们联合在一起，提高了美国半导体产业的竞争能力；位于美国加利福尼亚州的新联合汽车制造公司，是通用汽车公司与丰田汽车公司的合资公司，它运用丰田公司的团队工作方法生产汽车，同时借助通用公司的营销与管理团队开拓、服务市场。

跨组织发展的实施可以划分为确认阶段、会议阶段、组织阶段、评价阶段等四个阶段，如图 17-4 所示。

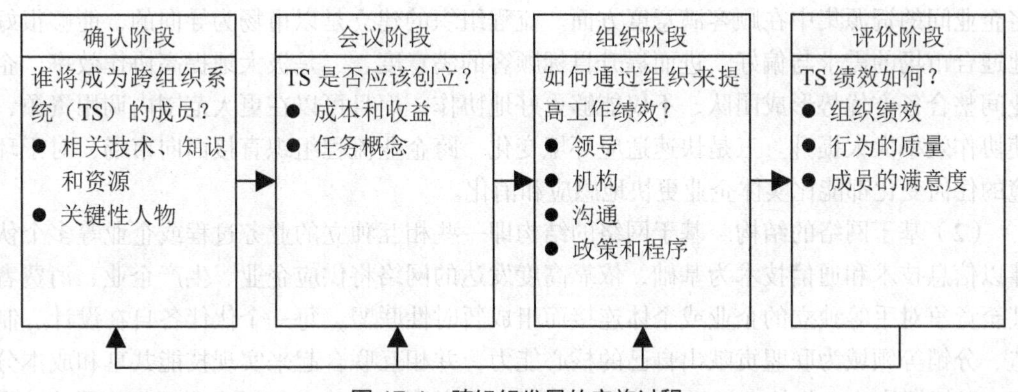

图 17-4 跨组织发展的实施过程

① 确认阶段。即确定跨组织系统的潜在成员企业，更为确切地说就是找到最适合实现组织目标的潜在合作伙伴。该阶段需要明确：一是确定一个或几个跨组织系统的发起成员；二是由发起者共同制定系统标准，并按照标准选择跨组织系统的后续成员企业；三是在确定成员的过程中考虑政治、环境要素的影响。

② 会议阶段。一旦确定了跨组织系统的成员企业，就开始进入会议阶段。该阶段用以明确跨组织系统的可行性，跨组织系统成员企业聚集到一起，共同商讨跨组织系统的构建问题。这种会议并不是令人厌烦的日常例会，而是可以通过会议使成员企业和参与的员工了解工作的动力和企业间关系的意义。

③ 组织阶段。当会议阶段确定了跨组织系统构建的决议，即开始进入组织阶段。这一阶段需要建立跨组织系统的组织结构和组织运行机制。组织结构要有利于组织之间的有效沟通与协调，特别是任务的合理分配与协作。组织运行机制要确保跨组织系统的有效运作，在激励与惩罚、协作的规则等方面应有明确规定。这一阶段界定了跨组织系统如何运作的清晰战略，同时能够帮助成员企业了解跨组织系统的竞争优势以及实现目标

所必须完成的任务。

④ 评价阶段。跨组织系统变革的最后一个阶段即评价跨组织系统的运作效率。根据实现确定的指标、成员企业反馈的信息以及系统的最终绩效，综合评价跨组织系统的运行情况，并对每个成员企业的业绩进行评定。由此，不仅能够激励成员企业在关系中不断努力和投入，而且可以指导下一轮的企业间合作。

2. 企业间关系下的流程结构变革措施

企业间要想实现流程的协调，必须对原有流程与结构进行重大变革。

（1）基于流程的跨企业管理。即建立跨企业流程组织，把企业间的协作建立在单个或少数几个核心流程上，如产品开发、顾客支持等。基于流程的结构更加强调企业间的横向协调关系，企业间的业务协作主要通过由双方共同组建的流程组织予以完成。通过跨企业流程组织，在企业间建立一种固定的、深入协作的有效机制，使企业间的协调更加直接、便捷。对于单个企业来说，跨企业流程在整个企业中占据重要地位，甚至可能是整个企业流程的重要支撑，如核心技术研发的跨企业流程组织。

在强化企业间的流程协调之外，跨企业流程组织的建立还有以下方面的优势：一是将企业间的资源集中在顾客满意度方面。流程组织的建立是以市场为导向的，能够很好地迎合市场的需求与偏好，进而提升目标顾客的满意度。二是极大地提高协作效率。企业间整合各方优势形成团队，不仅能够更好地协作，而且可以在更大范围内调用资源，使协作效率大大提升。三是快速适应环境变化。跨企业流程组织直接面向市场，对于环境的任何变化都能比实体企业更快地感应和消化。

（2）基于网络的结构。基于网络的结构即一些相互独立的业务过程或企业等多个伙伴以信息技术和通信技术为基础，依靠高度发达的网络将供应企业、生产企业、消费者甚至竞争对手等独立的企业或个体连接而组成暂时性联盟，每一个伙伴各自在设计、制造、分销等领域为联盟贡献出自己的核心能力，并相互联合起来实现技能共享和成本分担，以把握快速变化的市场机遇。[①]基于网络的结构是一种企业间动态联盟组织形式，企业在组织结构上突破有形的界限，虽有生产、营销、设计、财务等功能，但企业体内却没有完整地执行这些功能的组织，仅仅保留最关键的功能，而将其他功能虚化，通过各种方式借助外力进行整合弥补，在竞争中最大限度地利用企业有限资源。

基于网络的结构如图17-5所示，这一结构具有如下特征。

一是纵向职能分散化。即把组织的一些业务职能——如设计、生产、营销等独立出来，成为独立的企业，每个企业承担一个职能。这种方式能够提高职能分工的专业化水平，强化企业资源利用中的规模效应。

二是组织形态的中间化。基于网络的结构往往不是由单个独立的企业承担管理，也不是完全交由市场自发协调，而是存在一起介于企业和市场之间的中间形态。这一中间形态扮演着核心角色，进行生产或服务的转包，或者专门负责把各独立企业组织起来进行协调生产与运作。

① 陈剑，冯尉东. 虚拟企业构建与管理. 北京：清华大学出版社，2003.

三是有效的协调机制。基于网络的结构中，既不是利用行政组织或计划进行控制，也不是完全利用市场进行协调，而是依赖企业间关系进行合作中的沟通与协调。尽管企业间有正式契约进行相互约束，但正式契约并不是企业间协调的主要手段，信任和默契才是维持企业间有效运作的重要机制。企业间一般已经建立了长期的合作关系，彼此能够相互信任，企业间的冲突能够在互惠的条件下得以解决。

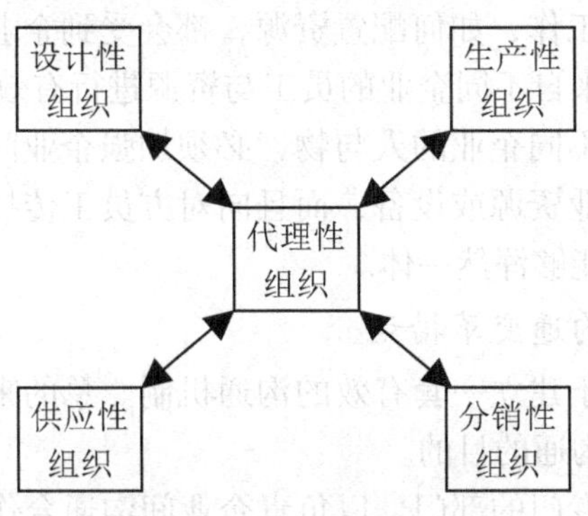

图 17-5 基于网络的结构

3. 企业间关系下的文化变革措施

企业间关系背景下，要想实现两个企业的文化融合，必然要求对现有企业文化进行变革。当然，这里的文化变革并不是根本性地改变企业文化，由于变革的原因在推动企业间合作，因此变革的目标以融合为主。为了推动企业间文化的融合，需要完成以下三个方面的整合。

（1）企业间价值观的整合。价值观是任何一种企业文化的基石，是一个企业的基本概念和信念以及奉行的准则，是企业文化的最深层次内容。价值观为所有的职工提供了一种走向共同方向的意识，也给他们的日常行为提供了指导。

对于两个合作中的企业来说，彼此的价值观不可能完全相同，甚至可能出现价值观完全相反的情况。此时，价值观会成为约束企业间深度合作的不利因素。在企业间关系的发展中，为了更好地融合彼此的文化，必须对二者的价值观进行整合。价值观的整合不是使价值观趋同，更不意味着完全改变现有价值观，而是在彼此基本的价值观基础上，尽量提升现有价值观之间的融合性，使彼此之间的价值观能够相容。使企业间关系中的行为方式与认知模式得到合作双方的认同。

（2）企业间人与人的整合。企业间关系的发展使得在两个企业之间形成了一个中间组织，来自两个企业的员工需要在这一中间组织中共同努力、彼此协作。此时的员工关系与同一企业内的同事关系并不相同，彼此之间没有相同的归属感和依赖感。在合作初期，不同企业的员工之间甚至可能出现彼此怀有戒心的情况。此时，会给企业间合作带来诸多不利。

为了推动企业间员工的有效合作，需要对企业间的不同员工进行思想和观念上的整合。具体地说，员工不应过分强调企业意识，不能以是否来自同一个企业为深度合作的标准，否则很容易形成小派别和小团体。企业在合作的过程中，应强化合作员工的团队意识。让员工了解到跨企业合作也是企业重要的业务内容，并且合作业务是团队业务，需要团队成员的协同努力。如果条件允许，尽可能让员工参与到整个合作的论证、策划与实施中来，使员工了解到合作的战略意义。

（3）企业间人与物的整合。企业间的合作既是员工的重新组合，也是资源的重新整合，企业员工会涉及对新资源的使用和操作。在对现有资源或设备不熟悉的情况下，很容易影响业务效率。实际上，人与物的搭配并不仅仅是操作性的问题，也是一个有关文化的问题。员工如何开展工作，如何配置资源，都会受到企业文化的影响。由此，企业间文化变革中，也需要对来自不同企业的员工与资源进行有效的整合。

要想很好地融合来自不同企业的人与物，必须加强企业间员工的沟通与学习，不仅使对方员工更好地操作企业资源或设备，而且向对方员工传授有关资源配置、产品研发等方面的知识，使人与物能够浑然一体。

4. 企业间关系下的沟通变革措施

企业间沟通的关键在于建立一套有效的沟通机制。总的来看，企业可以通过以下手段来达到与合作伙伴有效沟通的目的。

（1）在企业内部建立专门的部门，以负责企业间沟通合作。企业间的沟通需要有一个固定的机制，一旦出现合作问题，企业应知道跟对方的哪个部门进行协商沟通。一般的做法是，在企业中设立一个专门的关系管理部门，以管理协调外部合作关系，推动企业间的有效沟通。例如，2008 年成立的中国商用飞机有限责任公司为了更好地协调与外部供应商的协作，强化彼此之间的沟通，专门设立了供应商管理部；芬兰诺基亚公司考虑到企业与包括合作企业、供应商、政府、社区等各利益相关者的关系，专门设立了企业关系部，以加强与这些利益相关者的沟通。

（2）建立跨企业的沟通团队。企业之间直接成立项目合作团队，也能够很好地实现彼此之间的良好沟通。企业间合作团队作为联结合作企业双方的纽带，能够有效传达合作各方的信息与态度，形成企业间的真正融合。企业间关系中的任何问题都能够通过合作团队传递到合作双方，双方在决策层形成即时反应后反馈到合作团队，再经合作团队协商消化，整个协作与沟通过程显得顺畅而有效。

（3）搭建信息沟通平台。随着信息技术的发展，信息平台越来越成为企业沟通的有效途径。在企业内部，信息平台已成为不可或缺的沟通工具，网络沟通、视频会议、电邮通信等方式成为企业成员之间沟通的重要渠道。同样，在企业间的合作中，信息平台也能够起到相同的作用。利用信息平台，企业可以保持与关系性企业之间的即时有效沟通，这不仅提升了沟通的速度，也使得沟通更加顺畅，很多在现实中难以表达的问题，都可以通过信息平台表达出来。

17.4 企业间关系背景下组织发展趋势

随着组织资源整合范围由内向外的拓展，外部协作成为组织运行中的重要力量，也推动着组织从单一竞争战略向竞合战略转变、从由内部寻求高效管理向在外部追求协同效应转变。组织开始越来越依赖外部力量发展自身实力，越来越追求整合作用下的外部规模经济。确切地说，组织不仅重视内部管理与运营，同时也强调通过企业间关系管理以提高组织的市场竞争力。因此，从广义上来看，组织结构也包含了组织与其他相关组织的联结方式，这正是现代企业组织发展的根本趋势。与实体组织内部视角相比，企业间关系视角下的组织变革与发展趋势囊括了刚性化①向柔性化、层级化向网络化、部门化向模块化的三大转变，如表 17-1 所示。

表 17-1 传统组织结构与企业间关系视角下的组织发展比较

比较的要素	实体组织结构	企业间关系下的组织结构
结构刚性	刚性化	柔性化
结构模式	层级化	网络化
结构构成	部门化	模块化

17.4.1 动态化战略与组织柔性化

1. 动态化战略

在动态竞争的条件下，如何通过有效地实施企业战略管理，确保企业长期、稳定和持续地获得高于市场平均水平的收益率，是管理者们共同面临的难题。在动态环境下企业战略制定与实施成功与否，其核心就是构建与实施动态化战略。动态化战略是指组织围绕战略调整的影响因素与环境的变化以及自身的战略资源与能力的提升，所制定的非程序化的、能够灵活调整的战略模式。动态化战略可以围绕单一组织制定，也可以与相关组织联合制定。后者更加强调企业间关系的作用，通过联盟方式，充分发挥各企业组织的优势，灵活地配置资源，并使组织抓住每一个市场机遇，最终由所有联盟成员共同分享利益所得。实际上，企业间关系的作用就好比一个缓冲带，它能够很好地消化外部环境的动态性，并有效地结合各企业组织的资源优势，以完成联盟动态体系的构建。

基于企业间关系的动态化战略体系构建需要从以下两个方面入手。

（1）建立联合竞争情报系统。对于组织联盟来说，联合竞争情报系统的建立与应用具有重大意义。随着联盟的兴盛，现代市场竞争的主体由单一企业组织转变为组织联盟，在协同运作的联盟中，内部优势和薄弱环节、外部威胁和市场机会的分析需要大量的竞争情报。通过竞争情报的收集，联盟内的各组织可以及时发现市场机会与威胁、对手的相关行动等，从而可以采取及时有效的对策。而通过建立联合竞争情报系统，组织联盟中的任何成员收集的信息都可以进行共享。同时，不同成员之间可以进行情报收集的分工与协作，以便更高效地完成情报收集工作。因此可以说，联合竞争情报系统的建立是企业间关系视角下组织动态化战略的基础。

（2）建立外部动态协调机制。在动态的环境中，组织经营的宏观环境时刻在发生变

---

① 这里的刚性是相对而言的，现代实体组织也强调组织柔性，但我们认为，与组织间关系下的组织结构相比，实体组织结构还是表现出了相对的刚性。

化，顾客的需求在不断变化，组织联盟中其他成员的实力与资源条件也在不断变化。这势必影响到联盟中组织协调机制的作用效果，使组织间的整合陷入被动与低效率。因此，组织间的协调机制应该是动态的，建立动态协调机制是组织动态化战略有效实施的重要保障。

2. 组织间关系的动态与组织柔性

从一般层面上来看，建立在联盟基础上的组织间关系比较稳定，各相关组织之间在战略、目标与利益上能够很好地统一，彼此都倾向于通过合作实现双赢或多赢。但在更深层次上，组织间关系会受到外部环境与各相关组织的实力变动的影响，从而表现出动态性特征。组织间关系的动态所描述的正是这一层次上的问题。

从外部环境来看，宏观经济、产业经济、法律政治的变化与调整都会影响到组织间关系，使原有稳定的关系模式发生变化，甚至被打破。例如，通货膨胀的出现会使得供货商之间的交易价格发生变动，而议价本身就是一个博弈的过程，有可能会引入其他竞争者的参与，从而影响到原有组织间关系的正常运作。

从相关组织的实力变动来看，由于组织间关系的外在表现是组织之间资源、流程、关系等的整合，因此，当其中某个组织的资源或能力发生变化时，会影响到该组织的工作方式、工作重点、议价能力等，也使得该组织与其他组织的关系发生微妙变化。

动态化战略固然有利于解决组织间关系动态问题，但根据战略决定结构的基本论断，组织结构也必须进行相应的柔性化处理，以打破其内部结构所表现出的刚性特征，并以更加柔性化的组织结构模式应对组织间关系的动态。

（1）内部组织结构的柔性化。这种柔性化形式所寻求的是减少命令链，对管理幅度不加限制，取消各种职能部门，代之以授权的团队取代职能型部门，围绕公司的工作流程来组织活动。柔性化结构中，企业各部门的职能和界定依然存在，但各个部门间的边界模糊化，组织作为一个整体的功能得以提高，已经远远超过各个组成部门的功能。其目的在于使各种边界更易于扩散和渗透，打破部门之间的沟通障碍，更有利于信息在各部门之间的传递和对称分布，利于各项工作在组织中的顺利开展和完成。[①]

内部组织结构的柔性化要求组织做到以下三点。

第一，管理人员通过取消组织垂直界限而使组织结构趋向扁平化，使等级秩序作用降到最低限度。

第二，为了消除组织的水平界限，以多功能团队取代职能部门，围绕公司的工作流程来组织活动。

第三，充分发挥柔性化组织的职能，还要打破组织与客户之间的专业界限及心理障碍，如实行公司间的战略联盟、建立与顾客的固定联系等。

（2）组织间联结结构的柔性化。组织间关系的发展使得越来越多的实体组织开始建立整合平台，以完成与相关组织的对接。通俗地说，整合平台就是用以联结具有相关关系的不同组织之间的业务、流程、技术的基础设施、信息技术、人力资源、部门设置等

① 任浩．企业组织设计．上海：学林出版社，2005．

的总称。就目前来看，很多大型组织都建立了整合平台，以便更好地与供应商、顾客等完成供应链的整合。但现有平台普遍存在投资大、调整难的问题，一旦投入，将只能用于特定业务的整合；当业务类型或整合对象发生变化时，平台的整合效果将大打折扣。换句话说，一旦组织间关系发生变化，平台将成为组织的沉没成本。基于此，我们应该使组织间联结结构具备柔性化特征。

柔性化的联结结构下，组织间的信息传递更加通畅、及时，公共知识更便于在组织间进行扩散与传播，组织也能够更好地发挥自身的优势、避免自身的劣势，并与其他组织实现更有效的联结。

具体来看，柔性联结结构的构建有赖于以下三个方面的工作。

第一，在每个组织中设置相关部门，专门负责组织间的联结问题。

第二，签订较为灵活的协议，针对不同的问题给出灵活的规定，以充分考虑到各种变化因素的影响。

第三，设立专门的协调部门，以统一协调联盟内部的事务，该部门可以由联盟内的核心企业负责，也可以联合组成。

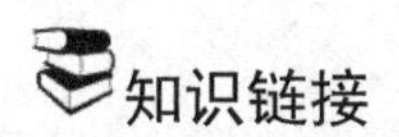知识链接

企业间领导力视角下中国企业联盟建构策略

17.4.2 协同化战略与组织网络化

1. 协同化战略

协同一词由德国物理学家赫尔曼·哈肯于 1971 年提出，并于 1976 年系统地论述了协同理论，出版了《协同学导论》等著作。协同理论认为整个环境中的各个系统间存在着相互影响而又相互合作的关系。社会现象亦如此，例如，企业组织中不同单位间的相互配合与协作关系，以及系统中的相互干扰和制约等。

协同是经营者有效利用资源的一种方式，它使公司的整体效益大于各个独立组成部分总和的效应，一般被表述为“1+1>2”。在组织间关系作用下，协同效应可以同时在组织内部和外部达到。

伊戈尔·安索夫（Igor Ansoff，1965）首次向公司经理们提出了协同战略的理念，他认为协同就是企业通过识别自身能力与机遇的匹配关系来成功拓展新的事业，协同战略可以像纽带一样把公司多元化的业务联结起来，即企业通过寻求合理的销售、运营、投资与管理战略安排，可以有效配置生产要素、业务单元与环境条件，实现一种类似报酬递增的协同效应，从而使公司得以更充分地利用现有优势，并开拓新的发展空间。

从价值生成的角度来看，协同效果可以分割为三个方面的作用。[①]

第一，共享效果。组织的实体资产和隐性资产在组织之间能够同时为多种不同的业务单元所共享，从而产生协同效应，即因共享而节省或因共享而增值。

第二，互补效果。互补效果是两种以上的资源组合后的增值或"保值"，它主要是通过对可见资源的使用来实现的。

第三，同步效果。通过建立同步协作系统，使组织间加强信息交流与共享，建立战略合作伙伴关系，从而实现产业链协同，是企业获得协同效应的必不可少的一个环节。

2. 外部协同下的组织网络化

从组织间关系角度来看，组织实体资产、隐性资产与外部的协同是组织竞争力的重要来源。在外部协同作用下，组织资源的整合方式会发生相应转变，即向有利于外部协同的方向调整。同样，组织结构也需要进行相应的改变，以迎合资源整合方式调整的需要。从内部来看，组织结构仍然保持纵向金字塔型的权力架构；从外部来看，组织结构出现了横向延展，即与其他相关组织进行横向协调。在内部纵向权力架构和外部横向协调模式的双重态势下，组织结构呈现出网络化的特征。需要指出的是，组织结构的网络化与网络组织并不是等同的，前者描述的是组织结构的基本状态，而后者涵盖了组织的网络化运行机制。

组织结构的网络化模式具有不同于传统的如下特点。

（1）富有活力的节点。Z理论的提出者威廉·大内指出："我理想中非常有效和完全一体化的企业是根本没有组织图、不分部门、没有明显结构的企业。在某种意义上说，用技术娴熟的篮球队来形容这种企业最合适不过了。一支篮球队所面临的问题是非常复杂的，问题出现时的速度是非常快的。但是，一支有实力的球队解决这些问题不用正式请示报告，位置和任务只有最低限度的规定范围。"他所描述的正是组织结构的网络化模式。其中，单个队员就像一个员工或部门，他们具有很大自由度，也因此而构成了组织结构的节点，组织对于他们的职责限定非常宽松，给予他们充分的自由发挥空间，以使得他们能够更快、更好地应对组织内外部的不确定性。

（2）超越格栅的管理联结。组织结构的网络化模式下，传统组织里原隶属于某一职能范围的个人或群体逐渐演化为富有活力的节点。与之相适应，原有管理联结个人或群体的矩阵格栅式的结构也发生相应的变化。矩阵被分散，以便允许单位和个人能在网络中自由地活动，承担起他们所选择的责任，并利用内外部资源和信息来完成他们自己的任务。[②]正如韦尔奇所说："如果你找到合适的人，让他们有机会施展他们的才能，并给予报偿，你就几乎没有必要去管理他们。"这一管理联结模式贯穿了组织内部的各个部门以及组织与外部的联结，使组织资源的利用及其与外部的协同都是在高度自主性的情况下完成。

（3）自由灵活的动态调试机制。网络化组织结构是一个开放而灵活的系统，一方面与外部环境保持着广泛的知识与信息交换，另一方面，能够对环境的变化起到缓冲的作用，使环境变化带来的不确定性内化为无形。从组织结构设置来看，富有活力的节点提

---

① 邱国栋，白景坤．值生成分析：一个协同效应的理论框架．中国工业经济．2007（6）：88-95．

② 任浩．企业组织设计．上海：学林出版社，2005．

供了大量可以调控的对象，超越格栅的管理联结提供了调控的手段。在组织内部，各种节点可以根据组织任务、价值创造等各类需要进行暂时的和不稳固的管理联结。由于这些联结的相对独立性与多样性，组织可以任意使用这些联结而不需要付出过高的成本。从组织机制安排来看，组织结构的网络化模式中引入了市场机制，系统资源的调配与使用、组织与外部相关组织之间的协作等，都是通过市场机制完成的。这种市场内化的运行体系能够很好地避免过高的行政成本，并极大地提高系统运行效率。

17.4.3 外部化战略与组织模块化

1. 外部化战略的发展

外部化战略起源于大型组织的业务聚焦。业务聚焦即将核心资源聚焦于少数核心领域，而将非核心业务剥离出去。例如，英国帝国化学工业公司出售了其制药业务，集中于化工产品业务；诺基亚剥离了它的纸品和橡胶件制造业务，聚焦于移动通信产品制造业务；联合利华则出售了它的化工产品业务，聚焦于清洁产品业务。随着非核心业务的剥离，组织需要依赖外部的资源与业务量也越来越大，从而也催生了组织的外部化战略。

这样看来，组织的外部化战略包括两个层面的内容：一是组织非核心业务的外包，即由内向外的转移；二是对外部资源的利用与共享，即由外向内的吸入。从第一个层面来看，在市场竞争日趋激烈、环境变化不断加速的情况下，组织本身无法承担庞杂的机构和巨额的管理费用，无法对外界的变化做出适时调整。将非核心业务外包出去，能够在很大程度上减轻组织的成本负担，提高管理效率，同时还能够发挥核心资源的集聚效应，使组织呈现更加高效的资源利用模式。从第二个层面来看，组织利用自身发展自身的时代已经一去不复返，外部资源成为提高组织竞争力的重要力量。利用组织间关系的作用，组织可以在不花费过多成本的情况下，充分共享相关组织所拥有的资源。

2. 外部化战略与组织模块化[①]

外部化战略的重点在于如何有效整合外部资源，如何使不同决策主体能够更好地协作。从组织间关系协同角度考虑，我们认为，模块化运作模式是外部化战略下组织结构的必然发展趋势。

（1）组织模块化的原理。正如前面章节中所指出的，模块化理论突出的是以传统结构的解构与整合来重组企业内部的组织结构，通过组织结构模块化，使企业更具灵活性和创新性。组织结构的模块化包含两个层面的内容：一是职能单位的模块化，即横向结构的模块化；二是经营单位的模块化，即纵向结构的模块化。职能单位的模块化一方面体现为职能基因的重组，更多地则是一种企业与市场的融合，通过外包等手段实现模块化。典型的职能单位模块化如近几年发展迅速的人力资源外包，利用人事外包模块，不仅降低了企业人力成本，同时减少了企业负担。经营单位的模块化就是把企业的各种能力基因重新组合成为具有极强市场竞争能力的企业基因组，使企业在隐性知识、资源、产品、顾客和服务等方面更为集中，重新定义或创新企业的商业模式。

（2）组织模块化设计。组织结构即组织内部的各种有机要素及相互之间的架构关系，

---

① 郝斌，任浩．组织模块化设计：基本原理与理论架构．中国工业经济，2007（6）：80-87.

组织结构设计旨在设计出科学、合理的组织构成要素及结构网络，以便更好地维持组织的运转。模块化组织随着模块化技术及产品的产生而演化发展，是模块化时代的衍生物。组织结构的模块化设计立足于两个目标：一是迎合模块化生产的发展，更好地协调模块化技术；二是使组织结构在历史变迁的路径上进一步得到改进与优化。

组织结构模块化设计包括主导模块、职能模块、经营模块的设计及各模块之间的架构关系设计，设计的宗旨在于保持各子模块独立运转，并维持组织结构的系统性和整体协作。因此，结构关系元素和岗位职能元素就是组织结构模块化设计的关键要素。结构关系元素是模块化组织整体结构搭建的细小元素，它构成了组织架构的最小可细分单位，界定了组织能力要素和岗位要素之间的关系；岗位职能元素是界定组织内不同岗位及其相应职能的单位，这些元素的有机结合构成了模块化组织中的子模块。子模块之间的架构关系设计其实就是合理整合各种结构关系元素的过程，这一过程的完成意味着组织框架搭建完毕。主导模块、职能模块和经营模块的设计也就是将各岗位职能元素有效整合的过程，不同的元素及其之间的不同组合形成了不同的任务和职能。模块化组织结构设计的效果从纵向看应该有利于统一指挥，从横向看应该有利于协调合作和生产经营的独立性，从而保持模块化的威力得以充分发挥。

本章小结

1．组织变革是组织为适应内外环境及条件的变化，对组织的目标、结构及组成要素等适时而有效地进行的调整和修正。组织变革的目标是为了实现环境适应性、市场竞争性、战略匹配性、运营高效性和顾客价值性。组织变革的动因包括消费者需求变化、技术变革、超竞争环境的驱动、企业知识要素的变化、组织战略的调整等。

2．组织变革的模式有很多，里维特、勒温、里皮特、弗兰切、格瑞纳等人都曾提出过各自的组织变革模式。组织变革的内容包括重新制定战略、重构组织结构、实现文化变革和变革中的员工参与。

3．企业间关系的发展对企业组织变革提出了新的要求，包括企业间战略的同一性、企业间流程的协调性、企业间文化的融合性、企业间沟通的有效性。基于这些要求，企业组织变革应采取相应的措施，以支持企业间关系的发展。

4．随着组织资源整合范围由内向外的拓展，外部协作成为组织运行中的重要力量，也推动着组织从单一竞争战略向竞合战略转变、从由内部寻求高效管理向在外部追求协同效应转变。与这一趋势相对应，企业间关系视角下的组织发展趋势囊括了刚性化向柔性化、层级化向网络化、部门化向模块化的三大转变。

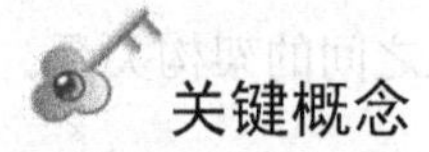

关键概念

组织变革（organizational change）　　动因（motivation）　　模式（mode）

企业间关系（interfirm relationship） 柔性（flexibility） 网络(network)
模块化（modularity）

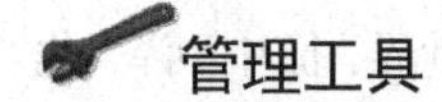

管理工具

里维特组织变革模式基本框架
勒温的组织变革模式
里皮特的组织变革模式
弗兰切的组织变革模式
格瑞纳的变革模式
跨组织发展的实施过程
基于网络的结构

思考题

1．组织变革的内涵是什么?

2．组织变革的动因有哪些?

3．组织变革可以采取哪些模式?分别包括哪些内容?

4．在企业间关系背景下，组织变革与发展存在哪些趋势?企业应如何发展变革，才能更好地支持企业间关系战略?

组织测试

组织的创新氛围

案例讨论

从“赋权”到“赋能”的企业组织结构演进——基于韩都衣舍案例的研究

讨论：

1．韩都衣舍在进行结构变革时做了哪些工作?你认为还需要做哪些工作?

2．韩都衣舍公司“小组+平台”的组织运行方式对其他公司的借鉴意义有哪些?

拓展阅读

推荐书目：科特. 变革加速器：构建灵活的战略以适应快速变化的世界. 徐中，译. 北京：机械工业出版社，2016.

在今天的组织中，这种情况十分常见：一种巨大的竞争威胁或一个重大的机遇出现了，领导者迅速制订了一个战略计划加以应对，并任命优秀的人才来推动变革。然后，变革确实发生了，但不够快，也不够有效。变革的价值渐渐消失，事情又退回到原来的状态。

为什么这种情况会如此频繁地反复出现？作者提供了一个在持续变化和充满混乱的世界赢得胜利的强有力的新模式：更灵活的网络似的结构与层级体系相互合作，形成所称的“双元驱动体系”。这个双元系统让组织能够把握当今世界急速出现的战略性挑战，同时依然能完成他们的业绩目标。

本书生动地展示了新的网络结构背后的五大核心原则，以及推动网络结构的八大加速器。最重要的可能在于，本书揭示了优秀的企业是如何将其人员的精力和紧迫感聚焦于科特所称的“重大机遇”上并使上下协调一致的。

参 考 文 献

[1]. 陈钰芬，陈劲. 开放式创新：机理与模式. 北京：科学出版社，2008.

[2]. 切萨布鲁夫. 开放式创新：进行技术创新并从中赢利的新规则. 金马，译. 北京：清华大学出版社，2005.

[3]. 王宇露，李元旭. 海外子公司东道国网络结构与网络学习效果：网络学习方式是调节变量吗. 南开管理评论，2009（3）：142-151.

[4]. 林南. 社会资本：关于社会结构与行动的理论. 张磊，译. 上海：上海人民出版社，2005.

[5]. 李怀斌. 经济组织的社会嵌入与社会型塑. 中国工业经济，2008（7）：16-25.

[6]. 任浩，甄杰. 管理的本质：关系协调. 经济管理，2009（Z1）245-250.

[7]. 克雷纳. 管理百年. 邱琼，钟秀斌，等，译. 海口：海南出版社，2003.

[8]. HAMMER M,CHAMPY J. Reengineering the corporation: a manifesto for business revolution.New York:Harper Collins Publishers,2004.